AF832265

Das Ältere Schulzenrecht in neuem Licht

Rechtshistorische Reihe

Herausgegeben von den Prof. Dres.
A. Amend-Traut, H.-J. Becker, W. Brauneder, P. Caroni, A. Cordes,
F. Dorn, C. Hattenhauer, R. Hoke, D. Klippel, G. Köbler, G. Lingelbach,
M. Lipp, R. Meyer-Pritzl, K. Muscheler, H. Nehlsen, P. Oestmann,
G. Otte, T. Repgen, S. Saar, F. L. Schäfer, M. Schmoeckel, J. Schröder,
W. Schubert, D. Schwab, T. Simon, E. Wadle
Begründet von H. Hattenhauer †

Band 498

Zur Qualitätssicherung und Peer Review der vorliegenden Publikation

Die Qualität der in dieser Reihe erscheinenden Arbeiten wird vor der Publikation durch einen der Herausgeber der Reihe geprüft.

Notes on the quality assurance and peer review of this publication

Prior to publication, the quality of the work published in this series is reviewed by one of the editors of the series.

Johan Tjerk Hofman

Das Ältere Schulzenrecht in neuem Licht

Prozessrechtliche Entwicklungen in einer mittelalterlichen friesischen Rechtsaufzeichnung

PETER LANG

Bibliografische Information der Deutschen Nationalbibliothek
Die Deutsche Nationalbibliothek verzeichnet diese Publikation in der Deutschen Nationalbibliografie; detaillierte bibliografische Daten sind im Internet über http://dnb.d-nb.de abrufbar.

Zugl.: Münster (Westfalen), Univ., Diss., 2022

D 6
ISSN 0344-290X
ISBN 978-3-631-88293-1 (Print)
E-ISBN 978-3-631-88321-1 (E-PDF)
E-ISBN 978-3-631-88322-8 (EPUB)
DOI 10.3726/b19906

© Peter Lang GmbH
Internationaler Verlag der Wissenschaften
Berlin 2022
Alle Rechte vorbehalten.

Peter Lang – Berlin · Bern · Bruxelles · New York ·
Oxford · Warszawa · Wien

Das Werk einschließlich aller seiner Teile ist urheberrechtlich geschützt. Jede Verwertung außerhalb der engen Grenzen des Urheberrechtsgesetzes ist ohne Zustimmung des Verlages unzulässig und strafbar. Das gilt insbesondere für Vervielfältigungen, Übersetzungen, Mikroverfilmungen und die Einspeicherung und Verarbeitung in elektronischen Systemen.

Diese Publikation wurde begutachtet.

www.peterlang.com

Vorwort

Die vorliegende Arbeit wurde im Sommersemester 2022 von der Rechtswissenschaftlichen Fakultät der Westfälischen Wilhelms-Universität zu Münster als Dissertation angenommen. Rechtsprechung und Literatur konnten bis Dezember 2021 berücksichtigt werden.

Mein besonderer Dank gilt meinem Doktorvater Herrn Professor Dr. Peter Oestmann für die hervorragende Betreuung meiner Promotion. Er stand mir mit fachkundigem Rat zur Seite und hat mir bei der Verwirklichung meines Promotionsvorhabens alle Freiheiten gelassen. Für mich war die Erstellung dieser Arbeit als „Einzelkämpfer" in Pandemiezeiten eine Herausforderung und persönlich bereichernde Erfahrung zugleich. Durch die konstruktiven Anmerkungen und Hinweise hat Professor Dr. Oestmann mich während des Arbeitsprozesses immer stark motiviert und somit maßgeblich zum Gelingen meiner Arbeit beigetragen. Herrn Professor Dr. Ingo Saenger danke ich sehr herzlich für die zügige Erstellung des Zweitgutachtens.

Mein ausdrücklicher Dank gilt ebenfalls meinen Freunden, die mich durch zielführende Diskussionen und anhaltende Hilfestellung auf meinem Weg begleitet haben.

Besonders danken möchte ich meinen Kindern Karin und Elmar, die mich trotz großer geographischer Distanzen immer mental bei der Fertigstellung der Arbeit unterstützt haben. Zudem danke ich meiner Frau Susanne, die mir den wichtigen familiären Rückhalt zur Durchführung dieser Arbeit gegeben hat.

Inhalt

Abkürzungsverzeichnis

adj.	adjektiv
Afd.	Afdeling (Abteilung)
afries.	altfriesisch
agerm.	altgermanisch
ags.	altenglisch
ahd.	althochdeutsch
aisl.	altisländisch
an.	altnordisch
Anm.	Anmerkung
Art.	Artikel
asächs.	altsächsisch
Aufl.	Auflage
Bd.	Band
Ders.	derselbe Autor
d. h.	das heißt
d. i.	dat is (das ist)
DRiG	Deutsches Richtergesetz
dt.	deutsch
f.	die darauffolgende Seite
ff.	die darauffolgenden Seiten
Fn.	Fußnote
fries.	friesisch
germ.	germanisch
got.	gotisch
HRG	Handwörterbuch zur deutschen Rechtsgeschichte
Hrsg.	Herausgeber
idg.	indogermanisch
i.e.	lat. id est
Kap.	Kapitel
Kurs.	Kursivierung
m. E.	meines Erachtens
MGH	Monumenta Germaniae Historica
mlat.	mittellateinisch
mnd.	mittelniederdeutsch
ne.	neuenglisch
nhd.	neuhochdeutsch
niederl.	niederländisch
nml.	namelijk (nämlich)
Nom. Plur.	Nominativ Plural
Nr.	Nummer

lat.	lateinisch
o. J.	ohne Jahr
Präp.	Präposition
S.	Seite
schwed.	schwedisch
Sp.	Spalte
StPO	Strafprozessordnung
u. a.	und andere/unter anderem
Übers.	Übersetzung
Verf.	Verfasser
vgl.	vergleiche
z. B.	zum Beispiel
zgn.	zogenaamd (sogenannt)
ZPO	Zivilprozessordnung
ZRG GA	Zeitschrift der Savigny-Stiftung für Rechtsgeschichte (Germanistische Abteilung)
ZRG KA	Zeitschrift der Savigny-Stiftung für Rechtsgeschichte (Kanonistische Abteilung)

I. Einleitung

Eine umfassende Gesamtdarstellung der Entwicklung des friesischen mittelalterlichen Prozessrechts gibt es bisher nicht. In verschiedenen Publikationen über altfriesisches Recht wird das Thema zwar gestreift, muss sich aber im Großen und Ganzen mit ein paar Seiten bzw. einem Kurzüberblick über die altfriesische Prozessrechtsgeschichte begnügen. Eine Ausnahme bildet die Monographie von Sidney Fairbanks aus dem Jahr 1939, der sich mit dem Verfahrensrecht im Älteren Schulzenrecht auseinandergesetzt hat.[1] Die Werke Stellers und van Klaarbergens bieten einen synoptischen Überblick über die verschiedenen Fassungen des Älteren bzw. Jüngeren Schulzenrechts. Sie befassen sich aber schwerpunktmäßig mit anderen Fragen, z. B. wie die ursprüngliche Reihenfolge der verschiedenen Fassungen gestaltet war, und fokussieren sich mehr auf einen philologischen Vergleich der Handschriften.[2] Neben diesen Abhandlungen gab es Teiluntersuchungen nach z. B. der Position des Franas im mittelalterlichen Friesland[3] und der Rolle des Asegas als möglicher präfränkischer Gesetzessprecher.[4] Eigenständige und quellenfundierte Textanalysen mit der Absicht, die Stellung des friesischen Prozessrechts innerhalb der nordwesteuropäischen Rechtsgeschichte zu beleuchten, fanden jedoch nicht statt.

Den Ausgangspunkt der vorliegenden Untersuchung bildet eine Analyse der prozessualen Rechtsbestimmungen im Älteren Schulzenrecht. Diese mittelalterliche Rechtssammlung ist vielschichtig, thematisch in willkürlicher Ordnung konzipiert und wurde vermutlich über eine längere Zeitspanne verfasst. Die Frage nach der Datierung der Quelle steht zunächst im Vordergrund; eine zeitlich präzise Festsetzung der Niederschrift wird durch das Fehlen historisch greifbarer Ereignisse erschwert. Namen von Grafen, Priestern und Amtsträgern findet man zur Orientierung auf die örtlichen Verhältnisse ebenfalls nicht vor. Vor diesem Hintergrund werden die Auffassungen der Rechtshistoriker herangezogen und bewertet, daneben werden relevante politisch-historische Entwicklungen und philologische

1 Fairbanks, Sydney, The old West Frisian Skeltana riucht, Cambridge/MA 1939. Allerding besteht ein Großteil der Studie aus einer englischen Übersetzung der Handschrift, als Grundlage für die Arbeit wird Stellers Vorlage benutzt.

2 Walther Steller, Das altwestfriesische Schulzenrecht, Germanistische Abhandlungen; Heft 57 (Breslau: Marcus, 1926). Klaarbergen, Berend Wijbe van, Das altwestfriesische Jüngere Schulzenrecht, Groningen 1947.

3 Schuur, J. R. G., De positie van de frana in het Friese middeleeuwse rechtsbestel, in: Schuur History Website (2017).

4 Gerbenzon, Pieter, Der altfriesische asega, der altsächsische eosago und der althochdeutsche esago, in: Tijdschrift voor Rechtsgeschiedenis 41 (1973), S. 75–91.

Argumente berücksichtigt. Die Aufführung der verschiedenen Amtsträger bietet Anlass zu einer Identifizierung dieser Personen. Ausgangspunkt ist eine Textanalyse, wobei ich versuchen werde, die juristische Qualifikation der Tätigkeiten bzw. die Identität der Personen durch einen sprachhistorischen Deutungsvorgang zu klären. Es folgen Auseinandersetzungen über die Gerichtsstruktur und das Gerichts- und Beweisverfahren; die recht unterschiedliche Gestaltung der Gottesurteile wird anschließend ausführlich skizziert. Wegen der auffallenden Modernität in der Beweisstruktur und der Tatsache, dass das gelehrte Recht einigen friesischen Geistlichen am Anfang des 13. Jahrhunderts bekannt war, wird abschließend die Frage erörtert, ob einige Rechtsbestimmungen im Älteren Schulzenrecht vom kanonischen Recht beeinflusst wurden. In der Schlussbetrachtung werden die Ergebnisse in Form einer Gesamtanalyse zusammengefasst.

1. Zielsetzung und Fragestellung

Ziel der Untersuchung ist es, eine bestehende Lücke in der Forschung zum friesischen Prozessrecht zu schließen, wobei die Entwicklungen des mittelalterlichen friesischen Prozessrechtes anhand der Rechtsbestimmungen im Älteren Schulzenrecht als Forschungsschwerpunkt gelten. Diese altertümliche Quelle enthält viele Hinweise auf die Fragen nach der Organisation der Gerichtsbarkeit im friesischen Kerngebiet, nach den Gerichtsverfahren sowie nach dem Personenkreis, der sich am Verfahren beteiligte. Diese Kernelemente bilden dann auch den Hauptpunkt der Untersuchung. Als Quellengrundlage soll vorwiegend das Ältere Schulzenrecht dienen, da in dieser Quelle alle Rechtsbestimmungen einen prozessrechtlichen Charakter aufweisen. Obwohl die Verwendung normativer Rechtsquellen uns nicht unmittelbar einen Zugriff auf die historische Rechtswirklichkeit erlaubt, bietet uns das Ältere Schulzenrecht einen Einblick in die mittelalterliche friesische Gesellschaft, indem es uns Informationen über prozessrechtliche Vorgänge wie Grundstücksstreitigkeiten, Diebstahl, Gottesurteile, Wergeldzahlung und Nachlassproblematik verschafft. Inwiefern die Rechtsregeln praktisch angewandt wurden, lässt sich aus der Quelle nicht herleiten, sodass uns eine ungetrübte Sicht auf die damalige Rechtspraxis – wenn überhaupt möglich – verwehrt bleibt. Komplett isoliert und ohne jeglichen Realitätsbezug lassen sich mit Sicherheit die Rechtsvorschriften wohl nicht einstufen.

Die Miteinbeziehung ausländischer Quellen ermöglicht einen Vergleich der Entwicklungen in Friesland mit den übrigen Rechtsaufzeichnungen bzw. Rechtsbüchern[5] in Nordwesteuropa. Durch einen solchen Vergleich lassen sich inhaltliche

5 Die neuere Forschung hat die bisherigen Auffassungen über den Begriff „Rechtsbuch“ auf den Prüfstand gestellt. Nach Heiner Lück sind Rechtsbücher „individuell gestaltete Rechtstexte in Buchform, die sich zumeist auf verifizierbare Schreiber zurückführen lassen und auf ältere Normen [...] Bezug nehmen.“ Lück Heiner, Rechtsbücher als ‚private‘ Rechtsaufzeichnungen? in: ZRG GA 131 (2014), S. 418–433, hier S. 418.

Verknüpfungen der einzelnen „internationalen" Bestimmungen herstellen, wobei sich die Aussagekraft der friesischen Rechtsbestimmungen bewerten lässt. Vor diesem Hintergrund analysiere ich die einzelnen Textabschnitte auf ihre prozessrechtliche Relevanz. Darstellungen der an der Forschung der friesischen Rechtsgeschichte beteiligten Autoren werden maßgeblich in die Arbeit miteinbezogen. Zu den oben skizzierten Fragestellungen im prozessrechtlichen Bereich liegen jedoch bis jetzt keine umfassenden Arbeiten vor. Auch die Frage nach dem Einfluss des gelehrten Rechts auf die Entwicklung des Prozessrechts in Friesland wurde für die älteren friesischen Rechtsquellen nicht eingehend thematisiert. Da der unifizierende Effekt des Rezeptionsprozesses auf die Entwicklung Europas als geopolitische Einheit eine äußerst wichtige Rolle gespielt hat, ist ein Kapitel nach möglichen römisch-kanonischen Einflüssen im mittelalterlichen Friesland vorgesehen. Ob es dabei tatsächlich zu einer Verwissenschaftlichung und Professionalisierung des friesischen Prozessrechts in Anlehnung an das gelehrte Recht gekommen ist, wird zu klären sein. Dabei macht der Umstand, dass Friesland als nicht-feudal verwaltetes Gebiet eine Sonderposition in Nordwesteuropa einnimmt, den friesischen Kasus aus komparatistischer Perspektive besonders attraktiv.

Bei der Hauptquelle handelt es sich um einen Abschnitt aus dem *Jus Municipale Frisonum*, einer Kompilation von 44 Stücken, die alle überwiegend einen rechtlichen Inhalt haben. Obwohl die Provenienz des Sammelbandes nicht erwähnt wird, lassen sich die vorhandenen Texte eindeutig auf das westerlauwerssche Friesland verorten. Die in dieser Arbeit verwendete Abfassung des Älteren Schulzenrechts

---

Im Sachsenspiegel und Schwabenspiegel machen Kommentare und Lehrmeinungen Teil der Rechtsaufzeichnungen aus, überdies benutzten die Gerichte die Texte als Gerichtsquelle und diese erhielten dadurch einen verbindlichen Charakter. Vgl. Strauch, Dieter, Rechtsbücher und Gesetzbücher im Norden (Lagham-Laghsaga-Lagh-Siðvæniæ), in: ZRG GA 130 (2013), S. 37–77, hier S. 38 f. Dazu auch Krüper: „Die ungeschriebenen Rechtsgewohnheiten wurden nun in sog. Rechtsbüchern zusammengestellt, die von ihren Verfassern zumeist ‚Spiegel' oder ‚Kaiserrecht' genannt wurden (da es sich hierbei um private Rechtssammlungen handelt, sollte durch die Berufung auf die Autorität des Kaisers die Legitimation der Sammlung zum Ausdruck gebracht werden)." Krüper, Julian (Hrsg.), Grundlagen des Rechts, Baden-Baden 2013, S. 142. Da diese Merkmale (Schreiber/Kompilator unbekannt, Verbindlichkeit der Rechtsbestimmungen nicht nachvollziehbar, Rückschluss auf Autorität des Kaisers als Legitimation für die Aufzeichnung nicht erkennbar) für das Altere Schulzenrecht als nicht gesichert gelten, habe ich mich in dieser Arbeit für den neutralen Begriff „Rechtsaufzeichnung" entschieden. Für die Überlegungen, ob das Merkmal „privat" zwingend zur Definition der Quellengattung „Rechtsbuch" gehört, siehe Fn. 123.

stammt aus dem ersten Halbband der neueren Edition von Wybren Jan Buma und Wilhelm Ebel, unter Mitwirkung von Martina Tragter-Schubert.[6]

2. Methode der Analyse

Basis der Überlegungen bildet die systematische juristische Aufarbeitung dieser historischen Quelle, wobei zu einem besseren rechtshistorischen Verständnis auch die Prozessterminologie und Bezeichnungen der Amtsträger sprachhistorisch auf ihre Herkunft geprüft werden. Da die Rechtstexte nicht in einem politisch-historischen Vakuum entstanden sind, wird ebenfalls das entsprechende historische Material berücksichtigt. Nach einführenden Kapiteln über den Forschungsstand, einen Kurzüberblick über die friesische Geschichte und die Datierungsfrage der Quelle untersuche ich je nach Thema die prozessrechtlich relevanten Textabschnitte und werte die entsprechenden Daten in einem Zwischenergebnis aus. Es folgt eine quellennahe Bearbeitung von innen nach außen, das heißt, alle Rechtsbestimmungen werden mittels *close reading* sprachlich durchgearbeitet und analysiert, auf ihre rechtliche Bedeutung geprüft und mit den Meinungen der Autoren aus der Sekundärliteratur abgeglichen. Die Ergebnisse dieser induktiven und komparativen Methode werden in der Schlussbetrachtung ausgewertet.

3. Charakterisierung des friesischen Rechts im Mittelalter

Der Sinn und Zweck der folgenden Kurzübersicht besteht darin, den räumlichen und zeitlichen Rahmen zu begrenzen, in dem sich die Entwicklung des friesischen Rechts vollzogen hat. Sie soll Material liefern für die Annahme, das friesische Recht hätte „ältere Rechtszustände für lange Zeit bewahrt".[7] Das mittelalterliche Friesland befand sich im Vergleich zu anderen europäischen Regionen in einer besonderen Lage: Friesland war ein reichsunmittelbares Land, das unmittelbar unter der Gewalt des Kaisers oder Königs des Heiligen Römischen Reiches stand. Es hat zwar Feudalisierungsversuche gegeben, zu einer herrschaftlichen Struktur einer Oberschicht, welche die Grundherrschaft über unfreie Bauern ausüben konnte, ist es aber nicht gekommen.[8] Friesland war im Gegensatz zu den Nachbarregionen also

---

6 Buma, Wybren Jan, Westerlauwerssches Recht (Altfriesische Rechtsquellen 6), Göttingen 1977. Alle Übersetzungen der altfriesischen Textbeispiele stammen, wenn nicht anders erwähnt, ebenfalls aus diesem Band.

7 Oestmann, Peter, Wege zur Rechtsgeschichte: Gerichtsbarkeit und Verfahren, Köln [u. a.] 2015, S. 62.

8 Vgl. Iterson, Willem van, Feudalisierungsversuche im westerlauwerschen Friesland, in: ZRG GA 79 (1962), S. 81–105, hier S. 73. In Kap. 1 des Älteren Schulzenrechts ist

ein autonomes Gebiet ohne einen dominierenden Herrscher, der das Gewaltmonopol besaß. Eine Schicht von reichen Bauern gab sich selbst den Rahmen, in welchem sie rechtlich agieren konnten; diese gesellschaftliche Gruppe war imstande, ihre Rechtsansprüche physisch durchzusetzen und somit selbst zur Exekutive zu werden. Die Konfliktlösungsstrategien standen der Gewaltanwendung nicht grundsätzlich im Wege, jedoch wurde ein Vergleich als pragmatische Handlungsoption in Streitigkeiten bevorzugt. Die Zersplitterung des Rechts bot keine Grundlage für eine Unifizierung der Rechtsgewohnheiten und des Gerichtsverfahrens des einheimischen Rechts: Es fehlte u. a. ein juristisch ausgebildeter Berufsstand, das Verfahren war überwiegend mündlich geprägt und im Beweisverfahren konnte der Beklagte durch einen Reinigungseid seine Unschuld beteuern. Die Verfahrensweise war darauf ausgerichtet, das Rechtsgefühl der Beteiligten zu restaurieren, den verletzten Frieden wiederherzustellen und somit Recht und Unrecht wieder ins Lot zu bringen. Eine juristische Instanz, die sich *ex officio* um eine Tatsachenaufklärung bemühte, gab es nicht. Nach Algra war das westerlauwerssche Friesland ohne Zweifel die Geburtsstätte des friesischen Rechts. Östlich der Lauwers hätten viele Verfasser Rechtsbücher und Rechtsregeln aus den westerlauwersschen Quellen übernommen, da sie „dort öfters wegen gegenseitiger Streitigkeiten nur schwer zu produktiver Arbeit kamen".[9] Zehn der sechzehn Handschriften stammen aus diesem östlichen Teil des damaligen friesischen Sprachraums, also aus der Region zwischen Lauwers und Weser. Diese werden in der Regel durch die Namen der Gebiete angezeigt, aus denen sie stammen. Die Einzelheiten der Quellenlage für das westerlauwerssche Friesland werden in Kap. 4.1 weiter ausgeführt.

Die Überlieferung der friesischen Handschriften in der Volkssprache beginnt erst spät, jedoch nicht später als in den anderen europäischen Regionen. Einige Runeninschriften aus Friesland aus dem frühen Mittelalter sind bekannt, teilweise nur sehr fragmentarisch. Sie sind als sprachliches Element für ein besseres Verständnis der friesischen Rechtsgeschichte unerheblich.[10] Die friesischen Rechtsquellen enthalten viele Einzelheiten zu den unterschiedlichsten Problemen der mittelalterlichen Gesellschaft. Die Aufzeichnungen der in lateinischer Sprache verfasste *Lex Frisionum,* deren Geltungsbereich sich von der Sincfal (Scheldemündung) bis zur Weser erstreckte, beinhalten das noch uneinheitliche Strafrecht der Friesen. Von ihr hat sich keine Originalhandschrift erhalten. Die *Lex Frisionum* hatte keinen einheitlichen Charakter, die Rechtsaufzeichnungen kennzeichnen sich methodisch durch die Beschreibung von Einzelfällen, wobei die unterschiedlichsten Tatbestände ohne

---

von *len* (Lehen) die Rede, es handelt sich hierbei aber um die Vikariepfründe. „Diese wurden in Friesland wohl mit dem Namen ‚Lehen' bezeichnet." Ibidem, S. 77.

9 Algra, Nikolaas Egbert, Grundzüge des friesischen Rechts im Mittelalter, in: Munske, Horst Haider (Hrsg.), Handbuch des Friesischen. Handbook of Frisian Studies, Tübingen 2001, S. 555–570, hier S. 556. Belege für diese Behauptung fehlen jedoch.

10 Ibidem, S. 11.

klare Struktur beschrieben werden. Wegen ihres Umfangs und ihrer Gestaltung wird vermutet, dass die *Lex Frisionum* im Stadium eines Entwurfs steckengeblieben ist, eine definitive Fassung wurde nie erstellt.[11] Man findet Rechtsbestimmungen, die die Vormachtstellung des Christentums voraussetzen, wie z. B. das Verbot der Sonntagsarbeit, der Schutz des Kirchenfriedens, die Eidesleistung auf die Reliquien, das Verbot, Unfreie an Heiden zu verkaufen, und die Trennung unerlaubter Ehen. Andererseits trifft man auf Stellen mit noch heidnischen Elementen: Der Tempelschänder kann von jedem Mann getötet werden, die Mutter kann straflos ihr neugeborenes Kind töten. Titel XI der *additio* überliefert den ostfriesischen Rechtsbrauch, dass man den Tempelschänder ans Meer führen, ihm auf dem Strand, der überflutet wird, die Ohren schlitzen, ihn entmannen und dann den Göttern opfern solle.[12]

Die altfriesischen Rechtstexte lassen sich auf unterschiedliche Weise auffächern.[13] Erstens ist eine Einteilung in ältere Texte möglich, die eine archaische herkömmliche Form des altfriesischen Rechts enthielten; daneben gibt es jüngere Textabschnitte, in denen das vom gelehrten Recht beeinflusste friesische Recht aufgezeichnet wurde. Zweitens gibt es Rechtstexte, die für den gesamten friesischen Raum galten, und andere, die nur regional zur Anwendung kamen.

Wie in anderen germanischen Stämmen war der Familienverband oder die Sippe die wichtigste Form des sozialen Zusammenlebens. Ein solcher Stamm war nichts anderes als ein Konglomerat von Familienzusammenschlüssen. Streitigkeiten zwischen den Sippen wurden in der Regel durch die Fehde entschieden, die sich aus dem Recht auf Rache ergab. Richter im modernen Sinne gab es noch nicht. Unter fränkischer Herrschaft, wie auch anderswo im fränkischen Reich, kamen die Freien unter die Gerichtsbarkeit des Königs; als Stellvertreter trat bald der Graf in Erscheinung. Klare Unterschiede zwischen dem Recht der Friesen und dem ihrer Nachbarn entstanden, als in den friesischen Ländern diese Grafengewalt zurückging und schließlich sogar ganz verschwand. Als Weg dieser Entwicklung behielt das friesische Recht, wie die soziale Struktur der friesischen Gesellschaft, lange Zeit einen archaischen Charakter.

Die friesischen Rechtsaufzeichnungen sind durch ein unkoordiniertes Konzept gekennzeichnet: Die gesetzlichen Regeln wurden nicht nach Hauptregeln und entsprechende Ausnahmen charakterisiert, sondern waren weitgehend kasuistisch

---

11 Bauer, Katja, Buße und Strafe im Frühmittelalter. Das Verhältnis von Bußenstrafrecht und peinlichem Strafrecht in den fränkischen Gesetzen für die Friesen, Sachsen und Thüringer (802/803), Halle 2017, S. 42.

12 Vgl. Eckhardt, Karl August/Albrecht, Eckhardt (Hrsg.), Lex Frisionum (MGH, Fontes iuris XII), Hannover 1982, S. 13 f.

13 Einteilung und Folgetext nach Vries, Oebele/Hempenius-van Dijk, Barendina Sijtje, Asega, is het dingtijd? De hoogtepunten van de Oudfriese tekstoverlevering, Leeuwarden [u. a.] 2007, S. 17 ff.

konstruiert, wobei oft nicht alle Möglichkeiten abgedeckt wurden. Diese Entscheidungen in konkreten Fällen, die zu gesetzlichen Regeln geworden waren, wurden nicht immer in einer logischen Reihenfolge angeordnet. In der Regel wurden neue Regeln hinter die alten gestellt, sodass die relevante Rechtsquelle auf diese Weise immer erweitert wurde. Einige gesetzliche Regeln wurden auch um neue Elemente ergänzt. All dies bedeutet, dass viele ältere Rechtsquellen schwer datierbar sind. In Teil III dieser Arbeit gehe ich auf dieses Problem näher ein. Darüber hinaus gab es neben den Rechtsnormen, die sich aus Gerichtsurteilen ergaben, auch Regeln, die auf den Rechtsgewohnheiten beruhten oder die das Ergebnis einer bewussten Wahl der Dinggenossen waren.[14]

4. Der Forschungsstand

Die Frage nach dem Forschungsstand zum mittelalterlichen friesischen Prozessrecht germanischer[15] Prägung ist kurz und bündig zu beantworten: Das friesische Prozessrecht ist bislang kaum erforscht worden.[16] Algra beschreibt in seiner Studie über die frühe Phase des altfriesischen Rechts lediglich den Prozessgang in der *Lex Frisionum*, wobei die Beschreibung des Verfahrens sich seiner Ansicht nach nicht grundsätzlich von dem im Älteren Schulzenrecht beschriebenen Gerichtsverfahren unterscheidet.[17] Die einzige Monographie, die sich mit der juristischen

---

14 „In het laatste geval spreekt men van ‚keuren' of ‚willekeuren'." Ibidem, S. 18.

15 Für eine kritische Überprüfung des historischen Zentralbegriffs „germanisch" siehe Jarnut, Jörg, Germanisch. Plädoyer für die Abschaffung eines obsoleten Zentralbegriffes der Frühmittelalterforschung, in: Dilcher, Gerhard [u. a.] (Hrsg.), Leges – Gentes – Regna. Zur Rolle von germanischen Rechtsgewohnheiten und lateinischer Schrifttradition bei der Ausbildung der frühmittelalterlichen Rechtskultur, Berlin 2006, S. 69–78.

16 „Rechtshistorici hebben het Oudfriese procesrecht tot op heden grotendeels links laten liggen." Nijdam, Han, Lichaam, eer en recht in middeleeuws Friesland: een studie naar de Oudfriese boeteregisters (Middeleeuwse Studies en Bronnen 114), Hilversum 2008, S. 156. Womöglich beschränkt sich das Interesse der Juristen für die Prozessrechtsgeschichte nicht nur auf das altfriesische Prozessrecht. Dazu Wolfgang Ernst: „Die Prozessrechtsgeschichte hat eine interessante Sonderstellung. Seitens der Juristen, die in die Vergangenheit blicken, besteht eine gewisse Gefahr der Vernachlässigung, wogegen der Allgemeinhistoriker im vergangenen, konkreten Prozessgeschehen einen besonders naheliegenden Zugang zum Recht in der Geschichte findet." Ernst, Wolfgang, Knut Wolfgang Nörr in der Historiographie des Prozessrechts. Rechtsgeschichte – Legal History 2020, Nr. 28 (2020), S. 49–56, https://doi.org/10.12946/rg28/S. 249–256, hier S. 249, zugegriffen am 17.10.2020.

17 „Dagegen sind die Unterschiede zwischen friesischem Recht und dem Recht der anderen germanischen Stämme im Mittelalter nur gering." Algra, Grundzüge des friesischen Rechts im Mittelalter, S. 558. Für einen konzisen Überblick über das

Aufarbeitung des Gerichtsverfahrens im Älteren Schulzenrecht beschäftigt hat, erschien 1939 in den Vereinigten Staaten.[18] In diesem kleinen Band liefert Sidney Fairbanks neben einer integralen Übersetzung des altfriesischen Textes ins Englische eine Übersicht zu verfahrensrechtlichen Aspekten des älteren friesischen Prozessrechts.

4.1 Die Quellenlage

Die in der Volkssprache abgefassten Quellen fanden für kleinere, regionale Gebiete – wie z. B. das Ältere Schulzenrecht für das westerlauwerssche Friesland – Anwendung. Seit dem 12./13. Jahrhundert deckten fast alle Quellen ein regional abgestecktes Gebiet ab.[19] Eine Ausnahme bildete der Upstalboom bei Aurich: Hier sollten die von den Teilnehmern gewählten Geschworenen „die Wahrung des friesischen Landrechts überwachen und die *universitas* gegen Friedensbrecher mobilisieren".[20] Westlich der Lauwers spielte diese Versammlung als Idee zur Gestaltung einer überregionalen Rechtsgemeinschaft offenbar eine untergeordnete Rolle, sodass von einem *universitas Frisonum* keine Rede sein konnte.[21]

Verfahrensrecht im *Lex Frisionum* siehe Algra, Oudfries recht, 800–1256, Leeuwarden 2000, Kap. 8. Willoweit warnt in diesem Zusammenhang vor einer Überbetonung der Konstante im „Mittelalter", z. B. können auch die an Konflikt und Verbrechen geknüpften Sanktionen nicht immer gleich geblieben sein: „Hier – wie auf anderen Forschungsfeldern der Rechtsgeschichte – erschwert das Verständnis oder stiftet sogar Verwirrung, wer unter der Überschrift ‚Das Mittelalter' generalisierende Aussagen wagt." Willoweit, Dietmar, Entdogmatisierung der mittelalterlichen Strafrechtsgeschichte, Rechtsgeschichte, in: Zeitschrift des Max-Planck-Instituts für europäische Rechtsgeschichte 14 (2009), S. 14–39, hier S. 33.

18 Fairbanks, The old West Frisian Skeltana riucht. Rezensiert wurde das Werk von George L. Haskins: „There is much in the book which should form the groundwork for further study of Frisian law." Haskins, George L., Review of The Old West Frisian „Skeltana Riucht" von Sidney Fairbanks, Harvard Law Review 53, Nr. 4 (1940): S. 700–702, hier S. 702, https://doi.org/10.2307/1334022, zugegriffen am 05.12.2020.

19 Vgl. Gerbenzon, Pieter, Apparaat voor de studie van Oudfries recht II. Bronnen, Syllabus Universität Groningen, bewerkt door B. S. Hempenius-Van Dijk, Groningen, o. J., S. 1 f.

20 Vries, Oebele, Geschichte der Friesen im Mittelalter: West- und Ostfriesland, in: Munske, Horst Haider (Hrsg.), Handbuch des Friesischen. Handbook of Frisian Studies, Tübingen 2001, S. 538–549, hier S. 544.

21 Ob es ein wirkliches politisches Kontinuum mit realen Auswirkungen auf den Alltag der Rechtsgenossen gegeben hat, muss denn auch bezweifelt werden. Der friesische Bauer wird die Friesische Freiheit nur in seinem überschaubaren, regionalen Alltag empfunden haben. Vgl. in diesem Zusammenhang die einschlägigen Ausführungen Heinrich Schmidts, Zur ‚Ideologie' der Friesischen Freiheit im Mittelalter,

Die überlieferten altfriesischen[22] Texte beziehen sich fast ausschließlich auf das altfriesische Recht. Diese werden in sechzehn Codices und einem gedruckten Buch überliefert. Darüber hinaus gibt es alle Arten von losen Stücken mit Text im Altfriesischen (die meisten davon Urkunden). Die Pergamentblätter sind von minderer Qualität, einige mit fehlenden Ecken, andere sind durchlöchert; manche Löcher sind mit Stichen repariert worden, bevor die Schreiber ihre Arbeit verrichten wollten.[23] Bremmer geht davon aus, dass die Manuskripte auf Wunsch einiger Großbauern, die in ihrer Eigenschaft als Amtsträger in der Verwaltung der Bezirke tätig waren, als Erinnerung und zur privaten Konsultierung geschrieben wurden. Die Qualität dieser Handschriften ist nicht gerade ein Beispiel dafür, dass das friesische Unabhängigkeitsgefühl mit der Bereitschaft der Großbauern einherging, finanzielle Mittel für ein ordentliches und gut aussehendes Manuskript bereitzustellen.[24]

Zehn der sechzehn Handschriften stammen aus dem östlichen Teil des damaligen friesischen Sprachraums, also aus der Region zwischen Lauwers und Weser. Diese werden in der Regel durch die Namen der Gebiete angezeigt, aus denen sie stammen; ganz gesichert ist diese Einordnung laut Oebele Vries, dessen Auflistung hier gefolgt wird, jedoch nicht. Zu den östlich der Lauwers gehörenden Handschriften gehören z. B. der Erste und Zweite Rüstringer Codex (abgekürzt: R1 und R2), das Erste und Zweite Brookmer Manuskript (BI und B2), das Erste, Zweite und Dritte Emsinger Manuskript (E1, E2 und E3), das Fivelgoër Manuskript (F) und das Erste und das Zweite der Hunsinger Codex (H1 und H2), die ihre Namen aus den Ländern Rüstringen, Brookmerland, Emsingo, Fivelgo und Hunsingo ableiten. Die ältesten Handschriften sind der Erste Rüstringer Codex (R1) und das Erste Brookmer Manuskript (B1), die vermutlich kurz vor oder um das Jahr 1300 entstanden sind. Der jüngste ist der Codex Furmerius (Fs), der aus Kopien von älteren Stücken besteht; diese sind später um 1600 teilweise verloren gegangen.[25]

Aus dem westerlauwersschen Friesland stammen sechs Manuskripte, von denen die meisten nach ehemaligen Eigentümern genannt wurden: Codex Unia, die Handschrift Jus Municipale Frisonum, Codex Aysma, Codex Roorda, Codex

---

in: Die Friesische Freiheit des Mittelalters. Leben und Legende, 2003, S. 318–345, hier S. 338 ff.

22 Für eine konzise Darstellung der Entwicklung der friesischen Sprache siehe Krogmann, Willy, Altfriesisch, in: Schmitt, Ludwig Erich (Hrsg.), Kurzer Grundriß der germanischen Philologie bis 1500, Band 1 Sprachgeschichte, Berlin 1970, S. 190–210. Zur zeitlichen Abgrenzung zum Mittelfriesischen vgl. Versloot, Arjen P., Why Old Frisian is still quite old, in: Folia linguistica historica 25 (2004): S. 253–298.

23 Vgl. Bremmer, Rolf Hendrik, Codifying the Law: Frisian Legal Manuscripts around 1300, in: Kwakkel, Erik (Hrsg.), Vernacular manuscript culture 1000–1500, Leiden 2018, S. 143–186, hier S. 178.

24 Ibidem, S. 179.

25 Vgl. Vries und B. S. Hempenius-van Dijk, Asega, is het dingtijd?, S. 12 f.

Parisiensis und Codex Furmerius. Der Ursprung des einen gedruckten Buches, von dem neun Exemplare überliefert sind, stammt auch höchstwahrscheinlich aus Westerlauwersch Friesland.[26]

Das Ältere Schulzenrecht ist einer der ältesten westerlauwersschen Rechtstexte. Diese altertümliche Quelle ist uns in vier Fassungen überliefert.[27] Dieser Rechtstext ist sehr deutlich mit der Grafenzeit verbunden, da der Einzug eines ausländischen Grafen in Friesland bereits im ersten der 81 Artikel beschrieben wird. Es beschreibt, wie er als Herr von Friesland zu seiner Gerichtsstätte in Westergo reisen muss, nämlich nach Franeker, wo er dem Gericht vorsitzen wird. Dieser Text wird traditionell mit dem Namen *Schulzenrecht* bezeichnet, da der Amtsträger, der vom Grafen ernannte Richter, der am häufigsten erwähnte Amtsträger in dieser Quelle ist. Zur Unterscheidung des folgenden als *Jüngeres Schulzenrecht* bekannten Textes wird die Bezeichnung *Älteres Schulzenrecht* verwendet.[28] Breuker hat vorgeschlagen, diesen Namen durch einen anderen zu ersetzen, der ausdrückt, was dieser Gesetzestext tatsächlich ist, nämlich das Landrecht Westergos.[29] Im Kapitel 1 ist vom Landrecht der Friesen die Rede, aber damit können nicht alle Friesen gemeint sein, dafür ist der Begriff zu unspezifisch. Neulich hat Oebele Vries in einem Artikel nachgewiesen, dass die Bezeichnung „Landrecht" im altfriesischen Textcorpus sowohl für einzelne Bestimmungen als auch für größere Rechtssammlungen verwendet wurde.[30] Für das Ältere Schulzenrecht gelten im Sinne dieser Definition die individuellen Bestimmungen als rechtsverbindlich für das Land, Landrecht also. Aus der herkömmlichen Bezeichnung kann man feststellen, dass

---

26 „Das westerlauwerssche Friesland war das alte Kernland des friesischen Stammes [...] und zweifelsohne das wichtigste Ursprungsland friesischen Rechts." Algra, Grundzüge des friesischen Rechts im Mittelalter, S. 556. Dazu auch Johnston: „Nine copies of the Frisian incunabulum best known as ‚Druk' have survived. It was printed anonymously in or around 1485, presumably somewhere in or close to Frisia west of the Lauwers", Johnston, Thomas Stanley Baker, The Old Frisian Law Manuscripts and Law Texts, in: Munske, Horst Haider (Hrsg.), Handbuch des Friesischen. Handbook of Frisian Studies, Tübingen 2001, S. 571–586, hier S. 572.

27 Vollständige Texte in: Jus Municipale Frisonum (J), Incunabulum [(‚Oude') Druk] (D), Codex Unia (U), eine teilweise, nur die ersten 16 Paragraphen umfassende Redaktion im Codex Roorda (R).

28 Um einer Verwechslung der beiden Rechtsdenkmale vorzubeugen, hat Heck vorgeschlagen, von einem älteren und jüngeren Schulzenrecht zu reden. In: Heck, Philipp, Die altfriesische Gerichtsverfassung, Weimar 1894, S. 12. In der Forschung wird diese Zweiteilung, trotz Bedenken, beibehalten.

29 Breuker, Philippus H., Landrecht der Vriesne: tekstuitgave en commentaar, Fryske Akademy, Leeuwarden 1996, S. 91–223, hier S. 5.

30 Vries, Oebele, „Thet is ac londriucht. Landrechte und Landrecht im mittelalterlichen Friesland", in: Directions for old Frisian philology (2014), S. 571–588.

es sich um Vorschriften handelt, in denen *der skelta* (Schulze), ein richterlicher Amtsträger, eine herausragende Position einnimmt.

Obwohl dieser Text wenig Systematik zeigt, gibt es doch noch einige zusammenhängende Teile. In den Kapiteln 6–13 geht es um das Familienrecht, in Kap. 22–25 um die Waffen, die der freie Friese für die Landesverteidigung haben muss, in Kap. 26–29 um das sogenannte *bodthijng* (Gerichtsversammlung, die obligatorische Anhörung des Gerichts), in Kap. 39–42 um den Kesselfang, in Kap. 43–48 um den gerichtlichen Zweikampf, in Kap. 57–61 um das Verfahren vor dem Gericht des Grafen, das – wie gesagt – in Franeker stattfand, und in Kap. 68–76 um das Verfahren bezüglich der Aufteilung eines Nachlasses. Weiterhin gibt es einzelne Beschreibungen, auch auf strafrechtlichem Gebiet, z. B. die Darstellung der Vergewaltigung einer Frau mit anschließendem Verfahren (Kap. 33). Es handelt sich um den Vorgang, der einzuhalten ist, wenn ein Mann auf gewaltsame Weise, *in casu* durch Vergewaltigung (*needmond*)[31] zu seiner Frau gekommen ist. Darüber hinaus sehen wir in diesem Text den Asega und den Frana, Letzterer als Vertreter des Grafen, in Erscheinung treten.

Erwähnenswert ist noch, dass dies der einzige altfriesische Rechtstext ist, von dem eine Übersetzung ins Mittelniederländische erhalten geblieben ist. Diese Fassung stammt wahrscheinlich aus der Mitte oder der ersten Hälfte des 14. Jahrhunderts und könnte auf eine ältere Version dieses Textes zurückgehen als die erhaltene altfriesische. Möglicherweise wurde diese Übersetzung zugunsten der niederländischen Grafen angefertigt.

4.2 Westerlauwersch Friesland: das Schulzenrecht in den Primärquellen[32]

Rechtshandschriften / Sammelmanuskripte

a. Gedruckte Quelle: Druk

Sigel: D
Sonstige Bezeichnungen: Freeska Landriucht, W1
Datierung: circa 1464[33]

31 „nêdmund, afries., [...] nhd. Notzucht; ne. rape“, Köbler, Gerhard, Altfriesisches Wörterbuch, https://www.koeblergerhard.de/afrieswbhinw.html, zugegriffen am 11.11.2020.

32 Übersicht des altfriesischen Corpus nach Nijdam, Han, Lichaam, eer en recht in middeleeuws Friesland: een studie naar de Oudfriese boeteregisters (Middeleeuwse Studies en Bronnen 114), Hilversum 2008. Appendices bij deel I.

33 Abweichende Datierung bei Oebele Vries: „Bij het gedrukte boek gaat het om een incunabel, d.w.z. een boek dat vóór 1501 is gedrukt. Het is, zoals gebruikelijk bij incunabelen, niet voorzien van een titelpagina. Inmiddels staat vast dat het moet

Kurzbeschreibung: Inkunabel (neun Exemplare bekannt) mit einheimischem, friesischem Recht, mit lateinischen Glossen versehen, die auf das Römisch-Kanonische Recht verweisen. Möglicherweise im westerlauwersschen Friesland gedruckt.[34]

Ausgabe: Von Richthofen, Friesische Rechtsquellen (1840). Noch keine moderne Ausgabe der kompletten Inkunabel vorhanden.

b. Manuskript: Jus Municipale Frisonum

Sigel: J
Sonstige Bezeichnungen: W2
Datierung: Kopie von etwa 1538 verschiedener älterer Akten (15. Jahrhundert)
Kurzbeschreibung: Papiermanuskript. Das Manuskript war vormals im Besitz von Karl von Richthofen und ist von ihm in seinen Untersuchungen zur friesischen Rechtsgeschichte I, S. 25 ff., beschrieben worden. Nach Gerbenzon handelt es sich um ein Rechtsbuch, das im Wesentlichen die Aufgaben des Schulzen regelt; wahrscheinlich durch Zusammenführung zweier älterer Quellen entstanden. Hier und da bezogen auf das westerlauwerssche Sendrecht.[35]

Es umfasst inhaltlich einen größeren Teil als U oder D, die Rechtschreibung ist vom Niederländischen beeinflusst. Handschrift schwer leserlich durch inkonsequente Zeichensetzung und eine „unintelligente" Wörtertrennung.[36] Kritische Ausgabe: Buma und Ebel (Hrsg. und Übersetzung), Westerlauwerssches Recht I.

c. Manuskript: Codex Unia

Sigel: U
Sonstige Bezeichnungen: Codex GJ in Quarto, W3
Datierung: circa 1470
Kurzbeschreibung: Verlorenes Manuskript, von dem mindestens zwei Teile 1475 von Syds van Unia kopiert wurden. Ob er auch den dritten und jüngsten Teil abschrieb, ist offen. Die Sprache des Codex U zeichnet sich gegenüber den anderen Manuskripten und dem Druk (D) durch größere Reinheit aus. „Es ist kein Zweifel, dass wir in U die älteste und sprachlich wichtigste Aufzeichnung – dies gilt besonders von den älteren Stücken und vor allen Dingen von dem im Mittelpunkt unserer Betrachtung stehenden Schulzenrecht – der westfriesischen Rechtsquellen

---

zijn gedrukt in de jaren 1484–1486." Vries und Hempenius-van Dijk, Asega, is het dingtijd?, S. 13.

34 Dazu Gerbenzon, Pieter, Aantekeningen over de Jurisprudentia Frisica, in: Tijdschrift voor Rechtsgeschiedenis 57 (1989), S. 21–67, hier S. 35, Fn. 4. Fairbanks vermutet, dass J in Köln oder Anjum (Friesland) gedruckt wurde. Vgl. Fairbanks, The old West Frisian Skeltana riucht, S. 8.

35 Gerbenzon. Apparaat voor de studie van Oudfries recht II, Nr. 855, S. 54.

36 Fairbanks, The old West Frisian Skeltana riucht, S. 8.

zu sehen haben, eine Annahme, die sich auch durch sachliche Gesichtspunkte ihre Stütze findet".[37]

Dieses Manuskript, das inhaltlich große Ähnlichkeiten mit Druk und Jus aufweist, ist nur aus der Kopie bekannt, die Franciscus Junius um 1670 davon angefertigt hat, und besteht nur in Form von Exzerpten. Zu dieser Zeit befand es sich im Besitz von Simon Abbes Gabbema, dem nationalen Geschichtsschreiber von Friesland, von dem Junius es ausgeliehen hatte.

Ausgabe: Es ist noch keine moderne Ausgabe des gesamten Manuskripts verfügbar. Einige Texte wurden veröffentlicht, u. a. Steller, *Das altwestfriesische Schulzenrecht.*

d. Manuskript: Codex Roorda

Sigel: Ro
Datierung: ca. 1500
Kurzbeschreibung: Papiermanuskript mit großem römisch-kanonischem Gesetzestext, genannt Jurisprudentia Frisica. Dem geht ein Stück von Landrecht der Friesen / Älteres Schulzenrecht voraus (mit umfangreicheren lateinischen Glossen versehen). Die Handschrift wurde nach einem Vorbesitzer, Karel (van) Roorda, genannt. Die Kompilation öffnet mit einer längeren Version von „Haet is riocht" und den ersten Teil des Älteren Schulzenrechts (mit Glossen).

Diplomatische Ausgabe: De Haan Hettema, Jurisprudentia Frisica. Neubearbeitung in Vorbereitung.

4.3 Sonstige Quellen

Die vorliegende Arbeit greift auf die zeitgenössische Literatur und prozessrechtliche Quellen zurück. Bei diesen Quellen kann die Frage gestellt werden, inwiefern das beschriebene Verfahren einen Einblick in eine mögliche reale Praxis vermitteln kann. Aus diesem Grund werden bei der Bewertung und Datierung der Quellen philologische, historische, politische und rechtsvergleichende Aspekte berücksichtigt.

In erster Linie ist die 1926 erschienene Ausgabe von Walther Steller zu nennen: Walther Steller, *Das altwestfriesische Schulzenrecht*, Breslau, 1926. Kritische Ausgabe: J, U, D und Ro parallel. Weiter wurde das Ältere Schulzenrecht, basierend auf Steller, von dem Amerikaner Sidney Fairbanks veröffentlicht: *The old West Frisian Skeltana riucht* (Cambridge, MA: Harvard University Press, 1939). Der Text ist mit einer englischen Übersetzung und rechtshistorischem Kommentar versehen. Wybren Jan Buma (Professor für Frisistik und Gotisch an der Rijksuniversiteit Groningen von 1956 bis 1976) und Wilhelm Ebel (unter Mitwirkung von Martina Tragter-Schubert) folgten dann mit ihrer Veröffentlichung dieser „altertümliche[n]

37 Steller Walther, Das altwestfriesische Schulzenrecht (Germanistische Abhandlungen 57), Breslau 1926, S. 8.

Quelle"[38] in: *Westerlauwerssches Recht, Bd. 6, Altfriesische Rechtsquellen* (Göttingen, 1977). Oebele Vries hat den Text in: Vries, Oebele/Hempenius-van Dijk, Barendina Sijtje, *Asega, is het dingtijd? De hoogtepunten van de Oudfriese tekstoverlevering*, Leeuwarden [u. a.] 2007 aufgenommen (Text 13 mit niederländischer Übersetzung).

Die überlieferten Texte unterscheiden sich kaum voneinander. Die Handschriften **J**, **U** und **D** zeigen dabei aber die größte inhaltliche Übereinstimmung: Ein fester Kern an Rechtstexten lässt sich in diesen Handschriften bzw. in diesem gedruckten Buch feststellen.[39] Darüber hinaus lassen sich die meisten Unterschiede zwischen den Texten auf Rechtschreibvarianten zurückführen, die keine Grundlage für die Ursprungsforschung bieten. Nur selten gibt es Argumente für die Originalität des Abweichenden oder der parallelen Varianten.

---

38 Buma, Westerlauwerssches Recht, S. 12. Übrigens rät Buma, die Ausgaben von Steller und Fairbanks mit einiger Vorsicht zu benutzen, „weil Steller den Inhalt manchmal mißverstanden und die Parallelfassung nicht fehlerlos wiedergegeben hat, während Fairbanks sich wiederum einseitig auf den von Steller normalisierten Unia-Text stützt." Ibidem, S. 14.

39 Vgl. Meijering, Hendrik, Derk/Nijdam, Han (Hrsg.), Wat is recht? De receptie van Oudfries recht in de Groninger Ommelanden in de 15e en 16e eeuw, Gorredijk 2018), S. 27.

II. Kurzüberblick über die friesische Geschichte

1. Zur Begriffsbestimmung

„Frisia" und „Friesen" sind als geographische oder ethnische Begriffe schwer zu verwenden, vor allem im historischen Kontext. Das Ursprungsgebiet der Friesen, in zeitgenössischen Quellen *Frisia* oder *Fresia* genannt, sollte nicht mit der heutigen Heimat der Friesen in der Provinz Friesland in den Niederlanden oder mit den im deutschen Ostfriesland angesiedelten Bewohnern verwechselt werden. Das historische Friesland könnte am besten als eine Interessensphäre oder Kultur definiert werden, die sich im Laufe der Zeit geographisch sowohl erweitert als auch zusammengezogen hat, nicht als eine Region mit festgelegten Grenzen.[40]

Der lateinische Name *Frisii* ist durch die Werke römischer und griechischer Autoren (insbesondere Tacitus, *Germania*) in die Geschichte eingegangen.[41] Die Friesen waren im 1. Jahrhundert n. Chr. nördlich zwischen der Rheinmündung und der Ems ansässig. Die Bewohner dieses Gebietes nannten sich später *Fresan* oder *Vriesen*; unbekannt ist, ob diese Angaben von den Bewohnern selbst stammen.[42] Nachdem Frisia im 8. Jahrhundert von den Franken erobert wurde, wurde in der *Lex Frisionum* (circa 800) festgelegt, was mit Frisia gemeint war.[43] Die Etymologie

---

40 Vgl. IJssennagger, Nelleke, Between Frankish and Viking: Frisia and Frisians in the Viking Age, in: Viking and medieval Scandinavia 9 (2013), S. 69–98, hier S. 74.

41 „ac primo statim Chaucorum gens, quamquam incipiat a Frisiis ac partem litoris occupet (...)" Much, Rudolf/ Richard Kienast, Die Germania des Tacitus, Heidelberg 1959, Kap. 35, S. 311.

42 Henstra, Dirk Jan/ Popkema, Anne Tjerk (Hrsg.), Friese graafschappen tussen Zwin en Wezer: een overzicht van de grafelijkheid in middeleeuws Frisia (ca. 700–1200), (Estrikken 92), Assen 2012, S. 3. Für eine detaillierte Erörterung der Herkunft des Friesennamens vgl. Bazelmans, Jos, The early-medieval use of ethnic names from classical antiquity. The case of the Frisians, in: Derks, Ton/Roymans, Nico (Hrsg.), Ethnic Constructs in Antiquity. The role of power and tradition, Amsterdam 2009, S. 321–337.

43 Nämlich das Küstengebiet zwischen Sincfal im Südwesten und der Weser im Nordosten, mit einer unklaren Grenze im Landesinneren. Die *Lex Frisionum* zeichnete drei Teile in diesem Bereich mit leicht unterschiedlichen Rechtsvorschriften aus: „Westfriesland, zwischen Vlie und Sincfal (*inter Fli et Sincfalam*), Mittelfriesland, zwischen Lauwers und Vlie (*inter Laubachi et Flehum*) und Ostfriesland, zwischen Lauwers und Weser (*inter Laubachi et Wisaram*)", ibidem, S. 3. Kritisch zu dieser tota-Frisia-Auffassung Goffert Jensma: „A Frisian territory as large, coherent and undifferentiated as this has never existed, not even in the era that this particular map refers to, i.e. the

des Wortes ist bis auf den heutigen Tag nicht geklärt. Phonologische Untersuchungen haben ergeben, dass der Name der Friesen womöglich nicht germanisch ist; eher ist mit einer Bevölkerungsgruppe zu rechnen, die in einem sprachlichen Übergangsgebiet zwischen Kelten und Germanen zu verorten ist.[44] Es wurde aufgrund onomastischer Indizien vermutet, dass sie einen nicht-keltischen und nicht-germanischen, aber dennoch indoeuropäischen Dialekt sprachen und erst in den frühen Jahrhunderten der christlichen Ära nach und nach germanisiert wurden. Dabei ist eine nicht-indogermanische Wurzel nicht auszuschließen, jedoch unwahrscheinlich.[45]

Early Middle Ages." Jensma, Goffert, Remystifying Frisia The ‚experience economy' along the Wadden Sea coast, in: Linde Egberts und Meindert Schroor (Hrsg.), Waddenland Outstanding: History, Landscape and Cultural Heritage of the Wadden Sea Region, Landscape and Heritage Studies (Amsterdam University Press), Amsterdam 2018), S. 154. Die geographische Festlegung dieses Gebietes beruht nach Jensma auf einer nationalistischen Idee des 19. Jahrhunderts einer „friesischen Nation". Es ist genau diese Idee, die auf die Vergangenheit des frühen Mittelalters rückprojiziert wird, was auf die Existenz eines friesischen Nationalstaates *avant la lettre* hindeutet und damit seine Kontinuität suggeriert. Ibidem, S. 155. Vgl. auch Carsten Roll: „Bei Urteilen über die tatsächlichen friesischen Rechts- und Stammesverhältnisse ist die Lex Frisionum kaum behilflich." Roll, Carsten, Vom ‚asega' zum ‚redjeven'. Zur Verfassungsgeschichte Frieslands im Mittelalter, in: Concilium medii aevi 13 (2010) S. 187–201, hier S. 189.

44 Die Germanen wohnten jahrhundertelang in einer Nachbarschaft mit den Kelten, wobei es zu sprachlichen Interferenzen kam. Die Übereinstimmungen sind jedoch rein lexikalischer Natur, u. a. auf dem Gebiet des Rechts. So ist in allen germanischen Sprachen das Substantiv **rigs* „König", „Herrscher" bewahrt geblieben, vgl. got. *reiki*, ahd. *rīhhi*, ags. *rīce*, an. *ríki*, alle mit derselben Bedeutung „Herrscher." Vgl. Euler, Wolfram/Badenheuer, Konrad, Sprache und Herkunft der Germanen: Abriss des Protogermanischen vor der ersten Lautverschiebung, Hamburg [u. a.] 2009, S. 52.

45 Seebold, Elmar, Die Friesen im Zeugnis antiker und spätantiker Autoren in: Munske, Horst Haider (Hrsg.), Handbuch des Friesischen. Handbook of Frisian Studies, Tübingen 2001, S. 479–486, hier S. 486. Die Ansichten, dass u. a. friesische Ortsnamen aus einem nichtindogermanischen Substrat zu erklären wären – die sogenannte Nordwestblocktheorie von H. Kuhn –, sind unhaltbar. Dazu ausführlich Udolph, Jürgen, Namenkundliche Studien zum Germanenproblem (Ergänzungsbände zum Reallexikon der germanischen Altertumskunde 9), Berlin [u. a.] 1994, S. 935–940. Peter Schrijvers vermutet keltische Einflüsse: „A few onomastic data indicate the presence of a Celtic-speaking population in the area. The Frisian kings who visited Rome under the emperor Nero are called *Verritus* and *Mal(l)orix*. Both names make sense in Celtic, [...]." Schrijver, Peter C. H, Frisian between the Roman and the Early Medieval Periods: Language contact, Celts and Romans, in: Hines, John/IJssennagger, Nelleke L. (Hrsg.), Frisians and their North Sea neighbours: From the Fifth Century

Der friesische Sprachraum hat sich im Laufe der Jahrhunderte einerseits ausgedehnt, andererseits aber auch wieder verkleinert. Nordfriesen siedelten sich auf den Inseln Helgoland, Amrum, Föhr und Sylt an; an der Westküste Schleswigs und auf den Halligen wurden sie im 9. Jahrhundert sesshaft. Dieses Gebiet wird in der Forschungsliteratur „Nordfriesland" genannt. Nordfriesland lag außerhalb des von den Franken eroberten Gebiets und spielt daher in dieser Arbeit weiterhin keine Rolle. Der östliche Teil wurde 785 ins Frankenreich integriert; seine Bewohner lebten zwischen Lauwers (Westgrenze) und der Weser, man findet sie als „Ostfriesen" in den rechtshistorischen Quellen wieder. Komplizierter und nicht immer konsequent ist die Benennung der Friesen, die sich westlich der Lauwers angesiedelt hatten. Der Expansion des friesischen Sprachgebietes standen beträchtliche Einbußen gegenüber. Das Friesische verschwand um 1100 im Gebiet zwischen dem *Lacus Flevus* (dem heutigen IJsselmeer) und *Sincfal* (Westerscheldemündung) und wurde nicht mehr zu Friesland gerechnet. Im 11. Jahrhundert wurden die Grafen in Nordholland (Kennemerland) zwar noch als *comes frisiae* charakterisiert, und gerade das ist der Grund für eine uneinheitliche Anwendung des Begriffs „westfriesisch". Denn aus deutscher Perspektive werden die Gebiete westlich der Ems als „Westfriesland" definiert, aus niederländischer Sicht wird mit „Westfriesland" jedoch die Nordspitze der niederländischen Provinz Nordholland angedeutet. In diesem Gebiet wurde zwar lange Zeit ein friesischer Dialekt gesprochen, mittelalterliche Handschriften aus diesem Gebiet sind jedoch nicht überliefert.[46] Die westliche Sprachgrenze verlief im 13. Jahrhundert zwischen Nordholland (Marsdiep) und der Insel Texel. Später ist dann auch diese Insel „niederländisch", die übrigen Nordseeinseln blieben weiterhin dem friesischen Sprachraum erhalten. Die friesischen Bewohner der heutigen Provinz Friesland (Fryslân)[47] treten in der Forschungsliteratur als „Westerlauwerssche Friesen" oder als „Mittelfriesen"[48] in Erscheinung.

Im Mittelpunkt dieser Arbeit steht eine Quelle, die im westerlauwersschen Teil von Friesland verfasst worden ist. Im *Jus Municipale Frisonum* hat der Verfasser/

to the Viking Age, Woodbridge (Suffolk, UK) 2017, S. 43–52, hier S. 44. Schrijver kommt zu dem Ergebnis, dass es zwischen den Mündungen von Rhein und Ems „during the Roman Period" eine keltischsprachige Bevölkerungsgruppe gab, diese Sprache entwickelte sich zum Prä-Altfriesischen. Seine Erkenntnisse beruhen auf Entwicklungen im Vokalsystem. Ibidem, S. 51.

46 Han Nijdam, Lichaam, eer en recht in middeleeuws Friesland, S. 16, Fn. 9.

47 Friesisch und Niederländisch sind seit 1956 die offiziellen Amtssprachen in der Provinz Friesland.

48 Unter anderen bei Siebs, Benno Eide, Grundlagen und Aufbau der altfriesischen Verfassung, Bd. 144, Untersuchungen zur deutschen Staats- und Rechtsgeschichte, Breslau 1933, S. 64; Krogmann, Willy, Kurzer Grundriß der germanischen Philologie bis 1500, Band 1, S. 190–210, hier S. 201.

Kompilator Bestimmungen über Bußtaxen aufgenommen, die auf ein gewisses Entstehungsgebiet der Handschrift hinweisen. Buma geht davon aus, dass „der Schwerpunkt dieser Kodifikation auf Wymbritseradeel liegt“[49]. Weiterhin gibt es für die Herkunft dieser Handschrift Frieslands noch ein sprachliches Argument: Phonologische Entwicklungen lassen auf eine Abfassung im südwestlichen Teil Frieslands schließen. Das Manuskript ist wahrscheinlich in einem Skriptorium des Augustinerklosters Thabor kompiliert worden, „dessen Mönche bekanntlich die Geschichts- und Rechtswissenschaft besonders gepflegt haben“.[50] Der vollständige Text vom Älteren Schulzenrecht in **J** wird in dieser Arbeit als Forschungsobjekt benutzt. Wenn von „Friesisch“ die Rede ist, wird – wenn nicht explizit anders erwähnt – das westerlauwerssche Friesland gemeint.

2. Politische Entwicklungen

Die Geschichte Frieslands[51] lässt sich wegen der spärlichen schriftlichen Überlieferungen nur schwer beschreiben. Die Quellenlage ist nicht nur dürftig[52], sondern besteht hauptsächlich aus Rechtstexten, wobei sich eine politisch-historische Entwicklung, geschweige denn ein lückenlos zusammenhängendes Kontinuum, nicht direkt herausfiltern lässt. Die später als Friesen bekannte Bevölkerungsgruppe wanderte um 300 v. Chr. in die tiefgelegenen Küstengebiete um das heutige IJsselmeer ein. Sie lebten auf künstlichen Wohnhügeln (Terpen), die sie und ihre Rinder vor den Überschwemmungen in der Nordsee schützten. Bis Augustus kann man von einer unverwechselbaren friesischen Kultur im Terpgebiet mit eigenen einheimischen Keramiken und anderen Artefakten sprechen.[53] Verweise auf Friesen bis zur Merowingerperiode gibt es nicht, angenommen wird eine Lücke in der Besiedlung: „This idea is based not only on the absence of archeological remains from the 4th century, but also on a change in material culture – including settlement

49 Buma, Westerlauwerssches Recht, S. 9. Dazu auch Johnston: „As many of the remaining text in J pertain explicitly to the district of Wymbritseradeel in particular, it is not unlikely, that the compilation stems from here.“ Thomas Stanley Baker Johnston, The Old Frisian Law Manuscripts and Law Texts, S. 575.

50 Buma, Westerlauwerssches Recht, S. 10.

51 In diesem Kapitel wird mit „Friesland“ das historische *Frisia* gemeint, es beschränkt sich also nicht auf die niederländische Provinz Friesland.

52 Im Spätmittelalter sind infolge der Parteikämpfe und Unruhen sehr viele Archivalien verlorengegangen. Vgl. Alberts, Wybe Jappe, Beitrag zur Entwicklung der Landgemeinde in Westerlauwers Friesland, in: Die Anfänge der Landgemeinde und ihr Wesen, Bd. 1 (1964), S. 423–438, hier S. 426.

53 Jellema, Dirk William, Frisian Trade in the Dark Ages, Speculum 30 (1955), S. 15–36, hier S. 15.

structure and burial rites – in the following period."[54] Die Gründe für die Entvölkerung sind noch unklar. Bazelmans geht von Überfällen auf die friesische Küste aus: „In my view the depopulation could also be the result of intertribal raids on relatively unprotected and small scale societies in an area that was easily accessible by sea."[55] Die neuen Menschen, die sich ab dem 5. Jahrhundert im Küstengebiet erneut niederließen, wurden wiederum Friesen genannt, obwohl sie sich stark von den vorigen Bewohnern unterschieden.

Im späten 7. Jahrhundert begannen die Franken, ihr Territorium nach Norden auszudehnen, und eroberten zunächst das Küstengebiet zwischen Schelde und Rhein. In diesem Teil (*Frisia Citerior*) begann Willibrord 690, das Evangelium zu predigen. Sowohl fränkische als auch missionarische Aktivitäten wurden während der Regierungszeit von dem friesischen König Redbad vorübergehend zum Stillstand gebracht, aber bald darauf erneuert. Nach dem Tod Redbads im Jahr 719 wurde das westfriesische Gebiet der Flussmündungen bis zur Vlie von den Franken annektiert.

Im 8. Jahrhundert wurde das heidnische friesische Stammesreich mit dem Friesenkönig Redbad (oder Radbod) von den Franken unterworfen und in ihr Reich eingegliedert.[56] Die Unterwerfung der Friesen fand in verschiedenen Phasen statt und wurde während der Herrschaft Karls des Großen vollendet. Die Christianisierung wurde auch wiederaufgenommen, unter anderem von Bonifatius, Liudger und Willehad.[57] Als Folge der fränkischen Gebietseinverleibung konnten die unterschiedlichen Regionen Frisias nicht gleichzeitig mit Missionszentren versorgt werden. Die ersten Kirchen zwischen Maas und Vlie stammen daher aus einer früheren Periode als die zwischen Vlie und Lauwers. Während die ehemalige Region bereits Anfang des 8. Jahrhunderts das Christentum kennengelernt hatte, wurden die Gebiete zwischen Vlie und Lauwers erst für die Missionsarbeit geöffnet, nachdem Karl Martell 734 die Schlacht an der Boorne gewonnen hatte, und es dauerte immerhin noch 20 Jahre, bevor echte Fortschritte bei der Bekehrung der lokalen Bevölkerung erzielt werden konnten. Die Gebiete östlich der Lauwers wurden den

---

54 Knol, Egge, und Nelleke L. IJssennagger. Palaeogeography and People: Historical Frisians in an archaeological ligh, in: Hines, John/ IJssennagger, Nelleke L. (Hrsg.), Frisians and their North Sea neighbours: From the Fifth Century to the Viking Age, Woodbridge (Suffolk, UK) 2017, S. 5–24, hier S. 11.

55 Bazelmans, The early-medieval use of ethnic names from classical antiquity. The case of the Frisians, S. 332.

56 Vgl. Oebele Vries, Geschichte der Friesen im Mittelalter, S. 539.

57 Dazu Bremmer, Rolf Hendrik, An introduction to Old Frisian: history, grammar, reader, glossary, Amsterdam 2009), S. 2.

Missionaren erst zugänglich, nachdem Karl der Große 782 den sächsischen Aufstand von Widukind niedergeschlagen hatte.[58]

Als Stammrecht enthielt die *Lex Frisionum* sowohl die traditionellen friesischen Rechtsgewohnheiten als auch das von den Franken eingeführte neue Recht. Die fränkischen Könige, die die *Leges Barbarorum* zusammenstellen ließen, taten dies im Rahmen der Errichtung und Verfestigung ihres Königshauses. Mit dem Aufstieg dieses Königshauses veränderte sich die alte germanische Gesellschaft radikal: Aus einer von ihren freien Mitgliedern dominierten Gemeinschaft verwandelte sie sich in ein politisches Herrschaftssystem mit einem Monarchen an der Spitze.[59]

Auch nachdem die Franken die friesischen Gebiete erobert hatten, lässt sich, bis auf fragmentarisch überlieferte Berichte über die Missionierung Frieslands, kein genaues Bild über die friesische Gesellschaft wiedergeben. Aus der Herrschaft Karls des Großen stammt die früheste friesische juristische Rechtsaufzeichnung, die sogenannte *Lex Frisionum*, die circa 785, spätestens 802 in lateinischer Sprache verfasst wurde.[60] Dieses Kapitular teilt das friesische Gebiet in drei Regionen: von der Sincfal (in der Scheldemündung) bis zur Vlie (heute eine Passage zur Nordsee zwischen den Inseln Vlieland und Terschelling), von der Vlie bis zur Lauwers und von der Lauwers bis zum Unterlauf der Weser.[61] Die drei Regionen der *Lex Frisionum* machen deutlich, dass Friesland wahrscheinlich nicht als ein einziges, homogenes oder zentralisiertes Gebiet betrachtet werden sollte, sondern als Ganzes, das sich als Region mit eigenen Rechten und möglicherweise mit irgendeiner Form von Autonomie durchsetzen konnte.[62]

Nach Bremmer[63], dessen politisch-historische Einschätzungen im Folgenden aufgeführt werden, wurde mit der Teilung des karolingischen Reiches durch den Vertrag von Verdun im Jahre 843 *Frisia* in seiner Gesamtheit Lothringen zugeteilt,

58 Siehe Langen, Gilles J. de/Mol, Johannes Adriaan, Church Foundation and Parish Formation in Frisia in the Tenth and Eleventh Centuries. A Planned Development? in: The Medieval Low Countries. An Annual Review 4 (2017), S. 1–56, hier S. 8, 10.

59 Timmer, Rijk, Restanten van Oud-Germaans recht in de Lex Frisionum, in: Pro memorie 2 (2000), S. 17–45, hier S. 17.

60 Die *Lex Frisionum* entstand im Rahmen der Bemühungen Karls des Großen, das Gewohnheitsrecht der zum fränkischen Reich gehörenden germanischen Stämme aufzuzeichnen und gegebenenfalls zu verbessern, wie die *Annales Laureshamenses* aus dem Jahr 802 erwähnen. Ibidem, S. 17.

61 „Not surprisingly, in light of the flat and low-lying topography of the whole area, a series of waterways was thus used to define and frame early-medieval Frisia, and its internal structuring in three parts." Hines, John/ IJssennagger, Nelleke L., Introduction: Frisians – Who, When, Where, Why?, in: Frisians and their North Sea neighbours, 2017, S. 1–4, hier S. 3.

62 Vgl. IJssennagger, Between Frankish and Viking, S. 71.

63 Bremmer, An introduction to Old Frisian, S. 2 ff.

aber die lothringischen Könige verloren allmählich die Macht in der Region. Nach dem Vertrag von Meersen wurde *Frisia* zunächst Westfranken, aber bald darauf Ostfranken als Anteil übergeben. Da sie innerhalb kürzester Zeit recht häufig zwischen den verschiedenen fränkischen Königreichen gewechselt hatten, gelang es den Friesen, innerhalb des Heiligen Römischen Reiches ein gewisses Maß an Unabhängigkeit zurückzugewinnen. Ihr natürlicher Lebensraum war dabei von Vorteil, da sie durch ausgedehnte Sümpfe und Torfmoore aus den Binnenregionen bestand.[64] In jeder Hinsicht war sie die einzige Region innerhalb der fränkischen Einflusssphäre, die den vollen Implikationen des feudalen Systems entgangen war. *Frisia* zwischen der Vlie und der Ems im 11. Jahrhundert schuldete den Grafen des (sächsischen) Brunonischen Hauses die Treue, während im 12. Jahrhundert *Frisia* westlich der Lauwers formal von den Grafen von Holland regiert wurde. Mit abnehmendem Erfolg versuchten beide Grafschaften, ihre Autorität über das friesische Land aufrechtzuerhalten. Für die Brunonen galt, dass das westerlauwerssche Friesland nicht unmittelbar an ihr Hauptlehen grenzte, was die Herausbildung und Etablierung einer Landesherrschaft erschwert haben wird.[65] Sie konnten ihre Lehensrechte nicht durchsetzen und mussten relativ schnell dem Bischoff von Utrecht weichen. Daraufhin wurde Frisia westlich der Lauwers gemeinsam von den Grafen von Holland und den Bischöfen von Utrecht, dem sogenannten Kondominium (1165–1256), regiert.

Am Ende des 13. Jahrhunderts hatten die Grafen von Holland *Frisia* westlich der Vlie erobert, eine Eroberung, die um 1100 ihren Anfang nahm. Ein Textzeuge der nominellen Vorherrschaft des Grafen von Holland über Friesland zwischen der Vlie und den Lauwers wird durch den Eröffnungsteil des Älteren Schulzenrechts präsentiert, der detailliert beschreibt, unter welchen Bedingungen der Graf auf seiner jährlichen Reiseroute nach *Frisia* kommen sollte. Nach der Jahrtausendwende machten der Bau von Deichen und die Rückgewinnung von Land aus dem Meer allmählich die frühere Lebensweise auf Warften (Terpen) überflüssig, weil die Bevölkerung weniger abhängig von den Gezeiten des Meeres wurde. Darüber hinaus wurden die Binnenseen und Moore künstlich entwässert und zu Ackerland ausgebaut. Diese neue Wassertechniktechnik erforderte ein hohes Maß an sozialer und politischer Organisation.[66]

64 „Fresia regio est maritima, inviis inaccessa paludibus", Adamus ‹Bremensis› und Bernhard Schmeidler, Adam von Bremen, Hamburgische Kirchengeschichte. (Magistri Adam Bremensis Gesta Hammaburgensis ecclesiae pontificum), Bd. [1], (MGH, Scriptores Rerum Germanicarum in usum scholarum, Schol. 3, S. 12), Hannover 1917.

65 Algra, Nikolaas Egbert, Ein: enkele rechtshistorische aspecten van de grondeigendom in Westerlauwers Friesland, Diss. Groningen 1966, S. 41.

66 Vgl. die entsprechenden Kapitel über die Sielaufsicht im Älteren Schulzenrecht, Buma, Westerlauwersches Recht, Kap. 19–21, S. 83

Im Laufe des 12. Jahrhunderts wurde die Machtstruktur in den friesischen Ländern auf einer lockeren Föderation oder Liga der sogenannten Sieben Seelande gegründet. Seine Mitglieder trafen sich jährlich im *Upstalsbam* (Opstalsboom), eine natürliche Erhebung in der Landschaft und traditionell der Ort der Hauptversammlungen in Brokmerland, nicht weit vom heutigen Aurich entfernt. Es gibt wenig Beweise dafür, dass die Liga vor 1300 juristische Dokumente vorgelegt hat. Anders als in weiten Teilen Europas war die friesische Aristokratie nicht vom feudalen Adel geprägt, sondern bestand aus allodialen Grundbesitzern, die vom Einkommen ihres Grundbesitzes lebten. Daneben gab es befreite Bauern, die ihre eigenen Äcker bewirtschafteten.[67] Daher nannten sie sich „freie Friesen", was implizierte, dass sie von feudalen Verpflichtungen ausgenommen waren.[68] Die Problematik mit Bezug auf diese „Friesische Freiheit" wird im nächsten Kapitel besprochen, wobei versucht wird, die Fragen nach der im friesischen Kerngebiet gebildeten Leitvorstellung von Herrschaftsfreiheit und Herrschaftsfeindlichkeit zu beantworten. Außerdem haben eventuelle abweichende politisch-historische Charakteristika auch Einfluss auf das Rechtssystem genommen, sodass eine Auseinandersetzung mit dem politischen Freiheitsbegriff uns zugleich einen Blick auf das Funktionieren der rechtsprechenden Amtsträger ermöglicht.

3. Die Friesische Freiheit: Dichtung und Wahrheit

„Es ist vielfach ein Stichwort geworden, von freien Friesen und friesischer Freiheit zu reden, ohne sich des damit verbundenen Sinnes bewußt zu sein."[69] Dieser Satz Richthofens von 1840 erfordert zunächst eine genaue Definition von „Freiheit", insbesondere Freiheit wovon? Ein zusätzliches Problem bildet die Frage nach der zeitlichen und geographischen Ausweitung dieses Begriffs, denn es ist anzunehmen, dass sich die Freiheit graduell und zeitlich versetzt in den unterschiedlichen friesischen Gebieten etabliert hat.[70] Wie dem auch sei, die häufige Erwähnung

---

67 Vgl. Vries, Oebele, Die Friesische Freiheit: ein Randproblem des Reiches, in: Vries, De taal van recht en vrijheid, S. 43–66, hier S. 45.

68 Vries betont, dass mit dem in den älteren friesischen Rechtsquellen verwendeten Begriff „freie Friese" die Person angedeutet wird, die von Frondiensten befreit ist, und damit nicht notwendigerweise die Unabhängigkeit von der gräflichen Gewalt gemeint wird. Dazu Vries, Oebele, Het Heilige Roomse Rijk en de Friese vrijheid, Diss. Rijksuniversiteit Groningen, Leeuwarden 1986, S. 11.

69 Richthofen, Karl Frhr. von, Untersuchungen über Friesische Rechtsgeschichte, Berlin, 1880, S. 3.

70 Eine unbestrittene Belegstelle für den Begriff „Friesische Freiheit" gibt es in der Chronik von Bloemhof: „Sed domnus Sicco decanus de Fermesum et nobiles terre, pro libertate Frisonum [...] in faciem ei restiterunt". Jansen, Hubertus Petrus Hendericus/Janse, Antheun, Kroniek van het klooster Bloemhof te Wittewierum, (Middeleeuwse studies en bronnen 20), Hilversum 1991, S. 360 f.

des Begriffs „freie Friese" in den Rechtsbestimmungen des Älteren Schulzenrechts erfordert eine nähere Beschäftigung mit diesem konstruierten Idealbild der Friesenfreiheit.

Während des 12. und 13. Jahrhunderts drang in den angrenzenden Gebieten Frieslands allmählich der Feudalismus in die Gesellschaft ein und die Rechte der Grafen, ursprünglich Stellvertreter mit begrenzten Befugnissen, entwickelten sich langsam zu einer territorialen Herrschaft von Fürsten; Friesland aber ging einen anderen Weg.[71] Obwohl es keinen Konsensus über die gesellschaftliche Stratifikation in Friesland gibt, lässt sich jedoch feststellen, dass die Grafengewalt im hohen Mittelalter nachließ und letztendlich getilgt wurde.[72] Die Tendenz zur Feudalisierung zwischen Lauwers und Weser war damit gescheitert.[73] In der Folge entwickelten sich in Friesland die ländlichen Gemeinden – die aus erblichen Eigentümern von Bauerhöfen entstanden waren – zu den zentralen Institutionen der friesischen Gesellschaft, wobei die Haupteinheit die Gemeinde auf Dorfebene war. Auf einer höheren Ebene entstanden Landesgemeinden (*terrae*). Das Gesamtergebnis war der Zerfall der ehemaligen Grafschaften in eine große Anzahl kleiner, selbstverwalteter Bezirke, wobei sich der Adel, d. h. in Friesland die Großbauern, im Wesentlichen nie aus einer vorfeudalen Phase entwickelte und eine Ritterschaft nicht existierte. Städte entwickelten sich nur langsam und der Prozess des Staatsaufbaus wurde dadurch deutlich verzögert.[74] Die Organisationsstruktur dieser *terrae* war recht einfach und beschränkte sich auf zwei Institutionen: die

71 Vgl. Vries, Oebele, Frisonica libertas: Frisian freedom as an instance of medieval liberty, in: Journal of Medieval History 41 (2015), S. 229–48, hier S. 231.

72 Die soziale Gliederung der der friesischen Landesgemeinde lässt sich aus den Kapiteln über die Kriegswaffen (Kap. 22–25 im Älteren Schulzenrecht) herleiten: Eine vermutlich beschränkte Zahl von Großbauern sollte ein Pferd und Kriegswaffen (und Harnisch?) stellen, die übrigen freien Bauern sollten über ein Schlachtschwert verfügen, die kleineren Grundstückseigentümer sollten sich mit Speer und Schild bewaffnen und die Kleinstbesitzer bewaffneten sich mit Bogen und Pfeilköcher. Dazu Knottnerus, Otto, Bauernfreiheit, in: Die Friesische Freiheit des Mittelalters. Leben und Legende, 2003, S. 378–403, hier S. 388. Eine klare Schicht von einflussreichen Grundherren hat es demnach gegeben, sodass man zumindest von einer einheimischen Form von Feudalität ausgehen kann. Frieswijk spricht in diesem Zusammenhang von „Mythos der Friesischen Freiheit", Frieswijk, Johan, Die Vorstellung von der Friesischen Freiheit in der niederländischen Provinz Friesland 1918–1950, in: Die Friesische Freiheit des Mittelalters. Leben und Legende, 2003, S. 494–511, hier S. 496.

73 Vgl. Vries, Geschichte der Friesen im Mittelalter, S. 542.

74 Dazu van Lengen: „Im Innern hemmte und hinderte die F. F. über zwei Jahrhunderte die Profilierung des Adels wie der Städte, so daß diese Kräfte nur beschränkt und erst verspätet zum Tragen kamen." Lengen, Hajo van, Art. Friesische Freiheit, in: Lexikon des Mittelalters, Bd. 4, 1989, Sp. 977.

Gemeindeversammlung und die Rechtsprechung.[75] Im Laufe der Zeit haben sich diese *terrae* als relativ getrennte Bestandteile erhalten, was in seiner Gesamtheit „Friesland" genannt wurde. Die Zersplitterung dieses Gebiets spiegelte sich im administrativen Aspekt des Mangels an einer Zentralverwaltung wider, andererseits aber auch in der Anwesenheit zahlreicher, geographisch beschränkter und dadurch kleinerer Machthaber. Diesen dezentralen Aspekt der Gesellschaft kann man als dauerhaftes und typisches Merkmal Frieslands betrachten.[76]

Auch die Einflussnahme der lokalen Geistlichen auf kirchliche Angelegenheiten im 12. und 13. Jahrhundert und die damit verbundene Lockerung von der bischöflichen Obrigkeit können, so Mol, als Beispiel für einen friesischen Sonderweg dienen: Stifter der Kirchen und Klöster waren Angehörige der vornehmsten Familien; sie finanzierten zum größten Teil die neu zu bauenden Klöster. Die Söhne und Töchter traten oft in die Klostergemeinschaften ein; auf diese Weise konnten die Geldgeber – auch wegen der schwachen Kontrolle der kirchlichen Obrigkeit – eine unabhängige landeseigene Pfarrdynastie gründen.[77] Durch diese lokale Einmischung in die Zuständigkeit der kirchlichen Obrigkeit musste der Bischof von Utrecht mit erheblichen finanziellen Einbußen rechnen. Statt sich aber zu wehren, entwickelte der Bischof eine Strategie, wobei er die Finanzierung der Kirchen und Klöster der einheimischen Elite überließ und billigte in der Hoffnung, die lokale Elite würde ihn in seiner Funktion als Kirchenfürst unterstützen. Auf diese Weise musste der Bischof nicht ganz auf seine Kircheneinkünfte verzichten.[78]

Während die kommunalen Organisationen sich weitgehend etabliert hatten, begann sich ein Narrativ zu entwickeln, das darauf abzielte, die ungewöhnliche Position der Friesen innerhalb der europäischen gesellschaftspolitischen Konstellation zu finden. Bei dieser Suche nach einer eigenen nationalfriesischen Identität spielte Karl der Große eine entscheidende Rolle. Von Anfang an wurde der

75 Vgl. Vries, Frisonica libertas, S. 231.

76 Vgl. Henstra/Popkema, Friese graafschappen tussen Zwin en Wezer, S. 16 f. Dazu auch Nijdam: „The Frisian Freedom meant that a number of developments that occurred elsewhere in Europe did not get a foothold in Frisia. One of the most important aspects was that the development of counts and earls into suzerains did not take place." Nijdam, Han, Wergild and Honour: Using the Case of Frisia to Build a Model, in: Bothe [u.a], Wergild, Compensation and Penance. The Monetary Logic of Early Medieval Conflict Resolution, Bd. 31 (2021), S. 161–183, hier S. 167. Bremmer fasst die Friesische Freiheit in einem Satz zusammen: „In reality, the Frisian lands were independent." Bremmer Rolf Hendrik, Taking Stock of Old Frisian Studies: 1992–2021, in: Us Wurk 70, Nr. 1–2 (2021), S. 1–28, hier S. 6.

77 Mol, Johannes Adriaan, „Friesische Freiheit im Kirchspiel und Kloster", in: Die Friesische Freiheit des Mittelalters. Leben und Legende, 2003, 194–245, hier S. 227, 242.

78 Ibidem, S. 214. Heutzutage würde man diese Konstellation als Win-win-Situation definieren.

fränkische König als Quelle für sowohl ihre Freiheit als auch ihre Gesetze dargestellt. Nach der friesischen Legende hatte Karl der Große den Friesen die Freiheit als Belohnung für die Eroberung Roms gewährt, ein Ereignis, das angeblich stattfand, nachdem der Papst von den rebellischen Römern geblendet worden war. In der Magnussage, im westerlauwersschen Friesland entstanden, wurde berichtet, dass König Karl den Fahnenträger Magnus mit teuren Geschenken für seine Unterstützung belohnen wollte. Dieser lehnte das aber ab. Stattdessen wünschte er ein immaterielles Geschenk: Alle Friesen sollten frei sein und die hölzernen Halsbänder – als Zeichen der Hörigkeit – sollten ihnen abgenommen werden. Als Gegenleistung verpflichteten sich die freien Friesen zum (eingeschränkten) Heeresdienst und dazu, die Haussteuer zu zahlen. Überdies setzte Magnus noch weitere Rechte zwingend fest, die teilweise im Älteren Schulzenrecht u. a. im Kapitel über die Heerfahrtspflicht ihren Niederschlag gefunden haben.[79]

Neben dieser bekannten Sage gibt es für das friesische Freiheitsnarrativ noch eine recht unbekannte Geschichte, wobei die Friesen nach der Befreiung Roms in einem Dorf in der Schweiz landeten. Sie wurden Eidgenossen, kämpften gegen die österreichischen Herzöge und wussten ihre Freiheit zu bewahren. Vermutlich entstand diese Geschichte aus dem Wunsch, die Ähnlichkeiten zwischen dem spätmittelalterlichen Friesland und den freien Schweizer Urkantonen zu betonen.[80] Zur Bewertung dieser Geschichte reicht die lakonische Aussage von Wilhelm Hanisch: „es gibt keinen friesischen Wilhelm Tell."[81]

Vries vertritt die These, dass sich die Friesen des späten Mittelalters ihrer anomalen Lage bewusst gewesen waren. Irgendwann, möglicherweise in der ersten Hälfte des 13. Jahrhunderts, hätten sie ihrem gefühlten außergewöhnlichen Status einen Namen gegeben: Freiheit. Gegen Ende des 13. Jahrhunderts wurde es prägnanter als „friesische Freiheit" definiert und seit dem frühen 15. Jahrhundert als „frei (und) friesisch" bezeichnet. Die Friesen hätten bis etwa zur Mitte des 14. Jahrhunderts die Freiheit von der Knechtschaft als wesentlichen Teil ihrer Freiheit betrachtet, wobei die freie Wahl der Richter ein weiterer wichtiger Aspekt sei. Erst im 15. Jahrhundert betrachteten sie ihre Freiheit hauptsächlich oder ebenso ausschließlich als Freiheit von fürstlichen Herrschaften. Diese Verschiebung könne

79 Für die vollständige Beschreibung der Freiheitsprivilegien siehe Die Magnusküren, Buma, Westerlauwerssches Recht, S. 131 ff. Als sicheres Indiz für die historischen Gründe des friesischen Eigenweges kann diese Sage wegen des Mangels an zuverlässigen vergleichbaren Quellen nicht dienen.

80 Vgl. Vries, Oebele, Staatsvorming in Zwitserland en Friesland in de late middeleeuwen. Een vergelijking, in: Vries, De taal van recht en vrijheid, S. 78–98, S. 80 f., hier S. 6.

81 Hanisch, Wilhelm, Friesische Freiheit, Sater Freiheit, Chodenfreiheit und Künische Freiheit, Ein Beitrag zum Problem der Freiheit in der deutschen und schweizerischen Geschichte, in: Tijdschrift voor Rechtsgeschiedenis 33 (1965), S. 1–37, hier S. 6.

durch die wachsende Macht der Klasse der Häuptlinge erklärt werden, ein Prozess, der sicherlich die persönliche Freiheit der meisten Friesen eingeschränkt hätte. Die friesische Freiheit sei zweifellos eine Manifestation der kommunalen Bewegung.[82]

4. Fazit

Die in Friesland lebenden Menschen und Personenverbände konnten in vorfränkischer Zeit aufgrund einer fehlenden kommunalen Struktur wohl keine eigenständige friesische Identität gebildet haben. Erst mit der Niederlage gegen die Franken und der anschließenden Integration der Friesen in das karolingische Reich konnten die Entwicklungen – rückblickend betrachtet – zur Voraussetzung der „Erfindung der friesischen Freiheit" werden.[83] Die Grundsteine für die historiographische Schöpfung eines friesischen Bewusstseins und eines daraus hervorgehenden Rechts als Ausdruck eines friesischen Selbstverständnisses können daher erst ab dem Anfang des 9. Jahrhunderts entstanden sein.[84] Ob die ganze Bevölkerung an den Entwicklungen zum friesischen Selbstbewusstsein einen deutlichen Anteil hatte oder ob sie lediglich von intellektuellen Kreisen angekurbelt wurden, geben die Quellen nicht her.[85]

Die Erklärung für das Phänomen der Friesischen Freiheit liegt in der besonderen politischen Struktur der friesischen Länder seit dem Ende des 12. Jahrhunderts. Friesland begann erst von den umliegenden Regionen in starkem Maße abzuweichen, als die Grafenherrschaft, die ohnehin schwach ausgeprägt war, im 12. und 13. Jahrhundert keine herrschaftlichen Strukturen entwickeln konnte, wie

82 Vries, Frisonica libertas, S. 238.

83 Wenn man der Definition van Lengens folgt, wäre das Adjektiv „frei" als überflüssiger Zusatz zu betrachten: „‚Friesisch' und ‚frei' wurden gleichbedeutend, die Bewohner definierten sich als Friesen über die Freiheit; und ‚Friesland' hieß fortan nur noch i h r – freies – Siedlungsgebiet." Lengen, Hajo van, Siedlungsgebiet der Friesen im nordwestlichen Niedersachsen mit den heutigen Verwaltungsgrenzen, https://dokumen.tips/documents/siedlungsgebiet-der-friesen-im-nordwestlichen-niedersachsen-mit-.html, S. 6, zugegriffen am 15.07.2021. Der Begriff „Freie Friesen" ist also in diesem Sinne als Pleonasmus zu bewerten.

84 Ob es im karolingischen Reich überhaupt ein eigenständiges friesisches Identitätsempfinden gab, ist nach Carsten Roll umstritten. Die Friesen wurden von den Franken nicht als feindseliger Stamm betrachtet, „dessen Aufnahme ins karolingische Reich zu großen Problemen führen würde." Carsten Roll, Vom ‚asega' zum ‚redjeven', S. 189.

85 Zum Vergleich: In Sachsen war die geistige Elite maßgeblich an der Gestaltung eines sächsischen Selbstbewusstseins beteiligt. Vgl. Ehlers, Caspar, Recht und Raum: das Beispiel Sachsens im früheren Mittelalter, in: Rechtsgeschichte, Zeitschrift des Max-Planck-Instituts für europäische Rechtsgeschichte 13 (2008), S. 12–24, hier S. 17 f.

es zeitgleich in vielen Teilen Europas der Fall war. Dies bedeutete, dass die ehemaligen Vertreter in den Grafschaften, die traditionell von den sozial respektierten Grundbesitzern getragen wurden, eine unabhängige Position einnehmen konnten. Anstelle des Grafen oder seines Vertreters mussten sie nun Verwaltungsaufgaben übernehmen und die gerichtlichen Strukturen organisieren. So entstanden die autonomen freien Länder und Gerichte, in denen der einheimische Adel gezwungen war, die Macht miteinander zu teilen.[86] Die freien Länder und Gerichte stellten eine Art kommunaler genossenschaftlicher Institutionen dar. Sie verfügten nicht über die Mittel der Gewalt, ihren Bewohnern Urteile aufzuerlegen, die auch vollstreckbar waren. Ihre Umsetzung hing von persönlicher Macht und von den Richtern ab, die neben einem Haus aus Stein (*stins*) eine solide Verankerung bei einer umfangreichen Klientel in der lokalen Gesellschaft haben mussten.

Aus den Rechtsbestimmungen im Älteren Schulzenrecht lässt sich nicht direkt ein großer gräflicher Einfluss oder eine große Zuneigung für den Grafen rekonstruieren. Von beiden Seiten schien ein Interesse daran zu bestehen, eine gewisse amtliche Distanz aufrechtzuerhalten. Der Graf kann z. B. das gebotene Gericht abhalten, dies ist jedoch nicht zwingend vorgeschrieben. Wenn er die Reise nach Friesland nicht antreten wollte, konnten seine Aufgaben von Stellvertretern wahrgenommen werden. Mol behauptet sogar, der Graf würde sich im 13. Jahrhundert nicht mehr in Friesland blicken lassen, „da er sich kaum noch einen Vorteil von seinen Gerichtsreisen durch Friesland versprach".[87] Hier scheinen die einschlägigen Rechtsbestimmungen über die Antrittsreise des Grafen sich tatsächlich an der politischen Wirklichkeit zu orientieren. Das relative Desinteresse des Grafen an einer Wahrnehmung seiner Befugnisse könnte auch mit der peripheren Lage Frieslands am Rande des Reiches zusammenhängen: Möglicherweise waren auch die ökonomischen und politischen Interessen nicht sehr ausgeprägt, immerhin würde der Aufbau einer bürokratischen Verwaltung mit permanenten Vertretern in einem unwirtlichen und von Sturmfluten bedrohten Gebiet für die potentiellen Machthaber eine ziemliche Herausforderung darstellen.[88] Hier könnte eine

---

86 Der Begriff „Adel" bezieht sich vermutlich nicht nur auf besonders mächtige Familien, sondern betrifft auch die Schicht der Großbauern. Vgl. Schmidt, Heinrich, Häuptlingsmacht, Freiheitsideologie und bäuerliche Sozialstruktur im spätmittelalterlichen Friesland, in: Zwischen Nicht-Adel und Adel (2001), S. 285–309, hier S. 287. Wahrscheinlich kann man die Begriffe „Adel" und „Großbauer" als synonym betrachten.

87 Mol, „Friesische Freiheit im Kirchspiel und Kloster", S. 218.

88 Bremmer geht in diesem Zusammenhang sogar von einer gewissen kulturellen Rückständigkeit aus: „a region that was evidently backwards with respect to cultural literacy." Bremmer, Taking Stock of Old Frisian Studies, S. 7. Auch der Titel des Aufsatzes von Oebele Vries mit dem Titel „Die Friesische Freiheit: ein Randproblem des Reiches" (siehe Fn. 67) lässt nicht gerade eine herausragende wirtschaftliche und politische Position Frieslands vermuten. Algra betont, dass Friesland für die

Kosten-Nutzen-Analyse der potentiellen Machthaber eine Rolle gespielt haben, mit den einheimischen Friesen eine für beide Seiten interessante Konsensgesellschaft zu konstruieren.[89]

verschiedenen Lehnsmänner als Teil ihrer größeren Territorien nicht im Kernbereich lag und für sie keine allzu hohe Priorität hatte: „[maakten] slechts een betrekkelijk onbelangrijk, aan de periferie liggend, deel van hun lenen uit." Algra, Ein: enkele rechtshistorische aspecten van de grondeigendom in Westerlauwers Friesland, S. 6.

89 Um die Abwehr gegen die Wikingerangriffe effektiver zu organisieren, gab Ludwig der Fromme 814 Freiheitsrechte – nachdem sein Vater Karl der Große den Friesen ihre Erbgüter genommen hatte – zurück mit der Auflage, das Küstengebiet zu verteidigen. Fränkisches Eigeninteresse ging also schon damals mit den friesischen Interessen Hand in Hand. Vgl. Rieken, Bernd, Nordsee ist Mordsee: Sturmfluten und ihre Bedeutung für die Mentalitätsgeschichte der Friesen (Abhandlungen und Vorträge zur Geschichte Ostfrieslands 83), Münster i. W. [u. a.] 2005, S. 85.

III. Die Datierung des Älteren Schulzenrechts

1. Einführung

Die Anhaltspunkte zur genauen Datierung des Älteren Schulzenrechts sind unsicher.[90] Trotzdem sieht Steller Möglichkeiten, eine engere Zeitgrenze zu ziehen.[91] Zur Begründung einer frühen Abfassung zieht er die Privilegien Karls des Großen heran, die in den Kapiteln 2 und 3 im Schulzenrecht erwähnt werden. Er vergleicht diese Aufzeichnungen mit den Privilegien, die in den sogenannten Überküren (das sind die Zusätze zu den 17 Küren und 24 Landrechten[92]) vorkommen, und schließt daraus, dass die Entstehungszeit des Schulzenrechts ebenfalls bis ins 11. Jahrhundert zurückreicht.[93] Ein weiteres Argument für eine frühe Rezeption des Schulzenrechts ist nach Buma die Verpflichtung der Friesen, sich vor den „wilden Wikingern" zu schützen. Darauf wird ausführlich im nächsten Kapitel eingegangen. Fairbanks führt die Gedanken Hecks weiter, der eine Verschriftlichung am Ende des 11. Jahrhunderts ansetzt.[94] Anhaltspunkt ist die Zusammenstellung des

---

90 Vgl. S. Kalifa, „Suivant les dispositions visées on a daté le Skelta Riucht ou Droit des Magistrats des 10ème et 11ème siècles (point de vue de Jaekel), du 13ème siècle (celui de v. Richthofen), du 10ème ou 11ème siècle (celui de v. Wicht), du 13ème (celui de Wiarda), du 12ème ou 13ème (celui de Beucker Andreae), du 11ème (celui de Steller), du 11ème et plus précisément d'avant 1077 (celui de Heck), des environs de 1100 (celui de His), du 13ème (celui de Mayer) ... J'arrête ici une énumération qui risquerait de devenir fastidieuse." Kalifa, Simon, Influence de l'Église et du Droit Synodal sur le Droit coutumier dit des Magistrats dans la Frise du moyen âge, in: Us Wurk 4, Nr. 1–4 (1955), S. 56–61, hier S. 58. Einen Schritt weiter geht Vries: „Ook konden sommige rechtsregels worden uitgebreid met nieuwe elementen, met toevoegingen dus. Dit alles maakt dat veel oudere rechtsbronnen eigenlijk niet te dateren zijn." Vries und B. S. Hempenius-van Dijk, Asega, is het dingtijd?, S. 18.

91 Walther Steller, Das altwestfriesische Schulzenrecht, S. 2.

92 Küren sind gewähltes Recht, entspringen einer Bestimmung der Rechtsgemeinde. Die Datierung dieser Küren, die etwas älter als die Landrechte sind, darf, so Buma, als gesichert gelten: Der Kern der Küren, die etwas älter als die 24 Landrechte sind, müsse um 1080 entstanden sein. Vgl. Buma, Westerlauwerssches Recht, S. 17 f.

93 Walther Steller, Das altwestfriesische Schulzenrecht, S. 5.

94 „Es ist bestimmt älter als das 13. Jahrhundert. Im Übrigen sind die Anhaltspunkte unsicher, doch glaube ich, dass sie überwiegend für die Zeit vor dem Ende des 11. Jahrhunderts sprechen." Heck, Die altfriesische Gerichtsverfassung, S. 12.

Rudolfsbuchs, verfasst zwischen 1215 und 1227.[95] Die Thematik, Chronologie der aufgelisteten Vorschriften und der Schreibstil im Schulzenrecht korrespondieren seiner Meinung nach in hohem Maße mit denen im Rudolfsbuch.[96]

Auch Buma geht von einer frühen Abfassung aus. Einen ersten Hinweis geben auch hier das Rudolfsbuch und die Magnusküren, die beide das Ältere Schulzenrecht anführen. Folglich müsse Letzteres älter als die beiden erwähnten Werke sein, die in den Anfang des 12. Jahrhunderts gesetzt werden. Ein weiteres Argument bezieht sich, so Buma, auf die politische Geschichte Frieslands, wobei innere Kriterien es möglich machen, eine Datierung nach 1292 auszuschließen. Der Graf, über dessen Einzug im Kapitel 1 berichtet wird, könne sich nicht auf einen holländischen Grafen aus dem 14. Jahrhundert beziehen, mit dem das friesische Volk regelmäßig in einen Kampf verwickelt war. Er erscheint als Vertreter eines ausländischen Fürsten und wurde in Franeker von den versammelten Friesen erst anerkannt, nachdem er sich ordnungsgemäß legitimiert hatte. Die bereits erwähnten Zitate, numismatische Erkenntnisse – ein auf der alten Goldrechnung[97] beruhendes, stabiles Münzsystem –, eine im allgemeinen Sinne altertümliche Eigenart (z. B. die vierjährliche Verteilung der Dorfflur) und die Einfälle der Wikinger lassen darüber hinaus auf eine Abfassung im 11. Jahrhundert schließen.[98]

---

95 „een wonderlijk amalgama van rechtsbepalingenen historische en quasi-historische beschouwingen over het ontstaan van het recht", Bos-van der Heide, Henny Sabella Elijzabeth. Het Rudolfsboek. (Friesch-saksische Bibliotheek 3), Assen 1937, S. 11.

96 Fairbanks, The old West Frisian Skeltana riucht, S. 10.

97 Neben diesem goldenen *Solidus* wurde eine auf Silber basierende Rechnungseinheit für den Handel eingeführt. Die Kurantmünze wird wahrscheinlich diese Silbermünze gewesen sein. Dazu: Henstra, Dirk Jan, The evolution of the money standard in medieval Frisia: a treatise on the history of the systems of money of account in the former Frisia (c.600–c.1500), Groningen 2000, S. 426.

98 Buma, Westerlauwersches Recht, S. 13 f. Auch Munske befürwortet eine frühe Datierung, namentlich gilt dies für die umfangreicheren Quellen. Das Ältere Schulzenrecht wird von ihm ins 11. Jahrundert datiert mit der Begründung, das friesische Recht hätte durch seine isolierte geographische Randlage und wegen seiner Unabhängigkeit vom mittelalterlichen Feudalsystem, seinen archaischen, germanischen Charakter behalten. Außerdem wären die Rechtsquellen nicht durch römisch-kanonisches Recht beeinflusst. Munske, Horst Haider, Der germanische Rechtswortschatz im Bereich der Missetaten: Philologische und sprachgeographische Untersuchungen. 1. Die Terminologie der älteren westgermanischen Rechtsquellen (Studia linguistica Germanica 8,1), Berlin Cu. a.] 1973, S. 83. Aus meiner Sicht ist dies eine Fehleinschätzung: Die geographische Lage kann nicht als Argument dienen, die frühe Niederschrift eines Rechtstextes zu begründen. Auf den Begriff „germanisch" wird in dieser Arbeit noch näher eingegangen, ebenso auf den möglichen Einfluss, den das römisch-kanonische Recht auf das Ältere Schulzenrecht ausgeübt haben könnte.

Algra argumentiert in einem Artikel aus dem Jahr 1991, dass die Schulzenrechte – im Gegensatz zu den Auffassungen Hecks – als eine Einheit aufgefasst werden sollten.[99] Angesichts der Unterschiede in den Bezeichnungen der Amtsträger stammen die Texte aus unterschiedlichen Zeiten. Die Zeitspanne liegt ungefähr zwischen 1080 und 1260/70, das ist die Zeit, in der die Grafengewalt in Friesland vom Bischof von Utrecht[100] (bis 1165) und danach von diesem Bischof und dem gemeinsam ernannten Kondominiumgrafen (1165–1233) ausgeübt wurde.[101] Das Kondominium endet in der Mitte des 13. Jahrhunderts, einige Jahre nach dem Tode Wilhelms ll. bei Hoogwoud gegen die Westfriesen (1257).[102]

Dieser Kondominiumvertrag wurde von Friedrich Barbarossa I. auferlegt. Der Erlös aus Friesland wurde dabei zwischen Bischof Godfried van Rhenen (von 1156 bis 1178 Bischof von Utrecht) und Graf Floris III. von Holland aufgeteilt. Aber auch hier lässt sich eine ständige Schwächung der Grafengewalt feststellen. Im Jahre 1233 wurde dann noch einmal einem Grafen von Holland, Floris IV., von einer westerlauwersschen Landschaft (Franeker, Westergo) gehuldigt; er reiste jedoch ohne den Bischof, was den Grundsätzen des Kondominiumvertrags widersprach.[103] Keinem von ihnen ist es auf Dauer gelungen, eine starke Autorität in den friesischen Gebieten zu etablieren.[104] Die Frage, ob es in diesem langen Zeitraum Entwicklungen oder Umstände gegeben hat, die einen Impuls zur Verschriftlichung

---

99 „Sels bin ik ûndertusken ek ta it ynsjoch kommen dat dy twadieling de matearje te ienfâldich werjout." "Selber bin ich inzwischen zu der Einsicht gelangt, dass die Zweiteilung der Angelegengeit zu einfach darstellt." [Übers. Verf.], Algra, Nikolaas Egbert, De datearring fan it Skeltarjocht, It beaken. Tydskrift fan de Fryske Akademy 53 (1991), S. 2.

100 Da ihre Bekehrung von drei verschiedenen Zentren aus organisiert wurde, fielen die Friesen westlich der Lauwers unter die Zuständigkeit der Diozöse Utrecht, östlich der Lauwers unter die Diozöse Münsters. Rüstringen gehörte dagegen der Diozöse von Bremen an. Vgl. Bremmer, Rolf Hendrik, The Geographical Division and Periodization of Old Frisian, in: Munske, Horst Haider (Hrsg.), Handbuch des Friesischen. Handbook of Frisian Studies, Tübingen 2001, S. 602–605, hier S. 603.

101 Damit weicht Algra von der in seiner Dissertation vorgeschlagenen Datierung ab: „De collectie kwam tot stand tussen de jaren 1166 en 1196." Algra, Ein: enkele rechtshistorische aspecten van de grondeigendom in Westerlauwers Friesland, S. 64. Nach Buma dauerte das Kondominium von 1165 bis 1292: „so sehen wir, daß Friesland westlich des Lauwers von 1077 bis 1165 abwechselnd von einem ausländischen Grafen und dem Bischof von Utrecht regiert wurde. Von 1165–1292 war dasselbe Gebiet ein Kondominium des Grafen von Holland und des Bischofs von Utrecht", Buma, Westerlauwersches Recht, S. 13.

102 Algra, De datearring fan it Skeltarjocht, S. 1.

103 Vgl. Vries, Het Heilige Roomse Rijk en de Friese vrijheid, S. 17.

104 Nijdam, Lichaam, eer en recht in middeleeuws Friesland, S. 108.

der Quelle begründen könnten, lässt Algra außer Betracht. Er behauptet aber, dass der größte Teil des Textes wahrscheinlich bereits im 12. Jahrhundert aufgezeichnet wurde; nicht auszuschließen sei, dass einige Bestimmungen noch älteren Datums sind. Spätere Artikel wurden von den Kompilatoren hinzugefügt und ältere Artikel aktualisiert.[105] Der Grund für diese Vermutung liegt in der Erwähnung des Grafen im Älteren Schulzenrecht: Hier ist wohl der Graf von Holland gemeint[106], und da dieser Graf erst im Laufe des 13. Jahrhunderts die alleinige Herrschaft über Friesland erlangte, muss es in späteren Zeiten eine Aktualisierung der historischen Begebenheiten gegeben haben.

Laut einem Artikel aus dem Jahr 1996[107] hat Algra seine Auffassung in verschiedenen Punkten revidiert. Die Verschriftlichung des ältesten Teils des Korpus (etwa die ersten 50 Artikel des Älteren Schulzenrechts) wird hier um 1166 vermutet, also kurz nach dem Anfang des oben erwähnten Kondominiumvertrags.[108] Dies ist daher eine völlig andere Sichtweise als die, die er 1991 (und 1966) verteidigte. Dabei wird die Frage, warum er jetzt eine so viel präzisere und unterschiedliche Datierung gibt, von ihm nicht zufriedenstellend beantwortet. Mit „*greuwa*" im Älteren Schulzenrecht kann jetzt nicht mehr der Graf von Holland gemeint sein, sondern seiner Meinung nach ist es viel wahrscheinlicher, dass der Bischof gemeint ist.[109]

Kritisch betrachtet Schuur die Auffassungen Algras in einem Aufsatz über die Datierung der Schulzenrechte.[110] Er glaubt nicht, dass Algra die richtige Datierung der Niederschrift der Schulzenrechte gefunden hat. Der Grund dafür scheint ihm, dass Algra die politische Bedeutung, die diesen Gesetzen beigemessen werden sollte, nicht verstanden hat. Das bestehende Rechtssystem, insbesondere wie im Älteren Schulzenrecht dargestellt, konnte unmöglich jemals Realität gewesen sein. Schuur schlägt vor, die damalige politische Realität ganz anders zu erklären. Er weist auf eine paradoxe Situation im politischen Bereich zwischen Grafengewalt und Reichsunmittelbarkeit hin: Beide Rechtsprinzipien stehen im Widerspruch zueinander. Die Schulzenrechte entstanden in den Jahren 1310–1337, als der niederländische Graf Wilhelm III. den ernsthaften Versuch unternahm, seine Autorität

105 Algra, De datearring fan it Skeltarjocht, S. 24.

106 Ibidem, S. 2, 19, 23.

107 Algra, Nikolaas Egbert, ‚Rechtshistorische aspecten van het Landrecht der Vriesne', in: Breuker, Philippus H. (Hrsg.), Landrecht der Vriesne: tekstuitgave en commentaar, Leeuwarden 1996, S. 91–223.

108 Ibidem, S. 110, 180, 200.

109 Ibidem, S. 180, Fn. 446. Es fehlen Argumente. Außerdem ist unklar, wie ein ‚ausländischer' Graf bzw. Bischof zwecks Aufklärung ihrer Rechte in der ihnen zweifelsohne unbekannten friesischen Sprache unterrichtet werden sollten.

110 Schuur, Jurrien Rinse Gerrit, De plaatsing van de Schoutenrechten in hun historische context, in: It Beaken (2014) S. 1–33. Die Entstehung wird von Schuur sogar auf 1310–1337 geschätzt. Ibidem, S. 32.

im westerlauwersschen Friesland, insbesondere in Westergo, zu etablieren.[111] Nach einer Urkunde aus dem Jahr 1310, die die Rechtsgrundlage für diesen Versuch bildete, erkannten die Friesen damals die Grafengerichtsbarkeit an, aber unter der Bedingung, dass der Graf die von Kaiser Karl dem Großen bestätigten friesischen Freiheiten respektieren würde. Insbesondere der Doppelcharakter, der das Ältere Schulzenrecht charakterisiert, geht auf dieses Abkommen zurück.[112] Das Schulzenrecht könnte also aus einer Zeit stammen, als das landesherrliche Rechtssystem nicht mehr funktionierte. Es gab demnach keine Blaupause des verschwundenen Systems und deswegen kam das Bedürfnis und die Notwendigkeit einer neuen Auslegung auf. Es musste daher eine Rekonstruktion der damaligen Verhältnisse hergestellt werden. Als dieser Wiederaufbau jedoch in die Praxis eingeführt wurde, erwiesen sich Anpassungen als notwendig, weil die gegenwärtige politische Situation dies erforderte. Genauer gesagt, geht nach Schuur die Aufzeichnung der Schulzenrechte auf eine Zeit zurück, in der versucht wurde, die gräfliche Autorität wiederherzustellen; aber die Vorgehensweise, um dieses Ziel zu erreichen, war aufgrund der aktuellen politischen Probleme nicht immer konsequent. Die vielen Ungenauigkeiten und Unstimmigkeiten, die im Älteren Schulzenrecht zu sehen sind, seien ein Beweis für seine Auffassungen, denn Verschriftlichung des Älteren Schulzenrechts und die aktuelle politische Situation decken sich nicht.[113] Als weitere Unterstützung seiner Thesen führt Schuur philologische Argumente an. Er stützt sich dabei hauptsächlich auf die Erkenntnisse Bremmers, der sich in seiner Studie über die Entwicklung der friesischen Schriftsprache ausführlich mit der Datierung der friesischen Rechtsquellen auseinandergesetzt hat.[114]

Bremmer schließt kategorisch aus, dass die schriftliche Erfassung des Älteren Schulzenrechts vor 1300 stattgefunden hat. Man müsse seiner Meinung nach erst einmal nachweisen, dass es im 11. und frühen 12. Jahrhundert in den friesischen Gebieten Verwaltungskompetenzen und Schreibtätigkeiten gegeben hat, wodurch eine schriftliche Fixierung des Verfahrensrechts in der Volkssprache überhaupt möglich gewesen wäre.[115] Er geht davon aus, dass das Recht seit Jahrhunderten

111 Schuur schließt jede Möglichkeit zu einer frühen Datierung kategorisch aus: „Vermeldingen van geschreven recht uit deze streek ouder dan de 13e eeuw zijn er niet.“ Schuur, Jurrien Rinse Gerrit, De ‚Vrije Fries‘, in: The Legal History Review 69, Nr. 1/2 (2001), S. 139–144, hier S. 143.

112 „Verzoening en onderwerping der Vriezen van Westergoo met en aan Willem, Graaf van Holland, enz.“ Titel des Abkommens in: Thoe Schwartzenberg en Hohenlansberg, Georg Friedrich, Groot placaat en charter-boek van Vriesland I, Leeuwarden 1768, S. 149 f.

113 Schuur, De plaatsing van de Schoutenrechten in hun historische context, S. 21.

114 Bremmer, Rolf Hendrik, Hir is eskriven. Lezen en schrijven in de Friese landen rond 1300 (Middeleeuwse studies en bronnen 82), Hilversum 2004.

115 Ibidem, S. 82. 2015 wurde jedoch eine altfriesische Übersetzung eines lateinischen Psalmfragments gefunden: „lesa mi“ und „helpa mi“, die gesichert aus dem

in kleineren oder größeren Zusammenhängen gesprochen wurde und dass dies auf der Grundlage eines mündlichen „Archivs“ von Rechtsgewohnheiten geschah. Frühere Generationen von Philologen haben oft das häufige Erscheinen von Stilfiguren wie alliterativen Paarformeln als Argument für eine lange mündliche Vorgeschichte solcher Texte benutzt. Beispiele solcher Paarformeln im Älteren Schulzenrecht sind *salta se* und *wilda witzingas*. Die ältere Forschung betrachtet diese Alliterationsformen als Zeugnis einer alten, ehrwürdigen Tradition; heute bewertet man die Anwendung solcher Stilfiguren eher als eine junge Mode, die traditionelle, volkssprachliche Ausdrücke mit klassisch-rhetorischen Mitteln kombinierte, die in der Schule gelehrt wurden.[116]

Es wurde sogar angenommen, dass die Gesetze ursprünglich in Verse gegossen wurden. Es soll Männer gegeben haben, die sich der Erinnerung und Weitergabe dieser Traditionen verschrieben hatten, wie z. B. der *a-sega*, wörtlich „Gesetzessprecher“. Im 11. und 12. Jahrhundert hat es aber – immer noch nach Bremmer – keine weltliche Verwaltungsbehörde gegeben, die über ein Archiv mit historischen Rechtsquellen verfügte oder die Sammlung, Erforschung und Bearbeitung dieser Art von Rechtstexten anregte, geschweige denn, dass es Laienanwälte gab, die an der Lektüre, dem Schreiben und der Archivierung solcher Texte beteiligt waren.[117]

Zeitabschnitt 1100–1125 stammt. Zeitungsartikel: Oudste Fries op perkament, Leeuwarder Courant, 23.06.2015. Möglich diente die Übersetzung dem Lateinunterricht. Als Beleg für die frühe Abfassung umfangreicherer profaner Texte reicht dieser Fund m. E. nicht aus. Zur Wortanalyse und Datierung der Fragmente siehe Versloot, Arjen, Zur Interpretation der neuentdeckten altfriesischen Psalmglossen, in: Amsterdamer Beiträge zur älteren Germanistik 76, Nr. 3 (2016), S. 371–378.

116 Bremmer, Hir es eskriven, S. 96 f. Vgl. ebenfalls McGlynn: „Nor can we be sure that alliteration is ancient. On the contrary, alliterating wordpairs occur not only in later medieval traditions […] but also in modern languages.“ McGlynn, Michael, Orality in the Old Icelandic Grágás: Legal Formulae in the Assembly Procedures Section. Neophilologus, 93 (2009), S. 521–536, hier S. 524; DOI 10.1007/s11061-009-9147-y, zugegriffen am 24.10.2021.

Dazu auch Sjölin, Bo: „Einige Stücke muten geradezu dichterisch an, wie die als Beispiel für agerm. Rechtspoesie vielzit. sog. Drei Nöte im zweiten Landrecht […]; es dürfte sich hier jedoch eher um jüng. Erweiterungen handeln. Man hat sich oft bemüht, Alliteration, Rhythmisierung, Rechtsparömien und Formelhaftigkeit als Anzeichen hohen Alters und als Reste des urspr. mündlichen Rechtsvortrags zu werten. Die Funktion dieser Stilmittel in den verschiedenen afries. Texten wurde jedoch bisher kaum systematisch untersucht.“ Sjölin, Bo: Lemma „Rechtstexte“, in: Brather, Sebastian/Heizman, Wilhelm/Patzold/Steffen (Hrsg.), Germanische Altertumskunde Online: Kulturgeschichte bis ins Frühmittelalter – Archäologie, Geschichte, Philologie, Wilhelm. Berlin, New York 2010, zugegriffen 28.06.2021, https://www.degruyter.com/document/database/GAO/entry/RGA_1704/html.

117 Bremmer, Hir es eskriven, S. 81 f.

Von einem ausgewachsenen friesischen öffentlichen Dienst kann daher keine Rede sein. Die Personen, die an der Erstellung schriftlicher Dokumente in Bezug auf die nicht-friesischen Landesherren beteiligt waren, müssen zunächst in den Kreisen des Klerus gesucht werden. Man wird die Dokumente noch lange Zeit auf Lateinisch verfasst haben. Erst im Laufe des 14. Jahrhunderts sieht man, dass die Korrespondenz zwischen Westerlauwersch Friesland mit dem holländischen Grafen ins Holländische übergeht. Auch dann noch ist die Rolle des Schriftstellers dem Klerus vorbehalten, wie dem Abt von Klaarkamp und verschiedenen anderen Prälaten. Ab dieser Zeit ist die holländische Übersetzung des Älteren Schulzenrechts, verfasst im westerlauwersschen Friesland, als *Landrecht der Vriesne* bekannt.[118]

Abschließend sind noch kurz die Auffassungen Bernd Schneidmüllers zu erwähnen. Er sieht eine frühe Datierung kritisch. Die Überlieferung der friesischen Rechtstexte hängt nämlich offensichtlich von einer lateinischen Vorlage ab. Das Verhältnis zu einem mündlich tradierten volkssprachlichen Recht ist dabei trotz durchdachter Beweisgänge noch nicht abschließend geklärt worden. Die ersten erhaltenen Handschriften sind erst seit dem letzten Viertel des 13. Jahrhunderts entstanden. Selbst wenn sie Rechtsvorschriften wiedergeben, die in ihrem Kern zwei Jahrhunderte zuvor entstanden sein könnten, muss nach unserer allgemeinen Kenntnis zum Verhältnis von Mündlichkeit und Schriftlichkeit im Mittelalter eine erhebliche Verformung bis hin zur schriftlichen Fixierung angenommen werden.

> „Dieser Faktor wird in der einschlägigen rechtshistorischen Forschung offensichtlich wenig diskutiert, wenn die überlieferten Texte als Produkte des 11. Jahrhunderts begriffen werden. In ihrer erhaltenen Fassung sollten sie vielmehr als verschriftlichte Normen des späteren Mittelalters aus älteren Rechtstraditionen heraus beurteilt werden."[119]

2. Die Rahmenbedingungen für Rechtstexte in der friesischen Volkssprache

Darüber hinaus gibt es nach Bremmer noch einige wichtige Argumente gegen Algras Annahme, schriftliche Aufzeichnungen von Asegas in der Volkssprache seien zu einem so frühen Zeitpunkt bereits vorhanden. Für die Entwicklung einer praktischen Schriftsprache müssen eine Reihe von äußeren Bedingungen erfüllt sein, entweder in einer übergeordneten Amtssprache oder in der lokalen Volkssprache. Kurz gesagt, die Hauptbedingungen zur Entwicklung einer solchen Schriftsprache sind eine komplexe, meist urbanisierte Gesellschaft und eine

---

118 Ibidem, S. 82.

119 Schneidmüller, Bernd, Friesen – Welfen – Braunschweiger. Träger regionaler Identität im 13. Jahrhundert, in: Moeglin, Jean-Marie/Babel, Rainer (Hrsg.), Identité régionale et conscience nationale, Sigmaringen 1997, S. 305–324, hier S. 308.

starke zentrale Behörde, die bürokratische Strukturen aufzeigte und die über die damit verbundenen Beamten verfügen konnte.[120] Um 1200 erfüllten die friesischen Länder diese Bedingungen kaum. Zwar war Westerlauwersch Friesland dicht besiedelt und auch recht wohlhabend, aber von einer Urbanisierung wie in anderen Teilen Europas konnte nicht die Rede sein. Es fehlte eine Zentralgewalt, gerade typisch für *tota Frisia*, sowohl weltlich, in Form eines Landesherrn, als geistlich, in Form eines in Friesland residierenden Bischofs. Im Gegenteil, die friesische Region war stark fragmentiert in verschiedene Gaue, fiel unter vier verschiedene Diözesen; der Bischof hielt sich weit außerhalb Frieslands auf. Durch das Scheitern der Feudalisierung und die bereits früh einsetzende Schwächung und anschließende Löschung der Grafengewalt konnte die Einrichtung eines zentralen Verwaltungszentrums nicht durchgeführt werden.[121] Daher gab es keine übergeordnete, amtliche Behörde als Form des öffentlichen Dienstes, die Steuern, Geldbußen und Mautgebühren eintrieb und sich mit dem Registrieren und Archivieren aller Arten von Vorschriften, Verträgen und gesetzlichen Bestimmungen befasste. Solche praktischen offiziellen Aufgaben wurden hauptsächlich von Dorfpfarrern und Mönchen ausgeführt.

In den umliegenden Ländern, bei denen die Quellenlage günstiger ist, wurden offizielle Texte erst um 1200 in der Volkssprache geschrieben. Jüngste Untersuchungen haben gezeigt, dass der älteste Verwaltungstext in niederländischer Sprache um I200 in Middelburg (Zeeland) erstellt und dass Niederländisch erst ab 1250 zunehmend für amtliche Dokumente verwendet wurde.[122] Dieser Prozess begann in der Grafschaft Flandern mit seinen reichen Handelsstädten und zog dann langsam weiter in die Grafschaft Holland. Während des 13. Jahrhunderts ist, wenn es um die Herstellung solcher Dokumente geht, das Kloster von Egmond der nördlichstgelegene Ort, in dem sich eine solche Aktivität belegen lässt. Die städtischen Behörden schienen dabei die Führung zu übernehmen, woraufhin vor

---

120 Bremmer, Hir es eskriven, S. 84.

121 Siehe auch Berman: „Die Verbindung des Vasallentums mit einem Lehen durch den Treueeid wurde für die fränkischen Feudalsitten kennzeichnend, wenn es auch bei diesen große zeitliche und räumliche Unterschiede gab. Die fränkischen Könige führten diese ‚feudo-vasallische' […] Sitte in alle Teile ihres Reiches ein, […]. Nur Skandinavien, Friesland und ein Nordseestreifen Hollands blieben davon unberührt." Berman, Harold J., Recht und Revolution: Die Bildung der westlichen Rechtstradition, Frankfurt a. M. 1995, S. 479.

122 Vgl. Burgers: „In het begin van de 13e eeuw waren de abdijen van Egmond en Middelburg binnen het graafschap de enige plaatsen met een traditie van oorkonden vervaardiging." Burgers, Jan W. J./ Dijkhof Everardus/Kruisheer, Jaap Gerardus, De doordringing van het schrift in de samenleving in Holland en Zeeland tijdens graaf Floris V, in: „Wi Florens …" De Hollandse graaf Floris V in de samenleving van de dertiende eeuw, 1996, S. 191–211, hier S. 207.

allem die Kanzlerschaften des Grafen von Holland in Dordrecht und Den Haag langsam nachzogen. Auch im östlich gelegenen Sachsen fing man in dieser Zeit an, Rechtstexte in der Volkssprache niederzuschreiben: Der Sachsenspiegel, ein umfangreiches Rechtsbuch, in dem private[123] Rechtsgewohnheiten dokumentiert wurden, entstand zwischen 1220 und 1235 und wurde von Eike von Repgow in einem niederdeutsch-elböstlichen Dialekt verfasst.[124]

Diese Verschriftlichungsaktivitäten fanden in den umliegenden Gebieten Frieslands einerseits auf Anordnung eines Fürsten oder hochrangiger Geistlicher statt oder andererseits in stark urbanisierten Gebieten. Das Vorhandensein dieser Voraussetzungen war unabdingbar für die Entwicklung schriftlichen Fachwissens. In den friesischen Gebieten waren diese Voraussetzungen dagegen kaum vorhanden. Deswegen sollte nach Bremmer derjenige, der eine Ausnahme für Friesland aus einer breiteren europäischen Perspektive beanspruchen will, gute Argumente vorbringen.[125]

Ausführliche Überlieferungen gibt es aus dem mittelalterlichen Island, einem Land, das wegen seiner politischen Konstellation und seines Rechtssystems Ähnlichkeiten mit der friesischen Königs- und Reichsferne bzw. fehlender Grafengewalt aufweist.[126] Die Hauptquelle des älteren isländischen Rechts ist die sognannte

123 Es geht dabei nicht zwangsläufig um Rechtsaufzeichnungen, die von Privatpersonen bzw. Kompilatoren erstellt wurden; zutreffender wäre es, nach Lück die Aufzeichnung von bestehenden Rechtsregeln als individuelles Auswahlverfahren einzelner Autoren zu qualifizieren. Vgl. Lück, Rechtsbücher als ‚private' Rechtsaufzeichnungen? S. 432.

124 Vgl. Oestmann, Wege zur Rechtsgeschichte, S. 67. Der Sachsenspiegel wurde bis ins 15. Jahrhundert in Nordwestdeutschland, mit Ausnahme von Friesland, als geltendes Landrecht angesehen. Vgl. Nordwestdeutsche Landrechte, Sellert, Wolfgang Oestmann, Peter (1995) – In: Der sassen speyghel. Sachsenspiegel – Recht – Alltag 1, S. 159–172, hier S. 159.

125 Bremmer, Hir is eskriven, S. 85 f. Die Sonderstellung Frieslands wird hierbei nochmals betont.

126 Dazu z. B. Nijdam: „In een vetemaatschappij bestaat er een gereguleerd systeem van wraakneming: de vete. Het volgende lijstje kenmerken definieert het begrip vete en daarmee een vetemaatschappij. Het is ontleend aan William Millers studie naar vete in middeleeuws IJsland, omdat die cultuur verschillende overeenkomsten met middeleeuws Friesland vertoont", Nijdam, Lichaam, eer en recht in middeleeuws Friesland, S. 57; ibidem: „Er werden op minstens drie niveaus dingvergaderingen gehouden (dorps-, deels- en landsniveau), een gelaagdheid die overeenkomsten vertoont met onder andere de IJslandse situatie", S. 154. Dazu auch Iversen: „many recognable elements are part of the thing system that Tacitus describes. The principles of both regular and extra-ordinary gatherings are well known in Scandinavia and Frisia." Iversen, Frode, Concilium and Pagus: Revisiting the Early Germanic Thing System of Northern Europe, in: Debating the „Thing" in the North I, 2013,

Graugans (*Grágás*), deren Namen unbekannten Ursprungs ist.[127] Sie ist in zwei Manuskripten überliefert: Das eine, den *codex regius* („Konungsbók"), findet man als Handschrift Nummer 1157 fol. in der Königlichen Bibliothek in Kopenhagen, das andere, den *codex arnamagnaeanus* („Staðarshólbók"), als Handschrift Nummer 334 fol. in der Bibliothek der Universität in Kopenhagen. Das Königsbuch wird zwischen 1250 und 1260 datiert, das Staðarshólbók wurde wahrscheinlich am Ende des 13. Jahrhunderts niedergeschrieben.[128] Die Sammlung ist möglicherweise das Werk einer am Recht interessierten Person, es ist kein Erlass der Gesetzeskammer. Berufsjurist war auf Island immer nur der jeweilige Rechtssprecher. Die *Grágás* ist aber kein Gesetzbuch. Vielmehr kann man die Rechtssammlung als eine Aufzeichnung von Vorträgen der Gesetzessprecher betrachten. Die zeitweise auftretende Ich-Form der Wiedergabe deutet dabei auf eine ausgeprägte persönliche Stilform hin: „*vig öll þan er nu héfi ec talid* (For all the killings I have now told)."[129] Für den mehr amtlichen Stil kann man vermuten, dass wir es bei den betreffenden Abschnitten mit Satzungen der Gesetzeskammer zu tun haben: „*þat er mællt í logvm vrvm at ver scolom. iiij. eiga fiorþvngs doma* (it is prescribed in our law that we shall have four Quarter Courts)."[130] Die Tatsache, dass die Sammlung auf bestem Pergament mit stellenweise farbig ausgemalten Großbuchstaben verfasst wurde, spricht für ihren offiziellen Charakter.

S. 5–17, hier S. 9. Vgl. ebenfalls Simon Kalifa: „Le rapprochement avec l'Islande permet de mieux comprendre le mécanisme des institutions et la mentalité de l'époque." Kalifa, Simon, Note sur la nature de la conjuration dans la Frise du Moyen Âge, in: L'Année sociologique, 3rd series (1959), S. 416–426, hier S. 27; Schubert betont die Konsequenzen der geographischen Isolation für die beiden Länder, dadurch konnten sich die Großbauern als Führungsschicht entwickeln und Einfluss auf die politische Ordnung nehmen. Schubert, Ernst, Die Friesische Freiheit im europäischen Vergleich: Island, Schweiz, Siebenbürgen und Schottland, in: Die Friesische Freiheit des Mittelalters. Leben und Legende, Aurich 2003, S. 294–317, hier S. 300.

127 In einem Fahrnisregister des Skálholtbischofamtes wird der Name im Jahre 1546 erwähnt. Jonsson, Gunnar, Waldgang und Lebensringzaun (Landesverweisung) im älteren isländischen Recht - Verfahren, Erscheinungsformen und Strafgründe der Friedloslegung nach der Graugans und in den Sagas, Diss. Hamburg 1987, S. 7.

128 Vgl. Dennis, Andrew/Foote, Peter/Perkins, Richard (Übers.), Laws of Early Iceland: Grágás I, the Codex Regius of Grágás, with Material from Other Manuscripts, Winnipeg 1980, S. 13 f. Miller geht von der gleichen Periode aus, meint aber, dass eine Datierung der einzelnen Gesetzesbestimmungen unmöglich ist. Die beiden Manuskripte stellen keine offiziellen Rechtssammlungen dar und deren Herkunft „remains a mystery". Miller, William Ian, Bloodtaking and Peacemaking: Feud, Law, and Society in Saga Iceland, Chicago/Ill. 1990, S. 43.

129 Dennis [u. a.], Laws of Early Iceland, Kap. 98, S. 161.

130 Ibidem, Kap. 20, S. 53.

Die Bestimmungen in der *Grágás* unterscheiden sich, trotz der Ähnlichkeiten im Rechtssystem der beiden Regionen, in mehrfacher Hinsicht von den Regelungen im Älteren Schulzenrecht: Es gibt z. B. keine Bestimmungen mit Bezug auf militärische Vorgehensweisen, und auch fundamentale Prinzipien in Bezug auf die Strafprozessordnung, inklusive Regeln über die Beweislast, weisen eine eigenständige Vorgehensweise auf. Wie im Älteren Schulzenrecht jedoch fehlen Amtsträger, die, wenn es sich um Straftaten freier Männer handelt, über Vollstreckungsgewalt verfügen. Dadurch konnte das Urteil nicht von einer „Behörde" vollstreckt werden.

2.1 Die Wikingereinfälle in Friesland als Datierungskriterium

Verweise auf Wikinger in den friesischen Gesetzen werden für die Datierung im Älteren Schulzenrecht öfters verwendet. Da die letzten aufgezeichneten Wikingerüberfälle auf Friesland um das Jahr 1042 stattfanden, müssten diese Texte zwangsläufig vor 1100 entworfen worden sein, als die Erinnerungen an plündernde Wikinger noch frisch waren. Das Jahr 1042 ist auf dem Zeugnis des Historiografen Adam von Bremen aus dem 11. Jahrhundert basiert. In seiner Geschichte der Hamburger Erzbischöfe *Gesta Hammaburgensis ecclesiae pontificum* (1070–1076) berichtet Adam von einem Überfall von *Ascomanni*[131] (Eschenleute/nordische Seeräuber) über die Mündung der Weser bis zur Lesum, einem östlichen Nebenfluss der Weser, südlich von Bremen, wo sie dann geschlagen wurden.[132] Sicherlich müssen die Wikinger auf dem Weg zum Handelszentrum von Bremen das friesische Land Rüstringen am Westufer der Wesermündung passiert haben, aber Adam erwähnt dieses Gebiet nicht explizit. Trotzdem führte Karl Freiherr von Richthofen den Überfall von 1042 in seiner Liste der Wikingerüberfälle in Friesland auf.[133]

Vermutlich aufgrund der unbestrittenen Autorität Richthofens wurde diese Datierung später in der wissenschaftlichen Literatur als Beleg für den letzten

131 anord. *askr*, ash, ash tree; spear. Vgl. Gordon Eric V./Taylor, Arnold T., An introduction to Old Norse, Oxford, 1986, S. 333. Womöglich verweist die Esche auf eine Waffe (Bogen) oder auf das Holz, aus dem die Schiffe gebaut wurden.

132 „ipso tempore Ascomanni et piratae per ostium Wirrahae progressi usque ad Lismonam venerunt insperate omnia vastantes. Bremen, Adam von, Hamburgische Kirchengeschichte (Magistri Adam Bremensis Gesta Hammaburgensis ecclesiae pontificum), hrsg. v. Bernard Schmeidler (MGH, Scriptores Rerum Germanicum inusum scholarum / [2]), Hannover 1917, Kap. LXXVII, S. 136.

133 Von Richthofen erwähnt aber noch einen Wikingerangriff in Friesland nach 1042: „Im Jahre 1306, den 27. August, schlug nach Occo Scarlensis Croniicki van Vrieslant 1597 fol 36.b der Potestat Reiner Kamminga an der Lauwers einen Einfall der Nordmannen zurück und wurde dabei tödlich verwundet [...]." Richthofen, Untersuchungen über Friesische Rechtsgeschichte, S. 87.

Überfall der Nordmänner angesehen. Ob aber diese einzige Erwähnung eines historischen Ereignisses die Datierung des Schulzenrechtes für das 11. Jahrhundert rechtfertigt, ist meiner Einschätzung nach fragwürdig. Stattdessen kann man mit Bremmer in seiner Studie über die „wilden Wikinger" festhalten, dass die Wikingerpräsenz in verschiedenen friesischen Gesetzen wenig aussagt, wenn man versucht, ein Ursprungsdatum für einen bestimmten Gesetzestext festzulegen.[134] Anstatt solche Verweise als Beleg von Echtzeitereignissen zu interpretieren, gibt es triftige Argumente für die Annahme, dass die Erwähnung der Bedrohung der Wikinger im Schulzenrecht als ein wesentliches Konstrukt betrachtet werden sollte.[135] Da dieses Argument aus meiner Sicht eine Schlüsselrolle in der Datierungsfrage spielt, ist eine nähere, kurze Auseinandersetzung mit der Geschichte dieses seefahrenden Volkes angebracht.

2.2 Friesland in der Wikingerzeit

Der Ursprung der ältesten nordischen Kultur und Traditionen war Schweden; aus Schweden stammten sowohl die Dänen als auch die Norweger. Ab 200 v. Chr. gab es schon Migrationsbewegungen anderer Völker, wie z. B. der Goten, Gepiden und Burgunder – der gotische Geschichtsschreiber Jordanes nannte Schweden das

---

134 Bremmer, Rolf Hendrik, „Thi Wilde Witsing": Vikings and Otherness in the Old Frisian Laws, Journal of English and Germanic Philology 119, Nr. 1 (2020), S. 1–26, hier S. 2. Auch Cleveringa betrachtet die Aufnahme des Vikingerfragments im Schulzenrecht nicht als ausschlaggebend für die Datierung: „Maar gesteld nu al, dat inderdaad invallen van de Noormannen na 1100 zijn uitgebleven, dan ware het toch zeer wel denkbaar dat [...] een herinnering aan doorgestaan leed dermate levendig was gebleven, dat opname van een bepaling in de geest van artikel 2 Schoutenrecht wenselijk werd geoordeeld", Cleveringa, Rudolph Pabus., Het Oud-Friese „Kestigia" (Verhandelingen der Koninklijke Nederlandse Akademie van Wetenschappen. Afd. Letterkunde. Nieuwe reeks, Heft 66/4), Amsterdam 1959, S. 71 f. Da die Friesen u. a. mit Spaten und Gabel bewaffnet waren, geht Algra von einem metaphorischen Gebrauch des Begriffs aus: *wilda witzingas floed* ist nichts anders als die Bedrohung der Springflut, vor der man eine große Angst hatte. Vgl. Algra, Ein: enkele rechtshistorische aspecten van de grondeigendom in Westerlauwers Friesland, S. 61 f. Obwohl dieses Argument auf den ersten Blick bestechend klingt, muss man diese Möglichkeit doch durch die Aufzählung der weiteren Waffen (Schild, Speer, Schwert) in derselben Rechtsbestimmung als eher unwahrscheinlich ablehnen.

135 Die Bezeichnung der Wikinger als ‚Kampfmaschinen' wird von Rudolf Simek relativiert. Eine maßlose Übertreibung der Kampfeskraft und Anzahl der Schiffe bei Überfällen ist dem Umstand geschuldet, dass viele der Quellen von den Opfern stammen. Reinhard, Claudia, Mit Odin möchte man nicht feiern, Interview mit Rudolf Simek, Professor für ältere Germanistik, Universität Bonn, am 19. Dezember 2020, Abschnitt Feuilleton FAZ, S. 16.

„officina gentium";[136] die spätere Auswanderung der skandinavischen Völker in der sogenannten Wikingerperiode (750–1050 n. Chr.) kann als die letzte große Welle aus diesem Gebiet betrachtet werden. Seitdem gab es eine große linguistische Veränderung, als sich das Protogermanische (eine rekonstruierte, nicht belegte Urform des Germanischen) in mehrere germanische Dialekte aufteilte: Das Gotische wies zwar noch Ähnlichkeiten mit den nordischen Dialekten auf (vor allem in der Deklination der Substantive), aber die Unterschiede zwischen den ältesten überlieferten Texten aus dem 6. Jahrhundert[137] waren zu groß, um das Gotische als nördlichen Zweig der germanischen Sprache einstufen zu können.

Wikinger[138] wurden die Völker genannt, die im Zeitraum von 750 bis 1050 unter anderem die Küsten von Irland, England, Friesland und Frankreich nicht

---

136 Mommsen, Theodor, Iordanis Romani et Getica, in: MGH Auct. Ant. 5/1, Berlin 1882, S. 60. Allerdings beruht diese Aussage auf nur einer Quelle: "The story that the Goths (and others) departed from Scandinavia in the hoary mists of time-long before the Trojan War-survives originally in only one mid sixth-century document, *the Gothic History* or *Getica,* of Jordanes." Goffart, Walter, Jordanes's "Getica" and the Disputed Authenticity of Gothic Origins from Scandinavia Author(s): In: Speculum Vol. 80, No. 2 (2005), S. 379-398, hier S. 380.

137 Neben kleineren, zum Teil unbedeutenden Denkmälern gibt es einen größeren Text, der von einem Verfasser herrührt: die Fragmente einer Bibelübersetzung, die dem westgotischen Bischof Wulfila (circa 311–382) zugeschrieben werden. Vgl. Braune, Wilhelm/Ebbinghaus, Ernst A., Gotische Grammatik mit Lesestücken und Wörterverzeichnis, 17. Aufl., Tübingen 1966.

138 Der Name „Wikinger" ist etymologisch umstritten: altenglisch *wicing*, Fundstelle in einer Glosse in *widsing* und *Exodus* (8. Jahrhundert) wird mit „Pirat" übersetzt. Im Altfriesischen und Althochdeutschen ist der Begriff im 8. Jahrhundert belegt, und zwar in dem Namen *Wichinc.* Vgl. Gordon/Taylor, An introduction to Old Norse, S. xviii. Gwyn Jones, ist der Auffassung *vik-* könnte „Bucht" oder „Fjord" heißen, „Soldat" (Altenglisch *wicing*) oder ein „Mann aus der Stadt" (Latein *vicus*), d. h. ein Händler oder Seefahrer. Jones, Gwyn, A history of the Vikings, London 1969, S. 76 Fn. 1. James Barrett sieht in den *wics* „Western Europe's proto-urban centres", Barrett, James Harold, What caused the Viking Age?, in: Antiquity. A quarterly review of archaeology 82 (2008), S. 671–685, hier S. 677. Nach Tette Hofstra steht „Wikinger" für „Pirat" und steht in Konkurrenz mit anderen Wörtern: „In Old Frisian (thirteenth- and fourteenth-century manuscripts containing texts which go back to the eleventh century) the wordt *wizing* can be found several times. Its meaning is ‚Viking, Scandinavian pirate'; it competes with other words, e.g. northmann, northliūde ‚people from the North'." Hofstra, Tette Changing views on Vikings, in: Tijdschrift voor Skandinavistiek 24/2, (2003), S. 147–160, hier S. 151. Zur Unterstützung dieser Interpretation vgl. Christiansen: „viking will mean only what it ment then: sea-raider, pirate, rover. No distinction of sex and race are made, since the speakers of Frisian, Old English, Irish, Finnish and Baltic languages made very

nur attackiert und ausgeplündert, sondern diese Gebiete teilweise auch besiedelt haben.[139] Es wird allgemein angenommen, dass die plötzliche Zunahme der Aktivitäten der Wikinger zu einer schnellen Zunahme der Bevölkerung führte, namentlich in Dänemark. Die Migrationsbewegungen waren jedoch nicht der einzige Grund für das stetige Bevölkerungswachstum.[140] Zunehmender Handel und soziale Unruhe durch die Folgen der Erbschaftsregelungen (Primogenitur)

---

good Vikings, and king Alfred was quick to learn this skill." Christiansen, Eric, The Norsemen in the Viking Age, Oxford [u. a.] 2002, S. 3 f. So auch Krüger: „Nach Askeberg sei für afries. *witsing* von einer Bedeutung ‚nordischer Seeräuber' auszugehen. Fell wies jedoch darauf hin, dass hier mit einer allgemeineren Bedeutung ‚Pirat' zu rechnen sei, da den Belegen in einigen Fällen ein Adjektiv mit *nord-* oder *northesk-* vorausginge." Krüger, Jana, „Wikinger" im Mittelalter: die Rezeption von víkingr m. und víking f. in der altnordischen Literatur (Ergänzungsbände zum Reallexikon der germanischen Altertumskunde 56), Berlin [u. a.] 2008, S. 4. Bernard Mees geht von einem Verb aisl. *víkja* aus ‚to move, to turn': „Consequently, it is not too hard to imagine how an expression such as *fara í víking* could have emerged from a literal meaning of ‚to go (away) on a turn, a voyage [...] or the like – i.e. *víking* is presumably best to be taken as representing a semantic specialisation of a term which originally indicated a moving from place to place, a voyage." Mees, Bernard, Taking Turns: Linguistic economy and the name of the Vikings, in: Arkiv för nordisk filologi 127 (2012), S. 5–12, hier S. 9. Eine abweichende Etymologie findet man bei John Lind, der einen Zusammenhang mit dem slawischen Wort für ‚Krieger' vermutet: „More recently the Polish linguist Zbigniew Gołb suggested that the Slavic form is coming from Germanic **wikingaz, e.g.* Old Icelandic *vikingr* ‚Viking', which etymologically means ‚warrior' and is most probably derived from *weihan* (i.e. *wihan, e.g.* in Gothic) ‚fight'." Lind, John, „Vikings and the Viking Age", https://www.academia.edu/8906219/Vikings and the Viking Age, S. 382, zugegriffen am 29.05.2021.

139 Zum Beispiel die „Danelaw" im Osten Englands zeigt in den Ortsnamen den dänischen Ursprung: Ortsnamen auf *-by, -thorp, -toft* (etymologische Deutung: *aufbauen* bzw. *Dorf*) können in ihrem Grundwort als dänisch identifiziert werden. „In tegenstelling tot Engeland en Normandië geeft de toponymie voor ons land geen enkele steun aan de veronderstelling, dat hier een Deense vestiging van ook maar enige omvang heeft plaats gehad; ook de microtoponymie – zo uiterst belangrijk voor dit vraagstuk – zwijgt stil." Blok, Dirk Peter, De Wikingen in Friesland In: Naamkunde 10 (1978), S. 25–47, hier S. 43.

140 Es gibt nach Simek keine archäologischen Hinweise für eine Überbevölkerung Skandinaviens im 8. und 9. Jahrhundert. Siehe Simek, Rudolf, Die Wikinger, 7., durchgesehene und aktualisierte Auflage, München 2021, S. 15. Einschlägige Literaturhinweise bzw. Belegstellen fehlen. Weitere Gründe findet man in Kap. I dieses Buches, S. 11–26.

veränderten die skandinavische Gesellschaft tiefgreifend. Nach Simek lebten die Bauern in einer Bedarfswirtschaft, deren Produktionsziel auf die Selbstversorgung ausgerichtet war. Sie versuchten dieser „Subsistenzwirtschaft zu entfliehen – sei es durch Raub, Handel oder die Bewirtschaftung ertragreicheren Bodens".[141] Dadurch war es unvermeidlich, dass sich die Wikinger über ihre Heimatländer hinauswagten. Ihre hervorragenden nautischen Fähigkeiten, die sie sich in den vorhergehenden Jahrhunderten angeeignet hatten, und das Verfügen über seegängige Schiffe machten diese Fahrten möglich.

In der Wikingerzeit kam die friesische Küstenregion sowohl mit Wikingerangriffen als auch mit skandinavischen Händlern in Kontakt.[142] Die Geschichten über Wikinger beziehen sich in der Regel auf dänische Wikinger. Die Wikingerangriffe in Friesland begannen 810 mit einem Überfall auf die friesische Küste und dauerten dann zwei Jahrhunderte an. Vor allem die Handelsstadt Dorestad war oft das Ziel ihrer Raubzüge. Eine Anzahl von Dänen ging ein Bündnis mit den fränkischen Herrschern ein und schaffte es auf diese Weise, Gebiete wie Dorestad, Walcheren in Zeeland und die nordniederländische Küstenregion als Lehen zu erhalten. Nach der Übernahme des Westens und Teilen der nördlichen Niederlande in das fränkische Reich ist ab dem 8. Jahrhundert auf Texel auch vom fränkischen Königserbe die Rede. Sowohl Texel als auch Wieringen befanden sich in der Wikingerzeit im Lehensgebiet der dänischen Wikinger Rorik und später Godfried. Aufgrund der Lage von Texel am Rande der Nordsee und auf der Vlie war es eine strategisch günstige Lage und ein Hafen für Schiffe, die von Dorestad im Norden und von den Britischen Inseln und Skandinavien in den Süden fuhren.[143]

2.3 Bewaffnete Konflikte

An dieser Stelle sei auf zunächst IJssennager hinzuweisen, die in ihrem Artikel die Kontakte zwischen Skandinaviern und Friesen in der Wikingerzeit thematisiert hat.[144] Den nächsten Ausführungen werden ihre Betrachtungen zugrunde gelegt.

---

141 Ibidem, S. 10.

142 Vgl. den etymologischen Zusammenhang zwischen den Verben „kaufen" und „kapern": „Das *niederl.* Wort gehört wahrscheinlich zu dem mit *dt.* Kauf (vgl. kaufen) verwandten *afries.* käp ‚Kauf', das zum verhüllenden Ausdruck für ‚Seeraub' geworden war." Duden Etymologie: Herkunftswörterbuch der deutschen Sprache / bearb. von Günther Drosdowski, Dudenredaktion, o. J., Lemma „Kaper (2), zugegriffen am. 03.12.2021.

143 IJssennagger, Nelleke, Een bijzondere Vikingvondst van Texel, in: Paleo-aktueel 26 (2015), S. 81–87, hier S. 84.

144 IJssennagger-Van der Pluijm, Nelleke, Vriend, Vazal En Vijand? Contacten tussen Friezen en Scandinaviërs in de Vikingtijd: teksten en objecten, in: De Vrije Fries 92, (2012), S. 37–59.

Die fränkischen Annalen, die aus christlicher Perspektive geschrieben wurden, erwähnen regelmäßig Wikingerangriffe auf Friesland. Die Annalen waren stark politisch orientiert, was nicht verwunderlich ist, da Friesland die Grenzzone zwischen dem christlich-fränkischen Reich und dem heidnischen Dänemark darstellte. Skandinavische Quellen erwähnen die Wikingerangriffe ebenfalls; friesische Quellen und verfügbare archäologische Funde liefern weitere Informationen. Die *Annales Regni Francorum* berichten, dass der fränkische Kaiser Karl der Große 809 aus Misstrauen gegenüber dem dänischen König eine Festung über der Elbe errichten ließ und gerade nach Aachen zurückgekehrt war, als er hörte: „*classem ducentarum navium de Nordmannia Frisiam appulisse totasque Frisiaco litori adiacentes insulas esse vastatas iamque exercitum illum in continenti esse ternaque proelia cum Frisonibus.*"[145]

Der Angriff von 810 in Friesland war Teil einer Reihe von Konflikten zwischen zwei Generationen dänischer und fränkischer Herrscher, die seit dem Ende des 8. Jahrhunderts andauerte. Beide Seiten, die sich offensichtlich nicht vertrauten, versuchten, die Unterstützung der aufständischen Sachsen zu gewinnen. Die Grundlage der Streitigkeiten lag in dem Versuch, die Herrschaft des Grenzgebietes zwischen dem fränkischen Reich und dem dänischen Machtgebiet an sich zu reißen. Es ist möglich, dass Friesland selbst als Streitobjekt dieses Konfliktes galt. Das Gebiet stand unter fränkischer Herrschaft, aber nach einer zeitgenössischen fränkischen Quelle[146] beanspruchte der dänische König Godfred Friesland als Teil seines eigenen Einflussbereichs. Man kann sogar von einer „Strafexpedition" des dänischen Königs als Reaktion auf die Versuche Karls, seinen Einflussbereich zu vergrößern, sprechen. Godfreds Aktivitäten scheinen jedoch nicht von allen akzeptiert worden zu sein, denn kurze Zeit später wurde er von einem seiner eigenen Anhänger ermordet.[147]

Saxo Grammaticus (12. Jahrhundert) beschreibt in den *Gesta Danorum*,[148] dass im Jahr 810 der dänische König Godfred das friesische Territorium für kurze Zeit regierte und besteuerte, bis die Friesen durch das Eingreifen der Franken befreit wurden. Geschichten gleichen Inhalts, aber ohne dass der Name Godfred auftaucht, sind auch aus friesischen Rechtstexten und späteren Geschichten bekannt, die oft mit der Saga der friesischen Freiheit verbunden sind. Die Friesen zahlten

145 Kurze, Friedrich (Hrsg.), Annales regni Francorum inde ab a. 741 usque ad a. 829, qui dicuntur Annales Laurissenses maiores et Einhardi (MGH, Scriptores Rerum Germanicarum in usum scholarum 6), Hannover 1895, Kap. 810, S. 131.

146 Vgl. Rau, Reinhold (Hrsg.), Quellen zur karolingischen Reichsgeschichte 1. (Ausgewählte Quellen zur deutschen Geschichte des Mittelalters, Freiherr vom Stein-Gedächtnisausgabe 5), Darmstadt 1955, S. 164–210.

147 IJssennager, Vriend, Vazal En Vijand? S. 39.

148 Saxo Grammaticus, Gesta Danorum, http://www2.kb.dk/elib/lit/dan/saxo/lat/or.dsr/index.htm, zugegriffen am 15.08.2020, Zeile 248,26.

ihren Siegern häufiger Geld, um die Angriffe zu stoppen, manchmal auch als eine Form des Tributs, der für einen längeren Zeitraum bezahlt werden musste.

Bis ins 11. Jahrhundert war Friesland das Ziel skandinavischer, meist dänischer Angriffe, mit einer Konzentration in der Zeit von 830 bis 870. Die friesische Region wird oft unter Verwüstung und Gewalt gelitten haben. Mehr als einmal richteten sich die Angriffe gegen die frühmittelalterliche Handelsstadt Dorestad, deren Handelsstraßen durch das friesische Küstengebiet führten. Dorestad war im 7. Jahrhundert entstanden und fungierte bis Mitte des 9. Jahrhunderts als Drehscheibe im Handel zwischen dem fränkischen Reich und dem Norden. 695 fiel der Handelsplatz unter die Herrschaft der friesischen Herrscher; dann geriet er in den fränkischen Einflussbereich. Dorestad nahm weiterhin einen prominenten Platz im friesischen Handel ein und viele Friesen aus der Küstenregion werden dort gelebt haben. 834 wurde der Handelsplatz erstmals komplett geplündert und zerstört.[149] In den folgenden Jahren wurde Dorestad noch etliche Male von den Wikingern heimgesucht. Daneben lässt sich eine starke Konzentration von Wikingerangriffen in den nördlichen Niederlanden feststellen.[150]

2.4 Wahrnehmung der Wikinger in Friesland

Die Art und Weise, wie negativ die Wikingeraktivitäten in den christlich-fränkischen und friesischen Quellen abgebildet wurden, ist nicht verwunderlich. Die Angreifer wurden als heidnisch, brutal, wild und rücksichtslos charakterisiert.[151] Ein gutes Beispiel dafür ist die berühmte Egils-Saga um den Krieger und Poeten Egil Skallagrímsson aus Island. Er besuchte mehrmals das friesische Küstengebiet. Eine ausführliche Beschreibung des Geländes während dieses Überfalls gibt uns ein interessantes und realitätsnahes Bild des feuchten Küstenlandes Frieslands. Egil und seine Gefährten marschierten durch mehrere Dörfer und

---

149 Einzelheiten beschreibt Jones, A history of the Vikings, S. 210.

150 Die Wikingerangriffe in Friesland haben nur wenige archäologische Spuren hinterlassen. Manchmal wird der Verdacht geäußert, dass ein gefundenes Schwert von einem Wikinger stammen könnte, aber der skandinavische Charakter der Waffen kann selten mit Sicherheit festgestellt werden. Ein klarer archäologischer Hinweis auf das Vorkommen von Wikingerangriffen auf die nordniederländischen und norddeutschen Küstengebiete ist jedoch die Anzahl der versteckten einheimischen Schätze aus der Wikingerzeit. Eine Konzentration der gefundenen Münzschätze zeigt sich um 840 in einer Zeit der intensivsten Überfälle, danach wurde eine deutliche Abnahme nachgewiesen. Dazu IJssennager, Vriend, Vazal En Vijand? S. 41.

151 „The written sources from the Carolingian Period, all being more or less connected with the Carolingians themselves or with Christian institutions, generally don't depict the pagans from the North as sympathetic people. On the contrary, the Vikings are described as committers of plunderings, burnings, killings, and rapings." Hofstra, Changing views on Vikings, S. 160.

plünderten und zerstörten alles, was ihnen begegnete. Daraus geht hervor, dass die Hauptfigur eine so starke körperliche Gewalt hatte, dass er es schaffte, mehr als zehn Friesen zu töten, die gleichzeitig auf ihn zukamen:

> „Als es begann, Herbst zu werden fuhren sie nordwärts zurück und befanden sich vor der Küste von Friesland. Eines Nachts, als ruhiges Wetter herrschte, fuhren sie in einen großen Strom hinein, in dem es wenig natürliche Häfen und bei Ebbe weite trockene Vorstrände gab. An Land erstreckten sich große Ebenen, und es war nicht weit bis zum Wald. Die Wiesen waren nass, weil es stark geregnet hatte. [...] Da tauchte bald vor ihnen ein Dorf auf, in dem viele Bauern lebten. Die Leute, die konnten, rannten vom Dorf weg landeinwärts, sobald sie das Kriegsvolk bemerkten; die Wikinger aber verfolgten sie. [...] Das Land dort war flach mit weiten Ebenen. Über das gesamte Land waren Gräben ausgehoben, in denen Wasser stand. Damit hatten sie ihre Äcker und Wiesen umgeben. An einigen Stellen steckten große Stangen, wo man darübergehen sollte. Da gab es Brücken aus darübergelegten Baumstämmen. Die Bevölkerung des Landes floh in den Wald. [...] Da gab es einen harten Kampf, aber er endete damit, dass die Friesen flohen und die Wikinger die Flüchtenden verfolgten. [...] Egil verfolgte sie hartnäckig und wenige Männer mit ihm, aber ziemlich viele liefen davon. Die Friesen kamen an eine Stelle, wo es vor ihnen einen Graben gab, und überquerten ihn. Dann zogen sie die Brücke weg. Da kamen Egil und seine Leute auf der anderen Seite heran. Egil setzte an und sprang über den Graben, aber das war kein Sprung für andere Männer, und es versuchte auch keiner. Als die Friesen das sahen, griffen sie ihn an, und er wehrte sich. Elf Mann attackierten ihn, aber ihre Auseinandersetzungen endeten damit, dass er sie alle tötete.“[152]

Das Bild der Skandinavier als Wikinger/Räuber führte auch zu einer Neubewertung der sozialpolitischen Gegebenheiten. Der Übergang von einer Gesellschaft, die auf den heidnischen Norden abzielt, zu einer Gesellschaft, die sich mit dem christlichen Süden verbunden fühlte, wurde in den mittelalterlichen friesischen Texten stark betont. Nijdam hat darauf bereits hingewiesen.[153] Er zeigte, dass der Kern der friesischen Tradition der Freiheit mit diesem angeblichen Übergang von der dänischen zur fränkischen Herrschaft verbunden war. Obwohl es unterschiedliche Lesarten der Geschichte gibt, weisen sowohl die Variante, in der die Freiheit bekämpft wurde, als auch die, in der die Freiheit durch die Zahlung von Steuern (*huslotha*) an den fränkischen Kaiser (und nicht an einen skandinavischen Herrscher) gekauft wurde, auf eine Neuorientierung in Richtung Süden hin. In beiden Fällen wurden die Dänen als negativ und die Franken als positiv dargestellt.[154]

---

152 Simek, Rudolf/Henning, Reinhard (Hrsg.), Sagas aus Island: Von Wikingern, Berserkern und Trollen, Stuttgart 2011, S. 190 f.

153 Nijdam, Han, Klinkende munten en botsplinters in de Oudfriese rechtsteksten, Continuïteit, discontinuïteit, intertekstualiteit, in: De Vrije Fries 89 (2009), S. 45–67, hier S. 60.

154 Nijdam, Lichaam, eer en recht in middeleeuws Friesland, S. 119.

Darüber hinaus deutet diese Tradition auf die mögliche Rolle der Friesen bei der Verteidigung des Frankenreiches hin. Schließlich mussten die Friesen nur ihr eigenes Territorium vor den wilden Wikingern und dem wilden Meer schützen. Bei der Betrachtung dieser Darstellung muss jedoch berücksichtigt werden, dass dieses Bild hauptsächlich von christlichen, pro-fränkischen Gefühlen gefärbt ist. Man wollte die Friesen offenbar retrospektiv gottesfürchtiger darstellen, als sie in der Realität waren, möglicherweise auch unter dem Einfluss erneuter Christianisierungsversuche. IJssennager kommt in ihrer Untersuchung zu dem Schluss, dass die unterschiedlichen Formen des Kontakts zwischen Friesen und Skandinaviern nicht immer leicht voneinander zu unterscheiden sind.[155] Die Trennlinie zwischen den beiden Gruppen war auch oft schwer festzustellen, was mit den fortschreitenden Entwicklungen in der Wikingerzeit immer mehr zutrifft. Gewalttätige Raubüberfälle, Handelsunternehmen und Allianzen waren die wichtigsten Aspekte der Kontakte. Die friesische Region lag an der Grenze des von christlichen Werten dominierten fränkischen Reiches und des skandinavischen Nordens, wo das Christentum sich noch durchsetzen musste. Die Friesen spielten eine wichtige Rolle als Vermittler; ihr Gebiet bildete eine Kontaktzone zwischen verschiedenen kulturellen Systemen und konkurrierenden Weltanschauungen. In Kontakten zwischen diesen Systemen wurden Objekte und Ideen ausgetauscht, die oft eine symbolische Bedeutung hatten. Dies bewirkte, dass die verschiedenen Gruppen manchmal zusammenarbeiteten[156] und sich dadurch die Beziehungen zwischen ihnen im Laufe der Zeit veränderten.[157]

---

155 „Moreover, it is often unclear whether we are dealing with ‚pure' Viking raids, if such things existed at all, or events in which the motives of trade, political connections, and raiding were combined. All these types of relations, alliances, and networks also occurred within the same area." Nelleke L. IJssennagger, Between Frankish and Viking: Frisia and Frisians in the Viking Age, S. 72.

156 Vgl. Dieter Strauch: „Über norwegische Wikinger unterrichtet der Silberhalsring von Senja, in Troms. Er scheint einen norwegischen Raubzug nach Friesland zwischen 1015 und 1030 zu belegen, bei dem die Norweger mit friesischen Kämpfern die Beute teilten, die aus Rüstungen und Brünnen bestand." Strauch, Dieter, Mittelalterliches Recht: Herkunft – Kennzeichen – Fortwirken, in: Orbis Iuris Romani 9 (2004), S. 161–196, hier S. 172 f. Dazu auch Nijdam: „It has also become increasingly clear that the Frisians were not only passive victims of Viking raids, but that they continued to trade with the Scandinavians at the same time and also occasionally joined forces with the Vikings to go on raids together elsewhere along the North Sea coast." Nijdam, Wergild and Honour, S. 166.

157 IJssennager, Vriend, Vazal En Vijand? S. 55. Dazu auch Knol und IJssennagger, Palaeogeography and People: Historical Frisians in an archaeological light, S. 20: „The idea that Frisians joined Viking war-bands on their campaigns [...] has earlier been expressed on the basis of one of the old Frisian law codes." Vgl. auch Raymond ten Berge, Waren de Drenten en een deel van de Groningers Vikingen?

3. Rekonstruktion der friesischen Geschichte als identitätsstiftende Erzählung

Das Gebiet zwischen Lauwers und Weser wurde im Laufe des 8. Jahrhunderts von den Franken erobert. Die Friesen wurden gezwungen, ihre germanische Heimatreligion aufzugeben und stattdessen zum Christentum zu konvertieren.[158] Viele Friesen hatten den Wechsel zum Christentum und damit zu einem Teil des feindlichen fränkischen Reiches zu werden, wohl als eine bittere Niederlage empfunden. Überdies wurden sie verpflichtet, Steuern zu zahlen und militärische Aufgaben zu erfüllen. Hinzu kommt, dass im Laufe des 9. Jahrhunderts mehrere Teile Frieslands von fränkischen Herrschern dänischen Kriegsherren übergeben wurden. Im Jahr 826 verlieh Kaiser Ludwig der Fromme dem König von Jütland, Harald Klakk, die Herrschaft über die östliche friesische Grafschaft Rüstringen, unter der Bedingung, dass er die Elbmündung gegen den Überfall von anderen Wikingern verteidigte. Ab dem 13. Jahrhundert nahmen die Friesen eine politische Sonderstellung im fränkischen Reich ein, da Friesland das einzige Gebiet war, das nicht unmittelbar von Feudalherren regiert wurde.[159]

Die Frage nach ihrem Platz in dieser neuen politischen Konstellation, die Unterschiede auf dem Gebiet der Gesetzgebungs- und Verwaltungsbefugnisse, die sich vom Rest Westeuropas unterschieden, rief eine Neuorientierung auf ihre Identität hervor. Im 13. Jahrhundert begannen die Friesen Rechtsvorschriften und Bräuche, die ihr gesellschaftliches Leben regelten, in der Volkssprache aufzuschreiben. In dieser Hinsicht unterschieden sie sich nicht von vielen anderen Bevölkerungsgruppen in Westeuropa. Inspiriert von der erneuerten und systematisierten Untersuchung des römischen und kanonischen Rechts im 12. Jahrhundert und ermutigt

---

Het verschijnsel Viking verklaard aan de hand van regionale geschiedenis ofwel de vernietiging van de laatste dichters door het vroege christendom. Groningen 1996. Ten Berge vertritt die These, dass Teile der Groninger und Drenten Wikinger waren. Diese revolutionäre Ansicht wurde nicht unbedingt sofort abgelehnt, vgl. Hofstra, Changing views on Vikings, S. 160.

158 Vries und Hempenius-van Dijk, Asega, is het dingtijd? S. 24.

159 „Although officially part of the Holy Roman Empire, they were governed neither by king, duke, nor count, but considered themselves imperially immediate, that is, placed directly under the authority of the Emperor. In fact, they were the only people in Western Europe not to live in a feudal system." Bremmer, Codifying the Law, S. 143. Ansichten über diese Sonderstellung sind jedoch durchaus kontrovers: „Ausgesprochene widersprüchliche Auffassungen gibt es in bezug auf die in Friesland nach dem Ablauf der Grafenzeit vorherrschende Verfassung und Gesellschaftsordnung." Vries, Geschichte der Friesen im Mittelalter: West- und Ostfriesland, S. 543. Die Grafengewalt im östlichen Teil Frieslands hatte noch früher, schon um 1100, nachgelassen. Ibidem, S. 542.

durch die schnell wachsende päpstliche Verwaltung, wurden die Rechtstexte schriftlich fixiert. In diesem Prozess der Erfassung ihrer Rechtstraditionen standen die Friesen jedoch vor einem Problem: Es fehlte eine Autorität, auf die sie sich berufen konnten, um der Gültigkeit ihrer Gesetze Glaubwürdigkeit zu verleihen. Dadurch entstand für eine solche Ausnahmestellung der Wunsch, diese neue politische Realität zu legitimieren und ihre friesische Identität neu zu definieren.[160] Um eine Unterscheidungskraft zu erreichen, die ihre Identität als Kollektiv zusammenfasste, brauchten sie daher eine Struktur gemeinsamer Formen und Bräuche, nämlich ihre friesische Sprache und vor allem ihre gemeinschaftliche, juristische Tradition.[161]

Bremmer führt aus, dass die Erwähnung von Wikingern in den frühesten mittelalterlichen friesischen Gesetzen nicht als Kriterium für ihre Datierung auf das 11. Jahrhundert verwendet werden kann.[162] Stattdessen wurde der berüchtigte Ruf der Nordmänner benutzt, um einen friesischen Ursprungsmythos zu schaffen, indem den historischen Figuren neue, imaginierte Rollen zugeschrieben wurden.[163] Mit dem phantasievollen Umschreiben der Geschichte wurde ein besonderes Ziel verfolgt: Sie lieferte den mittelalterlichen Friesen eine heilige Erzählung, die ihre einzigartige rechtliche und politische Position innerhalb des Heiligen Römischen Reiches rechtfertigte.

---

160 Bremmer beschreibt den Gründungsmythos der Friesen. Dabei stammen die Friesen aus Indien, die Brüder Friso, Saxo und Bruno wurden des Landes verwiesen und landeten in Europa: Friesland, Sachsen und Braunschweig wurden darauf gegründet. Ibidem, S. 12. Offenbar hatte dieser herkömmliche Mythos seinen sinnstiftenden Charakter verloren oder war wohl in Vergessenheit geraten.

161 Vgl. Bremmer: „Much more than sharing the same language, or partaking in the same political union, the Frisians distinguished themselves from neighbouring tribes by a shared juridical tradition." Bremmer, An introduction to Old Frisian, S. 4.

162 Zur Gegendarstellung: Algra, Oudfries recht, S. 367, Fn. 34. Algra relativiert m. E. seine Aussagen über die frühe Datierung, indem er auf die Kontinuität von Traditionen nach den Überfällen der Wikinger hinweist: „Het is heel goed mogelijk dat de dux-constructie [Heeresanführer in Friesland, Anm. Verf.] ook na het verdwijnen van het Vikingengevaar gehandhaafd werd. Met een traditie werd in die tijd niet zo snel gebroken, want die had een sterke rechtskracht." Algra, ‚Rechtshistorische aspecten van het Landrecht der Vriesne', S. 106.

163 Vgl. auch Knol und IJssennagger, Palaeogeography and People: Historical Frisians in an archaeological light, S. 18: „A poetic description of Viking attacks and the Frisian's duty to defend the Frisian coast both against the ‚flood of wild Vikings' and against the salty sea is preserved in a number of different law texts and represents a collective memory of Viking Age events that had probably been orally transmitted."

4. Fazit

Wie bereits oben ausgeführt, ist das Ältere Schulzenrecht in der Fachliteratur zumindest teilweise bis in das 11. Jahrhundert datiert. Diese Datierung beruhte vorwiegend auf rechtlichen, politischen, numismatischen und philologischen Gründen, das heißt, man hat sich bei der Datierung vorwiegend auf den Inhalt der Bestimmungen in den Quellen konzentriert und extratextuelle Überlegungen nicht ausreichend berücksichtigt. Beispiel (vereinfacht): Wikinger werden in der Quelle erwähnt, 1042 wurde der letzte Angriff registriert, folglich stammt der Text aus dem 11. Jahrhundert. Die Etymologie und linguistische Reichweite des Begriffs „Wikinger" wurde dabei nicht oder nur dürftig erklärt, mögliche spätere Belege nicht erkannt usw.

Darüber hinaus neigte man – vor allem in der älteren, vom Zeitalter der Romantik beeinflussten Forschungsliteratur – dazu, eine Datierung sehr früh festzulegen, um so das ehrwürdige Alter des friesischen einheimischen Rechts zu betonen. Die Frage nach den erforderlichen Rahmenbedingungen, die es überhaupt ermöglichten, solche Texte in der Volkssprache abzufassen, blieb dabei zu einem großen Teil außer Betracht. Eine einheitliche Meinung über die Datierung lässt sich wegen der spärlichen Quellenlage schwer wiedergeben. Dennoch liegt der Schluss nahe, dass die Verwendung von Friesisch als Schreibsprache für juristische Dokumente kaum früher angewandt wurde als in der Zeit kurz nach dem 13. Jahrhundert. Sogar diese Einschätzung ist, wenn man einschlägige, in der Volkssprache verfasste Rechtstexte aus den umliegenden Gebieten in Betracht zieht, noch recht früh angesetzt.[164] Erst im Laufe des 13. Jahrhunderts konnten wir eine rasche Zunahme der Schrift im öffentlichen Leben in Friesland sehen, und es gab auch erst dann die notwendigen Institutionen, durch die Texte verteilt und aufbewahrt werden konnten.[165]

Mangels zuverlässiger Quellen und namentlicher Erwähnungen ist das Grafen-Argument kein sicheres Indiz für die Datierung des Älteren Schulzenrechts. Trotz

164 Eike von Repgau übersetzte auf Bitten des Grafen Hoyer von Falkenstein den Sachsenspiegel ins Deutsche, „wofür es in jener Zeit noch kein Vorbild gab." Kroeschell, Karl, Deutsche Rechtsgeschichte, Köln 2005, S. 247. „Das Rechtsschriftum deutscher Sprache beginnt ja gerade mit dem Sachsenspiegel", Kroeschell, Karl, recht unde unrecht der sassen. Rechtsgeschichte Niedersachsens, Göttingen 2005), S. 82. „Die großen Aufzeichnungen der Leges und die karolingische Kapitulariengesetzgebung liegen schon um Jahrhunderte zurück, während die Zeit der Rechtsbücher, die im 13. und 14. Jahrhundert eine so breite Quellenbasis bilden, noch nicht gekommen ist." Kroeschell, Karl, Recht und Rechtsbegriff im 12. Jahrhundert, Vorträge und Forschungen 12 (1968), https://doi.org/10.11588/vuf.1968.0.16396, S. 309–335, hier S. 309, zugegriffen am 30.07.2020. Nach Nijdam sind die ältesten Handschriften in der altfriesischen Sprache erst gegen 1300 entstanden. Nijdam, Lichaam, eer en recht in middeleeuws Friesland, S. 23.

165 Vgl. Bremmer, Hir is eskriven, S. 95.

ihrer isolierten Lage im Reich fühlten sich die Friesen dem Reich zugehörig, auch wenn sie keinen Herrn außer dem König oder Kaiser akzeptierten.[166] Diese Reichsunmittelbarkeit war in Wirklichkeit jedoch fiktiv, da die Friesen ihre Königsteuer (*huslotha*) nicht bezahlten oder in irgendwelcher Form Reichsdienste leisteten.[167] Ob die Reminiszenz aber an die früheren Kaiserzeiten im tagtäglichen Leben der friesischen Bevölkerung – immerhin mit einer Zeitspanne von circa 400 Jahren – tatsächlich in bewusst wahrgenommener Weise existierte, kann aus meiner Sicht auch bezweifelt werden.

Auch die Erwähnung der Wikinger im Älteren Schulzenrecht ist als Beleg für eine frühe Datierung der Quelle unbrauchbar. Für die Handelskontakte und die Besiedlung neuer Gebiete waren die Wikingereinfälle in späterer Zeit kein allzu großes Hindernis, doch im kollektiven Gedächtnis der Friesen bildete die Normannenzeit die Grundlage für einen neuen, identitätsstiftenden Gründungsmythos. Dabei kann der Begriff „Wikinger" nicht einer klar abgegrenzten Ethnie zugeordnet werden; vielmehr ist von einem multiethnischen, temporär begrenzten Zusammenschluss einzelner Piratenverbände auszugehen.[168]

Eine einheitliche Meinung über die Datierung des Älteren Schulzenrechts lässt sich wegen der Komplexität der Quellenlage nicht eindeutig wiedergeben. Betrachtet man jedoch die periphere Lage Frieslands im fränkischen Reich und die offenbar relative Gleichgültigkeit der benachbarten Herrscher, das unwirtliche Gebiet mit hohem Aufwand dauerhaft unterwerfen zu wollen, kann man schließen, dass von der Existenz einer hochentwickelten Verwaltungsbehörde und von einer damit verbundenen Schriftkultur im 11. Jahrhundert nicht ausgegangen werden kann. Wenn man die Entwicklung der Verschriftlichung von Rechtsaufzeichnungen in anderen Regionen dazu noch als Datierungsargument berücksichtigt, muss eine Niederschrift des Älteren Schulzenrechts vor dem 13. Jahrhundert als äußerst unwahrscheinlich betrachtet werden.

---

166 Vries, Die Friesische Freiheit, S. 48.

167 Dazu auch: Carsten Roll, Vom ‚asega' zum ‚redjeven', S. 191.

168 Rohmann schlägt eine Revidierung des Piratenbegriffs vor: Statt über „Seeräuber" und „Piraten" zu sprechen, wäre es sinnvoller, „neutral von Gewalthandeln im maritimen Raum zu sprechen". Ein Unterschied zwischen Kaufleuten und Seeräubern war oft nicht zu machen, vielmehr trafen konkurrierende Akteure aufeinander, wobei die unterlegene Seite die militärisch überlegenen Mitbewerber mit dem antiken Terminus „Pirat" belegte. Vgl. Rohmann, Gregor, Jenseits von Piraterie und Kaperfahrt. Für einen Paradigmenwechsel in der Geschichte der Gewalt im maritimen Spätmittelalter, in: Historische Zeitschrift, Bd. 304 (2017), S. 1–49, hier S. 1, 17.

IV. Die am Verfahren beteiligten Personen

Das mittelalterliche friesische Prozessrecht ist – wie öfters in der Forschungsliteratur erwähnt – bislang kaum erforscht worden.[169] Auch den einzelnen Beteiligten am Gerichtsverfahren im Kontext des Älteren Schulzenrechts wurde wenig Aufmerksamkeit gewidmet.

An erster Stelle werde ich den in Friesland häufig auftretenden Amtsträger „Asega“ vorstellen. Er war „bestimmt keine literarische Erfindung gewesen [...] wie sein althochdeutscher Namensvetter“[170], sondern er tritt mehr als 58 Mal in den altfriesischen Rechtsquellen konkret als rechtskundiger Amtsträger auf. Dabei sollte bei der Besprechung der Beteiligten berücksichtigt werden, dass sich über die Datierung der Quellen immer noch keine gesicherten Aussagen treffen lassen. Das hat Konsequenzen für die Beurteilung der am Verfahren beteiligten Amtsträger: Einerseits wird vermutet, wie oben ausgeführt, dass der Asega in den friesischen Quellen schon im 11. Jahrhundert in Erscheinung trat; am anderen Ende des Spektrums wird behauptet, eine Niederschrift der Rechtsquellen in der friesischen Volkssprache habe es nicht vor 1300 gegeben.[171] Wenn man darüber hinaus noch einen Entstehungszeitraum von „alte[n] Kerne[n]“ aus dem 9. Jahrhundert postuliert[172], wird eine Funktionsbeschreibung schlichtweg unmöglich. Die ältesten

---

169 Dazu u. a. Nijdam, Lichaam, eer en recht in middeleeuws Friesland, S. 156; Vries, Oebele, Her Bendix is urbeck fonden. Die altfriesische Terminologie im Bereich des Zivilsrechtes, in: Vries, De taal van recht en vrijheid, S. 307–345, hier S. 310; ebenfalls Oestmann, Wege zur Rechtsgeschichte, S. 62. An dieser Stelle soll noch vor einem methodischen Denkfehler gewarnt werden: Ein einheitliches friesisches Prozessrecht mit einer einheitlich strukturierten Gerichtsstruktur hat es nicht gegeben, sodass regionale Unterschiede mit Bezug auf die Identifizierung durchaus möglich sind. Dazu Algra, Ein: enkele rechtshistorische aspecten van de grondeigendom in Westerlauwers Friesland, S. 5.

170 Gerbenzon, Der altfriesische asega, der altsächsische eosago und der althochdeutsche esago, S. 75.

171 „Der Asega kommt in altfriesischen Texten des 11. und 12. Jahrhunderts vor.“ Ibidem, S. 79. Laut Bremmer gibt es aber keine friesischen Rechtstexte aus dem 11. Jahrhundert: „In the lands neighbouring on Frisia, no vernacular law texts are known from before 1200.“ Bremmer, An introduction to Old Frisian, S. 9. Ich gehe ebenfalls, wie im vorigen Kapitel begründet, von einer Datierung nach 1200 aus.

172 Gerbenzon, Der altfriesische asega, der altsächsische eosago und der althochdeutsche esago, S. 79. Der Begriff „Asega“ kommt in der *Lex Frisionum* nicht vor; die Vermutung Gerbenzons lässt sich nicht belegen.

Texte sind mit Sicherheit nicht in einem sauber abgesteckten Zeitraum entstanden; die Deutung des Inhalts ist dadurch *a priori* mit Unsicherheiten verbunden.

Charakteristisch für das altfriesische Recht ist der Asega.[173] War er fränkisch, postfränkisch, ein importierter skandinavischer *lagman*, ein Rechtsvortragender, der die Gesetze auswendig rezitierte, ein Rechtskundiger als Prozessbegleiter, Richter (aber nicht im modernen Sinne), Schiedsrichter?[174] An erster Stelle soll die Frage nach seinen Tätigkeiten im Älteren Schulzenrecht beantwortet werden, damit seine Aufgabenstellung in der abgebildeten Realität des Rechtslebens bewertet werden kann. Die Gliederung gestaltet sich von außen nach innen. Sie betrachtet zunächst das Vorkommen des Begriffs „Asega" in den einzelnen Kapiteln, dann folgt eine Feststellung seines Handelns und schließlich Vorschläge zur Bestimmung seines Amtes in der Rechtsprechungspraxis. Anschließend folgt eine Besprechung der anderen Amtsträger, die eine Rolle in den rechtlich anerkannten Streitlösungsverfahren spielen.

Die vorliegende Untersuchung der einzelnen Amtsträger beschränkt sich auf das herkömmliche, noch mündlich geprägte Verfahren, wie es im mittelalterlichen Friesland angewandt wurde. Die ältere Vorphase des altfriesischen Prozessrechts wurde in der *Lex Frisionum* (circa 800) von Algra beschrieben. Dieses Verfahren stimmt seiner Ansicht nach in groben Zügen mit dem Prozessgang des Älteren Schulzenrechts überein, obwohl die für das Schulzenrecht charakteristischen Amtsträger *asega*, *frana* und *grewa* in der *Lex Frisionum* nicht erwähnt werden.[175]

1. Asega

Im Älteren Schulzenrecht wird der Asega insgesamt in 28 Kapiteln erwähnt: [Kurs. Verf.]

> Deer aech hem dy *aesgha* enen ferde toe delane [...] ende hi self toe bannane, dat hem emma wal dief onriocht dwe. (Kap. 1).

---

173 „Eine Eigentümlichkeit der friesischen Gerichtsverfassung ist die Mitwirkung eines Asega." Fockema Andreae, Sybrandus Johannes, Über den Ursprung der niederländischen Rechte mit Rücksicht auf ihre Stammeszugehörigkeit, in: ZRG GA 30 (1909), S. 1–17, hier S. 4.

174 Dazu Vries und B. S. Hempenius-van Dijk, Asega, is het dingtijd?, S. 20 f. Nach Lehmann war er außerdem noch mit gesetzgebenden Aufgaben betraut: „Das Recht hat der Gesetzsprecher am Allthinge vorzutragen, Weistümer hat er den Befragenden zu erteilen, er führt den Vorsitz im gesetzgebenden Ausschuss." Lehmann, Karl, Zur Frage nach dem Ursprunge des Gesetzsprecheramtes, in: Zeitschrift der Savigny-Stiftung für Rechtsgeschichte. Germanistische Abteilung 6 (1885), S. 193–199, hier S. 195.

175 Algra, Oudfries recht, S. 113 f. Die Auffassung ist aber wegen der zeitlichen Distanz von circa 440 Jahren kritisch zu bewerten.

ende mey *aesga* doeme (Kap. 3).

ende mey dae *aesga* [...] soe is [...] mey dae *aesga* tioghe toe iechtane (Kap. 20).

soe schol ma hir fulgia mey da *aesga* ti dae fordele (Kap. 33).

Soe is riocht, dat di *aesga* toe delane aegh [...] als hem dy *aesga* deelde [...] soe aegh hem die *aesga* tweer scillingen ti delane (Kap. 35a).

Soe is riucht: iefta ma dae achte scillingen wtachte ne moet, dat di *aesga* scel twa pond dela di greuwa, dae scelta tiaen scillingen (Kap. 35b).

So aegh him dy *aesga* to delane, dat hi hem dat eerua wise mit stewe ende mit thingghe (Kap. 36).
Djt is riocht, dat di hem dis sella deys [...] ende mey da *aesga* [...] ladia scol toe der landwere [...] ende di *aesga* aegh him to delane, dat hi oen fiuld fara scol (Kap. 37).

dat di *aesga*, deer dat stryd mey betinget is, dela scal, dattet ordil oen dae kerckwalle wesan scol (Kap. 41).

Soe aegh [...] ende di *aesga* [...] hiare to hodene [...] ende ti dae *aesga*, dat hiara tre se [...] ende dy *aesga* [...] scowia inder tzercka (Kap. 42).

soe aegh di *aesga* to delane (Kap. 43).

ende dy *aesga* stowie him den eed ende bidda [...] Soe aegh dy *aesga* den oenthyng-here toe moniane [...] Nv aegh dy *aesga* hem den eed toe stowiane ende bidde, dat hem God soe helpa ende dae hollighen (Kap. 44a).

ende so aegh hem di *aesga* den kampstal te wisane [...] deer aeghen dae kempan oen te wessane [...] ende di *aesga* [...] so aegh him di *aesga* te delane [...] ende di *aesga* scellet dae wepenen scowia (Kap. 45).

Soe aegh zijn *aesga* to delane, dat hi dat op dae holligum wita moet, hweer zijn huus ende hof se (Kap. 48).

Nu scal man hir dat goed [...] mey dey *aesga* [...] afte tioge (Kap. 50).

nv aegh di *aesga* him twa pond ti wrdelane [...] So scheldi grewa [...] den *aesga* bieda [...] Jef emma dat wert, so aegh di *aesga* eelkerlikem twa pond wr te delane, deer hem dat wert. [...] soe aegh di grewa, ief hi deer is, den *aesga* toe bannane, dat hi deer riocht dele (Kap. 57).

ende him di *aesga* twa pund wrdelede (Kap. 59).

oene *aesga* dom (Kap. 60).

soe schel hit tioegha [...] anda sauwen deren toelfna ende di *aesga* [...] mey aeghe-nen sioede ende mey aerem heerde, dae di *aesga* dae edan stowade iefta mey syne doeme dae secke endegade (..) Ief di *aesga* naet liuwath, soe schelleth sauwen sidza des konyngis orkenden [...] dat hia deer oen anderde were, mey aeghenen sioede ende mey aerem heerde, dae di *aesga* dae edan stowade iefta mey syna doeme dae secke engade (Kap. 64).

ende mey *aesga* dome (Kap. 65).

soe aegh di *aesga* den allersibsta jn ti delane et forme thinghe (Kap. 70).

so aegh him di *aesga* ti delane [...] Soe schel di *aesga* dela (Kap. 71a).

ende di *aesga* him den eed to stowiane aldus (Kap. 72).
Alsoe schel di *aesga* dwaen, if he ne moet toe dae dei nen dom dela. (Kap. 78).

Hweer soe en *aesga* mei epenbera sonden, deer sint headsonda, bigripen is, soe ne moet hi nennen doma dela (Kap. 79a).

Hweer so ma eenen *aesga* toe dome baent [...] so is he domlas (Kap. 79b).

oen haet ban soe di *aesga* komt [...] ief hij ne thoer nennen dom dela (Kap. 80a).

soe di *aesga* enne man aesket (Kap. 80b).

1.1 Der Asega im Älteren Schulzenrecht

Aus der Auflistung der Tätigkeiten des Asegas geht hervor, dass sich sein Aufgabenbereich nicht auf einen gerichtlichen Entscheidungsvorgang beschränkt, sondern seine Tätigkeiten insgesamt einen recht aufgesplitterten Charakter aufweisen. Diese Mehrspurigkeit seiner Aufgaben soll einer näheren Betrachtung unterzogen werden. Mit Nachdruck sei an dieser Stelle hervorgehoben, dass die Schwierigkeiten, die *termini technici* zu deuten, laut dem Adagium „never translate a legal document" hier in besonderer Weise zugespitzt werden. Die schon seit längerer Zeit geführte Diskussion, ob die Exegese älterer Rechtsbegriffe mit modernen Forschungsbegriffen in Einklang gebracht werden kann, verliert an Bedeutung, wenn man versteht, dass Sprache als Kommunikationsmittel einen linearen Zeichencharakter aufweist, das heißt, sie existiert nur im Zeitablauf. Sprache ist in hohem Grade immer wieder erneuerungsfähig. Jede Sprache verändert sich im Laufe der Zeit – trotz schriftlicher Fixierung. Semantische Konstanten gibt es nicht.[176]

---

176 Bei der Interpretation des Fachvokabulars können wir nur auf einer begrenzten Grundlage den Bedeutungsinhalt feststellen. Durch das Fehlen zeitgenössischer größerer Textkorpora, in denen die Fachbegriffe verwendet werden, bleibt viel Raum für Spekulation. Zusätzlich gilt, dass „das Fachvokabular im Mittelalter generell selten mit der Stringenz verwendet [wird], die ein moderner Leser erwarten würde". Forgeng, Jeffrey L., (Hrsg.), Das Tower Fechtbuch: ein Meisterwerk der mittelalterlichen Kampfkunst, Darmstadt 2021, S. 20. Vgl. ebenfalls Fritz W. Schulze, der meint, dass die Definition der altfriesischen Gesetze häufig unscharf und zuverlässig ist: „Sie halten nicht immer Tatbestande, sondern häufig Umstande einer Handlung fest. Die Definitionen erfolgen entweder nur zu ungefähr oder sie widersprechen

Für die Interpretation der Rechtsbegriffe spielen die historischen Rechtsquellen eine ausschlaggebende Rolle: Es kommt darauf an, ob die Quellen Anspruch auf Verbindlichkeit zeigen und dadurch eine sozial geordnete Gesellschaft zustande bringen.[177] Nur so können wir von Recht im modernen Sinn sprechen.

Ausgangspunkt der Untersuchung in diesem Abschnitt ist die Umschreibung der Tätigkeitsfelder des Asegas im friesischen Verfahren vormoderner Prägung. In den älteren, *in casu* vormodernen Rechtsquellen aus Friesland – im Älteren und Jüngeren Schulzenrecht und im Sendrecht – ist die Prozessterminologie mit Bezug auf den Verfahrensgang am stärksten vertreten; somit werden diese Quellen in erster Linie herangezogen. Die *Lex Frisionum* als Sammlung frühmittelalterlicher Rechtsvorschriften (um 800 n. Chr.) bleibt außer Betracht, da das Wort „Asega" darin nicht vorkommt und ein direkter Beweis, dass es diesen Funktionär schon gab, somit nicht erbracht werden kann.[178]

1.1.1 dela/delane

In der Mehrheit der aufgelisteten Beispiele wird das Handeln des Asegas mit dem Verb *dela/delane* (oft mit *dom/dome/doeme*) verbunden: nhd. *teilen, urteilen, erkennen, verurteilen.*[179] In Kap. 1 erteilt er den Frieden, gebietet (*bannane*), dass keiner dem Grafen Gewalt antun soll. In Kap. 3 kann der Asega durch seinen Spruch einen Eid eines freien Friesen entkräften. In Kap. 35a urteilt der Asega bezüglich der Teilung der gemeinen Mark: Zwei Schillinge Buße erlegt er jedem Haus auf, wenn

---

sich." Schulze, Fritz W., Stabungen und verwandte Bindungen in den Lateinversionen der altfriesischen Gesetze, in: Zeitschrift für deutsches Altertum und deutsche Literatur 91/2 (1961), S. 85–107, hier S. 106. Zusätzlich fordert Haubrichs: „Vernacular terms in this lexical field should be treated with the aim of exploring the semantic aspects of the words more accurately." Haubrichs, Wolfgang, Wergeld: The Germanic Terminology of Compositio and Its Implementation in the Early Middle Ages, in: Bothe [u. a.], Wergild, Compensation and Penance. The Monetary Logic of Early Medieval Conflict Resolution, Bd. 31 (2021), S. 92–113, hier S. 93.

177 Dazu Oestmann, Wege zur Rechtsgeschichte, S. 33; Dilcher, Gerhard, Leges – Gentes – Regna. Zur Rolle normativer Traditionen germanischer Völkerschaften bei der Ausbildung der mittelalterlichen Rechtskultur: Fragen und Probleme, in: ders./ Distler, Eva-Marie (Hrsg.), Leges – Gentes – Regna. Zur Rolle von germanischen Rechtsgewohnheiten und lateinischer Schrifttradition bei der Ausbildung der frühmittelalterlichen Rechtskultur, Berlin 2006, S. 15–42, hier S. 20.

178 Die Frage, ob hinter den in der *Lex Frisionum* vorkommenden Bezeichnungen *iudex* und *sapientes* ein Asega verborgen sein kann, lässt sich schwer beantworten, da „Bedauerlicherweise [...] lateinisch-altfriesische Paralleltexte aus Karolingischer Zeit nicht vorhanden [sind]", Köbler, Gerhard, Zu Alter und Herkunft des friesischen asega, in: Tijdschrift voor Rechtsgeschiedenis 41 (1973), S. 93–99, hier S. 94.

179 Köbler, Gerhard, Altfriesisches Wörterbuch.

die Anordnungen des Schulzen nicht befolgt werden. In Kap. 35b sprich der Asega dem Grafen zwei Pfund zu. In Kap. 36 führen Besitzansprüche eines Grundstücks zu Uneinigkeit, wobei der Asega bestimmt, dass eine Partei genau angeben soll, wo sich das Grundstück befindet.

Anschließend, in Kap. 37, bestimmt der Asega, dass er ins Feld gehen soll, wenn er die Verteidigung übernehmen will. Es handelt sich dabei um die Frage nach der tatsächlichen und rechtlichen Sachherrschaft des Grundstücks (Gewere); die Gerichtsverhandlung soll auf dem Grundstück stattfinden. In Kap. 41 bestimmt der Asega, dass das Gottesurteil an der Kirchhofsmauer bei der Hauptkirche stattfinden soll. Im Falle eines Zweikampfes – wobei der Beklagte behauptet, er sei wegen Mangels an Besitz bzw. Waffen und Kleidung nicht in der Lage, den Zweikampf zu bestehen – legt der Asega eine Eidesaussage von sieben Dorfgenossen auf. (Kap. 47). In Kap. 48 ist die Frage nach den – modern gesagt – örtlichen Zuständigkeiten zur Erhebung der Anklage (hier: Kampfklage, Zweikampf) zentral: Wenn der Beklagte behauptet, er habe weder Haus noch Hof im Bannbezirk, bestimmt der Asega, dass er auf die Reliquien bezeugen muss, wo sein Haus und Hof sind.

In Kap. 57 soll der Asega einem Hausmann wegen Ungehorsams gegen das Grafengericht (Ladung nicht befolgt) eine Buße von zwei Pfund auferlegen. Wenn der Hausmann nach mehrmaliger Aufforderung nicht erscheint, wird er nach dem Rechte zu Bruch und Brand verurteilt. Der Asega soll – falls der Graf bzw. der Schulze nicht anwesend sind – auf deren Befehl Recht sprechen. In Kap. 71a soll der Asega Neffen und Nichten auferlegen, dass jeder von ihnen dem anderen ein rechtmäßiges Erbteil zusichern soll. Der Asega soll sich selbst allen Leuten gegenüber im Bannbezirk, in dem er Asega ist, zu Reinigungsarbeiten und Bußen erbieten; falls er das nicht macht, darf er kein Urteil fällen (Kap. 78). Ähnlich in Kap. 79a: Wenn der Asega bei Hauptsünden ertappt worden ist, darf er – vorbehaltlich der Rechtfertigung durch seinen Priester – keine Urteile mehr fällen. Zum Schluss soll der Asega, wenn ihm etwas zur Last gelegt wird, Reinigungseide leisten bzw. Buße zahlen; andernfalls darf er kein Urteil mehr fällen. In Kap. 80b nimmt der Asega Reinigungseide ab.

1.1.2 tioghe/tiuga

nhd. *zeugen, bezeugen*, als Subst. *Zeuge*. In einigen Fällen stellt der Asega mit den Königszeugen und dem Schulzen eine eventuelle Vernachlässigung bei der Inspektion der Schleuse fest. Bei Feststellung der Vernachlässigung wird dem Zeugnis des Asegas die ausschlaggebende Bedeutung beigemessen (Kap. 20). In Kap. 50 handelt es sich um den Rechtsanspruch einer schwangeren Frau hinsichtlich Erbfragen. Falls sie einen berechtigten Anspruch hat, muss das Erbe mit gesetzlichem Zeugnis übertragen werden. Der Asega ist einer dieser Zeugen. Das Zeugnis eines Toten kann wiederbelebt werden, wenn u. a. der Asega bei den Vereinbarungen zugegen war. Er soll mit den Augen gesehen und mit den Ohren gehört haben, was in diesem Falle vom Verstorbenen ausgesagt wurde (Kap. 64).

1.1.3 Sonstige Tätigkeiten

Beim Kesselfang soll nach dem Hineingreifen des Beklagten bzw. seines Stellvertreters in den Kessel mit heißem Wasser der Asega zusammen mit dem Schulzen, dem Priester und den vier Königszeugen den Probanden überwachen. Am dritten Tag wird die Hand in der Kirche besichtigt (Kap. 42). Beim Austragen eines Zweikampfes (Kap. 45) weist der Asega den Kämpfern den Kampfplatz an; innerhalb dieses Kampfplatzes soll er – zusammen mit dem Schulzen und den Kampfwärtern – darauf darauf achten, dass ansonsten keine Person den Kampfplatz betritt. Weiterhin gehört eine Überprüfung der Waffen zu seinen Aufgaben. In Kap. 72 nimmt er in einer Erbschaftsangelegenheit den Eid ab.

1.2 Der Asega als Urteilsverkünder

Wenig Diskussion gibt es über die philologische Zusammensetzung des Begriffs: Das altfriesische *asega* ist eine Zusammensetzung aus altfri. *ê, â* und *sega,* „Gesetz" und „Sager".[180] Über seine Aufgaben und Zuständigkeit besteht dagegen weniger Konsens: Im 19. Jahrhundert wurde die Frage, ob der Asega einen Rechtsvortrag hielt, von fast allen älteren Autoren[181] bejaht; der Asega wurde somit als friesisches Äquivalent für den aisl. *lǫgsǫgumaðr* (Rechts-Sager) betrachtet:

> „Jacob Grimm and other nineteenth-century legal historians in his footsteps, recognized the Icelandic *lǫgsǫgumaðr* ‚law-say-man' in this frisian legal official. Consequently, the *asega* was attributed the same role as his alleged Icelandic counterpart: he was the man who had memorized the law and it was his duty to recite the law at certain communal gatherings, perhaps, just like his Icelandic counterpart, in a triennal cycle."[182]

---

180 „āsega: nhd. „Rechtsager", Gesetzessprecher, Urteilsfinder, Richter", Altfriesisches Wörterbuch, zugegriffen am 28. März 2020, http://www.koeblergerhard.de/afriewbhinw.html; Gerbenzon, Der altfriesische asega, der altsächsische eosago und der althochdeutsche esago, S. 75.

181 Abweichend jedoch Heck, Die altfriesische Gerichtsverfassung (Weimar, 1894): „Die weitaus wichtigste Function des Asega war die Urtheilsfällung. Der Asega war ürtheiler, ja nahezu Richter im Sinne des heutigen Rechts", S. 68; ibidem: „Der Asega ist somit als Urtheiler im heutigen Sinne des Wortes aufzufassen", S. 91; ebenfalls Schröder: „Die Urteilsfindung lag ausschließlich in den Händen der vom Volke gewählten Asegen", Schröder, Richard, Lehrbuch der deutschen Rechtsgeschichte, Leipzig 1907, S. 178.

182 Bremmer, Rolf Hendrik, The Orality of Old Frisian Law Texts, in: ders./Laker, S./Vries, O., Directions for old Frisian philology in: Amsterdamer Beiträge zur älteren Germanistik Bd. 73; Estrikken 96, Amsterdam – New York 2014, S. 1–48, hier S. 1.

> „Es steht fest, daß in Friesland noch bis tief in das Mittelalter hinein der periodisch wiederholte feierliche Vortrag der geltenden Rechtssätze geübt worden ist. Es steht ferner fest, daß unter den altfriesischen richterlichen Beamten der Urteilsfinder derjenige war, von welchem eine vollständige, genaue Kenntnis des gemeinfriesischen Rechtes und des Sonderrechtes seines Sprengels verlangt wurde, daß er also die geeignetste und berufenste Persönlichkeit für das Halten eines solchen abstrakten Rechtsvortrages, d. h. für die *âsege* „Gesetzsagung", gewesen ist. Es steht endlich fest, daß dieser altfriesische Urteilsfinder einen Amtstitel (*âsega*) trug, der nicht ‚Urteiler', sondern ‚Gesetzessager' bedeutete."[183].

> „Der Asega ist kein Schöffe, Schöffen sind im älteren Friesland überhaupt nicht vorhanden, er ist kein Redjeva oder Consul, die in friesischen Landdistrikten erst im Lauf des dreizehnten Jahrhunderts entstehen. Er erkennt oder urtheilt aber überhaupt nicht im einzelnen Fall; das thun Mitglieder des Things, in dem geurtheilt oder erkannt wird. Der Asega belehrt nur die Leute, die zu erkennen oder zu urtheilen haben über das Recht, nachdem sie zu erkennen oder zu urtheilen haben; er ist, um den Ausdruck zu wiederholen, gleichsam das personificirte lebendige Gesetzbuch; von ihm erfahren die Urtheilenden überall den Inhalt des geltenden Rechts, wie sie ihn später aus dem Gesetzbuch lernen. Die von dem Asega gebrauchten Ausdrücke wisdom dela, dom dela [...] wollen eben nur dies besagen, nicht daß der Asega im einzelnen Fall erkennt, ein Urtheil findet oder spricht. Wenn gesagt ist asega wisdome [...], so bedeutet das nur nach dem vom Asega gewiesenen Recht, dem von ihm gegebenen Weisthum, dem Recht, wie er es mündlich als geltendes Recht mitgetheilt hat."[184]

Um für den Asega zu einer verwendbaren Abgrenzung zum skandinavischen *lǫgsǫgumaðr* zu gelangen, soll deshalb sein Tätigkeitsbereich kurz umschrieben werden.

Der *lǫgsǫgumaðr* war ein Funktionär, dessen Aufgabe u. a. darin bestand, den Inhalt des Rechts auf dem Ding (*þingvellir*) vorzutragen, jedes Jahr ein Drittel des

183 Jäkel, Hugo, Abba, Asega und Redjewa, in: ZRG GA 27 (1906), S. 114–151, hier S. 143. Zur Frage, was im Sinne frühmittelalterlicher Verhältnisse „Urteil" eigentlich bedeutet, vgl. Martin Pilch: „das Urteil ist Überzeugung und gemeinsame Rechtsansicht der im Ding versammelten Rechtsgenossen der Parteien und nicht herrschaftlich-obrigkeitlicher Befehl des Richters." Pilch, Martin, Der Rahmen der Rechtsgewohnheiten: Kritik des Normensystemdenkens entwickelt am Rechtsbegriff der mittelalterlichen Rechtsgeschichte, Wien [u. a.] 2009, S. 143. Dazu auch Weitzel, der die Zuständigkeit für das Urteil als Rechtsfeststellung bei der Rechtsgemeinschaft sieht. Weitzel, Jürgen, Dinggenossenschaft und Recht: Untersuchungen zum Rechtsverständnis im fränkisch-deutschen Mittelalter (Quellen und Forschungen zur höchsten Gerichtsbarkeit im Alten Reich 15), Köln [u. a.] 1985, S. 23.

184 Richthofen, Untersuchungen über Friesische Rechtsgeschichte, S. 478 f.

kompletten Textes.[185] Er agierte nicht im Kollegium, sondern war ein einzeln auftretender Rechtkundiger. Zu seinen zentralen Aufgaben gehörte es, Rechtswissen zu vermitteln und konkrete Rechtsweisungen in den einzeln gegebenen Rechtsstreitigkeiten zu geben, kurzum *„seggja lǫg mǫnnum"*.[186]

„Er ist jedem verpflichtet, der ihn darum bittet, das Recht, sowohl hier, [auf dem Ding, Anm. Verf.] als auch zu Hause zu erläutern": *„þess er lǫgsǫgumaðr skyldr at segja ǫllum þeim er hann spyrja lǫgmal bæði hér ok heima"*.[187] Die daraus abgeleitete Funktion als „Gesetzsprecher" ist demnach doppeldeutig: Einerseits bezogen auf die Tätigkeit des *lǫgsǫgumaðr* als Rechtskundigen, der die Leute über das Recht und ihre Rechte aufklärt, andererseits hat er die Pflicht, Gesetzesänderungen oder Neuvorschläge auf dem Ding zu proklamieren: *„Skyldi þau segja upp et næsta*

185 „Lǫg ǫll skulu vera sǫgð upp á þrimr sumrum [...]." „Das ganze Recht soll alle drei Sommer vorgetragen werden." [Übers. Verf.], Karlsson, Gunnar/Sveinsson, Kristján/Árnason, Mörður, Grágás: lagasafn íslenska þjóðveldisins, in: Mál og menning, Reykjavík 1992, S. 465; „Legal custom in early Iceland was obviously based on oral acts. We know the duties of the lawspeaker – to learn the law and to recite it during his term of three summers at the Althing", Brink, Stefan, Verba Volant, Scripta Manent? Aspects of Early Scandinavian Oral Society, in: Hermann, Pernille (Hrsg.), Literacy in medieval and Early Modern Scandinavian culture, Viking Collection 16, Odense 2005, S. 77–135, hier S. 97. So auch Dieter Strauch: „Er war nicht nur Mitglied der Lögrétta, sondern hatte dort den Vorsitz inne und trug zu jeder Allthingszeit das ganze Prozessrecht vor, um es in Erinnerung zu rufen, sodann den übrigen Rechtsstoff, verteilt auf drei Jahre, also einmal in seiner Amtszeit. Nahm die Lögrétta seinen Vortrag widerspruchslos hin, so war er geltendes Recht. Vom lögberg, dem Gesetzeshügel, verkündete er neubeschlossene Gesetze. Außerhalb des Allthings gab er auf Anfrage Auskunft über die Rechtslage, hatte aber sonst keine Verwaltungsaufgaben. Für seine Dienste sprach ihm die Grágás eine Vergütung zu." Strauch, Mittelalterliches nordisches Recht, Eine Quellenkunde (Ergänzungsbände zum Reallexikon der germanischen Altertumskunde 97), Berlin [u. a.] 2016, S. 40 f.; „Seit 1280 ernannte der König statt des bisherigen *lögsögumaðr* einen oder zwei *lagmenn* (Rechtsprecher)", ibidem, S. 246. Eine Neudefinition dieses Amtsträgers fand dabei aber nicht statt. Gwyn Jones schließlich geht von einem auswendigen Rezitieren aus, mit der Einschränkung, dass „no one, of course, would have to claim that he had no written aids to memory", Jones, A history of the Vikings, S. 347.

186 Dennis [u. a.], Laws of Early Iceland, S. 187; dazu auch Sanmark, Alexandra u. a., Debating the „Thing" in the North I: Introduction, in: ders./Semple, Sarah/Mehler, Natascha/Iversen, Frode (Hrsg.), Debating the „Thing" in the North I, Washington/DC 2013, S. 1–4, hier S. 4: „Lǫgmaðr: (lawman) Lǫgsǫgumaðr- the person whose responsebility it was to memorize and recite the laws at the assembly and give órskuðr, i.e.explain the stance of the law regarding matters brought to the thing".

187 Dennis [u. a.], Laws of early Iceland, S. 193.

sumar eptir í lǫgréttu.“[188] [Verpflichtet im nächsten Sommer auf dem Ding zu rezitieren, Übers. Verf.]. Auf Island gehörte das Rezitieren (*seggja upp*) der Gesetzestexte zu seinen Aufgaben, wobei das Vortragen geschriebener Rechtstexte auch mit dem Begriff „rezitieren“ verbunden wurde.[189] Dieses Vortragen schriftlicher Texte brauchte nicht notwendigerweise vom *lǫgsǫgumaðr* vorgenommen zu werden, sondern konnte auch von anderen „weisen Männern“ durchgeführt werden: „*at lǫg ór skyldi skrifa á bók* [...] *ok annara spakra manna.*“[190] [unsere Gesetze sollen in ein Buch geschrieben werden [...] auch von anderen weisen Männern, Übers. Verf.]. Bleibt also die Frage nach der genauen Definition dieses (repetativen) Rezitierens: Wurde auswendig, frei vorgetragen oder vorgelesen?[191] Fragt sich auch, inwiefern der komplette Vortrag eines relativ voluminösen und uneinheitlich aufgebauten Textes – der *lǫgsǫgumaðr* brauchte immerhin drei Jahre, um das ganze Gesetz (*Grágás)* vorzutragen – die Zuhörerschaft (intellektuell) überstrapaziert hat, mit anderen Worten: *cui bono*?[192]

---

188 Ari fróði Þorgilsson: Íslendingabók. Hrsg. von Jakob Benediktsson. In: Landamabók. Íslendingabók (Íslenzk fornrit/1), Reykjavík 1968, S. 1–28 hier S. 23 f.

189 „Auf Island fand die uppsaga regelmässig in dem jährlich einmal auf die Dauer von vierzehn Tagen zusammentretenden Allding statt, und zwar in der Weise, dass die Dingordnung jedesmal vorgetragen, der übrige Stoff dagegen auf die drei während der Amtsdauer des lögsögumadr stattfindenden Alldinge verteilt wurde. Was so während dreier Jahre ohne Widerspruch der anwesenden ‚lôgrètta‘ zum Vortrage gelangte, erhielt durch die stillschweigende Zustimmung der gesetzgebenden Versammlung Gesetzeskraft.“ Schröder, Richard, Gesetzsprecheramt und Priestertum bei den Germanen, in: ZRG GA 4 (1883), S. 215–231, hier S. 218.

190 Þorgilsson, Ari, Íslendingabók, Landnámabók, 1968, S. 23 f.

191 Brink meint: „The decisive shift at the Althing in Iceland from a mainly oral legal procedure to a legal custom based on the written word took place in the year 1118, when the laws were read out, not by the lawspeaker, but by clerics.“ Brink, Verba Volant, Scripta Manent? S. 97 f. Burrows ist der Meinung, der *lǫgsǫgumaðr* müsse über die gleichen sprachlichen und mnemotechnischen Fähigkeiten verfügen wie der Skald. Vgl. Burrows, Hannah, Rhyme and Reason: Lawspeaker-Poets in Medieval Iceland, in: Scandinavian Studies 81, Nr. 2 (2009) S. 215–238, hier S. 216.

192 Dazu z. B. Karl Haff: „Bei der nuancenreichen Kasuistik mancher Abschnitte muß man sich staunend fragen, wie es denn möglich war, all diese Einzelheiten aus dem Gedächtnisse heraus vorzutragen.“ Haff, Karl, Der germanische Rechtssprecher als Träger der Kontinuität, in: ZRG GA 66 (1948) S. 364–367, hier S. 365. Ebenfalls McGlynn: „Moreover, when we consider the length and content of medieval Icelandic law with regard to what we know about memory, we can conclude that the *Grágás* was probably not be memorized in a modern sense, i.e. without variation.“ McGlynn, Michael, Orality in the Old Icelandic Grágás, S. 523. Gegen diese Einschätzungen könnte man einwenden, dass das Vortragen längerer Texte mit Hilfe von mnemotechnischen Techniken als Form der Kommunikation in oralen Kulturen

Im späten 13. Jahrhundert wurde sein Funktionieren als Rechtssprecher obsolet. „From the late 13th centurury, the lawman had become an approved judge, who could deliver verdicts."[193] Die Wikinger hatten sich ab dem 9. Jahrhundert öfter an der holländisch-friesischen Küste aufgehalten[194]; die Frage nach einem möglichen Import des Begriffs ist dadurch durchaus legitim. Es ist in erster Linie auffallend, dass die Zusammensetzung *lǫg/sǫgu/maðr* im Friesischen nicht vorkommt. Das *a* (Gesetz) in *asega* ist etymologisch nicht mit dem skandinavischen *lǫg* (Gesetz) verwandt. Dasselbe gilt für *maðr* (Mann); die Friesen benutzen das Wort *sega* (Sager). Daraus kann man schließen, dass die Friesen für den Rechtsprecher einen eigenen Namen hatten; seine Tätigkeiten müssen sich demnach nicht mit dem Aufgabenbereich des altisl. *lǫgsǫgumaðr* decken. Die Wikinger, die sich in Friesland aufgehalten haben, benutzten die friesische Küste hauptsächlich als Stützpunkt. Ihr Aufenthalt ist nicht von langer Dauer gewesen, sodass schon aus diesem Grund von einem skandinavischen Export dieses Beamten nicht ausgegangen werden kann.

Der im Verfahren des Älteren Schulzenrechts agierende Asega bereitet auch den zeitgenössischen friesischen Forschern offensichtlich einige Definitionsschwierigkeiten. Die Bewertung des Begriffs ist in den letzten Jahrzehnten vielen Schwankungen ausgesetzt und schlägt sich demnach in den unterschiedlichen Deutungsmustern nieder. Die ältere Forschung verglich die friesischen Rechtsquellen mit u. a. altnordischen Rechtstexten, und die streng monokausale, rückprojektierende Vorgehensweise führte zu dem Ergebnis, dass der Asega und

---

geradezu charakteristisch war. Oralität setzt aber eine innere Dynamik voraus, ist im Gegensatz zur schriftlichen Fixierung von Texten weniger starr, begünstigt also eine Variantenvielfalt. Vgl. Ahouli, Akila, Stilisierung und Funktionalisierung einer oralen Kultur und eines mündlichen Erzählens in afrikanischen und deutschsprachigen Erzähltexten, Diss. Hannover 2006, S. 26. Diese Freiheit des Vortragenden, ständig Änderungen vornehmen zu können, bzw. die Möglichkeit für die Hörerschaft, den Vortrag frei interpretieren zu dürfen, passen m. E. zu poetischen Texten und nicht zur Kenntnisnahme von konkreten, profanen Rechtsbestimmungen. Die Einschätzungen Haffs und McGlynns scheinen mir deswegen durchaus richtig zu sein.

193 Sanmark u. a., Debating the ‚Thing' in the North I, S. 4. Siehe auch Burrows: „and the old office of lawspeaker was replaced by two lögmenn ‚lawmen', who chaired the Lögrétta [Gesetzgebungsorgan, Anm. Verf.], now a court rather than a legislative body." Burrows, Hannah, Some Þing To Talk About: Assemblies in the Íslendingasögur, in: Northern Studies 47 (2016), S. 47–75, hier S. 49.

194 Zu Wikingeraufenthalten im holländisch-friesischen Küstengebiet Gosses, Izaak Hendrik, Deensche heerschappijen in Friesland gedurende den Noormannentijd, in: Mededeelingen der Koninklijke Akademie van Wetenschappen, Afdeeling Letterkunde, Serie B; Heft 56/4 (1923), Koninklijke Akademie van Wetenschappen, Amsterdam 1923, S. 117–147, hier S. 123 ff.

lǫgsǫgumaðr auf einen gemeinsamen Ursprung zurückgehen. Die Vorstellung der älteren Rechtshistoriker gleicht der Methode der historischen Sprachwissenschaft aus jener Zeit: Man ging von einer einheitlichen „Ursprache" aus, die sich in diverse Tochtersprachen aufgespalten habe; auch die Frage nach der „Urheimat" der indoeuropäischen Ursprache war damals aktuell.[195] Die Möglichkeiten einer Sonderentwicklung, Polygenese oder Interferenz der jeweiligen Sprachgruppen wurde nicht in Betracht gezogen, das methodische Denken dieser „Stammbaumtheorie" wurde auf die historische Rechtswissenschaften unreflektiert übertragen.

In der neueren Forschung wird der Asega noch regelmäßig als rezitierender Rechtskundiger definiert[196], es gibt hier eine Verbindungslinie zu den älteren Autoren. Vries kommt zu dem Ergebnis, dass der Asega auf keinen Fall als eine Art Richter angesehen werden sollte. Er kann am besten als anerkannter, befugter Rechtsexperte bezeichnet werden, der in Gerichtsverfahren als „Gesetzessprecher" fungierte. Das bedeutet, dass er den Prozess Schritt für Schritt durch mündliche

195 „Die ältere Sprachwissenschaft rechnete meist nur mit organischem Wachstum von einer urtümlichen Einheit zur Vielheit durch Aufspaltung einer Sprache in Tochtersprachen (‚Stammbaumtheorie')." Sperber, Hans/Polenz Peter von, Geschichte der deutschen Sprache, fünfte, neubearbeitete Auflage, Bd. 915, Berlin 1966, S. 7. In diesem Zusammenhang auch Stolleis: „Man verglich und ordnete, schuf eine ‚vergleichende Autonomie' und damit die Grundlagen einer Evaluationsgeschichte des Lebens." Stolleis, Michael, Nationalität und Internationalität. Rechtsvergleichung im öffentlichen Recht des 19. Jahrhunderts (Abhandlung der Geistes- und Sozialwissenschaftlichen Klasse Jahrg. 1998, Nr. 4), Stuttgart 1998, S. 15.

196 Vgl. dazu Algra: „De term asega kan echter ook een vroege Germaanse leenvertaling van het Latijnse iudex ‚rechtspreker, rechter' zijn (uit ius ‚recht' en dic van dicere (‚spreken')". Algra, Oudfries recht, S. 196; dazu Bremmer: „asega's, rechtsvoorzeggers, die een belangrijke rol speelde bij geschillen." Bremmer, Hir Is eskriven, S. 82; ders. „The duty of the asega was to ‚find justice'. He had stored the law in his memory, concluded what measure applied to a certain case and advised the court. He presided over the sessions of the courts of law, and confirmed the verdicts of the jury." Bremmer, An introduction to Old Frisian, S. 164; „Tot omstreeks het begin van de dertiende eeuw berustte de rechtspraak in Friesland bij schout, asega en buren, van wie de asega als rechtszegger degene was, die het vonnis voorstelde, hetwelk door de buren werd bekrachtigd. [...] asega beteekent rechtszegger." Apeldoorn, Lambertus Johannes van, Het Romeinsche recht in Friesland. Mededeelingen der Nederlandsche Akademie van Wetenschappen, Afdeeling Letterkunde III/10), Amsterdam 1940, S. 46. Demgegenüber steht die Auffassung Kroeschells: „Daß zu den Aufgaben des Asega ein zusammenhängender Rechtsvortrag gehört habe, [...] läßt sich nicht nachweisen." Kroeschell, Karl, recht unde unrecht der sassen. Rechtsgeschichte Niedersachsens, Göttingen 2005, S. 161. Er betrachtet den Asega also monofunktional als Urteilsfinder.

Weisungen leitete, indem er den Menschen Vorschläge zu den zu treffenden Entscheidungen machte.[197] An anderer Stelle widerspricht Vries sich bei der Definition des Begriffs: *„and bi asega dome*“. Aus diesem Wortlaut lässt sich, so Vries, schließen, dass der einschlägige Rechtsstreit nach Rede und Gegenrede der Parteien durch das Urteil des Asegas entschieden wurde.[198] Also doch ein Richter? Von anderen zeitgenössischen Forschern wird der Asega als Kenner des Rechts betrachtet, jedoch ohne als Richter im engeren Sinne aufzutreten.[199] Im nächsten Schritt mutiert der Asega vom Rechtssprecher zu einem Urteilsfinder, der nach Aufforderung eines Vorgesetzten Vorschläge macht, um den Rechtstreit zu beenden.[200] Die Unterscheidung zwischen Richter und Urteiler bleibt dabei sichtbar. Schließlich wagen einige Autoren den letzten Schritt und bestimmen den Asega und den *lǫgsǫgumaðr* als selbsturteilenden Richter, dessen Zuständigkeit über reine Entscheidungsvorschläge hinausreicht.[201]

---

197 „Hier bezieht sich der Ausdruck [...] auf die Haupttätigkeit des Asegas, die Erteilung eines Vorschlags bezüglich des einschlägigen Rechtsverfahrens“, Vries und Hempenius-van Dijk, Asega, is het dingtijd?, S. 32. „Andererseits gibt es den asega ohne Machtsmittel, aber Kenner des Rechts“, ibidem, S. 337.

198 Vgl. Vries, Her Bendix is urbeck fonden, S. 331 f.

199 Vgl. dazu Gerbenzon: „Das alles entscheidet der asega (auf Anforderung des Vertreters der Obrigkeit)“, Gerbenzon, Der altfriesische asega, der altsächsische eosago und der althochdeutsche esago, S. 90; „Een asega was de officiele [rechts] adviseur van het gerechten vergelijkbaar met de judge in het Angelaksische proces. Hij gaf echter geen eindoordeel, maar deed slechts een voorstel, aanvankelijk alleen over de te volgen procedure“, Algra, Oudfries recht, S. 243.

200 Vg. Algra: „Niet aannemelijk is dat de asega zelf het oordeel velde. Hij deed slechts een voorstel [...], Oorspronkelijk was het recht, dat door de asega door zijn uitspraak gaf, wat wij zouden noemen ‚procesrecht‘. [...] Daarbij was de asega uiteraard primair rechtsschepper: hij creëerde nieuw recht. [...] essentieel voor de taak van de asega was, dat hij daaromtrent een rechtens doorslaggevend oordeel moest geven“. Algra, Nikolaas Egbert, Zeventien keuren en vierentwintig landrechten, 2. Aufl., Doorn 1992, S. 116; ders.: „Het procesverloop werd bepaald door de asega's. Dat was een rechtsgeleerde, die aan de gerechtsgemeentevoorstellen doet omtrent de te nemen beslissingen“, Algra, Oudfries recht, S. 243. Dazu auch Vries: „Wenn in den Schulzenrechten von dom die Rede ist, was häufig der Fall ist, handelt es sich ausnahmsweise um die Rechtsweisung des Asegas“, Vries, Her Bendix is urbeck fonden“, S. 342.

201 „Asega', litt, diseur de la loi', est le Jugeur dans le Droit des Magistrats“, Kalifa, Influence de l'Église et du Droit Synodal sur le Droit coutumier dit des Magistrats dans la Frise du moyen âge, S. 58. So auch Carsten Roll: „An ihrer Stelle stand der Asega, der als einzelner Urteilsfinder agierte [...]. Der Asega verkündete das Urteil, wobei dieser asegadom nicht durch Mitwirkung des Schulzen oder Frana geschah“, Carsten Roll, Vom ‚asega‘ zum ‚redjeven‘, S. 191, 209; siehe auch Vries: „befasst sich

1.3 Zwischenfazit

Aus der oben aufgeführten Tätigkeitsliste geht hervor, dass die Tätigkeiten des Asegas nicht im Aufgabenbereich der Gerichtsverwaltung liegen – diese Aufgaben obliegen vielmehr dem Schulzen und dem Grafen –, sondern er greift in die einzelnen Prozesse ein, trifft Entscheidungen und fällt Urteile, die zur gleichen Zeit auch als Rechtsbelehrung gelten. Urteile gelten als Beweisurteile. Sie geben nur Antwort auf Verfahrensfragen, in der Sache wird nicht entschieden; der weitere Gang des Verfahrens ist also Gegenstand des Urteils. Der Asega ist laut Gerbenzon ein Kenner des Rechts, aber – wie der Graf, Schulze oder Frana – kein Teil der Obrigkeit und somit nicht mit Machtmitteln ausgestattet. Er führt auf Anforderung die Anweisungen des Schulzen aus. Der König und seine Vertreter sind daran interessiert, den Frieden zu wahren, indem z. B. versucht wird, das Fehdewesen zu unterbinden. Wie das Recht aber inhaltlich aussieht, ist für sie im Grunde zweitrangig. Es interessiert sie nicht, wie viel *wergeld* als Sühnebetrag bei Totschlag bezahlt werden muss, wie viel Eideshelfer den Leumund eines Beklagten schwören sollen; dies alles wird dem Asega überlassen.[202]

Dass der Asega kein Richter im modernen Sinne ist, wurde schon öfters erwähnt. Parallelen sind jedoch unverkennbar nachzuweisen. Im heutigen deutschen Zivilprozessrecht – wie im ungelehrten Recht – gilt die Dispositionsmaxime, das heißt,

---

mit dem Fall, dass ein Kläger nachdem der Rechtstreit durch [...] das Urteil des Asegas ‚Rechtssprechers" zu seinen Ungunsten entschieden worden ist", Oebele Vries, Toe aer heer ende aegh syoen (‚zu Ohrenhör und Augensicht') in: Vries, De taal van recht en vrijheid, S. 376. Der *lögmaðr* in Norwegen trat nach Klaus von See unter König Hákon Hákonarson (circa 1250) als Einzelrichter oder zusammen mit einem von ihm ernannten Urteilerkollegium auf. Sein Urteil hatte die gleiche Gültigkeit wie das Urteil eines Dinggerichts. See, Klaus von, Selbsthilfe und öffentlicher Strafanspruch im mittelalterlichen Norden, in: Dilcher, Gerhard [u. a.] (Hrsg.), Leges – Gentes – Regna. Zur Rolle von germanischen Rechtsgewohnheiten und lateinischer Schrifttradition bei der Ausbildung der frühmittelalterlichen Rechtskultur, Berlin 2006, S. 377–390, hier S. 387. Dazu ebenfalls Nordby: „lögmaðr, who would become judge rather than legal advisor", Nordby, Ole-Albert Rønning, The Judicial Oath in Medieval Norway Compurgation, community and knowledge in the thirteenth century, Diss. Oslo 2018, S. 52 f. Auch Gerbenzon stellt die Frage, ob der Asega womöglich der ‚urfriesische' Richter ist, ein bindender Ratgeber „der den Vorsitz im Ding führte und die Urteile vollstreckte?", Gerbenzon, Der altfriesische asega, der altsächsische eosago und der althochdeutsche esago, S. 90.

202 Gerbenzon, Der altfriesische asega, der altsächsische eosago und der althochdeutsche esago, S. 90. Diese Auffassungen lassen sich aber nicht aus den Bestimmungen im Älteren Schulzenrecht belegen. Es würde eine Machtkonzentration auf den Asega stattfinden, die in der damaligen sozialen Stratifikation als äußerst unwahrscheinlich betrachtet werden muss.

dass es grundsätzlich den Parteien überlassen ist, ob es überhaupt zum Prozess kommt. Die rechtliche Stellung eines deutschen Berufsrichters lässt sich selbstverständlich nicht mit der Position eines Asegas vergleichen: Ein besonderes Verhältnis zum Staat (den es in Friesland im Mittelalter nicht gab), wie das im Deutschen Richtergesetz[203] zum Ausdruck kommt, gab es nicht.

Durch ein Urteil kommt das Verfahren zu einem Ende; dies gilt für den modernen Richter als auch für den Asega. Der Asegaspruch unterschied sich vor allem dadurch von den Urteilen aus heutiger Zeit, dass er in der Mehrzahl der Fälle nur eine (verbindliche) Auskunft über einen konkreten Fall erteilte; es handelte sich dabei nicht um eine Tatsachen- bzw. Sachwürdigung.[204] Der altfriesische Prozess mit seinen formellen Beweismitteln, wie er namentlich in dem älteren Schulzenrecht erhalten ist, gab zu einer Sachverhaltsaufklärung wenig Gelegenheit; es ging hauptsächlich darum, den gestörten Frieden wiederherzustellen, wobei der Leumund des Beklagten im Mittelpunkt stand. Die konkrete Hauptaufgabe, *dom dela,* so wie sich die Bezugnahme auf das Verfahren im Älteren Schulzenrecht mit Bestimmtheit bekunden lässt, bestand aus der Verkündung eines Urteils. Konkrete Tatumstände wurden bezeichnet: z. B. die Kirchenmauer, an der das Gottesurteil stattfinden sollte, Umstände über den Zweikampf festgelegt, nur durch den Spruch des Asegas wurde der Rechtsstreit beendet.

Auffallend ist, dass in den meisten Fällen der Asega im Älteren Schulzenrecht allein entscheidet und offenbar der Zustimmung des *ommestand* oder des Schulzen nicht benötigte; der Urteilsspruch enthielt ohne deren Mitwirkung verbindliche Kraft.[205] Dies widerspricht aber dem normalen Muster im dinggenossenschaftlichen Gerichtsverfahren, wobei die Feststellung des Urteils ursprünglich der Gerichtsgemeinde (*ommestand*) zukam. Möglich ist, dass sich die Vorschläge des Asegas im Laufe der Zeit zu einem Urteil entwickelt hatten, die ohne Akklamation zur Rechtskraft führten. Die Auffassung der älteren Autoren, wonach der Amtstitel „Asega" einseitig auf die Funktionsumschreibung „Gesetzsprecher" reduziert wurde, muss als zu eng definiert zurückgewiesen werden. Die Vorstellung dieser

---

203 DriG, i. d. F. v. 19.04.1974.

204 Zu beachten ist, dass durch Urteile nicht nur über die Ansprüche der streitenden Parteien entschieden wurde, sondern damit wurden auch Gerichtstermine anberaumt, Verfahren eröffnet, Kampfklagen eingeleitet, Zeugenbeweise beschlossen. Vgl. Ignor, Alexander, Indiz und Integrität. Anmerkungen zum Gerichtsverfahren des Sachsenspiegels, in: Ruth Schmidt-Wiegand (Hrsg.), Text-Bild-Interpretation. Untersuchungen zu den Bilderhandschriften des Sachsenspiegels (Münstersche Mittelalter-Schriften 55/I), München 1986, S. 77–91, hier S. 79.

205 „No mention of such confirmation occurs." Fairbanks, The old West Frisian Skeltana riucht., S. 24. Vgl. auch Kap. 64 Schulzenrecht: *dae di aesga dae edan stowade iefta mey syna doeme dae secke engade* (wie der Asega die Eide vorsprach oder durch sein Urteil die Sache beendete), Buma, Westerlauwerssches Recht, S. 115.

Rechtshistoriker, dass der altfriesische Asega ohne weiteres mit skandinavischen Gesetzsprechern identifiziert werden könnte, beruht auf der ‚romantischen' Vorstellung eines uniformen altgermanischen Rechtssystems, dessen Existenz man heutzutage mit guten Gründen anzweifeln kann.

Das Hauptargument, die friesische Rechtssprache „beweist ganz klar, daß die *â-sege* (legis ratio), von welcher der Âsega seinen Namen erhalten, die also seine ursprüngliche Hauptfunktion gebildet hat, nicht in der konkreten Rechtsweisung, sondern nur, wie schon Richthofen sah, in dem abstrakten Rechtsvortrage bestanden haben kann"[206], beruht auf einer rein philologisch-etymologischen Interpretation und verkennt den juristischen Rahmen, in dem der Asega im Älteren Schulzenrecht seine Tätigkeiten ausgeübt hat. Darüber hinaus gibt es in den überlieferten altfriesischen Texten keinen nachweisbaren Beleg für einen Rechtsvortrag, was allerdings nicht als *argumentum ex silentio* verwendet werden darf, denn da Vorträge regelmassig mündlich vorgetragen wurden – und jedem war dieses Prinzip bekannt –, erübrigte das eine Aufnahme in die Aufzeichnungen.

Somit kann zum Tätigkeitsfeld des Asegas festgestellt werden, dass seine ursprüngliche gerichtliche Hauptfunktion wahrscheinlich anfänglich im Vortragen zur Erläuterung (mündlich oder schriftlich) der Gesetze oder Gesetzesänderungen gelegen hat, sich aber allmählich zum unabhängigen Urteilsfinder entwickelte.[207] Er gab dabei konkrete Rechtsanweisungen, die zunächst vermutlich die Zustimmung der Gerichtsgenossen verlangten; später mutierte er zum Einzelurteiler. Er ist der rechtskundige Berater für die Menschen vor Ort, die *liude*, er muss einen Eid ablegen und als Richter[208] unabhängig seinen Tätigkeiten nachgehen können. Deshalb sollte er materiell unabhängig sein, damit die streitenden Parteien keinen Einfluss auf seine Entscheidungsgewalt nehmen konnten.

2. Der Schulze

Im Älteren Schulzenrecht wird der *scelta* insgesamt in 27 Kapiteln erwähnt [Kurs. Verf.]:

---

206 Jäkel, Abba, Asega und Redjewa, S. 141. Vgl. auch Kroeschell: „Wenn man lange geglaubt hat, hier gleichsam den feierlichen Rechtsvortrag eines altgermanischen Gesetzessprechers zu vernehmen, so wird man heute zurückhaltender urteilen." Kroeschell, Recht unde unrecht der sassen, S. 158.

207 Carsten Roll, Vom ‚asega' zum ‚redjeven', S. 191. Siebs ist der Ansicht, dass der Asega zunächst einen feierlichen Vortrag über das geltende Recht hielt, später in konkreten Fällen das Recht wies und sich diese Rechtsweisung schließlich zu seiner eigentlichen Hauptfunktion wandelte. Vgl. Siebs, Grundlagen und Aufbau der altfriesischen Verfassung, S. 92. Diese Einordnungen kann man als realitätsnah qualifizieren.

208 Im Kapitel 79a heißt es: Fan den sondiga riuchter „Von dem sündhaften Richter". Damit wird der Asega gemeint. Buma, Westerlauwerssches Recht, S. 125.

het ne se alsoe fijr bithinggath mey *scelta* banne (Kap. 3).

dyn aech di *skelta* mey banne mey banne toe halden ende deer aeghen alle dae ferde jn, deer das goedshuus sekath; ief hem emmen deer aet oen scadet, soo yst twebete (Kap. 15).

hit ne se dat hem zijn *skelta* wrherich wrtoioghe (Kap. 17).

Djt is riocht, dat dy fria Fresa den ouwer, deer hi bi banne wareth ienst den salta se[209] [...] mey twam schillengum duers wr nacht beta ienst den *scelta* (Kap. 18).

den zyl, deer hi bi banna warat, [...] hij schel iens den *scelta* aldus wr nach mey twam scillinghen beta. (Kap. 19).

jef dae liode bisecka willet, soe is dy *scelta* nyaer [...] toe iechtane dan dae lioede oppa dae helligum ti oenswerrane (Kap. 20).

Ende als hi bodthijng halda wille, soe schel hij dine ban opiaen sauwen wykum eern dae *scheltum* eer ma se halde (Kap. 26).

Djt is riocht, dat dae *sceltan* keda schillet elkerlick binna sijn banne des manendeijs et aller dorena eeck sex wiken, eer man se halde, ende aldus schel man se keda: „Bodthing keed ic oe wr seks wiken an disse sella dey [...] toe haldane (Kap. 27).

Djt is riocht, dat dae *scheltan* dis manendeis ende des tysdeis deer come ende dis konynge ban opiaen scelleth dea greuwa aldeer hiae se oenfenghen (Kap. 28a).

Djt is riocht, dat dae *scelten,* deer dat bodthing haldet, eer midda vndirne bannes bigonnen scellet habba truch dat stride[210] (Kap. 29).

Djt is riocht, dat dy fria Fresa des greuwa ban tiulda ne thoer ner des *schelta* efter sonna sedle (Kap. 31).

dat di *scelta* moet al omme sauwen nacht afte ban leda al ti dae fyfte thinge, ont dy mensen geed swerren is [...] [...] truch dat aegh di *scelta* toe bannane, dat hia alsoe laeste. Soe is riocht, dat di *scelta* des monia scel et ewennachte, her hia soe deen habbe soe naet, als hem dy aesga deelde. [...] Soe aegh di *scelta* dere biwisida boete toe moniane fiouwer thing al omme sauwen nacht ende dat fyfde ti dae fordeele ende deer dae ban betioga. (Kap. 35a) So is riucht: iefta man dae achte scillingen wtachte ne

209 Zur Verwendung von Stabreimen in den altfriesischen Texten siehe Szadrowsky, Manfred, Stil und Syntax der altfriesischen Rechtssprache, in: Beiträge zur Geschichte der deutschen Sprache und Literatur (PBB), 1959 (81) S. 131–160, hier S. 135 ff.

210 Dabei ist zu beachten, dass sich das Wort *stride* entweder auf die Gerichtsverhandlung oder auf das irrationale Beweisverfahren in Form eines Gottesurteils beziehen kann, dazu Fairbanks, The old West Frisian Skeltana riucht, notes, S. 54 ff., 145.

moet [...] dae *scelta* tiaen scillingen [dela]. (Kap. 35b) (dat di *schelta* schol dis onwilliga deel nyma ende mey dae williga oen fiulda fara ende dae hemmerke dela (Kap. 35c).

mey twam *sceltum* ende mey sawenum sijnra bura [...] mey dae aefta tioege hine ladia scol toe der landwere toe sijn fordele (Kap. 37).

deer di *scolta* ban laet, deer dit stryd mey bythingheth is (Kap. 41).

Soe aegh di *schelta* [...] hiara to hodene [...] Soe scellet tre wessa mey dae prestere, dat hiara fiouwer se. Soe schel di ena ti dae *scelta* [...] dat hiara tre se. Soe scelleth dae sauwen, di *scelta* [...] des tredda dies dae hand scowia jn der tzercka (Kap. 42).

Soe aegh di *scelta* den kerre, hweer hi dat thijng keda lete. [...] deer aeghen dae kempan oen toe wessane [...] ende di *scułta* [...] Efterdam deer di scelta bannes bigonnen haet [...] ende di *scelta* [...] dae wepene scowia bede ioendes ende moernes (Kap. 45).

so schel hi sidza, hi ne thoer bi des *sceltes* banne iechtwerd ner seckwerd dwaen ner nen thingat ontfaen, omdat hi deer huus ner hof hat (Kap. 47).

Djt is riocht, dat hi sijn *scelta* monnia schel, deer hi nun tiucht, enda sijn nesta buren [...] hine ne wille di *scelta* mey afte thinghe inhalia. Ief hine di *scelta* bileft, soe aegh hi [...] ti swerrane [...] hweer sijn huus ende hof se (Kap. 48).

Nv scel ma hir dat goed [...] mey dae *scelta* [...] ende mey dae afte tioge (Kap. 50).

Jef di *scelta* en man bitigath, dat hi sijn aefta thinghe alsoe socht habbe als hij mey riochte sculde, soe aegh hi [...] toe ontswerrane (Kap. 55).

Jef man en huusman etta houe opclageth, soe scel di grewa dae *scelta* bieda, dat hi hem to houe bodie; soe scel di *scelta* bieda dae bannere, dat hi hem to houe bodie tweer daghen [...] Jef hi dan naet komma ne welle, soe aegh him di *scelta* des tredda dies toe houe to bodiane [...] So schel di grewa dae *scelta* [...] bieda toe sine fordele ti ferrane [...] Niogen hwerra aegh ma him toe bodiane ende tria dae *scelta* wrherich tioga [...] eer ma him mey riochte ti breke ende ti branda dela moge. [...] ief di grewa deer naet is, soe aegh di *scelta* den aesga to bannane, dat hi deer riocht dele. [...] dat di *scelta* dar eerue ontfaen scel toe der herana hand ende dere lioeda (Kap. 57).

Djt is riocht: aldeer een stryd mey des *scelta* banne [...] dome sened is ende di oenthingere in en oera *scelta* banne efta an dine oera sprect ende him toe stride ladeth [...] omdat hijt him eer toesochte bi des *scelta* banne, deer eer dissem *scelta* was [...] ende hi dae lada alle tach bi des *scelta* banne [...] deer eer dissem was. [...] dat hijt him eer tosochte bi des *scelta* banne (Kap. 63).

Hoeck dera thingha soe ma hijr oen bitinghia welle, soe scel hi tioegha di *scelta*, deer wr hem ban latte [...] dat hia deer oen anderde were, dae di *scelta*, deer ma deer naemde (Kap. 64).

ende ief hi naet moet, soe aegh di *scelta* den hela waegh in toe breckane, ende him deerjn toe brengane, ief hi moet (Kap. 69).

dat hia scellet foerddraga gold ende wede, ief hit deer is, ku ende ey ende al hiara quickfia ende enka ende anderka [...] Deer schel hiara di *scelta* to banna, dat hia alsoe laeste (Kap. 71a).

Fan des scelta anderde. Djt is riocht: hweer so di *scelta* en thingh halt, soe scel hi biada aller mannalikum riocht. Ief him emma sennigha wille, soe scel *hi* [der *scelta*, Anm. Verf.] tiaen lada iefta bota. [...] soe scel hi [der Kläger, Anm. Verf.] selua den bannere bieda, dat hi den scelta aeskie. Soe schel di bannere sidza: „her *schelta*, ic askie ioe ende banne ioe deertoe [...] dat j dae manne riocht andert iouwe. Ief *hi* [der *scelta*, Anm. Verf.] dan riochtes wernt, so ne ach him nemma toe iaen laeda ner bota ner nemma zijns bannes ontfruchta ner tiulda (Kap. 77).

Djt is riocht, dat di *scelta* aegh him self toe biedane alla lioedem lada ende bottane binna der banne deer hij *scelta* is (Kap. 78).

2.1 Der Schulze im Älteren Schulzenrecht

In dem Älteren Schulzenrecht erscheint neben dem Amt des Asegas noch ein zweiter Handlungsträger, der sein Amt in leitender Funktion in der Gerichtsverfassung wahrnimmt: der Schulze (*scelta/skelta*). Der Schulze war im gesamten fränkischen Gebiet der Leiter der Gerichtsversammlung; unterstützt wurde er in den meisten fränkischen Gebieten durch Schöffen, die als Urteilsfinder agierten.[211] Diese Schöffen trifft man in der mittelalterlichen friesischen Gerichtsverfassung jedoch nicht als Urteilsfinder an. Um näher zu bestimmen, was hinter diesem Amt steckt, ist zunächst eine inhaltliche Analyse seines Funktionierens erforderlich.

2.1.1 banne/ban

Verb: nhd. bannen, aufbieten, befehlen, gebieten, vor Gericht laden; ne. banish, summon vgl. ae. bannan, as. bannan, ahd. bannan*, mnl. bannen, mhd. bannen [...] germ. *bannan, st. V., befehlen, gebieten, verbieten, bannen, Zeichen geben; sprechen [...]. Substantiv: nhd. Bann, Befehl, Aufgebot, Verfügung, Heerbanngebiet, Brüche, angedrohtes Strafgeld, angeordnetes Gerichtsverfahren, Kirchenbann, gebannter Unfriede, gebannter Friede, Schutz, Schulze; engl. ban (procedure, excommunication, protection, mayor).[212]

Durch das Gebot des Schulzen kann in Kap. 3 – in Kombination mit dem Spruch des Asegas – (*mey schelta banne ende mey aesga doeme*) ein Eid eines freien Friesen[213] entkräftet werden. In Kap. 15 ist Recht, dass um den Kirchhof außerhalb

211 Conrad, Hermann, Deutsche Rechtsgeschichte, Karlsruhe 1962, S. 142.

212 Köbler, Altfriesisches Wörterbuch.

213 „frei" heißt nach Immink in diesem Zusammenhang: „In die tijd, de zgn. Germaanse periode, betekende, vrij' zijn het niet onderworpen zijn aan enig menselijk gezag. Van enig overheidsmonopolie inzake rechtsoordeel of machtsmiddelen

des geweihten Kirchplatzes ein Weg führen soll, den der Schulze kraft seiner Verfügungsgewalt instand zu halten hat, und alle Leute, die das Gotteshaus besuchen, sollen Frieden haben.[214] Der Graf (Kap. 26) kann alle vier Jahre ein Gerichtsverfahren anordnen (*bodthijng*), er übergibt den Schulzen (*dae scheltum*, Dat. Pl.) sieben Wochen, bevor man es hält, die Banngewalt. Während dieser Zeitspanne von sieben Wochen ist der Schulze somit Repräsentant des Grafen, außer im Falle einer auswärtigen Bedrohung, eines Mannesmordes oder einer Vergewaltigung einer Frau.

Als Ansager funktioniert der Schulze innerhalb seines Bannbezirks, indem er das gebotene Gericht an allen Haustüren ankündigt (Kap. 27). Der Schulze ordnet alle acht Tage – bis zum fünften Gericht – zwecks Teilung des gemeinschaftlichen Areals, das allen Dorfbewohnern zur gemeinsamen Nutzung zur Verfügung steht, ein gesetzliches Verfahren an, bis der Sonderungseid geschworen ist. Er hat die Teilung nach einem gewissen Muster – bestimmt vom Asega – zu gebieten. Wenn die Teilung der gemeinen Mark nicht fristgerecht durchgeführt wurde, kann er eine vom Asega auferlegte Buße an den vier Gerichtsterminen alle acht Tage anfordern und am fünften Termin die Bannbußen bezeugen (Kap. 35a).

Dem Schulzen obliegt die Banngewalt im Gottesurteil (Kap. 41). In Kap. 45 wird die Austragung des Zweikampfes beschrieben, der Schulze eröffnet das Kampfgericht. Wenn der Beklagte auf dem einberufenen Gerichtstag nicht erscheint, wird ihm wegen Ungehorsams vor dem Grafengericht eine Buße auferlegt. Wenn es nicht gelingt, das Bußgeld einzutreiben, droht dem Beklagten eine Verurteilung zu Bruch und Brand.[215] Nachdem das Haus niedergebrannt ist, soll der Graf dem Asega befehlen, Recht zu sprechen; falls der Graf abwesend ist, übernimmt der Schulze diese Aufgabe (Kap. 57).

In Kap. 63 handelt es sich um die abermalige Ladung eines Beklagten in einem anderen Gerichtsbezirk, obwohl die anfängliche Klage im Zuständigkeitsbereich des Schulzen verglichen wurde. Unter dem Banngebot des Skeltas sollen sieben Königszeugen aussagen, dass sie bei einer Zusicherung von zwölf Eiden als Zeuge zugegen gewesen sind. Auch beim Urteil über das Zeugnis eines Toten, über den

---

ter handhaving daarvan kon dus ook geen sprake zijn." Immink, Petrus Wernerus Adam, ‚Getuigen' in het Oude Friese Recht, in: Tijdschrift voor Rechtsgeschiedenis 31 (1963), S. 427–462, hier S. 431.

214 Dazu Fairbanks: „The purpose of this section would be to provide a safety zone so that a man's enemy could not catch him with his back to the church wall", Fairbanks, The old West Frisian Skeltana riucht, S. 129.

215 Zum Rechtsbegriff „Wüstung": Fischer, Ernst, Die Hauszerstörung als strafrechtliche Maßnahme im deutschen Mittelalter, Stuttgart 1957, S. 58–85; Algra, Oudfries recht, S. 35, 262; Vries, Oebele, Seka mit brande ende mit breke. Oudfriese terminologie met betrekking tot het rechtsinstituut ‚woesting', in: Vries, De taal van recht en vrijheid, S. 284–307.

der Schulze die Banngewalt hatte, kommt es zu einer Aussage einer Vereinbarung (z. B. Erbstreitigkeiten) (Kap. 64).

Erbfragen sind auch Thema in Kap. 71a, wobei sich Neffen und Nichten gegenseitig ein rechtmäßiges Erbteil zusichern sollen. Der Asega bestimmt, dass sie Kühe und Schafe, Gold und Gewänder und all ihr Vieh und Fischgeräte herbeibringen sollen, und danach sollen sie ins Feld gehen und den Grundbesitz teilen. Die Durchführung des Vorgangs wird vom Schulzen befohlen. In Kap. 77 ist die Rede von der Verantwortung des Schulzen Klägern gegenüber: Der Schulze kann vorgeladen werden und verpflichtet werden, dem Kläger in der Sache zu antworten. Bei Unterlassung dieser Verpflichtung braucht niemand dem Schulzen Reinigungseide zu leisten oder Buße zu zahlen noch seine Banngewalt zu fürchten.

2.1.2 Sonstige Tätigkeiten

> Djt is riocht, dat di fria Fresa thoer bi dis greuwa ban an stride withstaen, hit ne se dat hem zijn *scelta* wrherich wrttioghe (Kap. 17).

> Djt is riocht, dat di fria Fresa den ouwer, deer hi bi banne wareth ienst den salta se, schel [...] wrocht habba iefta mey twam schillengum duers wr nacht beta ienst den *scelta* (Kap. 18)

> dat di fria Fresa den zyl, deer hi bi banne warat [...] schel tiaenda ende temende habba iefta hij schel iensden *scelta* aldus wr nacht mey twam schillinghen beta. (Kap. 19).

> Djt is riocht, dat dy *scelta* [...] dynzijl ti wanwirke scouwath [...] oe is dy *scelta* nyaer [...] tioghe toe iechtane dan dae lioede oppa dat helligum ti oenswerrane. (Kap. 20).

> dat di scelta keda scillet elkerlick binna sijn banne [...] Hwae soe sie deer naet secht all huusmanne, soe aegh hij toe betane ienst den *scelta* mey twam pundum (Kap. 27).

> dat dae *scheltan* [Nom. Plur. Anm. Verf.] dis manendeis ende des tysdeis deer come ende dis konynges ban opiaen scelleth dae greuwa aldeer hiae se oenfenghen (Kap. 28a).

> Djt is riocht, dat dae *scelten*, deer dae bodthijng haldet, [...] eer midda vndirne bannes bigonnen scellet habba (Kap. 29).

> Jef hit so comt, dat hi [*scelta*, Anm. Verf.] dae fiff thingh eer der festa naet thijngia nemey, so moet hij jn der festa afte ban leda ommer hemmerkedeel, al ont het ful thinghet is (Kap. 34b).

> Soe is riocht, dat di *scelta* des monia scel et ewennachte, her hia soe deen habbe soe naet [...] Soe aegh di scelta dere biwisida boete toe moniane fiouwer thing al omme sauwen nacht [...] ende deer dae ban betioga (Kap. 35a).

> iefta ma dae acht scillingen wtachte ne moet, dat di aesga scel twa ound [...] dae *scelta* tiaen scillingen (Kap. 35b).

ief der lioda emma onwillich is, dat hi naet dela nelle, dat di *schelta* schol dis onwilliga deel nyma ende mey dae williga oen fiulda fara ende dae hemmerke dela (Kap. 35c).

dat hi hem dis sella deys bi midda moerne ende bi sonna opgonge mey twam *sceltum* [...] mey dae aefta tioege hine laden soll (Kap. 37).

so aegh di *schelta* hiara to hodene [...] Soe schel di ena ti dae scelta [...] dat hiara tre se. Soe scelleth dae sauwen, di scelta [...] des tredda dies dae hand scowia jn der tzercka (Kap. 42).

Soe aegh di *scelta* den kerre, hweer hi dat thijng keda lete [...] deer aeghen dae kempan oen toe wessane [...] ende di *sculta* [...] Nu is riocht, dat dae swird lijk lang wessa scelleth ende di scelta [...] scellet dae wepenen scowia beide ioendes ende moernes (Kap. 45).

Djt is riocht, dat hi sijn *scelta* monia schel, deer hi toe tiucht, ende sijn nesta buren. [...] dat hi dat op dae holligum wita moet, hweer zijn huus ende hof se, hine ne wille di *scelta* mey afte thinghe inhalia. Ief hine di scelta bileft [...] Nv schel hi zijnre buren tweer habba, deer him borgie, also rike, dat hia den strydwerdigha schet al laesta moege, ief him di *schelta* hana leth, dat hi aldeer anderda schel. (Kap. 48).

Nv schel ma hir dat goed an dae hand bifesta mey [...] ende mey dae *scelta* (Kap. 50).

Jef ma en huusman etta houe opclageth, soe scel di grewa dae *scelta* bieda, dat hi hem toe houe bodie, soe scel di *scelta* bieda dae bannere, dat hi hem te houe bodie [...] Jef hi dan naet komma ne welle, soe aegh him di *scelta* des tredda dies toe houe toe bodiane [...] Ief hi [*scelta*, Anm. Verf.] dan naet komme welle, soe aegh hi him des firda deys etta houe wrherich toe betingiane. [...] So scheldi grewa dae *scelta* [...] biedatoe sine fordele ti ferrane ende deer twa pund wt toe achtianeende toe dae houe toe bringane [...] Niogen hwerra aegh ma him toe bodiane ende tria dae *scelta* wrherich tioga [...] eer ma him mey riochte ti breke ende ti brande dela moge. [...] ief di grewa deer naet is, soe aegh di *scelta* den asega to bannane, dat hi deer riocht dele. [...] dat di *scelta* dat eerue ontfaen scel toe der herana hand ende der lioeda (Kap. 57).

so scel hit di *scelta* tiogha, deer him dae ban wr latte (Kap. 63).

soe schel hit tioegha di *scelta*, deer wr hem ban latte, [...] dat hia deer oen anderde were, dae di *scelta*, deer ma deer naemde; dat hiaet mey aeghenen sioede ende mey arem heerde, dae ma dat deer enegade. (Kap. 64).
ende ief hi nae moet, soe aegh di *scelta* den hela waegh in toe breckane, ende him deerjntoe brengane, ief hi moet (Kap. 69).

Djt is riocht: hweer so di *scelta* en thingh halt, soe scel hi biada aller mannalikum riocht. Ief him emma sennighia wille, soe scel hi [*scelta*, Anm. Verf.] tiaen lada iefta bota. [...] dat hi den *scelta* aeskie. Soe scel di bannere sidza: „her *scelta*, ic askie ioe ende banne ioe deertoe [...], dat j dae manne riocht andert iouwe. Ief hi [scelta, Anm. Verf.] dan riochtis wernt, so ne ach him nemma to iaen laeda ner bota ner nemma zijns bannes onfruchta ner tiulda (Kap. 77).

Der freie Friese braucht sich kraft des gerichtlichen Bannes nicht vor Gericht zu verantworten, es sei denn, der Schulze überführt ihn des Gehorsams (Kap. 17). Nach Kap. 18 ist der freie Friese für Instandsetzungsarbeiten zum Schutz des Küstendeiches verpflichtet.[216] Wenn er dieser Pflicht nicht nachkommt und der Deich dadurch vernachlässigt wird, schuldet er dem Schulzen ein Bußgeld von zwei Schillingen.[217] Anschließend zum gleichen Thema ist der freie Friese für die Funktionsfähigkeit eines Sieles verantwortlich; auch hier sind im Versäumnisfall zwei Schillinge fällig (Kap. 19). Wenn bei der Schau eines Sieles eine Vernachlässigung desselben festgestellt wird, kann der Schulze – falls die Leute den Mängeln widersprechen – den Widerspruch zurückweisen. Er braucht dafür jedoch zusätzlich das Zeugnis des Asegas; eine Möglichkeit, sich freizuschwören, gibt es für die Leute nicht (Kap. 20).

In Kap. 27 sagen die Schulzen, ein jeder in seinem Bannbezirk[218], an allen Türen das gebotene Gericht an. Zu diesen sieben Tagen sollen sie kraft des königlichen Bannes alle Leute aufbieten, und diese haben das zu befolgen. Wenn die Leute sich weigern, das gebotene Gericht zu besuchen, wird dieses Versäumnis mit zwei Pfund geahndet. In Kap. 28a übertragen die Schulzen dem Grafen (wieder) die Banngewalt. In Kap. 29 sollen die Schulzen, die die gebotenen Gerichte abhalten, vor 9 Uhr morgens mit den Gerichtsverhandlungen begonnen haben.

Kap. 34 handelt von der Abteilung eines Grundstücks in der gemeinen Mark, das zum Teil einem Hausmann gehört. Im vierten Jahr darf er, sofern er als Kläger auftritt und einen Sonderungseid bezüglich der Fristsetzung geleistet hat, seinen Anteil abteilen. Er soll im Gericht nach dem Dreikönigstag das Verfahren einleiten; wenn man seinen Eid nicht annehmen will, soll er an allen vier Gerichtsterminen seine Klage vorbringen. Am fünften Gerichtstermin ist er berechtigt, den Eid zu schwören und seinen Teil damit zu gewinnen. Wenn es sich so trifft, dass der Schulze die fünf Gerichtsverhandlungen nicht vor den Fasten zu Ende führen kann, so ist es ihm erlaubt, in der Fastenzeit ein gesetzliches Verfahren anzuordnen, bis die Sache gerichtlich ausgetragen ist (Kap. 34a/b/). Wenn die Anordnungen

---

216 Im Jahre 1219 wurde Friesland von Überflutungen heimgesucht (u. a. Marcellusflut). In Ermangelung zentraler Instanzen ergriff Abt Emo van Huizinge die Initiative, eine Art Deichverband von Bauern zu gründen. Sie wurden verpflichtet, die Verantwortung für die Instandhaltung der Deiche zu übernehmen. Die Richter mussten diese Initiative genehmigen. Dazu: Jansen, Hubertus Petrus Henricus, Emo, tussen angst en ambitie: een Groninger abt in de dertiende eeuw (Stad en lande historische reeks/3), Utrecht 1984, S. 27.

217 Zur Evolution und wirtschaftlichen Analyse des monetaren Systems im mittelalterlichen Friesland: Henstra, The Evolution of the Money Standard in Medieval Frisia.

218 Vgl. Fairbanks: „The *skelta* has a *ban* also in the sense of limited territorial jurisdiction […] all go to show that there were several *skeltas*, each with his own *ban*." Fairbanks, The old West Frisian Skeltana riucht, S. 20.

des Schulzen hinsichtlich der Dorfmarkteilung nicht befolgt worden sind, soll der Schulze die von dem Asega auferlegte Buße an den vier Gerichtsterminen alle acht Tage anfordern und am fünften Termin die Bannbußen bezeugen (Kap. 35a). Falls die Buße [acht Schillinge, Anm. Verf.] nicht eingetrieben werden kann, werden dem Schulzen zehn Schillinge zugesprochen (Kap. 35b). Wenn nicht jeder willig ist, an der Teilung mitzuwirken, soll der Schulze dem Widerwilligen seinen Teil nehmen und mit den Bereitwilligen die Teilung vor Ort vornehmen (Kap. 35c). Wenn der freie Friese ein Grundstück beanspruchen will, muss er mit seinem Vorsprecher in das gebotene Gericht kommen und soll seinen Gegner ansprechen, dass er [der Gegner, Anm. Verf.] unrechtmäßig ein Grundstück im Besitz hat. Er soll angeben, um welches Grundstück es sich handelt; anschließend soll der freie Friese ihn am selben Tag mit u. a. zwei Schulzen laden (Kap. 36/37).

Bei der Kesselprobe in Kap. 42 hat der Schulze, zusammen mit dem Asega, einem Priester und vier Königszeugen, den ganzen Vorgang zu überwachen. Am dritten Tag wird die Hand auf eventuelle Brandverletzungen kontrolliert; bei Uneinigkeit in der Frage, ob die Hand geheilt sei, ist das Urteil des Priesters mit drei anderen Zeugen ausschlaggebend. Falls der Angeklagte keinen Kämpfer dingen kann, hat er insgesamt 63 Tage Zeit; nach dieser Frist bestimmt der Schulze, in welchem Gerichtssprengel er den Zweikampf austragen lässt. Er eröffnet das Kampfgericht; die Waffen werden von ihm und dem Asega auf deren Länge kontrolliert (Kap. 45). Wenn der Angeklagte das Gottesurteil nicht erdulden möchte, kann er eine Einrede wegen Nichtansässigkeit erheben. Er kann sich auf seinen Schulzen berufen; er darf mittels eines Eides beschwören, wo sich sein Haus und Hof befinden, es sei denn, der Schulze kommt ihm mit gesetzlichem Zeugnis zuvor. Wenn der Schulze dem Angeklagten Glauben schenkt, darf der Angeklagte auf die Reliquien bezeugen, wo er sesshaft ist (Kap. 48).

In Kap. 50 handelt es sich um den Rechtsanspruch einer schwangeren Frau mit Bezug auf Erbfragen. Falls sie einen berechtigten Anspruch hat, muss das Erbe mit gesetzlichem Zeugnis von u. a. dem Schulzen übertragen werden. Wenn man (Kap. 57) einen Hausmann beim Grafengericht verklagt, soll der Graf dem Schulzen gebieten, dass er ihn vor das Grafengericht lädt. Der Schulze gebietet[219] darauf dem Gerichtsboten, dass er ihn an zwei aufeinanderfolgenden Tagen in Gegenwart seiner Nachbarn vorlädt. Falls der Hausmann diese Einladung ignoriert, lädt der Schulze – wiederum in Gegenwart der Nachbarn – ihn am dritten Tag nochmals vor. Wenn er dann noch nicht kommen will, soll der Schulze ihn am vierten Tag im Grafengericht für ungehorsam erklären lassen. Dann gebietet der Graf dem Skelten (und Asega, s. oben), zu seinem Haus zu gehen und in Gegenwart seiner Nachbarn ein Bußgeld von zwei Pfund einzutreiben und ihn anschließend zum Grafengericht zu bringen, falls möglich. Dreimal soll man ihn mit sieben Königszeugen als

219 Im Kap. 2.1.1 schon erwähnt, aus Kontinuitätsgründen in diesem Abschnitt wiederholt.

ungehorsam beim Schulzen anzeigen, bevor man ihn mit einem Heeresaufgebot nach dem Rechte zu Bruch und Brand verurteilt. Wenn das Haus niedergebrannt ist, soll der Schulze – wenn der Graf abwesend ist – dem Asega befehlen, da Recht zu sprechen. Der Schulze nimmt den erblichen Grundbesitz zugunsten des Herrn und des Volkes in Besitz. Bleibt der Hausmann nach einem Jahr und einem Tag den Herren und dem Volk immer noch ungehorsam, so hat er die Möglichkeit auf Wiedergewinnung seines Grundbesitzes verwirkt.

In Kap. 63 bezeugt der Schulze die gesetzliche Zeugenschaft im Falle einer abermaligen Ladung eines Beklagten in einem anderen Gerichtsbezirk. Beim Urteil über das Zeugnis eines Toten kommt es zu einer Aussage einer Vereinbarung (z. B. bei Erbstreitigkeiten), wobei der Schulze bezeugen soll, dass er es mit den Augen gesehen und mit den Ohren gehört hat (Kap. 64).

Wenn ein Mann auf ein Nachlassvermögen klagen will und ihm nach der fünften Gerichtsverhandlung der Einzug verwehrt wird, soll der Schulze die ungeteilte Hauswand zerbrechen und ihn hineinbringen, wenn er dazu in der Lage ist (Kap. 69). Kap. 77 handelt von der Verantwortung des Skeltas: Wenn der Schulze ein Gericht hält, so soll er sich bereit erklären, einem jeden Recht zu sprechen. Wenn jemand ihn einer Sache beschuldigen will, so soll der Schulze Reinigungseide leisten oder Buße zahlen. Im Falle einer Beschuldigung wird der Schulze von dem Banner vorgeladen und von ihm aufgefordert, dass er demjenigen, der ihn einer Sache beschuldigt hat, eine dem Recht entsprechende Antwort zu geben.

2.2 Der Schulze als richterlicher Beamter

Der Schulze erhielt die Gerichtsgewalt vom Grafen, wenn dieser selber nicht in der Lage oder willens war, den Gerichtsvorsitz auszuüben.[220] Die Schulzen wurden vom Grafen als Vertreter eingesetzt – unterstanden damit übrigens indirekt dem König bzw. Kaiser – und befanden sich dadurch in einer Grauzone der Zuständigkeiten: In der Praxis kann diese uneinheitliche Ausgangslage zu einem bunten Aufgabenbereich geführt haben.[221] Die Abwesenheit einer starken Landesherrschaft tangierte auch die Stabilität der Gerichtsgewalt. Für die Frage nach dem Aufgabenbereich des Schulzen lässt sich eine Verschiebung feststellen. Im Allgemeinen werden die Tätigkeiten des Amtsträgers auf sein Funktionieren als richterlicher Beamter beschränkt.[222] Nach Heck ist der Schulze „derjenige, welcher die Schuld

220 Vgl. Kroeschell, Recht unde unrecht der sassen, S. 160.

221 Bremmer betrachtet den Schulzen als den wichtigsten Amtsträger: „The Elder ‚Skeltanariocht'. Compilation of instructions for the legal administration of West Lauwers Frisia, particularly concerning the duties of the skelta, the most important legal magistrate", Bremmer, An introduction to Old Frisian, S. 10.

222 „It is misleading to classify his [*skelta*, Anm. Verf.] functions as executive and judicial, because, although he undoubtedly presided over a court, he never seems to pronounce judgement, but only to instruct the lawsayer to do so. The regular

(d. h. die Verpflichtung) heißt (d. h. gebietet)".[223] Damit ist für Heck der Amtsträger eindeutig als Richter zu bezeichnen. Buma betrachtet den Beamten eindeutig als einen richterlichen Funktionsträger, und zwar als Vollstreckungsbeamten, der im Grunde Verpflichtungen auferlegt.[224] Der Schulze war dem Grafen unterstellt, der seinerseits als ein Beauftragter seines königlichen Lehnherrn auftrat. Als Staatsanwalt *avant la lettre*[225] oder als Richter tritt der Schulze bei den zeitgenössischen Autoren auf. Das Aufgabenspektrum verschiebt sich damit vom allgemeinen Verwaltungsbeamten zum Urteiler.[226]

Auffallend ist, dass diese Sichtweise von den jeweiligen Autoren nicht mit den einschlägigen Textstellen aus den Quellen, *in casu* dem Älteren Schulzenrecht, belegt wird.

---

formula for a judgement is ‚mith skelta banne and mith asega dome' ", No reference is made anywhere to „*skelta dom*". Fairbanks, The old West Frisian Skeltana riucht, S. 19 f.

223 Heck, Die altfriesische Gerichtsverfassung, S. 36. Die Scheidung zwischen Gerichtsverwaltung und Urteilsfindung wird durch diese Definition unscharf. Auch der Asega wird als „Richter" betrachtet (Fn. 199).

224 Betrachten wir das Wort „Skelta" zunächst sprachlich, so ist zu bemerken, daß wir es mit einer unkenntlichen Zusammensetzung zu tun haben. „Eine ältere Form [...] lautet *skeltata*, die aus *skeldhata* entstanden sein muß, wie die Äquivalente in verwandten germanischen Sprachen aufweisen: ags. *scyldhæta*, asachs. *sculthêtio*, ahd. *sculdheiȝo*." Buma, Westerlauwerssches Recht, S. 12.

225 „Het schoutengerecht is het centrum der oud-Friesche rechtspleging; het neemt kennis van alle zaken, zoowel burgerlijke als strafzaken. In dit gerecht is de schout voorzitter en *rechtsvorderaar*." [Kurs. Verf.] Oosten, Meelf Sybens van, De ambtshalve vervolging naar Oud-Friesch recht, Diss. Leiden 1938, S. 2; „De invloed van de graven van Holland verminderde na het midden van de twaalfde eeuw steeds meer. Daardoor kwam de functie van de schout als *rechtsvorderaar* [Kurs. Verf.] namens de graaf in de lucht te hangen", Algra, Oudfries recht, S. 247.

226 „Dit omvatte ook het vonnis, dat namens de graaf als rechter optredende schout vervolgens diende uit te spreken", Vries und Hempenius-van Dijk, Asega, is het dingtijd?, S. 32. „In de Friese landsgemeenten verdwenen met het grafelijke gezag ook de door de graven aangewezen rechters, de schouten", ibidem S. 26; „Kortom, de schout is in de Schoutenrechten de rechter die nagenoeg voor alle zaken competent is", Schuur, De plaatsing van de Schoutenrechten in hun historische context, S. 16; „Über die Richter vernehmen wir hier weiter nichts; es ist möglich, dass es zwei waren, der eine in der Rolle eines Grafen oder Schulzen", Gerbenzon, Der altfriesische asega, der altsächsische eosago und der althochdeutsche esago, S. 89; „Op de dingvergadering (thing) kon een partij zijn klacht inbrengen en voorleggen aan een rechter (redieva, riuchtere, gretman, skelta)", Nijdam, Lichaam, eer en recht in middeleeuws Friesland, S. 150.

2.3 Zwischenfazit

Die einzelnen Funktionsträger lassen sich im altfriesischen Recht nur schwer voneinander abgrenzen. Der Graf, dessen Gewalt im Westerlauwersschen Friesland ständig geschwächt wurde,[227] spielt als Gerichtsvorsitzender der territorialen Gerichtsbarkeit im Älteren Schulzenrecht eine recht schemenhafte Rolle; dies im Gegensatz zu einem prominenten Vertreter desselben: dem Schulzen. Da dieser Funktionär nicht als Alleinvertreter des Grafen bestellt wurde – neben ihm treten noch die zu besprechenden *frana* und *foghed* auf –, ergibt sich ein vielfältiges Bild der Tätigkeiten und Zuständigkeiten. Damit gehen Überschneidungen und Verschiebungen in der Gerichtsgewalt einher und die Beantwortung der Frage nach einer einheitlichen Gerichtspraxis wird dadurch erheblich erschwert.[228]

Aus der Besprechung in Kap. 2.2 ist unschwer der Aufbau der abgesteckten Tätigkeiten zu erkennen; es lassen sich Verbindungslinien u. a. vom Vollstreckungsbeamten[229], Bußgeldeintreiber[230] bis zum Richter (als nicht selbsturteilender Leiter der Gerichtsverhandlung) feststellen. Bei näherer Betrachtung seiner Tätigkeiten im Älteren Schulzenrecht ist nicht erkennbar, dass der Schulze als alleinentscheidender Urteiler den Vorgang leitet oder in irgendwelcher Form Entscheidungen bzw. Entscheidungsvorschläge verkündet. Der Schulze ist derjenige, der eine Verpflichtung auferlegt – die etymologische Deutung seiner Funktion steht außer Frage: Im Älteren Schulzenrecht ist er der Verwaltungsbeamte, der dem Asega gebietet, eine Entscheidung im Rechtsstreit zu treffen. Ob in dieser Zeit ohne eine starke Obrigkeit der Schulze auch eine Funktion als Vollstreckungsbeamter ausübte, lässt sich nicht klären, ist aber nicht anzunehmen.[231] Letztendlich

227 Vries, Die Friesische Freiheit, S. 46 f.

228 „Über das gegenseitige Verhältnis der Beamten, welche von den Inhabern der friesischen Grafschaften mit der Leitung der Gerichte und der Verwaltung des Landes betraut zu werden pflegten, herrscht noch keine rechte Klarheit." Jäkel, Hugo, Forschungen zur altfriesischen Gerichts- und Ständeverfassung, Weimar 1907.

229 „The skelta saw to it that the law was enforced." Bremmer, An introduction to Old Frisian, S. 164.

230 „De graven van Holland hadden bepaalde rechterlijke ambten ingesteld, zoals dat van schout. Schouten waren vooral belast met het uitvoeren van gerechtelijke beslissingen en het innen van tol en belasting." Bremmer, Hir is eskriven, S. 80.

231 Der friesische Schulze lässt sich in dieser Hinsicht womöglich mit seinem Kollegen aus dem benachbarten Drenthe vergleichen: „Deze functionarissen [*schulten*, Anm. Verf.] waren belast met het toezicht op de rechtshandelingen van de ingezetenen binnen hun ressort, het handhaven van de openbare orde en het *uitoefenen van een (zeer geringe) rechtsmacht*." [Kurs. Verf.] Frank Keverling Buisman, Ordelen van de Etstoel van Drenthe 1450–1504 (1518), Bd. 23, Werken der Stichting tot Uitgaaf der Bronnen van het Oud-Vaderlandse Recht (Zutphen, 1993), S. 19. Nach Algra erhebt der Schulze die Anklage und ist für die Zwangsvollstreckung verantwortlich. Siehe

hing der Erfolg des Konsensusverfahrens von der Zustimmung der beteiligten Dinggenossen ab.

Die Frage nach dem Abstecken der Funktionsbereiche zwischen dem Schulzen und dem Asega kann aus meiner Sicht beantwortet werden mit der Feststellung, dass die rechtliche Abtrennung zwischen Gerichtsverwaltung und Urteilsfindung in den einschlägigen Bestimmungen unserer Quelle deutlich hervortritt. Für die Gerichtsverwaltung und die allgemeine Landesverwaltung ist der Graf zuständig, der Schulze tritt dabei in seiner Abwesenheit als Stellvertreter auf. Auf die komplexere Absteckung der Tätigkeitsfelder des Franas komme ich im nächsten Kapitel zu sprechen. In der Forschung gibt es bis heute keinen Konsens über die Ämterbezeichnungen. Hier bilden die Überschneidungen im Tätigkeitsbereich der beiden Funktionäre Anlass zu großen Kontroversen in der Auslegung.

3. Der Frana

Der Frana wird im Älteren Schulzenrecht in zwölf Kapiteln erwähnt [Kurs. Verf.]:

> Djt is riocht: aldeer dy fria Fresa tritich punda wird eerues haet oen synre were, dat hij horses ende wepenes werria schel toe der landwere. Ief hem des brect, soe schel hij iens den *frana* mey twam punden beta (Kap. 22).

> Djt is riocht: hweer soe wyff an nede nymen wirt ende dat ma dat claget den *frana* [...] ende dy *frana* schel hir fregia, hoe hioe deer come, her willems dan onwillems. Hoeder soe hio dan queth, soe schel se dech oen dis *frana* wald sitta tria nachta truch dae need, deer ma deer clageth. Des tredaa dies soe aegh hir dy *frana* oen den werf toe brengane, tweer stefuuan toe sottene, hirre wille toe bariane (Kap. 33).

> Nv schel hi swighia ende di oerra swerra, dat hi ne iouwe onnette fulliste sonder riocht *frana* wald (Kap. 44d).

> Nv scol hi swigia ende di oerra swerra, dat hi mey sijnre onnettere fulliste sonder riocht *frana* wald (Kap. 44e).

> Ief hia him wernath ende hi dat dae *fraena* clageth ende hi dat dan bisecka wolle, soe scellet sidza dae tweer orkonden, deer hi se mey monade (Kap. 52).

> Ief ter en ellendich man sterft, soe aegh di *frana* zijn gued toe ontfaene. Ieer ende dey toe haldane [...] ief deer nemma efter ne komt, di *frana* to bihaldane. Vel sic: di *frana* en deel, en deel oen goedesdiaenst (Kap. 53).

Algra, Ein: enkele rechtshistorische aspecten van de grondeigendom in Westerlauwers Friesland, S. 34. Wie es zur Vollstreckung kam, ist aus den Bestimmungen der Quelle nicht ersichtlich, von einem staatlich funktionierenden Vollstreckungsapparat kann jedoch zur Zeit der Verschriftlichung des Älteren Schulzenrechts nicht die Rede sein.

ief di fria Fresa tria afte ting socht habbe binna da eiere, so ne mey him di *frana* nyaer komma dan hijt op dae hollighum wita moet, her hi dae oera socht habbe soe naet (Kap. 54).

Ouerere ende ouerschere ende ouermeed [...] meta scel ma mey twm pundem beta. Vel sic: scel ma mey twam scilligum beta iens den *frana* [...] alsoe langhe soe hyt naet of ne let (Kap. 56).

aldeer ma ene manne zijn goed ofstelt ende hii mey den *frana* komt toe sijns buurs huseende hi deerjn seka wille [...] Ief hit soedeen goed is, dat met moege jn der hant bisluta soe schel di *frana* jngaen [...] al gripiande eermen ende oenghert ende berfoet, dat hia nen gued jndraga ne moege (Kap. 66a).

soe schel hij dat goed weeriaen twiscette ende dae *frana*, deer dat goed binna zijn banne nymen is, dat weerield iaen (Kap. 66d).

Djt is riocht: ief di *frana* mey dae lioedem ene tiuchtegade goede fulgeth toe enes mannes huse, soe aegh hi ti bariane haet hi deerjn seka welle (Kap. 67).

soe aegh di *frana* dis onwilliga deel to nimane oen terpe ende oen fiulda ende etta huse, wr all aegh hijt ti wariane (Kap. 76).

3.1 Der Frana im Älteren Schulzenrecht

Wenn der freie Friese Land in Wert von dreißig Pfund in Besitz hat, ist er zur Landesverteidigung verpflichtet. Er soll ein Pferd und eine Waffe stellen; fehlt ihm diese, so soll er dem Frana zwei Pfund Buße zahlen (Kap. 22). Besitzt er Land im Wert von zwanzig Pfund, so soll er über ein Schlachtschwert verfügen; ansonsten büßt er mit zwei Pfund (Kap. 23). Besitzt er Land im Wert von zwölf Pfund, bringt er Speer und Schild ein; fehlen ihm diese Waffen, wird das mit zwei Pfund geahndet (Kap. 24). Wer noch weniger besitzt, der soll Köcher und Bogen für die Landesverteidigung haben oder mit zwei Pfund büßen (Kap. 25).

Wenn eine Frau vergewaltigt wird und eine Klage bei dem Frana einreicht, soll sie drei Tage in der Obhut des Franas bleiben. Die Frau wird befragt in der Wohnstatt, in der sie sich befindet, und soll über die Freiwilligkeit bzw. Unfreiwilligkeit dieses Aufenthaltsortes aussagen. Am dritten Tag bringt der Frana sie ins Gericht und errichtet zwei Stäbe, damit sie ihren Willen erklären kann. Bei dem einen Stab steht der Täter, beim anderen ihre Verwandtschaft; sie hat jetzt die Wahl, zu wem sie geht. Wenn sie sich für ihre Verwandten entscheidet, soll man ihr mit doppeltem Wergeld büßen und der Täter soll Brand und Bruch erleiden; außerdem ist eine Buße von 82 Pfund zu entrichten (Kap. 33).

In dem Verfahren um den kampfwürdigen Betrag – eine Art Sicherheitsleistung für den Zweikampf – soll der Beklagte unter einem Bürgen stehen, bis der Streiteid geschworen ist. Er soll u. a. schwören, keine unerlaubte Beihilfe ohne rechtmäßige Ermächtigung des Franas geleistet bzw. gehandelt zu haben (Kap. 44d, e). Im Falle einer Verweigerung, das Wergeld zu zahlen, kann der Geschädigte Anklage bei dem Frana erheben (Kap. 52). Er verwahrt das Gut eines verstorbenen Fremdlings (Kap. 53). Überpflügen, Überweiden, Übermähen, Übergraben, Überhacken oder Überernten und falsche Maßangabe soll man dem Frana und dem Hausmann mit je zwei Schillingen büßen, solange der Schuldige es nicht wegholt (Kap. 56).

Bei einer Hausdurchsuchung anlässlich eines Diebstahls soll der Kläger den Frana in der Sache um Erlaubnis bitten. Dann soll das Gut identifiziert werden und der Frana mitsamt sieben Königszeugen ins Haus gehen, mit offenen Armen, ohne Gurt und barfuß, damit sie kein Gut hinaustragen können (Kap. 66a). Wenn sie das gestohlene Gut darin finden, so soll er das Gut doppelt wiedergeben und dem Frana, in dessen Bezirk das Gut weggenommen wurde, das Sühnegeld – vier Unzen und dreizehneindrittel Pfennige – für all seine mündigen Hausgenossen geben (Kap. 66d). Falls man sich dem Frana bei einer Hausdurchsuchung mit Kampf und Waffen widersetzt, sodass er das gesuchte Gut nicht finden kann und überdies später leugnet, dass man ihm die Hausdurchsuchung verwehrte, dann sollen es der Gerichtsbote und sieben Dorfleute bezeugen, dass dies tatsächlich der Fall war (Kap. 67). Im Kapitel zum Schluss handelt es sich um die Verteilung eines gemeinsamen Nachlasses: Weigert sich einer, seinen Teil anzunehmen, so soll der Frana den Anteil des Widerwilligen übernehmen und in Verwahrung nehmen.

3.2 Der Frana als Vertreter des Herrn

Über die sprachliche Bedeutung des Amtstitels besteht Einigkeit. Das Wort „Frana" ist die substantivierte schwache Form des Adjektivs afries. *frâna,* mhd. *vrön* „dem Herrn (*frä) gehörig" und bedeutet „Angehöriger des Herrn, Vertreter des Herrn".[232] In den friesischen Rechtsquellen wird aber nirgendwo explizit erwähnt, um welchen Herrn es sich handelt; deswegen sind namentlich in diesem Punkt viele Theorien entwickelt worden.[233] Weitere Definitionen des Begriffs konfrontieren uns mit der gleichen Vielfalt der Interpretationsmöglichkeiten wie bei den Amtsbezeichnungen „Skelta" (Schulze) und „Asega".[234] Im Älteren Schulzenrecht erscheinen zwei Ämter, die leitende Funktionen in der Gerichtsverfassung wahrnehmen: der Schulze und der Frana.

Die Diskussion in der älteren Forschungsliteratur mit Bezug auf die Aufgaben dieser Amtsträger befasst sich hauptsächlich mit der Frage, inwiefern sich die Tätigkeitsfelder des Franas und Schulzen decken oder unterscheiden: die sogenannte Identifikations- bzw. Konkurrenztheorie. Die älteren Forscher pflegen in den Amtsträgern allgemein ein und denselben Beamten zu sehen. Nach Richthofen deuten beide Wörter auf den Stellvertreter des Grafen hin und Heck behauptet,

232 Hugo Jäkel, Foged, Skelta, Frâna und Bon, in: ZRG GA 28 (1907), S. 205–235, hier S. 216.

233 Dazu Schuur, De positie van de frana in het Friese middeleeuwse rechtsbestel, S. 1.

234 „frâna [...] nhd. Herr, Fronvogt, Schulze, Richter, Vertreter des Grafen", Köbler, Altfriesisches Wörterbuch.

dass die beiden Ausdrücke „in allen Quellen unterschiedslos und vollständig gleichbedeutend gebraucht werden. Die Identität ist auch nahezu unbestritten und gänzlich zweifellos“[235].

Jäkel dagegen meint, dass man bei einem flüchtigen Blick auf die von Richthofen und von Heck für die Identität von Frana und Schulze beigebrachten Belege zunächst geneigt sein wird, diese Identität zuzugeben. Falls man sie aber schärfer prüft, wird man erkennen, dass sich eine Identität der beiden Amtsträger nicht feststellen lässt.[236] Es lasse sich aus ihnen kein strikter Beweis dafür ableiten, dass die beiden Amtsträger nur zwei verschiedene Benennungen für ein und denselben Beamten waren.[237] Aus seiner Sicht werden im Älteren Schulzenrecht Frana und Schulze nebeneinander gebraucht, ohne dass der Zusammenhang der Stellen eine solche Gleichsetzung zwangsläufig voraussetzt. Jäkels Hauptargument für eine Unterscheidung der Amtsträger – und damit für die Konkurrenztheorie – beruht auf der Interpretation zweier Textstellen im Schulzenrecht:

> „Djt is riocht: ief di fria Fresa tria afte ting socht habbe binna dae iere, so ne mey him di frana nyer komma dan hyt op dae hollighum wita moet, her hi dae oera socht habbe soe naet.“ *Dies ist Recht: Wenn der freie Friese innerhalb eines Jahres drei gesetzliche Gerichte besucht hat, so kann der Frana ihn nicht weiter belasten als dass er [der Dingpflichtige] es auf die Reliquien bezeugen soll, ob er die anderen (Gerichte) besucht hat oder nicht.*

> „Jef di scelta en man bitigath, dat hi sijn aefta thinghe alsoe socht nabbe als hij mey riochte sculde, soe aegh hi hem al des bitigades twirasum op dae holligum toe

235 Heck, Die altfriesische Gerichtsverfassung, S. 37. Er begründet seine Aufassung mit von Richthofens Beschreibung im altfriesischen Wörterbuch: „mit frana wechselt [...] skeltata skelta oder schelta [...] beide worte bezeichnen ein und den nämlichen beamten, den stellvertreter des grafen [...] Identität des skeltata und frana bekunden folgende bemerkungen [...].“ Das ausschlaggebende Argument für die Identität des *skelta* und *frana* ist, dass *frana* in parallelen lateinischen Texten oft mit *skulteto* übersetzt wird: „den frana, id est skulteto.“ Richthofen, Altfriesisches Wörterbuch, Göttingen 1840, Lemma „frana“.

236 Jäkel, Foged, Skelta, Frâna und Bon, S. 216.

237 Von Schwerin bestreitet ebenfalls die Identität der beiden Amtsträger, kommt aber anschließend zu einem völlig abweichenden Befund: „Wie auch in anderen Rechtsgebieten, so ist auch in Friesland der frana der unter dem skelta stehende Büttel, der als solcher schon eine beschränkte Gerichtsbarkeit gehabt haben mag. Später hat er sich, wie auch anderswo, selbst in die Stellung des skelta aufgeschwungen während zugleich dessen Stellung gesunken sein mag: skelta und frana sind später verschmolzen in einen Beamten, der bald diesen, bald jenen Titel führt.“ Schwerin, Claudius Frhr. von, Zur friesischen Gerichtsverfassung, in: Mitteilungen des Instituts für Österreichische Geschichtsforschung 29 (1908), S. 467–480, hier S. 477.

ontswerrane." *Wenn der Skelta einen Mann beschuldigt, seine gesetzlichen Gerichte nicht so besucht zu haben, wie er nach dem Rechte sollte, so darf er sich von allen Anschuldigungen mit einem Eideshelfer auf die Reliquien freischwören.*[238]

Wer diese Stellen unbefangen liest, so Jäkel,[239] kann nur den Eindruck gewinnen, dass zu der Zeit, als sie niedergeschrieben wurden, zwischen dem Frana und dem Schulzen unterschieden wurde, denn nach der ersten Textstelle hatte der Frana die drei echten Dinge (*tria afte ting*) des Jahres zu organisieren und darauf zu achten, dass sie von jedem freien Friesen besucht würden; nach der zweiten Textstelle dagegen hatte der Schulze das Recht, jeden Mann, also nicht nur den freien Friesen, vor sein Gericht zu ziehen, über dessen Anberaumung keinerlei einschränkende Bestimmung getroffen waren. Die drei echten Dinge, die aufgrund eines von alters her bestehenden Gebotes (*bod*) abgehalten wurden, gehörten zu den Bodthingen. Auch der Schulze konnte das Gericht, welches er auslegte, als gesetzliches Gericht (*aefte thinge*) bezeichnen; diese Gerichte waren jedoch keine Bodthinge. Als solche galten nur die drei alten Jahresdinge, zu welchen von jeher der Graf oder der Frana aufbot und die nach althergebrachtem Recht von allen *fria Fresa* besucht werden mussten; der Schulze konnte im gebotenen Ding nicht als Vertreter des Grafen den Vorsitz übernehmen.

Auffallend ist auch, dass im Älteren Schulzenrecht niemals in demselben Kapitel vom Schulzen und vom Frana gesprochen wird. Jäkel kommt nun zu der Schlussfolgerung, dass der Schulze eine Schöpfung der sächsischen Brunonen ist, dass diese den Frana durch den Schulzen ersetzt haben, dabei aber das Verhältnis zwischen den beiden Beamten in wesentlichen Punkten ganz anders gestalteten.[240]

Die Trennung der beiden Amtsträger wird darüber hinaus noch klarer, wenn man die Befugnis des Franas als militärischer Oberbefehlshaber berücksichtigt. Er sah darauf zu, dass jeder freie Friese über die vorgeschriebene Anzahl von Waffen für die Landesverteidigung verfügte. Die Pflicht zur Bereitstellung der Waffen stand dabei im Verhältnis zum Grundstücksbesitz eines jeden freien Friesen. Im Falle der Pflichtverletzung wurde der Säumige mit einem Bußgeld von zwei Pfund bestraft.

Die Kontroversen in verschiedenen Teilbereichen der altfriesischen Rechtsgeschichte zwischen Heck und Jäkel nehmen einen breiten Raum ein, laut Fairbanks[241] nicht „without dust and heat". Fairbanks hält die Auffassungen Jäkels für „certainly persuasive in his [Jäkels, Anm. Verf.] argument that calling the same official by three different names in the same document is a matter of requiring

---

238 Buma, Westerlauwerssches Recht, Kap. 54, 55.

239 Jäkel, Foged, Skelta, Frâna und Bon, S. 217. Im Folgenden greife ich mehrfach wörtlich auf verschiedene Stellen von Jäkel zurück.

240 Ibidem, S. 219.

241 Fairbanks, The old West Frisian Skeltana riucht, S. 16.

explanation".[242] Obwohl nicht ausdrücklich im Älteren Schulzenrecht belegt, nimmt Fairbanks an, dass der Frana das Amt des Gerichtsvorsitzenden ausübte.[243]

Eine durchaus abweichende Auffassung nimmt Algra ein. In seiner Untersuchung aus dem Jahr 1966 über die Identität des Franas kommt er zu folgenden Ergebnissen: Der Frana stammte aus einer älteren Quelle; dass der Frana und der Schulze manchmal analoge Aufgaben hatten, lasse sich aus dem Altersunterschied der Quellen ableiten. Der Schulze übernahm später die Aufgaben des Franas; der Kompilator hätte die veränderte Situation zur Zeit der Niederschrift angepasst. Folglich war der Frana ein Schulze, jedoch war nicht jeder Schulze ein Frana, von identischen Aufgabenstellungen war aber nicht die Rede: „Zo was bijvoorbeeld de schout, waaraan de schoutenrechten hun naam ontlenen, geenszins met de frana identiek."[244] Der Schulze sei ein niedriger Beamter, mit den einfacheren Fällen beauftragt. Der spätere Nachfolger des Franas wäre demnach nicht der Schulze, sondern der Graf, wobei eine Teilübergabe der Aufgaben auf den Schulzen nicht auszuschließen wäre.[245]

In einem späteren Beitrag geht Algra weiter auf die Inhalte seines Aufgabenbereichs ein: Er stellt eine direkte Verbindungslinie zwischen Herrscher, *in casu* dem König bzw. dem Kaiser, fest: Der Frana erhielt als höchster Gerichtsherr im Lande die Banngewalt unmittelbar aus den Händen der königlichen Autorität, und damit hatte Westerlauwersch Friesland formell in der Periode zwischen 1086 und 1233 eine einzigartige Verbindung zum Kaiserreich.[246] Die Bedeutung dieses Zwangsmittel kann laut Algra kaum überschätzt werden, denn der Frana konnte damit jeden Freien seinem Willen unterwerfen. Kein freier Friese konnte auf eigene Faust feststellen, was ihm Recht war, sondern hatte sich den Anordnungen des Franas zu fügen.[247] Er war der Gerichtsvorsitzende und -vollzieher, primär war er aber mit militärischen Aufgaben betraut.[248]

---

242 Ibidem, S. 16.

243 Ibidem, S. 18.

244 Algra, Ein: Algra, Ein: enkele rechtshistorische aspecten van de grondeigendom in Westerlauwers Friesland, S. 26.

245 Ibidem, S. 26.

246 Algra, Zeventien keuren en vierentwintig landrechten, S. 215. Dazu auch Immink: „Met ‚heer' [kan] nauwelijks een andere dan de Frankische koning [zijn] bedoeld." Immink, ‚Getuigen' in het Oude Friese Recht, S. 124.

247 Algra, Grundzüge des friesischen Rechts im Mittelalter, S. 562 f.

248 Algra, Zeventien keuren en vierentwintig landrechten, S. 224; ders., Oudfries Recht, S. 58; ders., „Hy hie de liedingby militêr optredentsjyn binnenlânske oerhaerrigen en bûtenlânske fijannen." Algra, Nikolaas Egbert, De datearring fan it Skeltarjocht, in: It Beaken 53 (1991), S. 1–33, hier S. 16.

In späteren Publikationen ist der Frana immer noch „vertegenwoordiger (van de heer), in het Nederlands dus te vertalen met ‚voogd'."[249] Seine Thesen werden durch spätere Aussagen ergänzt: Durch den Kondominiumsvertrag (ab 1165) hatte sich einiges geändert. Der Frana musste seine Beteiligung an dem ordentlichen Gericht aufgeben und war lediglich noch für Sonderaufträge, militärische Aufgaben und als Vollstrecker von Urteilen zuständig.[250]

Für Schuur ist zur Bestimmung des Aufgabenbereichs des Franas und des Schulzen weder die Identifikations- noch Konkurrenztheorie erforderlich. Die eigentümliche Verteilung von Artikeln mit dem Frana erklärt Schuur wie folgt: Sie tragen eindeutig den Charakter von nachträglichen Ergänzungen, die Widersprüche im Text werden in diesem Licht verständlich: In der ältesten Version sei der Schulze der einzige Beamte gewesen, der so gut wie alle Aufgaben erfüllen musste; später wurden einige davon dem Frana übertragen, weil sie traditionell ihm gehört hatten.[251] Diese Darstellung beruht nicht so sehr auf philologischen bzw. rechtshistorischen Einsichten, sondern vielmehr wird die politische Entwicklung, die dem friesischen Rechtssystem zugrunde liegt, als Beweis herangezogen. Das im Älteren Schulzenrecht vorgestellte Rechtssystem kann, immer noch Schuur, unmöglich der politischen Realität entsprechen, denn die aufgezeichneten Rechtstexte könnten einer Periode entstammen, in der das herrschaftliche System nicht mehr funktionierte. Die aktuelle politische Lage erforderte eine Rekonstruktion, da das urprüngliche System als Vorbild nicht mehr vorhanden war.[252] Frana und Schulze sind in dieser ursprünglichen Rechtsaufzeichnung bereits vorgekommen; die Überschneidungen in ihren Funktionsumschreibungen müssen in einer späteren Phase gesucht werden. Anfänglich wäre eine Wiederaufnahme des Schulzen vorgesehen, später hat man auch dem Frana einen Platz einräumen wollen. Die merkwürdige Streuung der einzelnen Kapitel, in denen der Frana erwähnt wird, ist damit erklärt: Sie tragen deutlich den Charakter späterer Ergänzungen.[253]

---

249 Algra, Oudfries recht, S. 59. Die Erwähnung des Franas wurde später von Algra als „fictie" betrachtet: Der Amtsträger spielte keine politische Rolle mehr, wurde aber nur noch in den Quellen erwähnt, da man ihn nicht auslassen könne: „dat will zeggen de frana, kon men niet schrappen, zonder ernstig geweld aan te doen aan de conceptie van de ‚rijksonmiddelbaarheid'." Algra, Zeventien keuren en vierentwintig landrechten, S. 272. Diese Auffassung scheint wenig plausibel, da der Frana – auch in den Siebzehn Küren und Vierundzwanzig Landrechten – prominent anwesend ist und über klar abgesteckte Zuständigkeiten verfügt.

250 Algra, ‚Rechtshistorische aspecten van het Landrecht der Vriesne', S. 200.

251 „Hij is toegevoegd, omdat men nog van zijn bestaan wist, en men de functie die hij van oudsher had uitgeoefend weer inhoud wilde geven", ibidem, S. 10.

252 Ibidem, S. 6 f.

253 Ibidem, S. 10. Die Begründung, warum der Verfasser/Kompilator dem Frana diese nachträgliche Aufwertung gewährt hatte, bleibt jedoch unklar: Nur die Tatsache,

Henstra betrachtet den Frana – zusammen mit dem Schulzen – schlicht als Vertreter des Grafen, ohne seine Tätigkeiten *en detail* weiterhin zu definieren.[254] Bei Nijdam leitet der Frana die Gerichtsversammlung; dieser wurde aber nach der Kondominiumperiode (1165–1233) vom Schulzen abgelöst.[255] Auch bei Nijdam ist der Frana Vertreter des Grafen.[256] Genaue Definitionen bzw. eine Beschreibung seiner Aufgaben werden zur Begründung seiner Behauptung jedoch nicht vorgelegt.

3.3 Zwischenfazit

In der Forschung wurde lange und ausgiebig über die Ämterbezeichnung in der mittelalterlichen friesischen Gerichtsverfassung gestritten. Im westerlauwersschen Friesland wird ausdrücklich der Schulze genannt, der als Vertreter des Grafen und Königs seine amtlichen Tätigkeiten verrichtete und nach dem auch die Rechtsaufzeichnung benannt wurde, nämlich das „Altfriesische Schulzenrecht".

Beim Frana wird es ungleich schwieriger als bei dem Schulzen und dem Asega, ein deutliches Bild seiner Tätigkeitsfelder zu skizzieren. Er schien der Vorsteher der Gerichtsversammlung gewesen zu sein, war Vertreter des Herrn und überwachte die Durchführung des Asegaspruchs. Er spielte eine wichtige Rolle bei der Landesverteidigung, war zuständig für die Abwicklung schwerer Staftaten und konnte die freien Friesen zum Heeresdienst einberufen. Wer Frana werden konnte und wie er ins Amt kam, darüber kann aus dem Älteren Schulzenrecht nichts hergeleitet werden.

Neben dem Frana stand im Konkurrenzverhältnis die Bezeichnung „Schulze", wobei es sich vor allem nach der Ansicht einiger älterer Forscher um eine synonyme Verwendung zu handeln scheint. Wie oben bereits nachgewiesen wurde, ist

---

dass der Frana früher Aufgaben innehatte, die nunmehr dem Schulzen obliegen, kann kaum als Begründung für seine Erwähnung im Älteren Schulzenrecht gelten.

254 Henstra, The Evolution of the Money Standard in Medieval Frisia, S. 90. In einer späteren Studie beschreibt er den Frana konkreter: „De in de oude Friese bronnen genoemde frana was – wellicht in een bepaald deel van een graafschap, bijvoorbeeld een gouw – de permanente regionale vertegenwoordiger van de graaf. Maar hoewel hij het recht had de koningsban uit te oefenen, had hij niet al diens rechten." Henstra/Popkema, Friese graafschappen tussen Zwin en Wezer, S. 22 f.

255 Nijdam, Lichaam, eer en recht in middeleeuws Friesland, S. 150. So auch Roll: „Der Frana verschwand wahrscheinlich mit dem Ende der Grafenzeit, während der Schulze wohl noch in der Übergangszeit in Friesland aktiv war." Roll, Vom ‚asega' zum ‚redjeven', Der Frana wurde aber noch in Rechtsquellen des 13./14. Jahrhunderts erwähnt, vgl. Buma, Westerlauwersches Recht.deel 2, S. 447 (Boetetaxen van Ferwerderadeel en Dongeradeel, no. 104), S. 529 (Boetetaxen van Wonseradeel en de Vijf Delen, Nr. 278), S. 552 (Boetetaxen van Leeuwarderadeel, Nr. 109).

256 Ibidem, S. 273.

die Gleichsetzung von Frana und Schulzen zumindest fraglich.[257] Aus dem Älteren Schulzenrecht kann zunächst nichts weiter über den Unterschied der beiden Ämter herauskristallisiert werden; die Tätigkeiten scheinen sich teilweise zu überschneiden. Als Unterscheidungsmerkmal kann gelten, dass auf Befehl des Schulzen der Asega ein Urteil durchgeführen sollte, obwohl ansonsten der Frana den Vorsitz in der Gerichtsversammlung hatte.[258] Ein wichtiges Argument gegen die Identifikationstheorie ist die Tatsache, dass der Verfasser/Kompilator des Älteren Schulzenrechts die beiden Amtsträger gesondert aufgeführt hat. Nur wenn der Aufgabenbereich unterschiedlich ausgeprägt wäre, würde es einen Sinn ergeben, das Vorkommen der beiden Beamten zu betonen. Falls sich dagegen die Aufgaben komplett decken würden, wäre die Erwähnung eines einzigen Beamten sinnvoll und schlüssig gewesen.[259] Bei dem Frana und dem Schulzen handelte es sich demnach um zwei verschiedene Amtsträger, die auf verschiedenen Stufen der Gerichtsverfassung tätig waren. „Der Frana war der Vorsitzende des Landgerichts, das vorrangig für Straftaten und schwere Delikte zuständig war".[260] Die Tatsache, dass er im Älteren Schulzenrecht nur im Singular erscheint, deutet auf seine überregionale Zuständigkeit hin, dies im Gegensatz zu *dae sceltan* (die Schulzen, Nom. Pl.), die nur in ihrem jeweiligen Bannbezirk die Gerichtsgewalt ausüben konnten.[261]

---

257 So lässt Fairbanks das Verhältnis von Frana, Schulzen und Vogt unentschieden, weil es „equally beyond my capacity and my scope" liege. Fairbanks, The old West Frisian Skeltana riucht, S. 16.

258 „dat hia scellet foerddraga gold ende wede, ief hit deer is, ku ende ey ende al hiara quickfia ende enka ende anderka. *Dann soll der Asega bestimmen, dass sie Gold und Gewänder, wenn sie da sind, Kühe und Schafe und all ihr Vieh und Fischgeräte und Ackergeräte herbeibringen sollen.* [...] Deer schel hiara di *scelta* to banna, dat hia alsoe laeste. *Der Skelta soll ihnen gebieten, es so durchzuführen.*" Buma, Westerlauwerssches Recht, Kap. 71a, S. 120.

259 In einer Erklärung von Abt Ludolf van Bloemkamp und dem Probst Wybrand van Vinea Domini im Jahre 1328 findet man einen interessanten Textabschnitt, der die gesonderten Positionen vom Schulzen und dem Frana Algra deutlich zeigt: „Die grave van Hollant hevet recht eens int jaer in Staveren inder Zudermuder in Vrieslant te comen, scepene ende scouten, aysighen ende vronen te versetten also dic als hi wil." Zitiert in: Algra, Ein: enkele rechtshistorische aspecten van de grondeigendom in Westerlauwers Friesland, S. 24.

260 Roll, Vom ‚asega' zum ‚redjeven', S. 200; ebenfalls Benno Eide Siebs: „Seine Zuständigkeit erstreckte sich in erster Reihe auf Strafsachen gegen Ungehorsame und auf schwere Delikte", Siebs, Grundlagen und Aufbau der altfriesischen Verfassung, S. 94.

261 Dazu Henstra: „ze [die Grafen, Anm. Verf.] zullen op hun beurt delen van hun domeinen ter beschikking hebben gesteld aan de belangrijkste grafelijke ambtenaren, zoals hun regionale en lokale vertegenwoordigers de vronen (franan) en de schouten (skeltan)." Henstra/Popkema, Friese graafschappen tussen Zwin en Wezer, S. 108.

Unter gewissen Bedingungen konnte der Schulze aber auch die Leitung des Landgerichts übernehmen, dies aber nur in Ausnahmefällen und in Vertretung des Franas. Dementsprechend gab es ein klares hierarchisches Verhältnis.[262]

4. Der Graf

Der Graf (*grewa, greuwa, griouwa*[263]) wird im Älteren Schulzenrecht in 16 Kapiteln erwähnt [Kurs. Verf.]:

> Djt is landriocht der Fresena. Dy *greuwa*, deer oen Friesland *griouwa* wessa schel, dy schel wessa fulre berte bern zijn riocht onferlerren. Hij schel toe Sudamoeta jnkomme ti Fraenkere jn dat del mey werdere were, mey des konynges iefte, mey brieff ende mey jnsighele. [...] Deer aegh dy *griouwa* aller mannalikum sijn len toe iewane [...] one fiaieftem. Soe des *griouwa* kompst keth ist, soe is zijn frede binna der komste dy daedslgha fyouwer ende sextich punda (Kap. 1).

> dat dy frya Friesa moet wita mey hoeckra meta dijkes ende weys dat hi lia moeghe mit mara riochte dan him dey *griouwa* deerte banne (Kap. 4).

> Djt is riocht, dat di fria Fresa ne thoer des *grewa* ban tiulda jm were twisscha someresnacht ende letthere euennacht, deerantwiska ne thoer hi ban tiulda jn were tre daghen (Kap. 16).

> Djt is riocht, dat dy fria Fresa ne thoer bi dis *greuwa* ban an stride withstaen, hit ne se dat hem zijn scelta wrherich wrtioghe (Kap. 17).

> Djt is riocht, dat dy *grewa*, deer hijr ban lath, des fiaerda ieers bodthijng halda moet, ief hij wille. Dit is riocht, als hi se halda wille, datmet keda schel toe alla haudkerkum, di haedprester efter cristusmoerne eer ieresdey, ief se dy *grewa* halda wille efter somertesnacht eer lettera ewennacht (Kap. 26).

> Djt is riocht, dat dae scheltan dis manendeis ende des tysdeis deer come ende dis konynges ban opiaen scelleth dae *greuwa* aldeer hiae se oenfenghen (Kap. 28a).

> Djt is riocht, dat dy fria Fresa des *greuwa* ban tiulda ne thoer ner des schelta efter sonna sedle (Kap. 31).

---

262 Dazu Siebs. „Die Franken stellten an die Spitze [...] des Landes den Frana," Siebs, Grundlagen und Aufbau der altfriesischen Verfassung, S. 141.

263 „grēv-a, afries. nhd. Graf; Verwalter, Führer", Köbler, Altfriesisches Wörterbuch. Mittellateinisch *graphio* („Schreiber", vgl. *Graphik*) liegt aller Wahrscheinlichkeit nach den westgermanischen Wörtern zugrunde. Duden Etymologie: Herkunftswörterbuch der deutschen Sprache, Lemma „Graf".

Soe is riucht: iefta ma dae achte scillingen wtachte ner moet, dat di aesga scel twa pund dela di *greuwa* [...] Dit is riocht: ief dio hemmerke oendeeld is et someresnacht, dat dae eelkerlijk, deer dat werde, is dae *grewa* twa pond scioldich (Kap. 35b).

Ief zijn kempa an da ordele bifalt, so scel hi dat tuiscette beta ende dae *grewa* twa pond ti des raefferda ende twa dis strydferda (Kap. 39).

Wert se scowath ti heelre hand, soe scol dy oera festia den meeneed ende den *grewa* twa pond iaen. Ende werdt hij barnd, soe schel hi iaen dae *grewa* twa pund des raefferda ende twa pund dis strijdfarda (Kap. 42).

hwae soe ielkers deerjn gheet, di schel den *greuwa* twa pund iaen (Kap. 45).

Ouerere ende ouerschere ende ouermeed ende ouerdelte [...] scel ma mey twam pundem beta [...] alsoe langhe soe hyt naet of ne let; ende ief hijt oflet, soe scel ma da notta fella twiscette ende di *grewa* twa pund ti ferda (Kap. 56).

Jef ma en huusman etta houe opclaghet, soe scel di *grewa* dae scelta bieda, dat hi hem toe houe bodie [...] So schel di *grewa* dae scelta ende dae aesga bieda toe sine fordele ti ferrane ende deer twa pund wt toe achtiane [...]. Jef hi des allis wrherich wirt, soe aegh ma him te sekena mei here ende mei fiore; ende als hij barnd is, soe aegh di *grewa*, ief hi deer is, den aesga toe bannana, dat hi deer riocht dele; ief di *grewa* deer naet is, soe aegh di scelta den aesga to bannane, dat hi deer riocht dele (Kap. 57).

Ief ma dae bannere oen dae boedeschipe dustleeck iefta bloedreesna deth ief disser engen, deer ma deer mey bodeschipe wtladeth, so is zijn bote twifald ende dae *grewa* twa pond iefta sexasim onswerra (Kap. 62).

soe schel hi dat selue goed ief alsoe graet goed weerjaen ende dae *grewa* twae pund. (Kap. 7).

Alle dae, deer dat werret mey wige ende mey wepene, dera is allerlijck dae *grewa* twa pund sciuldich (Kap. 69).

4.1 Der Graf im Älteren Schulzenrecht

Der Graf soll von vollehelicher Geburt sein und sein Recht nicht verwirkt haben; er soll zu *Sudamoeta* (Tacozijl?)[264] ins Land kommen und in den Bezirk Franeker

---

264 Über die Lokalisierung von *Sudamoeta* herrscht keine Einstimmigkeit, vgl. dazu Meijering, Hendrik, Derk/ Nijdam, Han (Hrsg.), Wat is recht? De receptie van Oudfries recht in de Groninger Ommelanden in de 15e en 16e eeuw, Gorredijk 2018, S. 89, Fn.2. In mittelniederländischen Quellen wird über *Zuutmude* bei *Staveren* gesprochen. Vgl. Algra, Nikolaas Egbert, De zeilroute der officials door Friesland, in: Breuker, Philippus H., Landrecht der Vriesne: tekstuitgave en commentaar, Fryske Akademy, Leeuwarden 1996, S. 254–269, hier S. 265.

gehen mit gültigem Anspruch, d. h. mit königlichem Privileg, mit Brief und Siegel. Dann soll der Graf jedem sein Lehen bestätigen, wie er es in seinem Besitz hatte, ohne Geldleistung. Wenn die Ankunft des Grafen bekanntgemacht ist, so beträgt sein Friedensgeld für jeden Totschlag während seines Aufenthaltes 64 Pfund (Kap. 1).

Bei der Deichpflicht darf der freie Friese mit größerem Recht beschwören, auf welche Deich- und Wegstrecke er sich beschränken kann, als dass ihn der Graf verpflichten darf, das instandzusetzen, was er nicht braucht (Kap. 4). Der freie Friese braucht kein Gebot des Grafen zu befolgen, außer zwischen Sommersonnenwende und der späteren Tagundnachtgleiche [21. Juni bzw. 21. September, Anm. Verf.]; dazwischen braucht er nur während drei Tagen einem Gebot Folge zu leisten (Kap. 16). Der freie Friese braucht sich kraft des gräflichen Bannes nicht vor Gericht zu verantworten, es sei denn, dass sein Schulze ihn des Ungehorsams überführe (Kap. 17).

Der Graf, der hier den Gerichtsbann handhabt, darf jeweils im vierten Jahr das gebotene Gericht halten, wenn er will. Wenn er es abhalten will, so ist es Recht, dass man, d. h. der Hauptpriester, es zwischen Weihnachtsmorgen und Neujahr in allen Hauptkirchen ankündigen soll, falls der Graf es nach der Sommersonnenwende und vor der späteren Tagundnachtgleiche halten will (Kap. 26). Die Schulzen sollen am zweiten Montag und Dienstag erscheinen und des Königs Banngewalt dort, wo sie diese erhalten haben, dem Grafen (wieder) übertragen (Kap. 28a). Nach Sonnenuntergang braucht der freie Friese weder des Grafen noch des Schulzen Banngewalt zu folgen (Kap. 31). Bei der Teilung der gemeinen Mark ist es Recht, dass der Asega, wenn man die acht Schillinge nicht beitreiben kann, dem Grafen zwei Pfund zusprechen soll. Wenn die gemeine Mark zur Sommersonnenwende ungeteilt ist, so ist ein jeder, der die Teilung verweigert, dem Grafen zwei Pfund schuldig (Kap. 35b). Wenn der Kämpfer des Klägers im Gottesurteil unterliegt, so soll er das Doppelte büßen und dem Grafen zwei Pfund für den Raub und zwei Pfund als Friedensbuße für den (zu Unrecht geführten) Kampf zahlen (Kap. 39).

Wenn die Hand nach dem Hineingreifen in den Kessel besichtigt wird, sind der Priester und die drei mit ihm eher berechtigt, die Hand für heil zu erklären, als die anderen drei für verbrannt. Wird die Hand für heil erklärt, so soll der andere den Meineid durch Fasten abbüßen und dem Grafen zwei Pfund geben. Hat er sich die Hand verbrannt, so soll er dem Grafen zwei Pfund als Friedensbüße für den (zu Unrecht geführten) Kampf geben (Kap. 42). Auf dem Kampfplatz dürfen sich die Kämpfer, der Kampfwart, der Schulze und Asega aufhalten. Wer sonst hineingeht, soll dem Grafen zwei Pfund geben (Kap. 45).

Überpflügen, Überweiden, Übermähen und Übergraben soll man mit zwei Pfund büßen, solange der Schuldige es nicht wegholt; und wenn er – der Schuldige – es wegholt, soll er die Feldfrüchte doppelt ersetzen und dem Grafen zwei Pfund als Friedensgeld zahlen (Kap. 56).

Wenn man einen Hausmann beim Grafengericht verklagt, so soll der Graf dem Schulzen gebieten, dass er ihn vor das Grafengericht lädt. Wenn er dann nicht kommen will, soll der Graf dem Schulzen und dem Asega gebieten, nach seinem

Haus zu gehen und dort in Gegenwart seiner Nachbarn zwei Pfund beizutreiben. Wenn er alledem ungehorsam wird, so soll man ihn mit Heeresaufgebot und Feuer aufsuchen; und wenn sein Haus niedergebrannt ist, so soll der Graf, wenn er da ist, dem Asega befehlen, da Recht zu sprechen. Wenn der Graf nicht da ist, so soll der Schulze dem Asega befehlen, da Recht zu sprechen (Kap. 57).

Wenn man dem Gerichtsboten bei der Ansage einen quetschenden Schlag gibt oder eine blutige Wunde schlägt oder einem von denen, die er durch seine Ansage vorlädt, so gebührt ihm (dem Gerichtsboten) doppelte Buße und dem Grafen zwei Pfund oder man soll sich mit fünf Eideshelfern davon freischwören (Kap. 62). Bei einer Hausdurchsuchung nach gestohlenem Gut soll bei widerrechtlichem Widerstand dies bezeugt werden; der Hausmann, in dessen Haus die Durchsuchung stattfand, soll das nämliche Gut oder ein gleich großes Gut wiedergeben und dem Grafen zwei Pfund geben (Kap. 67). Wenn im Streit um ein Nachlassvermögen ein Mann das Recht auf den Einzug in das Haus eines Verwandten hat (in dessen Besitz sich das Vermögen befindet), so sind diejenigen, die das mit Kampf und Waffe verhindern, dem Grafen zwei Pfund schuldig (Kap. 69).

4.2 Der Graf als Vertreter der königlichen Herrschaft

Die Besonderheit der friesischen politischen Entwicklung ist, dass sich im Gegensatz zu den umliegenden Gebieten keine wirksame gräfliche Herrschaft in Friesland behaupten konnte. Dabei ist die Freiheitslegende der Friesen kein zuverlässiges Indiz für die wirklichen Gründe ihres politischen Sonderweges.[265] In der Magnussaga wird die prominente Rolle der Friesen bei der Eroberung der Stadt Rom für Karl den Großen in epischer Breite beschrieben. Ihm war es angeblich zu verdanken, dass die Friesen auf keiner Heerfahrt weiterzuziehen brauchten als „*aester toe dir Wisere ende wester toe dae Fle op mey dae floede ende wt mey dae ebba*“ (dass sie auf keiner Heerfahrt weiter ziehen wollten als ostwärts bis zur Weser und westwärts bis zum Fli, landeinwärts zur Flutzeit und zurück zur Ebbezeit)[266], damit sie bei Tag und bei Nacht die Küste vor dem nordischen König und der Flut der wilden Wikinger schützen konnten. Weiterhin konnten sie über ihren Besitz frei verfügen, was sie von persönlicher Dienstbarkeit befreite.

Die Realität war jedoch laut Algra eine andere: Karl der Große hat in den Sachsenkriegen die Friesen mit einverleibt, er hat, statt Privilegien zu gewähren, ihnen das Recht auf ihr väterliches Erbe (*ius paternae hereditates*) entzogen. Sein Sohn und Nachfolger Ludwig der Fromme soll 814 sämtlichen freien Friesen den Status von Adligen gewährt haben. Grafen waren königliche Beamte im fränkischen Reich, die für die Handhabung der inneren und ausländischen Sicherheit zuständig waren. Der Graf erhielt seine stellvertretende Macht aus den Händen des Königs selbst. Durch diese königlichen Vertreter konnte der König die eroberten Völker

---

265 Siehe die Magnussaga, in: Buma, Westerlauwerssches Recht, S. 131–134.

266 Ibidem, S. 132, fünfte küre.

einigermaßen kontrollieren. Grafen wurden in der Regel aus Familien mit einer vertrauten Beziehung zum königlichen Hof ausgewählt.[267]

Obwohl die meisten Könige, die Friesland regierten, irgendwann auch zum Kaiser gekrönt wurden, wird in dieser Arbeit der Begriff „König" so weit wie möglich angewendet, weil die Zuständigkeiten in Friesland im Prinzip aus dem fränkischen Königtum resultierten. Vielmehr zielte die kaiserliche Funktion darauf ab, die universelle christliche Kirche zu schützen, indem sie die höchste weltliche Autorität im Heiligen Römischen Reich ausübte.[268] Die Friesen zahlten eine Haussteuer (*huslotha*), wodurch sie in eine unmittelbare Abhängigkeit vom Königreich geraten seien, weshalb sie sich fortan als „freie Friesen" bezeichnet haben.[269]

Fest steht, dass in den friesischen Gauen Grafen als Vertreter der königlichen Herrschaft ihre Tätigkeiten dort ausgeübt haben. Die Verwaltungsverhältnisse im friesischen Teil des fränkischen Reiches waren jedoch wegen der dürftigen Quellenlage recht unübersichtlich; trotzdem ist gesichert, dass sich westlich des Vlie ab dem 10. Jahrhundert eine heimische Grafendynastie festigen konnte.[270] Wie sie ihre Macht festigen konnten, ist kaum bekannt.[271] Als Folge der Normanneneinfälle, die auch die friesischen Küstengebiete getroffen haben müssen[272], fielen die Grafschaften Westergo und Ostergo und Staveren oder Sudergo unter die ständige Obhut ausländischer Reichsgrößen, die ihren Machtanspruch nur mit Mühe zu handhaben wussten.[273] Im 12. Jahrhundert stritten der Bischof von Utrecht und der Graf von Holland um das Recht auf die ‚Grafschaft der Friesen'. Kaiser Friedrich I. (Barbarossa) legte diesen Konflikt 1165 mittels eines Kompromisses bei: Er richtete, wie schon erwähnt, ein Kondominium für diesen Teil Frieslands ein, das eine Teilung der gräflichen Gewalt zwischen dem Bischof von Utrecht und dem Grafen von

---

267 Algra, Oudfries recht, S. 104.

268 Vgl. Henstra/Popkema, Friese graafschappen tussen Zwin en Wezer, S. 6.

269 Vgl. dazu: Vries, Die Friesische Freiheit, S. 45.

270 Vries, Geschichte der Friesen im Mittelalter: West- und Ostfriesland, S. 542.

271 In den übrigen Gebieten des fränkischen Reiches konnte der Graf seine Macht jedoch verfestigen: „Die Macht der Grafen war in der fränkischen Periode fortdauernd im Aufsteigen begriffen. Die Gauverwaltung in allen ihren Beziehungen war in die Hände des Grafen gefallen, die Rechtspflege, bei welcher er bisher nur eine leitende, überwachende Stellung eingenommen hatte, wusste er vollends an sich zu reißen." Eckert, Christian, Der Fronbote im Mittelalter nach dem Sachsenspiegel und den verwandten Rechtsquellen, Leipzig 1897, S. 4.

272 Für eine repräsentative Übersicht siehe Jones, A history of the Vikings, Index „Frisia – The Frisians", S. 460.

273 Mol, Johannes A., De Friese huizen van de Duitse orde: Nes, Steenkerk en Schoten en hun plaats in het middeleeuwse Friese kloosterlandschap, Fryske Akademy (739), Leeuwarden 1991, S. 18 f.

Holland (Floris III.) beinhaltete.[274] Im Jahre 1233 wurde dann noch einmal einem Grafen von Holland, Floris IV, von der Westerlauwersschen Landschaft Westergo gehuldigt; wahrscheinlich war dies das letzte Mal.[275] Nach Vries waren die Friesen (vorläufig) ab diesem Zeitpunkt faktisch von einer gräflichen Herrschaft befreit.[276]

Über die Aufgaben des Grafen im Gerichtsverfahren herrscht in der älteren Forschung im Großen und Ganzen Einstimmigkeit. Heck sieht seine Beteiligung an der Rechtspflege als relativ unbedeutend an.[277] Er ist der Vertreter der königlichen Gewalt, hält – wenn er will – das gebotene Gericht, wobei er regelmäßig die Banngewalt den Schulzen überträgt. Seine Anwesenheit wird somit nicht zwingend verlangt.[278] Fairbanks betrachtet den Grafen als „governor"[279]: Er kommt mit kaiserlichem Privileg nach Friesland und handhabt den Gerichtsbann. Als rätselhaft und verwirrend betrachtet er die Bestimmungen über die Übertragung der Gerichtshoheit an die Schulzen (Kap. 26 *fan dis griewa riocht*) sieben Wochen vor dem Bodthing. Nur im Notfall, das heißt, falls ein Heer ins Land einfällt oder eine Frau vergewaltigt oder ein Mann im Hause erschlagen wird), soll der Graf die gesetzliche Banngewalt wieder ausüben.[280]

> „The emergency of the army is plain enough, but the other two are clearly judicial matters […]. The possibility suggests itself, that, if all the magistrates were gathered at the central court oft the *bodthing*, it would be well to have someone else given responsibility for local emergencies; but the section purports to limit the governor's authority, not to extend it."[281]

---

274 Algra identifiziert den Grafen im Älteren Schulzenrecht mit dem Grafen von Holland: Dieser könne nach den Bestimmungen im Kondominiumvertrag alle vier Jahre Friesland besuchen, um dort „een gerechtsreis te maken", Algra, Ein: enkele rechtshistorische aspecten van de grondeigendom in Westerlauwers Friesland, S. 29. Seine Behauptungen stehen alle im Konjunktiv, handfeste Belege gibt es nicht. Algra behauptet weiter, dass der Kondominiumvertrag ohne Wirkung blieb, ibidem, S. 29. Auch hier fehlen Argumente.

275 Vries, Die Friesische Freiheit, S. 46. Buma legt die Grenze der Herrschaft der holländischen Grafen bei 1345, Buma, Westerlauwerssches Recht, S. 13.

276 Vgl. Vries, Het Heilige Roomse Rijk en de Friese vrijheid, S. 17.

277 „Das westerlauwersche Landrecht verlangt, wie erwähnt, seine Mitwirkung nur für die Fälle des Ungehorsams." Heck, Die altfriesische Gerichtsverfassung, S. 36.

278 Ibidem, S. 34. Die Tatsache, dass er sich in seiner Position einer Identitätsprüfung unterziehen muss, wirkt m. E. befremdlich.

279 Fairbanks, The old West Frisian Skeltana riucht, S. 13.

280 Ibidem, S. 15.

281 Ibidem, S. 15.

Die jüngere Literatur befasst sich namentlich mit der Frage, welchen politischen Einfluss der Graf im westerlauwersschen Friesland hatte.[282] Über die bereits erwähnte Schwächung mit ausschließender Löschung der Grafengewalt besteht nach Vries Konsens[283], dies wird aber von Algra[284] und Schuur bestritten.[285] Schuur ist der Meinung, dass eine Verschriftlichung von umfangreichen Rechtsregeln wie dem Älteren Schulzenrecht nie zustande gekommen wäre, „als het gezag van graven, schouten en andere feodale gezagsdragers nauwelijks van betekenis is geweest“[286]. Sein Funktionieren als Teilhaber am Gerichtsverfahren wird durch diese Diskussion aber nicht in Frage gestellt.[287] Kroeschell zweifelt an dem Realitätsbezug der Schilderung im Älteren Schulzenrecht, wie der Graf, legitimiert durch Brief und Siegel des Königs, ins Land kommt und zu Gericht sitzt:

> „so hat dies gewiß nicht immer und überall der Realität entsprochen. Wo immer die Grafen gehindert waren, ihr Richteramt auszuüben, erscheint als Richter vielmehr der Schultheiß [...] der ausdrücklich als Vertreter des Königs und des Grafen bezeichnet wird.“[288]

4.3 Zwischenfazit

Der Graf im Älteren Schulzenrecht wurde von einem ausländischen Fürsten in der friesischen Region des Reiches als der hoheitliche Vertreter eingesetzt und mit dem Gerichtsvorsitz betraut. Mit der eigentlichen Urteilsfindung an sich hat er recht

---

282 Für einen konzisen Überblick siehe Vries, Oebele, Das Friesische im Mittelalter (Altfriesisch), Frisian in the Middle Ages (Old Frisian), in: Munske, Horst Haider (Hrsg.), Handbuch des Friesischen. Handbook of Frisian Studies, Tübingen 2001, S. 538–550, hier S. 541–543; Vgl. Schuur: „Het gaat hier dus zonder twijfel om een buitenlandse graaf.“ Schuur, De plaatsing van de Schoutenrechten in hun historische context, hier S. 14. Van Iterson behauptet, im Schulzenrecht, das altes Gewohnheitsrecht enthielt, hätte der Graf noch die Qualität eines königlichen Beamten, im Laufe der Zeiten betrachteten die Nachfolger dieser Grafen sich als Landesherren von Friesland. Iterson, Feudalisierungsversuche im westerlauwerschen Friesland, S. 87.

283 Vries, Das Friesische im Mittelalter (Altfriesisch), S. 542.

284 Algra, De datearring fan it Skeltarjocht, S. 14 f.

285 Schuur, De plaatsing van de Schoutenrechten in hun historische context, S. 14 f.

286 Ibidem, S. 4.

287 Vgl. Henstra: „De graaf moest het recht handhaven, zowel het recht dat door de koning was geboden als dat wat in het volk gewoonte was. Hij was voorzitter van de rechtbank, maar sprak geen recht; de graaf zag toe op een juiste procesvoering en op de tenuitvoerlegging van het rechterlijk vonnis.“ Henstra/Popkema, Friese graafschappen tussen Zwin en Wezer, S. 8.

288 Kroeschell, Recht unde unrecht der sassen, S. 160 f.

wenig zu schaffen, vielmehr stellt er eine Anbindung der lokalen Gerichtsbarkeit an die Person des Königs her.

Was die Aufgaben und Verpflichtungen des Grafen im Älteren Schulzenrecht betrifft, so kommt er vom Süden nach Friesland, ist somit ein „ausländischer" Vertreter des Königs. Er führt ein Beglaubigungsschreiben mit gültigem Anspruch, mit Brief und Siegel, d. h. mit einer offiziellen Bestallungsurkunde mit sich.[289] Die freien Friesen hatten das Recht, darauf zu bestehen, dass er von vollehelicher Geburt war und dass er sein Recht nicht verwirkt hatte. Er wird nach einer eingehenden Prüfung in seinem Amt bestätigt; seine erste offizielle Amtshandlung ist die Bestätigung der regionalen Lehensverhältnisse.

Die Überprüfung seiner Identität wirft Fragen zu seinem Status und seiner Autorität auf. Seine Ankunft ist mit besonderen Bestimmungen in Bezug auf das Friedensgeld verbunden: Für jeden Totschlag während seines Aufenthaltes sind 64 Pfund als Geldstrafe vorgesehen. Er sitzt nach eigenem Ermessen dem gebotenen Gericht, sowie dem *fimelthingh* vor, wobei Leute, über die das Gericht aus bestimmten Gründen nicht zu richten vermochte, anschließend vor Gericht gestellt werden konnten.[290]

Eine weitere Spezialisierung seiner Aufgaben ist nicht greifbar, seine Befugnisse wurden in vielen Fällen limitiert (siehe Kap. 4.1).[291] Als Funktionsträger lässt sich der Graf relativ klar von den anderen abgrenzen: Er steht als Vertreter des Königs an der Spitze, versucht die Gewalt in der Bevölkerung zu minimieren und verkörpert den Wunsch des Herrschers, eine verpflichtende Art von Rechtsdurchsetzung zu erzwingen.

---

289 „Welke graaf – de vice-graaf, de graaf van Holland of een familielid van laatstgenoemde – ook met de in het eerste artikel ervan genoemde persoon mag zijn bedoeld, de Friezen hoefden hem slechts te huldigen als hij een door de koning bezegelde leenbrief kon tonen." Schuur, De ‚Vrije Fries', S. 141.

290 Zum Beispiel wegen örtlicher Zuständigkeit oder aus Standesgründen, Buma, Westerlauwerssches Recht, S. 87, Fn. 8.

291 Der Graf hatte nur exekutive Macht, die gräfliche Gewalt erhielt er unmittelbar aus den Händen des Königs. Zumindest musste der Graf im Älteren Schulzenrecht diese Macht nach 1165 sogar zur Legitimation „mit Brief und Siegel" unter Beweis stellen. Solange sich die Grafen auf die Aufgaben königlicher Beamter beschränkten, die sie seit der karolingischen Herrschaft besessen hatten, wurden sie in Friesland akzeptiert. Dazu Henstra/Popkema, Friese graafschappen tussen Zwin en Wezer, S. 188.

5. Der Vogt und der Banner

Der Vogt (*foghed*) wird im Älteren Schulzenrecht in einem Kapitel erwähnt[292] [Kurs. Verf.]:

> Djt is riocht: aldeer di fria Fresa ene onderhewa lauwegath wirdet, dat hi dat winna schel enen panninge, aldeer hyt mey kaepe wint twipannynge. Ief him dae *foghed* opsanna wolle, dat hij oen onwennena lande sitte, soe is hi niaer mey sine sauwen orkenen toe iechtane den *foghed*; ende deer eelkerlijck schel sidza mey sondrigha ede. Ief him des ontbrect, dy *foghed* dwe deermey, deer hij wolle. (Kap. 6)

5.1 Der Vogt im Älteren Schulzenrecht

Wenn dem freien Friesen ein Lehngut durch Erbgang hinterlassen wird, so soll er das (vom Grundherrn) zum halben Preis erwerben; falls er es käuflich erwirbt, zum vollen Preis. Wenn der Vogt ihn beschuldigen will, dass er auf nicht erworbenem Land wohne, so hat er ein größeres Recht, mit seinen sieben Zeugen den Vogt zu widerlegen; und jeder von ihnen soll unter besonderem Eide aussagen. Wenn ihm dies (Zeugnis) fehlt, so tue der Vogt mit dem Lehen, was er will.

5.2 Der Vogt als Interessenvertreter des Grafen

Dieser Amtsträger, der zusammen mit dem Schulzen und dem Frana mit Verwaltungsaufgaben in Friesland beauftragt wurde, lässt sich wegen seiner einmaligen Erwähnung in der Quelle nicht leicht identifizieren. Für Richthofen waren Vogt, Frana und Schulze nur verschiedene Benennungen eines richterlichen Unterstützers, der für den Grafen in der Gerichts- und Landesverwaltung regelmäßig als Stellvertreter auftrat.[293] Van Iterson identifiziert den Vogt als Vertreter des Königs, der aber gleichzeitig auch eine Doppelfunktion als Graf einnimmt.[294]

---

292 „The foged appears only in this section, but it is probable from other sources that the name describes the magistrate in his capacity as steward for the crown." Fairbanks, The old West Frisian Skeltana riucht, S. 125, Fn. 2. Hier wird der Vogt also als „Vermögensverwalter" bzw. „Gutsverwalter" definiert.

293 „Fogid heißt in den friesischen quellen: 1) der schulze, als stellvertreter des königs und grafen", Richthofen, Altfriesisches Wörterbuch. Etymologie: Lehnwort aus dem mlat.: „vocātus, advocātus; Herbeigerufener, Rechtsvertreter, Advokat", Köbler, Altfriesisches Wörterbuch.

294 Iterson, Feudalisierungsversuche im westerlauwerschen Friesland, S. 81. Vgl. auch Uwe Wesel, der den Vogt als privaten Beamten des Grafen betrachtet, den man schon in der Antike vorfindet: „Die Domänen der späten Kaiserzeit hatten Bevollmächtigte, *vocati* oder *advocati* […]. Der Vogt des Mittelalters geht nicht nur sprachlich direkt zurück auf diese vocati der römischen Domänen." Wesel, Uwe, Geschichte

Laut Jäkel konnte man den Vogt nur als den Stellvertreter des Grafen sehen, „welcher in dem interessanten § 6 des Schulzenrechtes auftritt“[295]. Hier wurde offenbar zunächst die Höhe des Betrags festgesetzt, wodurch der freie Friese ein ererbtes oder ein gekauftes Lehngut erwerben konnte. Wenn ihn nun der Vogt beschuldigen wollte, dass er auf dem Grundstück wohnt, obwohl er kein Recht dazu hatte, konnte er mit seinen sieben Zeugen den Vogt überführen. Jeder der Zeugen sollte unter besonderem Eide aussagen; gemeint ist damit wohl eine von den anderen Zeugen getrennt geleistete Aussage. Falls dieser Beweis nicht erbracht werden sollte, konnte der Vogt mit dem Gut nach seinem Willen verfahren.

Nach Jäkel haben wir es also hier mit dem Stellvertreter des Grafen zu tun, denn nach dem ersten Kapitel des Älteren Schulzenrechtes wurden die friesischen königlichen Lehngüter vom Grafen vergeben.[296] Man kann somit den Vogt im Hinblick auf diese Zuständigkeit „für das ganze Land als Landesvogt oder Landesverweser bezeichnen, der Rechte und Interessen des Grafen an dem zu Lehn ausgetanen Fiskalbesitze und an den zu konfiszierenden Gütern [wahrnimmt].“[297] Dieses Aufsichtsrecht über die Lehen und die Belehnten stand offenbar mit der Aufgabe des Vogtes, „den Frieden des Landes zu bewahren, im Zusammenhang, denn die Belehnten bildeten in Friesland mit der zum Rossdienst verpflichteten reichsten Klasse der eigenbeerbten Landesbewohner, den Kern des kriegerischen Aufgebots.“[298]

Dagegen kann Fairbanks eine genaue geographische Limitierung seiner Herrschaftsgewalt nicht genau festlegen: Der bestimmte Artikel *thi foged* beweist nichts, da Schulze und Frana auch mit bestimmtem Artikel aufgeführt werden; dabei sind deren Gerichtsgewalt räumlich jedoch klare Schranken gesetzt.[299]

Nach Kapitel 6 im Älteren Schulzenrecht entschied in Bezug auf den Erwerb von einem Lehngut nicht der Graf darüber, wem es durch Erbgang überlassen

---

des Rechts: Von den Frühformen bis zur Gegenwart, 4., neu bearb. Aufl., München 2014, S. 286.

295 Jäkel, Hugo, Foged, Skelta, Frâna und Bon, S. 198.

296 Ibidem, S. 207. Auf den ersten Blick wirkt es befremdlich, dass überhaupt von „Lehen“ gesprochen wird in einer Region, in der das Lehenswesen nie richtig Fuß gefasst hatte. Es betrifft hier aber eine Definitionsfrage (siehe Fn. 8). Die Wörter *beneficium* und *feudum* wurden parallel gebraucht: „In Friesland hat man also das Wort beneficium mit ‚leen‘ übersetzt.“ Iterson, Feudalisierungsversuche im westerlauwerschen Friesland, S. 77. Die Lehen waren ohnedies gering in Anzahl, sie bezogen sich hauptsächlich auf Güter in oder bei Stavoren, „das gewissermaßen als holländisches Gebiet zu betrachten ist und das nicht mit dem eigentlichen Friesland gleichgestellt werden kann“, ibidem, S. 82.

297 Jäkel, Hugo, Foged, Skelta, Frâna und Bon, S. 208.

298 Ibidem, S. 208.

299 Fairbanks, The old West Frisian Skeltana riucht, S. 17.

wurde, sondern ein Vogt. Bei dem Vogt handelt es sich laut Schuur fast mit Sicherheit um einen Vertreter des Königs. Mit der Aufnahme dieses Artikels sollte daher vermieden werden, dass ein freier Friese durch den Besitz eines Lehnguts zum Vasallen eines Grafen zurückgestuft wurde.[300]

Algra setzt den Vogt mit dem Frana gleich. Der Frana, als „bisschoppelijk ambtenaar", sei als Vogt „de opperste gezagsdrager van het land".[301] Manchmal scheint der Frana, so Algra, in den altfriesischen Texten den Titel „Vogt" getragen zu haben. Meines Erachtens ist dies eine merkwürdige Begründung: Entweder tritt der Frana in seiner Funktion als „Vogt" auf und wird dann dementsprechend tituliert oder die beiden Amtsträger sind tatsächlich nicht identisch.

Van Iterson argumentiert zum Schluss, der Vogt sei „Vogt, Vertreter des Königs, hier: Graf"[302]. Dies scheint jedoch fraglich, denn dieses Amt stünde dann im Konkurrenzverhältnis mit dem des Grafen; auch hier würde sich die Frage nach dem Sinn der Erwähnung ein und desselben Amtes für zwei unterschiedliche Amtsträger stellen. Der Vogt kann im Sinne Jäkels als Vertreter des Grafen in Lehensangelegenheiten betrachtet werden. Die Vermutung von Henstra, die Zuständigkeit des Vogtes beschränke sich lediglich auf kirchliche Lehngüter – die königliche Immunität genossen –, ist hinsichtlich der friesischen Eigentümlichkeiten auf dem Gebiet der Lehensterminologie bestechend, jedoch von ihm nicht eindeutig spezifiziert.[303]

5.3 Der Banner

Der Banner wird im Älteren Schulzenrecht in drei Kapiteln erwähnt [Kurs. Verf.]:

> Ief ma dae *bannere* oen dae boedeschipe dustleeck iefta bloedreesna deth ief disser engen, deer ma deer mey bodeschipe wtladeth, so is zijn bote twifald ende dae grewe twa pond iefta sexasim onswerra. (Kap. 62)

> Djt is riocht: ief di frana mey da lioedem ene tiuchtegade goede fulgeth toe enes mannes huse, [...] Ief ma him deer wert mey wige ende mey wepene [...], soe scel hit bitioga di *bannere* ende sawen dere gaeliode, dat hire wernede onriochte. Als hit di

300 Schuur, De plaatsing van de Schoutenrechten in hun historische context, S. 19.

301 Algra, Ein: enkele rechtshistorische aspecten van de grondeigendom in Westerlauwers Friesland, S. 36 f.

302 Iterson, Feudalisierungsversuche im westerlauwerschen Friesland, S. 81. Belege liegen nicht vor.

303 „Voorzover geestelijke eigendommen koninklijke immuniteit genoten was de graaf in het algemeen niet bevoegd zich in die domeinen met rechtshandhaving te bemoeien; die taak was weggelegd voor de door de geestelijkheid aangestelde wereldlijke voogden." Henstra/Popkema, Friese graafschappen tussen Zwin en Wezer, S. 8.

> *bannere* ende dae gaeliode betioeghet habbeth, soe schel hi dat selue goed ief alsoe graet goed weer jaen ende dae grewa twa pund. (Kap. 67)

> Ief hem emma dan aet op ti spreckene haet, soes cel hi selua den *bannere* bieda, dat hi den scelta aeskie. Soes cel di *bannere* sidza: „her schelta, ioe ende banne ioe deertoe bij mynes hera banne, dat j dae manne riocht andert iouwe. (Kap. 77)

5.4 Der Banner im Älteren Schulzenrecht

Wenn man dem Gerichtsboten bei der Ansage einen quetschenden Schlag gibt oder eine blutige Wunde schlägt oder einem von denen, die er durch seine Ansage vorlädt, so gebührt ihm doppelte Buße und dem Grafen zwei Pfund oder man soll sich mit fünf Eideshelfern davon freischwören (Kap. 62).

Bei der Haussuchung nach gestohlenem Gut ist es Recht, dass, wenn man sich dort mit Kampf und Waffen widersetzt, der Gerichtsbote und sieben Dorfleute bezeugen, dass er sich widerrechtlich verwehrte. Sobald der Gerichtsbote und die Dorfleute es bezeugt haben, soll er das nämliche Gut oder ein gleich großes Gut wiedergeben und dem Grafen zwei Pfund geben (Kap. 67).

Wenn man den Schulzen einer Sache beschuldigen will, so soll der Kläger dem Banner auftragen, den Schulzen vorzuladen. Dann soll der Banner sagen: „Herr Schulze, ich fordere Sie auf und befehle Ihnen kraft der Banngewalt meines Herrn, dass Sie dem Mann eine dem Recht entsprechende Antwort geben“. (Kap. 77).

5.5 Der Banner als Gerichtsdiener

Als eine Art Unterbeamter des Schulzen findet sich der *bannere*, *bonnere* oder *banre*[304], dessen Aufgabe im Wesentlichen der Funktion eines Gerichtsboten entspricht. Das Wort ist von afries. *bonna* „gebieten“* abgeleitet; germ. Wurzel **ban* bedeutet also ursprünglich „Gebieter“, ist aber offenbar inhaltlich zum „Büttel“[305] mutiert: Er hat im Älteren Schulzenrecht die Parteien zu laden und dem Dingpflichtigen das Ding anzusagen. Er ist zur Leitung des Gerichts, als Vertreter seines Herrn, nur berufen, wenn der Schulze in seinem Bann verklagt wird.[306]

304 „banna und häufiger, bonna, afries., nhd. bannen, aufbieten, befehlen, gebieten, vor Gericht laden; germ. < *bannan, befehlen, gebieten, verbieten, bannen, [...]. bannere bonnere, afries., nhd. Gerichtsdiener“, Köbler, Altfriesisches Wörterbuch.

305 „bonnere, bannere, bannere (der banner, büttel, gerichtsdiener welcher den bann ansagt)“, Richthofen, Altfriesisches Wörterbuch. Dazu Algra: „De banner was een soort ‚gerechtsbode‘, die de dagvaardingen uitbracht en meehielp bij de executie.“ Algra, ‚Rechtshistorische aspecten van het Landrecht der Vriesne‘, S. 126.

306 Vgl. Heck, Die altfriesische Gerichtsverfassung, S. 43; Algra, Ein: enkele rechtshistorische aspecten van de grondeigendom in Westerlauwers Friesland, S. 35.

Von Schwerin sieht abweichend den Frana als Gerichtsboten;[307] anschließend identifiziert er im Verlauf der Entwicklungsgeschichte den Frana mit dem Schulzen, ohne dafür jedoch Beweise bzw. Erklärungen zu liefern:

> Wie auch in anderen Rechtsgebieten, so ist auch in Friesland der frâna der unter dem skelta stehende Büttel, der als solcher schon eine beschränkte Gerichtsbarkeit gehabt haben mag. Später hat er sich, wie auch anderswo, selbst in die Stellung des skelta aufgeschwungen, während zugleich dessen Stellung gesunken sein mag: skelta und frana sind später verschmolzen in einen Beamten, der bald diesen, bald jenen Titel führt.[308]

Fairbanks übersetzt – „after hesitating in my search for a suitable translation"[309] – *banner* mit *sheriff*, was eine Art von Befehlsgewalt impliziert. Als ein (zusätzlicher) Vertreter des Grafen, vergleichbar mit einem Frana oder Schulzen, kann bei näherer Betrachtung seines Handelns in Älteren Schulzenrecht nicht ausgegangen werden.[310] Auch wenn er dem Schulzen Befehle erteilen kann, macht er das im Auftrag eines Vorgesetzten und ist somit als Vermittler der Botschaft zu betrachten.

5.6 Fazit

Fasst man die Ergebnisse der obigen Ausführungen zusammen, lässt sich feststellen, dass die Geschichte Frieslands kontinuierlich von äußeren Bedrohungen gekennzeichnet war. Fränkische Eroberungen, die Wikingereinfälle, die natürliche Bedrohung durch Überflutungen und die späteren konkurrierenden Ansprüche der Utrechter Bischöfe und der holländischen Grafen haben eine durchgehende Traditionslinie zu klaren Verwaltungsverhältnissen erheblich eingeschränkt. Die Randlage Nordwesteuropas am Meer war gewissermaßen günstig für die autonome Position, die Friesland im Mittelalter verteidigen musste. Zu Zeiten der fränkischen Herrschaft gab es aller Wahrscheinlichkeit nach schon gewisse soziale Strukturen, in denen regionale Großbauern ein Machtpotential darstellten. Sie nahmen eine

307 So auch Rietschel: „So entbehrt z. B. die Behauptung, dass der frana der Büttel ist (!), jeder Begründung." Rietschel, Siegfried, Zur friesischen Gerichtsverfassung, in: Mitteilungen des Instituts für Österreichische Geschichtsforschung 30 (1909), S. 136–141, hier 136, Fn. 1.

308 v. Schwerin, Zur friesischen Gerichtsverfassung, S. 477.

309 Fairbanks, The old West Frisian Skeltana riucht, S. 25.

310 In den frühmittelalterlichen Quellen genoss er noch hohes Ansehen: „der Büttel der früh mittelalterlichen Quellen ist eine, wenn auch gefürchtete, so doch stets geachtete und angesehene Persönlichkeit", Eckert, Der Fronbote im Mittelalter nach dem Sachsenspiegel und den verwandten Rechtsquellen, S. 8. Der Büttel im Sachsenspiegel sollte mindestens eine halbe Hufe Grundeigentum besitzen. Vgl. Schmidt-Wiegand Ruth/Schott, Clausdieter (Hrsg.), Eike von Repkow, Der Sachsenspiegel, Zürich 1999, III, Art. 6 § 13, S. 209.

zentrale Rolle für die sozialen und rechtlichen Verhältnisse ein und waren dadurch die regionalen Vermittler zwischen Macht und Herrschaft. Diese Elite war jedoch nicht mächtig genug, um eine permanente Grundherrschaft auszubilden.[311] Aus diesem Grund wurde das Grafschaftsrecht über Friesland an ausländische Grafen vergeben.[312] Diese Form der Grafengewalt blieb zunächst bestehen, auch die Idee der „Friesischen Freiheit"[313]. Indem man sich diese Freiheit durch die Bezahlung

---

311 „Zunächst läßt sich aber nicht mit Sicherheit feststellen, in welchem Maße die Friesen nach ihrer Unterwerfung ins Frankenreich integriert wurden. [...] Es entwickelte sich hier jedoch keine Vasallenschicht ritterlicher Berufskrieger." Vgl. Oebele Vries, Die Friesische Freiheit, S. 45. Mol geht jedoch davon aus, dass Friesland stärker in das Frankenreich integriert war als bisher angenommen, Mol, Johannes A., De Friese huizen van de Duitse orde: Nes, Steenkerk en Schoten en hun plaats in het middeleeuwse Friese kloosterlandschap, Fryske Akademy, Leeuwarden 1991, S. 30. Dazu bereits Jäkel: „Somit kann schon hier als sicher hingestellt werden, daß die friesischen Gaue zwischen Fli und Laubach, d. h. dasjenige Land, welches 734 von Karl Martell erobert wurde, seit dieser Zeit ein einziges Verwaltungsgebiet gebildet haben." Jaekel, Hugo, Die Grafen von Mittelfriesland aus dem Geschlechte König Ratbods, Gotha 1895, S. 7.

312 „Ebenso wie die ältere Forschung geht man davon aus, dass die westerlauwersschen Grafschaften dem holländischen Grafen durch König Lothar von Supplinburg geschenkt wurden." Vries, Geschichte der Friesen im Mittelalter: West- und Ostfriesland, S. 542.

313 Kritisch zu diesem Darstellungsmodell Hanisch: „Es ist nicht recht einzusehen, daß Karl etwa nur um des Küstenschutzes willen, der Friesland eine ähnliche Rolle wie Flandern eingeräumt hatte, mit den Friesen anders als mit den anderen von ihm besiegten Völkern umgegangen wäre. Daß die Friesen schon im 11. Jahrhundert ihre Freiheit auf ihn zurückfuhren, besagt nicht die Wahrheit ihrer bevorzugten Sonderstellung. [...] Es ist aber unnötig, an eine bevorzugte Sonderstellung zu denken." Hanisch, Wilhelm, Friesische Freiheit, Sater Freiheit, Chodenfreiheit und Künische Freiheit, Ein Beitrag zum Problem der Freiheit in der deutschen und schweizerischen Geschichte, in: Tijdschrift voor Rechtsgeschiedenis 33 (1965), S. 1–37, hier S. 11. Eine relativierende, einigermaßen scherzhafte Bewertung erlaubt sich Van Apeldoorn: „Men heeft langen tijd behagen gevonden in de voorstelling dat Friesland oudtijds een geheel bijzonder land was, dat eigenlijk zoo goed als niets gemeen had met de overige wereld." Apeldoorn, Lambertus Johannes van, De historische ontwikkeling van het grondbezit in Friesland, in: De Vrije Fries 27 (1924), S. 185–228, hier S. 188. Nach Jarouschek verstand man unter Freiheit die Einkapselung in eine blutsverwandtschaftlich organisierte Solidargemeinschaft. Die Angehörigen waren verpflichtet, z. B. im Fall der Fehde oder einer Verschuldung, sich gegenseitig Hilfe zu leisten. Einen anderen – vom spezifisch friesischen losgelösten – Ansatz in Bezug auf das mittelalterliche Verständnis von „Freiheit", verfolgt Jerouschek: „Die [...] Freiheit bedeutete also so ziemlich das Gegenteil von dem, was wir heute darunter

der Königssteuer (*huslotha*) verschaffte, stützte man sich weiterhin auf die herrschenden Ordnungsprinzipien, in denen der Graf als Vertreter des Königs auftrat.

In dieser politisch-sozialen Konstellation waren die Asegas und Schulzen tätig. Der Asega spielte in der Gerichtsverfassung als Rechtssprecher, ja, fast als Richter im heutigen Sinne eine herausragende Rolle. Womöglich mutierte er anfänglich als Gesetzessprecher im Vortragen zur Erläuterung (mündlich oder schriftlich) der Gesetze oder Gesetzesänderungen zum unabhängigen Urteilsfinder. Der Asegaspruch kann im Älteren Schulzenrecht als definitives Urteil bezeichnet werden, weil es seine verbindliche Kraft unabhängig von der Zustimmung anderer Amtsträger bzw. Dinggenossen erhält.[314] Denkbar ist auch, dass das Schweigen des *ommestands* (dt. Umstand/Gerichtsgemeinde) als Zustimmung galt, sodass deren eventuelles Einschreiten sich als eine Art Vetorecht äußerte; gesichert sind diese Erkenntnisse nicht, da die Dinggenossen als Mitwirkende zum Entscheidungsurteil im Älteren Schulzenrecht nicht erwähnt werden.[315]

Eine zusätzliche Erklärung der Nichterwähnung des *ommestands* ist womöglich dem Umstand zuzuschreiben, dass die detaillierten Schilderungen des Verfahrens dem Angeklagten starke Garantien für einen gesicherten Rechtsschutz boten, sodass eine rechtliche Auseinandersetzung mit dem Urteil des Asegas für nicht notwendig gehalten wurde.

Wie auch immer, die Untersuchung der Verfahrensbeschreibungen im Älteren Schulzenrecht hat gezeigt, dass der Asega als Urteiler in der friesischen Gerichtsversammlung eine herausragende Rolle spielte: Er war als Rechtsberater

---

zu verstehen pflegen. Frei fühlen konnte sich nur, wer Verwandtschaft, etwa in Form einer Sippengenossenschaft, hinter sich wußte." Jerouschek, Günter, Die Herausbildung des peinlichen Inquisitionsprozesses im Spätmittelalter und in der frühen Neuzeit, in: Zeitschrift für die gesamte Strafwissenschaft, 104, (1992), S. 328–360, hier S. 331.

314 Hier scheint der Prozessgang im friesischen Recht vom gängigen Muster abzuweichen, vgl. Fairbanks, The old West Frisian Skeltana riucht, S. 24. Heck vertritt die Ansicht, dass der Asegaspruch verbindlich war und nicht der Zustimmung durch den Umstand bedurfte: „Es ist sehr wohl möglich [...], dass eine thatsächliche Acclamation stattfindet, wo sie rechtlich nicht mehr erforderlich ist." Heck, Die altfriesische Gerichtsfassung, S. 82.

315 Allerdings bekräftigen *dae lioede* (das Volk) den dem Grafen erteilten Frieden beim Einzug in Friesland. Vgl. Buma, Westerlauwerssches Recht, Kap. 1, S. 74. Hier handelt es sich jedoch um einen feierlichen Empfang und nicht um einen Rechtsstreit. Uwe Wesel relativiert das Einwirken bzw. Mitwirken des Umstands: „Früher nahm man an, er müsse sein ‚Vollwort' geben. Das läßt sich so nicht mehr halten, ist wohl auch verschieden gewesen von Gegend zu Gegend." Wesel, Geschichte des Rechts, S. 292.

vorgesehen und musste Urteile verkünden. Ob er von einem Gremium gewählt wurde, lässt sich aus dem Älteren Schulzenrecht nicht herleiten.

Neben dem Asega traten die Amtsträger Frana und Schulze im Älteren Schulzenrecht prominent auf. Der Schulze war der Verwaltungsbeamte, der dem Asega gebieten konnte, eine Entscheidung im Rechtsstreit zu treffen. Ob in dieser Zeit ohne eine starke Obrigkeit der Schulze auch als Vollstreckungsbeamter tätig war, lässt sich nicht klären.[316] Der Frana war der Vorsitzende des Landgerichts, Vertreter des Grafen; er verfügte über überregionale Zuständigkeiten und war in erster Linie für Straftaten und schwere Delikte zuständig, z. B. bei Vergewaltigung. Außerdem war er militärischer Führer und war somit für die personelle und materielle Einsatzbereitschaft der freien Friesen verantwortlich.[317]

316 Hallebeek geht in seiner Untersuchung über das Sendgericht davon aus, dass es im weltlichen Gericht die Möglichkeit gab, das Urteil mit Zwang durchzusetzen: „Het seendgerecht kan echter niet effectief hebben gefunctioneerd, wanneer er geen noodzaak bestond zijn vonnissen na te leven. De kerk miste echter een sterke arm om fysiek betalingen of penitenties af te dwingen, zoals de wereldlijke overheid die wel had." Hallebeek, Jan, Layci erant coiudices: Over de rol van leken in de Westerlauwerse seendprocedure, Vrije Universiteit Amsterdam, Amsterdam 2019, S. 26. Über eigene Vollstreckungsmöglichkeiten des Gerichts gibt es jedoch keine Belege in den älteren friesischen Rechtsquellen.

317 „Verder was de frana belast met de landweer: het verdedigen van het land tegen de vijand." Algra, ‚Rechtshistorische aspecten van het Landrecht der Vriesne', S. 141. In dieser Hinsicht weist er Ähnlichkeiten mit dem vergleichbaren Amtsträger in Drenthe auf. Nach Keverling Buisman war der *drost/ambtman* in Drenthe u. a. für die Landesverteidigung verantwortlich: „Hij was belast met de dagelijkse zaken van het landsheerlijke bestuur en met de landsverdediging. Daarnaast had hij de zorg voor de politie en justitie." Keverling Buisman, Ordelen van de Etstoel van Drenthe, S. 18.

V. Die Struktur der Gerichte

1. Einführung

Der folgende Abschnitt befasst sich mit der Gerichtsverfassung des Älteren Schulzenrechts, wobei die Quelle wegen ihrer achronologischen Zusammensetzung ein verwirrendes Bild bietet, sodass eine klare Gliederung der Gerichtsstruktur nicht auf Anhieb erkennbar ist.[318]

Der Gerichts- und Verwaltungsaufbau in Friesland muss bis etwa 1400 recht einfach gewesen sein, das heißt, dass es bis dahin allem Anschein nach keine mehrschichtige Organisation gegeben hat.[319] Das Fehlen einer zentralen Gerichts- und Landesverwaltung hatte zur Folge, dass sich die Einwohner an der Rechtssprechung beteiligen konnten. Ungewohnt war das für sie nicht: Die Friesen hatten schon lange Erfahrungen bei der Organisation der Wasserbeherrschung gesammelt: Sie bildeten eine Interessengemeinschaft, die einen Amtsträger beauftragen konnte, Deiche, Schleusen und Siele zu kontrollieren, und bei Vernachlässigung der Instandsetzungsarbeiten gerichtlich vorgehen konnte. Das bedeutet aber nicht, dass wir dadurch über ausreichende Erkenntnisse über das Funktionieren der früheren Verwaltungs- bzw. Gerichtseinrichtungen verfügen; vieles bleibt wegen der spärlichen Überlieferung im Dunkeln. Trotz des Fehlens einer zuverlässigen Grundlage für valide Aussagen über die Gerichtsstrukturen in Friesland werde ich versuchen, aus den Bestimmungen des Älteren Schulzenrechts eine Gliederung herzustellen. Zunächst vergleiche ich die Gerichtslandschaft im benachbarten Drenthe mit der Situation in Friesland; danach werden die einschlägigen

---

318 Algra ist in dieser Hinsicht anderer Meinung: „Dat beeld [Ergebnisse der Studie Fairbanks, Anm. Verf.] moet dan wel vertekend zijn, want de middeleeuwse organisatie der gerechten in onze streken was dermate eenvoudig van opzet, dat we nauwelijks van een ‚organisatie' mogen spreken." Algra, ‚Rechtshistorische aspecten van het Landrecht der Vriesne', S. 115. Die Stichhaltigkeit dieser Behauptung kann man bezweifeln, wenn man sich nur die Problematik bei der Interpretation der Gerichte auch auf semantischer Ebene (z. B. *bodthing*) vor Augen hält. Vgl. diesbezüglich die konzise Darstellung Frusciones: „Um zu erschließen, auf welcher Basis ein rechtlicher Begriff in den germanischen Sprachen entsteht, ist die morphologische und etymologische Untersuchung geeignet. Dadurch wird die Form der Wörter erklärt und ihre Kernbedeutung erläutert. Jedoch wird nicht nur der Ursprung der Wörter untersucht, sondern auch das Leben der Wörter, wie es sich in der älteren schriftlichen Überlieferung widerspiegelt." Fruscione, Daniela, Zur Frage eines germanischen Rechtswortschatzes, in: ZRG GA 122 (2005), S. 1–41, hier S. 7.

319 Vgl. Alberts, Beitrag zur Entwicklung der Landgemeinde in Westerlauwers Friesland, S. 428.

Bestimmungen im Älteren Schulzenrecht und die Auffassungen in der Sekundärliteratur auf ihre linguistisch-rechtshistorische Relevanz untersucht.

Bei den Schulzenrechten handelt es sich um eine Sammlung ausgewählter Aufzeichnungen der Rechtsgewohnheiten und Normen der damaligen Zeit.[320] Sie konnten durch ihren „Modellcharakter“[321] zur Festigung des bisher nur mündlich überlieferten Regelwerks z. B. im Blick auf den Rechtsgang oder Prozessverlauf beitragen. Gesetzeskraft hatten solche Rechtsaufzeichnungen nicht, da eine dafür notwendige hoheitliche Instanz fehlte. Bei der Analyse dieser Rechtsaufzeichnungen soll zudem berücksichtigt werden, dass der Kompilator möglicherweise alte Regelungen über das, was er als irrelevante Details betrachtete, an die eigene Zeit angepasst hat.[322]

An dieser Stelle ist nochmals auf die Studie von Keverling Buisman[323] zu verweisen, dessen Einführung als Grundlage für untenstehenden Überblick dient. Wegen der geographischen Nähe zu Friesland und der soziokulturellen Ähnlichkeiten der Bevölkerung beider Gebiete ist eine etwas ausführlichere Darstellung angebracht. Der Anlass zu der Arbeit Keverling Buismans war der Fund eines besonders interessanten Registers, das 1973 im Archiv des Hauses Almelo in den Niederlanden entdeckt wurde. Bei näherer Betrachtung der Dokumente stellte sich heraus, dass dieses Register mehr als 5600 Urteile (*ordelen*) des Etstoels aus der Periode 1399–1504 enthielt. Der Etstoel war in diesem Zeitraum das höchste Urteilsgericht der Landschaft Drenthe.

2. Kennzeichnung des mittelalterlichen Rechts in Drenthe

Wegen der geringen Aussagekraft des Materials hinsichtlich der gerichtlichen Organisationsstruktur im Älteren Schulzenrecht kann zunächst ein Blick über die friesische Landesgrenze hinaus hilfreich sein. Dazu wird das unmittelbar an

---

320 Vgl. Bremmer: „Die altfriesischen Handschriften aus der Zeit um 1300, die erhalten geblieben sind, sind allesamt Sammelhandschriften.“ Bremmer, Hir is eskriven, S. 105.

321 Die Regeln, die diese Rechtsbücher enthielten, waren durch Gewohnheit, Sitte und Brauch des Rechtslebens begründet. Vgl. Schmidt-Wiegand, Ruth, Rechtsbücher als Ausdruck pragmatischer Schriftlichkeit. Eine Bilanz, in: Frühmittelalterliche Studien 37 (2003), S. 435–475, hier S. 435 f. Solche Rechtstexte dienten in erster Linie als Nachschlagewerk für die Prozessverantwortlichen. Sie wurden höchstens als Ausgangspunkt benutzt, um zu einer Einigung im Streitfall zu gelangen. Vgl. Bremmer, Hir is eskriven, S. 68.

322 Vgl. Algra, ‚Rechtshistorische aspecten van het Landrecht der Vriesne‘, S. 115.

323 Siehe Fn. 231.

Friesland gelegene Randgebiet des Bischofs von Utrecht – die heutige niederländische Provinz Drenthe – als Vergleichsobjekt dienen.[324]

Die Geschichte von Drenthe im Mittelalter lässt sich jedoch, wie die von Friesland, nur schwer beschreiben. Schuld daran ist an erster Stelle die dürftige Quellenlage. Die ältesten Quellen[325] erwähnen das Bestehen einer Grafschaft und eines Gaus „Drenthe". Verwaltet wurde dieses Gebiet von einem Grafen, ursprünglich ein Beamter als Vertreter des Königs. Nach der Abschwächung dieser zentralen Gewalt erfolgte eine politische Loslösung aus dem königlichen Herrschaftsbereich, damit festigte sich die Position der Grafen. Im Rahmen dieser Entwicklung muss die Schenkung der Grafschaft Drenthe (1024/1025) an den Bischof von Utrecht gewürdigt werden. Der König versuchte, durch diese Schenkung der Macht der Grafen ein Ende zu setzen: Die Gefahr der Erbfolge ist bei einem Bischof ausgeschlossen; dadurch erhoffte sich der König, die Ernennung der Bischöfe beeinflussen zu können. Seit Mitte des 11. Jahrhunderts ist der Bischof Herr der Grafschaft Drenthe. Zu seinen wichtigsten Aufgaben gehörte die Übernahme rechtlicher Verpflichtungen sowie in beschränktem Maße die Teilnahme an der Gesetzgebung und diversen Verwaltungsaufgaben.

Die Entstehung des *Etstoel* sollte wahrscheinlich in der zweiten Hälfte des 13. Jahrhunderts gesucht werden.[326] Die Grafschaft Drenthe war zu dieser Zeit bereits seit 250 Jahren im Besitz des Bischofs von Utrecht, aber in Drenthe wurde er mit einer gewissen Regelmäßigkeit mit den Bestrebungen der Herren von Coevorden um eine unabhängige Position konfrontiert. Dieses Bestreben war 1227 Anlass für ein militärisches Einschreiten von Seiten des Bischofs, was zu einer schweren Niederlage für die Bischofsarmee in Ane (Ort in der heutigen Provinz Overijssel) führte, wobei der Bischof selbst getötet wurde. Der aufständische Herr von Coevorden wurde von den Drenten unterstützt, die sich gegen die Pläne des Bischofs wandten.

---

324 Als zusätzliches Argument, Drenthe und Friesland miteinander vergleichen zu können, meint Algra, man könne davon ausgehen, dass die Bischöfe zumindest zu einem großen Teil versucht haben werden, eine einheitliche Organisation für alle ihre weltlichen Gebiete zu erreichen. In diesem Zusammenhang ist es auffallend, dass die 21 schellingen Bußgeld, so bekannt aus den Küren und Landrechten, auch in Drenthe vorkommt. Vgl. Algra, ‚Rechtshistorische aspecten van het Landrecht der Vriesne', S. 115. Einen ausführlichen historischen Vergleich zwischen Friesland und dem sächsischen Herrschaftsbereich, wovon auch Drenthe einen Teil ausmachte, bietet Henstra in: Henstra/Popkema, Friese graafschappen tussen Zwin en Wezer, S. 178 ff.

325 Keverling Buisman, Ordelen van de Etstoel van Drenthe, S. 11, Fn. 3.

326 Das Wort „Etten" ist etymologisch mit dem altfriesischen *eth, etha, etthe* verwandt und bedeutet schlichtweg „jemand, der einen Eid geschworen hat". Auf der „Etstoel" nahmen die Geschworenen Platz. Ibidem, S. 24.

Von einer richtigen Verwaltungsorganisation in Drenthe konnte damals noch nicht die Rede sein, aber es wird zweifellos eine Art Beschlussfassungsorgan gegeben haben. Erst in der zweiten Hälfte des 13. Jahrhunderts trat so etwas wie ein Verwaltungsapparat in den Vordergrund, der zunächst nur *terra* (Land, Landschaft), schließlich aber *universitas terre Drenthie* genannt wurde. Diese *universitas* bestand aus zwei Gruppen: dem Klerus und den Etten, die das Land vertraten.

Auch später, im 14. Jahrhundert, schienen die Etten und das Land noch sehr eng miteinander verbunden gewesen zu sein. Die Etten werden als *iurati* (Geschworene) oder *iudices* (Richter) bezeichnet und spielten eine bedeutsame Rolle, wie unter anderem durch ihre Handlungen in einigen Wasserstaatsangelegenheiten hervorgeht. 1339 kommt der Begriff „Etten“ zum ersten Mal vor; sie werden *iurati dicti etten* genannt. Faktisch waren die Etten also ein Kollegium von Geschworenen, hervorgegangen aus der Landesgemeinde, die einen Teil der landesgemeinschaftlichen Aufgaben im Bereich der Verwaltung und Rechtspflege übernommen hatte. In dieser Hinsicht ist die Entwicklung in Drenthe analog zu der in den anderen nördlichen Regionen.

Ab etwa 1340 verloren die Etten aber wieder an Bedeutung; die erneute Machtposition der Herren von Coevorden brachte es mit sich mit, dass sich im Verlauf der Zeit alles um diese eine Familie drehte. Bis 1395 hören wir sehr wenig von den Etten oder Geschworenen von Drenthe, obwohl es Anzeichen dafür gibt, dass in Drenthe selbst eine gewisse Verwaltungsform beibehalten wurde, in der die Etten eine Rolle gespielt haben könnten. Das Jahr 1395 markiert die letzte Wende: Bischof Frederik van Blankenheim von Utrecht schaffte es, die von Coevordens mit seinem Heer zu bezwingen, und brachte Drenthe wieder unter seine Herrschaft. Die Etten bekamen ihre führende Position wieder zurück: Sie traten bei verschiedenen Angelegenheiten im Namen von Drenthe auf. Der Bischof stellte den Etstoel wieder in seine Rechte ein und ab 1399 fanden wieder regelmäßige Versammlungen des Etstoel statt.

Der Etstoel bestand im 15. Jahrhundert aus einem Vorsitzenden, *in casu* dem Drost als Vertreter des Landesherrn, und 24 Etten. Es besteht aber kein Zweifel daran, dass diese Konstellation schon länger existiert hatte. Ursprünglich hat es zwölf Etten gegeben; später wurde nach Streitigkeiten mit dem Bischof von Utrecht über die Ernennung der Etten diese Anzahl verdoppelt.[327] Die Gerichtsgewalt wurde vom Bischof in die Hände des „Kasteleins“[328] von Coevorden gelegt, der übrigens auch in den Quellen mit mehreren anderen Titeln auftaucht, wie *schout, drost, iudex, prefectus, official, dominus.*[329]

---

327 Ibidem, S. 254.

328 „De ‚castellanus vel scultetus de Covordia‘, aan wie het schoutambt Drenthe was toebedeeld”, Algra, ‚Rechtshistorische aspecten van het Landrecht der Vriesne‘, S. 116, Fn. 124.

329 Ibidem, S. 116.

Nach Algra war der *kastelein* ein umherziehender Richter. Dreimal im Jahr besuchte er die Dingspiele, um dort als Vorsitzender das Dinggericht abzuhalten. In jedem von ihnen hatte er Anspruch auf Kosten und Schutz von einer „Vesperzeit“ zu der anderen. Alle vier Jahre reiste der Bischof persönlich nach Norden.[330] Die Rundreise dauerte sechs Wochen; dabei stellten die Richter dem Bischof Unterkunft und was er sonst noch für sich und sein Volk brauchte.[331] In jedem der sechs Dingspiele war ein Schulze, auch *bannerschulte, baanderschulte* oder schlicht *banner* genannt, als Amtsträger tätig.

Im Älteren Schulzenrecht erscheint der Banner als Gerichtsbote; er hat die Parteien zu laden und dem Dingpflichtigen das Ding anzusagen. Das Rechtssystem in Drenthe ist dem, was wir aus den altfriesischen Rechtsquellen über die Organisation der Gerichte wissen, laut Algra, dessen Darlegung hier gefolgt werden, somit sehr ähnlich.[332] Man braucht nur „*kastelein*“ durch „Frana“ zu ersetzen.[333] Kapitel 54 des Älteren Schulzenrechts schreibt vor, dass ein freier Friese, wenn er innerhalb eines Jahres drei gesetzliche, echte Dinge (*afte ting*) besucht hat, von dem Frana nicht mehr verlangen darf, als dies auf den Reliquien unter Eid zu bestätigen. Die echten Dinge, so Algra, wurden wahrscheinlich, wie in Drenthe, traditionell in den (drei) Hauptkirchen gehalten, wo Kinder getauft wurden und Beerdigungen stattfanden.[334] Der Frana, wie der Drentse *kastelein*, besuchte die Gerichte. Dies lag, wenn man den Umfang seines Bezirks berücksichtigt, auf der Hand, obwohl diese herumziehenden Gerichtsbesuche nicht explizit im Älteren Schulzenrecht erwähnt werden.

Kurz zusammengefasst: Es gab sechs Dingplätze in Drenthe, die dreimal im Jahr von dem *kastelein* (Schulzen) besucht wurden; jedes Dingspiel hat seinen eigenen Beamten, den Banner. Alle vier Jahre machten der Bischof und sein Gefolge einen Rundgang durch die Gerichte, vor allem, um die Einnahmen aus der Rechtspflege einzutreiben. Im Laufe des Mittelalters wurden die Strafverfahren im Bereich der Kapitaldelikte immer mehr „besteuert“, das heißt, die Herrscher versuchten, daraus

---

330 ‚Cum episcopus diversas partes episcopatus in temporalibus negociis et iurisdictionibus visitaret et sibi Trentones descendere placeret, suus adventus domino, hoc est castellano, vel sculteto, de Covordia intimabatur [...].‘ Rij, Hans van, Een verhaal over Groningen, Drente, Coevorden en allerlei andere zaken onder verschillende Utrechtse bisschoppen = Quaedam narratio de Groninghe, de Thrente, de Covordia et de diversis aliis sub diversis episcopis Traiectensibus (Middeleeuwse studies en bronnen 1), Hilversum 1989, S. 10.

331 Algra, ‚Rechtshistorische aspecten van het Landrecht der Vriesne‘, S. 116.

332 „Het Drentse systeem komt sterk overeen met hetgeen we uit de Oudfriese rechtsbronnen omtrent de organisatie van de gerechten weten.“ Ibidem, S. 117.

333 Algra erwähnt den Schulzen (schout) nicht, was in diesem Zusammenhang bemerkenswert ist.

334 Ibidem, S. 117.

finanzielle Vorteile zu ziehen. Als Beispiel kann die Hauszerstörung dienen, in der traditionell alles, was dem Ungehorsamen gehörte und vernichtet werden musste, durch die finanziell interessantere Beschlagnahmung ersetzt wurde.

Die Frage, ob die Gerichtsverfassung, die Amtsträger und das Verfahrensrecht, so wie im Älteren Schulzenrecht beschrieben, mit der Situation im benachbarten Drenthe starke Ähnlichkeiten aufweisen, lässt sich nicht einfach beantworten. Es gibt eine Lücke an aussagekräftigen Informationen über die einschlägige Situation in Drenthe um 1200. Die meisten Informationen über die Gerichtsbarkeit in Drenthe bietet uns das 15. Jahrhundert. Rückschlüsse auf frühere Perioden betrachten Algra und Blok übrigens als zulässig[335]; beide Autoren verwenden jedoch recht häufig das Adverb „vermutlich".[336] Ein vergleichbares Rechtsbuch aus dem 13. Jahrhundert fehlt. Erst im Jahr 1412 wurde die älteste Aufzeichnung des Drenter Rechts, das Landrecht van Drenthe, „welcher bekanntlich ein Theil des sogen. Rheingauer Landrechts fast wörtlich entlehnt ist"[337], vom Bischof Friedrich von Blankenstein erlassen.[338] Die verwaltungstechnische Stabilität und Kontinuität von Drenthe steht im großen Gegensatz zu den Eigentümlichkeiten der Rechtszustände und Verwaltungsstruktur der freien Friesen. Zur Rekonstruktion des gerichtlichen Systems scheint mir eine genaue Analyse der einschlägigen Begriffe in unserer Quelle ertragreicher und zielführender zu sein.

3. Die Gerichtsverfassung im Älteren Schulzenrecht

3.1 Das *thing* als historisches Phänomen

> „Auch über Dingpflicht und Dingbesuch finden sich nur in dem westerlauwerschen Schulzenrechte wenig ausgiebige Nachrichten. Dass alle Gerichtssitzungen öffentlich und in Anwesenheit von Volksgenossen stattfanden, ist freilich sicher."[339]

---

335 Als Rückprojektion methodisch fragwürdig, die Möglichkeiten zu einer möglichen Sonderentwicklung werden dabei nicht berücksichtigt. Dazu Oestmann, Wege zur Rechtsgeschichte, S. 29 f.

336 „Over de rechterlijke situatie [im 13. Jahrhundert, Anm. Verf.] is niet veel meer te zeggen en bovendien moeten we daarvoor nog meer leunen op gegevens uit de late Middeleeuwen." Blok, Dirk Peter, De vroege Middeleeuwen tot ca. 1150, in: Heringa, Jan [u. a.] (Hrsg.), Geschiedenis van Drenthe, Meppel 1985, S. 141–170, hier S. 152.

337 Brunner, Heinrich, Menno Oldenhuis Gratama: Het onuitgegeven Landrecht van Drenthe van 1608 vergeleken met dat van 1614 en met vroegere rechtsbronnen, in: ZRG GA 8, (1887), S. 189.

338 Kalveen, Cornelis A. van, De late middeleeuwen, in: Heringa, Jan [u. a.] (Hrsg.), Geschiedenis van Drenthe, Meppel 1985, S. 197–240, hier S. 202.

339 Heck, Die altfriesische Gerichtsverfassung, S. 30.

Bevor wir versuchen, durch Extrapolieren eine Übersicht über die einzelnen Gerichte zu gewinnen, ist eine kurze diachron-semantische Untersuchung des Begriffs *thing* zum besseren Verständnis der sozialpolitischen Situation erforderlich. Da die Prozessterminologie diesbezüglich im Älteren Schulzenrecht manchmal mehrere Deutungen zulässt, wird auch auf andere Rechtsquellen Bezug genommen.

In unserer Quelle tritt der für das Verfahren wesentliche Begriff in drei verschiedenen Konstellationen auf: einmal als „Gerichtsstätte", an der das Verfahren stattfindet, zweitens als „Klage" und schließlich als „Gerichtstermin". Das Wort *thing* (Ding) existiert in allen germanischen Sprachen und wurde als „Versammlung an einem bestimmten Ort zu einer bestimmten Zeit" verstanden.[340] Dieses Wort ist wahrscheinlich mit dem gotischen Substantiv *Þeihs* verbunden, was „Zeit" bedeutet, und mit dem Verb „einschränken". In diesem Sinne besitzt das Wort sowohl eine räumliche als auch zeitliche Dimension.[341]

Es ist schwierig, den Stellenwert des Begriffs für ganz Nordeuropa zu beschreiben oder zu einer einheitlichen Entwicklung zu finden. Die Entwicklung solcher Institutionen ist komplex und spezifisch. Der Machtbereich der Könige – und damit deren gradueller Einfluss auf das kommunale Dingsystem – variierte stark von den Kernbereichen des fränkischen Reiches bis zu den Randgebieten Skandinaviens.[342]

Die Diskussion über das *thing* in der europäischen Forschung war seit vielen Jahrzehnten von der Schrift von Cornelius Tacitus, *De origine et situ Germanorum*, geschrieben A.D. 98, abhängig. Tacitus' Beschreibung des *things* (concilium)[343] hat

---

340 „Der Ausdruck Þing scheint, um von Bedeutungen abzusehen, welche hier ganz abliegen, ursprünglich jede Zusammenkunft bezeichnet zu haben, welche zu Zwecken irgendwelcher Verhandlungen gehalten wurde." Maurer, Konrad, Vorlesungen über altnordische Rechtsgeschichte, Bd. 1: Altnorwegisches Staatsrecht und Gerichtswesen, Leipzig 1907, S. 281.

341 Iversen, Concilium and Pagus: Revisiting the Early Germanic Thing System of Northern Europe, S. 5. Vgl. auch Fruscione: „Diese Formen sind womöglich auf eine nur im germanischen Bereich belegte Wurzelerweiterung *tenk- des ‚Ziehens, Dehnens, Spannens' von *ten- (auch ‚dehnen, ziehen, spannen') mit Belegen in allen indoeuropäischen Sprachen (so etwa lat. tempus) zurückzuführen." Fruscione, Zur Frage eines germanischen Rechtswortschatzes, S. 21.

342 Ibidem, S. 6.

343 Übrigens war Julius Caesar der Erste, der das *thing* in Nordwesteuropa in seiner Schrift *de bello Gallico* erwähnte. Die Römer errichteten eine Brücke über den Rhein und drohten den Sueben mit einer Invasion, angeblich wegen ihrer Angriffe auf die neue römische Provinz Gallien. Caesar erklärt, dass die Sueben eine *thing* in Übereinstimmung mit ihrer Tradition beriefen. Die Dingversammlung beschloss, dass die wehrfähigen Männer sich versammeln sollten, und gab den Befehl, die Dörfer zu evakuieren: „Suebos, posteaquam per exploratores pontem fieri comperissent, more suo concilio habito nuntios in omnes partes dimisisse, uti de oppidis demigrarent

zu einer ausführlichen Debatte darüber geführt, ob die mittelalterliche Justiz- und Verwaltungsorganisation ganz oder teilweise mit den spätprähistorischen Organisations- und Verwaltungssystem zusammenhängt. Die Beschreibungen in der *Germania* haben die wissenschaftlichen Interpretationen des Begriffs *thing* stark beeinflusst.

Im 19. Jahrhundert wurde die Idee des Germanischen mit romantischen Vorstellungen eines idealisierten Komplexes freiheitsliebender, edler und stolzer germanischer Stämme verbunden.[344] Diese edlen Völker sollten eine Gesellschaft bilden, die irgendwo zwischen der zivilisierten römischen Gesellschaft des Südens und den wilden Völkern des hohen Nordens angesiedelt ist. Im Mittelpunkt dieser Wahrnehmung standen primitive, speerschwingende Stämme, die einen starken Schwerpunkt auf öffentliche Debatten und Diskussionen an einem bestimmten Versammlungsort im Freien legten.

> „Das Bild der altdeutschen Gerichtsversammlung unter freiem Himmel, an der alle waffenfähigen Männer der Gerichtsgemeinde teilnahmen und den Urteilsvorschlag der aus ihrer Mitte gewählten Urteiler billigten oder verwarfen, wurde geradezu zum Prototyp volkstümlicher, demokratischer Rechtsprechung."[345]

Obwohl diese Einsichten inzwischen der Vergangenheit angehören, sind die von Tacitus beschriebenen Prinzipien von regelmäßigen und außergewöhnlichen Dingversammlungen in Skandinavien und Friesland bekannt.[346] Die Tatsache z. B., dass die Parteien Streitigkeiten außerhalb dieser Zusammenkünfte lösen konnten, indem sie Schadenersatz leisteten bzw. erhielten, ist ebenfalls in den friesischen Quellen beschrieben.[347] Eine altgermanische, uniforme Verfassung gab es jedoch nicht. Die zur Zeit Tacitus' lebenden germanischen Stämme waren in selbstständigen, separaten politischen Gemeinschaften organisiert. Daneben gab es größere

---

[...] atque omnes, qui arma ferre possent, unum in locum convenirent." Caesar, Gaius Iulius, De bello Gallico / Der gallische Krieg, übersetzt von Marieluise Deißmann, Stuttgart 2004, Kap. 19(2), S. 198.

344 Vgl. Oestmann, Peter, Die Zwillingsschwester der Freiheit. Die Form im Recht als Problem der Rechtsgeschichte, in: ders. (Hrsg.), Zwischen Formstrenge und Billigkeit, Forschungen zum vormodernen Zivilprozess, Köln 2009, S. 1–54, hier S. 24.

345 Nehlsen-von Stryk, Karin, Zum „Justizbegriff" der rechtshistorischen Germanistik, Ius commune 17 (1990), S. 189–222, hier S. 193 f.

346 „To summarize, many recognizable elements are part of the thing system that Tacitus describes." Ibidem, S. 9. Zur Zuverlässigkeit der *Germania* als Quelle vgl. Oestmann: „Bei allen Einwänden gegen Ungenauigkeiten und Einseitigkeiten der *Germania* scheint der Mechanismus, den Tacitus beschreibt, unzweifelhaft zu sein." Oestmann, Wege zur Rechtsgeschichte, S. 35.

347 Dazu ausführlich Nijdam, Lichaam, eer en recht in middeleeuws Friesland, passim.

Verbände mit einem König an der Spitze; eine allgemeine Regel war dies aber nicht.[348]

Das *thing* gehörte seit dem frühen Mittelalter zu den zentralen Vorrichtungen von Interessenvermittlung und Streitschlichtung.[349] Die dingpflichtigen Rechtsgenossen, d. h. alle nicht auf fremdem Land Siedelnden und damit nicht der Gewalt eines Grundherrn Unterworfenen, trafen sich zu festen Zeiten im Jahr.[350] Das Rechtsverständnis war grundsätzlich genossenschaftlich im Sinne von „in der konkreten Rechtsgemeinschaft gebildet"[351]. Die Rechtsfindung durch diese kundigen Männer war Kern dieser Schlichtungsvorgänge.[352] Es war eine Gesellschaft, in der es keine Gesetzeserlasse einer Zentralmacht gab; ein Erlass ließ nicht aus dem Willen von Herrschaftsträgern herleiten, sondern ruhte in der Gemeinschaft. Außerdem gab es keine Zeugen, die mit Aussagen zur Wahrheitsfindung des Streitfalles beitragen könnten; man hatte keine Richter, die über die Höhe einer Strafe entschieden. Deswegen zeigen die ältesten Schichten der Landrechte stets dieselbe Gliederung: die Beschreibung des Rechtsstreits, die Leistung der Reinigungseide und die Urteilsverkündung, wobei die Betroffenen selber für die Vollstreckung verantwortlich waren.[353]

---

348 Vgl. dazu Modzelewski, Karol (2006), Thing und Acht. Zu vergleichenden Studien der germanischen und slawischen Stammesverfassung, in: Dilcher, Gerhard [u. a.] (Hrsg.), Leges – Gentes – Regna. Zur Rolle von germanischen Rechtsgewohnheiten und lateinischer Schrifttradition bei der Ausbildung der frühmittelalterlichen Rechtskultur, Berlin 2006, S. 79–90, hier S. 80.

349 „Schließlich wurde das Thing auch als Gesetzgeber tätig und hieß dann lögþing. Kennzeichnend ist, dass es sich dabei nicht mehr um ein Allthing handelte: Seit der Zeit König Hákons des Guten (935–961) waren sowohl das Gulathing wie auch das Frostathing Repräsentantenthinge, die nicht mehr alle Bauern besuchten, doch gab es keine Ausschlußklausel: [...] auch andere als die ausgewählten Männer [durften] teilnehmen." Strauch, Mittelalterliches nordisches Recht, S. 105. Das *thing* war daneben auch sozialer Treffpunkt: Man traf alte Freunde, wickelte Geschäfte ab, es war Heiratsmarkt usw. Vgl. Burrows, Some Þing To Talk About: Assemblies in the Íslendingasögur, S. 49.

350 „Das echte Ding findet für die dingpflichtigen Einwohner eines Gerichtsbezirkes regelmässig alle achtzehn Wochen, d. h. jährlich dreimal, statt." Schröder, Richard, Die Gerichtsverfassung des Sachsenspiegels, in: ZGR GA 5 (1884), S. 1–68, hier S. 3.

351 Dazu Weitzel, Jürgen, Gewohnheitsrecht und fränkisch-deutsches Gerichtsverfahren, in: Dilcher, Gerhard/ Lück, Heiner [u. a.], Geschichte des Rechts: Von den Frühformen bis zur Gegenwart, Berlin 1992, S. 67–86, hier S. 71.

352 Kreutz, Peter, Recht im Mittelalter: Grundzüge der Älteren europäischen Privatrechtsgeschichte – Ein Studienbuch (Einführungen, Rechtswissenschaft 10), Münster 2010, S. 3.

353 So auch im dänischen Prozessrecht, vgl. u. a. Hoff, Annette, Recht und Landschaft: der Beitrag der Landschaftsrechte zum Verständnis der Landwirtschafts- und

Ob diese Beschreibungen des *things* auch für das friesische *thing* im Älteren Schulzenrecht zutrafen, wird jetzt zu prüfen sein. Dafür werden zunächst die Belegstellen aufgeführt mit anschließender Bewertung der Ergebnisse.

3.2 Das *thing* im Älteren Schulzenrecht

Untenstehende Auflistung bezieht sich auf das Vorkommen des Substantivs *thing*, zusammen mit seinen Komposita, mit der Absicht, die Gerichtsstruktur im Älteren Schulzenrecht zu eruieren. Die entsprechenden Stellen im afries. Text sind kursiviert.

Kap. **26** Djt is riocht, dat dy grewa, deer hijr ban lath, des fiaerda ieers *bodthijng* halda moet, ief hij wille. [...] Ende als hi *bodthijng* halda wille, soe schel hij dine ban opiaen sauwen wykum eer dae scheltum eer ma se halde; ende hij nen ban toe ledan bihaelf need, hit ne se datter en here oppa dat land come ief dat ma wyff an nede nyme ief dat ma man an huse sle, so moet hi deer rida ende afte ban leda. *Dies ist Recht, dass der Graf, der hier den (Gerichts)bann handhabt, im (jeweils) vierten Jahre das gebotene Gericht halten darf, wenn er will. [...] Und wenn er das gebotene Gericht abhalten will, so soll er die Banngewalt sieben Wochen, bevor man es hält, den Skelten übertragen; und außer im Notfall soll er (dann) keine Banngewalt ausüben, nur wenn ein Heer ins Land einfällt oder wenn man eine Frau vergewaltigt oder einen Mann im Hause erschlägt; dann darf er dorthin reiten und die gesetzliche Banngewalt ausüben.*

Kap. 27 „*Bodthing* keed ic ioe wr sex wiken an disse sella dey dis manendeys toe haldane ende des tysdeys, des wernsdeys, des tonredeys, des fredis, des saterdeys ende des manendeys". *„Ich sage Euch das gebotene Gericht an, das über sechs Wochen an diesem selben Tage am Montag, Dienstag, Mittwoch, Donnerstag, Freitag, Samstag und Montag abgehalten werden soll".*

Kap. 28b Dit is riocht, dat di grewa des tysdeis ende des wernsdeis ende des tonredeys, disse tre degan, also riochta scel dae lioden, als ma dede oen dae *bodthinghe*, deer ma deer riochta ne mochte; soe hetet dae tre degan *fimelthingh*. *Dies ist Recht, dass der Graf am (zweiten) Dienstag und Mittwoch und Donnerstag, an diesen drei Tagen, ebenso wie man im gebotenen Gericht tat, über die Leute, über die man dort nicht zu richten vermochte, Recht sprechen soll; diese drei Tage heißen dann Fimelthing.*

Kap. 29 Fan dae *bodthinghe*. Djt is riocht, dat dae scelten, deer dae *bodthijng* haldet, eer midda vndirne bannes bigonnen scellet habba truch dat stride, deer ma deer greta schel bi sonna opgonge. *Vom gebotenen Gericht. Dies ist Recht, dass die Skelten, die die*

Landschaftsentwicklung in Dänemark; ca. 900–1250 (Ergänzungsbände zum Reallexikon der germanischen Altertumskunde 54), Berlin 2006, S. 15. Für eine konzise Darstellung des *Þings* auf Island siehe Jones, A history of the Vikings, S. 50 f., S. 92 f., S. 119 f., S. 150, S. 152 f., S. 282 ff.

gebotenen Gerichte abhalten, vor 9 Uhr morgens mit den Gerichtsverhandlungen begonnen haben sollen wegen des Rechtsstreites, zu dem man (der Kläger) dort bei Sonnenaufgang (den Beklagten) ansprechen soll.

Kap. 32 Fan *fimelthinghe.* Djt is riocht, dat dae liode, deer dae *bodthing* ende *dae fimelthijngh* balden habbet, dat hia ne thor en efterdam des koningis ban tiulda toe dir ieertele. *Vom Fimelthing. Dies ist Recht, dass die Leute, die an den gebotenen Gerichten und dem Fimelthing teilgenommen haben, nachher des Königs Banngewalt binnen Jahresfrist nicht zu folgen brauchen.*

Kap. 34a Dat dy clagere habba ayn iefta afte onderhewa ende truchstrinzede ritherne, soe schel hij *eta thinghe* efter tolifta dey dis *thinghes* bigonna ende sijn landnaten mey riochta gretwerde mey sijnen *thijng*manne greta. *Wenn der Kläger Eigentum oder ein gesetzliches Lehngut und vollwüchsige Rinder hat, so soll er im Gericht nach dem Dreikönigstag das Verfahren einleiten und seine Markgenossen mit gesetzmäßiger Klage mit seinem Vorsprecher ansprechen.*

Kap. 34b Jef hit soe comt, dat hi dae fyff *thingh* eer der festa naet thijngia ne mey, soe moet hij jn der festa afte ban leda omme hemmerkedeel, al ont het ful thinghet is. *Wenn es sich so trifft, dass er [der Skelta] die fünf Gerichtsverhandlungen nicht vor den Fasten zu Ende führen kann, so darf er in den Fasten ein gesetzliches Verfahren wegen eines Dorfmarkteils anordnen, bis die Sache völlig gerichtlich ausgetragen ist.*

Kap. 35a Djt is riocht omme ener hemmercke deel, deer ma bigont etta *afte*[354] *thinghe* efter toelifta dey, dat di scelta moet alomme sauwen nacht afte ban leda al ti dae fyfte *thijnge*, ont dy mensengeed swerren is. *Dies ist Recht bezüglich der Teilung der gemeinen Mark, die man im gesetzlichen Gericht nach dem Dreikönigstag einleitet, dass der Skelta alle acht Tage bis zum fünften Gericht ein gesetzliches Verfahren anordnen soll, bis der Sonderungseid geschworen ist.*

Kap. 36 Djt is riocht, aldeer di fria Fresa op en eerwe thijnghia wol, dat hi oen dat banne *thing* coma scol mey sijn *thijng*manne, mit afte greetwerde greta schol ende bitighie him dis, dat hi een eerue oen zijn wer habbe onriochte, der hi him mey riochte toererna schel. [...] Soe aegh hem dy aesga toe delane, dat hi hem dat eaua wise mit stewe ende mit *thinghe*; dat *thyng* scol wessa wr sauwen nachten dis sella deis oppe dae eerua. *Dies ist Recht, dass der freie Friese, wenn er ein Grundstück beanspruchen will, mit seinem Vorsprecher in das gebotene Gericht kommen, mit vorschriftsmäßiger Klage (seinen Gegner) ansprechen und ihn dessen bezichtigen soll. [...] Dann soll der Asega ihm auferlegen, dass er ihm das Grundstück eidlich und gerichtlich bezeichne; das Gericht soll nach sieben Nächten an demselben Tage auf dem Grundstück stattfinden.*

---

354 „aft und häufiger, eft, afries., Adj.: nhd. gesetzlich, rechtmäßig, rechtlich", Köbler, Altfriesisches Wörterbuch; „Rechtens (‚aft') vastgelegde, op vaste tijdstippen te houden rechtszittingen." Algra, ‚Rechtshistorische aspecten van het Landrecht der Vriesne', S. 117, Fn. 128.

Kap. 37 Ief hi coma nelle toe der landwere, so is dat riocht, dat ma eft thingia scol een *thing*, en oer ende dat tredde ende dat fiaerde; etta fyfta *thijnge* dyn ferde deeroen winna, als mey landriochte schel. *Falls er nicht zur Verteidigung des Grundbesitzes kommen will, so ist es Recht, dass man wieder an einem Gerichtstermin, dem zweiten und dritten und vierten, den Prozess führen soll; am fünften Gerichtstermin soll man [der Klägerj im Besitz davon befriedet werden, wie man nach Landrecht soll.*

Kap. 44a Soe schol di fria Fresa dae oerem oen *bannena thinghe* toetinghia een *thing*, dat oer, dat tredde ende dat fiaerde; etta fiaerda schel ma dat stryd biwoddia. [...] Soe is dat riocht, dat hi etta fyfta *thinghe* den strijdeed swerra scol ende den wedereed hera. *Dann soll der freie Friese gegen den anderen im gebotenen Gericht an einem Termin, dem zweiten, dem dritten und dem vierten seine Klage anstrengen; am vierten Termin soll man Sicherheit für den Zweikampf leisten.* [...] *Da ist es Recht, dass er am fünften Gerichtstermin den Streiteid schwören und den Gegeneid anhören soll.*

Kap. 46 Djt is riocht: soe hweer soe di fria Fresa op en oerem thingath en stride, dat hi coma schel een *thing*, en oer, dat tredde, dat fiaerde ende eta tredda sine stede alle nyma schel, ief hi se habbe welle; eta fiaerda *thinge* nenne stede, hit ne were dat stryd biweddia, iefta dat fyfte *thijng* schel ti zijn huse wessa omme dat *tinglase*. *Dies ist Recht: Wenn der freie Friese eine Kampfklage gegen einen anderen erhebt, so soll er an einem Gerichtstermin, einem zweiten, dem dritten und dem viert en erscheinen, und am dritten soll er [der Beklagte] seine rechtlichen Hilfsmittel alle anwenden, wenn er sie benutzen will; am vierten Gerichtstermin (darf er) kein rechtliches Hilfsmittel (anwenden), sondern nur Sicherheit für den Zweikampf leisten, oder der fünfte Termin soll bei seinem Hause sein wegen der Gerichtsversäumnis.*

Kap. 47 Ief ma hem mey stride bigret, so schel hi sidza, hi ne thoer bi des sceltes banne iechtwerd n er seckwerd dwaen ner nen *thinghat* ontfaen, omdat hi deer huus ner hof haet. *Wenn man die Kampfklage gegen ihn anstrengt, so soll er sagen, er brauche unter der Banngewalt dieses Skelta weder zu gestehen noch zu leugnen noch ein Gerichtsverfahren zu erdulden, weil er dort [in dessen Bannbezirk] weder Haus noch Hof habe.*

Kap. 52 Als ma en man weddat toe ieldane, soo is dat riocht *diithingh*[355] een ende tweintich nachta, ief hyt deerbinna laesta mey. [...] Nv scel hi eta forme *deitinghe* iaen fiouwer pond ende fyf enza ende sauwende twedne penning. Soe is riocht etta lettra *deitinghe* efta fiouwer pond ende fyf enza ende sauwende twedne pennyng binna een ende tweyntigha nachten; etta tredda *diithinghe* eft fiouwer pond ende fyf enza ende sauwende twedne penning. Nv is hit riocht, dat hi etta *lesta deytinghe* al laesta scel, ield ende meytele. *Wenn man es in die Hand gelobt, Wergeld für einen (erschlagenen)*

355 „deithing, [...] afries., nhd. ‚Tagding', Gerichtsfrist, Termin", Köbler, Altfriesisches Wörterbuch; deithing [...] für eine Gerichtsverhandlung festgesetzte Frist, Termin, Anonym. Wörterbuch (verbessert) Fryske Akademy, Leeuwarden o. J., im Erscheinen.

Mann zu entrichten, so ist der gesetzliche Termin einundzwanzig Tage, falls er es darin bezahlen kann. [...] Nun soll er am ersten Termin vier Pfund und fünf Unzen und sechszweidrittel Pfennige geben. Dann ist es Recht, am folgenden Termin innerhalb einundzwanzig Tagen wieder vier Pfund und fünf Unzen und sechszweidrittel Pfennige, am dritten Termin wiederum vier Pfund und fünf Unzen und sechszweidrittel Pfennige (zu zahlen). Nun ist es Recht, dass er am letzten Termin alles bezahlen soll, Erbsühne und Magsühne.

Kap. 54 Fan dis Fresa *thinghe.* Djt is riocht: ief di fria Fresa *tria afte ting* socht habbe binna dae iere, so ne mey him di frana nyaer komma dan hijt op dae hollighum wita moet, her hi dae oera socht habbe soe naet. *Vom Gericht(sbesuch) des Friesen. Dies ist Recht: Wenn der freie Friese innerhalb eines Jahres drei gesetzliche Gerichte besucht hat, so kann der Frana ihn nicht weiter belasten als dass er [der Dingpflichtige] es auf die Reliquien bezeugen soll, ob er die anderen (Gerichte) besucht hat oder nicht.*

Kap. 55 Fan *thinghum* onesocht. Jef di scelta en man bitigath, dat hi sijn aefta *thinghe* alsoe socht nabbe als hij mey riochte sculde, soe aegh hi hem al des bitigades twirasum op dae holligum toe ontswerrane. *Von nichtbesuchten Gerichten. Wenn der Skelta einen Mann beschuldigt, seine gesetzlichen Gerichte nicht so besucht zu haben, wie er nach dem Rechte sollte, so darf er sich von allen Anschuldigungen mit einem Eideshelfer auf die Reliquien freischwören.*

Kap. 59 Ief di grewa en manne bitigath, dat hi wrherich fan hoeue ghenghe ende him di aesga twa pund wrdelede ende him nenis riochtis ne bitigath, so is hi nyaer twirasim toe oenriochtane dan enich *thingh* toe ontfaene; aeck ne toer hi deer toe riochte staen, omdat hi deer oenbodath kaem. *Wenn der Graf einen Mann beschuldigt, dass er ungehorsam aus dem Grafengericht fortgegangen sei, und der Asega ihn zu einer Buße von zwei Pfund verurteilte, aber (der Graf) ihm kein Rechtsversprechen zur Last legt, so ist er eher berechtigt, sich mit einem Eideshelfer von der Anklage zu reinigen als sich auf irgendwelche Gerichtsverhandlungen einzulassen; auch braucht er sich dort nicht vor Gericht zu verantworten, weil er ungeladen dorthin gekommen ist.*

Kap. 63 ende bi des aesga doeme ende dera bura eehere, dat hi mi ti toulif edem kestegade ende di aesga deer dat *deiting* deelde ende ic dae alle tach etta bywiseda *deitinghe,* alsoe aefte ende also riochte, soe ic nv mey riochte iens hem thoer na et anderda ner an stride staen ief gaen. *und durch Urteil des Asega und in Gegenwart seiner Nachbarn gerichtlich von ihm gefordert habe, wobei er mich zu zwölf Eiden nötigte und der Asega da den Gerichtstermin bestimmte und ich sie am festgesetzten Termin alle leistete, so gesetzlich und so rechtmäßig, dass ich mich nun Rechtens nicht zu verantworten noch vor Gericht zu stehen oder zu erscheinen brauche.*

Kap. 64 Hoeck dera *thingha* soe ma hijr oen bitinghia welle, soe schel hit tioegha di scelta [...]. *Welche Klage man auch deswegen anstrengen will, so sollen es der Skelta, [...] bezeugen, [...].*

Kap. 65 Djt is riocht: hwae so in oers epana slaet sprecka wille ende oen zijn eerue, soe scel hi to him komma mey twira taeie ende mey aesga dome. Jef hi deer inor wille, soe schel hi him kestigia mey toulif edum iefta mey enen swirdkempa. Dat schel ma bithinghia mey aefta bannem ende bi *afta deithinghum. Dies ist Recht: Wenn jemand den offenen Graben eines anderen und dessen (dazu gehörigen) Grund für sich beanspruchen will, so soll er gerichtlich mit Rede und Gegenrede und durch Urteil des Asega gegen ihn vorgehen. Wenn er darüber hinausgehen will, so soll er ihn mit zwölf Eiden oder durch einen (gerichtlichen) Schwertkämpfer nötigen. Das soll man durch gesetzliche Gebote und mit gesetzlichen Terminen gerichtlich austragen.*

Kap. 68 Fan *bodelthingh.* Jefter en man in en oers bodel *thinghia* welle ende hi sit ieer ende dey oenbitinghat ende hi naet thinghia welle, soe ne thoer him di oera nenis *thinghis* steedgia omdat hi ie er ende dey werrelas was, soe fyr soe hi binna merkum se. *Vom Nachlassprozess, Wenn ein Mann auf das Hab und Gut eines anderen klagen will und dieser Jahr und Tag unverklagt ist und er nicht gerichtlich verhandeln will, braucht der andere ihm kein Verfahren zuzusichern, weil er Jahr und Tag unangefochten war, sofern er in den Landesgrenzen ansässig ist.*

Kap. 69 Jefter en man oen en bodel *thinghia* wille ende deer en sibbra binna is, soe schel hi dae fiouwer *thingh* alle thinghia bi *afta deithinghe* ende etta fyfta *thinghe* aegh hi dae inferd, ief hi moet; ende ief hi naet moet, soe aegh di seelta den hela waegh in toe breekane, ende him deerjn toe brengane, ief hi moet. *Wenn ein Mann auf ein Nachlassvermögen klagen will und ein näherer Verwandter in dessen Besitz ist, so soll er die vier Gerichtsverhandlungen alle am gesetzlichen Termin führen und bei der fünften Gerichtsverhandlung hat er Recht auf den Einzug, wenn er kann.*

Kap. 70 Hweer soe en bodel lauwegath wirt ende di sibsta mey *thinghe* ti dae huse compt, soe aegh di aesga den allersibsta jn ti delane etta forme *thinghe. Wenn eine Erbschaft hinterlassen wird und die nächste Verwandtschaft auf gerichtlichem Wege zu dem Hause kommt, so soll der Asega den allernächsten Verwandten beim ersten Verfahren in den Besitz einweisen.*

Kap. 77 Djt is riocht: hweer so di schelta en *thingh* halt, soe scel hi biada aller mannalikum riocht [...]. *Dies ist Recht: Wenn der Skelta ein Gericht hält, so soll er sich erbieten, einem jeden Recht zu sprechen.*

3.3 *bodthing* und *fimelthing*

In den Kapiteln 26, 27 28b, 29 und 32 nehmen wir als Ausgangspunkt die Begriffe *bodthing/ bodthijng* und *fimelthing*. Aus diesen Paragraphen ergibt sich Folgendes:

Der Graf[356] darf alle vier Jahre das *bodthing* (das gebotene Gericht) abhalten, dies nur, wenn er möchte.[357] Der Hauptpriester kündigt das *bodthing* zwischen Weihnachtsmorgen und Neujahr in allen Hauptkirchen an, wenn der Graf es nach der Sommersonnenwende und vor der späteren Tagundnachtgleiche halten will. Diese Bekanntmachung kann man als Vorankündigung ansehen, die amtliche Bekanntmachung erfolgt durch den Schulzen. Jeder Schulze kündet sechs Wochen vor dem gerichtlichen Termin ein sieben Tage dauerndes *bodthing* in seinem Bezirk an. In welcher Weise er das *bodthing* durchgeführt haben könnte, ist aus dem Text nicht abzuleiten. Dieses *bodthing* wird an jedem dieser sieben Tage von dem Schulzen in eigener Person gebannt, das heißt von ihm abgehalten.[358]

---

356 Der Text legt die Führung des *bodthing* und das anschließende *fimelthing* in die Hände des Grafen, was nach Algra unmöglich richtig sein kann, denn festgelegt wurde, dass sie einmal alle vier Jahre abgehalten werden sollten. Der Graf aber besuchte Friesland jedes Jahr und konnte weder das Hofgericht noch das vierjährliche *bodthing* leiten. Das bedeutet, dass *bodthing* und *fimelthing* Institutionen des Bischofs waren. Statt ‚Graf' sollte man ‚Bischof' lesen, „naderhand [is] het woord ‚bisschop' door ‚graaf' vervangen." Algra, ‚Rechtshistorische aspecten van het Landrecht der Vriesne', S. 122; „De tekst noemt de bisschop niet, maar vermeldt (ten onrechte) de graaf." Ibidem S. 121, Fn. 151. Der Bischof hält alle vier Jahre ein Sendgericht; warum er auch das *bodthing* und das *fimelthing* abhalten soll, ist m. E. unklar, die Macht des Grafen wäre namentlich im Zeitraum des Kondominiumvertrags dadurch stark reduziert gewesen. Der Graf ist in dem Textabschnitt über das *bodthing* prominent anwesend, ein nachträglicher Austausch ist denn auch sehr unglaubwürdig. Die Aussage, der Graf würde Friesland jedes Jahr besuchen, lässt sich nicht unmittelbar aus dem Text herleiten: Konkret wird nur der vierjährliche Besuch erwähnt.

357 Abweichend die Beschreibung vom gebotenen Ding im Sachsenspiegel: „Das gebotene Ding war rechtlich an keine feste Dingstätte gebunden, wenn es auch üblich war, dasselbe an bestimmten Stellen abzuhalten. Nach dem Sachsenspiegel fand es innerhalb der Grafschaft alle vierzehn Nächte, innerhalb der einzelnen Hundertschaft alle sechs Wochen statt." Schröder, Die Gerichtsverfassung des Sachsenspiegels, S. 54 f.

358 „In welcher Weise die Schulzen die Botdinge abhielten, wird nicht überliefert. Wahrscheinlich hielt jeder in seinem Bann über seine Gerichtseingesessenen botdingh ab, um nach Schluss des siebenten Gerichtstages sich sofort an die Grafendingstätte zu begeben. So würde sich am besten erklären, dass die einen Schulzen (die näher wohnenden) schon am Montag, die anderen erst am Dienstag ihren Bann dem Grafen wieder zurückgeben können." Rietschel, Siegfried, Zur friesischen Gerichtsverfassung, S. 138, Fn. 3.

Der Graf schreitet nur in Notfällen ein. Die Tätigkeit der Schulzen wird ausdrücklich bezeugt und folgt aus der Bannleihe sowie dem Empfang der Dingbuße. In der zweiten Woche an dem auf den zweiten Montag des *bodthing* fallenden Tag übergeben die Schulzen die Banngewalt dem Grafen, der nun am Dienstag, Mittwoch und Donnerstag, also an drei Tagen, in eigener Person das *fimeltingh*[359] hält.

Der Graf tritt im Kap. 28b nun als Vorsitzender auf. Er soll an drei Tagen nach dem *bodthing* diejenigen Leute richten, welche man auf dem rechten *bodthing* nicht zu Ende richten konnte. Die Leute, die an den gebotenen Gerichten und dem *fimelthing* teilgenommen haben, sind nicht verpflichtet, innerhalb eines Jahres der Banngewalt des Königs Folge zu leisten. Meiner Meinung nach ist dies ein gut nachzuvollziehendes Verfahren[360]; trotzdem gab und gibt es viel Diskussionspotential, namentlich über die Identifizierung von *bodthing* und *fimelthing*.

In der älteren Literatur hat man sich intensiv um eine Interpretation des *bodthing*[361] bemüht. Heck definiert das Gericht, das alle friesischen Eingesessenen des

359 Zur Etymologie: „fimelthing, afries. spätere Gerichtsversammlung, Afterding, Grafengericht, Ungehorsamsding; ne. later tribunal, count's tribunal, case of disobedience; [...] zu lat. fēmella, Frauenzimmerchen", Köbler, Altfriesisches Wörterbuch. Nach Siebs birgt der Begriff ein Element von „der unsicher tastenden, unsteten, tappenden Bewegung in sich. Im mnd. ist vimelen, suchend umhertasten, vammeln vimmeln vummeln (vgl. an. fimr fum, schwed. famla fumla) ‚tasten' ‚im hessischen ist fimneln ‚unsicher im dunkeln (herumtasten", Siebs, Theodor, Beiträge zur deutschen Mythologie. II. Things und die Alaisiagen, Bd 24, in: Zeitschrift für deutsche Philologie (1892), S. 433–456, hier S. 437; zusätzliche Bedeutung bei Algra „Vollstreckungsorgan": ‚fimelding' (= zoekgerecht, executiegerecht), Algra, ‚Rechtshistorische aspecten van het Landrecht der Vriesne', S. 29.

360 Der scheinbare Widerspruch zwischen den Kapiteln 26 und 27 (sowohl Graf als auch Schulze halten *bodthing* ab) kann dadurch gelöst werden, indem *bodthing* und *fimelthing* als Einheit betrachtet werden und „um eine umständliche Redeweise zu vermeiden, einfach von den vom Grafen gehaltenen bodthing sprach", Rietschel, Zur friesischen Gerichtsverfassung, S. 139.

361 „bodthing, afries., [...] nhd. ‚gebotenes Ding', vierteljährlich gebotenes Gericht; ne. quarterly tribunal", Köbler, Altfriesisches Wörterbuch. Abweichend: „bodthing [...] Gericht, zu dem eingeladen wird", Wörterbuch (verbessert) Fryske Akademy. Der vierjährliche Turnus des *bodthing* fällt in dieser Definition als spezifisches Merkmal aus. Dazu auch v. Schwerin: „Ein in jedem Jahr stattfindendes, mindestens sechstägiges Bodthing scheint mir auch, wenn nicht zu beweisen, so doch nahezulegen." Claudius Frhr. von Schwerin, Zur friesischen Gerichtsverfassung, S. 470, Fn. 1. Zweifel auch bei Fockema Andreae: „Eine vierte Eigentümlichkeit der friesischen Gerichtsverfassung ist das gräfliche Bodthing, jedes vierte Jahr abgehalten." Fockema Andreae, Über den Ursprung der niederländischen Rechte mit Rücksicht auf ihre Stammeszugehörigkeit", S. 5.

Bezirks besuchen müssen und sich deshalb als Vollgericht[362] bezeichnen lässt, als *bodthing*. Er kritisiert die Auffassung Schröders, der annimmt, dass nach der älteren friesischen Verfassung sämtliche friesischen Gerichte, die von allen freien Einwohnern des Gaus besucht werden mussten, Vollgerichte des Gaus bzw. der Landschaft waren. Heck weist diese Annahme zurück mit der Begründung, diese Annahme sei schon aus sachlichen Gründen höchst unwahrscheinlich. Bei der Größe der Gaue, die mehrere Quadratmeilen umfassten, und bei der Möglichkeit, alle sieben Nächte[363] eine Sitzung anzuberaumen, würde eine derartige Ausweitung der Dingpflicht zu einer hohen Belastung der Beteiligten geführt haben.[364] Heck meint im westerlauwersschen Landrecht eine wesentlich andere Ordnung des Dingbesuchs zeigen zu können: Der Graf darf ein Vollgericht des Gaus nur alle vier Jahre für die Dauer von drei Tagen berufen. „Dieses gräfliche Vollgericht heißt Fimelthing. Die Deutung als Nachgericht wäre unrichtig."[365] Die Dingpflicht der Einzelnen war, so Heck, auf drei Tage im Jahr beschränkt und nur für das vierte Jahr erweitert. Das Gericht, das der Schulze abhielt, war zum Teil Vollgericht, und zwar hielt er im Grafenjahr[366] ein außerordentliches sechstägiges *bodthing* als Vollgericht des einzelnen Sprengels bei Königsbann ab.

Schröder/Künßberg vertreten die Ansicht, dass die drei echten Dinge im westerlauwersschen Friesland jedes Vierteljahr in der Weise vereinigt wurden, dass zunächst jeder Schulze in seinem Bann ein doppeltes (sechstägiges) Ding abhielt. Nach drei weiteren Tagen versammelten sich alle Schulzen mit ihren Dingleuten

---

362 „In Friesland heisst das Gericht, das von allen Eingesessenen des Bezirks zu besuchen ist, und sich deshalb als Vollgericht bezeichnen lässt, bodthing." Heck, Die altfriesische Gerichtsverfassung, S. 30 f.

363 „Während der übrigen Zeit konnten Gerichtssitzungen im Bedürfnisfalle alle 7 Nächte anberaumt werden." Ibidem, S. 29.

364 Gerade der Grund, warum es auf Island das *bodthing* nicht gab. Vgl. Maurer: „Im bestimmtesten Gegensatze zu Norwegen gibt es demnach auf Island nur echte Dinge, keine gebotenen, und kann es nicht schwer halten, den Grund dieser durchgreifenden Verschiedenheit zu entdecken; er liegt in der Zerstreutheit der Bevölkerung und der großen Unwegsamkeit des Landes, welches einen häufigeren und unvorbereiteten Besuch von Dingversammlungen geradezu unmöglich machte." Maurer, Konrad, Vorlesungen über altnordische Rechtsgeschichte, Bd. 1: Altnorwegisches Staatsrecht und Gerichtswesen, Leipzig 1907, S. 285 f.

365 Heck, Die altfriesische Gerichtsverfassung, S. 31.

366 Im „Grafenjahr" wurde alle vier Jahre das *bodthing* abgehalten. Auffallend ist, dass Heck die beiden Begriffe *bodthing* und *fimelthing* als völlig identisch betrachtet. Diese Identifizierung von beiden Gerichten sieht auch v. Schwerin kritisch: „im übrigen vgl. d e r s. Altfriesische Gerichtsverfassung (GV.) S. 31 f., wo H e c k das bodthing des § 22 gleich dem fimeltingh setzt", v. Schwerin, Zur friesischen Gerichtsverfassung, S. 468, Fn. 1.

unter dem Grafen zu einem allgemeinen Landesding mit dreitägiger Dauer. Die Aufgabe des Letzteren war die Fällung des dem Grafen persönlich vorbehaltenen Schlussurteils bei Ächtungen und Todesurteilen. Das Ganze wird von Schröder/Künßberg als *bodthing* verstanden, das den Schluss bildende allgemeine Landesding auch *fimelthing*.[367]

Nach herrschender Meinung, so Th. Siebs, besteht der Unterschied zwischen *bod-* und *fimelthing* auf in dem Gegensatz zwischen dem echten bzw. gebotenen Ding einerseits und dem After- oder Nachding andererseits. Allerdings legt nach Siebs die Stelle, in der das *fimelthing* geschildert wird, die Deutung nahe, dass das *fimelthing* nur eine Art des *bodthing* bezeichnet, nämlich das vom Grafen persönlich abgehaltene Ding.[368]

Was zunächst die Etymologie des Wortes *bodthing* anbelangt, so braucht *bod-* als erstes Kompositionsglied keineswegs den Akt des Aufbietens zu bedeuten, sondern es meint das *mandatum*, *praeceptum*, eine Vorschrift, die unter allen Umständen Gültigkeit besitzt. So ist altfriesisch *bodthing* also „das ein für alle mal vorgeschriebene Ding".[369] Dementsprechend wird *bodthing* in den friesischen Quellen schlechthin für das Vollgericht gebraucht, also für dasjenige Gericht, welches schon aufgrund der Vorschrift nicht erst bei Prozessbeteiligung besucht werden muss, und zwar anscheinend ohne Rücksicht darauf, ob es zeitlich einen regelmäßigen Charakter trägt. Die oben beschriebenen drei Tage nach dem *bodthing* – die einzigen, an denen der Graf selbst richtet – bilden das *fimelthing*, sind aber zugleich das angekündigte *bodthing*. Damit ist die Deutung von *fimelthing* als *eft thing* ausgeschlossen. Siebs begründet diese These mit der Bemerkung, es ließe sich schlechterdings nicht denken, dass der Graf lediglich die aus faktischen Gründen vertagten Sachen zu erledigen hätte. Vielmehr würden sich seine Aufgaben auf die letzten Stadien des Ungehorsamsverfahrens beziehen, das mit der Friedloslegung endete, und wahrscheinlich auch auf die Erledigung der Urteilsschelte.[370]

---

367 Schröder, Richard/Künßberg Eberhard Frhr. von, Lehrbuch der deutschen Rechtsgeschichte, Berlin [u. a.] 1932, S. 611, Fn. 107. Belegstellen fehlen, dafür Hinweise auf Heck und v. Richthofen.

368 Siebs, Theodor, Beiträge zur deutschen Mythologie. II. Things und die Alaisiagen, S. 435. Das *fimelthing* war nach Siebs ein Landgericht für Strafsachen. Vgl. Siebs, Grundlagen und Aufbau der altfriesischen Verfassung, S. 95. Diese Aussage ist für die einschlägigen Bestimmungen im Älteren Schulzenrecht grundsätzlich unzutreffend.

369 Siebs, Theodor, Beiträge zur deutschen Mythologie. II. Things und die Alaisiagen, S. 435.

370 Ibidem, S. 238. Siebs verweist auf die Kap. 57, 59 und 61, in denen jedoch von *hofclaghe* die Rede ist. Ob das *bodthing* und *hofclaghe* identische Entitäten sind, wird noch zu klären sein.

Von Schwerin stellt zunächst einen qualitativen Unterschied zwischen den *bodthingen* fest: Das *bodtijngh* des Kap. 26 wird vom Grafen gehalten, das *bodtingh* des Kap. 27 von den Schulzen. Die Ankündigung der Hauptpriester in Kap. 26 sei von der Bekanntgabe des Schulzen zu trennen; beide *bodthinge* seien also nicht identisch. An das *bodtingh* des Kap. 27 schließt sich ein *fimeltingh* des Grafen (Kap. 28b) an, in Kap. 26 wird ein solches *fimeltingh* nicht erwähnt. Daraus schließt v. Schwerin, dass in jedem Jahr der Graf ein *fimelthing* nach dem *bodtingh* der Schulzen abhielt. Die Quelle unterscheidet damit deutlich zwischen dem dreitägigen *fimeltingh* und dem siebentägigen *bodtingh*. Es sei deshalb ausgeschlossen, dass das *bodtingh*, das nach Kap. 26 der Graf hält, identisch mit dem *fimeltingh* des Kap. 28b ist, so wie Th. Siebs meint. Daraus ergibt sich, so v. Schwerin, dass im Grafenjahr – also alle vier Jahre – ein vom Grafen gehaltenes *bodtingh* nach Kap. 26 abgehalten wurde. Damit sei die Annahme zulässig, dass das *bodtingh* des Kap. 27 mit dem *fimeltingh* des Kap. 28b in jedem Jahr stattfand. In jedem Jahr hielt der Graf demnach das *fimeltingh* nach dem *bodtingh* der Schulzen ab. Nur im vierten Jahr konnte er selbst ein *bodtingh* abhalten unter Wegfall des *fimeltingh*.[371] v. Schwerin verweist dabei auf Kap. 16, in dem steht:

> Kap. **16** Fan dae grieuwa banne. Djt is riocht, dat di fria Fresa ne thoer des grewa ban tiulda jn were twisscha someresnacht ende letthera euennacht; deerantwiska ne thoer hi ban tiulda jn were tre daghen; dat hi onebiwollid thana come, soe ne thoer hi des konenges ban tiulda, eer dat ieer al ommekompt. *Von der Banngewalt des Grafen. Dies ist Recht, dass der freie Friese kein Gebot des Grafen zu befolgen braucht, außer zwischen Sommersonnenwende und der späteren Tagundnachtgleiche; dazwischen braucht er nur während dreier Tage einem Gebot Folge zu leisten. Falls er unbelastet (wieder) von dannen geht, braucht er des Königs Gebot nicht zu befolgen, bevor das Jahr ganz vergangen ist.*
>
> Kap. **79 (D,** fehlt in **J, U, Ro)** Als di grewa in dat lâd comt, en hi wrherige lioed seka schil [...]. Wenn der Graf ins Land komt und ungehorsame Leute verklagen soll [...].

Nach v. Schwerin hat es mit diesen drei Tagen eine besondere Bewandtnis. Darauf weise schon die Ausdrucksweise *tagh* und nicht *tingh* hin. Die *tre daghen* seien nichts anderes als die drei Tage des *fimeltingh*. Kap. 16 sagt, dass im gewöhnlichen Jahr nur an diesen drei Tagen des *fimeltingh* der freie Friese des Grafen Bann zu dulden brauche. So fügt sich Kap. 16 gut in das oben Gesagte ein und stützt zugleich die obige Behauptung, dass *bodthing* und *fimelthing* in jedem Jahr stattfanden.[372]

371 v. Schwerin, Zur friesischen Gerichtsverfassung, S. 470. Die Frage bleibt dabei offen, warum die angeblich vollständig verschiedenen Arten von *bodthing* nicht dementsprechend mit einem eigenen *terminus technicus* von dem Verfasser/Kompilator versehen wurden. Eine semantische Differenzierung bzw. die Einführung eines neuen Begriffs wäre ein logischer Vorgang gewesen.

372 Kap. 16 kann aber auch in Verbindung mit Kap. 57, *Fan hofclaghe*, gebracht werden. Die drei Tage beziehen sich in dem Fall auf die Wartezeit, bevor der Betroffene mit

Hierbei hält v. Schwerin an der sprachlichen Erklärung als „Suchding“ für *fimelthing* fest. Sachlich betrachtet, sollte man das *fimeltingh* für ein Ungehorsamsding halten; er bezieht sich dabei auf Kap. 16 des Älteren Schulzenrechts. Um über Leute zu richten, die dem Schulzen ungehorsam sind, kommt der Graf ins Land. Die Ungehorsamssachen sind die, *deer ma deer riochta ne mochte,* die nach Kap. 28b gerade Sache des *fimeltingh* sind.[373] In jedem vierten Jahr könne der Graf selbst ein *bodthing* abhalten. In diesem Falle fand entweder ein *Gaubodthing*[374] statt oder der Graf reiste von Sprengel zu Sprengel und hielt die in anderen Jahren von den Schulzen abzuhaltenden *bodthinge.* Dabei würden die Ungehorsamsangelegenheiten entfallen und mit ihnen gleichzeitig das *fimeltingh.* Die von den jeweiligen Autoren genannten Möglichkeiten lassen sich wie folgt schematisch wiedergeben: Algra

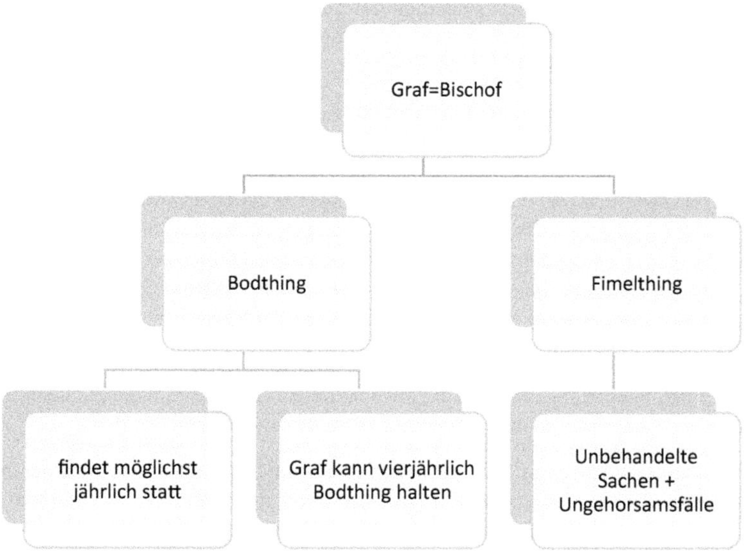

einer Klage zu rechnen hat. Dazu Fairbanks, The old West Frisian Skeltana riucht, S. 42. Da die drei Tage sich nicht auf die echten Dinge beziehen können – sie sind ungebotene Dinge –, ist der Vorschlag Fairbanks überzeugend.

373 v. Schwerin, Zur friesischen Gerichtsverfassung, S. 478. Fakt ist aber, dass die Ungehorsamkeitsfälle durchgängig im *houe* stattfanden. Vgl. Kap. 57, 59 und 61, Buma, Westerlauwerssches Recht.

374 Ibidem, S. 481. Es gibt keine einzige Belegstelle im Älteren Schulzenrecht, in der von einem Gaubodthing berichtet wird. Das Argument v. Schwerins stützt also auf eine – nicht gesicherte – Aussage von Heck.

Heck

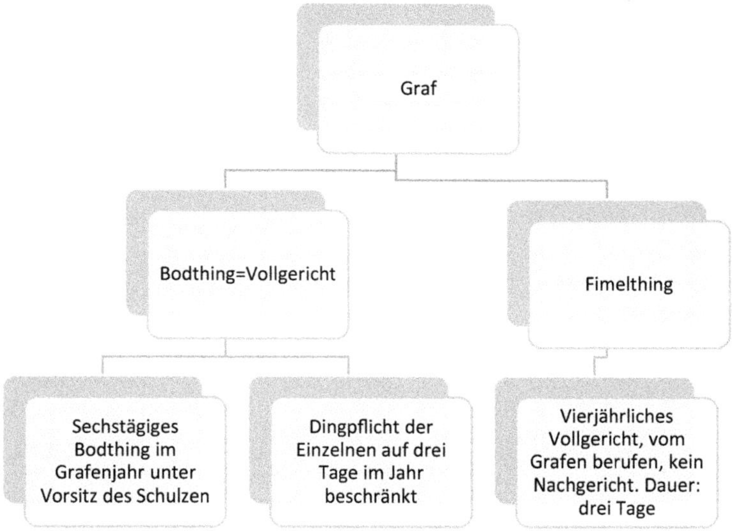

Schröder/Künßberg

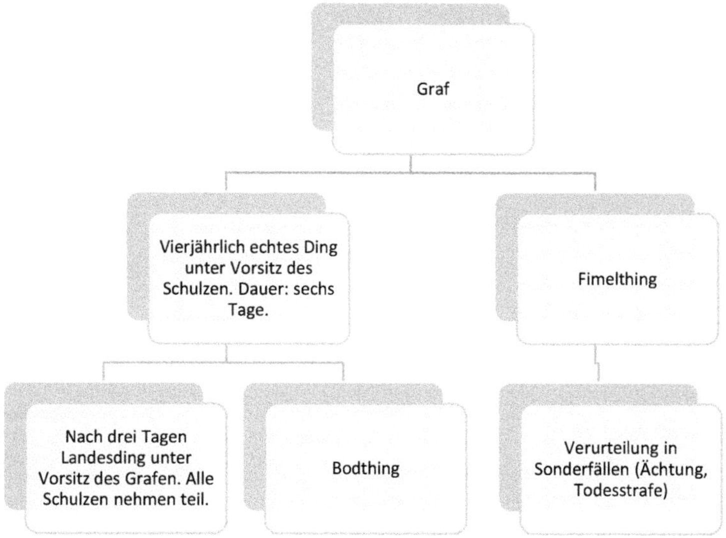

Siebs

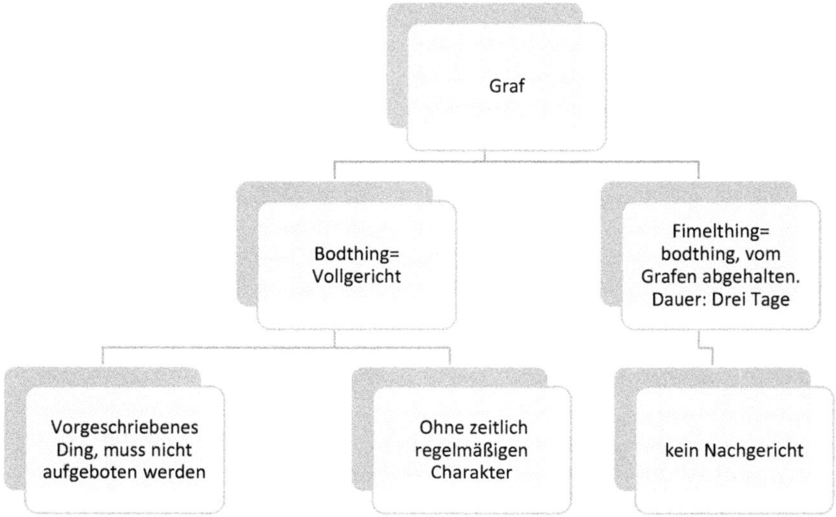

Schwerin

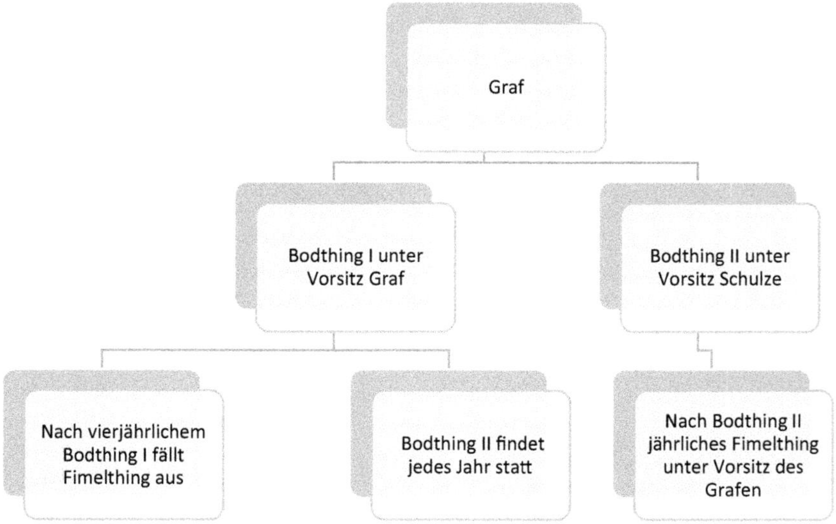

Weiterhin wird das Element *thing* in Verbindung mit einer Inschrift aus dem 3. Jahrhundert gebracht, die 1883 in der Nähe von Housesteads Roman Fort bei der

Hadrian Wall in Cumbria im nordwestlichen England gefunden wurde. Iversen[375] bietet einen Kurzüberblick über einen möglichen Zusammenhang zwischen dem „Ding" und Götternamen. Die Inschrift enthält den Namen *Thincsus* (Thincso), was als ältester, indirekter Beweis für das Wort „Ding" im Germanischen gilt. Dieser Fund, so Iversen, gibt wichtige Hinweise auf das frühe Dingsystem. Die lateinische Inschrift lautet: *Deo Marti Thincso et duabus Alaisiagis Bede et Fimmilene et n (uminibus) Aug (ustormum) Germ (ani) cives Tuihanti v (otum) s (olvit) l (ibens) m (erito).* Dies wurde übersetzt als: „An den Gott Mars *Thincsus* und die beiden *Alaisagae, Beda* und *Fimmilena*, und den göttlichen Geist des Kaisers, die deutschen Stammesangehörigen aus *Tuihantis* bereitwillig und verdient ihr Gelübde erfüllen." Die Haupttheorie ist, dass Söldner/Soldaten aus dem heutigen Gebiet von Twenthe in den östlichen Niederlanden (*Germani cives Tuihanti*) den Stein zu Ehren der Götter erhoben.[376] Friesische Keramik wurde auch auf dem Gelände gefunden, was die Theorie unterstützen würde. Was allerdings den Twentern Anlass gegeben hatte, die – im Vergleich zu ähnlichen Denkmälern jener Zeit – besonders schönen Votivaltäre zu errichten, lässt sich nicht mehr in Erfahrung bringen. Möglicherweise wollten sie damit den Dank für reichen Erntesegen oder für eine glückliche Meerfahrt von der Küste des Heimatlandes nach Britannien aussprechen.[377]

Die Namen *Beda* und *Fimmilena* kann man mit dem *bodthing* und *fimelthing* in Zusammenhang bringen; beide werden im Älteren Schulzenrecht erwähnt. Das friesische *bodthing* bedeutete eine außergewöhnliche Versammlung. Der Begriff könnte, immer noch Iversen, damit zusammenhängen, dass Nachrichten bei der Ankündigung von Sitzungen, die außerhalb der regulären Zeiten stattfinden würden, versandt wurden. *Fimelthing* wurde als eine Art Gericht oder bewegliches Gericht ausgelegt. Das Wort *fimel* könnte mit dem altnordischen Verb *fimast* verwandt sein, was übersetzt „beeilen" bedeutet. Die Auslegung ist jedoch ungewiss und die Beweislage dürftig.[378]

Der Begriff *fimelthing* könnte unter Berücksichtigung dieses Zeitaspekts des Grundbegriffs mit *afterding* verbunden werden, Versammlungen, die nach dem

375 Sanmark u. a., Debating the ‚Thing' in the North I, S. 10 ff. Das Thema jedoch ist nicht neu; auch Theodor Siebs war der Fund bekannt, vgl. Beiträge zur deutschen Mythologie. II. Things und die Alaisiagen, S. 433 ff.

376 Die Annahme Frusciones, die Truppen kämen möglicherweise aus Friesland, ist unrichtig. „Der im Dativ Singular deklinierte Name deo marti thincso ist neben anderen Götternamen (bede et fimmilene) am Hadrianswall möglicherweise von friesischen Grenztruppen auf einen Altar geritzt worden." Fruscione, Zur Frage eines germanischen Rechtswortschatzes, S. 20. Twente war aber nie ein Teil Frieslands.

377 Dazu Siebs, Theodor, Beiträge zur deutschen Mythologie. II. Things und die Alaisiagen, S. 456.

378 Dazu Sanmark u. a., Debating the ‚Thing' in the North I, S. 10 f.

regulären Ding abgehalten wurden (Nachgericht).[379] Die Absicht könnte gewesen sein, die Entscheidungen der größeren Versammlungen weithin bekannt zu machen. Im Anschluss an diese Zusammenkünfte wurden Informationen in die lokalen Gemeinden übertragen, was ziemlich übereilt geschehen musste. In diesem Sinne meint Steller, jedoch ohne den Zeitaspekt zu betonen, dass trotz mancher Schwierigkeiten die Erklärung dieses Wortes als „Suchding" aus sachlichen und sprachlichen Gründen anzunehmen sei: „Im Anschluss an das Bodthing hält der Graf ein dreitägiges Gericht ab, in dem die Gehorsamsverweigerung gegen den Schulzen verhandelt werden."[380]

Die Namen *Thincsus*, *Beda* und *Fimmilena* waren die Namen eines Gottes und zweier Göttinnen, die Beschützer des *things*. In diesem Fall könnten die drei Namen der Götter von der Existenz eines Systems fester Versammlungen (Thincsus), außergewöhnlicher Versammlungen (Beda) und „Informationsversammlungen" (Fimmilena) zeugen. Diese Interpretation deutet, so Iversen, auf das Vorhandensein eines Versammlungssystems hin, das im 3. Jahrhundert sowohl fest als auch flexibel im friesischen Raum war. Die Notwendigkeit, „Informationstreffen" nach gewöhnlichen Zusammenkünften abzuhalten, könnte auf die Existenz fester regionaler Repräsentationsdinge hindeuten.[381]

Als mögliche Deutung ist aus meiner Sicht dieser Lösungsvorschlag abzulehnen, denn zwischen dem 3. Jahrhundert und den friesischen Rechtstexten des 12. und 13. Jahrhunderts besteht eine erhebliche zeitliche Lücke von tausend Jahren. Das Spektrum an semantischen Möglichkeiten zum Phänomen „Sprachveränderung" ist damit ungeheuer breit gefächert. Sprachwandel im lexikalischen Bereich betrifft vor allem den Bedeutungswandel. Viele Wörter des Deutschen haben oft eine über tausend Jahre alte Geschichte; ihre Verwendung und ihre Bezeichnungsfunktionen können sich im Laufe der Zeit – auch bedingt durch außersprachliche

---

379 So auch die Definition im verbesserten Wörterbuch der Fryske Akademy: „fimelting. Suchding (die drei zusätzlichen Gerichtstage, im Anschluß an das bodthing." Wörterbuch (verbessert) Fryske Akademy.

380 Steller, Das altwestfriesische Schulzenrecht, S. 49.

381 „Such a system could agree well with the judicial practice described by Tacitus, with its fixed and extra-ordinary gatherings, as well as annual representational assemblies/cultic gatherings." Sanmark u. a., Debating the ‚Thing' in the North I, S. 11. Dazu auch C. L. Clay: „‚Beda' and ‚Fimmilena' are even enshrined in later medieval law codes recorded in Frisia, whereby ‚fimelthing' and ‚bodthing' are juristic procedures within such assemblies […]. This suggests that the ‚temple' itself is likely to have been perceived and used as an assembly by these groups." Clay, Cheryl Louise, Developing the ‚Germani' in Roman Studies, Theoretical Roman Archaeology Journal 0, Nr. 2007 (2008), https://doi.org/10.16995/TRAC2007_131_150, S. 144, zugegriffen am 24.11.2020.

Faktoren – geändert haben.[382] Außerdem ist es nicht glaubwürdig, dass zu dieser Zeit ein so klarer Hinweis auf eine alte heidnische Göttin im Namen einer politischen und juristischen Organisation akzeptiert wurde.

Grundvoraussetzung für eine Deutung der Begriffe ist, die vorhandenen Quellen nicht nach ihrem jeweiligen Erkenntniswert von Ideal und Wirklichkeit einzuteilen, sondern zu ermitteln, wie die Begriffe *bodthing* und *fimelthing* im Älteren Schulzenrecht konkret präsentiert werden. Auf diese Weise können die möglichen Bedeutungsvarianten – auch regional bedingt – eines so komplexen Phänomens wie die Gerichtsstruktur im alten Friesland plausibel dargestellt werden. Die oben skizzierten definitorisch-etymologischen Bemühungen zur Klärung des Begriffs *fimelthing* mit der Absicht, Mehrdeutigkeit auszuschließen, können wegen ihrer unterschiedlichen postulierten Bedeutungen wie „tasten" „Frauenzimmerchen" < mittellateinisch *femella,* „nutzlose Arbeit leisten", „Hanf pflücken", „faseln", „scheinheilig vorgehen"[383] kaum als eine plausible linguistische Grundlage für die Benennung eines Gerichts dienen.

Eine von Gerbenzon vertretene Vermutung, das westfälische Femegericht könne mit dem friesischen *fimelthing* in Verbindung gebracht werden, ist zwar interessant, muss[384] aber abgelehnt werden, und zwar aus zwei Gründen: Erstens ist die Feme eine typische Erscheinung der spätmittelalterlichen Gerichtsverfassung, die hauptsächlich in Westfalen[385] vorzufinden war.[386] Sie war für die Verfolgung und Bestrafung schwerer Straftaten zuständig;[387] im *fimelthing* gibt es dafür

---

382 Dazu Bergmann, Rolf/Pauly, Peter/Stricker, Stefanie, Einführung in die deutsche Sprachwissenschaft, Heidelberg 2005, S. 167.

383 Philippa, Marlies/Debrabandere, Frans, Etymologisch Woordenboek van het Nederlands, Vol 2 F-Ka, Amsterdam 2005.

384 Dazu Gerbenzon: „Men vraagt zich af, of niet – anders dan de etymologen willen – ook de Nederlandse woorden *veem, vennoot* en *vent* hiermee samenhangen. Dat de *fiamonda* in deze woordengroep thuishoort, lijkt nauwelijks twijfelachtig. Maar heeft ook Oudfries *fimelthing* er mee te maken?" Gerbenzon, Pieter, Rezension zu: S. Lebecq, Marchands et navigateurs frisons du haut moyen âge, 1: Essai, [2:] Corpus des sources écrites. In: Tijdschrift voor Rechtsgeschiedenis 4 (1984), S. 418–419, hier S. 419.

385 Jedoch auch in den östlichen „niederländischen" Gebieten, nicht aber in Friesland. Dazu Kossmann-Putto, Johanna A., Het heimelijk gerecht: Het Westfaalse veemgerecht en de Noordelijke Nederlanden in de late middeleeuwen (Middeleeuwse studies en bronnen 31), Hilversum 1993, S. 9 ff.

386 Einen konzisen Überblick bietet Peter Oestmann, Wege zur Rechtsgeschichte, S. 104 f.

387 Jedoch nicht nur: „Auch vor den westfälischen Femgerichten scheint man sich der Schadensklage bedient zu haben." Gudian, Gunter, Gemeindeutsches Recht im Mittelalter, Ius commune 2 (1969), S. 33–42, hier S. 42.

keine Belege. Zweitens gibt es ein etymologisches Problem, die beiden Begriffe aus einem Grundwort herleiten zu wollen. Wie beim *fimelthing* ist die Herkunft des Wortes „Feme“ ungeklärt. Urkundlich wird es erstmalig im Jahre 1229 erwähnt:

> „Im Münsterlande stossen wir auf eine der ersten Spuren des unbekannten Wortes. 1229 bestätigt Graf Otto von Dale die mit Zustimmung seiner Ministerialen bereits erfolgte Übertragung eines seiner Güter an das St. Aegidii-Kloster zu Münster vor einem Münsterer Freistuhle.“[388]

Das Wort Feme ist wohl identisch mit dem niederländischen Wort *veem* (Genossenschaft), vgl. niederdeutsches *veime nôt* (Femgenosse, Freischöffe).[389] Im phonetischen Bereich wäre das Fehlen des Phonems /l/ in *veem* (Feme) zu erklären: Germ. /l/ bleibt im Ahd. unverändert (z. B. Got. *laisjan*, Ahd. *lēren*, Got. *haldan*, Ahd. *haldan*).[390] Das /l/ zeigt in der Entwicklungsgeschichte der Liquidae (/r/, /l/) einen recht stabilen Charakter; ein Wechsel zwischen ursprünglichem /r/ und /l/ liegt lediglich in einigen Fällen vor, z. B. bei Ferndissimilation (*prîor/prîol*).[391] In diesem Fall wäre dann das Vorkommen eines ursprünglichen /r/ (**fimerthing*) nachzuweisen, *quod non*. Damit ist eine etymologische Verwandtschaft der beiden Begriffe bereits aus phonologischen Gründen äußerst unwahrscheinlich.

3.4 Zwischenfazit

Was das *bodthing* und das *fimelthing* betrifft, ist nach obigen Ausführungen folgender Schluss erlaubt: Das *bodthing* wurde jedes vierte Jahr abgehalten und stand unter dem Vorsitz des Grafen oder dessen Stellvertreter, dem Schulzen. Der Graf übertrug sieben Wochen vor dem *bodthing* den Schulzen seinen Bann[392], im *bodthing* gaben ihm dann die Schulzen den Bann zurück. In der Zwischenzeit durfte der Graf nicht richten, außer in Notsituationen: Notzucht, Todschlag, Einfall ins Land mit einer bewaffneten Macht.[393] Da sollte er hinreiten und den Bann handhaben.

---

388 Brode, Reinhold, Freigrafschaft und Vehme, in: Gedenkschrift Georg Waitz, Hannover 1886, S. 377–388, hier S. 379.

389 Duden Etymologie: Herkunftswörterbuch der deutschen Sprache, Lemma „Feme“.

390 Eggers, Hans/Braune, Wilhelm, Althochdeutsche Grammatik, Tübingen 1987, S. 115.

391 Weinhold, Karl, Kleine mittelhochdeutsche Grammatik, Wien 1881, S. 45.

392 Möglicherweise zur Vorbereitung des Klageverfahrens. Diese Übertragung der Befugnisse kann ein Beispiel für eine sich allmählich entwickelnde zentralisierte Gewaltstruktur sein. Vgl. in diesem Sinne auch Algra: „Zij [*fimelthing*, Anm. Verf.] past niet in de accusatoire procedure, zoals we die kennen uit het Landrecht der Friezen, waarin iedereen in beginsel zijn onschuld mocht bezweren.“ Algra, ‚Rechtshistorische aspecten van het Landrecht der Vriesne‘, S. 119 f.

393 Hier wäre zu fragen, warum der Frana diese Aufgaben nicht wahrnimmt, denn gerade er war für solche Fälle zuständig. Eine mögliche Erklärung liegt in dem Wort „banne“: Er durfte die Banngewalt ausüben, damit könnte er womöglich den

Das *bodthing* war demgemäß nicht auf Ungehorsamsfälle beschränkt.[394] Sachen, die hier nicht verhandelt wurden, wurden nachträglich im sogenannten *fimelthing* abgehandelt. Wer an beiden Gerichtsverhandlungen teilgenommen hatte, brauchte die Befehle des Königs innerhalb einer Jahresfrist nicht zu befolgen. Das *fimelthing* trifft man in anderen Rechtsbüchern Europas, soweit ich es überblicken kann, nicht an.

Die Frage nach einer eindeutigen Definition der Begriffe *bodthing* und *fimelthing* ist aufgrund der komplexen Entwicklungsgeschichte der vorhandenen Quelle und sehr unterschiedlicher Etymologievorschläge nicht leicht zu beantworten. Darüber hinaus blieb die Frage nach dem Stellenwert des gebotenen Dings, trotz der Vielfalt an Darstellungen und Bedeutungsvarianten des Begriffs, in den Untersuchungen weitgehend unberücksichtigt. Im Folgenden möchte ich kurz auf diese Frage eingehen.

Das *bodthing* wurde alle vier Jahre abgehalten, wenn der Graf das wollte (*ief hij wille*). Wie soll man die Relevanz dieses *things* damit einstufen? War womöglich von einer Höflichkeitsfloskel die Rede? Wenn der Graf das Ding nicht abhalten wollte, fiel dann die Veranstaltung aus und musste die Dinggenossenschaft vier Jahre warten, bevor ein neues *bodthing* angekündigt wurde? Oder fand das Ding trotzdem statt mit den Schulzen als Stellvertretern? Die Schulzen müssten dann jedoch nach Kap. 17 *contumacia*-Angelegenheiten im *fimelthing* selber aburteilen, also in den Fällen, wo sie in eigener Person einen freien Friesen des Ungehorsams überführt hatten.[395] Außerdem wäre er nach Kap. 28a mit der Unmöglichkeit konfrontiert, den Bann wieder dem (abwesenden) Grafen zu übertragen.

Wenn man von einem vierjährlichen Gerichtstermin ausgeht, müsste man annehmen, dass damit diesem *bodthing* doch ein ungemein wichtiger Stellenwert beigemessen wurde. Der Zusatz „*ief hij wille*" lässt aber anderes vermuten. Findet

Frana zur Ausführung der Aufgaben beauftragen. Aus dem Kontext lässt sich aber schließen, dass der Graf in diesen besagten Fällen selber richtete bzw. handelte; die Zuständigkeit des Franas wäre dann auf die echten Dinge beschränkt. Vgl. auch in dieser Hinsicht die Auffassung Algras: „De frana zal zijn leidende rol bij de rechtszittingen (waarop de graaf aanwezig was) hebben moeten opgeven." Algra, ‚Rechtshistorische aspecten van het Landrecht der Vriesne', S. 149.

394 So die Auffassung Hecks, Die altfriesische Gerichtsverfassung, S. 22. Neben Ungehorsamsfällen (Kap. 11 Sendgericht) wurden auch andere Sachen verhandelt, z. B. in Kap. 18 (Sendgericht).

395 „Fan dae grieuwa. Djt is riocht, dat dy fria Fresa ne thoer bi dis greuwa ban an stride withstaen, hit ne se dat hem zijn scelta wrherich wrtioghe." *Vom Grafen. „Dies ist Recht, dass sich der freie Friese kraft des gräflichen Bannes nicht vor Gericht zu verantworten braucht, es sei denn, dass sein Skelta ihn des Ungehorsams überführe."* Buma, Westerlauwerssches Recht, S. 81. Im modernen Sinne würde der Schulze damit als befangen gelten.

das *bodthing* dann jedes Jahr statt, wie v. Schwerin für sein vom Schulzen abgehaltenes *bodthing* vorschlägt?[396] Die Antwort ist zu verneinen, denn außer der Tatsache, dass in Kap. 26 explizit von einem quadrennialen Turnus die Rede ist, gibt es eine auffallende Parallele zum kirchlichen Verfahren im Sendgericht[397], die einem vierjährlich abgehaltenen, weltlichen *bodthing* Überzeugungskraft verleiht. Im Bischofsjahr mussten das *bodthing* sowie das Sendgericht im Bischofsjahr in den Hauptkirchen zwischen Weihnachten und Neujahr angekündigt werden. Die Pflicht, das *bodthing* zu besuchen, ruhte auf allen Hausmännern, also auf der gleichen Gruppe, die das Sendgericht zu besuchen hatte:

> Kap. **22a** Fan des biscopis sinnethe. **Djs fiaerda ieris** [Hervorhebung Verf.] aegh di biscop toe sijnnediane, ief hi int lant komt, ende zijn sinned schel al huusman seka. *Vom Sendgericht des Bischofs.* ***Im vierten Jahre*** *hat der Bischof, wenn er ins Land kommt, das Sendgericht zu halten, und jeder Hausmann soll sein Sendgericht besuchen* [...].

Bleibt nochmals die etwas gleichgültige Hinzufügung: *ief hij wille.* Falls der Graf nicht kommen möchte, fiel nicht nur das *bodthing* aus, sondern auch das Nachgericht, das *fimelthing,* denn hier wurde vom Grafen Recht gesprochen über die Leute, über die man im *bodthing* nicht zu richten vermochte. Ob das nur

396 Algra ist derselben Meinung: „Daaruit mag men m.i. niet afleiden, dat dat er in de tussenliggende jaren géén bodding plaatsvond, doch slechts dat de graaf op elke 4e boddding aanwezig kon zijn." Algra, Ein: enkele rechtshistorische aspecten van de grondeigendom in Westerlauwers Friesland, S. 32, Fn. 180. Fairbanks versucht zu einer Synthese zu kommen. Was den Stellenwert vom Grafengericht als *bodthing* betrifft, schlägt er vor, den vierjährlichen Zwischenraum als unterscheidendes Merkmal fallen zu lassen: „The minimum possible sacrifice seems to me to be the four-year interval." Fairbanks, The old West Frisian Skeltana riucht, S. 43. Dem muss man entgegenhalten, dass in Kap. 26 des Älteren Schulzenrechts dieser quadriennale Zwischenraum wohl als typisches Merkmal für das friesische *bodthing* galt. Außerdem würde ein jährlich zurückkehrendes *bodthing* neben der Verpflichtung zur Teilnahme an den drei echten Dingen eine erhebliche Belastung für die Rechtsgenossen mit sich mitbringen. Daneben hatten die *huusmanne* zusätzlich die Sendgerichte zu besuchen. Vgl. Buma, Westerlauwerssches Recht, Kap. 2a (Sendgericht), S. 68. „Les plaids ordinaires tenus par les représentants du Comte *et de l'Évêque* [Kurs. Verf.] plusieurs fois par an." Das bedeutet, dass jeder freie Friese drei echte Dinge (weltlich) und drei echte Dinge (geistlich) pro Jahr zu besuchen hatte. Wenn er dazu jährlich noch verpflichtet wäre, zwei *bodthinge* zu besuchen, hätte er acht Pflichttermine pro Jahr zu absolvieren.

397 Simon Kalifa geht einen Schritt weiter: „Je pense que le Droit Synodal, a inspiré le Droit des Magistrats au point que ce dernier lui a sans doute emprunté sa structure initiale", Kalifa, Influence de l'Église et du Droit Synodal sur le Droit coutumier dit des Magistrats dans la Frise du moyen âge, S. 57.

Ungehorsamsfälle betraf, muss bezweifelt werden, denn diese Fälle wurden auch im *houe* behandelt. Buma ist der Ansicht, dass z. B. aus Standesgründen die Leute nicht im *bodthing* von einem Schulzen, sondern standesgemäß von dem Grafen gerichtet werden sollten.[398] Die dargestellten Ergebnisse rechtfertigen die Aussage, dass das physische Erscheinen des Grafen nicht unbedingt erforderlich bzw. erwünscht war: An seiner Stelle konnten die ortskundigen Schulzen das gebotene Ding abhalten, was zu einer größeren Akzeptanz der Urteile geführt haben könnte.

3.5 *afte thing* und *hof*

„Neben diesen Thingen [*bodthing, gaubodthing, fimelthing*, Anm. Verf.] können immer über sieben Nächte aefte tingh anberaumt werden, davon jeder Friese drei im Jahre besuchen muss."[399] Ausgangspunkt der Überlegungen bildet Kap. 54, in dem von einem gesetzlichen Ding die Rede ist, das der freie Friese zu besuchen hat: *„Djt is riocht: ief di fria Fresa tria afte ting socht habbe binna dae iere."* (Dies ist Recht: Wenn der freie Friese innerhalb eines Jahres drei gesetzliche Gerichte besucht hat). Im Sachsenspiegel war das echte Ding das ordentliche Gericht für alle Prozesse, ohne Rücksicht auf die Größe des Objekts und den Stand des Besitzers.[400] Für die dingpflichtigen Einwohner eines Gerichtsbezirkes fand das echte Ding regelmäßig alle achtzehn Wochen, das heißt jährlich dreimal statt.[401] Wenn in einer Sitzung Rechtsstreitigkeiten nicht abgeurteilt werden konnten, wurden sie deshalb bis zum nächsten echten Ding ausgesetzt. Diese Fälle kamen dann nicht erst nach achtzehn, sondern schon nach sechs Wochen zur Verhandlung; innerhalb einer Grafschaft fand also regelmäßig alle sechs Wochen ein echtes Ding statt.[402] Auch in Drenthe wurde dreimal im Jahr zu festgesetzten Zeiten ein Ding abgehalten,

398 Buma, Westerlauwerssches Recht, S. 87, Fn. 8. Die Aussage entbehrt aber jeder Grundlage im Älteren Schulzenrecht.

399 So die Schlussfolgerung v. Schwerins, Zur friesischen Gerichtsverfassung, S. 481. Ebenfalls Schröder/Künßberg: „Das Landgericht trat jährlich dreimal als echtes Ding (afte thing), jedesmal mit dreitägiger Dauer, zusammen, gewöhnlich wohl abwechselnd von Bann zu Bann und nur in besonderen Fällen als Vollgericht der ganzen Landschaft." Schröder, Richard/Künßberg Eberhard Frhr. von, Lehrbuch der deutschen Rechtsgeschichte, S. 611.

400 Einschränkung bei Kern: „Das echte Thing hat die hohe Gerichtsbarkeit (über Leib und Leben und über Eigentum)". Kern, Eduard, Geschichte des Gerichtsverfassungsrechts. München 1954, S. 9.

401 „Jeder Christ ist verpflichtet, sobald er zu seinen Jahren gekommen ist, in dem Bistum, in dem er ansässig, das Sendgericht dreimal im Jahr zu aufzusuchen." „In gleicher Weise sollen sie das weltliche Gericht aufsuchen: die Schöffen des Grafen Ding, das alle achtzehn Wochen unter Königsbann zusammentritt." Eike ‹von Repgow› u. a., Der Sachsenspiegel, I, Art. 1, 2 § 2, S. 35 f.

402 Schröder, Die Gerichtsverfassung des Sachsenspiegels, S. 3, Fn. 4.

und zwar 14 Tage nach Ostern, die Montage nach dem 10. Oktober und nach dem 14. Januar. Die Dinggenossen wurden nicht mittels eines königlichen Bannes, wie beim *bodthing*, dazu angerufen, sondern mussten zum festgesetzten Termin und Ort erscheinen. Hier handelt es sich eindeutig um ein ungebotenes Ding.[403]

Die Frage, ob die drei in Kap. 54 genannten Dinge mit den drei festgesetzten Versammlungen im Sachsenspiegel in Einklang gebracht werden können, ist wegen der fehlenden inneren Kohärenz schwer zu beantworten. So lässt sich ein *thing* in Kap. 34a/b nur schwer von dem *efte thing* in Kap. 54 unterscheiden.[404] Fairbanks Bemerkung, es wäre sehr verlockend, die drei *thinge* in Kap. 54 (Schulzenrecht) als *die* drei *thinge* statt lediglich drei *thinge* zu lesen, lässt sich nicht mit sicheren Aussagen unterstützen, ist aber nicht auszuschließen. Eine entsprechende Bestimmung findet sich in Kap. 1c der Vierundzwanzig Landrechte:[405]

> Kap. **1c** Dat aerste needschijnis, [im Falle von *contumacia*, Anm. Verf.] dat him zijn bannere nen thingh keth nabbe; om dat dat di frana aegh den kerre, hwamme hi toe bannere sette, ende hi selff toe laniane, ti a thorpe afte thing ti kedane – dat is en therp, deer kijndkerstingha sint ende lijkfellingha – eta thrim afte thinghum: dae forme nioghen nachten efter toulifta dei, dae oera nioghen nachten eer pingestrum, dae tredda nioghen nachten efter sinte Iohannesdey; soe moet ma af ta ban leda a vmbe sawen nacht al toe sinte Bauonis ende Remigiusdey; deerefter aegh ma nen ban toe ledane sonder nede, hit ne se dat ma man oen huse sle ief dat ma wiue oen nede nyme iefta om bodeldeel. *Der erste gesetzmäßige Verhinderungsgrund ist, dass sein Gerichtsbote ihm kein Gericht angesagt hat: [deswegen weil der Frana die Wahl hat, wen er zum Gerichtsboten einsetzen will, und er (hat ihn) selbst zu belohnen, um in jedem Dorfe gesetzliche Gerichte anzusagen – das ist ein Dorf, wo Kindtaufen und Beerdigungen stattfinden – (und zwar) zur Zeit* ***der drei gesetzlichen Gerichte*** [Hervorhebung Verf.]: *das erste neun Tage nach dem Dreikönigsfest, das zweite neun Tage vor Pfingsten, das dritte neun Tage nach Sankt-Johannis-Tag; dann darf man alle sieben Tage bis zum Sankt-Bavo-und-Remigius-Tag gesetzlichen Bann führen; danach soll man keinen Bann ohne Not führen, es sei denn, dass man einen Mann im Hause erschlage oder eine Frau vergewaltige oder wegen eines Erbteils.*

Die Kritik v. Schwerins an den Ansichten Hecks konzentriert sich auf einen angeblichen Übersetzungsfehler. Die erste Stelle von „*Dat is en therp*" an bis „*thinghum*" übersetzt Heck mit: „Das ist ein Dorf, wo Kindtaufen sind und Leichenbegängnisse und die drei gesetzlichen Dinge". Die Übersetzung ist nach Schwerin falsch, weil „*e*" nicht „und" heißt und „*ta thrim afte thinghum*" ein Dativ Plural, kein Nominativ

403 Keverling Buisman, Ordelen van de Etstoel van Drenthe, S. 21.

404 „Is there a distinction between ordinary weekly *things* and *efta thing*?" Fairbanks, The old West Frisian Skeltana riucht, S. 45.

405 Buma, Westerlauwersches Recht, S. 151.

ist. „*E ta thrim afte thinghum*“[406] könne nur heißen: „an den drei echten Dingen“. Von hier aus würde sich zeigen, dass die Stelle „dat is lijkfellingha“ eine Parenthese ist. Der Sinn der Stelle sei, dass der Frana auswählen kann, wen er als *bannere* setzen will, um in den Dörfern das Ding anzusagen, nämlich „an den drei echten Dingen“. Die Dinge nun finden laut dieser Stelle an folgenden Zeitpunkten statt: neun Nächte nach Dreikönigstag, neun Nächte vor Pfingsten, neun Nächte nach St. Johannistag. Sodann würde diese Stelle mit Kap. 16 aus dem Schulzenrecht kollidieren:

> Djt is riocht, dat di fria Fresa ne thoer des grewa ban tiulda jn were twisscha someresnacht ende letthera euennacht deerantwiska ne thoer hi ban tiulda jn were tre daghen; dat hi onebiwollid thana come, soe ne thoer hi des koneges ban tiulda, eer dat ieer al ommekompt. *Dies ist Recht, dass der freie Friese kein Gebot des Grafen zu befolgen braucht, außer zwischen Sommersonnenwende und der späteren Tagundnachtgleiche; dazwischen braucht er nur während dreier Tage einem Gebot Folge zu leisten. Falls er unbelastet (wieder) von dannen geht, braucht er des Königs Gebot nicht zu befolgen, bevor das Jahr ganz vergangen ist.*

In den „*tre daghen*“ von Kap. 16 vermutet Heck „die drei Dinge“. Dabei übersieht er aber, immer noch nach v. Schwerin, dass diese drei Tage zwischen Johannistag und Herbstäquinoktium, also zwischen dem 21. Juni und dem 21. September, liegen. In diesem Zeitraum könne sich das Ding weder neun Tage nach dem Dreikönigstag noch neun Nächte vor Pfingsten befinden.[407]

Von Schwerin bietet mit seiner Übersetzung offenbar ein Argument für die Existenz von drei echten Dingen, obwohl er – wie oben erwähnt – eine andere Lösung für die Bedeutung dieser drei Tage vorschlägt. Es handelte sich dabei nicht um „die drei echten Dinge“, wie man erwarten könnte, wenn es sich um die drei angenommenen Jahresdinge handelte, sondern ganz allgemein um „drei echte Dinge“[408]. Es waren diese drei Dinge, wie sie in größerer Zahl im Jahr vorkamen; nach Ansicht v. Schwerins betrafen sie die über sieben Nächte ausgelegten Dinge. Solche Dinge bräuchte jeder freie Friese nur drei Mal im Jahr zu besuchen. Auch Fairbanks hegt diesbezüglich Zweifel: „the manuscripts all agree in having no definite article, and we are left in the air".[409]

Hierbei übersehen beide Autoren meiner Ansicht nach Folgendes: Das Fehlen des Artikels als Ausschlusskriterium für die Existenz von drei festgesetzten

406 Fassung **J** weicht ab: *eta thrim afte thingum.* Diese Stelle ist aber unerheblich für die Bestimmung des Kasus, so wie v. Schwerin sie – mit der Bestimmung als Dativ Plural – durchführt.

407 v. Schwerin, Zur friesischen Gerichtsverfassung, S. 474.

408 Ibidem, S. 477.

409 Fairbanks, The old West Frisian Skeltana riucht, S. 45.

Dingversammlungen kann nicht als Hauptargument dienen. Von besonderem Interesse ist in dieser Hinsicht das Possessivpronomen „sijn" in Kap. 55:

> Fan thinghum onesocht. Jef di scelta en man bitigath, dat hi **sijn aefta thinghe** [Hervorhebung Verf.] alsoe socht nabbe als hij mey riochte sculde, soe aegh hi hem al des bitigades twirasum op dae holligum toe ontswerrane. *Von nichtbesuchten Gerichten. Wenn der Skelta einen Mann beschuldigt, seine gesetzlichen Gerichte nicht so besucht zu haben, wie er nach dem Rechte sollte, so darf er sich von allen Anschuldigungen mit einem Eideshelfer auf die Reliquien freischwören.*

Das Possessivpronomen kennzeichnet damit das Substantiv *thing* als hinreichend identifiziert und hat dadurch denselben bestimmenden Charakter wie der Artikel „die", sodass die Hypothese v. Schwerins, was diesen Teil seiner Ausführungen betrifft, damit zumindest in Frage gestellt werden kann. In den Küren und Landrechten werden Vorschriften wiederholt abgeändert oder näher ausgeführt. „Auch fehlen in den Vierundzwanzig Landrechten fast ganz Bestimmungen des öffentlichen Rechts und überwiegen weitaus privatrechtliche Regelungen, was ein Merkmal für jüngere Texte heißen darf."[410] Somit ist die Tatsache, dass die Bestimmungen über das Abhalten der echten Dinge in Kap. 16 des Schulzenrechts und Kap. 1c der Vierundzwanzig Landrechte nicht deckungsgleich sind, nicht verwunderlich.

> Kap. 57 (Ausschnitt) Fan hofclaghe. Jef ma en huusman etta houe opclageth, soe scel di grewa dae scelta bieda, dat hi hem toe houe bodie; soe scel di scelta bieda dae bannere, dat hi hem te houe bodie tweer daghen oen sijnre bura anderde [...]. *Von der Klage beim Grafengericht. Wenn man einen Hausmann beim Grafengericht verklagt, so soll der Graf dem Skelta gebieten, dass er ihn vor das Grafengericht lädt; darauf soll der Skelta dem Gerichtsboten gebieten, dass er ihn an zwei [aufeinanderfolgenden] Tagen in Gegenwart seiner Nachbarn vor das Grafengericht lädt [...].*

Die Kapitel 57 bis einschließlich 61 beschreiben das Verfahren im Grafengericht. Der Graf übte den Gerichtsvorsitz selber aus, eine im *bodthing* mögliche Stellvertretung kommt nicht in Betracht. Aus den Beschreibungen der Gerichte im Älteren Schulzenrecht lässt sich nicht unmittelbar eine Hierarchie der Gerichte herleiten, sondern es gibt ein buntes Bild der einzelnen Gerichte mit unklar ausgestalteten Zuständigkeiten.

Eine Stratifizierung der Gerichtsherrschaften vertritt u. a. Schröder.[411] Er betrachtet die friesische Gerichtsverfassung als abweichend von den anderen

---

410 Dazu Buma, Westerlauwerssches Recht, S. 18.

411 Schröder, Lehrbuch der deutschen Rechtsgeschichte, S. 178. Siehe auch Heck, Die altfriesische Gerichtsverfassung, S. 20: „Wir finden in Friesland eine dreifache Ordnung der Gerichtsbezirke in Gau, Schulzensprengel und Unterbezirk, von denen mindestens Gau und Sprengel wie sich bestimmt erweisen lässt, ihre besonderen Gerichte besessen haben."

bekannten Verfassungen. Die Einteilung für die friesischen Gebiete sieht nach seiner Meinung wie folgt aus: Der ordentliche Gerichtssprengel des Grafen war der *Gau*, der zwar seine Unterbezirke (*ban, bifang*) nach Art der sächsischen Goe und der fränkischen Hundertschaften (regelmäßig vier) hatte, aber einzig mit der Bestimmung als Niedergerichtssprengel, während das Landgericht des Grafen ausschließlich Gaugericht war. Jeder dieser Unterbezirke hatte seinen Schulzen, Banner oder Fronen (*skeltata, schelta, bon, frana*), der zugleich Richter im Niedergericht und Vollstreckungsbeamter im Landgericht war. Die Schöffenverfassung war dem friesischen Recht fremd; erst im 13. und 14. Jahrhundert wurde sie in Nordholland (im Rijnland sogar erst im 16. Jahrhundert) eingeführt.

Vor dem Hintergrund der hier aufgezeigten Einteilung der Gerichtsstruktur kann man davon ausgehen, dass der Hof die höchste Gerichtsinstanz im westerlauwersschen Friesland war. In dieser Hinsicht interpretiert Algra das Verb *opclageth* als Beweis dafür, dass dieses Grafengericht eine Art Berufungsinstanz darstellte.[412] Rechtsbehelfe gegen fehlerhafte Entscheidungen des Schulzen wären hier seiner Ansicht nach zulässig.[413] Allerdings übersetzen die altfriesischen Wörterbücher das Verb *upklagen* mit dem einfachen „verklagen", ohne zusätzliche Hinweise auf „vor einem höheren Gericht anklagen".[414] Es ist zunächst dabei unklar, ob Algra das friesische Grafengericht mit einer Art Beratungsstelle vergleichen möchte oder, da er den Begriff *bezwaar maken* verwendet, vielmehr „Berufung einlegen" als Möglichkeit vorträgt.

Das Problem bei der Beantwortung dieser Frage ist, dass es im Gerichtsverfahren nach ungelehrtem Recht keine Möglichkeiten gab, das Urteil oder genauer: den Urteilsvorschlag zur inhaltlichen Überprüfung einer höheren Instanz vorzulegen.[415]

---

412 Algra widerspricht sich aber mit der Behauptung: „Een novum was eveneens de instelling van het hofgerecht (later keizerrecht geheten), dat te Franeker zetelde berechtte **slechts** [Hervorhebung Verf.] kapitale delicten en verwondingen waarop een vredegeld stond van 20 pond of meer." Algra, ‚Rechtshistorische aspecten van het Landrecht der Vriesne', S. 201.

413 „Bezwaren, gerezen tegen de schout, kon men inbrengen bij de graaf: het upclagia Dat was noodzakelijk want een schout was niet, zoals de frana, de hoogste autoriteit in het land, maar ontleende zijn gezag aan een mandaat van de graaf en was aan hem ondergeschikt, zodat iemand tegen beslissingen van de schout bij de graaf bezwaar kon maken." Algra, ‚Rechtshistorische aspecten van het Landrecht der Vriesne', S. 125. „ ‚Op' betekent ‚omhoog', ‚voor een hoger gerecht' ", ibidem, S. 198, Fn. 511. Siehe ebenfalls Algra: „[...] terwijl ‚op' (naar boven) zoveel wil zeggen als ‚voor een hoger gerecht dagvaarden." Algra, Ein: enkele rechtshistorische aspecten van de grondeigendom in Westerlauwers Friesland, S. 83 zusammen mit Fn. 38, S. 83.

414 „upklagia, opklagia, afries., nhd. anklagen", Köbler, Altfriesisches Wörterbuch; upklagia [...] anklagen, verklagen. Wörterbuch (verbessert) Fryske Akademy. Eine Dingpflicht gab es nicht, das Ladungsverfahren war vorgeschrieben.

415 Vgl. Oestmann, Wege zur Rechtsgeschichte, S. 93.

Stattdessen konnte das Urteil einer anerkannten Rechtsautorität vorgelegt werden mit der Frage, welcher Urteilsvorschlag der bessere wäre. Diese Autorität war eine Instanz, die von dem angerufenen Gericht als Autorität in Rechtsfragen akzeptiert war. Im zweiten Fall handelte es sich um ein verkündetes Urteil, das von einer höheren Instanz überprüft wurde, ob der streitige Sachverhalt richtig ermittelt und beurteilt worden war. Vor diesem Appellationsgericht wurde der ganze Fall inklusive der Tatsachenfeststellung und Beweisaufnahme neu verhandelt. Das neu gefällte Urteil bestätigte oder verwarf das in erster Instanz gefällte Urteil.[416]

Weder die erste noch die zweite Option kann für die friesische Situation als realistisch eingestuft werden. Rechtsmittel gegen fragwürdige Entscheidungen zur Nachprüfung konnten beim Appellationsgericht eingelegt werden; diese Gerichtsinstanz gab es im mittelalterlichen Friesland des 13. Jahrhunderts nicht. Auch die Möglichkeit, das Grafengericht als Belehrungs- oder Beratungsstelle zu bestimmen, muss abgelehnt werden. Dies würde die Existenz eines juristisch geschulten Beratungskollegiums voraussetzen, die es in der friesischen, ruralen und relativ einfach strukturierten Gesellschaft der damaligen Zeit sehr wahrscheinlich nicht gegeben hat. Außerdem zielte das friesische Verfahren noch stark auf ein Bestreben nach Konsens, sodass der Wunsch zur Nachprüfung der Entscheidung nicht stark ausgeprägt war. Weitgehend strebte man nach sozialem Frieden innerhalb der kleinen Kommunen; die Idee, gegen abweichende Meinungen Rechtsbehelfe anzuwenden, war noch nicht in Friesland angekommen.

Weitzel ist jedoch der Meinung, dass schon in merowingischer Zeit das Rechtszugverfahren ausgeübt würde. Die Möglichkeit zur Urteilsschelte gäbe es schon in den Volksrechten und Rechtsaufzeichnungen in der fränkischen Zeit.[417] Als Vorbild diente dabei das römische Recht. Nachdem das Recht im Laufe der Zeit zersplittert wurde und die Amtshierarchie nicht mehr effektiv funktionierte, verlöre diese Form von Urteilsschelte an Bedeutung. Belege für Schelte und Rechtszug sind in der Zeit zwischen 900 und 1200 selten, doch es gäbe immer noch Hinweise auf ihr Fortbestehen. Durch u. a. den Ausbau der Landesherrschaft hätten die Rechtszüge wieder an Bedeutung gewonnen und wurden so im Sinne von Appellation umgestaltet.[418] In Friesland fehlte aber eine zentrale Landesherrschaft, sodass auch die Auffassungen und Argumente Weitzels für die friesische Situation eher nicht gelten.

Ein mehrstufiges Verfahren lässt sich aus dem Wort *upklagia* also nicht herleiten. Vries kommentiert die Ansicht Algras folgendermaßen:

---

416 So die Darstellung von Diestelkamp, Bernhard, Die Durchsetzung des Rechtsmittels der Appellation im weltlichen Prozeßrecht Deutschlands (Akademie der Wissenschaften und der Literatur Mainz. Abhandlungen der Geistes- und Sozialwissenschaftlichen Klasse 1998/2), Stuttgart 1998, hier S. 8 f.

417 Jürgen Weitzel, Dinggenossenschaft und Recht, Bd. I, S. 118.

418 Ibidem, S. 120–124.

> „Algra […] wählt für das im Älteren Schulzenrecht (art. 57) einmal belegte Verb *upklagia* die spezifischere Übersetzung ‚vor einem höheren Gericht anklagen', und zwar lediglich aufgrund der Tatsache, dass *up* ‚nach oben, aufwärts' bedeuten kann. Dies kann jedoch nicht überzeugen, insbesondere nicht, weil sich das Verb, *upklagia* in den Willküren von Wymbritseradeel und Utingeradeel keinesfalls auf die Klage vor einem höheren Gericht bezieht."[419]

Dieser Ansicht kann man entgegenhalten, dass die besagten Willküren von Wymbritseradeel (1404) zu den jüngeren Formen des traditionellen Verfahrens gezählt werden. Rede und Gegenrede, die sonst immer mündlich erfolgen, werden bereits „wie im romano-kanonischen Verfahren"[420] in schriftlicher Form verlangt.

Betrachtet man das Ganze aus diesem Blickwinkel, so kann ein Bedeutungswandel des Begriffs *upklagia* im Laufe der Zeit nicht ausgeschlossen werden. Aus der Quelle kann man jedoch keine Rückschlüsse auf die Existenz eines „Appellationsgerichts" ziehen.[421]

---

419 Vries, Her Bendix is urbeck fonden, S. 315, Fn. 22.

420 Ibidem, S. 313.

421 Im Sachsenspiegel wird das Rechtsmittel der Läuterung – eine Art von Revisionsrecht – noch nicht erwähnt, wohl aber die Urteilsschelte behandelt, die von den germanistischen Rechtshistorikern als „das charakteristische Rechtsmittel altdeutschen Prozesses" aufgefasst wird. Landau, Peter (2014), Die Anfänge der Appellation in Mitteleuropa im hohen Mittelalter, in: Der Einfluss der Kanonistik auf die europäische Rechtskultur 4, S. 307–324, hier S. 308 f. Vgl. zur Möglichkeit eines Widerspruchs in Form einer Schelte: Weitzel, Dinggenossenschaft und Recht, Bd. I, S. 118 ff. Ähnlich im Sendgericht. Wenn der Beklagte sich in Ungehorsamsfällen für nicht schuldig erklärt, wird er vor den Richterstuhl nach Utrecht geladen. Obwohl der Begriff *upklagia* nicht verwendet wird, sondern *ladiane*, gibt es offenbar die Möglichkeit, die Angelegenheit für ein höheres Gericht zu verhandeln:
Kap. **16** (Ausschnitt) „Fan dae fiarda ieer, deer di bisscop komt. Jef binna dae trem ierum dae decken emmen wrherich wirt, soe aegh hlne des fiaerda ieris dae biscope toe brengane ende di decken nen man toe ban ti dwane. Soe aegh di biscop des fiarda ieris op dyn wrheriga alleraerst toe sijnnediane alle dae tre daghen. lef hlne eer bikanna nelle, soe aegh him di biscop efter him ti ladiane toe dae stoele toe Vtrecht, deer aegh him di decken toe ladiane […]. *Von dem vierten Jahre, in dem der Bischof kommt. Wenn jemand binnen drei Jahren dem Dekan ungehorsam wird, so hat dieser ihn im viert en Jahre dem Bischof anzuzeigen, und der Dekan soll niemand en in den Bann tun. Dann hat der Bischof im vierten Jahre sein Sendgericht zunächst an allen drei Tagen über den Ungehorsamen zu halten. Wenn er sich vorher nicht schuldig bekennen will, so soll der Bischof ihn vor den (Richter)stuhl zu Utrecht vor sich laden (lassen), dorthin hat ihn der Dekan zu laden.*" Buma, Westerlauwerssches Recht, S. 175.

Das Verfahren wegen Ungehorsams gemäß Kap. 57 lässt sich auf folgende Weise zusammenfassen:

- Ein Hausmann wird beim Grafengericht verklagt. Der Graf gebietet dem Schulzen, dass er ihn vor das Grafengericht lädt; darauf soll der Schulze dem Gerichtsboten gebieten, dass er ihn an zwei [aufeinanderfolgenden] Tagen in Gegenwart seiner Nachbarn vor das Grafengericht lädt. Wenn er dann nicht kommen will, so soll der Schulze selbst ihn am dritten Tage in Gegenwart seiner Nachbarn vorladen. Wenn er dann noch nicht kommen will, so soll er ihn am vierten Tage im Grafengericht für ungehorsam erklären lassen.
- Der Asega legt ihm wegen des Ungehorsams gegen das Grafengericht eine Buße von zwei Pfund auf. Dann soll der Graf dem Schulzen und dem Asega gebieten, nach seinem Haus zu gehen und dort in Gegenwart seiner Nachbarn zwei Pfund beizutreiben und ins Grafengericht zu bringen, falls möglich.
- Wenn jemand das verwehrt, so soll der Asega einem jeden, der ihm das verwehrt, eine Buße von zwei Pfund auferlegen. Neunmal soll man ihn vorladen und dreimal soll man ihn mit sieben Königszeugen als ungehorsam beim Schulze anzeigen, bevor man ihn nach dem Rechte zu Bruch und Brand (Hauszerstörung) verurteilen kann.
- Wenn er trotzdem ungehorsam bleibt, so soll man ihn mit Heeresaufgebot und Feuer aufsuchen; und wenn sein Haus niedergebrannt ist, so soll der Graf, wenn er da ist, dem Asega befehlen, da Recht zu sprechen. Wenn der Graf nicht da ist, so soll der Schulze dem Asega befehlen, da Recht zu sprechen. Darauf soll der Asega ihn und sein Gut gerichtlich für friedlos erklären; ferner soll der Asega darauf erkennen, dass der Schulze seinen erblichen Grundbesitz zugunsten der Herren und des Volkes annehmen soll, bis er mit solcher Buße, wie er sie verwirkt hat, die Gunst der Herren und des Volkes auf gerichtlichem Wege wiedergewinnt. Bleibt er Jahr und Tag den Herren und dem Volke ungehorsam, so sollen die Herren und das Volk mit dem Erbe tun, was sie wollen.

Auf der Grundlage dieser Beschreibung kann man davon ausgehen, dass das Grafengericht im Stufenverhältnis der Gerichte die höchste Position einnahm. Das Gericht konnte mit Hilfe des Asegas und des Schulzen den Hausmann zu einer schweren Strafe wegen Ungehorsams verurteilen. Die Hauszerstörung konnte in Verbindung mit dem Friedlosverfahren auferlegt werden.[422] Dass die Fälle vor dem Grafengericht nicht nur *contumacia*-Fälle betrafen, ist anzunehmen;[423] Kap. 58

422 Hauszerstörung als typisch germanisches Phänomen vor allem in Friesland und dem Niederländisch- Niederfränkischen Gebiet. Dazu Vries, Seka mit brande ende mit breke. Oudfriese terminologie met betrekking tot het rechtsinstituut ‚woesting', S. 285.

423 Neben Ungehorsamsfällen (Kap. 11 Sendgericht) wurden im Sendgericht auch andere Sachen verhandelt, z. B. in Kap. 18. Vgl. Buma, Westerlauwerssches Recht, S. 176.

spricht im Allgemeinen über die Ladung wegen einer Klage, dies wird nicht weiter spezifiziert. Die dargestellten Ergebnisse werden anschließend im Fazit kurz zusammengefasst.

4. Fazit

Wie die Ausführungen gezeigt haben, wurden die Fragen um die Gerichtsstruktur im Älteren Schulzenrecht kontrovers diskutiert. Im Fokus der Überlegungen standen die Interpretationen der jeweiligen Gerichte: *efte thing, bodthing, fimelthing und hof.*[424] Auffallend abweichend von anderen Gerichtsverfassungen ist das *bodthing*, das gebotene Ding – in Friesland eine im Turnus von vier Jahren abgehaltene wichtige Versammlung, in den anderen Gebieten eher kleinere Schöffenversammlungen zur Beilegung kleinerer Konflikte, die wahrscheinlich zu unregelmäßigen Zeiten zusammenkamen.

Unterschiedliche Ansichten werden hinsichtlich der echten Dinge vertreten; insbesondere stand die Frage im Mittelpunkt, ob es sich um drei Dinge gehandelt hat oder – parallel zum Sachsenrecht und der Drenter Gerichtsverfassung – die drei echten Dinge in Erscheinung traten. Die Identifizierung des Grafengerichts wies, was die terminologische Erklärung betrifft, noch die geringsten Probleme auf. Die dargestellten Ergebnisse rechtfertigen die Aussage, dass, obwohl deutliche Parallelen zu anderen Gerichtsverfassungen gezeigt werden können, das westerlauwerssche Friesland eine eigenständige Position einnimmt.

424 Im Zeitraum von 1165 bis 1345 gibt es keine Angaben im Älteren Schulzenrecht über das Vorkommen einer Niedergerichtsbarkeit (Dorfgerichtes). Vgl. Übersicht der Gerichtsbarkeit bei Algra: Ein: enkele rechtshistorische aspecten van de grondeigendom in Westerlauwers Friesland, S. 44.

VI. Das Gerichtsverfahren

1. Einführung

Im frühesten Stadium der Konfliktlösung in der germanischen Rechtsordnung, wo die Menschen gänzlich auf sich selbst gestellt waren, schlossen sich die Mitglieder der Familienverbände, auch Sippe genannt,[425] zusammen, um sich im Konfliktfall Rechtsschutz zu sichern. Die Feindschaft zwischen verschiedenen Familienverbänden führte oft zu dem Zustand einer Fehde.[426] Die Anwendung von Blutrache war anfänglich der einzig mögliche Weg zur Rechtsdurchsetzung und wurde als rechtmäßiger Ausgleich für das entstandene Unrecht betrachtet. Die Rache war daher zugleich eine Kollektivhandlung. Zwischen Recht und Gewalt bestand im Mittelalter keine scharfe Trennung. In Abwesenheit eines Gewaltmonopols einer Obrigkeit war es den Familienverbänden erlaubt, das Recht auf eigene Faust zu erzwingen.[427] Die Fehde war gewalttätig, aber zur gleichen Zeit rechtmäßig.[428]

---

425 Ältere Bezeichnung für germanische Familienverbände, vgl. Oestmann, Wege zur Rechtsgeschichte, S. 30, 369. Dazu ebenfalls Dilcher: „Vor allem hat sich dabei herausgestellt, wie sehr überlieferte Zentralbegriffe für die Erschließung eines germanisch-deutschen mittelalterlichen Rechtsdenkens, wie Sippe [...] ideologisch überhöht wurden und damit zu Schlüsselbegriffen anfechtbarer Gesamtinterpretationen werden konnten." Dilcher, Leges – Gentes – Regna. Zur Rolle normativer Traditionen germanischer Völkerschaften bei der Ausbildung der mittelalterlichen Rechtskultur, S. 16.

426 Für eine Darstellung der Fehdeterminologie vgl. Vries, Oebele, „Ic ontsidse jemme ende jemme onderseten". Bemerkungen zum friesischen Fehdewesen sowie zur Fehdeterminologie, in: Vries, De taal van recht en vrijheid, S. 153–179. Vries weist auf die für das mittelalterliche Friesland immer wieder festzustellende Quellenarmut hin, wodurch sich keine einzige friesische Fehde genau dokumentieren lässt. Ibidem, S. 176.

427 Dabei trat die Fehde als ein weit verbreitetes Phänomen in Erscheinung, sogar in Gesellschaften, die über ein schriftliches Rechtssystem verfügten. Darüber hinaus wurden Fehden nach ihren üblichen Regeln nur in Gebieten ausgetragen, in denen es an einer zentralisierten politischen Macht fehlte. Vgl. Darovec, Darko/Povolo, Claudio, Feud and Vendetta: Customs and trial rites in Medieval and Modern Europe. A legal-anthropological approach, Acta Histriae 23 (2015), S. 195–244, hier S. 196.

428 Dazu Seinecke, Ralf, Rechtspluralismus in der Rechtsgeschichte, in: Rechtsgeschichte – Legal History 2017, Nr. 25 (2017), https://doi.org/10.12946/rg25/, S. 215–228, zugegriffen am 15.11.2020., hier S. 220. Diese Form von Rechtsdurchsetzung war uneingeschränkt bis zum Ewigen Landfrieden im Jahre 1495 rechtmäßig. Vgl. Schlinker, Steffen, Access to justice, in: David von Mayenburg, (Hrsg.), Konflikt-

Die Reaktion auf ein Verbrechen als rechtswidrige Zufügung eines Übels war nicht als Rechtsstrafe im Sinne einer öffentlichen Reaktion gemeint, sondern zunächst eine Angelegenheit zwischen Täter, dem Verletzten und seiner Sippe. Rache und Fehde sollten das Unrecht vergelten und damit eine Genugtuung für das Opfer sein. Der Geschädigte hatte dabei nicht nur das Recht, Rache zu üben, sondern war nach der Sippenordnung sogar dazu moralisch verpflichtet; ansonsten konnte er als feige gelten und somit aus dem Rechtsverband ausgeschlossen werden.[429]

Der Grundgedanke war, den Tod eines Verwandten nur durch ein neues, womöglich größeres Blutbad ausgleichen zu können. Dadurch bestand die Gefahr, dass die sich abwechselnden Rachezüge immer größere Dimensionen annahmen.[430] Sollte es aber zu einer Fehde kommen, kühlte sich nach den ersten Blutrachehandlungen der Vergeltungsdrang gewöhnlich ab. In vielen Fällen war es ein Außenstehender, der sich darum bemühte, die verfeindeten Familien wieder zu versöhnen. Auf der Suche nach einer Konfliktlösung gingen die Zeitgenossen offenbar effizient vor.[431] Es bestand ein Interesse daran, stabile Voraussetzungen zu schaffen, um

lösung im Mittelalter, Bd. 2, Handbuch zur Geschichte der Konfliktlösung in Europa, Berlin, Heidelberg (2021), S. 15–24, hier S. 15.

429 Krüper, Grundlagen des Rechts, S. 158.

430 Gleichwohl ließ die ursprüngliche Rache Abwägungen und Differenzierungen mit Bezug auf die Verhältnismäßigkeit zu: „Die Frühformen der Rache sind stärker rechtsgebunden als die jüngeren, auf den Einzelmenschen konzentrierten Racheakte." Bader, Karl Siegfried, Zum Unrechtsausgleich und zur Strafe im Frühmittelalter, in: ZRG GA 112 (1995), S. 1–63, hier S. 10. Die Gefahr, dass eine ungezügelte und damit rechtswidrige Blutrache entfesselt wurde, war sonst viel zu groß. Ibidem, S. 10. Zur Relativierung der Gewaltanwendung in der Fehdekultur vgl. Willoweit: „Die verbreitete Meinung, Gewalt sei überhaupt oder doch jedenfalls aus diesem Grunde auch in der vormodernen, schon herrschaftlich organisierten Gesellschaft nicht nur weithin üblich gewesen, sondern auch toleriert worden, lässt sich vor dem Hintergrund von Quellen und Forschungen, die es mit Reaktionen auf Gewalt zu tun haben, nicht leichthin bestätigen." Willoweit, Entdogmatisierung der mittelalterlichen Strafrechtsgeschichte, S. 18; siehe auch Maihold, Harald, Konfliktlösung und die Ausdifferenzierung des Strafrechts, in: von Mayenburg, D. (Hrsg.), Konfliktlösung im Mittelalter, Bd. 2, Handbuch zur Geschichte der Konfliktlösung in Europa, Berlin, Heidelberg 2020, S. 201–211, hier 201 f.

431 Um das Image des Mittelalters ist es auch in unserer heutigen Zeit noch schlecht bestellt. Die Epoche wird ohne einen eigenen Namen, wie z. B. Barock, Romantik oder Naturalismus, zwischen zwei Hochkulturen – der Antike und der Renaissance – („Mittel-Alter") positioniert und wegen ihrer vermeintlich primitiven Kultur als rückständig und gewalttätig gekennzeichnet. Aus den Bestimmungen des Älteren Schulzenrechts lässt sich durchaus eine klare Form von Pragmatismus in Sachen Konfliktbeherrschung erkennen.

eine dauerhaft instabile Gesellschaftsordnung zu vermeiden. Die Alternative wäre nämlich, dass sich ganze Generationen während eines regelrechten Krieges gegenseitig vernichteten.[432]

Versuche, diesen Racheautomatismus einzuschränken, hat es wohl schon früh, auch durch den Einfluss des Christentums, gegeben.[433] Der Streit konnte im Prinzip durch ein Sühneangebot vermieden werden: „Entscheidend dabei war meistens die Überlegung des Friedensbrechers und seiner Sippe, ob die Leistung eines Wergeldes oder der Kampf gewählt wurde."[434] Bei den Überlegungen spielte auch die Zahl der kampfbereiten Sippengenossen eine Rolle. Wenn diese Gruppe in der Überzahl war oder sehr kampferprobt, wäre ein Versuch, über den Kampf den Konflikt zu lösen, vielleicht nicht die klügste Option. Zweckmäßiger schien es denn auch, die Fehde gegen Zahlung einer Entschädigungssumme zu beenden. Die Parteien wurden dadurch selbst in einer für sie vernünftigen Weise an der Beilegung des Streites beteiligt mit dem Ziel, die sozialen Beziehungen in einer relativ kleinen Gesellschaftsordnung aufrechtzuerhalten.[435] Die Rachehandlungen konnten dabei zunächst durch die Bezahlung von Vieh gesühnt werden, wodurch der Streit dann beigelegt wurde. Später wurde als Kompensation eine von vornherein feststehende Geldsumme bezahlt: das Wergeld.[436]

---

432 Vgl. Zacharias, Rainer, Die Blutrache im deutschen Mittelalter, in: Zeitschrift für deutsches Altertum und deutsche Literatur 91 (1962), S. 167–201, hier S. 168.

433 Der Philosoph Jürgen Habermas sieht in den Folgen der Christianisierung einen „die ganze Bevölkerung erfassenden Mentalitätswandel, der empirisch nicht so leicht zu greifen ist. Die kognitive Seite dieser Transformation der Volkskultur spiegelt sich unter anderem in einer Überformung der germanischen Rechtsvorstellungen durch kanonisches Recht." Habermas, Jürgen, Auch eine Geschichte der Philosophie: Die okzidentale Konstellation von Glauben und Wissen, Bd. 1, Berlin 2019, S. 645. Diese Transformation ließe sich nach Habermas mit den Rechtsbestimmungen in der Lex Salica demonstrieren. Diese Einschätzung muss man aus meiner Sicht wohl als zu früh terminiert ablehnen. Zwar gab es vor dem 11. Jahrhundert Kirchenrechtssammlungen, aber die juristischen Regeln waren vermischt mit verschiedenen anderen Vorschriften und Aussagen über religiöse Angelegenheiten. Der Ausdruck ‚kanonisches Recht' war vor dem 12. Jahrhundert nicht allgemein gebräuchlich. Die Systematisierung der kirchlichen Gesetze begann im späten 11. Jahrhundert; vor dieser Zeit ist nicht mit kanonischen Rechtseinflüssen in der germanischen Rechtstradition zu rechnen. Vgl. Harold J. Berman, Recht und Revolution: Die Bildung der westlichen Rechtstradition, S. 25 f., S. 332.

434 Trusen, Winfried, Der Inquisitionsprozeß. Seine historischen Grundlagen und frühen Formen, in: ZRG KA 74 (1988), S. 168–230, hier S. 175.

435 Vgl. Jürgen Weitzel, Dinggenossenschaft und Recht, Bd. I, S. 2.

436 Jedoch: „Dünkte es der Sippe des Erschlagenen schimpflich, das vergossene Blut ihres Genossen sich mit Geld abkaufen zu lassen, und dies war in der Regel der Fall, denn es galt für ehrenhafter, Rache als Busse zu nehmen, dann hatte die Rache freien

Die Bußen waren im Allgemeinen hoch angesetzt, sodass es für die Betroffenen in vielen Fällen unmöglich war, den entsprechenden Betrag zu zahlen. Man wollte durch eine erwidernde Schadenszufügung einen Ausgleich mit dem Geschädigten erzwingen, dies führte aber durch die Höhe der zu zahlenden Summe oft zu einer erheblichen Belastung für das soziale Zusammenleben.[437]

Was für den Empfang einer Bußzahlung galt, traf auch für ihre Aufbringung zu. Erst bei völliger Mittellosigkeit eines Täters hafteten seine Verwandten. Nur wenn er sich als Geächteter außer Landes aufhielt, wurde erst auf seine nächsten Verwandten zurückgegriffen, jedoch nur für einen Teil der Bußschuld. Die Beteiligung der Verwandtschaft an der Wergeldzahlung und dem Wergeldempfang scheint nach Kroeschell damit auf einer späteren Entwicklung zu beruhen: „Alle Rückschlüsse auf die Sippe als ursprüngliche Trägerin des Fehde- und Rächerechts werden dadurch zweifelhaft [...].“[438]

Anfangs wird sich das Gesetz der Friesen kaum von dem der anderen germanischen Stämme unterschieden haben. Im mittelalterlichen Friesland war die Wergeldzahlung – als Friedensangebot an die Verwandtschaft des Opfers – wie folgt geregelt: Das Wergeld (*werjeld, jeld,* auch *lif* ‚Leben‘ genannt) war der Betrag, der an die Verwandten der Getöteten gezahlt werden musste, um einen Totschlag zu kompensieren.[439] Im Älteren Schulzenrecht wird dieser Vorgang ausführlich in Kap. 51 *„Fan enis mannis ieldum“* (Von eines Mannes Wergeldbeträgen) beschrieben. Als erste Handlung sollte der Totschläger dem Erben zwei Pfund zum

---

Lauf. Niemand hinderte die Beleidigten, im offenen Fehdegang Genugthuung zu suchen.“ Frauenstädt, Paul, Blutrache und Totschlagsühne im Deutschen Mittelalter. Studien zur Deutschen Kultur- und Rechtsgeschichte, Leipzig 1881, S. 3. Dagegen Nijdam: „Uiteindelijk werd er bijna altijd verzoend en moest wederzijds de schade betaald worden.“ Nijdam, Lichaam, eer en recht in middeleeuws Friesland, S. 125. Beide Stellungnahmen ohne Belege.

437 Dazu Kreutz, Recht im Mittelalter, S. 104.

438 Kroeschell, Karl, Die Sippe im germanischen Recht, in: ZRG GA 77 (1960), S. 1–25, hier S. 8.

439 Nijdam betont den Zusammenhang zwischen Ehre und Höhe der zu leistenden Wergeldsumme: „Honour and wergild complement each other. In my opinion wergild can only be explained as a way to compensate for loss of honour.“ Nijdam, Wergild and Honour, S. 178. Zur Etymologie des Begriffs vgl. Haubrichs: „The central term wer-geld < Germ. *wira-gelda- [...], with the clear etymological identifiable meaning ‚remuneration for a man (person)‘, was undoubtedly a West Germanic word, likely widespread through early contacts among the individual gentes. It is attested in Old English, Old Frisian, Langobardic, Old High German and in Frankish Merovingian legal texts.“ Haubrichs, Wergeld, S. 107.

Geschenk anbieten, damit sich dieser überhaupt auf das Angebot einer Kompensation einließ.[440]

Das Wergeld hatte zwei Komponenten. Das einfache Wergeld war der Betrag, der den Verwandten ersten Grades oder den sogenannten „sechs Händen" – Vater und Mutter, Bruder und Schwester, Sohn und Tochter – gezahlt werden musste. Dieser engere Familienkreis formte eine enge Gemeinschaft und stand in der Pflicht, sich gegenseitig weitgehend zu unterstützen.[441] Die *meitele*, der Kompositionsanspruch der Verwandtschaft oder der Anteil der Verwandten, war der zweite Bestandteil des Wergeldes. Dieses musste an den breiteren Kreis der Verwandten gezahlt werden, außerhalb der „sechs Hände".[442] Die *meitele* wurde von den Verwandten des Totschlägers aufgebracht und betrug im Älteren Schulzenrecht vier Pfund und fünf Unzen und sechszweidrittel Pfennige. Die *meitele* machte die Hälfte des einfachen Wergeldes aus, acht Pfund und zehn Unzen und dreizehneindrittel Pfennige. Wenn es einen Bruder gab, erhielt dieser von der *meitele* ein Pfund. Wenn es keinen Bruder gab, bekam der Sohn des Bruders oder die Tochter diese Summe; wenn keiner da war, erhielt der Erbe das Geld:

> Kap. **51** Fan enis mannis ieldum. Djt is riocht: aid eer di fria Fresa en oerem iult, soe aegh hi him ti biedane twa pond toe iouwen, dat hij riochte ielda oenfaen wille. Soe ist riocht ield achte pund ende tiaen eynza ende fiouwertundiste thremene pannyng. Soe is dio meitele dae megum fiouwer pund ende fyf eynza ende sauwen tuede pannyng. Nv scel ma se dehi dae megum. So schel di broer habba een pund, ief hi deer is. lef hi deer naet is, soe schel hit nyma sijns broers soene iefta siner sister sone. lef hiara nauwer deer nis, soe scelt nyma di eerfnama self. Nv aegh di fedria niogen enza, ief hy deer is. lef hi deer naet is, soe aegh hit zijn bern iefta zijn sisterbern. lef hiara nauwer deer naet is, soe aegh hit zijn bern self [...]. *Von eines Mannes Wergeldbeträgen. Dies ist Recht: Wenn der freie Friese Wergeld für einen (erschlagenen) anderen zahlt, so soll er ihm [dem Erben] zwei Pfund zum Geschenk anbieten, damit er das gesetzliche Wergeld annehmen wolle. Dann ist das gesetzliche Wergeld acht Pfund und zehn Unzen und dreizehneindrittel Pfennige. Dann ist die Magsühne für die Verwandten vier Pfund und fünf Unzen und sechszweidrittel Pfennige. Nun soll man diese unter die Verwandten verteilen. Somit soll der Bruder ein Pfund haben, wenn einer da ist. Wenn keiner da ist, so soll es sein Brudersssohn oder sein Schwestersohn nehmen. Wenn keiner von ihnen beiden da ist, so soll der Erbe es selbst nehmen.*

---

440 „that wergild had to be offered and that it took effort to make the heirs of the homicide victim accept wergild rather than take revenge." Nijdam, Wergild and Honour, S. 178.

441 Vgl. Siebs, Grundlagen und Aufbau der altfriesischen Verfassung, S. 32.

442 „Eight pounds, ten ounces and thirteen and one third pence is two thirds of thirteen and one third pounds. The Wergeld Chapter explains that just this amount is to be paid by the principal, and the other third by the relatives." Fairbanks, The old West Frisian Skeltana riucht, S. 67.

Die Verteilungskette war damit noch nicht beendet. Bis zum dritten Grade müterlicherseits gab es Ansprüche; jeder der Familienstämme hatten ein Anrecht auf 37 Pfennige, dafür sollten sie aber den Wergeldschuldner *„mit zijn monde kessa ende deermey dae faithe bifalla“* (mit dem Mund küssen und damit die Fehde beenden).[443] Dieser Gesamtbetrag wurde nach Nijdam[444] auch als das volle Wergeld bezeichnet.

Für beide Gruppen von Verwandten standen Rechte und Pflichten in direktem Verhältnis zueinander. Weigerten sich die nahen Verwandten, zum Wergeld beizutragen, so hatten sie auch keinen Anspruch mehr auf das Erbe des Totschlägers. Für die Verwandten außerhalb des ersten Grades bedeutete die Weigerung, die Kosten der *meitele* mitzutragen, dass sie keinen Anspruch auf Auszahlung der *meitele* hatten, wenn der Totschläger seinerseits getötet wurde. Mit anderen Worten: Die *meitele* war der Anteil des Wergeldes der Verwandten, auf den sie wegen ihrer Unterstützung zur Erlangung des Wergeldes Anspruch hatten.

Dieses System bewirkte ein hohes Maß an sozialer Kontrolle. In dieser Form der kollektiven Haftung zeigte sich daher ein sozialer Mechanismus, der im Grunde gut funktionierte. Neben dem Wergeld und der *meitele* musste der Totschläger der Gemeinde ein Friedensgeld für den Bruch des allgemeinen Friedens zahlen. Darüber hinaus konnte man davon ausgehen, dass der Totschläger einen Teil der Bestattungskosten des Getöteten zu tragen hatte. Wenn der Totschläger keine Komposition anbot, konnten sich die Verwandten für eine Anklage wegen Totschlags oder für eine Fehde entscheiden. Allerdings waren nicht alle Streitfälle fehdewürdig. Dies waren nur die schweren Verbrechen, wie nächtliche Brandstiftung, Raub und das Zufügen schwererer Verletzungen, wie das Abhacken von Händen oder Füßen. Für die geringeren Straftaten und Verletzungen war ein Gang zum Gericht das übliche Verfahren.[445]

Die Verfahren, die im Älteren Schulzenrecht beschrieben werden, sind Prozesse mit privatem Kläger, also sind rein akkusatorisch. Der Kläger bzw. der Beklagte war in dem vorstaatlichen Friesland keinen obrigkeitstaatlichen Zwängen ausgesetzt. Der juristische Kampf fand nur zwischen dem Täter und dem Kläger statt; die Parteien konnten trotz streng formaler, vorab festgelegter Verfahrensregeln den Verlauf des Prozesses und damit das Ergebnis relativ stark beeinflussen. In einer nicht zentral gesteuerten Gesellschaftsordnung ohne gut ausgebildete Juristen war eine Aufklärung der Tatsachen kaum möglich. Man konnte in einer juristisch unprofessionellen Umgebung, *in casu* dem Dinggericht, deswegen keine objektive Tatsachenermittlung voraussetzen. Als fester Anhaltspunkt in einer Zeit ohne staatliche Gewalt diente die Einhaltung gewisser Formen als Konsensfaktor für die Feststellung der Ansprüche der Prozessparteien.[446] Dadurch konnte eine auf Zweckmäßigkeit basierende Verfahrensordnung entstehen.

---

443 Buma, Westerlauwerssches Recht, Kap. 51, S. 104.

444 Darstellung nach Nijdam, Lichaam, eer en recht in middeleeuws Friesland, S. 135.

445 Ibidem, S. 149.

446 Dazu Oestmann, Die Zwillingsschwester der Freiheit, S. 27.

Das Recht, einen Fall als Kläger vor ein weltliches Gericht zu bringen, stand nicht jedem zu. Der durchschnittliche Einwohner von Friesland war keine „Person" im heutigen Sinne. Erstens waren alle, die im *mundium* eines anderen lebten, wie Witwen, Ehefrauen und minderjährige Kinder, nicht befugt, selbstständig im Gericht zu handeln.[447] Zweitens musste der Kläger ein freier Friese sein.[448] Allerdings konnte er diese Freiheit verlieren, indem er eine Handlung vollführte, die eines Freien unwürdig war, wie z. B. heimlich etwas nachts zu stehlen. Wenn ein Nachtdieb mit dem Gestohlenen erwischt wurde, hatte er sein Recht verloren und wurde ohne Gerichtsverfahren zum Galgen geführt.[449] Drittens sollte man sich auch darüber im Klaren sein, dass der Reichtum eines Menschen oft entscheidend für die Optionen war, die er in einem Verfahren hatte. Ein reicher Mann konnte es sich z. B. leisten, einen Lohnkämpfer zu dingen, während ein weniger wohlhabender Beklagter oft zum Gottesurteil des Kesselfangs ausweichen musste.

2. Die Verfahrensgrundzüge

In den friesischen Ländern fehlte es an einem der wesentlichen Bestandteile des Staatsbegriffs, nämlich der Staatsgewalt und damit auch an den von ihr beherrschten richterlichen Institutionen. In Abwesenheit solcher Instanzen wurden die zur Durchsetzung der privaten Klagen eingesetzten Machtmittel dann auch von den Parteien selbst mobilisiert. Grundlage blieb also die Privatanklage, das heißt, der Geschädigte war verpflichtet, den Täter selbst anzuklagen. Die Parteiherrschaft wurde aber in fränkischer Zeit allmählich zurückgedrängt und der

447 Buma, Westerlauwerssches Recht, Kap. 8, S. 76.

448 „Die Freiheitslegende der Friesen ist kein sicheres Indiz für die wirklichen Gründe ihres unanfechtbaren Eigenweges. Mangels zuverlässiger Quellen bleibt hier vieles im Dunkeln." Vries weist auf Ludwig den Frommen hin, durch den angeblich die Friesen in eine Art unmittelbarer Freiheit geraten sind. Oebele Vries, Die Friesische Freiheit, S. 45.

449 Beispiel im Jüngeren Schulzenrecht: Kap. 25: „Fan dae fensana tiaef. Djt is rioeht: Als di tiaef fenzen js ende dat ma him dae scelta anderdat haet, ief him di hals wrdeelt wirt, soe ne schel di scelta dyn tiaef her hwaen ner blinda. Soe aegh di bannere him ti bindane ende ti dere rode ti ledane. Soe ne aegh hine dan her ti hwane ner ti blindane. Soe aegh di man dyn kerre, her hi dyn tiaef hwe soe hyt mit sijn goed winne. *Vom gefangenen Diebe. Dies ist Recht: Wenn ein Dieb gefangen ist und man ihn dem Skelta übergeben hat, so soll der Skelta den Dieb, falls ihm das Leben abgesprochen wird, weder hängen noch blenden. Sodann soll der Gerichtsbote ihn binden und zum Galgen führen. Da hat der Mann (der Bestohlene) die Wahl, ob er den Dieb hängen oder ob er es auf seine Kosten vollziehen lassen will.*" Buma, Westerlauwerssches Recht, S. 224.

Verfahrensvorgang war straffer organisiert.[450] Ein Verfahren wurde von dem Geschädigten durch Klageerhebung und Ladung eingeleitet; der Kläger brauchte sich aber nicht einseitig um die Ladung zu kümmern, sondern konnte dies dem Richter überlassen. Wurde der Vorwurf außerhalb des Gerichts erhoben, bestand die Gefahr einer Gewalteskalation: Der Beschuldigte griff oft zur Waffe, vor allem, wenn die Vorwürfe zutrafen.[451] Dies bedeutete nicht, dass er damit rechtlos geworden war; der Beschuldigte war berechtigt, sich mit den zur Verfügung stehenden gültigen Mitteln – also in diesem Zusammenhang auch mit der Waffe – für sein eigenes Recht einzusetzen.[452]

Beim Rechtsstreit standen zwei gleichberechtigte Parteien einander gegenüber. Die Gerichte waren von einer passiven Rolle des Richters geprägt; er hatte keine Einwirkungsmöglichkeiten, um das Verfahren in eine gewisse Richtung zu steuern. Der Richter hatte weder die Befugnis, eigenständig Beweise zu erheben, noch die von den Parteien vorgebrachten Aussagen zu würdigen.[453] Er verkörperte die Herrschaftsgewalt und sorgte dafür, dass das Verfahren in geordneten Bahnen verlief. Darüber hinaus hatte das Gericht keine wirkliche Zuständigkeit: Die Frage, ob sie in einen Rechtsstreit verwickelt würden, war ausschließlich eine Frage des Willens der Parteien. Wenn sie sich bereit erklärten, den Rechtsstreit vor Gericht zu bringen und sich an das Urteil zu halten, bestand lediglich die Funktion des Gerichts, dass es sicherstellen musste, dass die Verfahrensregeln eingehalten wurden.

Das Verfahren war hauptsächlich von Mündlichkeit geprägt. Das Verfahren gemäß den beiden Schulzenrechten lässt sich folgendermaßen zusammenfassen[454]:

---

450 Vgl. Deppenkemper, Gunter, Beweiswürdigung als Mittel prozessualer Wahrheitserkenntnis: eine dogmengeschichtliche Studie zu Freiheit, Grenzen und revisionsgerichtlicher Kontrolle tatrichterlicher Überzeugungsbildung (§ 261 StPO, § 286 ZPO), (Osnabrücker Schriften zur Rechtsgeschichte), Göttingen 2004, S. 113.

451 Stutz, Ulrich Die Beweisrolle im altdeutschen Rechtsgang in: ZRG GA 49 (1929), S. 1–25, hier S. 13.

452 Bader, Zum Unrechtsausgleich und zur Strafe im Frühmittelalter, S. 5.

453 Vgl. Gunter Deppenkemper, Beweiswürdigung als Mittel prozessualer Wahrheitserkenntnis, S. 116. Dazu auch Alexander Ignor: „Im mittelalterlichen Prozeß gab es keine freie richterliche Beweiswürdigung und auch kein Endurteil." Ignor, Indiz und Integrität, S. 85.

454 Darstellung hauptsächlich nach Vries: Her Bendix is urbeck fonden, S. 311 ff. Allerdings trifft diese Zusammenfassung nur dann zu, wenn man die schlichte Klage ins Auge fasst. Hier brachte der Kläger zum Ausdruck, was seiner Meinung rechtens sei. Der Beklagte konnte die Tat gestehen oder leugnen und sich durch Eide bzw. mit Hilfe der Eideshelfer reinigen. Eine Sachwürdigung fand nicht statt. Im Falle der Leugnung lautete das Urteil, dass der Beklagte sich reinige oder die Schuld durch eine bestimmte Leistung tilgen könne. „Anders lagen die Dinge, wenn der Kläger eine substantiierte Klage mit Angabe bestimmter, unter Beweis gestellter

a) Eine als ungerecht empfundene Handlung des Beklagten, wie das Bezichtigen einer verheimlichten Tat, war ein Friedensbruch und störte damit das friedliche Zusammenleben.[455] Es folgte zumeist eine Fehde. Die Wiederherstellung des Friedens geschah mittels eines Friedensvertrags, der meistens jedoch erst möglich war, nachdem die Feindschaft ausreichend lange gedauert hatte. Ein Kläger oder sein *thijngmanne*[456] (Vorsprecher) konnte auch seine Sache vor Gericht bringen. Der Kläger erhob in der Gerichtssitzung Klage und forderte Genugtuung. Diese gerichtliche Klage war ein Vorwurf.
b) Der Beklagte wurde vom Schulzen vorgeladen. Diese Ladung wurde vom Gerichtsmann (Banner) an den Angeklagten in seinem Haus ausgestellt. Der Angeklagte hatte die Pflicht zu erscheinen. Wäre er fünfmal abwesend gewesen[457], hätte er sich des Ungehorsams gegenüber der Justiz schuldig gemacht.
c) In der einberufenen Gerichtssitzung erschienen der Kläger und der Beklagte. Falls der Beklagte die Gerichtstermine versäumte, war er überführt.
d) Der Kläger trug seine Klage vor.[458] Er war nicht verpflichtet, seine Vorwürfe mit Tatsachenbeweis zu untermauern.
e) Der Schulze (oder der Graf) forderte den Beklagten auf, entweder zu gestehen oder zu leugnen. Gestand der Beklagte, so war er überführt und sollte dem Kläger die vom Asega für die verübte Tat festgesetzte Genugtuung verschaffen.
f) Leugnete der Beklagte und bot er an, sich eidlich, d. h. mit der erforderlichen Zahl von Eideshelfern von der Klage zu reinigen,[459] so hatte sich, falls es ihm gelingen würde, die erforderliche Zahl der Eideshelfer beizubringen, die Klage erledigt. Der Beklagte musste unter Eid erklären, dass die hervorgebrachten

---

Tatsachen erhoben hatte." Schmelzeisen, Gustav Klemens, Rechtsfindung im Mittelalter? In: ZRG GA 91 (1974), S. 73–89, hier S. 84 f. Diese Situation trifft für das Verfahren im Älteren Schulzenrecht jedoch nicht zu.

455 Vgl. Oestmann, Wege zur Rechtsgeschichte, S. 71.

456 Buma, Westerlauwerssches Recht, Kap. 36, S. 91.

457 Beim Grafengericht jedoch neunmal, ibidem, Kap. 57, S. 109.

458 Zum Beispiel Jüngeres Schulzenrecht: Kap. 1b. „Jk spreek ioe toe, dat i mi latten mei iower onrioehter wald toe iowe houe ende toe iowe huse ende j my deer hilden oen ioewere wald ende oen myne onwald nacht ende dey an hodene, an heftene ende an kalde yserne spanden, alsoe onrioehte wr rioeht, soe j nv mei rioehte beta schelleth mit eenre haudlesene." *„Ich klage Euch (deswegen) an, dass Ihr mich mit Euerer unrechtmäßigen Gewalt zu Euerem Hof und Haus geführt habt und (dass) Ihr mich dort in Eurer Gewalt und in meinem machtlosen Zustand Nacht und Tag in Gewahrsam und Haft gehalten und in ·kalte Eisen geschlagen habt, so unrechtmäßig und rechtswidrig, dass Ihr nun Rechtens mit einer Halslösungssumme büßen sollt."* Ibidem, Kap. 1b, S. 207.

459 Kap. 1d. „Fan dae gretenum. Nv bisect hi ende biot ti riochtane. *Von den Klagen. Nun leugnet er und bietet an, sich eidlich zu reinigen."* Ibidem, Kap. 1d, S. 208.

Vorwürfe nicht zutrafen. Dieser Reinigungseid bezog sich ebenfalls nicht auf bestimmte Tatsachen, sondern die Aufgabe bestand darin, eine soziale Einschätzung – seinen guten Ruf – zu bezeichnen. Die Anzahl der Eideshelfer hing von der Schwere des Vorwurfes ab. Der Beklagte musste bei seinem Eid einen Reliquienschrein berühren mit der Absicht, sein Vertrauen in Gott dem Anwesenden zu bezeugen. Falls er nicht imstande war, sich zu reinigen, so war er überführt und musste dann die geforderte Entschädigung zahlen. Übrigens gab es schon in der Grafenzeit Umstände, in denen ein Richter den Reinigungseid nicht mehr zuließ. Dies war der Fall, wenn der streitige Sachverhalt als allgemein bekannt (notorisch) angesehen werden konnte oder wenn es so starke Hinweise zum Nachteil des Angeklagten gab, dass der Kläger zur Beweisaufnahme zugelassen wurde.[460]

g) Falls der Kläger den Eid des Beklagten zurückwies[461], so war ein Gottesurteil (Kesselfang, Zweikampf) möglich. Die Klage wurde daraufhin zurückgewiesen, ohne dass Ermittlungen angestellt wurden. Der Gottesfurcht entsprang das Vertrauen, dass Gott in jedem Rechtsstreit letzten Endes immer die endgültige Entscheidung erzwingen würde, weil Gott für einen gerechten Ausgang des Verfahrens sorgen konnte. Gott verwendete dabei den menschlichen Körper als Kommunikationsmittel, um auf diese Weise das Ergebnis mitzuteilen.

Es handelt sich hier um das Grundmuster des Verfahrens, das in den weiteren Einzelheiten ohne Zweifel abweichende Varianten aufweisen konnte. In den nachstehenden Kapiteln wird auf die einzelnen Verfahrensstufen näher eingegangen, wobei die im Verfahren gängigen Termini erläutert werden.[462]

---

460 Vgl. Vries und Hempenius-van Dijk, Asega, is het dingtijd?, S. 19.

461 Als Beispiel ein Fall aus dem Älteren Schulzenrecht: Wenn einer den Muntschatz nicht zahlen wollte und er die Frau zur Ehe erhalten hatte, sollte er sich mit einem Eidhelfer vom Beischlaf freischwören oder den Muntschatz zahlen, die Hälfte seiner Fahrnis im Hause hergeben oder einen gerichtlichen Zweikampf ausfechten. Buma, Westerlauwerssches Recht, Kap. 10, S. 79.

462 An dieser Stelle ist nochmals auf das Problem der sprachlichen Vermittlung in den Quellen zu verweisen: „Ohne Quellen keine Geschichtswissenschaft. Ohne Sprache keine Quellen. Quellen wiederum sind Erzeugnisse verbaler Darstellung und menschlicher Kommunikation. Doch wie ernst nimmt die Geschichtswissenschaft den sprachlichen Charakter ihrer Quellen?“ Loetz, Francisca, Sprache in der Geschichte. Linguistic Turn vs. Pragmatische Wende, Rechtsgeschichte, in: Zeitschrift des Max-Planck-Instituts für europäische Rechtsgeschichte 2 (2003), S. 87–103, hier S. 87.

3. Die Klage

Zunächst wird das Begriffsfeld „Klage/Kläger/klagen“ im Älteren Schulzenrecht thematisiert; gegebenenfalls werden andere, zeitgenössische Quellen herangezogen. Um einen Überblick über diese inhaltsreichen Belegstellen geben zu können, ist es notwendig, die Bedeutungsentwicklung der verschiedenen Begriffe, die mit „Klage/Kläger/klagen“ in Verbindung stehen, zu behandeln. Die Ergebnisse dieser semantischen Entwicklung werden in der Auswertung auf ihren juristischen Stellenwert näher abgeklärt.

Texte unterschiedlicher Herkunft konnten lokalen Anpassungen unterliegen. Dadurch ist es erklärlich, dass die verschiedenen Begriffe lexikalische Unterschiede aufweisen.[463] Das heißt, Herkunft und Filiation eines Textes können überdeckt sein durch eine spezifische regionale Tradition, wodurch die Interpretation der Begrifflichkeiten erschwert wird. „In jedem Fall geht es nicht nur um das Wort, sondern auch ganz konkret um die Sache oder den Begriff, die mit diesem Wort verbunden sind.“[464]

Der im Verfahren wesentlichen Handlung des Klagens als Auftakt eines Prozesses begegnet man in den westfriesischen Quellen mit dem Verb *klagia*. Dieses Verb kann auch mit der Präposition *up* („auf“) verbunden werden und heißt dann in diesem Zusammenhang „anklagen“ oder „verklagen.[465] Frensdorff unterstreicht in seinem Aufsatz die historisch-sprachliche Beziehung zwischen „reden“ und den im Gerichtsverfahren benutzten Rechtswörtern:

> „Noch im heutigen Recht weisen Anspruch und Einspruch, Einrede, Klagbeantwortung, gerichtliches Zusprechen dieselben alten Grundworte des Redens und Sprechens auf, an denen auch festgehalten wurde, als die Parteien ihre Notturft in Schriften fürbrachten und die Procuratoren den Gerichtsschreibern in die Feder redeten.“[466]

---

463 Munske, Horst Haider, Der germanische Rechtswortschatz im Bereich der Missetaten, S. 91 f.

464 Schmidt-Wiegand, Ruth, Die volkssprachigen Wörter der leges barbarorum als Ausdruck sprachlicher Interferenz, in: Frühmittelalterliche Studien 13 (1979), S. 56–87, hier S. 56.

465 Vries, Her Bendix is urbeck fonden, S. 314. Eine ausführliche Darstellung der Rechtstermini bietet Freudenthal, Karl Fredrik, Arnulfingisch-karolingische Rechtswörter: Eine Studie in der juristischen Terminologie der ältesten germanischen Dialekte, Göteborg 1949. Das Begriffsfeld „Klagen/klagen“ (accusatio-accusare) lässt sich nach seiner Auffassung erheblich schwieriger von den anderen rechtlichen Begriffsfeldern „urteilen“ und „Zeugnis ablegen“ abgrenzen, wodurch eine gewisse Subjektivität schwer zu vermeiden sei. Ibidem, S. 127.

466 Frensdorff, Ferdinand (1886), Recht und Rede, in: Gedenkschrift Georg Waitz, Hannover 1886, S. 433–490, hier S. 456.

Durch diese Variationen des Grundbegriffs „reden“ wird, so Frensdorff, die Lebhaftigkeit des Rechtsstreites der Parteien viel lebhafter, energischer ausgedrückt; das Gericht wird in Bewegung gesetzt, ist durch das widerfahrene Unrecht leidenschaftlich erregt. Klagen ist das laute Vorbringen dessen, was jemanden kränkt, schmerzt oder stört. In Kap. 3.1.1 wird auf dieses Begriffsfeld näher eingegangen.

Die Stellen, in denen diese Begriffe vorkommen und von mir hervorgehoben wurden (aus praktischen Gründen nicht immer die ganzen Kapitel), sind die folgenden:

Kap. **34a** Fan des koninges erwe. Djt is riocht an dere hemmerke, deer des sandes ende des koninges eerue ende des huusmans oen leith, dat hijt des fiarda ieres dela moet, is dat dy **claghere** aldeer se, deer dat op dae helghum brenge, dat dio ieertele omcommen se ende hij mey mara riochte dela schelle dan hit lengra aldus oendeeld staen schel. *Vom Königsland. Dies ist Recht in der gemeinen Mark, in der das Land der Kirche, des Königs und des Hausmannes liegt, dass letzterer es [das Seine] im vierten Jahre abteilen darf, sofern er als ein Kläger dasteht, der es auf die Reliquien beschwört, dass die Jahrzahl abgelaufen ist und er es mit größerem Recht abteilen darf als dass es länger so ungeteilt liegen bleiben soll.*

Kap. **57** (Ausschnitt) Fan hofclaghe. Jef ma en huusman etta houe **opclageth**, soe scel di grewa dae scelta bieda, dat hi hem toe houe bodie [...]. *Von der Klage beim Grafengericht. Wenn man einen Hausmann beim Grafengericht verklagt, so soll der Graf dem Skelta gebieten, dass er ihn vor das Grafengericht lädt.*

Kap. **58** Fan hofladingha dis Fresa. Djt is riocht: ald eer di fria Fresa **om clage** toe hoeue ladeth wirt ende hi toe andert komt [...]..

Daneben stoßen wir auf das Begriffspaar *opsprecke/op te sprecken*:

Kap. **61** Fan hofbodingha. Hweer so ma en man toe houe bodath ende hi deer gretene wrnimt ende hi dan ti stede ende ti riochte staen wille ende hit di grewa fersta wille, ner haet him sijn wed iaen, so ne thoer hi her wed iaen ner wrheerghenisse beta, omdat hi an riochte staen wolle; so schel hi mey riochte sonder scada dana gaen. Jef ma him ferra **opsprecke** wille, soe aegh ma hem ieta al nies toe bodiane. *Von der Ladung vor das Grafengericht. Wenn man jemanden vor das Grafengericht lädt und er dort die Anklage hört und sich sofort vor Gericht verantworten möchte, aber der Graf es verschieben will und ihm befiehlt, sein Rechtsversprechen zu geben, so braucht er weder ein Rechtsversprechen zu geben noch eine Ungehorsamsbuße zu zahlen, weil er sich dort vor Gericht verantworten will; dann soll er Rechtens ohne Nachteil von dannen gehen. Wenn man ihn weiter verklagen will, so soll man ihn ganz von neuem vorladen.*

Kap. **63** Fan stride, deer seend is. Djt is riocht: aldeer en stryd mey des scelta banne ende mey des aesga dome sened is ende di oentinghere in en oera scelta banne efta an dine oera **sprect.** *Von dem Rechtsstreit, der verglichen ist. Dies ist Recht: Wenn ein Rechtsstreit unter dem Bann des Skelta und durch Urteil des Asega verglichen ist und der Kläger im Bannbezirk eines anderen Skelta den anderen wiederum verklagt.*

Kap. **80a** Fan des aesga andert. Djt is riocht, oen haet ban soe di aesga komt ende him emmen aet **op te sprecken** haet, dat hi oen dae sella wa er seel ia en aller mannalikum laeda iefta bota, ief hij ne thoer nennen dom dela. *Von der Verantwortung des Asega. Dies ist Recht, dass der Asega, in welchen Bannbezirk er auch kommt und jemand ihm (dort) etwas zur Last legen will, einem jeden in demselben Gericht Reinigungseide leisten oder Buße zahlen soll, andernfalls darf er kein Urteil fällen.*

Im Älteren Schulzenrecht wird der Begriff „Klage" auch mit dem von *greta* abgeleiteten Substantiv *gretene* oder auch mit der Zusammensetzung *gretwerd* bezeichnet.[467]

Kap. **34a.** Fan des koninges erwe. iefta afte onderhewa ende truchstrinzede ritherne, soe schel hij eta thinghe efter tolifta dey dis thinghes bigonna ende sijn landnaten mey riochta **gretwerde** mey sijnen thijngmanne greta. *Wenn der Kläger Eigentum oder ein gesetzliches Lehngut und vollwüchsige Rinder hat, so soll er im Gericht nach dem Dreikönigstag das Verfahren einleiten und seine Markgenossen mit gesetzmäßiger Klage mit seinem Vorsprecher ansprechen.*

Kap. **36** Fan eerwa, deer ma ontinghia wol. [...] mit afte **greetwerde greta** schol ende bitighie him dis, [...]. *Von einem Grundstück, das man beanspruchen will. [...] mit vorschriftsmäßiger Klage (seinen Gegner) ansprechen und ihn dessen bezichtigen soll.*

Kap. **39** Fan dae ketelordele. Djt is riocht, ief ma toe stride thinghia wille, dat ma lessa **bigreta** ne mey toe dae ketelfange dan fyouwer enza ende fyouwertundiste thremen panning. *Vom Gottesurteil des Kesselfangs. Dies ist Recht, dass, wenn man zum gerichtlichen Kampf herausfordern will, man zu einem Kesselfang auf nicht weniger als vier Unzen und dreizehneindrittel Pfennige klagen darf.*

Kap. **44a**. Fan strijdwerdigha scette. Soe is dat riocht, dat hi anne berend habba schol also rike dat hi den strydwerdigha schet al laesta moeghe; als hi onder **gretwerd** coem. *Dann ist es Recht, dass er einen so reichen Bürgen haben soll, dass dieser den kampfwürdigen Betrag völlig zahlen kann; sobald er unter Anklage gestellt ist.*

Kap. **58** (Fortsetzung) ende **gretwird** wrnimt ende hi dat mey riochte wert [...]. *und er zur Verantwortung erscheint und die Anklage hört [...].*

Kap. **60** Fan gretwerde. ende hi deer **gretwerd** heert [...]. *Von der Klage. und er dort die Anklage hört.*

Kap. **61** Fan hofbodingha. Hweer ende hi deer **gretene** wrnimt [...]. *Von der Ladung vor das Grafengericht. und er dort die Anklage hört.*

Ein Begriff lässt sich schwer einordnen, und zwar handelt es sich um das Verb *aeskia*:

467 Vries, Her Bendix is urbeck fonden, S. 315 f.

Kap. 77 Fan des scelta anderde. Djt is riocht: hweer so di schelta en thingh halt, soe scel hi biada aller mannalikum riocht. lef him emma sennighia wille, soe scel hi tiaen lada iefta bota. lef him emma dan aet op ti spreekene haet, soe scel hi selua den bannere bieda, dat hi den scelta **aeskie**. Soe scel di bannere sidza: „her schelta, ie **aeskie** ioe ende banne ioe deertoe bij mynes hera banne, dat j dae manne riocht andert iouwe. *„Von der Verantwortung des Skelta Dies ist Recht: Wenn der Skelta ein Gericht hält, so soll er sich bereit erklären, einem jeden Recht zu sprechen. Wenn jemand ihn einer Sache beschuldigen will, so soll er (der Skelta] Reinigungseide leisten oder Buße zahlen. Wenn jemand ihn dann einer Sache beschuldigen will, so soll er (der Kläger] selbst dem Banner auftragen, den Skelta vorzuladen. Dann soll der Banner sagen: „Herr Skelta, ich fordere Euch auf und befehle Euch kraft der Banngewalt meines Herrn, dass Ihr dem Manne eine dem Recht entsprechende Antwort gebt".*

Kap. **80b** Fan des aesga andert. Dit is rioeht, oen hoekra banne soe di aesga enne man **aesket**, dat hi hem aldeer iaen seel laeda oef ta bota, hit ne se dat hyt mey zijn ayna willa fersta welle. *Von der Verantwortung des Asega. Dies ist Recht: In welchem Bannbezirk immer der Asega einen Mann gerichtlich belangt, so soll dieser ihm dort Reinigungseide leisten oder Buße zahlen, es sei denn, er wolle es nach seinem eigenen Willen hinausschieben.*

Zum Schluss dieser Darstellung des Begriffsbildes „Klage/Kläger/klagen" bleibt noch die Behandlung des Rechtswortes *thingia* mit seinen Zusammensetzungen:

Kap. **34** (Fortsetzung) soe schel hij eta thinghe efter tolifta dey dis **thinghes bigonna** ende sijn landnaten mey riochta gretwerde mey sijnen thijngmanne greta. lef ze nellat sine eed oenfaen, dat hi dae fiouwer thing alle **thingia** scel. *so soll er im Gericht nach dem Dreikönigstag das Verfahren einleiten und seine Markgenossen mit gesetzmäßiger Klage mit seinem Vorsprecher ansprechen. Wenn sie seinen Eid nicht annehmen wollen, so soll er an allen vier Gerichtsterminen seine Klage vorbringen.*

Kap. **40** Fan dae kempa. djt is riocht, als ma ti lessa stride **thinghia** wel, dat di **onthinghere** nen kempa winna ne thoer ende di halere scellen winna toe dae ketele ende deer schelles bede on ian. *Vom Kämpfer. Dies ist Recht, dass der Kläger, wenn man zum leichteren Kampf [= Kesselfang] herausfordern will, keinen Kämpfer zu dingen braucht, sondern der Beklagte soll ihn zu der Kesselprobe dingen und damit sollen sie sich beide einverstanden erklären.*

Kap. **44a** Fan strijdwerdigha scette. Djt is riocht, ief hi ti ene swirdkempa **thinghia** wol, [...]. Soe aegh dy aesga den **oenthynghere** toe moniane, dat hi oplidze, ief hij riocht habbe. *Vom kampfwürdigen Betrag. Dies ist Recht, dass jemand, wenn er auf Entscheidung durch einen Schwertkämpfer klagen will, [...]. Darauf soll der Asega den Kläger auffordern, dass er (die Hand) darauf lege, wenn er Recht habe.*

Kap. **46** Fan dae stedum. Djt is riocht: soe hweer soe di fria Fresa op en oerem **thingath** en stride, [...]. *Von den rechtlichen Hilfsmitteln. Dies ist Recht: Wenn der freie Friese ei ne Kampfklage gegen einen anderen erhebt.*

Kap. **63** Fan stride, deer seend is. Djt is riocht: aldeer en stryd mey des scelta banne ende mey des aesga dome sened is ende **di oentinghere** in en oera scelta banne efta an dine oera sprect [...]. *Von dem Rechtsstreit, der verglichen ist. Dies ist Recht: Wenn ein Rechtsstreit unter dem Bann des Skelta und durch Urteil des Asega verglichen ist und der Kläger im Bannbezirk eines anderen Skelta den anderen wiederum verklagt.*

Kap. **68** Fan bodelthingh. Jefter en man in en oers bodel **thinghia** welle ende hi sit ieer ende dey **oenbitinghat** ende hi naet **thinghia** welle, soe ne thoer him di oera nenis thinghis steedgia, omdat hi ie er ende dey werrelas was, soe fyr soe hi binna merkum se. *Vom Nachlassprozess. Wenn ein Mann auf das Hab und Gut eines anderen klagen will und dieser Jahr und Tag unverklagt ist und er nicht gerichtlich verhandeln will, braucht der andere ihm kein Verfahren zuzusichern, weil er Jahr und Tag unangefochten war, sofern er in den Landesgrenzen ansässig ist.*

Kap. **69** Fan bodele. Jefter en man oen en bodel **thinghia** wille [...]. *Vom Nachlassvermögen. Wenn ein Mann auf ein Nachlassvermögen klagen will.*

Die Vielfalt der Bezeichnungen für das Begriffsfeld im Bereich des Klagens ist beeindruckend.[468] In der nachfolgenden Auswertung werden die einzelnen Begriffe näher erörtert mit dem Ziel, aus der Fülle der zusammengetragenen Belege einen Einblick in den alltäglichen Gerichtsablauf zu bekommen. Außerdem ermöglicht die Behandlung der Rechtstermini eine genauere Präzisierung der Datierung der

468 Diese Vielfalt der Bezeichnungen ist nicht nur für das friesische Recht typisch. Frensdorff analysiert in diesem Zusammenhang den für das Rechtsleben wichtigen Begriff „ratio“ und kommt zu dem Ergebnis: „Von diesen Grundlagen aus hat das Wort ‚ratio‘ durch das ganze mittelalterliche Latein hindurch eine Fülle von Bedeutungen entfaltet, die für das Rechtsleben hohes Interesse darbieten. Es ist ein ebenso vielgebrauchtes als vieldeutiges Wort, und die Übersetzung wird sehr häufig den zutreffenden Sinn verfehlen, wenn sie die vom classischen Latein her nächstliegende Bedeutung festhält.“ Frensdorff, Recht und Rede, in: Gedenkschrift Georg Waitz, 1886, S. 433–490, hier S. 436. Eine mögliche Ursache für die Vielfalt der Bedeutungen liegt in der Mündlichkeit des Verfahrens; die Lebendigkeit der Auseinandersetzung steht im Gegensatz zu der Zeit, da das Verfahren schriftlich fixiert wurde und somit zwangsläufig die Deutungsmöglichkeiten einschränkte. „Beiderlei Thätigkeit sondert mittelalterliche Rechtsübung nicht mit der Strenge des heutigen Rechts von einander; in derselben Versammlung wurde Recht gesetzt und Recht gesprochen. Deshalb greifen in den folgenden Beispielen die sprachlichen Zeugnisse oft von dem einen Gebiet in das andere über.“ Ibidem, S. 443. Die Frage bleibt dabei aber offen, warum im Älteren Schulzenrecht die Variantenvielfalt für das Begriffsfeld „klagen“ trotzdem noch sehr groß ist.

Quelle und lässt möglicherweise Rückschlüsse auf Einflüsse fremdrechtlicher Rechtstexte zu.[469]

3.1 Auswertung

„Das Recht und den Rechtsbegriff im 12. Jahrhundert zu behandeln, ist schon deshalb ein schwieriges Unterfangen, weil die Quellenlage dieser Fragestellung wenig günstig ist."[470] Mit einer kleinen Modifikation in dieser Aussage von Kroeschell kann man dies auch mit Recht für die Identifizierung der Rechtsbegriffe im Älteren Schulzenrecht aus dem 13. Jahrhundert behaupten. Viele Fehlinterpretationen, vor allem wenn es um rechtshistorische Begriffe geht, sind darauf zurückzuführen, dass man sich der Bedeutung der Worte nicht vollständig bewusst ist.[471] Um solche Missverständnisse zu vermeiden, sollten von vornherein die Begriffsfelder genau definiert werden, damit ein Mindestmaß an Konsens im Diskurs gewährleistet wird. Um einen Überblick über die Bedeutungsentwicklung und Etymologie der verschiedenen Wortgruppen zu bekommen, ist es deswegen sinnvoll und notwendig, die Begriffe in kurzen Zügen zu behandeln.

3.1.1 klagia/upklagia

Das seiner Herkunft nach lautnachahmende Verb „klagen" bedeutet zunächst „vor Trauer oder schmerz schreien, jammern".[472] Der Rechtsbegriff entwickelte sich

---

469 „Betrachtet man den Inhalt der überlieferten Rechtstexte, so lässt sich im Laufe des altfriesischen Zeitalters eine starke Veränderung ausmachen. So dominieren in den älteren Rechtstexten noch germanische Rechtsvorstellungen, schon bald jedoch wird der Einfluss des kanonischen und römischen Rechts, das sich ab etwa 1200 immer stärker ausbreitete, nachhaltiger bemerkbar." Popkema, Anne Tjerk, Die Bedeutung des Altfriesischen für die Erforschung des germanischen Rechtswortschatzes und vice versa, in: Das Deutsche Rechtswörterbuch. Perspektiven (2010), S. 73–90, hier S. 2 f.

470 Kroeschell, Recht und Rechtsbegriff im 12. Jahrhundert, S. 309.

471 Dazu Oestmann: „Die Existenz der Quelle, der Wortlaut der Normen und die Umstände ihrer Entstehung sind Tatsachen, die der historischen Beschäftigung offenstehen. Schwierigkeiten treten immer dann auf, wenn die Texte sperrig und fremd erscheinen und sich ihr Sinn nicht auf Anhieb erschließt. Wie soll man dann wissen, was gemeint ist? Die Bedeutung eines Wortes ist sein Gebrauch in der Sprache." Duve, Thomas/Oestmann, Peter, Normengeschichte, Wissenschaftsgeschichte und Praxisgeschichte. Drei Blickwinkel auf das Recht der Vergangenheit, in: Rechtsgeschichte – Legal History Rg 23 (2015) 255–255, online (Max Planck Institute for European Legal History, 2015), http://archive.org/details/rg23_duve_oestmann, S. 3, zugegriffen am 07.07.2020.

472 Duden Etymologie: Herkunftswörterbuch der deutschen Sprache, Lemma „klagen".

schon früh aus der Gewohnheit, bei der sogenannten handhaften Tat lautstark zu schreien. „Möglicherweise galt in solchen Fällen das sog. Gerüfte [...] bereits als Beginn der Klage."[473] So bedeutet auch das Substantiv „Klage" seit ahd. Zeit nicht nur „Schmerz-, Wehgeschrei, Jammer", sondern auch „Beschuldigung, Anklage vor Gericht, Rechtssache".[474] Eine juristische Aussagekraft haben auch die Ableitungen Kläger und Anklage.[475] Brunner ist der Ansicht, der Begriff „klagen" sei sehr alt:

> „Nachmals finden wir, daß bei bestimmten Klagen besondere Formen zu beobachten waren, von welchen manche sicherlich in höchstes Altertum zurückreichen.[476] Nach mittelalterlichem Rechtsbrauch war es üblich, im Mordfall ‚mit dem toten Mann' zu klagen. Bei solcher Klage musste der Leichnam vor Gericht gebracht werden, wo ihn die Blutsverwandten des Erschlagenen mit gezogenen Schwertern und unter Erhebung des Klagegeschreis gegen den Richter vorwärts trugen."[477]

Freudenthal bestreitet diese Sichtweise Brunners mit der Behauptung, dass auf niederdeutschem Boden der betreffende Terminus, trotz seiner Erwähnung im Sachsenspiegel, nicht alt sein kann. Der Begriff „Klage" stamme aus dem Süden und habe erst verhältnismäßig spät in Norddeutschland Fuß gefasst. Aufgrund der Belege aus Notker[478] und wegen der Terminologie im Sachsenspiegel betrachtet Freudenthal die Jahrtausendwende als die Entstehungszeit der betreffenden juristischen Termini.[479] Im Unterschied zu dem Verb *onthinghere* beziehen sich „Klage"

---

473 Vgl. Oestmann, Wege zur Rechtsgeschichte, S. 74. Bereits bei Brunner: „Klagen heißt eigentlich lamentari, lugere. Die älteste Anwendung des Wortes geht wohl auf das bei der Klage um handhafte Tat vor Gericht erhobene Wehgeschrei oder Gerüfte zurück." Brunner, Heinrich, Deutsche Rechtsgeschichte, Bd. 2, Leipzig 1892, S. 254, Fn. 12.

474 Duden Etymologie: Herkunftswörterbuch der deutschen Sprache, Lemma „klagen".

475 „Rechtliche Geltung haben auch die Abl. Kläger [...] dazu Anklage", in: Duden Etymologie: Herkunftswörterbuch der deutschen Sprache, S. 328. Vgl. auch Wörterbuch (verbessert) Fryske Akademy: „Verb: klagia, klaia, klāgia, kleia, klāia 1) klagen, Klage erheben; 2) einklagen, Klage erheben wegen; 3) beklagen, bedauern; Substantiv: klage, klāge, klāch Klage, Anklage. In: klage hebba ‚Klage erheben', ‚klagen'; tō klage kuma ‚zur Klage kommen', ‚anhängig gemacht werden'."

476 Nach Köbler sind dagegen die Rechtswörter „Klage, klagen, Kläger" in historischen Berichten kaum zurückzuverfolgen, weil die historischen Nachrichten vor dem 13. Jahrhundert so gut wie ohne Ausnahme nur in lateinischer Sprache überliefert sind. Hierfür verweist das traditionelle Vorwissen für „Klage, klagen und Kläger" am ehesten auf „*accusatio*, *accusare* und *accusator*", Köbler, Gerhard, Klage, klagen, Kläger, in: ZRG GA 92 (1975), S. 1–20, hier S. 3.

477 Brunner, Heinrich, Deutsche Rechtsgeschichte, Leipzig 1892, S. 254.

478 Gemeint ist Notker der Deutsche, vgl. Moser, Hugo, Deutsche Sprachgeschichte: mit einer Einführung in die Fragen der Sprachbetrachtung, Stuttgart 1950, S. 19.

479 Freudenthal, Arnulfingisch-karolingische Rechtswörter, S. 177.

und die entsprechenden Verben *klagia* und *upklagia* alle auf die Einleitung des Verfahrens, unabhängig von der Anwesenheit des Beklagten.[480] Betrachtet man daraufhin den Sachsenspiegel, so stellt sich heraus, dass die Rechtswörter „Klage", „klagen" und „Kläger", im Gegensatz zum Älteren Schulzenrecht, die häufigsten Bezeichnungen für den Auftakt des Rechtsverfahrens darstellen.[481]

3.1.2 opsprecke

Für den Begriff „klagen" findet man als zweite Variante im Älteren Schulzenrecht das Verb *opsprecke*. Dieses Verb findet man als gesondertes Lemma in den meisten einschlägigen Handwörterbüchern nicht vor. Im verbesserten Wörterbuch der Fryske Akademy wird das Verb *sprecken* wie folgt definiert: spreka, spraka 1) sprechen, sagen; 2) klagen, Klage erheben, verklagen; 3) beanspruchen, Anspruch erheben; 4) bedeuten, heißen. Bei Freudenthal gibt es die Varianten „*spreka*: sprechen; klagen; *on-spreka* ‚verklagen, Anspruch erheben' und *up-spreka* ‚an-, verklagen, beschuldigen".[482] Damit ist ein klar abgrenzbarer Unterschied zum Begriffsfeld rund um *klagia* nicht festzustellen.[483]

In Kap. 61a wird *opsprecke* als „weiter verklagen" im Grafengericht verwendet, beschränkt sich jedoch nicht auf die exklusive Anwendung in diesem Gericht. In Kap. 63 wird *opsprecke* als „wiederum verklagen" interpretiert. Wenn man diese Interpretation mit der Übersetzung von *opsprecke* als „Zur-Last-Legung" in Kap. 80a (Anklage gegen den Asega) vergleicht, fällt auf, dass in dieser Übersetzung der iterative Aspekt fehlt. Im Glossar von Steller fehlt eine Übersetzung von *onsprecke*; lediglich *spreka* in der Einzelbedeutung von „sprechen" ist dort anzutreffen.[484]

In seinem Kapitel über das Gerichtsverfahren erwähnt Fairbanks das Vorkommen des Verbs *onsprecka* oder deren Zusammensetzungen nicht.[485] Vries erwähnt das Vorkommen des Begiffs *onspreker(e)*, Ableitung des Verbs *onspreka* in den jüngeren Quellen; es wird im Kap. 29 des Jüngeren Schulzenrechts als Klage im Falle eines Grundstücksanspruchs verwendet. Möglicherweise handelt es sich dabei um

480 Vgl. Fairbanks, The old West Frisian Skeltana riucht, S. 28, 49.

481 Vgl. Köbler, „Klage, klagen, Kläger", S. 1 f.

482 Freudenthal, Arnulfingisch-karolingische Rechtswörter, S. 144.

483 Auch die Definition bei v. Amira grenzt die unterschiedlichen Anwendungsmöglichkeiten nicht ab: „Die Verfolgung beginnt in der Regel mit einem Ansprechen, [...] fries. onspreka, – ahd. eiscön", Amira, Karl von, IX. Abschnitt, Recht in: Wirtschaft. Recht. Kriegswesen. Mythologe. Sitte. Kunst. Heldensage. Ethnographie. Sachregister, (2019), https://www.degruyter.com/document/doi/10.1515/9783111595054/html, S. 211, zugegriffen am 07.11.2020. Hier werden die Begriffe *onsprecka* und *eiskôn/askia* als identisch eingestuft.

484 Steller, Das altwestfriesische Schulzenrecht, S. 192.

485 The magistrate court: procedure at the things, Fairbanks, The old West Frisian Skeltana riucht, S. 49 f.

eine aus späterer Zeit stammende Überschrift dieses Kapitels in der Handschrift **J**.[486] Weitere Erklärungen bzw. Abgrenzungen zu den anderen Formen des Begriffsfelds werden nicht thematisiert.

3.1.3 halere

Im Älteren Schulzenrecht trifft man den Begriff „Beklagter" nur einmal an. In Kap. 40 wird dafür der Begriff *halere* (in **D** und **U** *haldere*, wörtlich: „Hälter")[487] verwendet: „*ende di halere scellen winna toe dae ketele*" (sondern der Beklagte soll ihn zu der Kesselprobe dingen). Im 5. der Vierundzwanzig Landrechte ist von dem *haldere* die Rede, wenn auch lediglich in der Rüstringer Fassung dieses Textes.[488] Hier ist nach Oebele Vries mit *haldere* der Besitzer des strittigen Gutes gemeint. Nach der Rüstringer Fassung handelt sich im 5. Landrecht um folgenden Fall: Wenn von jemandem ein von ihm erstandenes Gut oder Grundstück gerichtlich abgefordert wird, so hat der *haldere* (der Beklagte) „mit rechtmäßiger Gegenrede zu antworten".[489] In den sonstigen Rezensionen der Vierundzwanzig Landrechte, so Oebele Vries, ist es auffälligerweise nicht der *haldere*, der antworten sollte, sondern ther *alder, ther anda huse heldest se*, also der Älteste, der im Hause der Älteste ist.[490] Im Älteren Schulzenrecht würde eine Übersetzung mit „Hälter" keinen Sinn ergeben, denn in Kap. 40 ist er der Beklagte in der Qualität des Herausgeforderten im gerichtlichen Kampf. Auch Fairbanks geht von einer früheren Bedeutung eines „Hälters" aus: „originally the holder, or ‚man in posession' of disputed property".[491] Dabei ergibt sich aber folgender Widerspruch: In den Kapiteln, wo es um Grundstücksstreitigkeiten handelt, taucht eher der Begriff *onthinghere* auf; man würde gerade, wenn man den Ausführungen Fairbanks folgt, an diesen Stellen das Wort *haldere* erwarten. Dazu tritt noch ein phonologisches Problem in Erscheinung: So kann das Vorkommen von anlautendem /h/ vor Vokal eine spätere Entwicklung sein, sodass die Übersetzung *aldere* als Lesart in den Vierundzwanzig Landrechten

---

486 Vries, Her Bendix is urbeck fonden, S. 316, 319.

487 Ibidem S. 320. Dazu Frensdorff: „Der ‚Beklagte' ist nie ein so geläufiges Wort geworden, wie der Kläger, vielleicht widerstrebte es dem Sprachgefühl die participiale Bildung substantivisch zu verwenden." Frensdorff, „Recht und Rede", S. 456. Erst 1514 trifft man den Terminus *beclaegde* im Sneeker Rezessbuch an, vgl. Vries, Her Bendix is urbeck fonden, S. 320.

488 Buma, Wybren Jan/Ebel, Wilhelm, Das Rüstringer Recht (Altfriesische Rechtsquellen 1), Göttingen 1963, S. 46.

489 Vries, Her Bendix is urbeck fonden, S. 321.

490 Ibidem, S. 321.

491 Fairbanks, The old West Frisian Skeltana riucht, S. 28.

auch nicht auszuschließen wäre.[492] Eine eindeutige Antwort lässt sich wegen der spärlichen Überlieferung des Begriffs nicht wiedergeben.

3.1.4 greta/gretwerde

Am häufigsten trifft man in den westerlauwersschen Quellen das Verb *greta* (wörtlich: grüßen)[493] mit der Bedeutung „grüssen; klagen; anklagen“ an.[494] Das einfache Verb kann mit einem Objekt verbunden werden, aber auch intransitiv verwendet werden.[495] Wenn das Verb intransitiv ist, so wird der Akkusativ der Person laut Freudenthal mit Hilfe einer Partikel ausgedrückt, z. B. in Kap. 39 *bigreta*.[496] Von diesem Verb abgeleitet sind die Substantive *grete* und *gretwerd* (wörtlich: Grußwort).

Im westerlauwersschen Friesland hat sich später das Verb *greta* zu einem neuen Substantiv *gretman* entwickelt, und zwar zur Bezeichnung eines Anklägers:

> „Reeds het woord ‚grietman‘ wijst erop, dat de drager van dezen ambtstitel het aanklagen tot taak heeft. De eerste lettergreep van dit woord is afgeleid van het werkwoord greta, de technische uitdrukking voor aanklagen. Grietman beteekent dus letterlijk ‚aanklager‘.“[497]

3.1.5 oenthinghere/thinghia/thingat

Außer im Nachlassverfahren treffen wir dieses Begriffsfeld lediglich im Rahmen der Kampfklage an. Im westerlauwersschen Marktrecht, dem Alter nach dem mit dem Älteren Schulzenrecht vergleichbaren Text, stößt man auf das Wort *oenthinghia* im Zusammenhang mit Mordbrand auf dem Markt.[498] Laut Vries handelt es sich hier nicht um die Klage als Handlung, sondern um das Prozessieren.[499] Freudenthal übersetzt *on-thingia* mit „verklagen“, *thingia* mit „Gericht halten, prozessieren;

492 „Occasionally, unhistoric h appears before initial vowels, e.d. hws ‚us‘, hec ‚each‘, hiō ‚you‘.“ Bremmer, An introduction to Old Frisian, S. 50.

493 „ahd. gruozen ‚anreden; herausfordern, angreifen‘. Das westgerm. Verb ist wahrscheinlich lautnachahmenden Ursprungs mit der Grundbedeutung ‚weinen‘, eigentlich ‚schreien, jammern‘.“ Duden Etymologie: Herkunftswörterbuch der deutschen Sprache, Lemma „grüßen“.

494 Nach v. Heltens Definition zu eingeschränkt: „vor gericht auffordern (zum zweikampf)“, Helten, Willem L. van, Zur Lexicologie und Grammatik des Altwestfriesischen, in: Beiträge zur Geschichte der deutschen Sprache und Literatur 19 (1894), S. 345–440, hier S. 394.

495 Vries, Her Bendix is urbeck fonden, S. 315.

496 Freudenthal, Arnulfingisch-karolingische Rechtswörter, S. 158.

497 Van Oosten, De ambtshalve vervolging naar Oud-Friesch recht, S. 36.

498 Buma, Westerlauwerssches Recht, Kap. 11, S. 244.

499 Vries, Her Bendix is urbeck fonden, S. 316.

klagen, verklagen, einklagen" und *thingath* bedeutet „Gerichtsverhandlung, Klage; Gerichtsgebiet".[500] Das Wort „Ding" hat, so Freudenthal, einen Bedeutungswandel durchgemacht: Zeit > Zeitpunkt der Volksversammlung > gerichtliche Zusammenkunft > Rechtshandlung. Im Altfriesischen hat die Grundbedeutung viele neue Formen entwickelt: *thing, thingath, thingere* etc.[501]

3.1.6 askia

Die Bedeutung *accusare* entwickelt sich aus der Etymologie vom Begriff *askia*, so Freudenthal, nach der ursprünglicheren Bedeutung „heischen", „vorfordern" bzw. „einklagen".[502] Im Älteren Schulzenrecht kommt der Begriff nur in zwei Kapiteln vor. Buma übersetzt in Kap. 77 *askia* mit „vorladen" bzw. „auffordern". Der Schulze wird durch den Gerichtsboten vorgeladen, und zwar im Auftrag desjenigen, der etwas gegen den Schulzen vorzubringen hat.[503] Im westerlauwersschen Sendrecht bezeichnet der Begriff allerdings nicht „vorladen": „*Jef en wyf hir aefta man* ***aesketh*** *oen dae bannede synnethe* (Wenn eine Frau ihren Ehemann vor das gebotene Sendgericht fordert).[504] Eine gesicherte Aussage über die genaue Definition dieses Begriffs ist demnach nicht möglich.[505]

3.2 Zwischenfazit

Auf Grundlage des gesammelten Materials stellt sich die Frage nach dem Warum der Vielfalt der Begrifflichkeiten für ein und dasselbe Thema „Klage/klagen/Kläger." Eine diachrone Untersuchung der einzelnen Begriffe für „klagen" zur Feststellung der Datierung der Quelle ergibt wenig Sinn, da die jüngste Variante *klaga* um die Jahrtausendwende geschätzt wird (s. oben Kap. 3.1.1). Unsere Quelle stammt frühestens aus dem 13. Jahrhundert, die anderen Termini wären, da *klaga* als jüngste Fassung definiert wurde, älter als circa 1000 n. Chr. und sind dadurch nicht

500 Freudenthal, Arnulfingisch-karolingische Rechtswörter, S. 145.

501 Ibidem, S. 166.

502 Ibidem, S. 167.

503 Vries, Her Bendix is urbeck fonden, S. 323.

504 Buma, Westerlauwerssches Recht, S. 176. In Kap. 11, S. 172, vom Sendrecht kommt der Begriff auch vor und wird dann wiederum mit „vorladen" übersetzt. Kap. 11 „Fan wrherichnisse. Jef di decken anne man aesketh deeromme. *Vom Ungehorsam. Wenn der Dekan einen Mann deswegen vorlädt.*"

505 „āskia 1) Klage erheben wegen, einklagen; 2) laden, vorladen (vor Gericht); 3) erfordern; 4) nachforschen, untersuchen", Wörterbuchtext (verbessert) Fryske Akademy. Das althochdeutsche Verb [h]eiscôn mit der Grundbedeutung „fordern, fragen", altsächsisch eskôn zu der indogermanischen Wurzel *ais „suchen, trachten nach, verlangen". Duden Etymologie: Herkunftswörterbuch der deutschen Sprache, Lemma „heischen".

aussagekräftig für die Feststellung einer zeitlichen Hierarchie im Älteren Schulzenrecht. Merkwürdigerweise wird in der in dieser Arbeit behandelten Sekundärliteratur die Frage nach dem Grund der Vielschichtigkeit der Rechtsterminologie nicht gestellt.[506]

An keiner Stelle des Werkes macht sich der Schreiber bekannt, ebenso wenig wird die Provenienz der gesammelten Vorschriften erwähnt. Es ist sehr wahrscheinlich, dass eine beträchtliche Zahl der Rechtsbegriffe aus unterschiedlichen Zeitabschnitten stammt. Dem kompilierenden Verfasser müssen bei seiner Zusammenstellung der Texte mehrere Fassungen vorgelegen haben; dadurch ließe sich die Diversität der Rechtstermini erklären. Andererseits hätte der Schreiber die Möglichkeit gehabt, die einzelnen Abschnitte *up to date* zu machen, indem er die veralteten Bezeichnungen für die Kernbegriffe in der Klagephase angepasst hätte.

Aufgrund dieser Vielschichtigkeit der Begriffe liegt die Annahme nahe, dass die Begriffe doch unterschiedliche semantische Marker besitzen. Für *oenthinghere* ließe sich ein beschränkter Anwendungsbereich in der Kampfklage vermuten; unerklärlich ist dabei auch das Vorkommen dieses Verbs in Grundstücksstreitigkeiten. Die Varianten *claghet, onsprecka* und *greta* trifft man auch im Jüngeren Schulzenrecht an; es sieht danach aus, dass diese Begriffe dort synonym verwendet wurden.[507] Die Bedeutung von *halere* als Beklagter im Kesselfangverfahren ist unklar, das Benennungsmotiv ist in diesem Fall nicht nachzuvollziehen.

Der nächste Schritt im Gerichtsverfahren ist die Vorladung, wobei die verwendete Rechtsterminologie recht überschaubar ist.

4. Die Vorladung

„Die Ladung des Gegners vor Gericht ist, so lange wir auf Grund der Quellen überhaupt ein geordnetes Gerichtsverfahren nachweisen können, stets ein wichtiger Grundsatz des Prozeßrechts gewesen."[508] Die Folge der Anklageerhebung bestand

---

506 Lediglich kann Freudenthal nur feststellen: „Das hier zu Grunde liegende Material erlaubt uns nicht, das Verbreitungszentrum des Terminus [gemeint ist der Terminus „klagen", Anm. Verf.] auch nur annähernd festzustellen." Freudenthal, Arnulfingisch-karolingische Rechtswörter, S. 178.

507 „In den Spiegeln wird schon durchgehends für die Parteirolle des Angreifers der Name Kläger gebraucht, sowie auch die Worte Klage, klagen und beklagen häufig erscheinen. Gleichbedeutend sind Ansprache, einen ansprechen." Zoepfl, Heinrich 1807–1877. Deutsche Rechtsgeschichte. 4. verm. und verb. Aufl. 1 online resource (3 volumes) Bde. Braunschweig: Friedrich Wreden, 1871, http://books.google.com/books?id=-jcOAQAAIAAJ, S. 345, zugegriffen am 08.02.2021.

508 So Sellert, Wolfgang, Die Ladung des Beklagten vor das Reichskammergericht. Eine Auswertung von Kammerbotenberichten, in: ZRG GA 84 (1967), S. 202–235, hier S. 202. Nach Andreas Heusler war die Ladung für den Kläger nicht ungefährlich, weil sie vom Beklagten wie eine Fehdeansage verstanden werden konnte und daher

in der Ladung als die regelmäßige Form der Einleitung des Rechtsstreites. Durch sie wurde der Gegner nicht nur aufgefordert, zum Gerichtstermin zu erscheinen, sondern ihm wurde damit auch die Möglichkeit zur Verteidigung gegeben. Insoweit war die Ladung notwendige Voraussetzung für das rechtliche Gehör. Ohne Ladung durfte kein Urteil gegeben werden. Die älteste Art der Ladung war die Ladung durch den Kläger. Um ihn in rechtmäßiger Form vor Gericht laden zu können, musste sich der Kläger mit Zeugen – im Älteren Schulzenrecht mit dem Asega und sieben Nachbarn – in die Wohnstatt des Gegners begeben, um dort sein Recht von ihm zu verlangen, mit Angabe des Termins und des Gegenstandes der Beschuldigung.[509]

> Kap. **37** Fan da manne sonder kynde. Djt is riocht, dat hi hem dis sella deys bi midda moerne ende bi sonna opgonge mey twam sceltum ende mey sawenum sijnre bura ende mey da aesga ende mey dis oera bura sauwenum mey dae aefta tioege hine ladia scol toe der landwere toe sijn fordele [...].*Dies ist Recht, dass er ihn an demselben Tage mitten am Morgen und beim Sonnenaufgang mit zwei Skelten und sieben seiner Nachbarn und mit dem Asega und sieben Nachbarn des anderen, mit diesem gesetzlichen Zeugnis, an seiner Wohnstatt zur Verteidigung des Grundbesitzes laden soll.*

Neben dieser direkt vom Kläger initiierten Vorladung traten im Älteren Schulzenrecht andere Formen von Ladung in Erscheinung. Nach Kap. 77 sollte sich der Schulze bereit erklären, einem jeden Recht zu sprechen. Falls jemand den Schulzen einer Sache beschuldigen wollte, sollte dieser Kläger den Banner beauftragen, den Schulzen vorzuladen. Der Schulze war dazu verpflichtet, zu dieser Anklage Stellung zu nehmen:

> Kap. **77** Fan des scelta anderde. Djt is riocht: hweer so di schelta en thingh halt, soe scel hi biada aller mannalikum riocht. lef him emma sennighia wille, soe scel hi tiaen lada iefta bota. lef him emma dan aet op ti spreekene haet, soe scel hi selua den bannere bieda, dat hi den scelta aeskie. Soe scel di bannere sidza: „her schelta, ie aeskie ioe ende banne ioe deertoe bij mynes hera banne, dat j dae manne riocht andert iouwe. lef hi dan riochtis wernt, so ne ach him nemma toe iaen laeda ner bota ner nemma zijns bannes onfruchta ner tiulda. *Von der Verantwortung des Skelta. Dies ist Recht: Wenn der Skelta ein Gericht hält, so soll er sich erbieten, einem jeden Recht zu sprechen. Wenn*

Gegenwehr zu erwarten war. Entsprechende Beispiele stammen allerdings aus späterer Zeit und gehören dem nordischen Rechtskreis an. Nach der *Eyrbygja saga* versuchte Snorri mit achtzig Mann den Arnkel zu laden. Dieser trat ihm mit einer beachtlichen Zahl von Gefolgsleuten entgegen. Nur mit Mühe wurde ein Kampf vermieden und sodann die Ladung ausgesprochen. Dazu Heusler, Andreas, Das Strafrecht der Isländersagas, Leipzig 1911, S. 105 f. Diese Einstellung der Sippesgenossen könnte man m. E. aber auch für das friesische Rechtsempfinden voraussetzen. Diese Drohgebärde könnte als Druckmittel zu einem Vergleich aufgefasst werden.

509 Dazu Brunner, Deutsche Rechtsgeschichte, S. 332.

jemand ihn bestreiten will, so soll er [der Skelta] Reinigungseide leisten oder Buße zahlen. Wenn jemand ihn dann einer Sache beschuldigen will, so soll er [der Kläger] selbst dem Banner auftragen, den Skelta vorzuladen. Dann soll der Banner sagen: „Herr Skelta, ich fordere Euch auf und befehle Euch kraft der Banngewalt meines Herrn, dass Ihr dem Manne eine dem Recht entsprechende Antwort gebt". Wenn er dann das Recht verweigert, so braucht niemand ihm Reinigungseide zu leisten oder Buße zu zahlen noch seine Banngewalt zu fürchten oder zu erdulden.

Im Gegensatz zur direkten, auf eine bestimmte Gegenpartei zielenden Vorladung scheint sich die Ladung des Schulzen als eine Art subsidiäre Form des Ladens entwickelt zu haben. Die Ladung fand offenbar während eines Gerichtstermins statt; ein jeder kann, ohne von vornherein etwaige Gründe zur Einleitung eines Verfahrens gegen den Schulzen geplant zu haben, an Ort und Stelle eine Ladung vornehmen.[510] Wenn sich der Schulze weigerte, auf die Forderung einzugehen, war die Gerichtsversammlung damit faktisch beendet.

Neben die durch Formalakt des Klägers vollzogene *mannitio*[511] trat die Ladung durch den auf Ansuchen des Klägers erlassenen Befehl des Richters (*bannitio*) in Erscheinung und verdrängte im Laufe der Zeit die persönliche Form der Anklage.[512] Versäumte eine der Parteien den Tag, ohne sich wegen gesetzlicher Hinderungsgründe zu entschuldigen, so konnte der Beklagte wegen Ladungsungehorsam zu einer Geldbuße von zwei Pfund verurteilt werden. Im Älteren Schulzenrecht wird die Ladung auf Initiative des Gerichts in den Kapiteln 59–62 beschrieben. Es handelt sich in diesen Abschnitten ohne Zweifel um eine *bannitio*, da im Kap. 62 der *bannere* als Übermittler der Ansage in Erscheinung tritt:

Kap. **62** Fan dae bannere, deer ma moyt. lef ma dae bannere oen dae boedeschipe dustsleeck iefta bloedreesna deth ief disser engen, deer ma deer mey bodeschipe wtladeth, denenwr ladeth, so is zijn bote twifald ende dae grewa twa pond iefta sexasim onswerra. *Von dem Gerichtsboten, den man belästigt. Wenn man dem Gerichtsboten bei der Ansage einen quetschenden Schlag gibt oder eine blutige Wunde schlägt oder einem von denen, die er durch seine Ansage vorlädt, so gebührt ihm doppelte Buße und dem Grafen zwei Pfund oder man soll sich mit fünf Eideshelfern davon freischwören.*

510 Vgl. v. Schulte: „Nach dem Rechte des Mittelalters konnte man entweder einen im Gerichte Anwesenden belangen oder den Abwesenden laden." Schulte, Johann Friedrich von, Lehrbuch der deutschen Reichs- und Rechtsgeschichte. 2. umgearb. Aufl. Stuttgart 1870, zugegriffen am 23.07.2020, https://opacplus.bsb-muenchen.de/search?id., S. 394.

511 „Manire: mannire, manian, manen = nhd. mahnen; mena, mannere; syn. lat. admonere, monere, summonere." Zoepfl, Deutsche Rechtsgeschichte, S. 326, Fn. 44.

512 Vgl. Schröder, Richard/Künßberg, Eberhard Frhr. von, Lehrbuch der deutschen Rechtsgeschichte, S. 390.

Es waren nach Verschiedenheit der Fälle Fristen bestimmt, in denen sich der Beklagte vor Gericht stellen und das Gericht abwarten sollte. Im Kap. 57 musste der Beklagte neunmal vor dem Grafengericht geladen werden, bevor gegen ihn wegen Ungehorsams weiter vorgegangen werden konnte:

> Kap. **57**. Fan hofclaghe. Niogen hwerra aegh ma him toe bodiane ende tria dae scelta wrherich tioga mey sauwen des koninges orkundem, eer ma him mey riochte ti breke ende ti brande dela moge. *Neunmal soll man ihn vorladen und dreimal soll man ihn mit sieben Königszeugen als ungehorsam beim Skelta anzeigen, bevor man ihn nach dem Rechte zu Bruch und Brand verurteilen kann.*

Wenn der Beklagte vor das Grafengericht[513] geladen wurde, konnte er ohne Angabe von Gründen einen Antrag auf Fristverlängerung stellen. Diese Frist von einem Tag wurde ihm vom Grafen ohne Urteil des Asegas gewährt unter der Bedingung, dass er am nächsten Tag vor Gericht erscheint und sich verantwortet.[514] Wahrscheinlich wurde dem Beklagten dadurch die Möglichkeit gegeben, sich über seine Verteidigung beraten zu lassen. Wenn der Graf seinerseits den Termin verschieben wollte, der Beklagte sich aber an Ort und Stelle verantworten mochte, konnte er ohne die Zahlung einer Ungehorsamsbuße das Gericht verlassen. Wollte man ihn weiterhin verklagen, so sollte man ihn ganz von Neuem vorladen.[515]

An dieser Stelle kann man einen Vergleich mit dem nordischen Recht anstellen: Sehr bedeutsam war nach Maurer die Unterscheidung zwischen solchen Fällen, in denen die Ladung am Wohnort des Gegners erfolgen musste, und Fällen, in welchen sie an der Dingstätte bzw. am Hof erfolgen konnte; im letzteren Falle sprach man von einem *stefna a Þíngi*, im ersteren dagegen von einem *stefna heima.* Selbstverständlich waren Ort und Zeit des zu haltenden Gerichts dabei angegeben. Bei der *heimanstefna* galt die Regel, dass mindestens vierzehn Tage vor dessen Beginn vergangen sein mussten, es sei denn, dass die Tatsache, auf welche sich die Klage stützte, erst später eingetreten oder dem Kläger bekannt geworden war; letzterenfalls konnte die Ladung noch bis zum Ding erfolgen.[516] Im Älteren

513 Uwe Wesel geht von einer Zweiteilung der Gerichtsbarkeit im fränkischen Reich aus. In den Grafschaften waren Untergerichte zuständig für wenig wichtigere Fälle, wichtige Streitigkeiten mussten sie abgeben an das Gericht des Grafen oder Königs. Wesel, Geschichte des Rechts, S. 292. Diese Zweiteilung der Gerichtsbarkeit ist auch für das Ältere Schulzenrecht anzunehmen, die Fallbeschreibung in Kap. 57 gehört mit Sicherheit zu den *causae maiores.*

514 Es handelt sich hierbei offenbar um eine friesische Besonderheit: „Das Setzen einer Tagesfrist meistens von 24 Stunden als letzte Frist, [Kurs. Verf.] nach Versäumnis aller früheren Fristen hieß solem collocare oder solsacire, d. h. einen Tag setzen." Zoepfl, Deutsche Rechtsgeschichte, S. 327.

515 Buma, Westerlauwersches Recht, Kap. 60, 61, S. 111.

516 Vgl. Maurer, Vorlesungen über altnordische Rechtsgeschichte, Bd. 1, S. 735.

Schulzenrecht treffen wir eine friesische Äquivalenz der *heimanstefna* in den Kapiteln 36/37 an, wobei aber zwischen Anspruch und Ladung nur sieben Tage lagen.

Wie schon erwähnt, gibt es im semantischen Bereich wenig Deutungsschwierigkeiten. Für das Begriffsfeld „vorladen und Vorladung" werden im Älteren Schulzenrecht nur die Verben *lathia* und *bodia* verwendet.[517] Dass diese beiden Verben völlig synonym benutzt werden, belegen die beiden Bezeichnungen in Kap. 58 [Hervorhebung Verf.]:

> Kap. **58** Fan hofladingha dis Fresa. Djt is riocht: ald eer di fria Fresa om clage toe hoeue **ladeth** wirt ende hi toe andert komt ende gretwird wrnimt ende hi dat mey riochtealsoe lange als dia sonne schijnt, soe toer hi toe dae dei her wed iaen ner ban tiulda efter senna sedle; soe schel ma him al ieta nies **bodia**, als ief hi eer naet bodath ne were. *Von der Ladung des Friesen vor das Grafengericht. Dies ist Recht: Wenn der freie Friese wegen einer Klage vor das Grafengericht geladen wird und er zur Verantwortung erscheint und Anklage hört und sie rechtsgemäß bestreitet, solange die Sonne scheint, so braucht er an dem Tage nach Sonnenuntergang weder ein Rechtsversprechen zu geben noch ein richterliches Gebot zu erdulden; dann soll man ihn wieder von neuem vorladen, wie wenn er zuvor nicht vorgeladen wäre.*

Ob eine semantische Differenzierung zu dem oben erwähnten *askia* möglich ist, lässt sich wegen der Dürftigkeit der Belege nicht feststellen. Als Substantiv trifft man *hofbodingha* („Vorladung vor das Grafengericht") als Überschrift in Kap. 61 an. Vries stellt eine bedeutsame Verschiebung innerhalb des Wortfeldes fest, nämlich die Verdrängung des Wortes *bodia* durch das konkurrierende *lathia, ladia.* Beide Verben seien dabei nicht originär friesisch.[518]

5. Rede und Gegenrede

Die behandelten Rechtswörter lassen sich zum größten Teil mit „Rede" in Verbindung setzen. Der Grund dafür lag in dem Umstand, dass das mittelalterliche Gerichtsverfahren von Mündlichkeit geprägt war.[519] Nachdem sich die Parteien nach der Vorladung vor dem Richter getroffen hatten, konnte der eigentliche Prozess seinen Anfang nehmen. Die schlichte Klage bestand in dem einfachen Antrag auf Verurteilung des Schuldners wegen einer Störung des friedlichen

---

517 „bodia, bōdia, laden, vorladen; lathia, ladia, lādia, lāia, laden, vorladen," Wörterbuchtext (verbessert) Fryske Akademy. *Bodia* ist als Ableitung von *bod* (‚Gebot') zu betrachten." Vries, Her Bendix is urbeck fonden, S. 323.

518 Ibidem, S. 326.

519 „Das Verfahren war stets öffentlich und mündlich und auf das persönliche Erscheinen der Parteien berechnet." Zoepfl, Deutsche Rechtsgeschichte, S. 330. Ebenfalls Oestmann, Wege zur Rechtsgeschichte, S. 71.

Zusammenlebens.[520] Der Beklagte musste entweder den klägerischen Anspruch zugestehen oder schwören, dass er nichts schuldig sei. Durch diesen Unschuldseid wurde die Klage – wenn der Kläger keine stichhaltigen Argumente mehr vorführen konnte – abgewiesen.

Dass das Verfahren trotz dieses statischen Vorgangs[521] mit seinem Formalismus und Wortformeln eine dynamische Komponente hatte, beweist eine Stelle im Älteren Schulzenrecht, Kap. 65. Hier ist die Rede von *mey twira*[522] *taele* (Rede und Gegenrede), wobei der Kläger dem Beklagten den Unschuldseid durch eine motivierte Widerrede vorlegte:

> Kap. **65** Fan ene epena slaete. Djt is riocht: hwae so in oers epana slaet sprecka wille ende oen zijn eerue, soe scel hi to him komma **mey twira taele** ende mey aesga dome. Jef hi deer inor wille, soe schel hi him kestigia mey toulif edum iefta mey enen swirdkempa. Dat schel ma bithinghia mey aefta bannem ende bi afta deithinghum. *Von einem offenen Grabe. Dies ist Recht: Wenn jemand den offenen Graben eines anderen und dessen (dazu gehörigen) Grund für sich beanspruchen will, so soll er gerichtlich mit Rede und Gegenrede und durch Urteil des Asega gegen ihn vorgehen. Wenn er darüber hinausgehen will, so soll er ihn mit zwölf Eiden oder durch einen (gerichtlichen) Schwertkämpfer nötigen. Das soll man durch gesetzliche Gebote und mit gesetzlichen Terminen gerichtlich austragen.*

Nach der Schuld- bzw. Unschuldsbezeugung der beiden Parteien folgte ein Urteil. Wollte der Beklagte das Urteil nicht annehmen, war eine Eidesleistung erforderlich; eine Aufforderung zum Zweikampf gehörte auch zu den Möglichkeiten. Da *tael* eindeutig als „Gegenrede" bezeichnet werden kann[523], ist mit „er" wohl der Kläger gemeint, sodass derselbe das Verfahren mit seinen Anforderungen weiterführen konnte. Der Beklagte konnte sich gegen die weiteren Angriffe seines Gegners verteidigen und bekam dadurch die Möglichkeit, seine eigene Rechtsposition im Verfahren zu stärken. Das friesische Gerichtsverfahren ermöglichte es dem Beklagten, Beweise zu erbringen. Dies hatte große Auswirkungen für beide Parteien.

Im nächsten Abschnitt wird eine Analyse der zu erbringenden Beweismittel in unserer Quelle vorgenommen.

---

520 Für eine Übersicht der möglichen Rechtsstörungen im Älteren Schulzenrecht siehe Fairbanks, The old West Frisian Skeltana riucht, S. 57.

521 Weitzel warnt in diesem Zusammenhang vor einer Überschätzung eines vom starren Formalismus geprägten fränkischen Verfahrens. Dieses Bild entstamme vornehmlich aus den Volksrechten sowie deren hochmittelalterlichen deutschen und nordischen „Ergänzungen". Weitzel, Dinggenossenschaft und Recht, Bd. I, S. 621.

522 „twēne, twē, twēn, twēre, twēr, twīre, twīr, twā, 1) zwei; 2) zweierlei", Wörterbuchtext (verbessert) Fryske Akademy.

523 Vgl. Vries, Her Bendix is urbeck fonden, S. 331.

VII. Das Beweisverfahren

1. Einführung

Das ungelehrte mittelalterliche Verfahren, obwohl regional unterschiedlich, zeigte eine weitgehend einheitliche Basisstruktur auf. Das Gerichtsverfahren wurde von dem Kläger eingeleitet mit der Behauptung, ihm sei von der anderen Partei in irgendeiner Form Unrecht angetan worden; diese Rechtsverletzung stellte einen Friedensbruch dar. Wer gegen geltendes Recht verstieß, setzte sich selbst – mitsamt seiner Sippe als kollektiv Betroffenen – durch seine Tat ins Unrecht. Diese rechtswidrige Handlung spielte lediglich als äußerlich erkennbarer Vorgang eine Rolle; was im modernen Recht als „Motiv" oder Schuld" erscheint, wurde als subjektive Begründung des Friedensbruchs nicht in Betracht gezogen.[524] Der Kläger forderte durch seine Klage Sühne und Wiedergutmachung des ihm zugefügten Unrechts.

Der Normalfall war, dass die Gegenpartei die Anschuldigungen bestritt, wodurch zwei entgegengesetzte Aussagen im Raum standen. Eine Unterscheidung zwischen Zivil- und Strafsachen wurde dabei nicht gemacht.[525] Die Verhandlungen der Parteien über den Streitgegenstand konnten zu dem Ergebnis führen, dass das Gericht den Rechtsstreit sofort durch ein Urteil beendete. Dieses Urteil war nicht ein Urteil im heutigen Sinne, enthielt also keine verbindliche Aussage, die mit einer Sanktion verbunden war, sondern leitete die Phase der Beweiserbringung ein.[526]

Falls sich der Beklagte zu den Vorwürfen bekannte, gab es keine weiteren Gründe, Formen von Gewalt und Selbsthilfe anzuwenden. Diese Voraussetzung trat jedoch nicht immer ein. Die Behauptung der einen Partei wurde häufiger durch die Verneinung des Gegners dementiert. Beide Parteien wurden zum Beweisantritt zugelassen.[527] „Das Beweisen besteht darin, dass die Partei den gegnerischen

---

524 Vgl. Bader, Zum Unrechtsausgleich und zur Strafe im Frühmittelalter, S. 8.

525 Vgl. Musielak, Hans-Joachim, Die Grundlagen der Beweislast im Zivilprozess, Berlin 1975, S. 209.

526 Deppenkemper, Beweiswürdigung als Mittel prozessualer Wahrheitserkenntnis, S. 99.

527 Dazu Weitzel, Dinggenossenschaft und Recht, Bd. I, S. 625. Der Angeklagte hatte hinsichtlich der Beweiserbringung seiner Unschuld als Tatnächster aber den Vorrang. Vgl. Deppenkemper, Beweiswürdigung als Mittel prozessualer Wahrheitserkenntnis, S. 100. Siehe auch Oosten, Meelf, Sybens van, Inleidende beschouwingen over het oudere Friese bewijsrecht, Groningen 1950, S. 443: „De bewijsvoering is een zaak tussen partijen." Dazu auch Nordby: „It is also important to point out that oaths could, in principle, be used as proof by plaintiffs as well." Nordby, The Judicial Oath in Medieval Norway, S. 52; Krüper: „So musste der Kläger selbst den Beweis für die geschehene Unrechtstat erbringen. Konnte er keine ausreichenden Beweise vorlegen, war der Angeklagte frei zu sprechen. Hatte der Verletzte demgegenüber

Widerspruch gegen ihre Behauptung durch Erfüllung der vom Gesetz zu diesem Zweck vorgeschriebenen Form beseitigt."[528] Das eigentliche Urteil des Gerichts lag in der Entscheidung, welche Beweismittel von welcher Partei zu erbringen waren. „Die meisten mittelalterlichen Urteile aus dem ungelehrten Prozess sind also Beweisurteile."[529] Das Gericht ließ nur denjenigen zum Beweis zu, der nach der Beurteilung der Gesamtlage als glaubwürdiger erschien.

Nun war es meistens die Aufgabe des Angeklagten, sich von den Anschuldigungen zu befreien, „wobei es weniger um eine Feststellung der Tatsachen ging, sondern um die Reinigung seiner Integrität als Person, seiner Ehrenhaftigkeit und sozialer Anerkenntheit"[530]. Eine materielle Beweiswürdigung kannte das germanische Recht nicht. Sie war von vornherein ausgeschlossen, da es im fränkischen Rechtsgang grundsätzlich „nicht um eine Aufklärung des wahren Sachverhalts, sondern allein um die Feststellung der Schuld oder Unschuld des Beklagten ging"[531]. Die beweisführende Partei erbrachte laut Musielak, dessen Ausführungen hier gefolgt wird, den Beweis nicht mit dem Ziel, das Gericht von der Wahrheit der von ihr aufgestellten Behauptung zu überzeugen; für den Beweisführer komme es darauf an, die streng formalen Beweisanforderungen zu erfüllen. Genügte der Beweis diesen Anforderungen, so galt er als bewiesen.

Beweise erbracht, musste sich wiederum der Angeklagte durch Gegenbeweise entlasten." Krüper, Grundlagen des Rechts, S. 159 f.

528 Planck, Julius Wilhelm Das Deutsche Gerichtsverfahren im Mittelalter, Nach dem Sachsenspiegel und den verwandten Rechtsquellen, Braunschweig 1878, S. 2. Immink definiert in seinem Aufsatz über ‚Zeugen im altfriesischen Recht' in diesem Zusammenhang den Begriff „beweisen" vielmehr im modernen Sinne: „Wij kunnen, bewijzen" dus definiëren als: het aantonen van de deugdelijkheid [Stichhaltigkeit, Anm. Verf.] ener bewering." Hier spielt die Frage nach der inhaltlichen Wahheit schon eine Rolle. P. W. A. Immink, ‚Getuigen' in het Oude Friese Recht, S. 428.

529 Oestmann, Wege zur Rechtsgeschichte, S. 74.

530 Oestmann, Peter, ‚Beweis'. In Enzyklopädie Der Neuzeit Online. Accessed August 5, 2021. doi:http://dx.doi.org/10.1163/2352-0248_edn_COM_246482, „Die Beweisrolle fällt im Allgemeinen dem Beklagten zu. Diese Regel erleidet in gewissen Fällen eine Ausnahme mit Rücksicht auf die Lage der Wahrscheinlichkeit und bei gegnerischem Angebot stärkerer Beweismittel. Abgesehen davon, hat der Beklagte das Recht und die Pflicht, sich von dem in der Klage erhobenen Vorwurfe zu reinigen." Brunner, Deutsche Rechtsgeschichte, Bd. 2, S. 370. Da man ihm unterstellte, im Prinzip über mehr Tatwissen zu verfügen, erklärt wohl das Beweisvorrecht. Dazu ebenfalls Stutz, der meint, dass „er [der Beklagte, Anm. Verf.] sich glücklich schätzen konnte [...] weil er zuerst zum Beweise gelangte, ehe der Kläger zugelassen wurde." Ulrich Stutz, Die Beweisrolle im altdeutschen Rechtsgang, S. 4.

531 Wolfgang Sellert/Hinrich Rüping, Studien- und Quellenbuch zur Geschichte der deutschen Strafrechtspflege, Aalen 1989, S. 64.

Aus dieser rein formalen, einseitigen Beweisführung ohne richterliche Würdigung wird auch deutlich, warum in dieser Phase des Prozesses das Beweisverfahren keinen Gegenbeweis zuließ. Wenn der Beweisführer die Formalhandlungen regelkonform vollzogen und damit den Beweis geliefert hatte, gab es keinen Raum mehr für Beweise des Gegners, denn dieser hätte ja auch nur die gleichen Handlungen vornehmen können.[532] Hatte der Beklagte den Beweis mit Erfolg geleistet, so war er in ordentlicher Weise von der Anklage befreit.

Im folgenden Abschnitt wird die Reinigungsmöglichkeit in Form eines Eidesbeweises, die dem Beklagten[533] zustand, für das Ältere Schulzenrecht behandelt.

2. Der Eid und Eideshilfe

Wichtigstes Beweismittel im mittelalterlichen Gerichtsverfahren war der Eid. Die Eidesbezeichnungen können als promissorisch (Gelöbniseid) bzw. assertorisch (Wahrheitseid) eingestuft werden. Der assertorische Eid ist vor allem der Eid des Klägers, des Angeklagten oder des Zeugen. Es handelt sich dabei in der Regel um Bestätigung bereits eingetretener Tatsachen. Der promissorische Eid betrifft dagegen das eigene, zukünftige Verhalten des Schwörenden.[534] Diese Arbeit befasst sich weiterhin nur mit der assertorischen Variante.

Eine weitere Verteilung innerhalb der assertorischen Eide ist der Unterschied zwischen Eineid und Eid mit Eideshelfern. Im Falle eines assertorischen Eides wurde der Schwörende von Mitschwörenden unterstützt; die Zahl dieser Eideshelfer war dabei unterschiedlich und richtete sich nach der Wichtigkeit des Streitgegenstandes.[535] Neben dem Simplex afries. *ēth* erscheint im westerlauwersschen Friesland oft die Schreibweise *ēd*. Ansonsten werden die Eidesbezeichnungen im Älteren Schulzenrecht mit *lada* bezeichnet.[536]

---

532 Musielak, Die Grundlagen der Beweislast im Zivilprozess, S. 211.

533 Deppenkemper, Beweiswürdigung als Mittel prozessualer Wahrheitserkenntnis, S. 101.

534 Ibidem, S. 101. Ein gutes, zeitgenössisches Beispiel findet man in amerikanischen Gerichtssälen: „When asked, ‚Do you solemny swear that you will tell the truth, the whole truth, and nothing but the truth, so help you God?‘ witnesses must affirm that their coming testimony is in accordance with the given criteria. Promissory oaths also occupy an important position in medievalist historiography, because they were crucial to constituting the hierarchial bonds of fealty which characterized medieval political culture.“ Vgl. Nordby, The Judicial Oath in Medieval Norway, S. 5.

535 Munzel-Everling, Dietlinde, Art. Eid, in: HRG (2) (2008), Sp. 1249–1261.

536 Buma, Westerlauwersches Recht, Kapitel 77 und 78. Es handelt sich in diesen Kapiteln um die Reinigungseide des Schulzen. Siehe auch His und Klaarbergen: „Das Angelsächsische kennt zwei gleichlautende Worte, lad (Reinigung) und lad (Führung, Weg). Dem ersteren entspricht fries. lade, Reinigungseid“, His, Rudolf, Das Strafrecht der Friesen im Mittelalter, Leipzig 1901, S. 66, Fn. 1. „Die lâde (lêde) ist das

Neben dem Reinigungseid treten im Älteren Schulzenrecht die Überführungseide nicht in Erscheinung. Dieses Beweismittel wurde dann eingesetzt, wenn dem Beklagten die Möglichkeit verweigert wurde, sich von den Vorwürfen freizuschwören.[537] In anderen Quellen des altfriesischen Rechts kommt diese Möglichkeit wohl zum Tragen. Diesen Ausschluss von Reinigungseiden finden wir z. B. in der 17. Küre der gemeinfriesischen 17 Küren. Es handelt sich dabei um Streitigkeiten über das Eigentum eines Gutes (Besitz, Verkauf, Schenkung, Schadenersatz, Aussteuer, Handgeld oder Gegenpfand). Jeder Beklagte darf selbst mit Eiden auf die Reliquien bezeugen, was er getan hat, es sei denn, dass die neun Zeugen aussagen, er sei in der Sache schon verurteilt worden:

> „soe schelleth hia aldus tiogha, eer hia ene fria Fresa moeghe bynima sine deedlada. Js aeck een dede ief wed deen oen worpena waere ende oen een ketthene thinghe ende oen en bannena sinethe, soe ne mey ma dera dade nenne withedan bieda." *„so sollen sie in dieser Weise aussagen, bevor sie einem freien Friesen seine Reinigungseide verwehren können. Ist aber in einer einberufenen Volksversammlung oder in einem angesagten Gericht oder in einem gebotenen Sendgericht eine Handlung vorgenommen oder etwas (durch Handschlag) versprochen worden, so darf man wegen dieser Handlungen keine Unschuldseide auf die Reliquien anbieten.*"[538]

In den Zusätzen zu dieser gemeinfriesischen 17. Küre werden Fälle aufgelistet, bei denen Reliquieneide ausgeschlossen sind, sie wurden *wenden* „Ausnahmefälle" genannt.[539] Es handelt sich dabei um folgende Verbrechen:

- Gewaltverbrechen während des Fehdezuges
- Falschmünzerei
- Bruch eines während der Gerichtsversammlung gegebenen Versprechens
- Vergewaltigung einer Frau, die im Hause des Täters angetroffen wird
- Nächtlicher Diebstahl
- Angriff am hellichten Tag, wenn man den Täter mit einem Speer oder Schwert weggehen sieht, wobei der Angegriffene stirbt oder verstümmelt wird.[540]

Bestimmungen über eine Totschlagsklage fehlen im Älteren Schulzenrecht. Dagegen wird das entsprechende Verfahren im Jüngeren Schulzenrecht in allen Einzelheiten beschrieben, weicht aber in zwei wichtigen Punkten vom üblichen Prozessgang ab. In den altfriesischen Rechtsaufzeichnungen wurde nämlich immer wieder ausdrücklich festgelegt, dass der freie Friese grundsätzlich das Recht hatte,

---

Mittel des Angeklagten, mit dem er sich in gewissen Fällen von der Schuld reinigen darf", Klaarbergen, Das altwestfriesische Jüngere Schulzenrecht, S. 98.

537 Vgl. Oestmann, Wege zur Rechtsgeschichte, S. 74.

538 Buma, Westerlauwerssches Recht. Die gemeinfriesischen 17 Küren, Küre 17, S. 145 f.

539 Vgl. Algra, Zeventien keuren en vierentwintig landrechten, S. 273.

540 Buma, Westerlauwerssches Recht, Zusätze zu der gemeinfriesischen Küre, S. 201 f.

sich von allen Straftaten, deren er beschuldigt wurde, mit Reliquieneiden freizuschwören (z. B. Kap. 3 im Älteren Schulzenrecht). Daneben stand dem Geschädigten oder, wie in diesem Fall, dem Erben des Erschlagenen die Auszahlung eines Wergeldes zu. Von der Bezahlung eines Wergeldes bzw. der Möglichkeit, einen Reinigungseid zu leisten, ist in der Fallbeschreibung im Jüngeren Schulzenrecht nicht die Rede. Der Grund für diese abweichende Verfahrensform lag wohl in dem Umstand, dass wir es hier offenbar mit einer handhaften Tat zu tun haben (*iechta*), wobei es keine Möglichkeiten gab, sich freizuschwören.[541] Der Prozess war im Prinzip damit beendet und der Asega verurteilte den Angeklagten zu einer Doppelzahlung von 80 Pfund[542] an Friedensgeld bzw. an Bannbuße. Der Verurteilte sollte im Falle der Zahlungsunfähigkeit einen Bürgen benennen. Danach bekam er eine Frist von 24 Stunden, um das Land zu verlassen, damit er sein Leben retten konnte. Die Bezahlung von Wergeld für die Hinterbliebenen wurde weiterhin

541 Vgl. Van Oosten: „Waarom wordt nu in het onderhavige doodslagsproces de zuiveringseed niet toegestaan? Gezien de boven weergegeven beginselen van het oud-Friesche bewijsrecht, zal aangenomen moeten worden, dat de ten laste gelegde doodslag op heeterdaad ontdekt was, of anderszins notoir was." Van Oosten, De ambtshalve vervolging naar Oud-Friesch recht, S. 22, Fn. 2.

542 Das gesetzliche Wergeld im Älteren Schulzenrecht (Kap. 51) betrug 8 8/9 Pfund. Dazu Henstra: „At this time the wergeld was probably still based on the money standard that was valid during the period of te Brunswick counts. It was not adapted to the 12th century money when the surviving Mid-Frisian Landriocht/Skeltariocht was composed. Neither was it adapted during the copying process of this Landriocht/Skeltariocht in the 15th century. It is one of many exemples of the immobility of legal tariffs in Frisia." Henstra, The evolution of the money standard in medieval Frisia, S. 301. Diese Aussage steht im Kontrast zu der Höhe der Bußsumme bei Totschlag eines Mannes im Jüngeren Schulzenrecht. Allerdings betrug das Friedensgeld 64 Pfund für jeden Totschlag, der während des Aufenthalts des Grafen in Friesland verübt wurde (Kap. 1, Älteres Schulzenrecht). Dazu Henstra: „Moreover, distinctions were made regarding the circumstances of the manslaughter." Ibidem, S. 267. Das normale Wergeld für einen freien Friesen im *Lex Frisionum* betrug 35 5/9 solidi (gold) oder 5 1/3 Pfund (silber) = 1,664g in unserem metrischen System. Ibidem, S. 299. Auf welche Weise der Wergeldbetrag von 5 1/3 Pfund bis 8 8/9 Pfund sich entwickelt hat, lässt sich nach Henstra nicht feststellen. Die Erklärung für die großen Differenzen in der Höhe der Wergeldbeträge müssen aus meiner Sicht wohl im sozialen Status des Opfers bzw. dessen Vulnerabilität gesucht werden. Abschließend kann man mit Fairbanks schlussfolgern: „It is not possible to offer an exact account of the reasons behind these curious sums [...]." Fairbanks, The old West Frisian Skeltana riucht, S. 65.

nicht angesprochen. Der Vertreter des Erben forderte ausschließlich die an die öffentliche Gewalt zu zahlenden Beträge.[543]

Im Privatklage-Strafverfahren nach germanischem Recht, das von einer strengen Formalität der Beweismittel gekennzeichnet war, war der Beschuldigte verpflichtet, vor Gericht auf die vom privaten Kläger vorgebrachte Klage zu antworten. Kam er dem nicht nach, beging der Beschuldigte einerseits mit diesem Verhalten das Verbrechen der Rechtsverweigerung, welches streng sanktioniert war; andererseits wurde sein Schweigen als volles Geständnis gewertet, weil er dem Klägervorbringen nicht ausdrücklich widersprochen hatte.[544]

Der Beweisführer musste den Eid genau in der vorgeschriebenen Weise leisten; Fehler bei der Formalhandlung könnten im Prinzip zum Prozessverlust führen.[545]

---

543 Vgl. Tragter-Schubert, Martina, Zur Totschlagsklage im altwestfriesischen ‚Jüngeren Skeltarecht', in: Tijdschrift voor Rechtsgeschiedenis 46 (1978), S. 251–256, hier S. 252. Die Frage nach der Begründung dieser eingeschränkten Forderung lässt sich nicht eindeutig klären, womöglich liegt eine Bestrafung des Täters wegen der Schwere des Verbrechens nicht nur im Interesse der Erben, sondern auch im Interesse der Gefährdung der öffentlichen Sicherheit.

544 Gruber, Jens Tobias, Die rechtliche Beurteilung von Lügen im deutschen Rechtsraum bis zur Zeit des Inquisitionsprozesses, in: Die Lüge des Beschuldigten im Strafverfahren: Eine Untersuchung des deutschen Rechts unter Berücksichtigung des US-amerikanischen Rechts des Bundes (Gießener Schriften zum Strafrecht und zur Kriminologie 22), Baden-Baden 2008, S. 44 f.

545 Vgl. Planck, Das Deutsche Gerichtsverfahren im Mittelalter, Bd. 2, S. 34. Es gab in der Tat zahlreiche Eidesformeln, die die Parteien oftmals wörtlich nachsprechen mussten, wobei sie sich zur Unterstützung von ihrem Fürsprecher die Worte vorsprechen lassen konnten. Allerdings ist es schwer vorstellbar, dass ein geringer Formfehler zum sofortigen Prozessverlust führte. Allein wegen fehlender Vollzugsmöglichkeiten ist ein solcher Vorgang schwer vorstellbar. Dazu Oestmann, Peter, Art. Formstrenge, in HRG (2) (2008), Sp. 1626–1630. Das Urteil des Ingelheimer Oberhofs (1427) spricht gegen eine übertriebene Formstrenge: Ein Kläger sprach die Worte seines Fürsprechers falsch nach, wodurch Prozessverlust drohte. Trotzdem durfte er – mit einem neuen Fürsprecher – seine Worte wandeln und den Eid wiederholen. Vgl. die Fallstudie bei: Oestmann, Peter, Der vergessliche Fürsprecher: Fallstudie zur spätmittelalterlichen Gerichtsbarkeit, in: Falk, Ulrich [u. a.] (Hrsg.), Fälle aus der Rechtsgeschichte, München 2008, S. 147–163, hier S. 158 f. Auch im Älteren Schulzenrecht gibt es für einen rabiaten Formalismus keine Belegstellen. In Kap. 44 wird der Streiteid geschworen, Konsequenzen wegen Versprechungen werden vom Schulzen nicht angedroht. Im 13. Jahrhundert sei nach Mayer-Homberg der „Formalismus des Eides im Prinzip gebrochen oder schon völlig beseitigt". Mayer-Homberg, Edwin, Beweis und Wahrscheinlichkeit nach älterem deutschen Recht, Marburg a. d. Lahn 1921, S. 82.

Die Eidesleistung war stark ritualisiert und in Wort und Gestik streng festgelegt. Dieser Formalismus, der den gesamten germanischen Prozess, insbesondere aber das Beweisverfahren beherrschte, sollte eine Garantie für die materielle Richtigkeit der vorgenommenen Handlung geben. Die Kultivierung der Form war eine Garantie für die Rechtmäßigkeit des Inhalts, während umgekehrt Verstöße gegen die vorgeschriebenen Formalien den Schuldigen enttarnten.[546] Der Eid ist somit als die Anrufung Gottes als Zeuge und Gewährsmann der Wahrheit einer Aussage zu betrachten. Mit dieser eidlichen Anrufung stellte der Beklagte nicht nur eine Sozialbindung zu anderen Personen her, sondern zu gleicher Zeit wurde auch seine Verwandtschaft verpflichtet, für eventuelle Folgen einzustehen.

Die Eidesformel war oft als bedingte Selbstverfluchung gestaltet, „bei der Gott zum Rächer des Meineides wird".[547] Zur typischen Gestik der Eidesleistung gehörte die Erhebung der Schwurhand sowie die Berührung heiliger Gegenstände. Im Falle eines Meineides sollte Verderben gebracht oder erlitten werden.[548] Der Eid

546 Formverstöße könnten als Ausdruck eines schlechten Gewissens interpretiert werden und damit die Glaubwürdigkeit der Beweisführer beeinträchtigen. Vgl. Ignor, Indiz und Integrität, S. 88. Angst spielte eine große Rolle und führte oft zum Wunsch, die Streitsache während des Verfahrens noch zu schlichten: „Um nicht schwören zu müssen, verzichtet sie [die schwurpflichtige Partei, Anm. Verf.] zum Teil auf die streitigen Ländereien oder lässt sich mit einer Geldsumme oder sogar nur mit Bußerlaß genügen." Mayer-Homberg, Edwin, Beweis und Wahrscheinlichkeit nach älterem deutschen Recht, S. 81.

547 Luminati, Michele, Lemma: „Eid", Enzyklopädie Der Neuzeit Online, https://referenceworks.brillonline.com/entries/enzyklopaedie-der-neuzeit/eid-COM_256271, zugegriffen am 09.10.2019. Prodi betont den heiligen Charakter der Eidesleistung mit der Bemerkung, dass sowohl im öffentlichen wie im kirchlichen Bereich der Eid die Basis jeder Autorität und normativen Gewalt darstellt und somit als Verbindungspunkt zwischen der religiösen Sphäre und der profanen Welt zu bewerten ist. Er betrachtet den Eid als „ein echtes Sakrament, das zu den Grundlagen des christlichen Lebens gehört wie Taufe, Eucharistie und Firmung", Prodi, Paolo, Der Eid in der europäischen Verfassungsgeschichte, zur Einführung, in: ders. (Hrsg.), unter Mitarbeit von Elisabeth Müller-Luckner, Glaube und Eid Treueformeln, Glaubensbekenntnisse und Sozialdisziplinierung zwischen Mittelalter und Neuzeit, München 1993, S. VII-XXIX, hier S. XII; ibidem: „Verurteilt wird hingegen der fahrlässige Eid sowie der Meineid, der in allen Bußbüchern zu den schwersten Sünden gerechnet wird", S. XII.

548 Brunner, Deutsche Rechtsgeschichte, S. 256. In Kap. 72 im Älteren Schulzenrecht (Vom Nachlasseid) nahm der Schwörende mit der linken Hand seinen linken Rockschoß auf und berührte ihn mit zwei Schwurfingern seiner rechten Hand, der Asega sprach ihm darauf den Eid vor. Im Falle eines Meineides verfluchte er durch diesen Eid sein Gewand und all sein Gut. Ibidem, S. 430. Mit der Eidesleistung setzte der mittelalterliche Mensch zum Nachweis der Wahrheit seiner Aussage sein Seelenheil

an sich beendete den Rechtsstreit nicht, sondern dies bewirkte der religiöse Akt, der Ritus.[549]

Dieser Eid, durch den der Beklagte den Klagevorwurf entkräften konnte, ist regelmäßig im Älteren Schulzenrecht als Eid mit Eideshelfern[550] oder ohne Helfer anzutreffen. Die Eideshelfer, meist Sippengenossen,[551] beschworen nicht aufgrund eigener Kenntnisse die Wahrheit der Äußerungen des Beklagten, sondern gaben damit eine Leumundserklärung ab. Was die Eideshelfer dazu motiviert hatte, die Wahrheit des Eides des Beklagten zu bestätigen, lässt sich aus der Quelle nicht herleiten. Die Eideshelfer hatten aber die volle Verantwortung für die Richtigkeit des Eides mitzutragen und hatten im Falle eines Meineides mit denselben Konsequenzen zu rechnen wie der Beklagte.

---

aufs Spiel: „wer etwas Unwahres beeidete, der gab seine Seele der ewigen Verderbnis preis." Vgl. Ignor, Indiz und Integrität, S. 86. Ebenso Oestmann: „Der Schwörende rief göttlichen Beistand an und war mit seiner ewigen Verdamnis einverstanden für den Fall, dass er einen Meineid leistete." Oestmann, Wege zur Rechtsgeschichte, S. 101.

549 Prodi, Der Eid in der europäischen Verfassungsgeschichte, S. 9. Im gleichen Sinne Immink: „Een ander opvallend verschijnsel is, dat met het uitspreken van dit oordeel de werkzaamheid van het gerecht zo goed als ten einde was. Het te leveren ‚bewijs' bestond in de regel in de eed, gezworen door de bewijsgerechtigde partij, meestal versterkt door de eed van een aantal zgn. eedhelpers." Immink, ‚Getuigen' in het Oude Friese Recht, S. 432.

550 „Was das friesische Recht betrifft, [lassen] allein die jüngeren friesischen Quellen [...] ersehen, daß entweder in bestimmten Fällen oder schlechtweg die Verwandtschaft der Eidhelfer gefordert wurde." So Brunner, Deutsche Rechtsgeschichte, Bd. 2, S. 380. So auch Immink: „Alles wijst erop, dat de eedhelpers – althans in deze vroege periode – uit de familie van de zwerende partij werden gerecruteerd." Immink, ‚Getuigen' in het Oude Friese Recht, S. 434; „Eerst zwoor de partij, na haar zwoeren de eedshelpers of volgers. Deze laatsten werden gewoonlijk uit de bloedverwanten van de partij gekozen." Cleveringa, Het Oud-Friese „Kestigia", S. 8.

551 Vgl. Berman: „Nach wie vor kamen die Eideshelfer aus der Sippe, und es blieb ein starkes Element der Loyalität bestehen, wie es im Begriff der Eide-*Hilfe* liegt." Berman, Recht und Revolution, S. 112. In den dänischen Landschaftsrechten tritt der familiäre Zusammenhang weniger deutlich in Erscheinung: „Diese Eidhelfer wussten nicht immer genau über den Rechtsbruch Bescheid. Sie legten dennoch einen Eid ab, dass der Angeklagte ihrer Meinung nach das Verbrechen nicht begangen haben konnte. [...] Sie wurden von Mal zu Mal ernannt." Hoff, Recht und Landschaft, S. 368 f. Die Teilnahme von einem engen Verwandten als Eideshelfer, wobei mindestens fünf Eideshelfer erforderlich waren, ist ein typisches Merkmal des Verfahrens im alten norwegischen Recht. Nordby, The Judicial Oath in Medieval Norway, S. 207.

Die Unterstützung der Sippengenossen lässt sich womöglich aus einer Form von Eigeninteresse erklären: Ein schlechter Ruf bzw. eine Verurteilung des Beklagten könnte Konsequenzen für die Rechtsposition der Sippe mit sich mitbringen. Bei einer Verurteilung könnte vielleicht sogar auf das Vermögen der Verwandtschaft zugegriffen werden. Überdies würde die durch den geleisteten Meineid verursachte zweifelhafte Reputation des Beklagten auch sie betreffen. Daraus ergibt sich aus meiner Sicht, dass derjenige, der eine ungerechte Sache vertrat oder dem man einen Meineid zutraute, nicht auf die erforderliche Mitwirkung seiner Sippengenossen oder Freunde zählen konnte. Der Eid wurde neben einem religiösen Beweisritual dadurch zu einem praktischen Glaubwürdigkeitstest: Das Gericht bot den Eideshelfern nicht nur die Gelegenheit, ihre konkreten Aussagen zu bekräftigen, sondern forderte sie auf, ihre Zugehörigkeit zur Rechtsgemeinschaft zu demonstrieren.[552] Damit wurde eine zusätzliche Garantie geschaffen.

In einigen Fällen genügte der Eineid nicht, um sich von den Vorwürfen freizuschwören, und daher benötigte der Beklagte Eideshelfer zur Verstärkung seiner rechtlichen Position.[553] Je nach Ernsthaftigkeit der Angelegenheit variierte die Zahl der erforderlichen Eideshelfer.[554]. Diese Eideshelfer unterstützten den Beklagten nicht über den strittigen Inhalt der Anklage, sondern behaupteten nur, dass die angeklagte Person vertrauenswürdig war.[555] Fraglich ist in diesem Zusammenhang

552 Vgl. Ignor, Indiz und Integrität, S. 86. Soziologisch gesehen verfügte die Gesellschaft mit der Androhung des Reputationsverlustes über ein Sanktionspotential zur Disziplinierung der Mitglieder. Dazu Habermas, Jürgen, Auch eine Geschichte der Philosophie, Vernünftige Freiheit: Spuren des Diskurses über Glauben und Wissen, Bd. 2, Berlin 2019, S. 173.

553 Im Falle der Offenkundigkeit (*iechta*) der Tat ging der altfriesische Formalismus nicht so weit, dass der Reinigungseid schwerer wog als die Notorietät seiner Tat. Die Möglichkeit, sich freizuschwören, war in dem Fall nicht gegeben. Dazu Tragter-Schubert, Martina, Zur Totschlagsklage im altwestfriesischen ‚Jüngeren Skeltarecht', in: Tijdschrift voor rechtsgeschiedenis 46 (1978): S. 251–256, hier S. 252.

554 Abweichungen von der Praxis mit Eideshelfern – *in casu* bei der handhaften Tat – lassen sich in den Schulzenrechten nicht belegen. In den ‚Zusätzen zu der gemeinfriesischen 17. Küren' findet man dagegen eine Auflistung von Sachen, bei denen Reliquieneide ausgeschlossen sind. Vgl. Buma, Westerlauwerssches Recht, XI, 2–6, S. 201 f. Die Rechtsverletzung war hier in einer Weise offenkundig, dass der Täter grundsätzlich nicht zum Reinigungseid zugelassen war. Vgl. Oestmann, Wege zur Rechtsgeschichte, S. 74 f.; ebenso Sellert/Rüping, Studien- und Quellenbuch zur Geschichte der deutschen Strafrechtspflege, S. 64. Nicht auszuschließen ist, dass diese Eideshelfer die Tat aus nächster Nähe beobachtet haben und deswegen als Wahrnehmungszeugen eingestuft werden können. Auf diesen Aspekt der Position der Eideshelfer werde ich später näher eingehen.

555 Deppenkemper, Beweiswürdigung als Mittel prozessualer Wahrheitserkenntnis, S. 12, mit einschlägigen Literaturhinweisen in Fn. 626–629.

die Feststellung Musielaks, der Alleineid des Beweisführers sei im germanischen Recht die Ausnahme gewesen.[556] Aus untenstehender Tabelle geht hervor, dass im Älteren Schulzenrecht die Leistung eines Alleineides durchaus keine Seltenheit war.

Die gesamten Beweisregeln des Älteren Schulzenrechts sind nach einem bestimmten Verfahrenskonzept festgelegt, also so ausgerichtet, unter welchen Bedingungen dem Beklagten der Reinigungseid verweigert werden kann oder auf welche Weise sich der Beklagte zur Aussage der von ihm behaupteten Rechtsstellung positionieren muss.

Im nächsten Abschnitt wird dazu eine Übersicht der Beweisthematik aufgeführt, es folgt eine Auswertung mit Bezug auf die Anzahl der Eideshelfer im Zusammenhang mit der formalen Beweisposition des Beklagten.

2.1 Übersicht Beweisthematik/Anzahl der Eideshelfer im Älteren Schulzenrecht

J	Beweisthematik	Anzahl der Eideshelfer	Kläger	Beklagter
2	Heerfahrtspflicht der Friesen	fünf		x
3	Eigene Taten auf Reliquien beschwören	Eineid, neun Gegeneide	x	x
10	Von der Nichtzahlung eines Muntschatzes	ein Eideshelfer		x
12	Anfechtung zur Bezahlung eines Windellohns	Eineid		x
33	Von der Vergewaltigung einer Frau	fünf		x
34a	Von der Abteilung des Königlandes	Eineid	x	
44a	Vom kampfwürdigen Betrag	Eineid; Eineid	x	x
54	Beweispflicht Besuch gesetzliches Ding	Eineid		x
55	Von nicht besuchten Gerichten	ein Eideshelfer		x

556 Musielak, Die Grundlagen der Beweislast im Zivilprozess, S. 212.

J	**Beweisthematik**	**Anzahl der Eideshelfer**	**Klä-ger**	**Beklag-ter**
59	Ungeladen zum Grafengericht	ein Eideshelfer		x
62	Vom belästigten Gerichtsboten	fünf		x
63	Vom verglichenen Gerichtsstreit	zwölf		x
65	Anspruch auf einen offenen Graben	zwölf		x
66c	Vom gestohlenen Gut[557]	fünf		x
77	Reinigungseid Schulze vor Gerichtsanfang	Eineid		x
80	Reinigungseid Asega vor Gerichtsanfang	Eineid		x

2.1.1 Der Eineid

Die Bandbreite der erforderlichen Eideshelfer variierte, neben dem Eineid/Alleineid, von einem bis zwölf Eideshelfern. Aus der Auflistung wird ersichtlich, dass es sich in 33 Prozent der Fälle um einen Eineid handelte. Zum Vergleich: Während der Eineid im mittelalterlichen norwegischen *Gulathingslova* (circa 1267) 2 Prozent der Fälle ausmachte, stieg die Zahl im (ebenfalls norwegischen) *Frostathingslova* (1220–1250) auf 25 Prozent und im schwedischen *Magnus Erikssons landslag* (Kodifikation von Gewohnheitsrecht aus Schweden-Finnland (1352) auf 35 Prozent. Da der *einseiðr* (Eineidleistender) – wie der Name schon sagt – keine Eideshelfer erforderte, bedeutete diese Erweiterung eine wesentliche Zunahme der Verantwortung für denjenigen, der den Eineid zu leisten hatte, um den Rechtsstreit zu schlichten. Der Grund für diese Änderung war, so Nordby, dass im Laufe der Zeit eine wachsende Sorge vor Meineid entstanden war. Eine Zunahme der Eineide würde den Bedarf an potentiellen Eideshelfern verringern. Auf diese Weise konnte man die Eideshelfer davor bewahren, einen Meineid zu schwören.[558] Der Eineid wurde möglicherweise zunächst als Beweismittel von einem Beklagten verwendet,

557 Darauf wird in Kap. 4.2.4 zurückgekommen. Im Abschnitt ‚Vom gestohlenen Gute' treten Königszeugen, Nachbarn und Eideshelfer auf.

558 Nordby, The Judicial Oath in Medieval Norway, S. 217.

um kleine, private Vergehen zu leugnen; später wurde er dann erweitert, um als Beweis in Konflikten über Eigentum von geringem Wert zu dienen.[559]

Für das Ältere Schulzenrecht lässt sich eine solche Tendenz zwar nicht chronologisch feststellen, auszuschließen ist aus meiner Sicht eine ähnliche Entwicklung wegen der bestechenden Logik jedoch nicht.[560] Auch wenn der Eineid auf immer mehr Fälle angewandt wurde, war die Rolle der Eideshelfer noch lange nicht ausgespielt. Die Beteiligung der Gemeinschaft war daher weiterhin von zentraler Bedeutung für die Art und Weise, wie das System der Reinigungseide funktionieren sollten.

Bei der Leistung eines Alleineides lassen sich keine inhaltlich einheitlichen Fallkonstellationen feststellen:

> Kap. **3** Fan dis Fresa dedum. Djt is riocht, dat dy frija Fresa aech sijns selffs deda toe wytan oppa dae helghum mey mara riochte dan him emma sie toe wrtiogane, het ne se alsoe fijr bithingath mey schelta banne ende mey aesga doerne, dat dae niogen thiug[561] sijnes ena eedt byneme. *Von den Taten des Friesen. Dies ist Recht, dass der freie Friese seine eigenen Taten mit größerem Recht auf die Reliquien beschwören darf, als dass jemand ihn zu überführen vermag, es sei denn, er wäre durch den Bann des Skelta und den Spruch des Asega so weit verurteilt, dass das Neunfache (Gegen)-zeugnis seinen Eineid entkräftet.*

Auf den ersten Blick scheint der Eineid als Schwur auf die eigenen Taten des freien Friesen einen hohen Stellenwert einzunehmen. Ein neunfaches Gegenzeugnis war erforderlich – allerdings erst nach der Anordnung des Schulzen und dem Urteil des Asegas –, um seinen Eineid unwirksam zu machen. Die Zahl Neun treffen wir noch einmal an, und zwar im Kap. 57 „Von der Klage beim Grafengericht".

---

559 Gegen Mitte des 13. Jahrhunderts erhielt der Eineid im mittelalterlichen Norwegen eine neue Qualität. Hier wurde der Eineid nicht nur zur Beilegung kleinerer Streitigkeiten eingesetzt, sondern kam auch bei schweren Übertretungen und Angelegenheiten von erheblicher gesellschaftlicher Bedeutung wie Kindstötung, Ehe, Meineid und Eigentumsstreitigkeiten zur Anwendung. Ibidem, S. 197.

560 Die hohe Prozentzahl der Eineide im *Magnus Erikssons landslag* hat aber keine Aussagekraft für eine Erklärung der hohen Anzahl von Eineiden im Älteren Schulzenrecht: Erstens handelt es sich um ein Gesetz und zweitens fand die Niederschrift dieses Gesetzes ein Jahrhundert später statt.

561 Buma übersetzt *thiug* mit „Zeugnis". Seine Übersetzung stellt jedoch nicht die einzige Übersetzungsmöglichkeit dar: „1. tiūga, tiōga, tiūch, tiōch, tziūch Zeuge; 2. tiūch, tiōch, tziūch Zeugnis." Wörterbuchtext (verbessert) Fryske Akademy. So heißt auch das altfriesische Wort *eth* sowohl „Eid" als auch „Eideshelfer". Siehe Fruscione, Zur Frage eines germanischen Rechtswortschatzes, S. 9. Zur Forschung der Eidesterminologie vgl. Popkema, Anne Tjerk, Die altfriesischen Eidesbezeichnungen, in: Advances in Old Frisian philology (2007), S. 325–356.

Hier ist jedoch nicht die Rede von Eidesleistungen, sondern von der Anzahl der Vorladungen.

Dies führt zu der Frage, ob in Kap. 3 überhaupt von einer Entkräftung des Alleineides durch neun Personen die Rede sein kann. Fairbanks vermutet, dass sich die Zahl Neun nicht auf die Anzahl der Zeugen bezieht, sondern „refers to a ritual repeated nine times than to nine witnesses".[562] Als Argument führt Fairbanks an, dass im Älteren Schulzenrecht an keiner Stelle neun Zeugen oder Zeugenaussagen erwähnt werden. Letztendlich kommt er trotzdem zu der Schlussfolgerung, dass seine Vermutung „does not seem entirely satisfactory".[563]

Gegen die Interpretation von *niogen thiug* als neunfaches Ritual lässt sich einwenden, dass, sobald von einem Eidesritual im Älteren Schulzenrecht die Rede ist, dieser Vorgang in den einschlägigen Kapiteln *in extenso* beschrieben wird. In diesem Zusammenhang ist auf Kap. 44 hinzuweisen, in dem der Eid vom Asega vorgesprochen wird, wonach ein ausführlicher „Schlagabtausch" mit faktischen Eidesleistungen folgt. Kap. 3 beschreibt keinen spezifischen Fall, sondern bezieht sich auf eine Allgemeinregelung, fast eine Präambel, wobei am Anfang – nach der Beschreibung des Einzugs des Grafen und Verpflichtungen zur Heerfahrt als Kollektivpflicht – eine abgefasste Erklärung über die persönlichen Rechte der freien Friesen verlautbart wird. Dagegen werden in dem „ritualistischen" Eidvorgang der Kapitel 44 und 57 spezifische Einzelheiten mit Bezug auf einen Einzelfall beschrieben, die in Kap. 3 fehlen. Aus diesem Grund ist eher davon auszugehen, dass die Zuordnung Fairbanks abgelehnt werden muss und wir davon ausgehen können, dass in dem einschlägigen Kapitel mit hoher Wahrscheinlichkeit von der Variante „Zeugen" gesprochen wird.[564]

Kap. **11** Fan lutherislaen. Djt is riocht luthereslaen, dat dy sen aegh sijn moedir toe iaen toulef ieer allre ierekes fyf schilJinghen, als hij sine breid hellet, ief hij oenwemmet se fan waerlasere hoeden. *Vom Windellohn. Dies ist der rechtmäßige Windellohn, dass ein Sohn seiner Mutter zwölf Jahre lang für jedes Jahr fünf Schillinge geben soll, (und zwar dann), wenn er seine Braut heimführt, falls er nicht durch nachlässige Hut verletzt worden ist.*

Kap. 12 Fan misquame. Djt is riocht: ief hi wemmid is ende het zijn moedir kanna nelle, soe aegh hijt mey een ede oen hir toe brengane ende deermey bihaldere dat laen zijnre moedir. *Vom Körperschaden. Dies ist Recht: Wenn er verletzt ist und seine Mutter*

562 Fairbanks, The old West Frisian Skeltana riucht, Notes III (4), S. 124.

563 Ibidem, S. 51.

564 Algra geht ebenfalls von (Königs-)Zeugen aus, wobei Asega und Skelta mitgezählt werden, also 7 + 2 Zeugen. „§ 3: „een vrije Fries heeft het monopolie zijn eigen daden te beoordelen, tenzij hem zijn eed ontnomen wordt door de ‚negentuig'. ‚Negentuig: gebruikelijker is ‚zeventuig'; bij ‚negentuig' worden schout en asega meegeteld." Algra, ‚Rechtshistorische aspecten van het Landrecht der Vriesne', S. 101.

es nicht anerkennen will, so darf er sie dessen durch einen Eid überführen und damit behalte er den seiner Mutter (geschuldeten) Lohn.

In diesen Kapiteln handelt es sich um die Verpflichtung eines Sohnes, seiner Mutter zwölf Jahre lang für jedes Jahr fünf Schillinge als Windellohn zu zahlen. Dieser Betrag wurde in dem Moment fällig, wo er seine Braut heimführte, es sei denn, seine Mutter hat ihre Fürsorgeverpflichtungen verletzt, wodurch der Sohn zu Schaden gekommen war. Wenn seine Mutter dies bestreitet, darf er sich durch Leistung eines Eineides von der Bezahlung des Windellohnes befreien.

Die Sachlage ist hier eindeutig: Es betrifft eine private Angelegenheit zwischen Mutter und Sohn, wobei die Gemeinschaft durch den Ausgang des Verfahrens weder positive noch negative Folgen erfährt. „Täterwissen" ist demnach nicht anwesend bzw. erforderlich, sodass in diesem Kasus die Überführung durch einen Eineid völlig ausreicht. Die ganze Problematik tangiert die Dinggenossen nicht. Die gilt *mutatis mutandis* auch für die Kapitel 44a und 45; es betrifft hier zwei auf das Individuum zugeschnittene Beweisthemen, und zwar handelt es sich hier um einen Streiteid bzw. um einen Gerichtsbesuch. Das spezifische Wissen oder die besonderen Verpflichtungen mit Bezug auf den Zweikampf sind rein persönliche Angelegenheiten, die die Dinggenossen nicht berühren.[565]

Kap. **34a** Fan des koninges erwe. Djt is riocht an dere hemmerke, deer des sandes ende des koninges eerue ende des huusmans oen leith, dat hijt des fiarda ieres dela moet, is dat dy claghere aldeer se, deer dat op dae helghum brenge, dat dio ieertele omcommen se ende hij mey mara riochte dela schelle dan hit lengra aldus oendeeld staen schel. Dat dy clagere habba ayn. iefta afte onderhewa ende truchstrinzede ritherne, soe schel hij eta thinghe efter tolifta dey dis thinghes bigonna ende sijn landnaten mey riochta gretwerde mey sijnen thijngmanne greta. lef ze nellat sine eed oenfaen, dat hi dae fiouwer thing alle thingia scel. Etta fyfta thijnghe, so is hij nyaer den eed toe swerrane ende sijn deel to winnane dan hijs deer oenberra schel. *Vom Königsland. Dies ist Recht in der gemeinen Mark, in der das Land der Kirche, des Königs und des Hausmannes liegt, dass letzterer es [das Seine] im vierten Jahre abteilen darf, sofern er als ein Kläger dasteht, der es auf die Reliquien beschwört, dass die Jahrzahl abgelaufen ist und er es mit größerem Recht abteilen darf als dass es länger so ungeteilt liegen bleiben soll. Wenn der Kläger Eigentum oder ein gesetzliches Lehngut und vollwüchsige Rinder hat, so soll er im Gericht nach dem Dreikönigstag das Verfahren einleiten und seine Markgenossen mit gesetzmäßiger Klage mit seinem Vorsprecher ansprechen. Wenn sie seinen Eid nicht annehmen wollen, so soll er an allen vier Gerichtsterminen seine Klage vorbringen. Am fünften Gerichtstermin ist er eher berechtigt, den Eid zu schwören und seinen Teil zu gewinnen, als darauf zu verzichten.*

Bevor wir in dieser Fallkonstellation den Stellenwert des Eineides ermitteln können, soll zunächst eine terminologische Klärung vorgenommen werden, denn: „We

565 Nordby, The Judicial Oath in Medieval Norway, S. 188.

do not know what the *hemmerke* was".[566] Das höhere, dem Hof näher gelegene Land wurde in der Regel als Weide genutzt, das untere, weiter davon entfernte Gebiet eher als Heuwiese. Die Landwirtschaft in Friesland war seit langer Zeit auf Viehzucht aufgebaut; es handelte sich bei der Verteilung somit mehr um Weidegründe als um Ackerlandflächen. Die Ansprüche auf die Nutzung von großen gemeinschaftlichen Wiesen gab es noch bis tief in das Mittelalter: „Noch zur Zeit des älteren Schulzenrechts wurde das Grünland periodisch gewechselt, und zwar war ein vierteljährlicher Wechsel gesetzlich angeordnet."[567] Auch später gab es größere Parzellen, deren Grundstücke verschiedenen Eigentümern gehörten, teilweise nur durch Gräben getrennt. Selbstverständlich sollte die Weide gut sichtbar von diesen Heulanden abgetrennt werden, vor allem wahrscheinlich durch Gräben.[568]

Der Hemrik (gemeine Mark, Dorfmark) war, nach Van Apeldoorn, damals noch gemeinsames Eigentum der Teilhaber, aber die Nutzung war nicht mehr gemein.[569] Jeder Berechtigte benutzte einen bestimmten Teil des Hemriks, konnte aber verlangen, dass alle vier Jahre eine neue Verteilung stattfand. Die Sichtbarmachung der Grenzen der Weide – und vielleicht auch die der Heuwiese – sollte nach den Bestimmungen im Älteren Schulzenrecht also alle vier Jahre revidiert werden. Der Asega zog im Auftrag des Schulzen dann mit den betroffenen Bauern ins Feld und verteilte die Parzellen, die wahrscheinlich durch Gräben getrennt waren. Wenn, so Postma, diese Parzellen, die zur kollektiven Verwendung vorgesehen waren, alle gleich groß gewesen wären, hätte die Verteilung nicht zu Problemen führen können; ein gerichtliches Verfahren bräuchte dann auch nicht eingeleitet zu werden.[570] Aber das Land war im Besitz der verschiedenen Eigentümer und variierte

---

566 Fairbanks, The old West Frisian Skeltana riucht, Notes V, S. 125. „‚Common pasture' seems a reasonable translation." Vgl. "hâmmerke hêmmerke, afries., nhd. Allmende, Dorfmark". Köbler, Altfriesisches Wörterbuch. Hemmerke bedeutet nach Van Oosten: „gebied (‚merke') van den ‚hem', d. i. in dit verband: buurschap." Van Oosten, Meelf Sybens van, De verhouding tusschen Kerk-en Dijksgezworenen in Friesland bewesten de Lauwers, in: Rechtshistorische Opstellen aangeboden aan A. S. de Blécourt oud-hoogleeraar in het oud-vaderlandsche recht te Leiden, Groningen 1939, S. 235 f.

567 Siebs, Grundlagen und Aufbau der altfriesischen Verfassung, S. 19.

568 Vgl. Postma, De zoogenaamde vier-jaarlijksche verdeeling van de hemrik, in: De Vrije Fries 28 (1928), S. 34–52, hier S. 45. Die Parzellen wurden aber auch teilweise durch Zäune abgegrenzt: In Kap. 35 „Fan der hemmerke dele" (*Von der Teilung der gemeinen Mark*) ist von „buppa ther cliszia" die Rede (*diesseits der Umzäunung*). Buma, Westerlauwersches Recht, Kap. 35a, S. 89. Übersetzung jedoch nicht ganz geklärt: klēsie, klīsie, Umzäunung? Wörterbuchtext (verbessert) Fryske Akademy.

569 Apeldoorn, De historische ontwikkeling van het grondbezit in Friesland, S. 213.

570 Postma, De zoogenaamde vier-jaarlijksche verdeeling van de hemrik, S. 45.

im Umfang der Grundfläche. Dies geht aus den Vorschriften über die obligatorische Bewaffnung je nach Besitz und über die verschiedenen zu zahlenden *huuslaga*[571] hervor.

Ein weiteres Indiz für die Wichtigkeit der Besitzverhältnisse ist die Tatsache, dass es in Regionen, in denen es gemeinsame Marken gibt, üblich war, so viele Kühe auf die gemeinsame Weide treiben zu dürfen, wie man im Winter füttern konnte.[572] Offenbar gab es einen klaren Zusammenhang zwischen dem wirtschaftlichen Stand des berechtigten Bauern und seinen Ansprüchen in Sachen Verteilung der Parzellen.[573] Eine komplett neue Aufteilung mit neuen Gräben sollte daher, da sich die wirtschaftlichen Verhältnisse während dieser Zeit möglicherweise geändert hatten, alle vier Jahre gemacht werden, „iets wat praktisch zoo goed als onmogelijk zou zijn“[574]. Nach Postma müsse man das Wort „Verteilung“ uminterpretieren, „namelijk zoo dat het land niet onder de boeren wordt verdeeld, maar de boeren over het land.“[575] Dieser Vorschlag Postmas scheint mir, obwohl bei der Verteilung der Bauern über die Parzellen genügend Konfliktpotential vorhanden wäre, doch recht akzeptabel. Der Eineid wäre meiner Einschätzung nach dann eine Art eidesstattliche Erklärung *avant la lettre* mit einer Aussage über die aktuelle wirtschaftliche Position des Berechtigten. Da nur er imstande war, einen konkreten Überblick über seine finanzielle Lage darzulegen, war damit die Unterstützung eventueller Verwandter als Eideshelfer nicht möglich bzw. nicht gewünscht.

Als jedoch die kollektive Nutzung des Landes der individuellen Nutzung endgültig gewichen war, verschwand damit auch die vierjährliche Verteilung. In späteren Rechtsquellen findet man die Verteilung der gemeinen Mark nicht mehr vor. Das Jüngere Schulzenrecht z. B. spricht immer noch von dem Hemrik, aber nicht von einer vierjährlichen Verteilung.[576]

Kap. **44** (Ausschnitt) Fan strijdwerdigha scette. Soe ist riocht, dat hi dae hand oppa dae holliga lidzia schol, ief hi riocht habbe, ende dy aesga stowie him den eed ende bidda, dat him God alsoe helpe ende dae holligen. Soe aegh dy aesga den oenthynghere toe moniane, dat hi oplidze, ief hij riocht habbe. Soe aegh hi dae hand op toe lidzane. Nv aegh dy aesga hem den eed toe stowiane ende bidde, dat hem God soe helpa ende dae hollighen. Soe schel ni swighia ende di oera swerra. Nv schel hij quatha, so hi den eed riochte swore ende oenmenes. *Vom kampfwürdigen Betrag. Da ist es Recht, dass er am fünften Gerichtstermin den Streiteid schwören und den Gegeneid anhören soll.*

571 Im Jüngeren Schulzenrecht, Buma, Westerlauwerssches Recht, Kap. 4, *Fan huuslaga*, S. 208.

572 Dazu Postma, De zoogenaamde vierjaarlijksche verdeeling van de hemrik, S. 43, Fn. 1.

573 Der Kläger muss über Eigentum verfügen, um überhaupt klagen zu können. Vgl. Buma, Westerlauwerssches Recht, Kap. 34a, S. 89.

574 Vgl. Postma, De zoogenaamde vier-jaarlijksche verdeeling van de hemrik, S. 45.

575 Ibidem, S. 45.

576 Apeldoorn, De historische ontwikkeling van het grondbezit in Friesland, S. 213.

Dann ist es Recht, dass er die Hand auf die Reliquien legen soll, wenn er Recht hat, und der Asega spreche ihm den Eid vor und bete, dass Gott und die Heiligen ihm so helfen mögen. Darauf soll der Asega den Kläger auffordern, dass er (die Hand) darauflege, wenn er Recht habe. Sodann soll er die Hand darauflegen. Nun soll der Asega ihm den Eid vorsprechen und beten, dass Gott und die Heiligen ihm helfen mögen. Dann soll er schweigen und der andere schwören. Darauf soll er sagen, dass er den Eid wahr und ohne Meineid geschworen habe.

Es folgen insgesamt vier Eide und Gegeneide – jeweils ohne Unterstützung von Eideshelfern bzw. Zeugen –, wobei der Asega den Eid vorspricht. Zunächst wurde der Streiteid geschworen. Die Form der Ablegung bestand im Nachsprechen der vom Asega vorgesprochenen Eidesformel, wobei die Hand auf die Reliquien gelegt wurde. Danach wiederholte der Asega diesen Vorgang mit dem Kläger. Anschließend wird deutlich, was den Inhalt dieses Rechtsstreites ausmacht: Der Inhalt der Eide bezog sich hauptsächlich auf die konkrete Beschuldigung, dem Kläger seien Heu, Esswaren, Güter mit einem Wert von zwanzig Pfund geraubt worden.[577] Dabei wurden also nur präzise formulierte Rechtsbehauptungen zur beiderseitigen Eidesleistung gestellt, wobei langwierige Tatsachenverhandlungen nicht nötig waren.

Da sich die Parteien hier im Zweikampfverfahren befinden – die nächste Stufe wäre die Beschaffung eines Bürgen –, wirkt die Verpflichtung zur Leistung nur eines Eineides befremdlich. Das Argument, Täterwissen würde sich nur auf eine Person beschränken, trifft hier nicht zu; außerdem können die Vorwürfe letztendlich zu ernsthaften Konsequenzen führen, nämlich zum Kesselfang[578] oder zum Zweikampf. Womöglich spielte in diesem spezifischen Fall die Ehre des Betroffenen eine besondere Rolle und das Aufbieten von Eideshelfern wurde als Schwäche gesehen. Aus dem Kontext lässt sich diese Vermutung jedoch nicht bestätigen.

Als letzte Fallkonstellation, bei der die Leistung eines Eineides erforderlich ist, müssen die Kapitel 77 und 80a (Ausschnitte) besprochen werden:

Kap. 77 (Ausschnitt) Fan des scelta anderde. Djt is riocht: hweer so di schelta en thingh halt, soe scel hi biada aller mannalikum riocht. lef him emma sennighia wille, soe scel hi tiaen lada iefta bota. lef him emma dan aet op ti spreekene haet, soe scel hi selua den bannere bieda, dat hi den scelta aeskie. *Von der Verantwortung des Skelta. Dies ist Recht: Wenn der Skelta ein Gericht hält, so soll er sich erbieten, einem jeden Recht zu sprechen. Wenn jemand ihn bestreiten will, so soll er [der Skelta] Reinigungseide leisten*

---

577 Als Raub galt auch unrechtmäßige Pfändung. Pfandsetzung war in vielen Fällen verpflichtend, Zweck war wohl, den Kläger von leichtsinnigen Klagen abzuhalten. Die Pflicht zur Pfandsetzung von Seiten des Beklagten diente wohl dem gleichen Zweck: Auch er sollte von unüberlegten Handlungen bzw. unbegründeten Einreden zurückgehalten werden. Vgl. Vries, Her Bendix is urbeck fonden, S. 326.

578 Buma, Westerlauwerssches Recht, Kap. 39, S. 93.

oder Buße zahlen. Wenn jemand ihn dann einer Sache beschuldigen will, so soll er [der Kläger] selbst dem Banner auftragen, den Skelta vorzuladen.

Kap. **80a** Fan des aesga andert. Djt is rioeht, oen haet ban soe di aesga komt ende him emmen aet op te spreeken haet, dat hi oen dae sella wa er seel ia en aller mannalikum laeda iefta bota, ief hij ne thoer nennen dom dela. *Dies ist Recht, dass der Asega, in welchen Bannbezirk er auch kommt und jemand ihm (dort) etwas zur Last legen will einem jeden in demselben Gericht Reinigungseide leisten oder Buße zahlen soll, andernfalls darf er kein Urteil fällen.*

In Kap. 77 steht der Schulze als Vertreter des Grafen dem Gericht vor. Wenn jemand ihn bestreiten[579] wollte, sollte er mittels eines Eineides die Anschuldigung entkräften oder eine Buße zahlen. Dieser Vorgang gewährt einen Einblick in die Funktionszusammenhänge des Schulzen während eines Gerichtsverfahrens: Als Funktionsträger hielt er ein Gericht ab; zu gleicher Zeit aber konnte er als Privatperson wegen einer Sache beschuldigt werden. Hier lässt sich eine rechtliche Verknüpfung von privaten und allgemeinen Interessen ablesen.

Die Frage nach dem Ablauf des Verfahrens kann dann wie folgt beantwortet werden: Der Schulze hatte vor, ein Verfahren einzuleiten als Vorsitzender des Gerichts. Falls es keine Vorwürfe von Seiten der Rechtsgemeinde gab, konnte das Verfahren seinen normalen Verlauf nehmen. Wenn aber ein Dinggenosse Vorwürfe erhob (wegen mangelnder Integrität oder Befangenheit?), wurde das Verfahren vorübergehend eingestellt und der Schulze mutierte zur Privatperson. Als Vertreter des Grafen – und indirekt des Königs – beinhaltete ein Angriff auf einen Amtsinhaber wohl implizit Kritik an der Führungselite. Der Schulze, jetzt ohne Autorität, hatte einen Reinigungseid zu leisten bzw. bei Verweigerung war ein Bußgeld fällig, und der Fall konnte danach *ad acta* gelegt werden.

Unklar ist jedoch, ob es nach dieser Phase im Prozess trotzdem möglich war, den Schulzen (erneut) zu beschuldigen und ihn vorzuladen (siehe Kap. 3.1.2 *opsprecke*). Der Kläger konnte den Banner beauftragen, den Schulzen vorzuladen, und der Banner konnte – kraft der Banngewalt seines Herrn – dem Schulzen befehlen, dem Kläger eine dem Recht entsprechende Antwort zu geben. Wenn der Schulze dem Kläger dieses Recht verweigerte, brauchte niemand Reinigungseide zu leisten oder seine Banngewalt zu dulden.

Wie ist diese doppelte Beschuldigung im Kapitel 77 zu bewerten? Womöglich treffen die Ansichten Plancks über den Eineid auf diese sonderbare Fallbeschreibung zu:

„Der Eineid genügt endlich, sofern es nur auf eine vorläufige Feststellung abgesehn ist, vorbehältlich einer späteren endgültigen Entscheidung. Denn im Grunde handelt es sich auch in diesen Fällen nicht darum, durch den Eid einen Streit zu entscheiden,

579 „sennigia, sennegia 1) beanstanden; 2) rügen." Wörterbuchtext (verbessert) Fryske Akademy.

> sondern einen Zweifel einstweilen zu beseitigen, sei es nun, dass ein eigentlicher Streit zur Zeit überhaupt nicht in Aussicht steht, sondern nur möglich ist, oder dass ein Streit zwar erwartet wird, der Schwörende aber vorläufig nur eine an sich nicht zu verweigernde prozessualische Befugnis für sich in Anspruch nimmt.[580]

In Kap. 80a finden wir einen ähnlichen Fall vor. Unabhängig vom Bannbezirk kann ein jeder dem Asega etwas zur Last legen, wobei dieser Reinigungseide leisten oder Buße zahlen soll; sonst darf er kein Urteil fällen. Statt *senniggia* wird hier das Verb *opsprecke* verwendet, also „rügen" contra „zur Last legen". Eine weitere Möglichkeit, gegen den Asega rechtlich vorzugehen, ist in diesem Kapitel nicht gegeben. Wahrscheinlich hatte der Eineid nach dieser Form von Anklage einen anderen Stellenwert als der oben beschriebene Eid nach dem Rügeverfahren. Unterstützung durch Eideshelfer ist in diesem Fall nicht erforderlich; wahrscheinlich handelte es sich in dieser Beschuldigung um Zuständigkeitsfragen oder weniger schwerwiegende Angelegenheiten, die sich nicht weitreichend auf die Gemeinschaft auswirkten.

2.1.2 Der Eid mit einem Eideshelfer

> Kap. **10** Fan wanlastinghe dis mondschettis. Djt is riocht: ief hij dyne mondschet na et iaen wol ende dat wyff aftes oenfenzen haet, dat hij des manendeys ende ford alle dae degan ont den saterdey ban tiwlda schel ende aller degalikes des halsfenges twirasim oenswerra ief den mondschet laesta ende des saterdeis den mondschet twischette laesta iefta an stride iensstaen iefta dae tredda kest hael bodeldeel benida dae balkem. *Von der Nichtzahlung des Muntschatzes. Dies ist Recht: Wenn einer den Muntschatz nicht zahlen will und er die Frau zur Ehe erhalten hat, so soll er am Montag und weiter alle Tage bis zum Samstag einer richterlichen Ladung Folge leisten und sich jeden Tag mit einem Eideshelfer vom Beischlaf freischwören oder den Muntschatz zahlen, und am Samstag soll er den Muntschatz doppelt bezahlen oder aber einen gerichtlichen Zweikampf ausfechten oder, als Drittes, die Hälfte der Fahrhabe im Hause hergeben.*

In diesem Abschnitt wird die Situation beschrieben, in der der Beklagte ein Eheversprechen abgegeben hatte. Eine Verlobung endete in einer Hochzeit, bei der die Braut freiwillig in einem feierlichen Brautlauf in die Macht des Bräutigams überging. Diese Übergabe des *mundiums*[581] in die neue Sippe des Bräutigams wurde durch Zahlung des *mundscet* erworben. Nach dem Tod des Mannes wurde sein

580 Dazu Planck, Das Deutsche Gerichtsverfahren im Mittelalter, Bd. 2, S. 106.

581 „Bei den Friesen ist das Wort ‚mund', das auch hier männlich verwendet wird, sehr selten und erst aus dem Frühmittelalter überliefert. Es bedeutet hier [...] sowohl die Geschlechtsvormundschaft wie auch den Königschutz." Molitor, Erich, Zur Entwicklung der Munt. Eine ständegeschichtliche Untersuchung, in: ZRG GA 64 (1944), S. 112–171, hier, S. 141, Fn. 105.

engster Verwandter in der männlichen Linie Vormund über die Witwe. Wenn sie wieder heiratete, musste der Bräutigam diesen Muntschatz dem Schwager (dem Bruder des verstorbenen Ehemanns) abkaufen. Der Kaufpreis des *mundiums* sollte als Witwengeld, also eine Art Absicherungssumme für die Witwe, dienen. Durch ihre Wiederverheiratung verlor sie ihren Witwenstatus.[582]

Der Bräutigam musste an fünf aufeinanderfolgenden Tagen vor Gericht erscheinen, von Montag bis Freitag, wenn er den Muntschatz nicht bezahlt hatte. Zur Entlastung der Anklage stand ihm die Möglichkeit offen, an diesen Tagen mit einem Eideshelfer zu leugnen, dass der Beischlaf vollzogen wurde. Ob der Eideshelfer in der Hochzeitsnacht den Vollzug der Ehe tatsächlich bezeugen konnte, gibt die Quelle nicht her. Auch die ausführliche Beschreibung der Eheschließung im Sendrecht gibt hierüber keine näheren Einzelheiten: Das Festmahl wurde mit den Dorfgenossen gehalten, die Braut überschritt das Vorderbrett des Bettes:

> Kap. **51** (Ausschnitt) Fan dis aeftis prowingha. oen dae bedde nede hirs liuis mey dae manne, oen moerne opstoed, ti tzerka ghingh, tzerkstal stoed ende alter erade ende dae prester offerade ende dat aefte bigheengh, als een frie Fresinne mey ene fria Fresa sculde. *Vom Beweis der Eheschließung. und auf dem Bette ihres Leibes mit dem Manne genossen habe, am anderen Morgen aufgestanden (und) zur Kirche gegangen sei, dem Gottesdienst beigewohnt und den Altar beschenkt und die Ehe geschlossen habe, wie eine freie Friesin mit einem freien Friesen sollte.*[583]

Auch hier wird der Vollzug der Ehe nicht durch physische Anwesenheit des Eideshelfers bezeugt; anzunehmen ist, dass der Eideshelfer ein Verwandter war, der die Aussagen des Bräutigams für wahr hielt.

Thema der Kapitel 55 und 59 sind „Verstöße gegen prozessuale Verordnungen". In Kap. 55 wird ein Mann beschuldigt, ein Gericht nicht besucht zu haben. In Kap. 59 wurde einem Mann vorgeworfen, er sei ungehorsam aus dem Grafengericht fortgegangen. Der Asega hat ihn zu einer Buße von zwei Pfund verurteilt. In diesen beiden Fällen genügte ein Eideshelfer zur Reinigung der Anklage. Dieses Vergehen wurde im allgemeinen Abwägungsprinzip als relativ harmlos betrachtet.

2.1.3 Der Eid mit fünf Eideshelfern

> Kap. **2** Fan hereferd des Fresa. Djt is riocht, dat dy frya Fresa ne thoer forra an hereferd ferra truch ban ner truch bod dan mey dae ebba wt ende mey da flode op. Ratio: truch dae need dat hij den ouwer waria schel alla daghen ienst den salta se ende ienst den wilda witzenges floed mey fyf wepenem: mey spada ende mey forka, mey schiolde ende mey swirde ende mey etkeres orde, bij sijnre lioedwirdene, als het hem keth werdde mey boede iefta mey banne iefta mey baeckna; jefta sexasim ontswerra, dat

582 Algra, Oudfries recht, S. 312.
583 Buma, Westerlauwersches Recht, S. 194.

hit him mey boda ner mey baekna keth ne werde. *Von der Heerfahrt des Friesen. Dies ist Recht, dass der freie Friese weder kraft des Bannes noch kraft eines Aufgebotes weiter auf eine Heerfahrt zu ziehen braucht als hinaus mit der Ebbe und zurück mit der Flut. Ratio: wegen der Notwendigkeit, die Küste alle Tage mit fünf Waffen gegen die salzene See und die Flut der wilden Wikinger zu schützen: mit Spaten und Gabel, mit Schild und mit Schwert und mit der Spitze des Speeres, bei Strafe seines Wergeldes, wenn ihm das durch einen Boten oder durch Bann oder durch Feuerzeichen bekanntgemacht ist; andernfalls soll er mit fünf Eideshelfern beschwören, dass es ihm weder durch einen Boten noch durch Feuerzeichen angezeigt wurde.*

„This is a favorite legal doctrine of the Frisians."[584] Dieses Zitat von Fairbanks betont das Gefühl der friesischen *libertas*-Auffassung in Kapitel 2 des Älteren Schulzenrechts, die in der friesischen Geschichte einen besonderen Rang einnimmt. Besonders als Recht zum Besitz und als Unabhängigkeit von äußerer Herrschaft definiert, wurde im 13. Jahrhundert die Freiheit den Friesen als Volkseigenschaft zugeschrieben und mit der Gründungsautorität Karls des Großen verbunden.[585]

Auch in anderen Quellen spielt diese identitätsstiftende Geschichte eine bedeutsame Rolle.[586] Die Überfälle der Wikinger, die bereits unter Karl dem Großen begonnen hatten, führten dazu, dass die Karolinger eine Maßnahme ergriffen, deren Folgen die verwaltungstechnische Weiterentwicklung in Friesland viele Jahrhunderte bestimmen sollte: Friesland wurde direkt unter den fränkischen König als gefährdetes Grenzgebiet gestellt. Die freien Friesen empfingen ihr Wohngebiet als Lehen direkt vom König, mit der Verpflichtung, dem König sowohl militärisch als auch administrativ Hilfe zu leisten. Friesland wurde durch dieses Privileg „reichsunmittelbar". Die Friesen standen direkt unter dem König.[587] Sie hatten damit die Pflicht, im Notfall auf Heerfahrt zu ziehen; jedoch war diese Verpflichtung wegen möglicher Überfälle von Wikingern stark eingeschränkt.[588]

Man kann sich fragen, inwieweit dieses Aufgebot zur Heerfahrt für alle freien Friesen eine praktische Relevanz hatte, denn die Vorbereitungen zu einem solchen Unterfangen waren nicht gering. Zur Heerfahrt wurden die Friesen aufgeboten, um Truppenkontingente zu bilden.[589] Anzunehmen ist, dass die Ausführung dieses

584 Fairbanks, The old West Frisian Skeltana riucht, Notes II (1), S. 124.

585 Vgl. Schneidmüller, Friesen – Welfen – Braunschweiger. Träger regionaler Identität im 13. Jahrhundert, S. 307.

586 Zum Beispiel in der 6. Magnusküre. Buma, Westerlauwerssches Recht, S. 133.

587 Dazu Algra, Oudfries recht, S. 63.

588 Der Grund für die Befreiung könnte einen noch profaneren Grund gehabt haben: „Auch die Haussteuer der Friesen mag ursprünglich ein Entgelt für ihre Befreiung von der Heerfahrt gewesen sein." Schröder, Richard/Künßberg Eberhard Frhr. von, Lehrbuch der deutschen Rechtsgeschichte, S. 669, Fn. 99.

589 Diese Abgabenfreiheit an die lokalen Verwaltungsorganisationen sollte man nach Bachrach nicht als Zeichen königlicher Schwäche deuten. Vielmehr haben

Organisationsmodells eine erhebliche logistische und zeitliche Vorbereitung in Anspruch nahm. Zur Einberufung der Kräfte benötigt man zwangsläufig eine überregionale Zentralbehörde, die es jedoch zur damaligen Zeit in Friesland nicht gab.[590] Durch die räumliche Beschränkung der Heerespflicht kann man die Pflicht zur Heerfahrt aus militärischer und praktischer Sicht lediglich für die im Küstengebiet angesiedelten Friesen annehmen.

Die fünf in diesem Abschnitt erwähnten Eideshelfer schworen merkwürdigerweise nicht, ob der heranzuziehende freie Friese sich weigerte, Heeresdienst zu leisten, sondern mussten dem Beschuldigten Unwissen attestieren. Denn es handelte sich um die Aussage des Beschuldigten, er habe den Befehl nicht erhalten bzw. das Feuerzeichen nicht wahrgenommen. Dass in diesem Fall ein Eineid nicht genügte, spricht für sich, denn die Pflicht zur Heerfahrt hatte offenbar einen so hohen Stellenwert, dass fünf Eideshelfer den Reinigungseid zu schwören hatten.

Insgesamt lässt sich dieses Kapitel aus meiner Sicht als nachträglicher Einschub in das Ältere Schulzenrecht betrachten. Die Lehre von der von Karl dem Großen gestifteten Friesischen Freiheit muss also nicht aus der Karolingerzeit, sondern zunächst aus den Umständen der Überlieferung im Hochmittelalter erklärt werden, „als der Karlsbezug im Gefolge einer breiteren europäischen Rückbesinnung auf den großen Karolinger zum gesamtfriesischen Phänomen wurde".[591] Es

---

die Könige diese Vorgehensweise bewusst genutzt, wie sie von vornherein kaum Möglichkeiten besessen hatten, die Verteidigung so feinmaschig zu organisieren. Die gewährten Immunitäten dienten dazu, die eigene königliche Befehlsgewalt zu verstärken, vor allem in Bezug auf militärische Angelegenheiten. Dazu Bachrach, David Steward, Immunities as tools of royal military policy under the Carolingian and Ottonian kings, in: ZRG GA 130 (2013), S. 1–36, hier S. 1.

590 Man sollte jedoch die Rolle der Kirche bei der Etablierung der Königsmacht nicht unterschätzen. Dazu Vries, Geschichte der Friesen im Mittelalter, S. 541. Es ist nicht auszuschließen, dass die Kirche bei der Truppenerhebung eine Rolle gespielt hat. Laut Bachrach konnte der Klerus im fränkischen Reich logistische Aufgaben übernehmen, da die Pflicht der Grafen sich um eine effektive Koordinierung zu bemühen, praktisch nicht umsetzbar war: „As a consequence, the grants of immunities to many ecclesiastical institutions served the purpose of increasing efficiency in the mobilisation of supplies and troops for royal military campaigns by placing the responsibility for such efforts under the control of a single official, i. e. the abbot or bishop", David Steward, Immunities as tools of royal military policy under the Carolingian and Ottonian kings, S. 11. Dabei stellt sich allerdings die Frage, inwiefern die Erkenntnisse Bacharachs auch auf das peripher gelegene Friesland übertragen werden könnten, denn seine Untersuchungen beschränken sich vorwiegend auf den süddeutschen und norditalienischen Raum.

591 Schneidmüller, Friesen – Welfen – Braunschweiger. Träger regionaler Identität im 13. Jahrhundert, S. 309.

handelte sich mithin um den Versuch, die Legitimität einer langen Traditionskette zu bestätigen.

Im alten friesischen Recht existierten zwei Formen der Eheschließung: erstens die Ehe, bei der der Vormund sein *mundium* über die Braut dem Bräutigam nach einer feierlichen Prozession (*drecht*) zur zukünftigen Wohnstätte des Paares übertrug, und zweitens die Raubehe, bei der der Mann die zukünftige Braut mit ihrer Erlaubnis entführte, wodurch aber die Rechte auf das *mundium* ihres Vormunds schwer verletzt wurden (*nedmond*). Diese Ehe wurde erst nach einem *stefgong* offiziell anerkannt.[592]

> Kap. **33** (Ausschnitt) Soe hwam so ma dis ielkers bitigat, dat hi deermey weer oen fulliste. soe schel hi mey twam pundem beta iefta sexasum oenswerra. *Wen man sonst beschuldigt, dass er Beihilfe geleistet habe, der soll mit zwei Pfund büßen oder sich mit fünf Eideshelfern davon freischwören.*

Die Folgen nach einer Vergewaltigung[593] lassen sich nach Kap. 33 verfahrensrechtlich wie folgt beschreiben: Nach der Tat wurde Anklage beim Frana erhoben. Die Frau und der Frana gingen gemeinsam zu ihrer Wohnstätte, wobei die Frau gefragt wurde, ob sie sich dort freiwillig aufhalten würde. Welche Antwort sie auch gab, sie war verpflichtet, zunächst drei Tage in der Obhut des Franas zu bleiben. Am dritten Tag gingen sie zum Gericht; dort wurden zwei Stäbe errichtet: Bei dem einen Stab stand der vermutliche Täter, beim zweiten die Verwandtschaft der Frau. Ging sie

---

592 Vgl. Algra, Oudfries recht, S. 309. Ob es sich in Kap. 33 um eine Entführung handelte, ist eher unwahrscheinlich, da der Stabgang laut Übersetzungsvorschlägen lediglich im Falle einer Vergewaltigung durchgeführt wurde. Dazu auch Köbler, Altfriesisches Wörterbuch: „stefgang, stefgong, afries.: nhd. Stabgang, gerichtliches Verfahren bei Notzucht." Der Begriff „Notzucht" wird im HRG wie folgt definiert: „von mhd. notzuhten, ahd. notzogon ‚einen Notzug machen', d. h. eine eine Frau mit Gewalt entführen, wird auch als not (‚Gewalt') nunft (‚Nehmen mit Gewalt') oder friesisch nedmond bezeichnet. Der Begriff umschreibt die Erzwingung geschlechtlichen Umgangs durch Gewalt oder mit Drohung." Roth, Andreas Art. Notzucht, in: HRG (2) (2016), Sp. 2010–2012.

593 „nēdmonda 1) Vergewaltigung; 2) Zwangsehe", Wörterbuchtext (verbessert) Fryske Akademy. Vries übersetzt needmond mit „entführen": „Dit is recht: wanneer een vrouw wordt geschaakt." Vries und B. S. Hempenius-van Dijk, Asega, is het dingtijd?, S. 315. Die Übersetzung hängt stark mit der Interpretation im Kontext zusammen, *nēdmundigia* bedeutet „vergewaltigen". Vergewaltigung wurde im altfriesischen Recht streng bestraft. Vgl. Algra, Zeventien keuren en vierentwintig landrechten, S. 434. In Kapitel 33 ist von einem Verfahren mit Stäben die Rede. Der *stefgong* (Stabgang) war in Fällen von sexueller Nötigung vorgesehen. Vgl. Wörterbuchtext (verbessert) Fryske Akademy: stefgong Stabgang, gerichtliches Verfahren bei Notzucht.

zu dem Mann, war die Gerichtsverhandlung beendet, weil sie *„hir ledena dae wald aegh“* (sie die Gewalt über ihre Glieder hatte).[594] Diese Wahl hatte allerdings zur Folge, dass sie den Mann heiraten musste. Wenn sie aber zu ihren Verwandten ging, so sollte sie mit doppeltem Wergeld entschädigt werden und der Täter sollte Brand und Bruch erleiden. Außerdem war er verpflichtet, den Herren und dem Volk eine Summe von 82 Pfund zu zahlen. Falls die sechs nächsten Verwandten der Beihilfe überführt wurden, sollten sie ebenfalls Brand und Bruch erleiden und mit ihrer Halslösungssumme[595] büßen. Eine Möglichkeit, sich freizuschwören, war wegen der Schwere der Tat ausgeschlossen. Falls es außerhalb dieses Täterkreises noch jemanden gab, der zur Mithilfe bei der Vorbereitung oder Ausführung der Tat beschuldigt wurde, so sollte er mit zwei Pfund büßen oder sich mit fünf Eideshelfern freischwören.

Wegen der harten Bestrafung (82 Pfund sind circa 640 Kühe) mit anschließender Hauszerstörung können wir davon ausgehen, dass wir es in diesem Kapitel mit Vergewaltigung – einem Kapitalverbrechen – zu tun haben. In den gemeinfriesischen 17 Küren finden wir in Kap. 15 einen ähnlichen Fall vor. Zwei auffallende Unterschiede zum Älteren Schulzenrecht springen dabei ins Auge: Der Täter konnte mittels eines Zweikampfes überführt werden; die Strafe betrug „lediglich“ acht Pfund, zehn Unzen und dreizehneinzehntel Pfennige; dies entsprach dem Wert von 64 Kühen. Brand und Bruch waren als Zusatzstrafe vorgesehen.[596]

Da der Unterschied in der Höhe der Geldstrafe so außerordentlich groß ist, kann man davon ausgehen, dass die im Älteren Schulzenrecht erwähnte Buße von 82 Pfund nicht der Realität entsprach; womöglich ist hier mit einem Schreibfehler zu rechnen. Die Vermutung, es handle sich hier um einen Vergewaltigungsfall, bleibt hiervon jedoch unberührt. Die Reinigung der Vorwürfe mit Hilfe von fünf Eideshelfern konnte nicht vom Täter bzw. seinem näheren Umfeld geleistet werden. Dieses Recht stand dem weiteren potentiellen Täterkreis zu, wobei die Schwere der Vorwürfe eine Anzahl von fünf Eideshelfern erforderte. Ob es dem Beschuldigten immer gelang, diese hohe Anzahl von Eideshelfern zur Bestätigung seines guten Leumunds zu beschaffen, kann hier nicht beantwortet werden. Die im Raum stehenden Vorwürfe waren ernsthafter Natur, wobei die Eideshelfer *in spe* nicht leichtsinnig ihre Unterstützung zugesagt haben werden.

Kap. **62** Fan dae bannere, deer ma moyt. lef ma dae bannere oen dae boedeschipe dustsleeck iefta bloedreesna deth ief disser engen, deer ma deer mey bodeschipe wtladeth, denenwr ladeth, so is zijn bote twifald ende dae grewa twa pond iefta sexasim onswerra. *Von dem Gerichtsboten, den man belästigt. Wenn man dem Gerichtsboten bei*

594 Buma, Westerlauwersches Recht, Kap. 33, S. 88.

595 *haudleesne*: Ein Bußgeld wegen Friedensbruchs. Empfänger war anfänglich der (fränkische) König, später der Graf bzw. der Richter. Vries und B. S. Hempenius-van Dijk, Asega, is het dingtijd?, S. 31.

596 Ibidem, Kap. 15, S. 145.

der Ansage einen quetschenden Schlag gibt oder eine blutige Wunde schlägt oder einem von denen, die er durch seine Ansage vorlädt, so gebührt ihm doppelte Buße und dem Grafen zwei Pfund oder man soll sich mit fünf Eideshelfern davon freischwören.

Wenn man bei der Ansage der Vorladung dem Gerichtsboten einen harten, trockenen Schlag zufügte, *dustlek*, oder eine blutige Wunde schlug, *blodresene*, hatte man die Möglichkeit, sich davon mit fünf Eideshelfern freizuschwören. Bei dem *dustlek* handelte es sich um eine Verletzung, die sichtbare Spuren hinterließ, z. B. eine Anschwellung oder ein Hämatom. Waren jedoch Blutverlust oder Lähmung die Folge des Schlages, galt dies nicht mehr als *dustlek*. Wenn z. B. Knochenteile aus der Haut steckten, musste das einzeln bewertet und kompensiert werden.[597] Die Verletzung der Haut, die man als das Eindringen in die äußere Trennwand zwischen Körper und Außenseite definierte, wurde dabei genau aufgezeichnet. Der *dustlek* wurde nach den älteren Volksrechten mit einer verhältnismäßig kleinen Buße gesühnt.[598]

Einfache blutende Wunden ließen auf leichtere Verwundungen schließen, die zwar schmerzhaft waren, aber im Prinzip schnell wieder verheilten, ohne bleibende Schäden oder Funktionsverluste zu hinterlassen. In den Bußkatalogen wurde unterschieden zwischen einem Schlag, der nur eine Prellung verursachte, und einer Verletzung, bei der Blut floss und die Haut geschädigt wurde. Wenn eine *blodresne* die Länge eines Fingergliedes (ca. 2,5 cm) hatte, dann war es ein *metedolch* (Maßwunde).

Das System zur Messung und Kompensation von blutenden Wunden sah nach Nijdam wie folgt aus: Wenn sich die Wunde nicht an einer besonderen Stelle befand, wodurch sie zusätzlich kompensiert wurde, dann war die Länge der Wunde der bestimmende Faktor für die Höhe der Kompensation. Die *blodresne* wurde daher zusammen mit dem *metedolch* verwendet, um ein System zur Messung von Wunden und zur Berechnung einer korrekten und zufriedenstellenden Kompensation für beide Seiten einzurichten. Darüber hinaus wurde in den Bußkatalogen die Entschädigung für eine *blodresne* an den sichtbaren Teilen des Körpers beschrieben: das Gesicht, das Augenlid und den Hals.[599]

In Kap. 62 werden beide Verletzungshandlungen erwähnt, wobei auffällt, dass zwischen den zu leistenden Bußsummen nicht differenziert wurde: Für beide Fälle galt dieselbe Bußsumme oder die Freischwörung mit Hilfe von fünf Eideshelfern. Dabei handelte es sich, wie oben ausgeführt, um Körperverletzungen, die im Prinzip unterschiedlich geahndet wurden. Durch die relativ hohe Anzahl der erforderlichen Eideshelfer wurde von Seiten des Gerichts sichtbar gemacht, dass Angriffe

---

597 Ibidem, S. 200.

598 Vgl. Brunner, Deutsche Rechtsgeschichte, S. 636. Siehe auch Nijdam: „Tot de lichtere vergrijpen hoorde de slek ‚slag'.", Nijdam, Lichaam, eer en recht in middeleeuws Friesland, S. 196.

599 Nijdam, Lichaam, eer en recht in middeleeuws Friesland, S. 199 f.

auf Amtsträger streng bestraft wurden. Womöglich gibt es hier erste Anzeichen von obrigkeitsstaatlicher Gewalt; durch die hohen Auflagen konnte auf diese Weise Respekt eingefordert werden oder sie konnten zur Abschreckung gedient haben.

2.1.4 Der Eid mit zwölf Eideshelfern

Kap. **63** (Ausschnitt) Fan stride, deer seend is. [...] dat hi mi ti toulif edem kestegade ende di aesga deer dat deiting deelde ende ic dae alle tach etta bywiseda deitinghe, alsoe aefte ende also riochte, soe ic nv mey riochte iens hem thoer na et anderda ner an stride staen ief gaen. Jef hi dis bisecka welle, soe weddie ic him alsoedene ontioech als dy aesga deled [...]. *Von dem Rechtsstreit, der verglichen ist. [...] wobei er mich* [den Beklagten, Anm. Verf.] *zu zwölf Eiden nötigte und der Asega da den Gerichtstermin bestimmte und ich sie am festgesetzten Termin alle leistete, so gesetzlich und so rechtmäßig, dass ich mich nun Rechtens nicht zu verantworten noch vor Gericht zu stehen oder zu erscheinen brauche. Wenn er das leugnen will, so sichere ich ihm solche Beweisführung zu, wie sie der Asega bestimmt.*

Kap. **65** Fan ene epena slaete. Djt is riocht: hwae so in oers epana slaet sprecka wille ende oen zijn eerue, soe scel hi to him komma mey twira taeie ende mey aesga dome. Jef hi deer inor wille, soe schel hi him kestigia mey toulif edum iefta mey enen swirdkempa. Dat schel ma bithinghia mey aefta bannem ende bi afta deithinghum. *Von einem offenen Graben. Dies ist Recht: Wenn jemand den offenen Graben eines anderen und dessen (dazu gehörigen) Grund für sich beanspruchen will, so soll er gerichtlich mit Rede und Gegenrede und durch Urteil des Asega gegen ihn vorgehen. Wenn er darüber hinausgehen will, so soll er ihn mit zwölf Eiden oder durch einen (gerichtlichen) Schwertkämpfer nötigen. Das soll man durch gesetzliche Gebote und mit gesetzlichen Terminen gerichtlich austragen.*

Kap. 63 befasst sich mit einem Rechtsstreit (*stride*), der bereits verglichen worden ist, aber dennoch findet eine neue Klage statt, und zwar in einem anderen Gerichtssprengel. Der Beklagte bestreitet dem Kläger das Recht, ihn nochmals zum Rechtsstreit zu laden, da er unter dem Banngebot des Schulzen und durch das Urteil des Asegas mit Hilfe von zwölf Eideshelfern seine Verpflichtungen erfüllt habe und deshalb der erneuten Vorladung nicht zu folgen brauche.

Interessant in diesem Kapitel ist das Auftreten von Königszeugen, die aus eigener Wahrnehmung die Eidesleistung des Beklagten bestätigen. Auf die Rolle dieser Zeugen werde ich im nächsten Kapitel zurückkommen.

Dass Grund und Boden einen besonderen hohen Stellenwert im Leben der Friesen einnahmen, zeigen die Anforderungen, die in Kapitel 65 an den Beklagten zur Reinigung seines Rufes gestellt werden. Der Kläger bestreitet offenbar die Rechtmäßigkeit der Besitznahme des Grabens und des benachbarten Grundstücks durch den Beklagten. Der Anspruch an den Graben war weitgehend eine nebensächliche Angelegenheit, sondern er diente hauptsächlich zum Nutzen und zur Nutzung des Bodens in Form einer Grundwasserregulierung[600] und stellte daher einen viel geringeren Wert als das angrenzende Grundstück dar.

Dieser Unterschied spiegelt sich in der Beweislast wider. Gegen den Beklagten konnte zunächst das ordentliche Verfahren, das Verfahren des *twira taele*, der Rede und der Gegenrede, gefolgt von dem Urteil des Asegas, durchgeführt werden. Der Angeklagte, dem vorgeworfen wurde, den Graben zu Unrecht zu besitzen bzw. zu nutzen, konnte sich durch einen Eid[601] von der Anklage befreien.

Aus dem nächsten Schritt kann man schließen, dass der Anspruch auf das Grundstück eine schwerere Beweislast mit sich brachte: Der Kläger hatte jetzt die Möglichkeit, den Beklagten zu zwingen *(so schel hi he kestigia)*, zwölf Eide zu leisten oder sich für einen gerichtlichen Zweikampf zu entscheiden. Der Kläger hatte dabei die Wahl, welches der beiden Beweismittel er bevorzugte. Lehnte der Beklagte beide Optionen ab, so hatte er den Rechtsstreit verloren.

Algra wundert sich, warum wegen eines offenen Grabens zwölf Eide zu leisten waren oder der Beklagte zum Zweikampf aufgefordert wurde. Seiner Ansicht nach handele es sich um ein Versehen, da der offene Graben „per abuis in de friestalige groep geraakt is".[602] Die Frage ist berechtigt, seine Lösung aber, es handele sich um ein Versehen, ist eher unwahrscheinlich. Die betreffende Bestimmung muss wohl mit größter Sorgfalt bearbeitet worden sein, da der Unterlegene bei Verlust des Rechtsstreits mit erheblichen Konsequenzen zu rechnen hatte.

---

600 „Daaronder zou ik willen verstaan een goed zichtbare sloot, een open sloot, een sloot, welke kan functioneren. Derhalve een schone sloot, niet een sloot, welke geheel of gedeeltelijk is dichtgegroeid." Cleveringa, Het Oud-Friese „Kestigia", S. 25. Bei einem öffentlichen Graben denkt man eher an einen Wässerungsgraben, der das Wasser z. B. in ein Sammelbecken ableitet. Es versteht sich von selbst, dass ein solcher öffentlicher Graben für seine Funktion auch „offen" sein muss. Algra bezweifelt, dass es sich überhaupt um einen Graben handelt; seiner Meinung nach ist der Passus versehentlich in das Kapitel geraten. „Wij laten om deze moeilijkheid te omgaan in het vervolg de ‚open sloot' uit de aanhef van § 63 rusten [...]." Algra, Ein: enkele rechtshistorische aspecten van de grondeigendom in Westerlauwers Friesland, S. 64 f. Überzeugende Argumente fehlen jedoch.

601 Wie viel Eide in erster Instanz zu leisten waren, wird aus der Quelle nicht deutlich. Cleveringa meint, der Angeklagte könne sechs Eide (er selbst mit fünf Helfern) schwören; das wäre die übliche Anzahl von Reinigungen im Älteren Schulzenrecht zu der Zeit: „het destijds gebruikelijke aantal zuiveringseden in het Oude Schoutenrecht." Vgl. Cleveringa, Het Oud-Friese „Kestigia", S. 27. Aus der oben erwähnten Übersicht der Beweisthematik wird ersichtlich, dass auch andere Optionen vorhanden waren.

602 Algra, Ein: enkele rechtshistorische aspecten van de grondeigendom in Westerlauwers Friesland, S. 65.

Jetzt wird auch klar, warum in diesem Streitfall das Erfordernis des *offenen* Grabens (*epena slaete*) betont wurde, der sich eindeutig in dem umstrittenen Gelände abzeichnete. Denn wenn dieser Graben zugewachsen oder voller Schlamm oder Schmutz gewesen wäre, gäbe es keine sichtbare Trennung zwischen diesem Graben und dem angrenzenden Grundstück, was die Anwendbarkeit der unterschiedlichen Beweismittel erschweren würde: Der Anspruch auf das Grundstück erforderte eine wesentlich höhere Beweislast als den Anspruch auf den Graben.[603] Mit dieser Verfahrensweise fügte der Kläger dem Verfahren des *twira taele* eine neue Phase hinzu, die darin bestand, dass er dem Angeklagten die zwölf Eidesleistungen bzw. den Zweikampf aufzwang und dem Beklagten die Wahl ließ, ob er die verschärfte Beweiserhebungslage akzeptieren würde oder nicht.

3. Zwischenfazit

Der Eid blieb weiterhin ein wichtiges Beweismittel.[604] Durch den Eid wurde erreicht, dass die Leistung des auferlegten Beweises durch den Beklagten den Prozessgang beeinflusste und damit nicht ausschließlich vom Verhalten des Klägers dominiert wurde. Da dem Eid eine religiöse Grundvorstellung zugrunde lag, wurde Schuld oder Unschuld durch göttliches Eingreifen offenbart: Wer den Eid leistete, war in den Augen seiner Dinggenossen wirklich unschuldig; als Lügner hätte er mit einer strafenden Gottheit zu rechnen. Selbstverständlich gab es namentlich bei dem Eineid die Möglichkeit, zu betrügen und damit die Klage loszuwerden. Missbrauch wurde dadurch begünstigt. Da bei einem Eineid logischerweise keine Eideshelfer benötigt wurden, brauchte man eventuelle Vorbehalte bei den Helfern nicht zu berücksichtigen.

Diese Art von „Gewissenlosigkeit" kann man für das 13. Jahrhundert vor allem in den Städten feststellen: „Soweit dagegen das sittliche Gewissen sich verfeinerte, wäre eben eine verstärkte Hemmung dem Eide gegenüber anzunehmen".[605]

---

603 Fairbanks geht dagegen von einem einzigen Anspruch aus: „This ist he law: if it is desired to make a claim to another man's land on the near side of his boundary-ditch, [...] but if he disired to lay claim to the land on the other side of a boundary-ditch." Fairbanks, The old West Frisian Skeltana riucht, Kap. XLVII), S. 107 f. Aus gutem Grund verwirft Cleveringa diese Übersetzung: „Sidney Fairbancks (sic) [...] gaat er van uit, dat in beide gevallen land wordt opgeëist, nml. aan weerszijden van de boundarij-ditch (grenssloot tusenen twee schouten-ambten), waarbij dan geheel onverklaard blijft, waarom ten aanzien van twee gelijksoortige strijdobjecten verschillende bewijsmiddelen zijn voorgeschreven." Cleveringa, Het Oud-Friese „Kestigia", S. 28, Fn. 1.

604 Vgl. Deppenkemper, Beweiswürdigung als Mittel prozessualer Wahrheitserkenntnis, S. 117; Musielak, Die Grundlagen der Beweislast im Zivilprozess, S. 211.

605 Stutz, Die Beweisrolle im altdeutschen Rechtsgang, S. 17.

Solange das Volk diesem Beweismittel Glauben schenkte und ihn trug, blieb der Eid als wichtiges Beweismittel beibehalten. Diese Einstellung zum irrationalen Beweis scheint dem heutigen Betrachter vielleicht als archaisch. Zu bedenken ist jedoch, dass die Dinggenossen diese Formenstrenge und Art der Beweiserhebung getragen haben, da die Bevölkerung ein starkes Misstrauen gegen Gerichte hegte; sie beabsichtigten mit ihrer Einstellung „den oft als unfähig und parteilich empfundenen Richtern klare Grenzen zu setzen".[606] Die Formstrenge garantierte in gewissem Maße einen aus damaliger Sicht objektiven Prozessvorgang.

Nehlsen-von Stryk betrachtet diese Einstellung der Menschen nicht als starren Traditionalismus, sondern mehr als „Verfahrensgarantie für den unbescholtenen, gut beleumundeten Beklagten"[607], gerade in einer Zeit, wo der rationale Beweis häufiger zum Einsatz kommt. Dieses Festhalten an herkömmlichen Beweisregelungen ist somit als Widerstand gegen die Unterwerfung von Leib und Ehre unter die Autorität eines Gerichts zu verstehen, „deren Ermittlungen und Urteil sich der Beschuldigte nunmehr zu beugen hat"[608].

Allerdings sollte man die Formstrenge, was die Härte der Durchführung betrifft, nicht überbewerten. Viele Autoren[609] betrachten den Eid als das wichtigste Beweismittel; gleichzeitig halten sie ihn aber auch „für das gefährlichste aller Elemente des mittelalterlichen Prozesses"[610]. Geringe Versprechungen, Abweichungen von der vom Fürsprecher vorgesprochenen Formel oder sogar ein leises, zögerndes Sprechen konnten die Qualität der Beweisführung zum Nachteil des Eidesleistenden beeinträchtigen. Als Quelle für die Annahme einer überspitzten, missverstandenen Formstrenge galt womöglich eine Stelle im Sachsenspiegel:

> „Wenn der Mann im Lehengericht sich die Nase putzt oder sich schneuzt oder spuckt oder gähnt oder, wenn er hustet oder niest oder auf der anderen Seite seines Vorsprechers steht [...] so hat er deswegen kein Strafgeld verwirkt, obwohl dies einige Leute glauben."[611]

Merkwürdigerweise haben die älteren Autoren aus dieser Quellenaussage immer das Gegenteil herausgelesen.[612] Oestmann weist in dieser Hinsicht auf einen

606 Deppenkemper, Beweiswürdigung als Mittel prozessualer Wahrheitserkenntnis, S. 122.

607 Vgl. die Darstellung bei Nehlsen-von Stryk, Karin, Die Krise des „irrationalen" Beweises im Hoch- und Spätmittelalter und ihre gesellschaftlichen Implikationen, in: ZRG GA 117 (2000), S. 1–38, hier S. 37.

608 Ibidem, S. 37.

609 Vgl. Oestmann, Die Zwillingsschwester der Freiheit, S. 11 ff.

610 Meyer, Tim, Gefahr vor Gericht: die Formstrenge im sächsisch-magdeburgischen Recht (Forschungen zur deutschen Rechtsgeschichte 26), Köln [u. a.] 2009, S. 4.

611 Eike ‹von Repgow› u. a., Der Sachsenspiegel, III, Art. 68, §7, S. 326.

612 Oestmann, Die Zwillingsschwester der Freiheit, S. 32.

pragmatischen Umgang mit den strengen Formvorgaben hin. So ist seiner Ansicht nach eine stringente Formbindung unverbindlich, wenn es keine Zwangsmöglichkeit von Seiten des Gerichts gibt, die Folgen von Formverstößen mit Gewalt gegen den Willen der Beteiligten durchzusetzen. „Das Mittelalter ist womöglich formfreier als man denkt, die Neuzeit womöglich durch stark formalisiertes Verfahrensrecht gekennzeichnet".[613]

Insgesamt lässt sich sagen, dass sich die Parteien durch ihre nicht einwandfreie Handlungsweise bzw. Aussprache der Gefahr aussetzten, den Prozess zu verlieren. Das heißt aber nicht, dass eine gewisse Formstrenge nicht eingehalten wurde. Ein pragmatischer, auf Rationalität basierender Umgang mit der Form ist in der Verfahrensweise zu verzeichnen.[614]

Fasst man die obigen Ergebnisse in der Abstufung der Anzahl von Eideshelfern kurz zusammen, zeigt sich, dass der Eid als Reinigungsphänomen einen interessanten Einblick in die lebendige Welt der freien Friesen bietet. Das Verhältnis zwischen den zu erbringenden Beweisen und der Schwere der Anschuldigung sagt etwas über die Sozialstrukturen der Gemeinschaft der Dinggenossen und deren Verwandtschaft aus. Die zentrale Funktion der Reinigungseide bestand laut Nordby darin, eine öffentliche und legitime Darstellung des Wissens einer Gemeinschaft über sich selbst zu geben. Die Reinigung sei daher im Grunde genommen eine Antwort auf öffentliche Gerüchte und Gerede. Ein solcher Eid, der mit Eideshelfern als Unterstützern geschworen wurde, musste die Interessen der Gemeinschaft gegen die Interessen des Beklagten bzw. Klägers abwägen. Die Reinigungseide wurden in einem ritualisierten Rahmen geschworen; schwerwiegende Vergehen erforderten dabei eine verstärkte Ritualisierung.[615] Nordby betont damit die Funktion der Reinigungseide eher als sozial-kulturell geprägte Dynamik denn als rein juristisches Phänomen.

Dabei lässt sich z. B. aus heutiger Sicht schwer erklären, warum ein Streit um die Verteilung der gemeinen Mark eine niedrigere Anzahl von Eideshelfern erforderte (Eineid) als ein Rechtsstreit über einen offenen Graben mit dem dazugehörigen Grundstück (zwölf Eideshelfer/Zweikampf). Die Vergewaltigung einer Frau war ein schweres Verbrechen und mit einem hohen Bußgeld belegt; dazu kam eine eine zusätzliche Strafe mit Brand und Bruch. Trotzdem wurde die Beweiserbringung auf fünf Eideshelfer reduziert, was aus heutiger Perspektive befremdlich wirkt.[616]

---

613 Ibidem, S. 53. Zum Thema Vollstreckung des Urteils vgl. auch Meyer, Gefahr vor Gericht, S. 8.

614 Meyer, Gefahr vor Gericht, S. 263.

615 Vgl. Nordby, The Judicial Oath in Medieval Norway, S. 239.

616 Im mittelalterlichen norwegischen Recht lässt sich jedoch ein ähnliches Verhältnis zwischen der Schwere der Tat und der Anzahl von Eideshelfern feststellen: „When swearing a séttareiðr [fünf Eideshelfer erforderlich, Anm. Verf.], the defendant was supported by five oath helpers, and the oath was supposed to be sworn largely in response to accusations of theft and property damage, but it is also mentioned in

Nach Schulte wurde dieses Verhältnis zwischen Schwere der Tat und Anzahl der Eideshelfer später aufgehoben:

> „Ihre Anzahl wechselt bis zu zweiundsiebenzig, sich richtend in mannigfachen Abstufung nach dem Stande des Verletzten und Beklagten, nach der Beschaffenheit der Sache, nach dem Stande des Schwörenden, sodass sich bald ein genaues Verhältnis zwischen dem in Gelde angeschlagenen Streitgegenstande und dem Gesamtwergelde der Schwörenden ergibt, bald auch nur die blosse Festsetzung der Zahl der Eideshelfer ohne ein solches bestimmtes Verhältnis sich vorfindet."[617]

Aussagen über den Zeitpunkt dieses Wandels werden dabei nicht gemacht. Die Interpretation dieses komplexen Gebildes wird noch dadurch erschwert, dass es neben den Eideshelfern noch eine zweite Gruppe gab, die zur Beweiserhebung zugelassen war: die der Zeugen. Ob dadurch eine grundlegende Veränderung von archaischem Rechtsdenken zu einer mehr realitätsbezogenen, rationalistischen Verfahrensweise in Gang gesetzt wurde, wird uns im nächsten Kapitel näher beschäftigen.

4. Die Zeugen

4.1 Einführung

Wie im vorigen Kapitel ausgeführt wurde, fand eine richterliche Prüfung über rechtserhebliche Tatsachen nicht statt. Die Entscheidung darüber, wer im Gerichtsstreit Recht hatte, wurde letztendlich von Seiten der Parteien gezogen, nicht vom Gericht.[618] Was nicht ausdrücklich verneint wurde, galt als zugestanden. Hinsichtlich der einzelnen Klagepunkte der Parteien gab es nur die Wahl zwischen Zugeständnis und Ableugnung.[619] Die Richtigkeit ihrer Behauptungen wurde im Wesentlichen durch Eide unter Beweis gestellt, in besonderen Fällen durch Zeugen, Gerichtszeugen oder Augenschein.[620]

---

rules governing arson, slander and violence." Vgl. Nordby, The Judicial Oath in Medieval Norway, S. 68.

617 Schulte, Lehrbuch der deutschen Reichs- und Rechtsgeschichte, S. 401 f.

618 Vgl. Oestmann, Der vergessliche Fürsprecher, S. 154.

619 „In allen anderen Fällen kam es zunächst zu einem Beweisurteil oder, wenn der Kläger eine Leistung des Beklagten beanspruchte, zu einem zweizüngigen Urteil, das zugleich Beweis- und bedingtes Endurteil war." Schröder, Lehrbuch der deutschen Rechtsgeschichte, S. 393.

620 Dazu Ignor, Indiz und Integrität, S. 85. Zeugen konnten nur Männer sein: „Ausgeschlossen sind daher die Kinder, Weiber, Rechtlosen, dem betreffenden Rechtskreise, innerhalb dessen Gericht gehalten wird, nicht Angehörigen." Planck, Das Deutsche Gerichtsverfahren im Mittelalter, Bd. 2, S. 47.

Abweichungen von dieser Gerichtspraxis lassen sich jedoch früh in einigen Fällen belegen: Falls der Täter auf frischer Tat ertappt wurde, stand die Täterschaft schon von vornherein fest (handhafte Tat). Der Angegriffene oder Bestohlene durfte den Täter fesseln und vor Gericht bringen. Dem Täter stand der Reinigungseid grundsätzlich nicht zu, die Tat war offenkundig (afries. *iechta*) und der Geschädigte konnte ihn mit Eideshelfern überführen.[621] Diese Helfer, die gesehen hatten, wie der Angegriffene den Flüchtigen gestellt hatte, sind Erfahrungszeugen der handhaften Tat gewesen und konnten durch Augenschein die Identität des Angreifers und den Tathergang später vor Gericht bezeugen.[622] Der auf frischer Tat Gestellte konnte sich gegenüber der Anklage nicht auf frühere Gewährsmänner berufen; seine Verteidigungsrechte waren sehr eingeschränkt: Außer dass ihm der Reinigungseid verstellt wurde, hatte er ebenfalls das Recht verspielt, den Kläger zum Zweikampf als Beweis seiner Unschuld herauszufordern.[623]

Als Beginn der Klage im ungelehrten Gerichtsverfahren galt möglicherweise das Gerüfte, d. h. der öffentliche Ausruf, dass gerade eine Straftat begangen wurde.[624] Wer sich weigerte, an der Festnahme des Täters teilzunehmen, wurde streng bestraft.[625] Wenn der Angegriffene den Täter getötet hatte, konnte er vor Gericht die Rechtmäßigkeit seines Handelns beschwören und, da ihm in diesem Fall ein Selbsthilferecht zustand, sich selbst entlasten.[626] Gegenüber dem notorischen Verbrechen wird damit ein Rücktritt der irrationalen Beweismittel ersichtlich. Wolfgang Sellert betrachtet diese Form von Beweiserhebung – mit anderen

---

621 „Die Eideshelfer im Handhaftverfahren dürften bereits echte Wahrnehmungszeugen gewesen sein, d. h. Nachbarn oder zufällig in unmittelbarer Nähe des Tatorts befindliche Personen, die [...] entweder über eigenes oder doch wenigstens über Wissen von dritter Seite verfügten." Sellert/Rüping, Studien- und Quellenbuch zur Geschichte der deutschen Strafrechtspflege, S. 120.

622 Dabei war die Gefahr nicht auszuschließen, dass der Kläger aus böswilligen Gründen mit Hilfe einiger Nachbarn mit einem unliebsamen Zeitgenossen eine alte Rechnung begleichen möchte. „Die Gefahr des Missbrauchs muss dabei als hoch eingeschätzt werden." Vgl. Meyer, Gefahr vor Gericht, S. 86. Ebenfalls Oestmann: „Wer dagegen als Einzelgänger mit seinen Mitmenschen verfeindet war, hatte auch vor Gericht keine Siegeschancen." Oestmann, Der vergessliche Fürsprecher, S. 155.

623 Vgl. Deppenkemper, Beweiswürdigung als Mittel prozessualer Wahrheitserkenntnis, S. 130.

624 Dazu Oestmann, Wege zur Rechtsgeschichte, S. 74.

625 Vgl. Bechert, Rudolf, Recht oder Pflicht zur Beweisführung? Unter Berücksichtigung der nordischen Rechte vornehmlich nach fränkischem und angelsächsischem Rechte untersucht, in: ZRG GA 49 (1929), S. 26–56, hier S. 53.

626 Oestmann, Wege zur Rechtsgeschichte, S. 75.

Regelungen, wie z. B. der über den Arzt als Zeugen bei Wundfällen – als „eine bedeutsame Entwicklung zum materiellen Wahrheitsbeweis hin".[627]

Das Ergebnis und die Gültigkeit eines Eides konnten bezweifelt werden. Das durch den Eid vermittelte Wissen gab keine verlässliche Auskunft über das tatsächliche Geschehen; der Eid diente nur zur Stärkung der persönlichen Glaubwürdigkeit. Das Risiko jedoch, dass die Eideshelfer durch einen Meineid den Verfahrensablauf maßgeblich beeinflussen konnten, war von vornherein nicht auszuschließen: „Die Verlockung, durch einen Meineid das Verfahren zu ihren Gunsten zu wenden, haben die Zeitgenossen durchaus als Gefahr erkannt."[628] Die Annahme liegt dadurch nahe, dass der Eid allmählich seinen rein formalen Charakter verlor und sich zu einer rationaleren Form von Beweiserhebung entwickelt hat. Die Reinigung selbst wurde vermutlich auf Dauer nicht mehr ausschließlich als ausschlaggebender und ausreichender Beweis betrachtet.

Es stellt sich also die Frage, ob der Leumundseid von den Zeitgenossen auf Dauer ohne Realitätsbezug empfunden wurde. Haben die Eideshelfer den Eid geleistet, ohne eine Beziehung zwischen dem Beklagten bzw. den Beteiligten und dem Streitgegenstand hergestellt zu haben? Man könnte im Eid des Eideshelfers doch auch Elemente einer sachlichen Stellungnahme sehen, da die bloße, traditionell formale Bekräftigung einer angezweifelten Erklärung des Beklagten nicht ohne weiteres ausreichend gewesen sein dürfte, um etwaige Zweifel an seiner Schuld zu beheben. Bedenkt man die Konsequenz dieser Entwicklung, ergibt sich folgender Widerspruch: Wenn diese Vermutung stimmt, würden die Eideshelfer zu einer Art Bewerter der Tatsachen mutieren und die Abgrenzung zu den Zeugen wäre nicht mehr erkennbar. Warum sollte der Verfasser sie dann als getrennte Kategorien im Älteren Schulzenrecht vorführen? Die Bedeutung und die Etymologie des Wortes „Zeuge" beziehen sich auf jemanden, der etwas weiß;[629] das Konzept selbst enthält

---

627 Sellert/Rüping, Studien- und Quellenbuch zur Geschichte der deutschen Strafrechtspflege, S. 64; Oestmann, Wege zur Rechtsgeschichte, S. 74 f.

628 Oestmann, Wege zur Rechtsgeschichte, S. 72.

629 „wita, wêta, afries. nhd. wissen, beschwören, kennen, erfahren, bezeugen, erklären, beanspruchen, beurteilen, entscheiden; germ. *weitan, *wītan, Prät.-Präs., sehen, wissen; idg. *u̯oida-, gesehen haben, wissen, idg. *u̯eid-, *u̯edi-, *udi-, sehen, erblicken, finden [...]". Köbler, Altfriesisches Wörterbuch; „tiuch and tiuga [...] refer to testimony under oath. [...] In all these cases the tiuch is final, and defendant gets no oportunity to swear to his own innocence." Fairbanks, The old West Frisian Skeltana riucht, S. 53. Der gotische weitwoÞs ist ein altes Partizip Perfekt der Wurzel *weid-* in der Bedeutung „sehen", „der gesehen hat". Auch in den westgermanischen Sprachen kommen Bildungen der Wurzel *weid-* vor, um *testis, testimonium* auszudrücken. Hier muss man aber von der Grundbedeutung „wissen" ausgehen: „der weiß"; afries. *wita* enthält diesen Stamm. Vgl. Freudenthal, Arnulfingisch-karolingische Rechtswörter, S. 40.

keine Spezifikation über die Herkunft dieses Wissens.[630] So ist der Begriff nicht nur auf Einzelpersonen, die etwas erlebt hatten, beschränkt, sondern auch diejenigen, die in ihrem Dorf oder ihrem Sprengel das offenkundige oder allgemeine Wissen bezeugen konnten, kann man als Zeuge definieren.[631] Und gerade hier liegt das Abgrenzungsproblem zwischen Eideshelfern und Zeugen: Da Zeugen und Eideshelfer beide aus der gleichen gemeinschaftlichen Kultur des öffentlichen Wissens stammen, ist es schwierig, eine klare Unterscheidung zwischen ihnen zu treffen.[632]

Vor dem Hintergrund der hier aufgezeigten Entwicklung bin ich der Ansicht, dass die Idee einer rein formalen Eidesleistung ohne Realitätsbezug unwahrscheinlich ist. Das Wissen um den reellen Sachverhalt muss zwangläufig mit eine Rolle gespielt haben. Auch für die Eideshelfer wird der Gedanke, im Falle eines Meineides ewig verdammt zu werden, nicht gerade attraktiv gewesen zu sein. Trotzdem gaben sie keine Sachverhaltsaufklärung, keinen Bericht über den faktischen Tathergang. Ihre Rolle im Gerichtsverfahren war noch stark vom herkömmlichen Formalismus geprägt, jedoch im Hinterkopf mit einem pragmatischen, interessengeleiteten Kalkül behaftet. Die Abgrenzung zu den Zeugen ließe sich wie folgt formulieren: Eideshelfer = [starker äußerer Formalismus + geringer Realitätsbezug + soziale Handlungsmotive – materielle Wahrheitssuche].

---

630 Tim Meyer ist der Ansicht, dass der Beweis mit Zeugen ein junges Phänomen in der Struktur des mittelalterlichen Prozesses ist. Vgl. Meyer, Gefahr vor Gericht, S. 137. So auch Nehlsen-von Stryk: „Das 12. Jahrhundert [...] hat nach allgemeiner Auffassung auch die Krise der irrationalen Beweismittel mit sich gebracht. [...] Reinigungseid mit und ohne Eideshelfer werden zunehmend als fragwürdig empfunden." Nehlsen-von Stryk, Die Krise des „irrationalen" Beweises, S. 1.

631 Zu beachten ist die generelle Einschränkung Petra Claudia Meyers: „Besonderer Sachverstand konnte nur dort der Tatsachenfindung dienen, wo dieser den Parteien oder dem Richter eigen war." Meyer, Petra Claudia, Historische Entwicklung, in: Der Sachverständigenbeweis zwischen Partei und Richter: Rechtsvergleich zum US-amerikanischen Zivilprozess und Reformansätze im deutschen Recht, 1. Aufl., Baden-Baden 2013, S. 23–28, hier S. 24.

632 Dazu Nordby, The Judicial Oath in Medieval Norway, S. 243: „the categories of ‚witness' and ‚oath helper' are notoriously difficult to keep distinct." Ebenso Meyer: „und nur selten ist eine eindeutige Unterscheidung zwischen Zeugen und Eideshelfern möglich." Meyer, Gefahr vor Gericht, S. 137. Immink merkt an, dass die Eideshelfer „getuigen in de oudste zin" waren und neben den Zeugen auftraten. Das Vorkommen der Zeugen geht mit der wachsenden Zunahme der obrigkeitlichen Gewalt einher. Vgl. Immink, ‚Getuigen' in het Oude Friese Recht, S. 44. Für eine deutliche Abgrenzung von Eideshelfern und Zeugen plädieren dagegen Brunner/v. Schwerin. Vgl. Brunner, Heinrich/Schwerin, Claudius Frhr. von, Deutsche Rechtsgeschichte, Bd. 2, Systematisches Handbuch der deutschen Rechtswissenschaft, Berlin [u. a.] 1928, S. 535.

Zur Glaubhaftmachung der vorgeführten Tatsachen konnten Zeugen aufgeboten werden. Statt lediglich den guten Leumund des Angeklagten durch Eideshelfer zu bestätigen, wurden die Zeugen als Wissenszeugen vorgeladen, um den Hergang und damit die materielle Wahrheit zu bestätigen.[633]

Eine Tendenz zur materiellen Wahrheitsfeststellung lässt sich in einigen Bestimmungen im Älteren Schulzenrecht erkennen. Der Zeugenbeweis spielt im Schulzenrecht eine herausragende Rolle. Es kam nicht nur darauf an, nur förmliche Aussagen über die Zuverlässigkeit der Kläger bzw. Angeklagten zu machen. In einigen Fällen sagten sie aus, was sie selber gesehen (*mey aeghenen sioede*) und gehört (*mey aerem heerde*) haben. Sie berichteten über ihre eigene Wahrnehmung und gaben über ihr eigenes Wissen Auskunft. Damit wurde der gerichtliche Augenschein als Beweismöglichkeit eingeführt; die sinnliche Wahrnehmung galt nicht nur als Indiz für die Wahrheit, sondern als wirklicher Beweis. Die Verwendung von Verben wie *tiuga, bitiogha, wrtiuga* im Älteren Schulzenrecht zeigt, dass die Zeugen zum Geschehensablauf befragt wurden; die Reputation des Angeklagten stand dabei nicht mehr zur Diskussion. Wenn die sachlichen Indizien in übergroßem Maße belastend waren, kam es auf die Integrität des Angeklagten nicht weiter an.[634]

Im nächsten Kapitel wird auf die Anwendungsweise des Zeugnisses und der Beweiszuteilung näher eingegangen. Zunächst wird eine kurze und schematische Skizze der funktionalen Zusammenhänge zwischen Beweisthematik und Anzahl der Zeugen präsentiert; danach wird die spezifische Rolle der Königszeugen besprochen.

---

633 Vgl. Deppenkemper, Beweiswürdigung als Mittel prozessualer Wahrheitserkenntnis, S. 130 f. Bei der Frage, welchen Platz die Vorstellung von der Wahrheit im mittelalterlichen Rechtsdenken eingenommen hat, wird man bei ihrer Beantwortung allerdings mit beträchtlichen Schwierigkeiten konfrontiert. Das Wort „Wahrheit" taucht nach Kroeschell nicht in den Registern der Quelleneditionen auf; die Belege zu finden würde eine zeitraubende Arbeit bedeuten. „Es ist, als ob sich im germanischen Recht die Frage der Wahrheit in unserem Sinne gar nicht gestellt habe!" Vgl. Kroeschell, Karl, Wahrheit und Recht im frühen Mittelalter. Sprache und Recht, In: Hauck, K. u. a. (Hrsg.), Sprache und Recht I. Beiträge zur Kulturgeschichte des Mittelalters. Berlin, New York 1986, S. 455–473, hier S. 456, 473.

634 Dazu Ignor, Indiz und Integrität, S. 87.

4.2 Übersicht Beweisthematik/Anzahl der Zeugen im Älteren Schulzenrecht

J	Beweisthematik	Anzahl/Qualität der Zeugen	Klä-ger	Beklag-ter
3	Freischwören der Taten des Friesen	Neun Zeugen	x	
6	Lehngut durch Erbgang hinterlassen	Sieben Orkenen (Zeugen)		x
20	Vernachlässigung des Sieles	Königszeugen Anzahl unbekannt, Schulze, Asega		x
37	Anspruch auf Grundstück	Sieben Nachbarn, Asega, zwei Schulzen, sieben Nachbarn (der Gegenpartei)	x	x
42	Kesselfang	Vier Königszeugen, Schulze, Asega, Priester		x
43	Angabe des Besitzes vor Zweikampftermin	Sieben Dorfgenossen		x
48	Aufforderung zur Rechtshilfe	Dorfgenossen, Schulze		x
50	Rechtsanspruch bei Schwangerschaft	Königszeugen Anzahl unbekannt		x
52	Vom Versprechen der Wergeldzahlung	Zwei Zeugen	x	
57	Klage beim Grafengericht	Nachbarn, sieben Königszeugen	x	
63	Aussagen über geleistete Eide	Nachbarn, sieben Königszeugen		x
64	Vom Urteil über das Zeugnis eines Toten	Toter Zeuge, sieben Amtszeugen, sieben Königszeugen, Asega		x

J	Beweisthematik	Anzahl/Qualität der Zeugen	Kläger	Beklagter
74	Verteilung des gemeinsamen Nachlasses	Königszeugen Anzahl unbekannt	x?	x?
66a	Vom gestohlenen Gut	Sieben Königszeugen	x	
67	Hausdurchsuchung bei Diebstahl	Sieben Dorfgenossen, Gerichtsbote	x	
74	Von der Teilung des gemeinsamen Nachlasses	Königszeugen, Anzahl unbekannt		
75	Vergütung für Grundstücksausgabe	Nachbarn, (*buurscipe*) Anzahl unbekannt		X

4.2.1 Die Königszeugen

Unter verschiedenen Namen werden wir im Älteren Schulzenrecht mit Personen konfrontiert, die einem Vorgang beigewohnt hatten und die anschließend über diese Sache befragt wurden. In den meisten Fällen berichteten sie aus eigener Wahrnehmung über das Tatgeschehen. Manchmal ist die Rede von Nachbarn (*buren*), Dorfleute (*gaeliode*)[635], ein anderes Mal treten die sieben (der zwölf) (*sauwen dere toelfna*) in Erscheinung und in anderen Fallbeschreibungen werden Königszeugen (*des koninges orkenen*) erwähnt. Die Frage stellt sich, ob es sich bei all diesen Namen um unterschiedliche Begriffe handelt, die ein und dieselbe Tätigkeit angeben, oder ob damit verschiedene Amtsträger angedeutet werden. Dies wirft die Frage nach der Herkunft der begrifflichen Mehrdeutigkeit dieses Phänomens auf.[636] Zunächst werde ich die am häufigsten erwähnte Gruppe, die der Königszeugen besprechen.

---

635 „gāliūde Kirchspielsleute", Wörterbuchtext (verbessert) Fryske Akademy. In Kap. 43 wird *buren* mit „Dorfgenossen" übersetzt. Der Begriff „Dorfleute" erscheint in Kap. 67 als *gaeliode*. Im Jüngeren Schulzenrecht („Vom Übergraben", Kap. 22) treten ebenfalls „Kirchspielleute" auf, sie werden jedoch mit *landnaten* übersetzt: „nāt, -nāta, -netta, -nette, -nōta, -nōte [...] 1) Sippengenosse." Ibidem. Zwischen *buren* und *gaeliode* in den Fallbeschreibungen lassen sich keine funktionellen Unterschiede feststellen, sodass diese Begriffe offenbar beliebig austauschbar waren.

636 Vgl. zum Thema u. a.: Immink, ‚Getuigen' in het Oude Friese Recht, S. 427; Van Oosten, De verhouding tusschen Kerk- en Dijksgezworenen in Friesland bewesten

Die Bezeichnung *koninges orkenen* (Königszeugen) erklärt Heck aus der Tatsache, dass der Schulze von den Zeugen verlangt, bei den Huldigungseiden, die sie dem König geschworen hatten, die Wahrheit zu bekunden: „*Ick monia io bi da ide, deer y da koninge to hulde swuoren [...] dat i dae wird sidze.*“ (Ich mahne Euch bei dem Eid, den Ihr den König zu Hulde geschworen habt [...] dass Ihr die Wahrheit feststellt).[637] Für Heck ist der Königszeuge – da andere Zeugenarten nicht erwähnt werden – der vom Schulzen zum Eideshelfer zugezogene Zeuge schlechthin. Es handelte sich dabei nach Heck nicht um einen exklusiven Amtseid für Königszeugen; dafür war der Huldigungseid ein für das Mittelalter zu gängiger Begriff. Auch machten im Älteren Schulzenrecht andere Leute ihre Aussage bei dem Eid, den sie dem König zur Huld geschworen hatten, ohne deswegen Königszeugen zu heißen:

> „soe aegh hem di aesga toe delane, dat hit sauwen sidzie zijnre buren bi dae ede, deer hia dae koninghe toe hiulde sworen, ende bij hiara seluis siele [...]. *so soll ihm der Asega auferlegen, dass sieben seiner Dorfgenossen bei dem Eide, den sie dem König zur Huld geschworen haben, und bei ihrer eigenen Seele aussagen sollen* [...].“[638]

Die Königszeugen konnten also nicht davon ihre Benennung erhalten haben, dass sie bei den allgemeinen Untertaneneiden aussagten. Jäkel sieht die Definition des Begriffs „Königszeugen“ in einer breiteren Perspektive und meint, dass,

> „wer durch seine Bekundungen das Königserbe und die königlichen Einkünfte vor Schmälerungen hüten half, dem königlichen Beamten bei der Verfolgung von Verbrechen und der Beitreibung der Friedensgelder beistand, durch Zeugnis und Rüge zur Durchführung des königlichen Bannbefehls, Deiche, Dämme, Siele, Straßen und Brücken anzulegen und in gutem Zustande zu erhalten, beitrug, konfiszierte Güter für den König in Verwahrung nahm usw., konnte mit Fug und Recht als ‚des Königs Zeuge‘ angesehen und bezeichnet werden.“[639]

Aus dem Auftreten der Königszeugen in unserer Quelle lassen sich jedoch solche eher ausschließlich ökonomisch geprägten und dadurch beschränkten Aktivitäten nicht feststellen.

---

de Lauwers., S. 233 ff.; Van Oosten, Inleidende Beschouwingen over het oudere Friese Bewijsrecht, S. 440 ff.

637 Heck, Die altfriesische Gerichtsverfassung, S. 99 f.

638 Buma, Westerlauwersches Recht, Kap. 43, S. 95.

639 Jäkel, Hugo, Hêmêthoga, Liudamon, Ked, Koninges-orkene und Tolevabôth, in: ZRG GA 28 (1907), S. 164–204, hier S. 190 f. Dass nicht jeder zum Königszeugen bestellt werden konnte, zeigt sich aus einer engeren Definition: „Königszeugen hießen also in Mittelfriesland alle freien Grundbesitzer, welche von dem königlichen Grafen und Schulzen als Inquisitionszeugen herangezogen [...] werden konnten.“ Ibidem, S. 179.

In Friesland trugen die *fideles* des Königs, die den Ablauf der Ereignisse mit Rat und Tat unterstützen mussten, laut Algra den sehr passenden Namen „Königsmänner".[640] Der Hinweis auf den König in ihrem Namen weist darauf hin, dass sie von dem König vereidigt wurden. Die Königsmänner traten als Zeugen im Gerichtsverfahren auf, aber man sollte sie nicht mit Zeugen im modernen Sinne vergleichen, die sich nur über die ihnen bekannten Tatsachen äußern dürfen. Die Königszeugen gaben ein Urteil über die Wahrheit der aufgeführten Tatsachen. Sie unterschieden sich daher sehr von den Eideshelfern, die im Prinzip nichts anderes tun mussten, als den Eid des Angeklagten zu bestätigen. Zuvor konnte ein Angeklagter grundsätzlich einen Reinigungseid leisten, eventuell mit Hilfe von Eideshelfern. Die Anwesenheit der Königszeugen schwächte jedoch seine Position; eine bloße Verweigerung reichte nicht mehr aus. Im Gegenteil, öffentlich bekannte Tatsachen wurden von den Zeugen mit einem Geständnis des Täters *(iechta)* gleichgesetzt.[641]

Es gebe jedoch einen Punkt der Ähnlichkeit zwischen den Eideshelfern und den Königszeugen: Die Zahl Zwölf spielte sowohl bei den Eideshelfern als auch bei den Königszeugen eine Rolle. Diese Zahl ist, so Algra, vermutlich abgeleitet von den zwölf Aposteln, die von Christus als Zeugen der ewigen Wahrheit in die Welt gesandt wurden.[642] In ähnlicher Weise stellten diese Königsmänner die göttliche Wahrheit dar. Da es nur eine göttliche Wahrheit gibt, immer noch Algra, reichten sieben der zwölf Zeugenstimmen im Verfahren aus, um zu einer gültigen Zeugenaussage zu gelangen. Damit wurde die Quantität der Zeugen wichtiger als die Qualität der Unterstützer.[643] Waren die Meinungen unter den sieben Königszeugen geteilt, so gab die Gruppe mit dem Geistlichen, wie aus der Handbesichtigung im Kesselfang ersichtlich ist, offenbar immer den Ausschlag.

---

640 Algra, Oudfries recht, S. 206, Fn. 22. Im Älteren Schulzenrecht wird aber von *konyngis orkenden* (Königszeugen) gesprochen, Algra möchte die Verwechslung mit modernen Zeugen als „moeilijk uitroeibaar misverstand „vermeiden und nennt sie deswegen „Königsmänner". Fairbanks spricht konsequent über „the king's witness". Fairbanks, The old West Frisian Skeltana riucht, S. 25 f.

641 Algra, Oudfries recht, S. 217. Dazu van Oosten: „Een rationeel moment doet ongetwijfeld intrede in het proces met zijn door magie en formalisme beheerste bewijslevering, wanneer de verdeling der bewijsrollen afhankelijk wordt gesteld van aanwijzingen, gronden van verdenking; die zo sterk worden geacht, dat men de beklaagde niet meer gelooft op de betuiging van zijn onschuld onder ede." Van Oosten, Inleidende beschouwingen over het oudere Friese bewijsrecht, S. 453 f.

642 Algra, Oudfries recht, S. 208.

643 Dagegen meint Vries, bei den Königszeugen handelte es sich um „gekwalificeerde leden van de gerechtsgemeenschap". Vries und Hempenius-van Dijk, Asega, is het dingtijd?, S. 19. Die Betonung auf dem beruflichen Qualifikationsaspekt dieser Zeugen scheint im Hinblick auf die übrigen Fallbeschreibungen, z. B. bei der technischen Überprüfung der Schleusen, durchaus angebracht zu sein.

Königszeugen bildeten zunächst kein ständiges Kollegium, sondern mussten von den Parteien für jedes Verfahren wieder eingeschaltet werden.[644] Trotz der Einführung des Zeugnisses der Königsmänner wurde aber die Hauptregel beibehalten, dass jeder ein Richter über seine eigenen Handlungen war. Das Recht, seine eigenen Taten mit größerem Recht auf die Reliquien zu beschwören, konnte ihm jedoch durch ein neunfaches Gegenzeugnis in einem Prozess genommen werden.[645]

Nachbarn (*burar*) treffen wir bei Streitigkeiten über ein Grundstück an und bei der Überlegung, ob ein Gehöft gekauft oder gemietet wurde. Sie mussten u. a. beurteilen, ob eine Person über eine ausreichende Menge an Waffen verfügte, um berechtigt zu sein, einen Zweikampf auszutragen, und wurden ebenfalls herangezogen, wenn der Banner bei einer Hausdurchsuchung nach gestohlenem Gut auf Widerstand gestoßen war. Sie handelten fast ausnahmslos in der Zahl von sieben. Die Aussprache wurde als *tiuga*, als *swera* und in allen anderen Fällen als *wita* bezeichnet. Einmal wird ihr „Zeugnis" als *efta tiuge* beschrieben.

Was die Art des Zeugnisses betrifft, so ist der Begriff *wita* besonders wichtig. Die Einsicht der Zeugen wird, so die Meinung Imminks, nicht deshalb geschätzt, weil sie zufällig von dem Tathergang Kenntnis hätten, sondern weil sie die örtlichen Verhältnisse kannten. Sie waren es, die in dieser Hinsicht das beste Wissen hatten; daher können sie als „wissend"/„Wissende" klassifiziert werden.[646] Nach der Meinung Freudenthals hat sich *wita* aus lat. *testari* entwickelt: „Bei der engen Verknüpfung zwischen Zeugenaussage und Eid im germanischen Rechtsleben liegt dieser Übergang sehr nahe; afries. wita kann auch ‚Zeugeneid' bedeuten."[647] Aber ihr Wissen beschränkte sich nicht auf die bloßen Tatsachen, sondern bezog

---

644 „Two circumstances lead us to believe that the king's witnesses were appointed for each occasion. XLV [J 63, Anm. Verf.] speaks of ‚seven of the king's witnesses who are domiciled within the jurisdiction'; if they were permanent officials of the jurisdiction this would be redundant. And the oath in XXX (J 43) which the neighbours swear is their general oath of fealty to the king, not a special oath of office." Fairbanks, The old West Frisian Skeltana riucht, S. 28. Die im Jyske Lov auftretenden „Wahrmänner" wiesen einige Unterschiede zu den friesischen Königszeugen auf. Nach Annette Hoff waren die Wahrmänner eine feste Gruppe von zuverlässigen Männern, die auf Lebenszeit vom König ernannt wurden, jeweils acht aus jedem Siedlungsbezirk. Sie unterschieden sich von den Eideshelfern dadurch, dass sie fest gewählt waren und nicht ad hoc zu den Rechtsfällen zugezogen wurden. Vgl. Hoff, Recht und Landschaft, S. 372 f.

645 Buma, Westerlauwerssches Recht, Kap. 3, S. 75.

646 Vgl. Immink, ‚Getuigen' in het Oude Friese Recht, S. 455.

647 Freudenthal, Arnulfingisch-karolingische Rechtswörter, S. 41.

sich auch auf das Recht. Etwas zu wissen war daher mehr als eine Aussage über die tatsächlichen Umstände: Es war auch ein juristisches Urteil.[648]

Wir sehen uns nun die Fälle an, in denen es sich um die Zeugen – Königszeugen, Nachbarn und die zwölf Zeugen (*tolva*)[649] – handelte, und versuchen, Kriterien für die Kategorisierung dieser Zeugengruppen zu finden.

4.2.2 Zwei Zeugen

Kap. **52** (Ausschnitt) Fan wedde dera ieldana. Als ma en man weddat toe ieldane, soo is dat riocht diithingh een ende tweintich nachta, ief hyt deerbinna laesta mey. [...] Soe schel hi dae friond monia binna tria ende sextigha nachten, deer him dae meitele ia en schelleth allerlijc et sine fordeele deer den fengh scelleth inia mey twam orkendum. Ief hia him wernath ende hi dat dae fraena clageth ende hi dat dan bisecka wolle, soe scellet sidza dae tweer orkonden, deer hi se mey monade. Ief hiaet dan sidzeth, soe schel hi se twiscette wederiaen ende mey twam pundum beta. *Vom Versprechen der Wergeldzahlung. Wenn man es in die Hand gelobt, Wergeld für einen (erschlagenen) Mann zu entrichten, so ist der gesetzliche Termin einundzwanzig Tage, falls er es darin bezahlen kann. [...] Dann soll er innerhalb dreiundsechzig Tagen mit zwei Zeugen die Verwandten mahnen, die ihm die Magsühne geben sollen, einen jeden, der seinen Anteil leisten soll, bei seinem Hause. Wenn sie ihm die verweigern und er darüber beim Frana Klage erhebt und einer das dann ableugnen will, so sollen die zwei Zeugen, mit denen er sie mahnte, aussagen. Wenn sie es dann (so) aussagen, so soll jener sie doppelt herausgeben und mit zwei Pfund büßen.*

In diesem Kapitel wird die Regelung zur Zahlung einer Wergeldsumme beschrieben. Die Parteien waren offenbar zu einem Vergleich gekommen und der Beklagte hatte versprochen, eine Wergeldzahlung zu leisten. Er bekam insgesamt 63 Tage Zeit, seinen finanziellen Verpflichtungen nachzukommen. Der Betrag durfte in Raten abbezahlt werden: Vier Pfund, fünf Unzen und sechszweidrittel Pfennige waren an drei Terminen zu entrichten. Die erste Komponente (*ield*) ging an den engeren Kreis der Verwandten des Getöteten, die Magsühne (*meitele*) musste die Verwandtschaft des Totschlägers aufbringen.

648 Immink, ‚Getuigen' in het Oude Friese Recht, S. 455. Immink geht noch einen Schritt weiter: Er sieht *wita* als Bindeglied zwischen der herkömmlichen Selbstjustiz und dem neuen, von der Obrigkeit angewandten Recht. Ibidem, S. 455.

649 Die *tolva* und die Königszeugen treten immer in ähnlichen Fallkonstellationen auf („sieben der zwölf"). Daraus kann man schließen, dass die beiden Gruppen identisch sind. Vgl. Immink: „Tolva en koningsorkenen treffen wij telkens weer bij overeenkomstige kwesties aan; in een bepaling worden zij naast elkaar genoemd, doch zodanig, dat slechts een gekunstelde redenering tot een verschil in identiteit zou kunnen doen besluiten," Ibidem, S. 451.

Innerhalb von 63 Tagen sollte nun der Totschläger mit zwei Zeugen seine Verwandten mahnen, ihm – bei seinem Hause – den entsprechenden Anteil der Magsühne zu geben. Falls die Verwandtschaft sich weigerte, die verschuldete Magsühne zu zahlen, konnte der Totschläger bei dem Frana Klage erheben. Wenn einer der Verwandten es ableugnen wollte, dass sie angemahnt wurden, sollten die zwei Zeugen aussagen, dass der Totschläger sie tatsächlich gemahnt hatte, ihren Anteil an der Wergeldzahlung zu leisten.

Wegen der Schwere der Tat (Folgen eines Totschlags) ist der Frana zuständig für die Bearbeitung der Angelegenheit. Darum ist es verwunderlich, dass die Aussage von nur zwei Zeugen für eine Verurteilung ausreicht. Die Verwandtschaft wurde nach der Zeugenaussage zur doppelten Herausgabe der Magsühne gezwungen; außerdem wurde ihnen ein Bußgeld von zwei Pfund auferlegt.

Wir werden hier mit einem Fall konfrontiert, in dem nicht dem Beklagten, *in casu* dem Totschläger, das Beweisrecht streitig gemacht wurde, sich von der Tat freizuschwören, sondern es handelt sich hier um eine interne familiäre Angelegenheit. Ob es in diesem Fall einfach war, zwei Zeugen zu finden, die sich gegen die Interessen der Verwandtschaft zu stellen vermochten, ist äußerst zweifelhaft. In einer Gesellschaft, in der sich die Menschen im Allgemeinen gut kannten und sich gegenseitig vertrauten, könnte durch eine missliebige Aussage die Vertrauensbasis leicht zerstört werden. Die Grundlage für ein friedliches Zusammenleben wäre damit gefährdet.[650] Die herangezogenen Zeugen waren in diesem Fall wahrscheinlich Außenstehende, die nicht an familiengebundenen finanziellen Streitigkeiten interessiert waren. Ihre Aussage betraf die Tatsachenaufklärung; hier spielte der Ruf der Betroffenen eine geringere Rolle als bei der herkömmlichen Eidesleistung. Es handelte sich wahrscheinlich um Personen, die auf Antrag des Berechtigten bei der Durchführung des Rechtsaktes anwesend gewesen waren, um späteren Problemen zuvorzukommen. Sollte es tatsächlich zu einem Rechtsstreit kommen, so würden sie von der betreffenden Partei vorgeladen werden, um deren Stellungnahme zu unterstützen. Diese Zeugenaussagen dienten der materiellen Wahrheitsfindung, in der es um die Aufklärung eines konkreten Sachverhalts ging.

4.2.3 Vier Königszeugen

In Kap. 42 des Älteren Schulzenrechts handelt es sich um die Besichtigung einer Hand, nachdem der Beklagte einen Gegenstand aus einem Kessel mit kochendem Wasser herausholen musste (Kesselfang). Zu einer ausführlichen Schilderung dieses Falles sei auf Teil VIII. Kap. 5.9 in dieser Arbeit verwiesen. Die vier Königszeugen, in enger Kooperation mit dem Asega, dem Schulzen und dem Priester, besichtigten nach drei Tagen die Hand mit der Absicht, sie für verbrannt bzw. geheilt zu erklären. Die der Erklärung zugrundeliegenden Erkenntnisse basierten in diesem Fall auf ihren eigenen unmittelbaren Beobachtungen. Die Kontrolle der

650 Dazu Oestmann, Der vergessliche Fürsprecher, S. 155.

Hand bezog sich direkt auf die eigene Wahrnehmung; dabei zeichnet sich eine deutliche Abgrenzung zur Rolle der herkömmlichen Eideshelfer ab. In diesem Fall waren die Königszeugen nicht nur Zeugen und Überwacher des Ordalverfahrens, sondern als zusätzliche Beweismöglichkeit erfolgte die gerichtliche Inaugenscheinnahme. Die Königszeugen konnten die Verletzungsfolgen beurteilen und damit eine streitentscheidende Aussage machen.[651]

Die Teilnahme der Zeugen an diesem Gottesurteil wirkt dabei befremdlich, da das Urteil der vorhin angerufenen Gottheit – die das durch den Beklagten verursachte Unrecht als Friedensverstoß richten musste – allem Anschein nach nicht von den Prüfenden als ausschlaggebend eingeschätzt wurde. Das Gelingen des Ordals wurde damit indirekt von Gott beeinflusst; die Kommission bewertete letztendlich die Qualität dieser Beweiserhebungsform, wobei ihre originäre Eigenart verloren ging.

Ob die Wahl der Zeugen von dem Beklagten vorgenommen wurde, gibt die Quelle nicht her. Eher ist davon auszugehen, dass es sich um neutrale Zeugen handelte, damit eine positive Bewertung durch die Wahrnehmung von Freunden bzw. Verwandten von vornherein ausgeschlossen war. Da die vier Königszeugen mit drei anderen Amtsträgern zusammenarbeiteten, ist die in der Quelle häufig erwähnte Anzahl von sieben Zeugen gegeben.[652]

In diesem Textabschnitt stand nicht mehr der Eid im Vordergrund. Zwar wurde ein Streiteid geschworen, aber dieser Eid tangierte den Ausgang des Kesselfangs nicht. Hier kollidieren archaische Schwurformeln mit modernen Formen der Tatsachenermittlung. Somit kann dieser Vorgang im Älteren Schulzenrecht als Beweis dienen, dass diese neue Form der Wahrheitsfindung in die alten, schon länger existierenden, irrationalen[653] Beweisregeln integriert und möglicherweise als Ergänzung bzw. Ersatz betrachtet wurde.

---

651 Einen ähnlichen Fall von sinnlicher Wahrnehmung (Augenschein) findet man im Sachsenspiegel. Wenn eine Partei wegen Körperverletzung klagen will, sollte sie dem Gericht die Wunde vorweisen oder die Narbe, wenn sie bereits verheilt ist. Vgl. Eike ‹von Repgow› u. a., Der Sachsenspiegel I, Art. 63, §1, S. 84 f. Eine besondere Sachkunde zur richtigen Bewertung der Beobachtungen war dabei nicht erforderlich. Planck, Das Deutsche Gerichtsverfahren im Mittelalter, Bd. 2, S. 149.

652 „Dat het getal zeven werd verkregen doorbijtelling van dergelijke functionarissen, kwam meer voor; een fraai voorbeeld is de schouw van de wond na de ketelvang, waar met vier koningsorkenen de schout, de asega en de priester aan de schouw deelnemen." Immink, ‚Getuigen' in het Oude Friese Recht, S. 450, Fn. 80.

653 Zu einer kritischen Auseinandersetzung mit diesem Begriff siehe Nehlsen-von Stryk, Die Krise des „irrationalen" Beweises, passim.

4.2.4 Sieben Königszeugen

Die Fallkonstellationen, bei denen es sich explizit um sieben Königszeugen handelt, finden wir in den Kapiteln 57, 63, 64 und 66a. Eine klare, inhaltlich übereinstimmende Fallthematik lässt sich auch hier nicht feststellen. In Kap. **57** wurde ein Hausmann nach einer Weigerung, der Vorladung vor das Grafengericht Folge zu leisten, nach einer langwierigen Ladungsprozedur letztendlich wegen Ungehorsams (*contumacia*) zu Bruch und Brand verurteilt.

> Kap. **57** (Ausschnitt) Fan hofclaghe. Niogen hwerra aegh ma him toe bodiane ende tria dae scelta wrherich tioga mey sauwen des koninges orkundem, eer ma him mey riochte ti breke ende ti brande dela moge. *Neunmal soll man ihn vorladen und dreimal soll man ihn mit sieben Königszeugen als ungehorsam beim Skelta anzeigen, bevor man ihn nach dem Rechte zu Bruch und Brand verurteilen kann.*

Die Rolle der Königszeugen weicht in diesem Kapitel von den anderen Fallkonstellationen erheblich ab. Als eventuelle Ohren- oder Augenzeugen eines Tatgeschehens machten die Königszeugen keine für das Gericht verwertbaren Aussagen. Welche Funktion die Königszeugen bei der Anzeige hatten, lässt sich aus dem Text nicht unmittelbar herauslesen. Bei der Anklage wegen Ungehorsams sind sie als Zeugen anwesend, wahrscheinlich nur, um später auszusagen, dass dieser Verfahrensschritt tatsächlich ausgeführt wurde. In einer Vorphase des Verfahrens traten auch Nachbarn in Erscheinung:

> Kap. **57** (Ausschnitt) Fan hofclaghe. Jef ma en huusman etta houe opclageth, soe scel di grewa dae scelta bieda, dat hi hem toe houe bodie; soe scel di scelta bieda dae bannere, dat hi hem te houe bodie tweer daghen oen sijnre bura anderde [...]. *Von der Klage beim Grafengericht. Wenn man einen Hausmann beim Grafengericht verklagt, so soll der Graf dem Skelta gebieten, dass er ihn vor das Grafengericht lädt; darauf soll der Skelta dem Gerichtsboten gebieten, dass er ihn an zwei [aufeinanderfolgenden] Tagen in Gegenwart seiner Nachbarn vor das Grafengericht lädt [...].*

Der Beklagte wurde vom Gerichtsboten in Anwesenheit der Nachbarn – wahrscheinlich als Zeugen – vor das Grafengericht vorgeladen. Später kamen dann die Königszeugen ins Spiel, was die Vermutung nahelegt, dass die besagten Nachbarn[654] mit diesen ortskundigen Königszeugen identisch waren; ansonsten ergab

654 „Nachbar" ist etymologisch verwandt mit dem Appellativ „Bauer" und bedeutet eigentlich ‚nahebei Wohnender', Duden Etymologie: Herkunftswörterbuch der deutschen Sprache, Lemma „Nachbar", S. 460. Vgl. auch Schlesinger: „Andererseits unterliegt es keinem Zweifel, daß in althochdeutscher Zeit der *gibûro* einfach den *vicinus* oder *civis* bezeichnet, d. h. den Angehörigen eines Siedelverbandes, der zugleich ein Rechtsverband ist, daß das Wort also eine rein genossenschaftliche Bedeutung gewonnen hat." Schlesinger, Walter, Herrschaft und Gefolgschaft in der

das Auftreten der Königszeugen keinen Sinn. Es müsste nämlich erstmal erklärt werden, wie sie, die sie viel später im Laufe des Verfahrens herangezogen wurden, zu den Erkenntnissen des Verfahrensvorgangs gekommen waren.[655]

Eine Beschreibung der Anwendung des Rechtsmittels *ti toulif edem kestegade* findet sich in Kap. 63 des Älteren Schulzenrechts:

> Kap. **63** (Ausschnitt) Fan stride, deer seend is. Jef hi dis bisecka welle, soe weddie ic him alsoedene ontioech als dy aesga deled; soe deelt him di aesga dat afte tioeghe, is dat hit libbende se; so scel hit di scelta tiogha, deer him dae ban wr latte, ende di aesga, deer dae eden stowade, is dat hia libbe; ief hia naet libbat, soe schellet sauwen des koningis orkonden sidzia, der binna dae banne set en se, allerlijk mey sondrigha ede, dat hiaet mey aeghenen sioeden ende mey aerim heerde, dat di aesga alle dae eden stoewade ende hi dae lada alle tach bi des scelta banne ende des aesga dome, deer eer dissem was. *Wenn er das leugnen will, so sichere ich ihm solche Beweisführung zu, wie sie der Asega bestimmt; dann bestimmt ihm der Asega die gesetzliche Zeugenschaft, wenn sie (noch) am Leben ist; dann sollen es bezeugen der Skelta, der über ihn die Banngewalt handhabte, und der Asega, der die Eide vorsprach, wenn sie leben; wenn sie nicht leben, so sollen sieben Königszeugen, die in dem Bannbezirk ansässig sind, jeder mit besonderem Eide, aussagen, dass sie es mit den Augen gesehen und mit den Ohren gehört haben, dass der Asega alle Eide vorsprach und er [der Beklagte] unter dem Banngebot des Skelta und nach dem Urteil des Asega, der vor diesem war, die Unschuldseide alle leistete.*

Der Beklagte machte geltend, dass es dem Kläger nicht freistand, ihn wieder zu verklagen, da er bereits im Bannbezirk eines anderen Schulzen für denselben Fall vor Gericht geladen wurde. Er brauchte deswegen der Ladung nicht Folge zu leisten, da alle Eide rechtmäßig am festgesetzten Termin durchgeführt wurden, sodass er jetzt nicht mehr verpflichtet war, vor Gericht zu erscheinen. Wenn der Kläger dies leugnen wollte, bestimmten der Asega und der Schulze, die damals über ihn (den Beklagten) die Banngewalt hatten, die Richtigkeit seiner Aussage. Falls sie (der Asega und der Schulze) inzwischen gestorben waren, sollten die zuständigen sieben Königszeugen jeweils einzeln schwören, dass sie gesehen und für sich selbst gehört hatten, dass der Asega alle Eide vorgesprochen und der Beklagte die Unschuldseide geleistet hatte. Anschließend sollten die sieben Königszeugen

---

germanisch-deutschen Verfassungsgeschichte. In: Historische Zeitschrift Bd. 176 (1953) S. 225–275, hier S. 230.

655 Vgl. dazu Jäkel: „Wenn […] dera tolva saun bekunden sollen, daß jemand den gesetzlichen Befehlen und Vorladungen des Schulzen nicht nachgekommen sei, so scheint es mir, daß nur Angehörige der Gemeinde, in welcher der Mann seinen Wohnsitz hatte, in der Lage waren, dieses Zeugnis abzugeben." Jäkel, Forschungen zur altfriesischen Gerichts- und Ständeverfassung, S. 183. Vgl. ebenfalls Algra: „We zagen reeds dat koningsgetuigen ook wel ‚buren' heetten." Algra, Oudfries recht, S. 173.

aussagen, dass sie dabei anwesend waren, als der Kläger die Eidesleistung vom Beklagten gefordert hatte.

Der Streitgegenstand lässt sich aus diesem Kapitel nicht herleiten. Bemerkenswert ist der erst subsidiär vorgeschriebene Einsatz der Königszeugen im Vergleich zu der ausführlichen Beschreibung ihrer eventuell zu leistenden Zeugenaussagen: Die Zeugen kommen nur zum Zuge, wenn *dat afte tioeghe*, also der Asega und der Schulze, (beide?) nicht mehr am Leben waren; dies lässt die Frage offen, wie oft die Königszeugen in einem solchen Ausnahmefall tatsächlich zum Einsatz kamen.

Die Königszeugen waren am Gerichtstermin leiblich anwesend und konnten ihre Aussage „*mey aegenem sioeden ende mey aerem heerden*" (mit den Augen gesehen und mit den Ohren gehört) bestätigen.[656] Fest steht, dass durch die Aktivität der Sinnesorgane wesentliche Elemente der Zeugenaussage einen höheren Stellenwert bekamen, wodurch die Aussagen der Eideshelfer, die ihr Wissen nur von Hörensagen hatten, deutlich zu unterscheiden sind. Dies impliziert eine Zunahme der Kompliziertheit in der Entwicklung der Beweiserhebung, denn durch die zwingende Voraussetzung der physischen Anwesenheit der Königszeugen reichte es in manchen Fällen nicht mehr aus, eine Leumundserklärung abzugeben. Durch diese höhere Beweisanforderung wurde ein neues, obligatorisches Prozesselement eingeführt, das den herkömmlichen, irrationalen Eidesbeweis zunächst ergänzt und in späterer Zeit verdrängt.[657]

Kap. **64** Fan des dada tioge ti [riochtane]. Djt is riocht, dat ma mey des daeda tioege naet waria ne mey bihael in fiouwer deda: dat een om een stryd, her hit fochten se dan bisenid; dat oer om een eerue, her hit oenfochten weer dan naet; dat tredde om en bodeldeel, her hyt hem eer toesochte; dat fiaerd om en hofferde. Hoeck dera thingha soe ma hijr oen bitinghia welle, soe schel hit tioegha di scelta, deer wr hem ban latte, ande sauwen dera toelfna ende di aesga, dat hia deer oen anderde were, dae di scelta, deer ma deer naemde; dat hiaet mey aeghenen sioede ende mey arem heerde, dae ma dat deer enegade. Ief di aesga naet liuwath, soe schelleth sauwen sidza des konyngis orkenden, een afara ende dae sex fulgia, dat hia deer oen ander de were, mey aeghenen sioede ende mey aerem heerde, dae di aesga dae edan stowade iefta mey syne doeme dae secke endegade. Mit aldusdena tioege schel ma den dada oprera. *Vom Urteil über das Zeugnis eines Toten. Dies ist Recht, dass man mit dem Zeugnis eines Toten nichts beweisen kann, außer in vier Sachen: erstens, wegen eines Rechtsstreites, ob*

656 Die alliterierenden Paarformeln kommen häufig in der altfriesischen Rechtssprache vor. Für eine konzise Darstellung dieser Sprachfigur siehe Jeep, John M., Art. Paarformeln, in: HRG (2) (2017), Sp. 289–294. Dazu auch Vries, Oebele, Toe aer heer ende aegh syoen (‚Zu Ohrenhör und Augensicht'). Eine altfriesische alliterierende Paarformel im Sinnbereich des Zeugenbeweises, in: Vries, De taal van recht en vrijheid, S. 371–382.

657 Vgl. Van Oosten, Inleidende Beschouwingen Over Het Oudere Friese Bewijsrecht, S. 468 ff.

er ausgefochten oder verglichen sei; zweitens, wegen eines Grundstückes, ob es angefochten gewesen sei oder nicht; drittens, wegen eines Erbteils, ob einer es früher gerichtlich von ihm gefordert habe; viertens, wegen eines Hoffriedens(bruches). Welche Klage man auch deswegen anstrengen will, so sollen es der Skelta, der über ihn die Banngewalt handhabte, und sieben der zwölf (Amtszeugen) und der Asega bezeugen, dass sie dabei zugegen waren, als der Skelta, den man da nannte, (amtierte), (und) dass sie es mit den Augen gesehen und mit den Ohren gehört haben, wie man das da vereinbarte. Wenn der Asega nicht am Leben ist, so sollen es sieben Königszeugen, einer voran und sechs darauffolgend, aussagen, dass sie dabei zugegen waren (und) es mit den Augen gesehen und mit den Ohren gehört haben, wie der Asega die Eide vorsprach oder durch sein Urteil die Sache beendete. Mit solchem Zeugnis soll man den Toten auferwecken.

Wenn jemand gegen einen Toten eine Klage anstrengen wollte, war das im Prinzip – mit gewissen Einschränkungen – möglich. Die damals für die einschlägigen Fälle getroffenen Vereinbarungen konnten von dem Schulzen, dem Asega und sieben der zwölf – in diesem Fall Amtszeugen – aus eigener Wahrnehmung bezeugt werden. Sollte der Asega nicht mehr am Leben sein, mussten die Amtszeugen einzeln aussagen, wie der Asega die Eide vorgesprochen hatte. Die Rolle des Schulzen blieb unter diesen Umständen im Dunkeln; offenbar genügte das Zeugnis der sieben Amtszeugen. Das Zeugnis der Amtszeugen über die damals geleisteten Eide bildete dadurch die wichtigste Komponente zur Feststellung des Vorgangs. Wie bei einem eventuellen Ableben des Schulzen vorzugehen sei, wird in den Vorschriften merkwürdigerweise nicht erwähnt.

In diesem Streitfall war ein neunfaches Gegenzeugnis – das vom Schulzen, dem Asega und sieben Gerichtszeugen – erforderlich, um ein bestimmtes Ereignis nachzuweisen, das in einem Verfahren geltend gemacht wurde.[658] Dieses neunfache Zeugnis steht möglicherweise in Verbindung mit Kapitel 3 des Älteren Schulzenrechts, wo es heißt, dass der freie Friese den Reinigungseid mit mehr Recht auf die Reliquien beschwören darf, als dass jemand ihn zu überführen vermag, es sei denn, der Eid wäre vom neunfachen Gegenzeugnis entkräftet.[659]

Im älteren Schulzenrecht ist nur in Kap. 64 von „Amtszeugen" die Rede. Heck betrachtet die Amtszeugen, oder Gemeindegeschworenen, als seitens der Gerichtsgemeinde bestellte Zeugen. Dagegen sind Königszeugen die vom Schulzen herangezogenen Zeugen, „der Zeuge schlechthin"[660]. Somit wurden, so Heck, die Königszeugen *ad hoc* vom Schulzen aufgerufen; die Amtszeugen dagegen bildeten eine feste Kommission.[661] Mayer präzisiert den Begriff „Amtszeuge", indem er ihn auf einen geographisch lokalisierbaren Amtsträger festlegt:

---

658 Van Oosten spricht in diesem Zusammenhang von „ambtsgetuigenis". Ibidem, S. 462.

659 Buma, Westerlauwerssches Recht, Kap. 3, S. 75

660 Heck, Die altfriesische Gerichtsverfassung, S. 95.

661 „Tolva tolewa, tolfta tollen bedeutet ‚zwölf', (‚die Zwölfer') und bezieht sich darauf, dass in jedem Schulzensprengel 12 Amtszeugen angestellt waren. Für ein volles

„Allein neben dieser allgemeinen Zeugnispflicht steht die Anzeige durch Amtszeugen. Die weitverbreitetste Form ist es, dass die Vorstände oder Vertreter der Ortsgemeinde diese Funktion bekleiden. So etwas ist überall im deutschfränkischen und im sächsischen Rechte zu finden."[662]

Bei der Betrachtung dieser Zuordnungen muss aus meiner Sicht erst einmal die Frage gestellt werden, warum Buma in diesem Abschnitt die *sauwen dera toelfna* mit „Amtszeugen" übersetzt hat. Wir finden hier eine Privatklage vor, bei der die zugezogenen „Zwölf" ein identisches Aufgabenspektrum zeigen wie in den übrigen Rechtsverfahren. Im Kapitel 20, auf das ich noch zu sprechen komme, kann eine andere Ausgangslage festgestellt werden: Jedes Dorf bedurfte zur Erledigung ihrer Angelegenheiten bzw. Wahrnehmung ihrer Interessen einer bestimmten Anzahl von Vertretern. Man brauchte eine Art Instanz, die die Arbeitsabläufe für z. B. die Herstellung und Instandhaltung von Deichen, Dämmen und Sielen überwachte und die an der Besichtigung bzw. Kontrolle dieser öffentlichen Anlagen teilnahm. Es wäre daher vielmehr angebracht, die Zeugen, die zur Unterstützung der Sielbesichtigung von offizieller Seite herangezogen wurden, mit dem Prädikat „Amtszeuge" zu versehen. Die Königszeugen in diesem Kapitel erfüllten diese Voraussetzung nicht und sind demnach m. E. als „normale" Königszeugen zu betrachten.

An dieser Stelle ist auf Jäkel zu verweisen, der sich hierzu folgendermaßen kurz und bündig äußert: „Es war nunmehr zwar jeder Gemeindevertreter zugleich Königszeuge, aber nicht jeder Königszeuge Gemeindevertreter".[663]

Kap. **66a** Fan tiuchtiga goede. Djt is riocht: aldeer ma ene manne zijn goed ofstelt ende hi mey den frana komt toe sijns buurs huse ende hi deerjn seka wille; soe scel hi orloff bidda ende dat goed naemnia, deer hi deerjn seka woll. Soe scel him di oera fregia, haet hi seka welle. Soe aegh hyt toe naemnane. lef hit soedeen goed is, dat met moege jn der hant bisluta iefta onder scate bihiella, soe schel di frana jngaen ende sauwen des koninges orkunden mey hem, al gripiande eermen ende oenghert ende berfoet, dat hia nen gued jndraga ne moeghe. Von gestohlenem Gute 66a *Dies ist Recht: Wenn man jemandem sein Gut stiehlt und dieser mit dem Frana zum Hause seines Nachbarn kommt und darin suchen will, so soll er um Erlaubnis bitten und das Gut nennen, das er darin suchen will. Dann soll ihn der andere fragen, was er suchen wolle. Darauf soll er es nennen. Wenn es solches Gut ist, dass man es mit der Hand umschießen oder unter dem Rockschoß verbergen kann, so sollen der Frana und sieben Königszeugen mit ihm hineingehen, mit offenen Armen und barfuß, damit sie kein Gut hineintragen können.*

Zeugnis wurde die Majorität verlangt und daher formelhaft ‚dera tolva saun' geredet." Ibidem, S. 93.

662 Mayer, Ernst, Deutsche und französische Verfassungsgeschichte vom 9. bis zum 14. Jahrhundert, Leipzig 1899, S. 247.

663 Jäkel, Forschungen zur altfriesischen Gerichts- und Ständeverfassung, S. 182.

In diesem Fall handelte es sich um die Herausgabeforderung eines Bestohlenen. Der Täter konnte angeblich nicht auf frischer Tat ertappt werden, sodass keine handhafte Tat vorlag. Der Bestohlene und der Frana wollten eine Haussuchung nach dem gestohlenen Gut vornehmen; dabei sollten sie – bevor sie Zutritt zu dem Haus bekommen würden – dem Beklagten genau spezifizieren, um welche gestohlene Ware es sich handelte. Wenn das gesuchte Gut so klein war, dass man es unbemerkt mit hineintragen könnte, brauchte der Beklagte dem Frana und den sieben Königszeugen keinen Zutritt zu seinem Haus zu gewähren. Diese Maßnahme sollte offenbar die Möglichkeit verhindern, Sachen hineinzutragen, um damit den Verdacht gegen den Beklagten erhärten zu können.

Falls das Gut im Haus gefunden wurde und wenn es sich dabei um ein wollenes und ungefärbtes Kleid handelte, konnte sich der Beklagte auf seine eigene Herstellung berufen mit der Behauptung, er würde Schafe besitzen, die die Wolle lieferten, von denen das Kleid gemacht wurde. Dann sollten sieben seiner Nachbarn durch einen Eid bestätigen, dass er Land besaß, auf dem der Flachs angebaut war, oder dass er eine Schafherde besaß, die ihm die Wolle liefern konnte. Wenn darüber hinaus noch ein Leinenkleid gefunden wurde, konnte er sich auf seinen Acker berufen und behaupten, er habe das Kleid vom Flachs, das auf seinem Land wuchs, eigenhändig hergestellt. Falls das gesuchte Gut bearbeitetes Gold war, konnte er sich ebenfalls auf seine eigene Herstellung berufen; handelte es sich dagegen um unbearbeitetes Gold, konnte er beteuern, er habe die Ware von einem reisenden Kaufmann gekauft oder auf einem mit Zoll belegten Markt erworben. Interessanterweise braucht er diese Aussage nicht von den anwesenden Nachbarn beschwören zu lassen.

Wenn der Frana und die Königszeugen das Gut finden würden und gleichzeitig feststellten, dass es einen Rauchfang im Hause gab, in dem man das gestohlene Gut hätte verschwinden lassen können, hatte der Beklagte das Recht, sich vom Diebstahlvorwurf mit fünf Eideshelfern freizuschwören:

> **Kap 66c** (Ausschnitt) Fan tiuchtiga goede. Ende ief ma hirjn fint jn zijn kamere ende deer en reeckhol oen is ende hit alsodeen goed is, dat met aldeer jnworpa mochte, so is hi niaer dat gued sexasim op da helgum toe wtiane ende scadelos weer toe iaen dan hi tiaef wessa toer. *Von gestohlenem Gute. Und wenn man es drinnen in seiner Kammer findet und es darin einen Rauchfang gibt und es solches Gut ist, dass man es da hineinwerfen könnte, so hat er ein größeres Recht, das Gut mit fünf Eideshelfern auf die Reliquien auszuliefern und ohne Schaden wiederzugeben, als dass er ein Dieb zu sein braucht.*

Auffallend ist die Ähnlichkeit mit dem Anefangverfahren im Sachsenspiegel.[664] Auch hier ist das Thema die Forderung auf Rückgabe der abhandengekommenen Sachen. Obwohl in unserer Quelle die Aufgaben der Königszeugen in Kap. 66a nicht näher umschrieben werden, kann man davon ausgehen, dass sie die Aussagen

664 Eike ‹von Repgow› u. a., Der Sachsenspiegel, II, Art. 36, S. 127–129.

des Bestohlenen über den Umfang des gestohlenen Gutes zu bezeugen hätten. Der Beklagte weigerte sich nicht, sich auf den Rechtsstreit einzulassen, und plötzlich ändert sich das Beweisvorrecht: Der Beklagte konnte sich gegen die Vorwürfe verteidigen, indem er mit Unterstützung von sieben seiner Nachbarn beweisen konnte, dass er die einschlägigen Güter selber hergestellt bzw. gekauft hatte.

Es steht außer Zweifel, dass diese sieben Nachbarn nicht mit den sieben Königszeugen gleichgestellt werden können, da sie die Interessen des Beklagten vertraten. Die Frage, ob diese Nachbarn auch Königszeugen waren, kann hier nicht beantwortet werden, schwächt aber die vorhin erwähnte Vermutung, dass Königszeugen und Nachbarn identische Amtsträger waren.[665] Ob diese Nachbarn Leumundszeugen waren oder über faktisches Wissen verfügten, lässt sich ebenfalls nicht klären, aber sie wussten als Nachbarn mit Sicherheit Bescheid über die wirtschaftlichen Verhältnisse ihres Nachbarn.

Die Rechte des Klägers bleiben in diesem Abschnitt im Hintergrund; das rechtsförmliche Anfassen der Sache ist – wie es im Gegensatz dazu im Sachsenspiegel der Fall ist – nicht erforderlich. Das Herausgabeverfahren in der friesischen Quelle kann man als recht überraschend einstufen: Wenn er nicht imstande war, zu beweisen, dass er die Sachen selber angefertigt bzw. gekauft hatte und dazu implizit beweisen konnte, dass er das Gut nicht im Kamin verbrannt hatte, war er vom Diebstahlsvorwurf befreit: Er hatte das Recht, die Ware zurückzugeben; dazu brauchte er die Unterstützung von fünf Eideshelfern. Die Erwähnung dieser Eideshelfer wirft die Frage auf, ob sie neben den sieben Nachbarn zur Unterstützung des Beklagten zum Einsatz kamen. Eine eindeutige Beantwortung dieser Frage ist aufgrund der dürftigen Aussagekraft der betreffenden Textstelle nicht möglich. Anzunehmen ist, dass die fünf Eideshelfer aus den sieben Nachbarn – die vorher schon bezeugt hatten, der Beklagte habe die Güter selber hergestellt – gekürt wurden. Durch Rückgabe der Güter konnte der Beklagte vermeiden, als Dieb verurteilt zu werden.

Der Kläger und die Königszeugen brauchten in diesem Verfahren nicht zu beschwören, dass die Sachen dem Kläger geraubt waren. Nach Oestmann konnte ein solches Verfahren nur in einer ländlichen Gesellschaft praktisch durchführbar sein, wenn „der Handel mit landwirtschaftlichen Gütern engräumig begrenzt blieb".[666] Bemerkenswert sind die Folgen bei einer Überführung: Falls verstecktes

---

665 Vgl. Immink: „Al deze overeenkomsten tezamen genomen wettigende vraag, of de verschillen in naam wel op een zakelijk onderscheid berusten, of wij niet veeleer te doen hebben met één en eenzelfde instituut, dat nu eens op de ene, dan weer op de andere manier wordt aangeduid." Immink, ‚Getuigen' in het Oude Friese Recht, S. 450. Der Vorschlag ist bestechend und würde das oben besprochene Problem lösen. Der Unterschied zwischen der recht profanen Bezeichnung „Nachbarn" und dem mit einem inhaltlich-sprachlichen Zusatz „Königs" versehenen Zeugenbegriff scheint mir jedoch zu groß zu sein.

666 Oestmann, Wege zur Rechtsgeschichte, S. 82.

Gut gefunden wurde, stand dem Beklagten noch ein Weg offen: Er konnte „*enen schiuldriga winna*“ (einen Schuldigeren stellen), mit anderen Worten einen Dritten beschuldigen, der die Sachen bei ihm zu Hause versteckt hatte bzw. haben sollte. Wenn auch diese Option zur Problemlösung ausfiel, wurde er für schuldig befunden. Dem Kläger sollte er das Gut doppelt wiedergeben und dem Frana, in dessen Bannbezirk das Gut weggenommen wurde, „*dat weerield iaen wr alle zijn hine, deer ierich sint*“ (das Sühnegeld für all seine Hausgenossen, die mündig sind, geben).[667]

Bedenkt man die Konsequenzen dieser Vorgehensweise, so muss man feststellen, dass trotz des unrechtmäßigen Besitzes der abhandengekommenen Sachen der Beklagte nicht als „Dieb“ überführt und damit zum Tode verurteilt wurde.[668] Nach Kap. 25 im Jüngeren Schulzenrecht hatte der Bestohlene die Wahl, ob er ihn hängen lassen will, nachdem dem Beklagten vom Frana das Leben abgesprochen wurde.[669] Wenn sich aber der Bestohlene mit dem Dieb aussöhnte und ihn nicht dem Schulzen übergab, erhob seinerseits der Frana eine Klage gegen den Dieb, da ihm Gebühren zustanden:

> Kap. **24** (Ausschnitt, Jüngeres Schulzenrecht) „Je bitighie ioe dis, dat j weer enen tiaef ser.id habbeth, deer iowe gued stellen haet ende ys my naet nc anderdaden, als j mit rioehte seulden, ende habbeth my berawed myns goeds alsoe goed soe fiouwer enza ende fiouwertundiste thremene penning, alsoe onrioehte wr riocht, soe j nu mit rioehte weer my beta schelleth.“ *„Ich beschuldige Euch dessen, dass Ihr Euch mit einem Dieb, der Euer Gut gestohlen hat, ausgesöhnt und ihn mir nicht übergeben habt, wie Ihr nach dem Rechte solltet, und (dass Ihr) mich meiner Gebühren im Werte von vier Unzen und dreizehneindrittel Pfennigen beraubt habt, so unrechtmäßig und widerrechtlich, dass lhr mir nun Rechtens büßen sollt.“*

Der Ausgang dieser Rechtsstreitigkeit lässt stark vermuten, dass eine gütliche Beilegung zur Lösung des Problems durch gegenseitige Zugeständnisse angestrebt

667 Buma, Westerlauwerssches Recht, Kap. 66d, S. 117.

668 Zwischen Raub und Diebstahl wurde unterschieden: „Like the Lex, the native Frisian laws regarded robbery as a less serious crime than theft. Usually payment of a double compensation for the robbed goods to the plaintiff was required. On trial, the accused was entitled to take an oath of innocence, assisted by oath helpers, whose number varied according to the seriousness of the offence.“ Stein-Wilkeshuis, Martina, Frisian law and the forbidding northern countries overseas, in: The Journal of Legal History 18, Nr. 3 (1997), https://doi.org/10.1080/01440369708531184S, S. 17–29, hier S. 23, zugegriffen am 09.07.2020. Auch im dänischen Jyske Lov (im März 1241 autorisiert und damit ein wirkliches Gesetz) wurde – im Gegensatz zu den jüngeren Rechtsbüchern – zwischen Raub und Diebstahl unterschieden – ein zusätzliches Gegenargument für eine sehr frühe Datierung des Älteren Schulzenrechts (siehe Teil III dieser Arbeit). Vgl. Annette Hoff, Recht und Landschaft, S. 243.

669 Buma, Westerlauwerssches Recht, S. 225.

wurde. In kleinen Kommunen bestand wohl das Bedürfnis, Gewalt einzudämmen und Fehde- und Rachehandlungen zu vermeiden. Auffallend sind die profanen Interessen von Seiten des Gerichts in Form einer sofort erhobenen Anklage: Der Frana wurde durch die Aussöhnung der beiden Kontrahenten seines Bußgeldes beraubt; allem Anschein nach war das Eintreiben der Strafgelder eine Einnahmequelle, auf die man nicht gerne verzichten wollte.

4.2.5 Königszeugen mit Asega, Schulze und Vogt

Kap. **6** (Ausschnitt) Fan anderis lawem. lef hem dy foghed opsanna wolle, dat hij oen onwennena lande sitte, soe is hi niaer mey sine sauwen orkenen toe iechtane den foghed; ende der eeikerlijck schel sidza mey sondrigha ede. lef him des onbrect, dy foghed dwe deermey, deer hij wolle. *Von eines anderen Nachlass. Wenn der Vogt ihn beschuldigen will, dass er auf nicht erworbenem Lande wohne, so hat er ein größeres Recht, mit seinen sieben Zeugen den Vogt zu widerlegen; und jeder von ihnen soll unter besonderem Eide aussagen. Wenn ihm dieses (Zeugnis) fehlt, so tue der Vogt mit dem (Lehen), was er will.*

Der Vogt erscheint im Älteren Schulzenrecht nur in diesem Kapitel. Er ist zuständig für das ganze Land als Landesvogt, der die Rechte und Interessen des Grafen an den zu Lehn überlassenen Grundstücken zu vertreten hatte.[670] In diesem Fall ist er der direkte Grundherr; von ihm kann der freie Friese als Erbe das Lehngut zum halben Preis erwerben. Wenn es sich nicht um ein Erbe handelte, hatte er den vollen Preis für das Lehngut zu zahlen. Es ging selbstverständlich dabei nicht um den Ankauf des Grundstücks – das gehörte dem Grafen –, sondern um die Baulichkeiten, die sich auf dem Grundstück befanden.

Fairbanks ist sich nicht sicher, ob vielleicht von einer jährlichen Pachtsumme auszugehen war, kommt dann doch zu der Schlussfolgerung, dass „the payment [was] a lump sum payable on entry. In such case the sum would represent not the value of the land but the value of a life estate in it, so that the apparent injustice of having the land bought all over again by each generation does not exist".[671] Wenn nur der Vogt ihn beschuldigen wollte, dass er das Lehngut nicht rechtmäßig erworben hatte, konnte der Beklagte mit sieben Zeugen den Beweis erbringen, dass die Behauptung des Vogts nicht dem wahren Sachverhalt entsprach. Diese sieben Zeugen waren offenbar bei der Zahlung des Lehnguts herangezogen geworden und mussten einzeln – unter besonderem Eide – ihre Aussage machen.[672] Wenn man die offiziellen Umstände des Rechtsstreites in Betracht zieht, liegt die

---

670 Zur Beschreibung der Aufgaben dieses Amtsträgers siehe Teil IV, Kap. 5.2 dieser Arbeit.

671 Fairbanks, The old West Frisian Skeltana riucht, S. 125, Anm. zu Kap. VI, Fn. 1.

672 „As distinguished from compurgators, who merely joined in the oath of innocence of the principal." Ibidem, Anm. zu Kap. VI, Fn. 4.

Schlussfolgerung nahe, dass man die Zeugen eher als „Königszeugen“ denn als „Nachbarn“ bzw. Dorfgenossen“ identifizieren kann.

Kap. **20** Fan wanwirke des silis. Djt is riocht, dat dy schelta, deer aldeer ban wr laet, dyn zijl ti wanwirke scouwath mey des koninges orkundum ende mey dae aesgae, jef dae liode bisecka willet, soe is dy schelt a nyaer mey dae aesga tioghe toe iechtane dan dae lioede oppa dae helligum ti oenswerrane. *Von der Vernachlässigung des Sieles. Dies ist Recht: Wenn der Skelta, der die Aufsicht über den Siel führt, mit den Königszeugen und mit dem Asega bei der Schau Vernachlässigung des Sieles feststellt, so ist er, falls die Leute es bestreiten wollen, eher berechtigt, sie mit dem Zeugnis des Asega zu überführen, als die Leute, sich davon auf die Reliquien freizuschwören.*

Wenn der Schulze feststellte, dass öffentliche Arbeiten (Deiche, Wiesen, Schleusen, Straßen) in einem schlechten Zustand der Wartung waren, rief er offizielle Zeugen auf, die die Pflichtverletzung der Leute vor Ort feststellten konnten. In dem Prozess, der gegen die Betroffenen folgen konnte, wurde die Vernachlässigung ihrer Aufgaben dann mit den Königszeugen, die die Anlagen gesehen hatten, nachgewiesen.

In Kapitel 19 wird erwähnt, dass die zur öffentlichen Wartungsarbeit verpflichteten freien Friesen dafür sorgen mussten, dass sich die Schleuse am Tag des heiligen Benedikt (am 21. März) in einem solchen Zustand befand, dass sie das Wasser ein- und auslassen konnte. Wenn der Schulze, die Königszeugen[673] und der Asega bei der Besichtigung feststellten, dass der Siel schlecht gewartet worden war, und die Leute dies darauf bestreiten wollten, war eine Möglichkeit zur Unschuldsreinigung ausgeschlossen. Dieses Amtszeugnis entkräftete bei dieser Besichtigung des Sieles den rein formalen Eidesbeweis; die Königszeugen wurden hier als Erfahrungszeugen bzw. Sachverständige aufgeführt.[674]

---

673 „Almost certainly seven of them. The number is usually stated.“ Fairbanks, The old West Frisian Skeltana riucht, S. 131, Anm. zu Kap. XIX, Fn. 2. Ebenfalls Cleveringa: „Waar de orkenen (in ‘t geheel zijn er 12) zonder meer worden genoemd, steunt het bewijs van hun ambtelijke verklaring ook op de meerderheid van zeven.“ Cleveringa, Het Oud-Friese „Kestigia“, S. 13, Fn. 5.

674 „Nu in de loop van het proces het ‚wanwerk‘ ten aanzien van de sluis van de zijde van de overheid (niugen tiuch) is aangetoond en is komen vast te staan, wordt de reinigingseed van de lieden, voor zover deze een verzaking van de onderhoudsplicht ontkennen, eenvoudig gepasseerd.“ Ibidem, S. 13. Cleveringa verwendet hier den Begriff *overheid* (Behörde). Vor dem Hintergrund der hier aufgezeigten Sielbesichtigung gehe ich von einer korporativen Vorform einer wasserwirtschaftlichen Genossenschaft aus (vormoderne Interessentenpolder). Algra ist der Ansicht, die Königsorkenen könnte man statt „Zeugen“ besser als „Richter“ definieren, da sie „ambtshalve uitspraken moesten doen over het recht en de materiële waarheid“. Algra, Zeventien keuren en vierentwintig landrechten, S. 169, Fn. 158.

Diese Form, die man als „Amtszeugnis" definieren kann, wird in diesem Kapitel mit dem Ausdruck *tiuch* (rechtmäßige Aussage) bezeichnet; sie wird von den Königszeugen zusammen mit dem Schulzen und dem Asega ausgestellt, was zweifellos darauf hindeutet, dass sie als qualifizierte Personen betrachtet wurden. Kennzeichnend für diesen Fall ist, dass hier keine private Klage von einem Benachteiligten zugrunde lag, sondern von Amts wegen die Klärung eines Sachverhalts geleistet wurde. Der Zustand des Sieles konnte unmittelbar von den Amtsträgern sinnlich wahrgenommen werden und somit ihre Feststellung als wirklicher Beweis gelten. Dieses Kapitel im Älteren Schulzenrecht zeigt m. E. einen Wandel in der Entwicklung der Beweiserhebung: Augenschein und unmittelbare Beobachtung der Sachlage sind ein Indiz für eine allmähliche Veränderung in Richtung materielle Wahrheitsfindung.[675]

Kap. **42** Kesselfang (wird ausführlich in Teil VIII (Ordalien), Kap. 5.9 in dieser Arbeit behandelt). Eine Kommission bzw. Jury, darunter vier Königszeugen, besichtigte nach drei Tagen die Hand des Probanden in der Kirche. Wenn sie sich irgendwie uneinig waren, war der Mehrheitsbeschluss ausschlaggebend. Das Gottesurteil verlor zum Teil seinen sakralen Charakter, da eine Kommission gemeinsam überlegte, ob die Hand geheilt war oder nicht. Eine unmittelbare Entscheidung von Gott als Kommunikationsmedium wurde zum größten Teil durch eine funktional differenzierende – der Priester behielt das letzte Wort – Arbeitsgruppe *avant la lettre* ersetzt. Damit blieb der Kesselfang im Normensystem des Älteren Schulzenrechts zwar Bestandteil der Rechtskultur, verlor aber aus meiner Sicht die einzigartige Kopplung an Recht und Religion: Die besagte Kommission überprüfte zum Zwecke der Wahrheitsfeststellung die Hand, Eide wurden nicht geleistet; in dieser Phase des Gerichtsverfahrens zeichnet sich ein (vorsichtiger) Modernisierungsschub im friesischen Prozessrecht ab. Die Entscheidung wurde durch eventuelle finanzielle Interessen weiterhin nicht negativ beeinflusst: Der Graf erhielt unabhängig vom Ausgang des Ordals sein Friedensgeld in Höhe von zwei Pfund.

Kap. **50** (Ausschnitt) Fan der wiue spreke. Djt is riocht, aldeer di man bilyft ende dat wyf hir alles wrmet, dat hio toe dae grewa sidza scel, dat hio ene berthe an her habba, deer hi an hir tilet habbe, ende hioes hir allis biwene, soe scel di eerfnama hir dat gued an sete bifella toe riochta deitinghe. Nv is dat riocht deithingh tiaen moenaden. Soe scel hio binna ieer ende binna dei da berthe birecknia. Nv scel ma hir dat goed an dae hand bifesta mey dae aesgae ende mey dae scelta ende mey des koninges

675 „Der Beweis durch Augenschein wurde zugelassen; dem Gericht oder beauftragten Gerichtsmitgliedern wurden Sachen oder Personen, an denen bestimmte für den Rechtsstreit wesentliche Beobachtung zu machen waren, vorgezeigt." Musielak, Die Grundlagen der Beweislast im Zivilprozess, S. 234. „Zunehmend erhielt auch der gerichtliche Augenschein als Beweismöglichkeit Bedeutung." in: Kap. IV, „Das Mittelalter", Deppenkemper, Beweiswürdigung als Mittel prozessualer Wahrheitserkenntnis, S. 131.

> orkundum ende mey dae afte tioge. *Vom Rechtsanspruch der Frau. Dies ist Recht: Wenn der Mann stirbt und die Frau sich vollends erbietet, am Grabe zu sagen, dass sie mit einem Kinde schwanger gehe, das er mit ihr gezeugt habe, und sie das bestimmt erwarte, so soll der Erbe ihr das Gut bis zur gesetzlichen Frist zur Nutznießung überlassen. Nun ist die gesetzliche Frist zehn Monate. Darauf soll sie innerhalb des Jahres und des Tages die Geburt nach ihrer Berechnung vollbringen. Nun soll man ihr mit dem Asega und dem Skelta und den Königszeugen und mit gesetzlichem Zeugnis den Besitz des Gutes übertragen.*

Die Frau erklärte am offenen Grab ihres Mannes, dass sie ein Kind von ihm erwartete und dass sie davon überzeugt sei, dass er der Erzeuger ist. Nun sollte der Erbe sie unter Berücksichtigung der gesetzlichen Frist im Besitz des Gutes bestätigen. Dann würden der Schulze und der Asega mit den Königszeugen für die Übertragung des Gutes sorgen. Zwei Frauen – eine von Seiten des Erben – und zwei Männer – ebenfalls jeweils aus einer Sippe – wurden ernannt, um sicherzustellen, dass die werdende Mutter nichts Böses tat oder dass ihr kein Unrecht geschah. Diese vier Personen zusammen mit der Frau konnten über das Gut verfügen (Nutznießung), bis zum Tag, an dem das Kind lebend auf die Welt kommen würde. Wenn es in diesem letzten Punkt Meinungsverschiedenheiten geben würde, kam folgende Regelung zum Tragen: Wenn die Frau auf der Seite des Erben behauptete, dass das Kind bei der Geburt nicht gelebt habe, dann hätten die zwei Frauen/Männer[676] ein größeres Recht, auf die heiligen Reliquien zu schwören, dass das Kind lebend auf die Welt gekommen sei. Die Geburt eines lebendigen Kindes hatte Konsequenzen für das eheliche Güterrecht, auch wenn das Kind sofort nach der Geburt starb. Es genügte, dass der Tod des Neugeborenen in den vier Wänden des Geburtshauses

---

676 Buma übersetzt *da twa* (die zwei) mit „die zwei (anderen Frauen)“, Buma und Ebel, Das Rüstringer Recht, S. 103; Cleveringa mit „de andere twee (de mannen)“, Cleveringa, Het Oud-Friese „Kestigia“, S. 21; Fairbanks will sich offenbar nicht festlegen und übersetzt: „the other two“, Fairbanks, The old West Frisian Skeltana riucht, S. 99; Übersetzung Oebele Vries: „dan hebben de twee (verwanten van de vrouwskant)“, also lediglich „Verwandte“. Dabei ist es ungewiss, ob es sich hier um Männer oder Frauen handelt. Vgl. Vries und Hempenius-van Dijk, Asega, is het dingtijd?, S. 335; Übersetzung Algra: „zo zijn de twee (andere vrouwen)“, Algra, ‚Rechtshistorische aspecten van het Landrecht der Vriesne‘, S. 45. Diese unterschiedlichen Standpunkte bleiben von den Autoren unkommentiert. Wenn man sich für die Übersetzung „die zwei anderen Frauen“ entscheidet, weil die Frauen möglicherweise als kompetenter in Geburtsangelegenheiten bewertet wurden, würden sich die Aufgaben der Männer nur auf die Überwachung der schwangeren Frau reduzieren. Bei der Aussage über die Geburt spielten sie dann keine Rolle mehr und ihre Anwesenheit wäre überflüssig. Nom. Plur. *da/thā* kennt im afries. nur ein grammatikalisches Geschlecht, sodass es hier keine Hinweise auf das Geschlecht der betroffenen Personen gibt. Zur Grammatik: Bremmer, An introduction to Old Frisian, S. 54.

beweint wurde.[677] In diesem Fall hat die Mutter das Recht auf friedlichen Besitz des Erbes und ihr durfte kein Unrecht angetan werden.

Der Besitz des Gutes wurde der schwangeren Frau vom Erben in Anwesenheit der Königszeugen übertragen.[678] Wenn das Kind nicht lebend zur Welt gebracht wurde, musste dieser Besitz in unverändertem Zustand rückübereignet werden. Falls es später zu Schwierigkeiten kommen würde, könnten die Königszeugen zur Glaubhaftmachung der Vereinbarung als Wissenszeugen herangezogen werden. Zu einer Eidesleistung würde es wohl nicht kommen, denn wenn sie nach einem Jahr über die Angelegenheit befragt werden sollten, könnten sie bezeugen, den ganzen Geschehensablauf mit eigenen Augen gesehen zu haben.

Kap. **74** Fan menbidle ti delane. Djt is riocht, hweer so ma en bode! dela scel, dat ma hit alsoe de!a schel, als ma hit samenade. Jef hiara een sidze, dat hi lauwa jn dat meenbidle brochte, soe schel mat wtreda mey dis koningis orkendum, als hit deerjn koem an scheppena wede, oen wrochta golde iefta oen fiouwerfoteda schettum, dat hit binna ieer ende binna dei jnor dat meenbidle komme. *Von der Teilung des gemeinsamen Nachlasses. Dies ist Recht, dass man, wenn man einen Nachlass teilen soll, den so teilen soll, wie man ihn zusammenbrachte. Wenn einer von ihnen sagt, er habe Erbgut in den gemeinsamen Nachlass eingebracht, so soll man es mit den Königszeugen beweisen, dass es so, wie es an angefertigter Kleidung, an verarbeitetem Golde oder an vierfüßigem Vieh hineinkam, binnen Jahr und Tag in den gemeinsamen Nachlass gekommen ist.*

Die Übertragung der Muntgewalt über die Frau auf ihren Ehemann hatte zur Folge, dass ihr Vermögen mit in die Ehe eingebracht wurde. Der Ehemann war jedoch nur berechtigt, das eingebrachte Vermögen der Frau zu verwalten. Er wurde nicht Eigentümer des Gutes; die Rechte der Frau auf ihre Güter wurden also durch die Ehe nicht berührt. Die Güter des Mannes und die der Frau blieben damit getrennt. Das Frauengut umfasste: (Auflistung Algra)[679]

(1) ihr eigenes Gut und Geld, das sie ihrem Bräutigam in Verwahrung gab;
(2) ihre Mitgift oder Aussteuer, das Gut, das der Frau aus der Hausgemeinschaft, der sie angehörte, mitgegeben wurde. Die Mitgift war gedacht als ihr Anteil am elterlichen Nachlass, sodass sie darauf verzichten musste;
(3) die Morgengabe, ein freiwillig gegebenes Geschenk, das der Ehemann der Ehefrau am Morgen nach der Hochzeitsnacht gab;

677 Vgl. Algra, Grundzüge des friesischen Rechts im Mittelalter, S. 566.

678 „Na het overlaten van de inboedel aan de vrouw door de erfgenaam op grond van haar plechtige verklaring aan het open graf, volgt thans de bevestiging rechtens in het bezit door de overheid." Cleveringa, Het Oud-Friese „Kestigia", S. 21. Bemerkenswert ist die Auffassung Cleveringas, der Schulze und der Asega seien Repräsentanten der *overheid*, also Obrigkeit bzw. Behörde.

679 Algra, Grundzüge des friesischen Rechts im Mittelalter, S. 566.

(4) ihr Witwengeld, eine Vermögensleistung des Bräutigams an die Braut, zusammen mit der Morgengabe zum Zwecke der Versorgung der Witwe.

Es wurde eine gemeinsame Masse, das *meenbodel* geschaffen. Die früheren Rechte der Sippe am Stammvermögen der Ehegatten traten zurück: Die Frau war berechtigt an der Hälfte des Inventars (*bodel*) im Hause und an der Hälfte des während der Ehe den Eheleuten zuteilgewordenen Zuwachses. Amira spricht in diesem Zusammenhang von „Gütergemeinschaft".[680] Nach dem Tod des Mannes wurde der Nachlass geteilt. Die Witwe behielt ihren Teil des Inventars im Vorderhaus; zusätzlich erhielt sie die Hälfte des Hausrats ihres Mannes. Wenn die Ehefrau weiterhin im Hause leben wollte, durfte sie den Hausrat für sich behalten und brauchte den Erben ihres Mannes nichts abzugeben; sie war berechtigt, das komplette Inventar weiterhin mit ihren Kindern zu nutzen.[681]

In diesem Abschnitt ist fraglich, wer mit „einer von ihnen" gemeint wird.[682] Es kann sich dabei schwerlich um einen der Ehegatten handeln, denn „ihnen" ist Plural; dabei ist nur einer der Eheleute noch am Leben. Wahrscheinlich handelte es sich um Verwandte, die – aus welchen Gründen auch immer – Vermögensbestandteile mit in die Ehe eingebracht haben.[683] Dabei konnte der Kläger nicht mehr auf das Gut eines anderen klagen, wenn der Eigentümer es unangefochten im Zeitraum von einem Jahr und einem Tag in seinem Besitz gehabt hatte.[684] Der gegenwärtige Zustand der Güter vom Vorjahr wurde damit legitimiert. Die Verwandten sollten mit den Königszeugen beweisen, dass die Güter in diesem Zeitraum in den gemeinsamen Nachlass gekommen waren, um damit zu verhindern, dass Kleidung oder Vieh in den Besitz des rechtlichen Nachfolgers gelangte.

Kap. 73 schränkt diesen Anspruch ein, da dem Witwer bzw. der Witwe *tria dae besta claen* (die drei besten Kleider) zustanden. Das Zeugnis der Königszeugen musste sich zwangsläufig auf eine Vereinbarung zwischen den Ehegatten und den Verwandten beziehen, die nicht länger als ein Jahr zurücklag und wobei die einzelnen übertragenen Güter genau festgelegt wurden. In welcher Form das geschehen war, ist aus dem Text nicht herzuleiten. Anzunehmen ist, dass eine Art von Urkunde/Güterliste vorgelegen haben muss, denn die Königszeugen werden sich mit größer Wahrscheinlichkeit die einzelnen Gegenstände nicht gemerkt haben, damit sie die Auflistung ein Jahr später lückenlos wieder mündlich reproduzieren

680 Amira, Karl von, Grundriß des germanischen Rechts (Grundriß der germanischen Philologie III/5), Straßburg 1913, S. 182.

681 Dazu Algra, Oudfries recht, S. 342.

682 „One of the spouses, one of the family, or anybody?" Fairbanks, The old West Frisian Skeltana riucht, S. 152, Anm. zu Kap. LII, Fn. 3.

683 Ein Grund könnte sein, dass der Ehemann mit den eingebrachten Mitteln versuchte, gewinnbringend zu wirtschaften. Eventuelle finanzielle Vorteile könnten dann anteilsmäßig in das Vermögen des Schwagers einfließen.

684 Buma, Westerlauwerssches Recht, Kap. 68, S. 119.

konnten: Streitigkeiten zwischen den Beteiligten und den Königszeugen wären in dem Fall nicht undenkbar.

4.2.6 Die Nachbarn/Dorfgenossen

„De buren worden soms getuigen genoemd en de getuigen buren".[685] Wir haben bereits gesehen, dass Königszeugen auch „Nachbarn" genannt wurden. „Nachbarn" sollten hier nicht mit unseren „Nachbarn" gleichgesetzt werden, also Menschen, die in unserer unmittelbaren Umgebung leben. Dazu verwendet das Ältere Schulzenrecht in Kap. 48 den Begriff *nesta buren* (nächste Nachbarn). So handeln Nachbarn z. B. in Artikel 37 über eine Beschwerde eines freien Friesen über ein Grundstück:

> Kap. **36/37** (Ausschnitt) Fan eerwa, deer ma ontinghia wol. Djt is riocht, dat hi hem dis sella deys bi midda moerne ende bi sonna opgonge mey twam sceltum ende mey sawenum sijnre bura ende mey da aesga ende mey dis oera bura sauwenum mey dae aefta tioege hine ladia scol toe der landwere toe sijn fordele [...]. *Dies ist Recht, dass er ihn an demselben Tage mitten am Morgen und beim Sonnenaufgang mit zwei Skelten und sieben seiner Nachbarn und mit dem Asega und sieben Nachbarn des anderen, mit diesem gesetzlichen Zeugnis, an seiner Wohnstatt zur Verteidigung des Grundbesitzes laden soll [...].*

Der Kläger bezichtigte den Gegner, dass er unrechtmäßig ein Grundstück im Besitz habe; er forderte, er solle ihm nach Recht dieses Grundstück abtreten. Der Beklagte soll daraufhin fragen, welches Grundstück überhaupt gemeint sei. Nachdem geklärt worden war, um welches Grundstück es sich handelte, sollte das Gericht nach einer Woche auf dem Grundstück stattfinden. Offenbar lag das umstrittene Grundstück in zwei getrennten Gerichtssprengeln, da die Anwesenheit von zwei Schulzen erforderlich war.

Obwohl aus den Fallkonstellationen keine genau abgetrennten Zuständigkeitsbereiche zwischen Königszeugen und Nachbarn festzustellen sind, treten die insgesamt vierzehn Nachbarn sowohl in Kap. 37 als auch in Kap. 75 als Zeugen in Grundstücksstreitigkeiten auf.[686] Damit wurden die Nachbarn womöglich als

685 Blok, Dirk Peter, Opmerkingen over het aasdom, in: Tijdschrift voor Rechtsgeschiedenis 31 (1963), S. 243–274, hier S. 252. Dazu Musielak: „Erwählte Zeugen waren Personen, die von den Parteien zum Abschluß von Rechtsgeschäften oder zu anderen rechtserheblichen Vorgängen zugezogen wurden, damit sie in Streitfällen über ihre Wahrnehmungen berichten konnten. Nachbarn oder Gemeindezeugen sagten über orts- und gemeindekundige Verhältnisse und Tatsachen aus." Musielak, Die Grundlagen der Beweislast im Zivilprozess, S. 213 f.

686 Nach Immink treten die Nachbarn als Köningszeugen auf: „De interpretatie van deze tekst is moeilijk, maar er blijkt in elk geval uit, dat elk van de partijen zeven buren medebrengt, die evenwel niet als eedhelpers fungeren, maar als, getuigen", als koningsorkenen. Dit moet m.i. worden afgeleid niet alleen uit het getal zeven,

Sachverständige bzw. Ortskundige in landwirtschaftlichen Angelegenheiten herangezogen, wie dies auch in Kap. 75a der Fall sein könnte:

> Kap. **75a** Fan erwis brekis fullingha. Djt is riocht etta meenbidie: Jef di man queth, dat hi zijn eerua siuld habbe ende jn dat meenbidle biwerid se, soe aegh met him ti fulliane, ief hyt te taewiane habbe mey wirde ende mey buurscipe[687], deer hijt siuld habbe. *Von der Vergütung für Grundstücksaufgabe. Dies ist Recht bezüglich des gemeinsamen Nachlasses. Wenn der Ehemann sagt, dass er seinen (eigenen) erblichen Grundbesitz verkauft habe und der Erlös in den gemeinsamen Nachlass eingebracht worden sei, so soll man ihm diesen vergüten, falls er es dort, wo er ihn verkauft hat, mit Zeugnis und mit der Nachbarschaft beweisen kann.*

Der Beklagte hatte nach der Vorladung (Kap. 37) die Wahl, ob er die Verteidigung übernehmen wollte oder nicht. Falls er dies ablehnte, wurde der Prozess trotzdem weitergeführt, und am fünften Gerichtstermin wurde das Grundstück dem Kläger übertragen. In Kap. 48 wurden die nächsten Nachbarn (*nesta buren*) zur Rechtshilfe aufgefordert. Sie sollten bezeugen, wo der Beklagte, der zum Zweikampf aufgefordert wurde, sein Haus und Hof hatte. In diesem Fall traten die Nachbarn ebenfalls als Zeugen über Haus und Hof auf, wobei sie – im Gegensatz zu dem Beklagten – keinen Eid zu schwören hatten. Sie besaßen als Nachbarn mit eigenem Grund und Boden Tatsachenkenntnis und konnten über die konkreten Besitzverhältnisse aussagen.[688]

In Kap. 43 beschworen die Dorfgenossen, dass der Beklagte nicht über die nötigen finanziellen Mittel verfügen würde, um sich die benötigten Waffen und Kampfkleider zu kaufen:

> Kap. **43** (Ausschnitt) Fan di swerdkempa. [...] dat hit sauwen sidzie zijnre buren bi dae ede, deer hia dae koninghe toe hiulde sworen, ende bij hiara seluis siele, her hi soe graed goed oen zijnre were hede des deis, deer ma him mey dae stride bigrette. *Vom Schwertkämpfer. [...] dass sieben seiner Dorfgenossen bei dem Eide, den sie dem König zur Huld geschworen haben, und bei ihrer eigenen Seele aussagen sollen, ob er an dem Tage, an dem man die Kampfklage gegen ihn erhob, ein so großes Gut im Besitz hatte.*

Ob man diese Dorfgenossen als Königszeugen einstufen kann, darf bezweifelt werden, da sie in diesem Fall als *ad-hoc*-Zeugen vom Beklagten auf Anordnung des

---

maar ook en vooral uit het gebruik van de term *efta tiuga*." Immink, ‚Getuigen' in het Oude Friese Recht, S. 458.

687 Allerdings betrachtet Algra die *buurscipe* als das Zeugnis der Königszeugen: „Het is een andere benaming voor het getuigenis van het college van de zeven koningsorkenen." Algra, Zeventien keuren en vierentwintig landrechten, S. 174.

688 „Het is ondenkbaar, dat niet-geërfden tot ‚tuigen' zouden zijn toegelaten in geschillen over onroerend goed", Immink, ‚Getuigen' in het Oude Friese Recht, S. 451, Fn. 84.

Schulzen ihre Aussage machen sollten. Ihr Funktionieren erinnert mehr an die von Leumundszeugen, denn sie konnten durch ihre Aussage nur die behaupteten Tatsachen glaubhaft machen. Als Wissenszeugen kommen sie nicht in Frage; es gab keinen Moment im Verfahren, wo ein gerichtlicher Augenschein zur Feststellung der wirtschaftlichen Verhältnisse des Beklagten angeordnet wurde. Ihre Aussage beruhte auf dem Wissen, über das sie als nächste Dorfbewohner als „allgemein bekannt" verfügen konnten.

Charakteristisch für die Dorfgenossen war, dass sie in ihrer Eigenschaft als Nachbarn über ausgiebige Ortskenntnisse und gemeindekundige Verhältnisse und Tatsachen verfügten. In Besitz- oder Eigentumsstreitigkeiten konnten sie daher Auskünfte erteilen und ihr Zeugnis abgeben. Im Gegensatz zu den oben beschriebenen Fallbeschreibungen konnten diese Dorfbewohner nicht aussagen, was sie selber gesehen oder gehört hatten. Die Stellung dieser Zeugen zeigt Ähnlichkeiten mit den Aufgaben eines Eideshelfers.

Es lässt sich anhand der Belege im Älteren Schulzenrecht nicht eindeutig nachweisen, ob es sich zwischen den Königszeugen und den Nachbarn/Dorfgenossen um zwei stark differenzierte Zeugengruppen handelt. Haben wir es hier mit Institutionen zu tun, die manchmal in verschiedenen Kontexten unterschiedlich benannt wurden, aber trotzdem dieselbe Funktion hatten? Dagegen spricht die sprachliche Differenzierung: Wenn es sich um eine Gruppe handeln würde, wäre die Doppelbezeichnung überflüssig bzw. unlogisch. Im Jüngeren Schulzenrecht finden wir die Nachbarn als Zeugen nicht mehr vor, die Königszeugen dagegen wohl. Die einzig gesicherte Schlussfolgerung ist, dass die verschiedenen Begriffe nicht gleichmäßig auf die Quellen verteilt sind. Die oben beschriebenen Fallkonstellationen lassen kaum Kriterien zur Unterscheidung der verschiedenen Zeugengruppen finden; in manchen Bestimmungen scheinen sie austauschbar. Nur in zwei Fällen könnte man einen Funktionsunterschied vermuten: Sobald es sich um eine offizielle Zeugenaussage handelt, scheinen die Königszeugen als amtliche Zeugen, ohne dass eine private Akkusation zwangläufig erfolgte, eher herangezogen zu werden als die Nachbarn, die m. E. mehr als Wissenszeugen für die örtlichen, landwirtschaftlich geprägten Verhältnisse aufgerufen wurden. Allerdings gibt es im Jüngeren Schulzenrecht einen Fall mit Besitzansprüchen auf ein Grundstück, wobei *dera tolwa sauwen* (sieben von den zwölf Gemeindezeugen) als Zeugen auftreten. Hier spielen die Nachbarn zur Sachverhaltsaufklärung offenbar keine Rolle mehr. Ein Trend zur Professionalisierung im friesischen Prozessrecht ist dabei unverkennbar.

5. Fazit

Auf Tatsachenkenntnisse kam es bei den Unschuldseiden im Älteren Schulzenrecht nicht an: Der Beklagte konnte sich, eventuell mit Hilfe von Eideshelfern, von den Vorwürfen freischwören und somit seinen guten Ruf bezeugen. Die Angst, nach einem Rechtsbruch in eine isolierte Position in der relativ kleinen friesischen Gesellschaft zu geraten, war wahrscheinlich groß und stärkte das Verlangen der Betroffenen, als vollwertiges Mitglied der Gemeinschaft seine Stelle in der Gemeinschaft zu behalten bzw. wiederzuerlangen. Für diese Reintegration brauchte der Beklagte seine Mitbewohner, die durch das Beschwören seiner Glaubwürdigkeit die Entscheidung im Prozess maßgeblich beeinflussen konnten. Durch das Eideshilfeverfahren wurde Vertrauen in der Gemeinschaft hergestellt; wenn Eide gebrochen wurden, könnte die Schlichtungsbereitschaft der Dorfgemeinschaft angetastet werden.[689] Dieses System konnte nur in einer zahlenmäßig überschaubaren Gesellschaft von Kleingruppen, in der sich die Beteiligten gut kannten, gut funktionieren.

Gleichwohl wurde aus den Fallbeschreibungen ersichtlich, dass neben dieser Form der – stark formalisierten – Beweiserhebung das Bedürfnis entstand, eine mehr rationale Beweislastpflicht zur Erforschung des tatsächlichen Geschehens anzustreben. Zur Feststellung der behaupteten Aussagen wurden Zeugen bzw. Nachbarn aufgerufen, die in einigen Fällen bezeugten, den Geschehensablauf mit eigenen Augen gesehen zu haben. Die Frage nach der Reputation des Beklagten stand dabei nicht direkt im Fokus; vielmehr versuchte man die wahren Begebenheiten nachträglich zu eruieren.

Bei der Sielbesichtigung in Kap. 20 des Älteren Schulzenrechts wurden die Zeugen im Rahmen eines gerichtlichen Augenscheins als Sachverständige herangezogen, um den technischen Zustand einer Schleuse zu kontrollieren. Man kann davon ausgehen, dass im Bereich der Wasserbeherrschung örtliches Fachwissen erforderlich war, um z. B. die Frage nach der Wartung der Siele beantworten zu können. Für eine sachlich korrekte Schlichtung mit Bezug auf eventuelle Streitigkeiten über die Verwendung der gemeinen Marke (Beweidung, Mähen, Überpflügen usw.) war ebenfalls ein gehöriges Maß an entsprechendem Sachwissen unabdingbar.[690] Diese Untersuchung mit Beweisaufnahme ist womöglich ein Beweis dafür, dass die sozialen Strukturen vielschichtiger wurden und somit komplexer; das Vorgehen mit den Eideshelfern wurde dadurch unzuverlässiger. Die unmittelbare Möglichkeit zur Bewertung durch die Zeugen galt nicht mehr als Indiz, sondern als Beweis schlechthin.

Kennzeichnend für diesen Fall ist, dass keine private Klage durch den Verletzten bzw. seine Verwandten erfolgt war, sondern die Kontrolle der Schleuse war ein behördlicher Vorgang, eine Sachverhaltserklärung von Amts wegen. Die Schleuse sollte sich nämlich an einem festgesetzten Datum (Benedictustag) in einem technisch einwandfreien Zustand befinden; wahrscheinlich fand die Kontrollaufsicht jedes Jahr statt. Die Möglichkeit von Reinigungseiden war blockiert. Daraus lässt

689 Vgl. Berman, Recht und Revolution, S. 102.

690 Vgl. Algra, Nikolaas Egbert, Een datering van het ‚jong' Schoutenrecht, in: It Beaken 59 (1997), S. 57–91, hier S. 69. Aus meiner Sicht konnten diese erforderlichen Sachkenntnisse auch für die entsprechenden Bestimmungen im Älteren Schulzenrecht gültig gewesen sein.

sich ableiten, dass im Älteren Schulzenrecht die Grundelemente des späteren Inquisitionsprozesses ansatzweise spürbar sind.

Weiterhin kann man eine Relativierung der Relevanz mit Bezug auf die Ordalien feststellen: Wenn Zeugen zusammen mit dem Priester und anderen Amtsträgern den gesundheitlichen Zustand eines Probanden als Mitglieder einer Kommission diskutieren, muss man dies zwangsläufig als Modernisierungsschub bewerten.

VIII. Die Ordalien

1. Einführung

Dieser Abschnitt beschäftigt sich mit dem Stellenwert der Gottesurteile im Älteren Schulzenrecht. Der Zweikampf wie auch der Kesselfang hatte einen rituellen Charakter und setzte damit voraus, dass die Gottheit in jedem Rechtsstreit die richtige Entscheidung traf. Denn nur Gott konnte für einen gerechten Ausgang des Verfahrens sorgen.[691] Es galt als Manifestation eines göttlichen Urteils, göttlicher Gerechtigkeit oder magischer Kraft, die die Dinge und Ereignisse entscheidend beeinflusste. Hinter den sichtbaren natürlichen Geschehnissen lag nach dieser Sichtweise eine Welt verborgen, die das Leben der Menschen bis in die Einzelheiten steuerte; das Ordalverfahren gab durch göttliche Intervention deutliche Zeichen über Schuld oder Unschuld.[692] Der Zweikampf war dabei jedoch das einzige Ordal, das teilweise ohne Mitwirkung eines Priesters vor sich ging.[693] Im ungelehrten Recht kam das Gottesurteil in erster Linie als irrationales Beweisverfahren zum Tragen, wenn es dem Beklagten nicht mehr möglich war, sich durch Reinigungseide von den Vorwürfen freizuschwören. Somit verwendete auch das friesische Prozessrecht das Gottesurteil stets nur als subsidiäres Beweismittel.

Die Funktion des gerichtlichen Duells bestand darin, dass trotz einer übernatürlichen Komponente die Bereitschaft der Teilnehmer vorausgesetzt wurde, an einem lebensgefährdenden Wettbewerb teilzunehmen, und folgt der Logik, dass man die legitime Kontrolle während des Gerichtsverfahrens mit purer Kraft und Macht behaupten konnte.[694] Sein Ausgang bildete die rechtliche Grundlage für das

---

691 Amira, Grundriß des germanischen Rechts, S. 278.

692 Vgl. Oesterdiekhoff, Georg W., Das archaische Prozess- und Beweisrecht: Erklärung von Struktur, Entwicklung und Untergang ordalförmiger Konfliktregelungen, in: ZRG GA 119 (2002), S. 177–192, hier S. 178.

693 Der Zweikampf musste nicht unbedingt den Charakter eines *iudicium dei* haben, dazu Bartlett, Robert J., Trial by fire and water: The medieval judicial ordeal, Oxford 1986, S. 114 f. Die relative Unwichtigkeit eines geistlichen Rituals in diesem Zusammenhang hängt wohl damit zusammen, dass der Zweikampf kein übernatürliches Intervenieren beanspruchte, ibidem, S. 121 f. Dazu auch Nottarp, Hermann, Gottesurteilstudien (Bamberger Abhandlungen und Forschungen 2), München 1956, S. 269 f. Im aisl. Gudrunslied wird auch von einem Zweikampf ohne geistliche Leitung berichtet. Vgl. Sprenger, Ulrike, Die altnordische Heroische Elegie, Bd. 6 (Ergänzungsbände zum Reallexikon der germanischen Altertumskunde), Berlin [u. a.] 1992, S. 96.

694 Dazu Grimm: „Hier gab sich der unschuldige nicht blind in die gewalt eines wunderbaren elements, er vertraute seiner eigenen kraft und gewohnten fertigkeit in

sich anschließende Endurteil im Verfahren, „denn der Sieg im gerichtlichen Zweikampf galt als klarer Unschuldsbeweis".[695]

Nach Uwe Israel konnte die Auseinandersetzung selbst auf verschiedene Weise beendet werden: 1. Einer der Kombattanten wurde getötet. 2. Einer von beiden gab auf. 3. Einer wurde aus dem Kampffeld gedrängt. 4. Der Kläger konnte den Beklagten nicht in der vorgeschriebenen Zeit besiegen. 5. Der Kampfrichter brach den Kampf ab und erklärte einen von beiden zum Sieger. Zweifelhafte Ergebnisse waren eher selten.[696] Nach Beendigung des Kampfes stellte der herbeigerufene Richter den Sieger fest und erteilte für das betreffende Delikt die festgesetzte Strafe.[697] Siegte dagegen der Beklagte, war das ein Beweis für die Haltlosigkeit der Klage und somit seiner Unschuld. Er wurde durch eine Bußzahlung entschädigt; die Gebühren für den Richter oder die sonstigen Berechtigten trug der Unterlegene.[698]

In diesem Teil ist die Rekonstruktion der prozessrechtlichen Regelungen, durch die die Ordalien zur Anwendung kommen konnten, Ziel der Untersuchung. Dabei wird der Ablauf der beiden Verfahren (Zweikampf und Kesselfang) beschrieben und anschließend versucht, aus den einschlägigen Bestimmungen ein Deutungsmuster zu generieren. Die Kampfvorschriften standen nicht in einem luftleeren Rechtsraum, sondern hatten zumindest Berührungspunkte mit einer

---

den waffen", Grimm, Jacob/Heusler, Andreas/Hübner, Rudolf, Deutsche Rechtsaltertümer, Leipzig 1899, S. 588.

695 Neumann, Sarah, Der gerichtliche Zweikampf: Gottesurteil, Wettstreit, Ehrensache (Mittelalter-Forschungen 31), Ostfildern 2010, S. 12. Ebenso Vries: „De uitslag van deze kamp was dan bepalend voor de beslissing aangaande de ingediende betichting." Vries und Hempenius-van Dijk, Asega, is het dingtijd?, S. 19.

696 Israel, Uwe, Sehnsucht nach Eindeutigkeit? Zweikampf und Ordal im Mittelalter, in: Witthöft, Christiane/Auge, Oliver (Hrsg.), Ambiguität im Mittelalter. Formen zeitgenössischer Reflexion und interdisziplinärer Rezeption, Berlin 2016, S. 287–304, hier S. 290.

697 „Das duellum konnte sowohl in – nach heutiger Einteilung – privatrechtlichen wie auch in strafrechtlichen delikten angewendet werden, sofern der Streitwert dies zuließ bzw. keine andere Art der Beweiserbringung möglich war." Neumann, Der gerichtliche Zweikamp, S. 107. Dazu auch Buma: „Terwijl het iudicium dei voornamelijk opheldering in strafzaken moest verschaffen, wordt het in de Friese rechtsbronnen meer dan eens ook bij een civiele procedure gebruikt." Buma, Wybren Jan, Het godsoordeel in de Oud-Friese literatuur, Groningen [u. a.] 1949, S. 8.

698 Dazu Nottarp, Gottesurteilstudien, S. 290 f. Das Ältere Schulzenrecht beschreibt die Folgen für den Sieger bzw. Besiegten nicht, ein Vergleich mit dem Sachsenspiegel lässt jedoch einen ähnlichen Ablauf vermuten: *„swe sin swert tût up enes anderen scaden, dat swert sal des richters sin."* „Wer das Schwert zückt und einen anderen damit verletzt, dessen Schwert gehört dem Richter", Eike ‹von Repgow› u. a., Der Sachsenspiegel, I, Art. 62, § 2, S. 83.

(gewünschten) Realität.[699] Um diese (postulierten) Berührungspunkte herstellen zu können, müssen zwei Fragen beantwortet werden: Wurde der Kampf in der Praxis[700] tatsächlich ausgetragen oder hat man bewusst auf Kampfverzicht angesteuert bzw. eine gütliche Lösung angestrebt, um damit womöglich ein effektiveres Mittel zur Konfliktlösung oder Abschreckung herzustellen? In welchem Maße sind die Verfahrensregeln als funktionale und glaubwürdige Entität im friesischen Mittelalter zu deuten, inwiefern kann man also die Ordalien im Älteren Schulzenrecht als von den Zeitgenossen real empfundene Beweismittel einschätzen?

Notwendiges Vorgehen zur Beantwortung dieser Fragen ist eine systematische Bestandsaufnahme und Auswertung der betreffenden Bestimmungen im Älteren Schulzenrecht, damit die typischen Konfliktstrukturen hergeleitet werden können, die zum Zweikampf – oder dessen Verzicht – motivierten.

2. Der Zweikampf im Älteren Schulzenrecht

2.1 *Fan da swirdkempa* (Kap. 43)

> Djt is riocht: ief dy frya Fresa toe stride bitingath wirt ende hi sidze, dat hi aynlikes goedes soe fula oen zijnre were na et habbe, dat hij wepen ende wrichta winna moeghe ende beta, ief hit op hem fait, soe aegh hem di aesga toe delane, dat hit sauwen sidzie zijnre buren bi dae ede, deer hia dae koninghe toe hiulde sworen, ende bij hiara seluis siele, her hi soe graed goed oen zijnre were hede des deis, deer ma him mey dae stride bigrette. Sidzet hia dat gued soe graet, dae hi mit stride bigret ward, soe schel hi dat mare stryd oengaen, ende sidzeth hia zijn gued naet soe graet, soe schel hi dat lesse strijd oengaen.

Vom Schwertkämpfer

699 Die Verfahrensregeln beschreiben dabei nach Dilcher, nicht die Realität der Gesellschaft selbst, denn sie beabsichtigen ja gerade der Wirklichkeit zu widersprechen und damit normierend zu wirken. Das Recht muss sich auf die Wirklichkeit einlassen, um überhaupt wirken zu können. Die Rechtstexte sollte man demnach nicht als realitätsferne Spekulationen betrachten. Dazu Gerhard Dilcher, Leges – Gentes – Regna. Zur Rolle normativer Traditionen germanischer Völkerschaften bei der Ausbildung der mittelalterlichen Rechtskultur: Fragen und Probleme, S. 19.

700 „Durch gründliche Recherche im urkundlichen Material ist zumindest für einen begrenzten lokalen oder regionalen Rahmen die Frage erörtert worden, wie es sich in der Praxis mit dem gerichtlichen Zweikampf verhalten hat.“ Literaturangaben zum Thema bei Neumann, Der gerichtliche Zweikampf, S. 18, Fn. 33. Die Antwort fällt zumeist zugunsten des Kampfverzichts aus, die Parteien einigten sich lieber gütlich, als zu den Waffen zu greifen.

Dies ist Recht: Wenn der freie Friese zum gerichtlichen Zweikampf herausgefordert wird und er sagt, er habe nicht so viel eigenes Gut im Besitz, dass er sich Waffen und Kampfkleider beschaffen und die Buße zahlen könne, wenn es ihn trifft, so soll ihm der Asega auferlegen, dass sieben seiner Dorfgenossen bei dem Eide, den sie dem König zur Huld geschworen haben, und bei ihrer eigenen Seele aussagen sollen, ob er an dem Tage, an dem man die Kampfklage gegen ihn erhob, ein so großes Gut im Besitz hatte. Erklären sie, dass, als gegen ihn die Kampfklage erhoben wurde, das Gut so groß war, so soll er den schwereren Kampf [= Zweikampf] bestehen, und erklären sie, dass sein Gut nicht so groß war, so soll er zum leichteren Kampf [= Kesselfang] schreiten.

2.2 Auswertung

„Djt is riocht: ief dy frya Fresa toe stride bitingath wirt." Zunächst wird der Frage nachgegangen, von wem die Ladung vorgenommen wurde: vom Kläger selbst oder vom Richter. Eine eindeutige Antwort lässt sich aus der obigen Bestimmung nicht unmittelbar herauskristallisieren. Im ungelehrten Recht galt im Prinzip die Akkusationsmaxime; ohne Kläger gab es keinen Rechtsstreit.[701] Man muss somit auf den ersten Blick davon ausgehen, dass die Ladung von dem Kläger selbst veranlasst wurde. Dass die förmliche Anklage auch von einem gerichtlichen Amtsträger initiiert werden konnte, zeigt eine Stelle im Älteren Schulzenrecht, wo der Schulze gegen eine Person wegen Nichterscheinens vor Gericht vorgeht:

Fan thinghum onesocht

Jef di scelta en man bitigath, dat hi sijn aefta thinghe alsoe socht nabbe als hij mey riochte sculde, soe aegh hi hem al des bitigades twirasum op dae holligum toe ontswerrane.

Von nichtbesuchten Gerichten

Wenn der Skelta einen Mann beschuldigt, seine gesetzlichen Gerichte nicht so besucht zu haben, wie er nach dem Rechte sollte, so darf er sich von allen Anschuldigungen mit einem Eideshelfer auf die Reliquien freischwören.[702]

Auch das Auftreten der Gerichtspersonen – zwei Schulzen und der Asega – in Kapitel 37 zeigt einen ähnlichen Fall: Der Schulze erhebt Klage, das Verfahren wird von Amts wegen gegen den säumigen Verdächtigen in die Wege geleitet. Cl. von Schwerin zieht daraus das Fazit, „daß auch hier Ladung von Gerichts wegen erfolgt".[703]

701 Oestmann, Wege zur Rechtsgeschichte, S. 111.

702 Buma, Westerlauwerssches Recht, Kap. 55, S. 107.

703 v. Schwerin, Zur friesischen Kampfklage, S. 196. Vgl. auch Heck: „Allerdings könnte ein Punkt, die Erwähnung zweier Schulzen [...], dahin gedeutet werden, dass die Klage, wenngleich nicht vor dem Grafen, doch in dem Landgerichte

Vor dem Hintergrund der hier aufgezeigten Beispiele darf im Folgenden festgehalten werden, dass hier die ersten Ansätze zum Übergang einer aktiveren Rolle der Amtsträger vermutet werden kann, mit anderen Worten, der überkommene Prozess bewegt sich vorsichtig in Richtung Offizialmaxime. Die Tatsache, dass sich in Kap. 55 der Angeschuldigte mit einem Eideshelfer auf die Reliquien freischwören kann, scheint diese These zu widerlegen; allerdings überwiegen in einer Transitperiode meistens Mischformen von Altem und Neuem.[704] Außerdem handelt es sich, wie schon erwähnt, beim Älteren Schulzenrecht allem Anschein nach um eine Rechtskompilation, die nicht aus einer Hand in einem festumrahmten Zeitabschnitt verfasst worden ist. Von einem einheitlichen und gleichmäßig verfassten Text kann man somit nicht ausgehen.[705] In der Gesamtbeurteilung der Entwicklungen wird auf diesen Aspekt noch näher eingegangen.

Zwei Arten von Gottesurteilen werden in diesem Kapitel erwähnt: *thet mara strid*[706] oder *swerdkempa*, und *thet lessa strid* oder *ketelfang*. Die Frage steht im Raum, ob der Kläger die Initiative ergriff und somit den Zweikampf von vornherein wegen einer möglichen besseren Ausgangslage geplant hatte oder ob die Klage bei Prozesseröffnung erst durch die Entscheidung des Gerichts aktuell wurde. Buma übersetzt nämlich *toe stride bitingath mit* „zum gerichtlichen Zweikampf herausfordern“, was ein aktives Eingreifen in das Verfahren seitens des Klägers impliziert. Auch Vries übersetzt den Begriff *stride* mit „herausfordern“, wie auch Fairbanks mit „challenge“.[707] Das Verb *bitingia* hat mehrere Bedeutungen u.a. „einklagen“ und „gerichtlich entscheiden“.[708]

---

vor einem stellvertretenden Schulzen erhoben wurde.“ Heck, Die altfriesische Gerichtsverfassung, S. 25.

704 Es gab z. B. Mischformen aus Zeugenbeweis und Eidesleistung. Alte Formen wurden in die neuen Regeln integriert. Dazu Meyer, Gefahr vor Gericht, S. 138.

705 „Je pense que la plupart des sources juridiques frisonnes constituent des oeuvres composites: en tout cas celles antérieures au 14ème siècle le sont toutes sans aucune exception.“ Kalifa, Influence de l'Église et du Droit Synodal sur se Droit coutumier dit des Magistrats dans la Frise du moyen âge, S. 56.

706 „De Friezen noemden het duel ook *mâra strid* ‚grotere strijd‘ “, W. J. Buma, Het godsoordeel in de Oud-Friese literatuur, S. 23.

707 „Dit is recht: wanneer de vrije Fries tot een kamp wordt uitgedaagd“, Vries und B. S. Hempenius-van Dijk, Asega, is het dingtijd?, S. 325; „This is the law: if the free Frisian is challenged to an ordeal“, Sydney. Fairbanks, The old West Frisian Skeltana riucht, S. 91.

708 „bithingia, bitingia, 1) gerichtlich verfolgen; 2) verklagen, einklagen; 3) gerichtlich entscheiden; 4) verurteilen; 5) vereinbaren, ausbedingen“, Wörterbuch (verbessert) Fryske Akademy.

Der Satz wurde im Passiv erstellt, das heißt, das Subjekt ist nicht erkennbar und könnte daher mit „Kläger" oder „Gericht" gefüllt werden. Ein Synonym *bigrette*[709] findet man später im Abschnitt vor, jedoch wird hier ein Subjekt ersichtlich: „*deer ma him mey dae stride bigrette*" (an dem man die Kampfklage gegen ihn erhob). „Man" bedeutet, dass es sich um mehr als eine Person handelt, und wäre ein Argument gegen die Bezeichnung *eines* aktiven Herausforderers.

Auch für das Substantiv *strīd* gibt es mehrere Übersetzungsmöglichkeiten: „Streit, Kampf, Uneinigkeit, Zwist, Prozess, gerichtlicher Zweikampf".[710] Der Vorschlag v. Schwerins, *strīd* mit „Prozess" zu übersetzen, scheint mir nicht tragfähig, denn die Verbindung zwischen Klageerhebung und der Darstellung der Thematik dieses Abschnitts – der Beschaffung der Waffen und Kampfkleidung bzw. Armutseinrede – wäre nicht mehr ersichtlich.[711] Aus diesem Grund wäre die Übersetzung von *toe stride bitingath* mit „Klageerhebung zum gerichtlichen Zweikampf" die bessere Variante.

Bemerkenswert ist die Übersetzung im Wörterverzeichnis Stellers, der die Verben *bitinghia* und *bigrette* nicht mit dem Zweikampf im Zusammenhang sieht.[712]

Problematisch erscheint vor allem die Auffassung Algras mit Bezug auf die Gottesurteile: Der Asega kann, wenn sich die Parteien einem Gerichtsverfahren nicht unterziehen wollen, das Urteil Gott überlassen; der Asega spielt dabei die Rolle eines Rechtsschöpfers.[713] Dagegen ist kritisch einzuwenden, dass der Asega zwar eine prominente Stelle im Verfahren einnimmt, als Initiator der Kampfklage im Älteren Schulzenrecht jedoch nicht auftaucht. Eine mögliche Sonderstellung außerhalb seines Aufgabengebietes ist im friesischen Recht nicht erkennbar.

---

709 „bigrēta afries., [...] nhd. ‚begrüßen', ansprechen, klagen auf, verklagen, auffordern, vorladen, zum, Zweikampf fordern; ne. address, claim." Ibidem.

710 Ibidem.

711 Schwerin, Claudius Frhr. von, Zur friesischen Kampfklage, in: Festschrift für Karl Amira zu seinem 60. Geburtstag, Berlin 1908, S. 177–233, S. 185: „Da strid überhaupt den gerichtlichen Streit schlechthin bezeichnen kann, was unbestritten ist, so kann ‚jemand im Streit gegenüberstehen' auch nur ein Gegenüberstehen im Prozeß bedeuten." Diese Behauptung lässt aber die anderen Übersetzungsmöglichkeiten unberücksichtigt.

712 „bithingia sw.v. gerichtlich belangen, verklagen; gerichtlich entscheiden, verurteilen [...]; bigrêta [...] ansprechen; anklagen, Klage führen", Walther Steller, Das altwestfriesische Schulzenrecht, S. 160. Auch Klaarbergen übersetzt die Begriffe auch ohne Zweikampfbezug: „bitingia gerichtlich belangen, verurteilen [...] bigreta anklagen", Klaarbergen, Das altwestfriesische Jüngere Schulzenrecht, S. 114. Dagegen Cleveringa: bigret „procederen wil door middel van een gerechtelijke tweekamp." Cleveringa, Het Oud-Friese „Kestigia", S. 3, Fn. 2.

713 Algra, Zeventien keuren en vierentwintig landrechten, S. 116.

Eine einheitliche Meinung lässt sich kaum wiedergeben. An dieser Stelle ist aber auf ein wichtiges Argument gegen eine unüberlegte Herausforderung durch den Kläger[714] zu verweisen: Der Weg von der Herausforderung des Klägers bis zum Kampf war nicht nur lang, sondern auch mit vielen Risiken und Unwägbarkeiten behaftet. Da sich der Beklagte im Prinzip von jeder Beschuldigung durch den Zweikampf reinigen konnte, musste der Kläger selber von vornherein zum Kampf bereit sein. Der Beklagte konnte sich zum Kampf mit dem Herausforderer zum Beweis seiner Unschuld bereit erklären, den dieser dann anzunehmen hatte. Leichtfertigen Anklagen konnte durch eine frühzeitige Gefährdungsbeurteilung von Seiten des Klägers vorgebeugt werden. Die zusätzliche Möglichkeit, von einem stellvertretenden Kämpfer des Kontrahenten verwundet oder getötet zu werden, war durchaus nicht auszuschließen und wurde als Argument zu einer (außergerichtlichen) Alternative sicherlich in die Kosten-Nutzen-Abwägung des Klägers miteinbezogen.

Ein weiterer Punkt, auf den ich kurzeingehen möchte, war die einzigartige Möglichkeit, dem Zweikampf auszuweichen, wenn der Beklagte – mit Hilfe von sieben seiner Dorfgenossen – bezeugen konnte, dass er finanziell nicht in der Lage war, sich die für den Kampf erforderliche Ausrüstung zu beschaffen. Er durfte dann zum *lesse strijd* schreiten. Diese Armutseinrede war keine Einrede gegen den *strīd* überhaupt, sondern nur gegen die vom Kläger gewählte Art des *mara strids.* In einem Gerichtsverfahren konnte der Beklagte bei einer Summe von weniger als drei Pfund und acht Unzen (= 880 Pfennige)[715], aber mehr als vier Unzen und dreizehneindrittel Pfennigen zum Kesselfang gezwungen werden. Der Kesselfang war für einen weniger wohlhabenden Angeklagten in gewissem Maße günstig. Dieser

---

714 Neumann spricht bei der Klageerhebung im Sachsenspiegel über den Geschädigten, der zunächst Klage vor dem Gerichtsherrn erheben musste. Daraufhin hat er den Beklagten vor den Richter zu bringen, dabei wurde penibel auf einen korrekten Ablauf des Vorgangs geachtet. Eine Zweikampfaufforderung als impulsiver Akt war nachdrücklich nicht erwünscht. Vgl. Neumann, Der gerichtliche Zweikampf, S. 86.

715 Algra geht davon aus, dass ein Betrag von 93 1/3 Pfenningen den Wert von mehr als drei Kühen darstellte und 880 Pfenninge von mehr als 29 1/3 Kühen (eine Kuh kostete 30 Pfenninge), Algra, ‚Rechtshistorische aspecten van het Landrecht der Vriesne', S. 196. Eine Begründung oder Quellenbelege fehlen. Ausführliche Erläuterungen zum Geldsystem vgl. Henstra, The Evolution of the Money Standard in Medieval Frisia, S. 103. Im mittelalterlichen norwegischen Recht gibt es ähnliche Werte. „We also have some idea of what these sums represented in goods. The Gulathing law held that ten marks were worth thirty-two cows, meaning that one mark was worth a bit more than three cows." Dazu Nordby, The Judicial Oath in Medieval Norway, S. 58.

musste keinen teuren Stellvertreter dingen oder selbst den Beweis seiner Unschuld mit der Waffe erbringen.[716]

Was den letzten Punkt anbelangt, muss jedoch zunächst der Frage nachgegangen werden, inwiefern im Älteren Schulzenrecht der Beklagte tatsächlich selber den Kampf austragen musste, denn dies wird an keiner Stelle im Gerichtsverfahren explizit erwähnt. Im Gegenteil, man ging ohne Weiteres davon aus, dass der Beklagte einen Kämpfer als Stellvertreter dingen würde.[717] Dass die Stellvertretung keine Ausnahme oder gar ein friesisches Alleinstellungsmerkmal war, beweist der Bezug auf die Möglichkeit zur Stellvertretung in anderen Quellen: „Adiuro te, aqua, in nomine Die patris, qui te in principio creavit, ut nullo modus suscipias *hunc hominem vel vicarium eius*“ [Kurs. Verf.].[718]

Lässt nun die Notwendigkeit, die Kampfausrüstung beschaffen zu müssen, den Schluss zu, dass der Beklagte selbst kämpfen sollte, oder hätte er die Ausrüstung für einen Kämpfer zu stellen? Offensichtlich kamen die Bestimmungen in diesem Abschnitt nur zur Anwendung, wenn die Kampfanklage freie, kampfwürdige Friesen betraf, die kein Land im Wert von zwanzig Pfund besaßen, da sie sonst über ein Schwert zur Landesverteidigung verfügen würden.[719] Von Schwerin kommt zu dem Ergebnis, dass der Beklagte selber kämpfen sollte, denn „der Lohnkämpfer hatte wohl seine eigenen Waffen“.[720] Seine Analyse beschränkt sich jedoch darauf,

716 Nijdam, Lichaam, eer en recht in middeleeuws Friesland, S. 169. Ciklamini behauptet in ihrer Untersuchung zum isländischen Zweikampf, dass im Gegensatz zu den Friesen jeder freie Isländer das Recht zum Duell hatte. „He was not excluded or excused from trial by battle as he was in Friesland, where a system of fines [...] restricted the duel tot the wealthy.“ Ciklamini, Marlene, The Old Icelandic duel, Scandinavian studies 35 (1963), S. 175–194, hier S. 176.

717 Vgl. auch Vries: „Bij de gerechtelijke tweekamp dienden beide partijen een kampvechter voor zich te laten optreden, die in een speciaal afgebakend strijdperk de wapens met elkaar kruisten.“ Vries und Hempenius-van Dijk, Asega, is het dingtijd?, S. 30. Dazu auch Hüppe-Dröge: „Bei der Anführung der kampfwürdigen Anklagen wird wiederholt unterschieden, ob die Streitgegner selbst zum Kampf antreten oder Stellvertreter schicken, wie es in den weitaus meisten Fällen üblich ist.“ Hüpper-Dröge, Dagmar Der gerichtliche Zweikampf im Spiegel der Bezeichnungen für ‚Kampf‘, ‚Kämpfer‘, ‚Waffen, in: Frühmittelalterliche Studien 18 (1984), S. 607–661, hier S. 641. Da das gerechte Urteil Gottes im Mittelpunkt der Entscheidungsfindung stand, war es letztendlich belanglos, wer den Kampf austrug. Vgl. Rudolf Bechert, Recht oder Pflicht zur Beweisführung? Unter Berücksichtigung der nordischen Rechte vornehmlich nach fränkischem und angelsächsischem Rechte untersucht, S. 41.

718 Zeumer, Karl (Hrsg.), MGH Formulae Merowingici et Karolini aevi, Hannover 1882, S. 651, Kap. V,2, d.

719 Buma, Westerlauwerssches Recht, S. 83, Kap. 23.

720 v. Schwerin, Zur friesischen Kampfklage, S. 199.

dass er den Stellvertreter ausschließend als „Lohnkämpfer“ definiert, der im Besitz von eigenen Waffen ist. Man muss aus meiner Sicht jedoch berücksichtigen, dass die Stellvertretung durch einen nächsten Verwandten oder Freund nicht auszuschließen war; im Text wird an keiner Stelle explizit von einem professionellen Schwertkämpfer gesprochen.[721]

Aber wenn es sich in einem Gerichtsverfahren über einen Betrag von mehr als drei Pfund und acht Unzen handelte, war ein Zweikampf im Prinzip unvermeidlich.[722] Die oben beschriebene „Vorbehaltsklausel“, also die Möglichkeit, trotz des hohen kampfwürdigen Betrags (*strijtdwerdigha scette*) den Zweikampf nicht antreten zu müssen, kann (auch) als Beweis dienen, dass die Aussicht auf Beweiserhebung durch den Zweikampf doch mit Skepsis betrachtet wurde. Die Kampfbegeisterung scheint, auch bedingt durch das stark formalisierte Verfahren, nicht allzu groß gewesen zu sein.[723] Die Thematik „Zweikampf als Bändigungsvorgang“ findet in den nächsten Kapiteln Berücksichtigung.

2.3 *Fan strijdwerdigha scette* (Kap. 44)

a Djt is riocht, ief hi ti ene swirdkempa thinghia wol, dat hi lessa bigreta ne mey dan tria pond ende acht enza; soe is dat di strydwerdigha schat. Soe schol di fria Fresa dae oerem oen bannena thinghe toetinghia een thing, dat oer, dat tredde ende dat fiaerde; etta fiaerda schel ma dat stryd biwoddia. Soe is dat riocht, dat hi anne berend habba schol also rike dat hi den strydwerdigha schet al laesta moeghe; als hi onder gretwerd

721 Dazu auch Fairbanks, The old West Frisian Skeltana riucht, S. 139. Es ist denkbar, dass es auch einem Verwandten des Beklagten ohne besonderen Grund freistand, für seinen Angehörigen – womöglich zur Einschüchterung des Gegners – als Stellvertreter die Herausforderung zu übernehmen. Vgl. Pfeffer, Michael, Die Formalitäten des gottesgerichtlichen Zweikampfs in der altfranzösischen Epik, in: Zeitschrift für romanische Philologie 9 (1885), S. 1–74, hier S. 26.

722 Dabei stellt sich allerdings die Frage, ob die Klageerhebung zum Zweikampf unter diesem Betrag ausgeschlossen war, was unsere Quelle nicht hergibt. Bei Untersuchungen zum Zweikampfverfahren in der altfranzösischen Epik konnte jedoch gezeigt werden, dass der Zweikampf verboten wurde, falls es sich um eine Schuld von weniger als fünf *sous* handelte. Vgl. Pfeffer, Die Formalitäten des gottesgerichtlichen Zweikampfs in der altfranzösischen Epik, S. 6 f.

723 „Mögliche Konflikte scheint die Praxis sehr pragmatisch gelöst zu haben.“ Oestmann, Peter (2015), Gemeines Recht und Rechtseinheit: zum Umgang mit Rechtszersplitterung und Rechtsvielfalt in Mittelalter und Neuzeit, in: Hierarchie, Kooperation und Integration im Europäischen Rechtsraum (2015), S. 1–50, hier S. 5. Konsequenzen der Herausforderung zum Zweikampf wollen gut überlegt sein und mögliche Alternativen zur Schlichtung auf ihre Durchführbarkeit überprüft werden. Kreutz betont gleichfalls die Streitschlichtungsmechanismen und die Interessenvermittlung im Dingverfahren, Kreutz, Peter, Recht im Mittelalter, S. 103.

coem, alsoe schel hi onder berende staen, oent di strydeed swerren js. Soe is dat riocht, dat hi etta fyfta thinghe den strijdeed swerra scol ende den wedereed hera. Soe ist riocht, dat hi dae hand oppa dae holliga lidzia schol, ief hi riocht habbe, ende dy aesga stowie him den eed ende bidda, dat him God alsoe helpe ende dae holligen. Soe aegh dy aesga den oenthynghere toe moniane, dat hi oplidze, ief hij riocht habbe. Soe aegh hi dae hand op toe lidzane. Nv aegh dy aesga hem den eed toe stowiane ende bidde, dat hem God soe helpa ende dae hollighen. Soe schel ni swighia ende di oera swerra. Nv schel hij quatha, so hi den eed riochte swore ende oenmenes.

b Nv schel hi swighia ende di oera swerra ende schel quatha, so hi den eed riochte swerre ende oenmenes. Nv schel hi swighia ende di oera swerra. Soe aegh hem di aesgha toe stowiane, dat hi hem nabbe biraewed her oen hae ner oen stree ner oen goeda ethbera fia. Nv scol hi swigia ende di oera swerra, dat hi im byrawet habbe oen hae ende oen stre ende oen goeda ethbera fia. Nv scol hi swigia ende di oera swerra, dat hi him nae berauwede alsoe gued so tweintich punda.

c Nv schol hi swighia ende di oera swerra, dat hi him beraweth habbe alsoe gued soe tweintich punda, hit ne were bettra, ief hit sculde.

d Nv schel hi swighia ende di oerra swerra, dat hi ne iouwe onnette fulliste sonder riocht frana wald.

e Nv scol hi swigia ende di oera swerra, dat hi mey sijnre onnettere fulliste sonder riocht frana wald

f Nv scol hi swighia ende dy oera swerra, dat hi nv mey riochte dat raef iens hem na et beta ne scel. Nv scol hi swigia ende dy oera swerra, dat hi nv mey riochte dat raef iens hem beta scel.

Vom kampfwürdigen Betrag (Kap. 44a-f)

a Dies ist Recht, dass jemand, wenn er auf Entscheidunga durch einen Schwertkämpfer klagen will, (mit der Klage) nicht weniger als drei Pfund und acht Unzen verlangen darf; das ist dann der kampfwürdige Betrag. Dann soll der freie Friese gegen den anderen im gebotenen Gericht an einem Termin, dem zweiten, dem dritten und dem vierten seine Klage anstrengen; am vierten Termin soll man Sicherheit für den Zweikampf leisten. Dann ist es Recht, dass er einen so reichen Bürgen haben soll, dass dieser den kampfwürdigen Betrag völlig zahlen kann; sobald er unter Anklage gestellt ist, soll er unter einem Bürgen stehen, bis der Streiteid geschworen ist. Da ist es Recht, dass er am fünften Gerichtstermin den Streiteid schwören und den Gegeneid anhören soll. Dann ist es Recht, dass er die Hand auf die Reliquien legen soll, wenn er Recht hat, und der Asega spreche ihm den Eid vor und bete, dass Gott und die Heiligen ihm so helfen mögen. Darauf soll der Asega den Kläger auffordern, dass er (die Hand) darauflege, wenn er Recht habe. Sodann soll er die Hand darauflegen. Nun soll der Asega ihm den Eid vorsprechen und beten, dass Gott und die Heiligen ihm helfen mögen. Dann soll er schweigen und der andere schwören. Darauf soll er sagen, dass er den Eid wahr und ohne Meineid geschworen habe.

b Nun soll er schweigen und der andere soll schwören und sagen, dass er den Eid wahr und ohne Meineid geschworen habe. Nun soll er schweigen und der andere schwören. Dann soll der Asega ihm den Eid vorsprechen, dass er ihm weder Heu noch Stroh noch gute Esswaren geraubt habe. Nun soll er schweigen und der andere schwören, dass er ihm Heu und Stroh und gute Eßwaren geraubt habe. Nun soll er schweigen und der andere schwören, dass er ihm nie (etwas) im Werte von zwanzig Pfund geraubt habe.

c Nun soll er schweigen und der andere schwören, dass er ihm (etwas) im Werte von zwanzig Pfund geraubt habe, oder es müsste denn mehr sein, wenn es darauf ankäme.

d Nun soll er schweigen und der andere schwören, dass er keine unerlaubte Beihilfe (zum Raub) ohne rechtmäßige Ermächtigung des Frana geleistet habe.

e Nun soll er schweigen und der andere schwören, dass er mit seiner unerlaubten Beihilfe ohne rechtmäßige Ermächtigung des Frana gehandelt habe.

f Nun soll er schweigen und der andere schwören, dass er ihm nunmehr nach Recht den Raub nicht zu büßen habe. Nun soll er schweigen und der andere schwören, dass er ihm nunmehr den Raub büßen solle.

2.4 Auswertung

Der Streiteid bildet in diesem Abschnitt einen wesentlichen Bestandteil des Kampfzeremoniells im altfriesischen Recht. Das Eidverfahren nimmt im Teilgebiet der altgermanischen und deshalb auch der altfriesischen Rechtsgeschichtsforschung eine herausragende Position ein: Der Eid war ja eines der wichtigsten Beweismittel des ungelehrten Rechts.[724] Im Älteren Schulzenrecht heißt es im Register zu **J** mit Bezug auf den Zweikampf: *strijdeed fan ayder ig* (Kampfeid jeder Partei). Diese Definition kommt mit der Umschreibung im Deutschen Rechtswörterbuch überein: *Kampfeid* lautet dort: „von den Parteien vor dem gerichtlichen Zweikampf geleisteter Eid".[725] Dieser Kampfeid sollte also von beiden gerichtlichen Parteien vor dem Anfang des gerichtlichen Zweikampfes geleistet werden. Mit dem *strijdede* wurde im Altfriesischen aber auch spezifisch der Leugnungseid[726]

724 Ein Überblick über den Forschungsstand bei Anne Tjerk Popkema, Die altfriesischen Eidesbezeichnungen, in: Advances in Old Frisian philology, 2007, S. 325–56, hier S. 325, Fn. 2.

725 Deutsches Rechtswörterbuch: Wörterbuch der älteren deutschen Rechtssprache, Band XIV/Heft 1/2 – Stegreif – Stocherwort, Stuttgart 2019, Lemma „Kampfeid".

726 Die Möglichkeit, sich persönlich durch den Reinigungseid von den Vorwürfen zu befreien, war in dieser Phase des Verfahrens nicht mehr gegeben, hier stand Aussage gegen Aussage (Leugnung der Tatsachen). Durch den Kampf soll über Lüge und Wahrheit entschieden werden. Für eine Definition des Begriffs „Reinigungseid" siehe Sachregister/Glossar bei Oestmann, Wege zur Rechtsgeschichte, S. 367.

des Beklagten bezeichnet, vergleiche im Abschnitt oben: „*soe is dat riocht, dat hi etta fyfta thinghe den strijdeed swerra scol ende den wedereed hera*“ (Da ist es Recht, dass er am fünften Gerichtstermin den Streiteid[727] schwören und den Gegeneid anhören soll). Nach Popkema ist dieser Streiteid einzigartig: „Wörtliche Entsprechungen gibt es in den Nachbarsprachen nicht.“[728]

Die Zweikampfvereinbarung wird in diesem Abschnitt als vertragliche Übereinkunft zwischen den beiden Kontrahenten gekennzeichnet. Eine Bürgschaft als Kampfpfand wurde in verschiedenen älteren Quellen von beiden Parteien geleistet.[729] Dagegen kann man im Älteren Schulzenrecht feststellen, dass die Sicherheitsleistung nur von einer Seite – dem Beklagten – erbracht werden sollte. An keiner Stelle werden Zusagen von dem Kläger eingefordert.

Der Beklagte benötigte nur *einen* Bürgen, von dem verlangt wurde, dass „*also rike* [sei] *dat hi den strydwerdigha schet al laesta moeghe*“. Diese Bedingung mutet als Sicherheitsmaßstab ein wenig kurios an; weitere Bonitätskontrollen schienen nicht nötig zu gewesen zu sein. Die Folgen einer Nichtleistung des kampfwürdigen Betrags lassen sich nicht feststellen; offenbar ging das Gericht von einem positiven Ergebnis der Bürgensuche aus.

In den altfriesischen Quellen gibt es nur im westerlauwersschen Marktrecht eine ähnliche Fallbeschreibung: Wenn es sich um einen armen Mann handelte, musste er schwören, dass er mittellos war, und dann war es die Pflicht des Schulzen, sein Erscheinen im Termin zu bestimmen; dort wurde er dann zur Bürgenstellung gezwungen.[730] Anzunehmen ist, dass der Zweikampf im Falle einer Nichtleistung der Sicherheit ausgetragen werden sollte. Dem Beklagten standen vier Fristen von

727 Hier ist Buma mit der Übersetzung inkonsequent: Im Register von mancherlei Rechten und Bußen (J) wird *strijdeed* mit „Kampfeid“ übersetzt, im Älteren Schulzenrecht (J) mit „Streiteid“. „Kampfeid“ ist hier kontextbezogen die zutreffende Variante. Buma, Westerlauwersches Recht, S. 31.

728 Popkema, Die altfriesischen Eidesbezeichnungen, S. 342.

729 Dazu Brunner, Deutsche Rechtsgeschichte, S. 367.

730 Buma, Westerlauwersches Recht, Kap. 11, S. 245, Heck behauptet angesichts der Rolle des Schulzen im Marktrecht: „Der Schulze hält Gericht, betreibt die Bürgenstellung seitens des Missethäters, vollstreckt das Urtheil.“ Heck, Die altfriesische Gerichtsverfassung, S. 108. Laut Buma ist es nicht ausgeschlossen, dass diese Marktordnung ‚Fan dera sceltana riochte‘ noch im 13. Jahrhundert erlassen wurde, also zeitlich vergleichbar mit der Abfassung des Älteren Schulzenrechts ist. Buma, Westerlauwersches Recht, S. 23. Falls man dieses von Heck vermutete Handeln des Schulzen auf Kap. 44 (Bürgenstellung) des Älteren Schulzenrechts übertragen würde, setzte das ein aktives Handeln von Seiten des Schulzen als Gerichtsbeamter voraus. Offenbar brauchte der Kläger in dem Fall seine Rechte bzw. Interessen vor Gericht nicht selber durchzusetzen. Für eine derartige Aufgabenstellung des Schulzen fehlen im Kap. 44 jedoch die entsprechenden Belege.

je 21 Tagen zu, um einen geeigneten Bürgen zu finden; damit wurde den Kombattanten *in spe* ein zusätzliches retardierendes Momentum zum Überlegen eingeräumt. Die oben beschriebenen Ausführungen über die Armutseinrede gegen die Verpflichtung, einen gerichtlichen Zweikampf austragen zu müssen, führten, wenn sie nicht entkräftet wurden, übrigens nicht zu einer Klageabweisung, sondern zum Kesselfang. Sie war nicht als Einrede gegen den *strīd* an sich gedacht, sondern nur gegen die vom Kläger gewählte Art eines Zweikampfes.[731]

Zwei Eide wurden also wechselseitig unter Aufsicht des Asegas geleistet: der Leugnungseid des Beklagten und der Gegen- (Scheltungs-) Eid des Klägers offenbar mit dem Ziel, unmittelbar vor dem Kampf noch einen Versuch zur Sühne zu erreichen.[732] Der Kläger beschwor die Richtigkeit des von dem Asega vorgesprochenen Eides; der Beklagte beteuerte darauf seine Schuldlosigkeit. Zur Eidesleistung legten beide gegnerischen Parteien die Hand auf die Reliquien, sodass auf diese Weise ein Urteil Gottes auf den Schuldigen heraufbeschworen wurde. Durch diese Zeremonie wurde der Kläger vom Beklagten *vice versa* als Meineidiger bezichtigt. Leichtfertig wird man den Vorwurf auf die mangelnde Integrität der Gegenpartei nicht erhoben haben, denn aufgrund dieser Eidesleistung ergaben sich für denjenigen, der im Kampf unterlag, erhebliche Konsequenzen: Meineid hatte als Kapitalverbrechen im Rahmen eines göttlichen Strafgerichts ein hohes Strafmaß zur Folge.[733] Der Eid hatte eine klare Ordalfunktion, da man der Auffassung war, dass der Meineidige unheilvollen schweren Schaden oder den Tod auf sich ziehen würde[734] Bedenkt man die Konsequenzen dieser göttlichen Entscheidung, ist es m. E. durchaus denkbar, dass im Älteren Schulzenrecht unterschwellig ein bereits entwickelter Rationalisierungsprozess im Verfahren sichtbar wurde und die Eidesleistung als Abschreckung an Kraft schon eingebüßt hatte.[735] Zu klären ist deshalb, ob die – noch zu postulierende – Rechtspraxis des Zweikampfs durch Symbolhandlungen, *in casu* die Eidesleistung als rein rituelle Handlung und Strategie zur Konfliktlösung, durch die Kontrahenten geprägt wurde.

731 Vgl. v. Schwerin, Zur friesischen Kampfklage, S. 202.

732 Vgl. Nottarp, Gottesurteilstudien, S. 276.

733 Dazu Nehlsen-von Stryk, Karin, Die Krise des „irrationalen" Beweises, S. 88.

734 Oesterdiekhoff, Das archaische Prozess- und Beweisrecht, S. 178. Das Bestimmungswort germ. *maina- „falsch, betrügerisch" bedeutet eigentlich „verwechselt, vertauscht" und gehört mit verwandten Wörtern in anderen idg. Sprachen zu der Wurzel *mei- „wechseln, tauschen". Duden Etymologie: Herkunftswörterbuch der deutschen Sprache, Lemma „Meineid".

735 Über eine Formstrenge der Eidesleistung, oft postuliert für das germanische Recht, erfährt man nichts. Oestmann relativiert wegen der Angreifbarkeit der Quellenbelege die angebliche archaische Formstrenge. Oestmann, Die Zwillingsschwester der Freiheit, S. 25 f.

Ein weiteres Thema, auf das ich in diesem Abschnitt eingehe, ist die Frage nach dem Stellenwert des Begriffs *bannene thing*, in dem der freie Friese seine Klage gegen seinen Kontrahenten anstrengte. Buma übersetzt in Kap. 44a *oen bannena thinghe* mit „gebotenem Gericht". In den Kapiteln 26–32 wird von *bodthing* gesprochen – ebenfalls mit der Übersetzung „gebotenes Gericht" –, nur in den Kapiteln 36 und 44a werden die Varianten *banne thing* bzw. *bannene thing* verwendet.[736] Da Buma beide Begriffe mit „gebotenem Gericht" übersetzt hat, wird dadurch die Zuordnung der Begriffe erschwert.

Das gebotene Ding fand, eventuell unter dem Vorsitz des Grafen, statt und hatte in Friesland einen ganz anderen Stellenwert als in anderen Gebieten des fränkischen Reichs.[737] In Friesland wurden jedes Jahr drei echte Dinge abgehalten. Darüber hinaus konnte alle vier Jahre ein *bodthing* ausgerufen werden.[738] Jeder berechtigte Friese hatte die Pflicht, an diesen drei echten Dingen teilzunehmen. Das *bodthing* fand an sieben Tagen statt, von Montag bis Montag, und alle *huusmannen* waren verpflichtet, daran teilzunehmen.[739] Bedenkt man nun die Konsequenzen einer Identität von *bannene thing* mit *bodthing*, ergeben sich die folgenden Schwierigkeiten:

Aus der Quelle (Übersetzung Buma) geht hervor, dass die Kampfklage vor dem gebotenen Gericht (*bannene thing*) erhoben werden musste, wobei auffällt, dass der Beklagte erst nach dem vierten Ding die vom Gericht verlangte Sicherheit für den Zweikampf zu leisten hatte, also erst nach dreimaliger, erfolgreicher Ladung. Der Beklagte konnte also die Erscheinungspflicht zunächst einfach ignorieren; erst im vierten Ding wurde er mit den Folgen des Ungehorsams konfrontiert. Eine vierstufige Prozessführung widersprach aber nach v. Schwerin allen Regeln der germanischen Prozessführung und sei demnach nicht anzunehmen. Die Annahme liege in diesem Fall nahe, dass der Beklagte im ersten Ding ungeladen fehlte, das heißt, die Klageerhebung fand im ersten Ding in Abwesenheit des Beklagten statt; somit müsste er erst im zweiten, dritten und vierten Ding den Streit wetten.[740]

---

736 Buma, Westerlauwerssches Recht, Sach-und Wortregister, S. 274.

737 „Die Gerichtsversammlung findet, soweit sie staatlichen Ursprungs ist, periodisch [...] und in diesem Sinn zu gesetzlicher Zeit, statt; außerdem kann sie, wann man ihrer bedarf, doch unter Beobachtung der gesetzlichen Fristen, aufgeboten oder ‚ausgelegt' werden (sog. gebotenes Ding)." Amira, Grundriß des germanischen Rechts, S. 252. Vgl. auch Oestmann, Wege zur Rechtsgeschichte, S. 60. Siehe auch Teil V, Kap. 3.3 dieser Arbeit.

738 Buma, Westerlauwerssches Recht, Kap. 26, S. 85.

739 Vgl. auch die Übersetzung bei Vries: „Dan moet de vrije Fries de ander in het gebannen ding bij één zitting, de tweede, de derde en de vierde aanklagen; bij de vierde moet men [de aangeklaagde] borgstelling voor de kamp geven.", Vries und Hempenius-van Dijk, Asega, is het dingtijd?, S. 326 f.

740 v. Schwerin, Zur friesischen Kampfklage, S. 193 f.

Von Schwerin vergleicht den friesischen Vorgang mit dem sächsischen Recht, wobei es ausgeschlossen war, dass der Kläger den Beklagten mehr als dreimal ansprechen würde. Das Gericht würde nach dem Nichterscheinen des Beklagten allenfalls einen zweiten oder dritten Gerichtstag anberaumen; am dritten Gerichtstag müsste sich der Beklagte zu den Vorwürfen äußern, ansonsten würde der Kläger nach diesem dritten Termin den Beklagten mit den Ungehorsamsfolgen konfrontieren. In unserem Abschnitt muss die Sicherheit erst im vierten Ding geleistet werden. Daraus folgt, dass der Beklagte zum ersten Ding offenbar noch nicht geladen worden war; in seiner Abwesenheit folgte dann erst die Ladung. Dies impliziert, dass der zweite Termin faktisch der erste in der Sache ist; ein dreistufiges Verfahren wäre mit dieser Interpretation des Ladungsvorgangs garantiert.[741] Diese Erklärung v. Schwerins zum vierstufigen Vorgang im friesischen Recht scheint aus meiner Sicht recht plausibel.[742]

Ein weiteres Argument für seine Sichtweise bietet Kap. 57 im Älteren Schulzenrecht über die Klage beim Grafengericht:

> Kap. **57** Fan hofclaghe. (Ausschnitt) Jef ma en huusman etta houe opclageth, soe scel di grewa dae scelta bieda, dat hi hem toe houe bodie; soe scel di scelta bieda dae bannere, dat hi hem te houe bodie tweer daghen oen sijnre bura anderde. Jef hi dan naet komma ne welle, soe aegh him di scelta des tredda deis toe houe toe bodiane self oen sijnre bura anderde. lef hi dan naet komma welJe, soe aegh hi him des fiarda deys etta houe wrherich toe betingiane. Nv aegh di aesga him twa pond ti wrdelane om dae wrheerghenisse eta houe.
>
> Von der Klage beim Hofgericht
>
> *Wenn man einen Hausmann beim Grafengericht verklagt, so soll der Graf dem Skelta gebieten, dass er ihn vor das Grafengericht lädt; darauf soll der Skelta dem Gerichtsboten gebieten, dass er ihn an zwei [aufeinanderfolgenden] Tagen in Gegenwart seiner*

741 Übrigens gab es offenbar diese Möglichkeit im sächsischen Recht auch: „[...] daß aber doch auch hier [im sächsischen Recht, Anm. Verf.] das dritte angesagte das vierte in der Sache sein kann, weil der Beklagte im ersten ungeladen fehlte", ibidem, S. 194. Belegstellen werden von v. Schwerin nicht aufgeführt.

742 Das Vier-Stufen-Verfahren in Kap. 57 ließe sich m. E. wie folgt erklären: „Man" verklagt einen Hausmann beim Grafengericht, d. h., ein Privatmann erhebt die Klage. Der Beklagte ist – aus welchem Grund, lässt sich aus dem Text nicht herleiten – bei diesem ersten Termin nicht anwesend, vielleicht ist er dazu nicht verpflichtet. (1) Der Schulze gebietet darauf dem *banner*, dass er den (säumigen?) Beklagten vorladen soll, und zwar dreimal (2, 3, 4). Formal ist der Beklagte von den Amtsträgern dreimal vorgeladen worden, das erste Mal wird offenbar nicht als offizielle Ladung mitgezählt. Die Möglichkeit, dass wir es hier mit einer lokalen Variation in der Ladungsprozedur zu tun haben, kann nicht von vornherein ausgeschlossen werden.

Nachbarn vor das Grafengericht lädt. Wenn er dann nicht kommen will, so soll der Skelta selbst ihn am dritten Tage in Gegenwart seiner Nachbarn vorladen. Wenn er dann nicht kommen will, so soll er ihn am vierten Tage im Grafengericht für ungehorsam erklären lassen. Nun soll der Asega ihm wegen des Ungehorsams gegen das Grafengericht eine Buße von zwei Pfund auferlegen. Dann soll der Graf dem Skelta und dem Asega gebieten, nach seinem Hause zu gehen und dort in Gegenwart seiner Nachbarn zwei Pfund beizutreiben und ins Grafengericht zu bringen, wenn sie können.

Auch hier erfolgt die Feststellung des Ungehorsams nach viermaliger Ladung, wobei es sich in diesem Abschnitt nicht explizit um ein *bodthing* bzw. ein *bannena thinghe* handelt, sodass ein Vergleich zur Identifizierung des Vier-Stufen-Systems in beiden Gerichten schon aus diesem Grund problematisch ist. Die einschlägigen Bestimmungen über das *bodthing* im Älteren Schulzenrecht geben keine Auskünfte über die stufenweise Verfahrensweise der Klageerhebung. Die Frage, ob *bannene thing* überhaupt als Synonym von *bodthing* aufgefasst werden kann, lässt sich damit schwer beantworten; sehr wahrscheinlich ist das allerdings nicht. Warum für dasselbe Gericht zwei verschiedene *termini technici* verwendet wurden, ist in der einschlägigen Literatur kaum beachtet[743] bzw. übersehen worden. Wenn es sich um ein und dasselbe Gericht handeln würde, müsste die Verwendung von zwei Begriffen erst einmal erklärt werden. Zweitens ist ein identischer Vorgang in der Verfahrensstruktur für zwei unterschiedliche Gerichtsversammlungen (*bannene thing* und *hof*) wegen ihrer unterschiedlichen Aufgabenbereiche nicht unbedingt von vornherein anzunehmen.

An dieser Stelle ist noch ein vielmehr logistisches Problem zu berücksichtigen: Das gebotene Gericht konnte nur einmal in den vier Jahren nach der Sommersonnenwende und vor der späteren Tagundnachtgleiche gehalten werden, also zwischen dem 21. Juni und dem 21. September.[744] Abgesehen von dem Zeitaufwand, der für den (idealtypischen) Rechtsgang erforderlich war – Klageerhebung, Vorladung, Vortragen der Klage durch den Kläger, Geständnis bzw. Leugnung –, wurden dem Beklagten für die Leistung der finanziellen Sicherheit infolge seiner eventuellen Rechtsverweigerung auch noch drei Fristen von je 21 Tagen gewährt.[745] Das ganze Verfahren stünde damit unter einem erheblichen Zeitdruck: Insgesamt waren nur drei Monate zur Erledigung einer Rechtssache vorgesehen. Mit einem derartigen zeitlich bedingten Sicherheitsmechanismus wäre der Beklagte zweifelsohne im Vorteil, wobei noch zu bedenken ist, dass der Beklagte während eines Zeitraums von einigen Jahren, also bevor die nächste Sitzung des *bodthing*

743 Fairbanks bewertet das *bannene thing* nicht nur als „proclaimed court “, sondern auch „in the sense that people are commanded to attend“, Fairbanks, The old West Frisian Skeltana riucht, S. 30. Für eine Unterscheidung zu den echten drei Dingen bzw. dem *bodthing* ist diese Umschreibung jedoch nicht sehr hilfreich.

744 Buma, Westerlauwerssches Recht, Kap. 16, 26, S. 81,85.

745 Ibidem, Kap. 44a zusammen mit Kap. 45, S. 97,99.

anberaumt war, Immunität genoss, was angesichts der Schwere der Vorwürfe[746] zu einer unbefriedigenden Rechtslage führen würde.

Fasst man die Ergebnisse der oben beschriebenen Ausführungen zusammen, zeichnet sich deutlich die Schwierigkeit ab, *bannene thing* als Synonym von *bodthing* zu betrachten. Eine Option wäre, das *bannene thing* als Sondergericht im Falle einer Herausforderung zum Zweikampf einzustufen.[747] Womöglich verlangte die Verortung des gerichtlichen Zweikampfs in die Sphäre des Sakralen (z. B. die ausführliche Eidesleistung als letzter Sühneversuch) eine besondere Form der gerichtlichen Auseinandersetzung.

Die nächsten zwei Kapitel werden aus chronologisch-inhaltlichen Gründen vorgezogen.

2.5 *Fan dae stedum* (Kap. 46)

Djt is riocht: soe hweer soe di fria Fresa op en oerem thingath en stride, dat hi coma schel een thing, en oer, dat tredde, dat fiaerde ende eta tredda sine stede alle nyma schel, ief hi se habbe welle; eta fiaerda thinge nenne stede, hit ne were dat stryd biweddia, iefta dat fyfte thijng schel ti zijn huse wessa omme dat tinglase.

Von den rechtlichen Hilfsmitteln

Dies ist Recht: Wenn der freie Friese eine Kampfklage gegen einen anderen erhebt, so soll er an einem Gerichtstermin, einem zweiten, dem dritten und dem vierten erscheinen, und am dritten soll er [der Beklagte] seine rechtlichen Hilfsmittel alle anwenden, wenn er sie benutzen will; am vierten Gerichtstermin (darf er) kein rechtliches Hilfsmittel (anwenden), sondern nur Sicherheit für den Zweikampf leisten, oder der fünfte Termin soll bei seinem Hause sein wegen der Gerichtsversäumnis.

2.6 *Fan der vta* (Kap. 47)

Djt is riocht: soe di fria Fresa ti stride thinghie wille ende dy oera da vta habba wille, dat hi binna thrim thingum koma schel, ief hi da vta habba wille. lef ma hem mey stride bigret, so schel hi sidza, hi ne thoer bi des sceltes banne iechtwerd n er seckwerd dwaen ner nen thinghat ontfaen, omdat hi deer huus ner hof haet.

Von der Einrede des auswärtigen Wohnsitzes

Dies ist Recht: Wenn der freie Friese auf einen Zweikampf klagen will und der andere die Einrede der Nichtansässigkeit erheben möchte, so soll er innerhalb dreier Gerichtstermine kommen, wenn er die Einrede geltend machen will. Wenn man die Kampfklage gegen

---

746 Im Zusammenhang mit der Höhe des kampfwürdigen Betrags.

747 So auch Fairbanks: „There are two references to a bannena thing [...] and one in XXX (2) [Kap. 44a bei Buma, Anm. Verf.] – the proper court to start proceedings for ordeal by battle." Fairbanks, The old West Frisian Skeltana riucht, S. 44 f.

ihn anstrengt, so· soll er sagen, er brauche unter der Banngewalt dieses Skelta weder zu gestehen noch zu leugnen noch ein Gerichtsverfahren zu erdulden, weil er dort [in dessen Bannbezirk] weder Haus noch Hof habe.

2.7 Auswertung

In diesem Abschnitt werden die *steden*, die der Beklagte einlegen kann, aufgeführt.[748] Welche Rechtsmittel dem Beklagten in Kap. 46 zur Verfügung standen, lässt sich nicht herleiten. Aus den altfranzösischen Quellen wird deutlich, dass, wer sich weigerte, für Konsequenzen des Urteils einzustehen, ehrlos wurde und Sitz und Stimme im Gericht verlor.[749] Ob ihm die Möglichkeit zur Überprüfung der Richtigkeit der Entscheidung zur Zweikampfklage zustand, lässt sich wegen der Dürftigkeit der Aussagen ebenfalls nicht feststellen.[750] Wahrscheinlich konnte der Beklagte ausschließlich hemmende, nicht der materiellen Wahrheit dienende Faktoren zur Geltung bringen, wie z. B. die Armutseinrede oder die *exceptio fori.* Aus dem Text geht hervor, dass der Beklagte bei regelmäßigem Verlauf des Verfahrens spätestens im vierten Ding die Sicherheitsstellung zu leisten hatte. Nach dem vierten Termin fand ein Ding beim Haus des Beklagten statt.[751] Ob man daraus schließen kann, dass der Beklagte nach dem vierten Ding infolge seiner Rechtsverweigerung zum friedlosen Mann mutiert war, muss man bezweifeln, da offenbar das fünfte Ding nicht sein letztes gewesen ist.

Im nächsten Kapitel (Kap. 47) stand ihm nämlich noch eine Einrede zu, was heißt, dass es zu einer Hauszerstörung noch nicht gekommen war. Denn im altfriesischen Recht bekam der Ungehorsame mindestens dreimal die Gelegenheit, die Geldstrafe für Ungehorsam zu zahlen und sich so wieder in den Frieden zu kaufen.[752] In Kap. 47 wendet der Angeklagte ein, das Gericht sei nicht befugt, ihn vorzuladen, da er nicht über einen Wohnsitz im Bezirk des Schulzen verfüge. Daher brauche er weder inhaltlich auf die Klage einzugehen noch ein Gerichtsverfahren über sich zu erdulden.

Den zentralen *terminus technicus* in diesem Abschnitt finden wir in dem Passus: *vta habba wille.* Fairbanks ist der Ansicht, dass über *uta* als Rechtsbegriff kaum Aussagen möglich sind.[753] Er verweist auf Heck, der *vta als* „plea to the

748 “stede, sted, stidi, afries.: nhd. Statt, Stätte, Hausstätte, Hausgrundstück, Stadt, rechtliches Hilfsmittel“, Köbler, Altfriesisches Wörterbuch.

749 Gebauer, Curt, Studien zur Geschichte der Urteilsschelte auf Grund der altfranzösischen Quellen, in: ZRG GA 17 (1896), S. 33–62, hier S. 39.

750 In Frankreich wurde durch die Schelte der Prozess suspendiert. Ibidem, S. 41.

751 Auf die Problematik der Anzahl der Dinge wurde bereits eingegangen (Teil V, Kap. 3.5 dieser Arbeit).

752 Buma, Westerlauwerssches Recht, Kap. 57, S. 109.

753 Fairbanks, The old West Frisian Skeltana riucht, S. 142.

jurisdiction“ für diesen spezifischen Fall übersetzt.[754] Von Schwerin hält diese Umschreibung für zu eng und schlägt vor, *uta* und *utane* nicht als Synonym zu betrachten, denn *utane* könne auch mit dem Verb *u-dua* (heraustun) in Verbindung gebracht werden.[755] Zur Begründung seiner These führt v. Schwerin an, dass es andere Stellen in altfriesischen Rechtsquellen gibt, in denen das Wort *uta* vorkommt mit der Bedeutung „prozesshindernde Ausrede“, ohne dass die engere Bedeutung einer *exceptio fori* anzunehmen sei.[756] Zur Unterstützung seiner These verweist er auf eine Stelle im Jüngeren Schulzenrecht: *„Dit is riocht, ief him dere vta brect, deer him di aesga wysd haet, dat hi schel mitter haudliesne beta.“* (Dies ist Recht, dass er, wenn ihm der Nachweis fehlt, den der Asega ihm aufgetragen hat, mit der Halslösungssumme büßen soll).[757] Nach v. Schwerin handelt es sich hier nicht um eine Einrede gegen die örtliche Zuständigkeit des Gerichts, sondern vielmehr um einen Alibibeweis des Beklagten: „Der Beklagte will die Totschlagsklage abwenden, durch die Einrede, er sei bei dem Kampf, im dem der Erschlagene getötet wurde, überhaupt nicht beteiligt gewesen“[758]. Das Adverb *uta* bringt v. Schwerin in Verbindung mit einem ahd. Verb *uzôn*, was entäußern, lostrennen bedeutet. Diese Bedeutung könne man auch für *uta* annehmen und wäre dann passend zur Bezeichnung einer prozesshindernden Einrede bzw. Ausrede. Aus diesem Grund spricht sich v. Schwerin für *uta* in unserer Bestimmung (Kap. 47) ebenfalls für die engere Bedeutung einer *exceptio fori* aus.[759]

2.8 *Fan dae strijdede* (Kap. 45)

Nv di strydeed swerren is, nv ist riocht, dat hi enen berend habba scel. Ief hem di burgia nelle, deer hem eer burgade, soe scel hem en oer burgia een ende tweintich nachta, ende di berend scol alsoe rike wessa, dat hi dyn strydwerdigha schet al laesta moege deer, der onder gretwerd la et is. Soe schol hi dat berendscip werria, alo nt

---

754 Ibidem, S. 142. Übersetzung Heck: „Uta (für utane, Einwand örtlicher Unzuständigkeit)“, Heck, Die altfriesische Gerichtsverfassung, S. 25; Köbler, Altfriesisches Wörterbuch: „ūta 6, ūte, ūt-a, ūt-e, afries., Adv., Präp.: nhd. außen, außerhalb, aus; ne. outside.“ Das Wörterbuch (verbessert) bietet zusätzlich eine Übersetzung, die das Ausmaß eines Grundstückes betrifft: sich erstreckend bis (von Grundstücken).

755 v. Schwerin, Zur friesischen Kampfklage, S. 203. Diese Vermutung scheint mir für eine adäquate Einschätzung des Adverbs *uta* weit hergeholt, im Kontext ist m. E. eine Übersetzung mit „als nicht gebietsansässige Person“ die einzig richtige und logisch nachvollziehbare Option. Zudem führt v. Schwerin keine Belegstellen für die Existenz eines Adverbs *utane* an, sodass die Ausführungen nicht besonders aussagekräftig sind.

756 Ibidem, S. 203 f.

757 Buma, Westerlauwerssches Recht, Kap. 34c, S. 234 f.

758 v. Schwerin, Zur friesischen Kampfklage, S. 204.

759 Ibidem, S. 204.

dae etekere biwixelat sint. jef hi den kempa ne winna mey, soe aegh hi efta een ende tweintich nachta. lef him dis eft brect, dat hi nen kempa winna ne mey, soe aegh hi dae tredda een ende tweintich nachta. Als dae tria ende sextich nachta omkommen sint, soe schol ma dat stryd bifiochta binna dae banne, deer hit binna biswerren is. Soe aegh di scelta den kerre, hweer hi dat thijng keda lete. Nv aghen hia dae kempan deer toe brengane, deer dat stryd wtledath, ende soo aegh hem di aesga den kamp stal ti wisane. Di scel wessa tria ende sextigha foeta breed, mollesfoeta, allerweykes; deer aeghen dae kempan oen toe wessane ende dae gretwerderan ende di sculta ende di aesga; hwae soe iel kers deerjn gheet, di schel den greuwa twa pund iaen. Efterdam deer di scelta bannes bigonnen haet, soe aegh him di aesgha te delane, dat hia binna trem deghum dat stryd bifiochta scellet. Nv ist riocht, dat dae swird lijk lang wessa scelleth ende di scelta ende di aesga scellet dae wepenen scowia bede ioendes ende moernes. Soe yst riocht, dat dae wepene an da kempstalle bidia schelleth, aid eer se dae kempan brengath. Hiara ayder schel habba twae swird; ief him dat oer byswict, dat hi ti dae oerem fe, ief hi moeghe.

Vom Streiteid

Nun, da der Streiteid geschworen ist, ist es Recht, dass er einen Bürgen haben soll. Wenn derjenige nicht für ihn bürgen will, der vorher für ihn gebürgt hat, so soll ein anderer einundzwanzig Tage lang für ihn bürgen, und der Bürge soll so reich sein, dass er den kampfwürdigen Betrag dem, der unter Anklage gestellt ist, völlig zahlen kann. Dann soll er die Bürgschaft übernehmen, bis die Speere gekreuzt sind. Wenn er keinen Kämpfer dingen kann, so hat er wieder Recht auf einundzwanzig Tage. Falls es ihm wiederum misslingt, einen Kämpfer zu dingen, so hat er zum dritten Mal Recht auf einundzwanzig Tage. Wenn die dreiundsechzig Tage vergangen sind, so soll man den Zweikampf in dem Gerichtssprengel, in dem er beschworen ist, ausfechten. Dabei hat der Skelta die Wahl, wo er das Gericht ansagen lassen will. Nun sollen sie die Kämpfer, die den Zweikampf austragen (werden), dorthin bringen, und dabei hat der Asega ihnen den Kampfplatz anzuweisen. Der soll allenthalben dreiundsechzig Fuß, Normalfuß, breit sein; da drinnen sollen sich die Kämpfer, die Kampfwärter, der Skelta und der Asega befinden. Wer sonst hineingeht, soll dem Grafen zwei Pfund geben. Nachdem der Skelta das Kampfgericht eröffnet hat, soll der Asega ihnen auferlegen, dass sie den Zweikampf binnen drei Tagen ausfechten sollen. Nun ist es Recht, dass die Schwerter gleich lang sein sollen, und der Skelta und der Asega sollen die Waffen sowohl abends wie morgens besichtigen. Ferner ist es Recht, dass die Waffen an dem Kampfplatz, wohin die Kämpfer sie bringen, bleiben sollen. Jeder von ihnen soll zwei Schwerter haben, damit er, falls ihm das eine zerbricht, zum anderen greifen möge, wenn er kann.

2.9 Auswertung

Aus dieser Kampfvorschrift geht hervor, dass der Beklagte Recht auf einen neuen Bürgen hatte, wenn der vorige Bürge sich unverhofft zurückziehen würde. Aussagen über die Motive dieses Bürgen, seine Unterstützung nach dem Streiteid zu verweigern, können aus der Quelle nicht herauskristallisiert werden.[760] Dem Beklagten stand wiederum eine Frist von 21 Tagen zu, um diesen neuen Bürgen zu suchen. Der Kampf sollte in dem Bannbezirk des Schulzen, in dem er beschworen war, ausgetragen werden. Der Kampfplatz war dabei offenbar noch nicht festgelegt; der Schulze konnte ihn erst später nach eigenem Ermessen festsetzen.[761] Dies impliziert, dass der Zweikampf nicht an dem üblichen Dingort ausgetragen wurde, sondern es musste noch ein geeigneter Kampfplatz ausgewiesen werden.[762]

Ähnlichkeiten mit dem isländischen *hólmganga* sind in dieser Hinsicht frappant; aus diesem Grund soll dieser Ansatz kurz weiterverfolgt werden. Der Holmgang[763] hatte eine eigene Aufzeichnung mit Kampfvorschriften, *hólmgögulög* genannt. Die Kampfregeln wurden laut vorgetragen von dem Herausforderer, bevor der Kampf stattfand. Die Vorschriften sind am ausführlichsten in der Kormak-Saga überliefert:

> *Es war das Gesetz des Holmgangs, dass das Fell (Kampfteppich) fünf Ellen lang sein sollte, mit Schlingen an seinen Ecken. In diese sollten bestimmte Pfähle mit einem*

---

760 Fairbanks hält es für möglich, dass dem Beklagten Fehler bei der Eidesleistung unterlaufen waren: „if he stammered, his case looked black. Evidently the resignation of the first surety happened often enough so that the law has to make provision for it." Fairbanks, The old West Frisian Skeltana riucht, S. 141. Die Versprechung wäre dann wohl der Grund, dem Beklagten die zunächst zugesagte Bürgschaft zu verweigern. Dem muss man entgegenhalten, dass das Verfahren erst nach der (gelungenen) Eidesleistung fortgesetzt werden konnte; die Suche nach einem neuen Bürgen muss einen anderen, vielleicht ganz profanen Grund gehabt haben. Die Annahme Fairbanks, das Gericht würde neue Formvorgaben zur Vermeidung von Versprechungen entwickeln, sollte allerdings nicht ausgeschlossen werden, kann wegen der dürftigen Informationslage aber nicht als überzeugendes Argument dienen.

761 v. Schwerin, Zur friesischen Kampfklage, S. 231.

762 Wie im isländischen Recht: „A cleary marked spot – an island or specially marked-out lists – was chosen." Bartlett, Trial by fire and water, S. 110; „Le Hólmr ou Hólmi était un îlot choisi au milieu d'un torrent en bordure du site d'un parlement", Durand, Frédéric, La saga de Kormak; introduction, traduction, notes, lexique, cartes et index, Coll. Viking; 1, Caen 1975, Kap. 10, S. 31 f.

763 Es gab zwei Begriffe für den Zweikampf: *einvígi* und *hólmganga*. Der Holmgang war streng reglementiert, *einvígi* war dagegen unstrukturiert, Bø, Olav, Hólmganga and einvígi (Scandinavian forms of the duel), in: Mediaeval Scandinavia 2 (1969), S. 132–148, hier S. 132. Bereits 1006 wurde der Zweikampf auf Island verboten, Ciklamini, The Old Icelandic duel, S. 190. Grund für das Verbot sei ein Interesseverlust von Seiten der Aristokratie, ibidem, S. 190. Miller übersetzt *einvígi* mit „single combat" und *hólmganga* mit „fight in the ring". Zitiert nach Oren Falk in: Meyerson, Mark D./ Thiery, Daniel E./Falk, Oren, A great effusion of blood? Interpreting medieval violence, Toronto [u. a.] 2004, S. 101.

Kopfende hineingetrieben werden, genannt tiösnur.[764] *Wer es vorbereitet hatte, sollte auf so eine Art und Weise zu den Pfählen gehen, dass er den Himmel zwischen seinen Füßen sehen konnte, seine Ohrläppchen sollte er festhalten und die Worte sprechen, die im Ritus „Das Opfer des Tiösnur" verwendet wurden. Drei Rechtecke sollten um das Fell markiert werden, jedes einen Fuß breit. An den äußersten Ecken der Quadrate sollten vier Pflöcke sein, „Haseln" genannt; war dies geschehen, ergab das ein „Haselfeld". Jeder Kämpfer sollte drei Schilde haben, und wenn sie zerhauen waren, musste er wieder auf das Fell (Kampfteppich) steigen, wenn er dieses vorher verlassen hatte, musste er sich danach allein mit seinen Waffen verteidigen. Wer herausgefordert worden war, sollte den ersten Hieb austeilen. War einer verwundet, sodass das Blut auf das Fell floss, sollte nicht mehr weitergekämpft werden. Setzte einer einen Fuß außerhalb der Haseln, dann hieß es: ‚Er weicht.' Trat er mit beiden Füßen außerhalb des Kampfteppichs hieß es: Er „rannte." Vor jedem der Kämpfer sollte dessen Partner den Schild halten. Der Verwundete sollte drei Mark Silber bezahlen um freigelassen zu werden.*[765]

Der Kampfplatz in der Kormak-Saga ist auf einer (kleinen) Insel festgelegt mit dem Ziel, dass keiner der beiden Kontrahenten die Möglichkeit hatte, aus dem vorgeschriebenen Gebiet herauszutreten.[766] Der Umfang des Kampfplatzes betrug fünf Ellen. Wenn wir davon ausgehen, dass eine Elle ursprünglich von der Länge

---

764 „The purpose of the *tjösnublót* is obscure, particulary so, because the saga omits the wording of the spell or incantation pronounced at the rite." Jones, Gwyn Some characteristics of the Icelandic „Hólmganga" Journal of English and Germanic Philology 32 (1933): 203–224, hier S. 183. *blót* bedeutet Zeremonie [Anm. Verf.].

765 Originaltext: *Það voru hólmgöngulög að feldur skal vera fimm alna í skaut og lykkjur í hornum. Skyldi þar setja niður hæla þá er höfuð var á öðrum enda. Það hétu tjösnur. Sá er um bjó skyldi ganga að tjösnunum svo að sæi himin milli fóta sér og héldi í eyrasnepla með þeim formála sem síðan er eftir hafður í blóti því að kallað er tjösnublót. Þrír reitar skulu umhverfis feldinn, fets breiðir. Út frá reitum skulu vera strengir fjórir og heita það höslur. Það er völlur haslaður er svo er gert. Maður skal hafa þrjá skjöldu en er þeir eru farnir þá skal ganga á feld þó að áður hafi af hörfað. Þá skal hlífast með vopnum þaðan frá. Sá skal höggva er á er skorað. Ef annar verður sár svo að blóð komi á feld er eigi skylt að berjast lengur. Ef maður stígur öðrum fæti út um höslur fer hann á hæl en rennur ef báðum stígur. Sinn maður skal halda skildi fyrir hvorum þeim er berst. Sá skal gjalda hólmlausn er meir verður sár, þrjár merkur silfurs í hólmlausn.* Anonymous. The Saga of Cormac the Skald, W.G. Collingwood/ Stefansson, J. (Übers.), Icelandic Saga Database, Sveinbjorn Thordarson (Bearb.), URL = http://www.sagadb.org/kormaks_saga.en, 10 kafli (= Kap. 10), zugegriffen am 02.10.2020.

766 Nach Olav Bø kann man davon ausgehen, dass diese Form des Zweikampfes in einer Fjordengegend entstanden ist. Es ist anzunehmen, dass der Kampf auf dem abgesteckten Platz eine spätere Entwicklung darstellt. Dazu Olav Bø, Hólmganga and einvígi, S. 148.

eines Unterarms abgeleitet wurde, entspricht das einer Länge von circa 57 Zentimetern, also insgesamt einer Länge von 2,85 Metern.[767] Dazu kommt noch ein Fuß (circa 31 Zentimeter) vermutlich als „Warnstreifen". Dagegen ist die Beschreibung des Kampfplatzes im Älteren Schulzenrecht nicht sehr ausführlich. Der Kampf fand zwar nicht auf einer Insel statt, aber trotzdem wurde der Platz für den Einzelfall gewählt oder eigens für den Kampf angelegt.[768] Ob der Kampfplatz in den friesischen Gebieten umzäunt war, um den möglichen Andrang der Zuschauer zu verhindern, lässt sich nicht feststellen. Wenn möglich wählte man aus diesem (vermutlichen) Grund eine Insel; der Holmgang ist dafür ein gutes Beispiel.[769] Auf dem Kampfplatz hielten sich außer den Kämpfern nur der Asega, der Schulze und die Kampfwärter auf. Wer trotzdem das Gelände betrat, sollte dem Grafen ein Bußgeld von zwei Pfund entrichten; womöglich verhinderte dieses „Eintrittsgeld" einen Ansturm auf den Kampfplatz. Der Ausschluss von Verwandten oder Freunden und die Tatsache, dass der Schulze erst im Nachhinein den Austragungsort bekannt gab, lassen die Taktik des Gerichts, weiteren Gewalttaten vorzubeugen, vermuten.

Der im Älteren Schulzenrecht beschriebene Umfang des Kampfplatzes mit einer Breite von 63 Normalfuß führt zu absurden Dimensionen: Die Breite des Platzes würde bei einem Fußmaß von 31 Zentimetern gut 19 Meter betragen. Zum Vergleich: Ein Boxring ist quadratisch und hat eine Kantenlänge von 16 bis 24 Fuß. Der friesische Kampfplatz – vorausgesetzt, der Kampfplatz wäre quadratisch – wäre dann fast dreimal so groß.[770] Eine eindeutige Aussage über den Umfang des Platzes lässt sich aus der Umschreibung nicht herauskristallisieren. Da die Länge nicht erwähnt wird, wäre ein Schreibfehler anzunehmen. Von 63 quadratischen

---

767 In Island wurde eine Reihe von Einheiten verwendet, um die Länge zu messen. Isländische Maßeinheiten in: Olsen, Björn M., Um hina fornu íslensku alin. [Über die alte isländische Elle, Übers. Verf.], in: Arbók Hins íslenska fornleifélags (1910), https://timarit.is/page/2047796; S. 1–27, zugegriffen am 20.12.2020.

768 „Es ist die mensura, der abgemessene Platz, über den die Kämpfenden nicht hinausdurften." Nottarp, Gottesurteilstudien, S. 281.

769 So Nottarp, Gottesurteilstudien, S. 281.

770 Dazu Fairbanks: „no one would think of going tot he labour of marking out and enclosing a ring bigger than a football field for two man to fight in." Fairbanks, The old West Frisian Skeltana riuch, S. 141. f. Von Schwerin behauptet dagegen: „Der Kampfplatz soll 63 Erdfüsse im Geviert messen", v. Schwerin, Zur friesischen Kampfklage, S. 232. Auf das Problem, dass ausschließlich die Breitenmaße des Kampfplatzes in der Quelle erwähnt werden, geht v. Schwerin nicht ein. Nach Siebs bildete sich seit dem Ausgang des Mittelalters ein großes Durcheinander auf dem Gebiet der Landmaße. Siebs, Grundlagen und Aufbau der altfriesischen Verfassung, S. 25. Anzunehmen ist, dass die Maße in früheren Zeitabschnitten ebenfalls nicht eindeutig standardisiert waren, vielmehr unterschieden sie sich in den verschiedenen Regionen und bei den einzelnen Volksstämmen.

Füßen auszugehen ergäbe dann einen Sinn; in dem Fall könnte eine Parallele zu den isländischen Maßen hergestellt werden.

Ein Ritual am Anfang des Kampfes hat es offenbar in Friesland nicht gegeben.[771] Die Zeremonie in Island hatte zum Zweck, die eigenen Schwerter vor Abstumpfungsversuchen des Gegners zu schützen – ein häufig vorkommendes Motiv in den isländischen Sagas.[772] Der Kormak-Saga kann man entnehmen, dass jeder Kämpfer einen Schildträger hatte. Drei Schilde durften verwendet werden, da Schilde während des Schlagabtausches leicht zerhauen wurden.[773]

Der Schlagabtausch mit den Schwertern[774] war streng reguliert: Die Gegner durften abwechselnd hauen, wobei der Beklagte das Angriffsrecht hatte.[775] Der erfahrene Kämpfer besaß ein Schwert mit einer Schlinge um das Handgelenk der rechten Hand, damit er keine Zeit verschwenden würde, falls er die Waffe fallen ließ. Dies impliziert, dass die Anwendung von Hilfsmitteln in gewissem Maße gestattet war. Lange Schwerter waren verboten; ansonsten sollten die Kurzschwerter die gleiche Länge haben. Im Älteren Schulzenrecht fand die Kontrolle der Waffen durch sowohl den Asega als auch den Schulzen zweimal am Tag statt; jeder Kämpfer durfte zwei Schwerter haben.[776]

---

771 Obwohl: „in West Frisian Law the community might pronounce the outcome of an ordeal." Kamali, Elizabeth Papp, Trial by Ordeal by Jury in Medieval England, or Saints and Sinners in Literature and Law, in: Essays William Ian Miller (2018), S. 49–79, hier S. 58, Fn. 33.

772 Ciklamini, The Old Icelandic duel, S. 184. Vgl. auch Sieg: „er konnte seinen Gegner nicht verwunden, weil eine Zauberin sein Schwert stumpfte", Sieg, Gerd, Die Zweikämpfe der Isländersagas, in: Zeitschrift für deutsches Altertum und deutsche Literatur 95 (1966), S. 1–27, hier S. 13. „The blunting of swords is a common literary motive in the sagas", Ciklamini, The Old Icelandic duel, S. 184. Ciklamini hält es für möglich, dass das Ritual im gemeinschaftlichen Interesse der Kombattanten lag; die Beweislage für diese Vermutung sei aber bescheiden. Ibidem, S. 185.

773 „Shields were easily destroyed in these duels", Bø, Hólmganga and einvígi, S. 144. Dazu Jones: „each man had three shields, which were held for him by a second." Jones, Some characteristics of the Icelandic „Hólmganga". Cleveringa geht davon aus, dass die Kontrahenten im friesischen Duell ohne Schild kämpften, da die Kombination Speer und Schild nur für die Heerfahrt vorgesehen war. Cleveringa, Het Oud-Friese „Kestigia", S. 10. Weitere Nachweise für diese Einschätzung fehlen.

774 „The most common weapons that are used are swords." Hansen, Michael Anthony, Issuing the Challenge: Form, Function and End of Medieval Icelandic Dueling, 2016, S. 17, https://skemman.is/handle/1946/24160, zugegriffen am 25.10.2020.

775 Jones, Some characteristics of the Icelandic „Hólmganga", S. 215. Die Vermutung liegt nahe, dass der Zweikampf durch den festgelegten Schlagabtausch streng reguliert war.

776 Fairbanks geht davon aus, dass jedem Kämpfer zwei Schwerter pro Tag zur Verfügung standen „as the final sentence suggests", Fairbanks, The old West Frisian

Über die Kleidung der Kämpfer können aus dem Text keine Schlüsse gezogen werden. Nottarp verweist auf französische Quellen und betont, dass die Kämpfer beim Fußzweikampf ein Wams aus Tuch oder Leder trugen, mit einem mannsgroßen Schild aus Holz mit Lederbezug ohne Eisen.[777] Wahrscheinlich fochten die friesischen Kämpfer, wie im sächsischen Gebiet, mit bloßen Füßen.[778] Der Kampf sollte in der Regel binnen drei Tagen ausgefochten werden.[779] Die Pflicht zum Kampf endet an jedem Tag auf jeden Fall mit Sonnenuntergang.[780] Der Beklagte galt laut Nottarp als unterlegen, wenn er nicht zum Kampf erschien. Auch könne er nach Beginn des Kampfes, falls er eine Niederlage befürchtete, den Anspruch seines Kontrahenten anerkennen, womit sich ein weiteres Kämpfen erübrigte. Sogar während des Kampfes sei es möglich, zu einem Vergleich zu kommen, der den Rechtsstreit dann beendete.[781]

3. Exkurs: Zweikampf als Abrüstungsphänomen[782] in der Kurzerzählung *Þorstein Þáttr*

Skeltana riucht, S. 142. Auch v. Schwerin geht von sechs Schwertern aus, v. Schwerin, Zur friesischen Kampfklage, S. 232. Manuskript **U** und **D** abweichend von **J** erwähnen „sex wepene“ (sechs Waffen). Diese Verpflichtung wäre wohl ein zusätzliches Motiv, dem Zweikampf aus Kostengründen bzw. mittels der Armutseinrede zu entweichen. Abweichend Lohstöter: „die Bewaffnung jedes Kämpfers bestand in zwei Schwertern, welche gleich lang sein sollten und von dem Richter und Schulzen vor Beginn des Kampfes untersucht wurden. Diese Untersuchung wurde bis zur Beendigung des Kampfes an jedem Abend und Morgen wiederholt“, Lohstöter, Von den Ordalien der Friesen, Jahrbuch der Gesellschaft für bildende Kunst und vaterländische Altertümer zu Emden 2, 1 (1875), bearb. v. Schöningh, W./Stracke, J., Emden 1965, S. 49–62, hier S. 60. Die zwei Schwerter sind demnach für die ganze Kampfzeit vorgesehen; idem Cleveringa: „Elke partij had twee zwaarden tot haar beschikking“, Cleveringa, Het Oud-Friese „Kestigia“, S. 10.

777 Nottarp, Gottesurteilstudien, S. 284 f.

778 v. Schwerin, Zur friesischen Kampfklage, S. 232.

779 Buma, Westerlauwerssches Recht, Kap. 45, S. 99.

780 Für eine detaillierte Tageseinteilung vgl. Nottarp, Gottesurteilstudien, S. 282. Wenn der Beklagte sich bis Sonnenuntergang mit Erfolg verteidigen konnte, wurde er als Sieger bestimmt. Der Herausforderer hatte demnach ein großes Interesse daran, den Kampf früh beginnen zu lassen. Ibidem, S. 289.

781 Ibidem, S. 289.

782 Claus Dieter Schott hat in seinem Nachwort zum Sachsenspiegel diesen Begriff gewählt. Nach seiner Auffassung handelte es sich beim Zweikampf um eine mit großer Klugheit geschaffene friedliche Alternative zur gewaltsamen Auseinandersetzung: „Gerade der Zweikampf liefert den Schlüssel zum Verständnis dieser

stangarhöggs[783]

Die altfriesischen Quellen sind hauptsächlich juristischer Natur; epische Beschreibungen über den Zweikampf oder Schilderungen bunter Duelle wird man dort nicht finden. Auch ein Einblick in eine dichterisch angehauchte Realitätsbeschreibung kann dem Betrachter nicht geboten werden. Dagegen gibt es in den isländischen mittelalterlichen Prosaerzählungen viele Beschreibungen von Zweikämpfen in den Sagas, die rechtshistorisch von Interesse sein können. Mit diesem Exkurs soll versucht werden, den Zweikampf als Strategie zur Konfliktlösung in einen juristischen Rahmen einzuordnen, um damit im letzten Kapitel dieses Abschnitts zu einer Rekonstruktion und Bewertung des friesischen Zweikampfes zu gelangen.

Der *Þorstein Þáttr stangarhöggs* („Erzählung von Þorstein Stangenschlag") wurde etwa 1270 als zusätzliche Geschichte zu den letzten Kapiteln der um die Mitte des 13. Jahrhunderts entstandenen *Vapnfirðingasaga* („Geschichte der Bewohner des Waffenfjords") verfasst. Ebenso wie diese erzählt auch die kurze, nur ein paar Seiten umfassende Geschichte von Ereignissen, die sich gegen das Ende des 10. Jahrhunderts abgespielt haben sollen. Zentral in der Handlung stehen drei Männer: Þórarinn, dessen Sohn Þorstein und Bjarni.

Der Vater wird als ein streitbarer und gewalttätiger Mann beschrieben. Der Sohn dagegen wird zwar als größer und stärker charakterisiert, ist aber dennoch ein ruhiger Mensch, der harte Hofarbeit verrichtet und Konflikten lieber aus dem Weg geht. Bjarni von Hof wird als „mächtiger Mann" (und „Häuptling", *höfðingi*) dargestellt. Bjarnis Pferdeknecht, Þórd, war ein Mann, „der sehr dazu neigte, andere zu kränken"[784]. Deswegen trat er immer selbstsicher und übermütig gegenüber anderen Leuten auf.

Þorstein und Þórd hatten sich zu einem Pferdekampf verabredet, zu dem beide Männer Pferde mitbrachten, welche sie dann gegeneinander aufhetzten. Das Pferd von Þorstein kämpfte gegen das Pferd von Þórd, wobei letzteres Pferd viel schlechter kämpfte und sogar floh. Die Menschen johlten, was selbstverständlich eine große Demütigung für Þórd bedeutete. Der Pferdekampf war eine Art Wettkampf, in dem zwei Männer ihre Pferde unter Benutzung von Stangen gegeneinander antrieben, um so festzustellen, welches Pferd das stärkere war. Dadurch wurde der

---

eigenartigen Prozeßformen, läßt sich doch daran ablesen, daß das gerichtliche Verfahren eine Beschränkung bewaffneter Auseinandersetzung, ein Abrüstungsphänomen ist." Eike von Repgow› u. a., Der Sachsenspiegel, I, S. 380.

783 Jóhannesson, Jón (Hrsg.), Þorsteins þáttr stangarhoggs, in: Austfirðinga sogur (Hið Íslenzka fornritafélag 11), Reykjavík 1950, S. 69–79. Im Folgenden stütze ich mich auf die Zusammenfassung Hiltmanns in: Hiltmann, Heiko, Vom isländischen Mann zum norwegischen Gefolgsmann: Männlichkeitsbilder, Vergangenheitskonstruktionen und politische Ordnungskonzepte im Island des 13. und 14. Jahrhunderts (Bamberger interdisziplinäre Mittelalterstudien 4), Bamberg 2011, S. 303 ff.

784 Hiltmann, Vom isländischen Mann zum norwegischen Gefolgsmann, S. 304.

Pferdekampf zu einem Männervergleich, wobei Sieg oder Niederlage des Pferdes zugleich Sieg oder Niederlage für dessen Besitzer bedeutete. Þórd und Þorstein waren dadurch in einem Wettkampf involviert, dessen Ausgang direkt Konsequenzen für ihr eigenes Ansehen, ihre Ehre und ihren gesellschaftlichen Status hatte. Durch eine Niederlage des Pferdes wurden die kämpferische Unfähigkeit und damit die Unmännlichkeit des Besitzers betont.[785]

Um diese Schande nun zu verhindern, versetzte Þórd Þorsteins Pferd einen starken Schlag, woraufhin Þorstein einen „umso größeren Schlag" gab, sodass das Pferd von Þórd flüchtete.[786] Das Publikum verhöhnte Þórd mit seinem Gröhlen, der unmittelbar darauf Vergeltung üben musste, wenn er nicht einen gewaltigen Verlust an Status und Reputation riskieren wollte. Daraufhin nahm Þórd einen Pferdestab und versetzte Þorstein damit einen Hieb auf die Augenbraue. Þorstein wäre nun an der Reihe gewesen, mit einer noch heftigeren Attacke zu reagieren; stattdessen verband er sich die Wunde und tat, als ob nichts geschehen wäre, und bat die Leute, den Vorfall seinem Vater zu verschweigen. In einer auf Ehre beruhenden Gesellschaftsordnung wurde von einem ehrbaren Mann verlangt, dass er für eine erlittene Demütigung aktiv Rache übte. Nur auf diese Weise konnte er vermeiden, dass sein Verhalten als schändlich und unmännlich bewertet würde.[787] Ab diesem Moment stand Þorstein nur ein begrenzter Zeitraum zur Verfügung, in dem er seine Ehre retten und seinen Status bewahren konnte. Er hatte jedoch nicht vor, sich zu rächen, und wollte seinem Vater, der ihn zwingen würde, die Schmähung wieder auszugleichen, den Ausgang des Pferdekampfes verschweigen. Zwei Männer, die als große Schwätzer bekannt waren, erfuhren davon, beleidigten Þorstein und gaben ihm den Beinamen *stangarhögg*.[788] Diese Reaktion zeigt, dass Þorsteins Ansehen in der Öffentlichkeit zu diesem Zeitpunkt schon gelitten hatte.

Schon bald nach dem Vorfall erfuhr auch Þorarinn von der Ehrenkränkung und Untätigkeit seines Sohnes und hielt ihm vor, dass er „wie ein Hund" (*sem hundr*)

---

785 „Diese Form des ‚public sporting' fungierte als ein ‚Männervergleich' (*mannjafnaðr*) unter den Pferdebesitzern. Sieg oder Niederlage des Pferdes bedeuteten zugleich auch Sieg oder Niederlage für dessen Besitzer." Ibidem, S. 305.

786 Ibidem, S. 305.

787 „climax must follow the conflict [...] and must precede revenge." Byock, Jesse L., Feud in the Icelandic saga, Berkeley/Calif. 1982, S. 51.

788 Hiltmann, Vom isländischen Mann zum norwegischen Gefolgsmann, S. 309. Der beleidigende Beiname stimmt inhaltlich mit dem Schandnamen *klámhögg* („schmählicher Schlag") überein. Der *klámhögg* war ein Hieb oder Schnitt in den Hintern und wurde Männern zugefügt, die homosexuelle (*rágr*) Neigungen hatten. „These injuries are assessed like major wounds: [...] striking a shame-stroke across someone's buttocks." Grágás I, Kap. 86, S. 141. Einen solchen Vorfall würde man nie wieder vergessen. Vgl. Miller, Bloodtaking and Peacemaking: Feud, Law, and Society in Saga Iceland, S. 63.

geschlagen worden sei.[789] Solche Männer, die mit Hunden verglichen wurden, waren nach Auffassung der Isländer nicht bereit, Gewalt anzuwenden, um Ehre, Anerkennung und Status zu schützen. Als Þórarinn seinem Sohn vorwarf, sich *sem hundr* verhalten zu haben, sagte er damit implizit aus, sein Sohn sei kein richtiger Mann. Þorsteins Versuch, den Stangenhieb nicht als einen bewussten Angriff auf seine Ehre, sondern als einen „Unfall" (*atburð)* zu betrachten, scheiterte jedoch.[790] Er hat sich nach Meinung seines Vaters durch Þórdr in die Rolle des Opfers drängen lassen, ohne sich dafür zu rächen.[791]

Þorsteins Versuch, die Attacke nicht allzu ernst zu nehmen, also den Hieb nicht als Angriff auf seine Ehre zu betrachten, sondern, wie erwähnt, den Schlag mit dem Pferdestab als Unfall oder als Versehen einzustufen, hatte keine juristischen Konsequenzen zur Folge.[792] Nach der Beleidigung seitens seines Vaters nahm Þorstein seine Waffen in die Hand und suchte Bjarnis Pferdeknecht auf, um herauszufinden, ob der ihm versetzte Schlag ein Unfall oder ob die Attacke nach seinem Willen vorsätzlich geschehen war. Als Þorstein erkannte, dass er keine Genugtuung erhalten würde, griff er zu dem einzigen Mittel, das ihm zur Rettung seines öffentlichen Ansehens und seiner Ehre noch zur Verfügung stand: Er tötete Bjarnis Knecht.[793] Bjarni, in seiner Position als *höfðing*, war nun dazu moralisch verpflichtet, die Interessen Þórdrs als seines Gefolgsmannes zu vertreten.

---

789 „*Vartu ekki lostinn í svíma, fraendi sem hundr?* (Würdest du nicht ohnmächtig geschlagen worden, wie ein Hund, Verwandter?)" Hiltmann, Vom isländischen Mann zum norwegischen Gefolgsmann, Fn. 760, S. 309. Der Vergleich mit einem Hund galt häufig als beleidigend, jedoch konnte die Assoziation auch positiv konnotiert sein, vgl. „ein zäher Hund". Da der Vater ihn auch noch als *rágr* beschimpft, da er die ganze Affäre herunterspielen will, ist der Vergleich in diesem Abschnitt mit einem Hund wohl als Beleidigung zu betrachten. Vgl. auch Miller, Bloodtaking and Peacemaking, S. 70.

790 „*ekki Þykki mér virðing í vera, sagði Þorsteinn, at kalla þat heldr högg en atburð*" (Mir scheint keine Ehre darin zu liegen, sagte Þorsteinn, das eher einen Schlag als einen Zufall zu nennen). Hiltmann, Vom isländischen Mann zum norwegischen Gefolgsmann, Fn. 774, S. 314.

791 „*Ekki mundi mik Þess vara, at ek munda ragan son eiga.*" (Ich hätte nicht gedacht, dass ich einen unmännlichen Sohn haben würde.) Ibidem, Fn. 775, S. 314.

792 Die im Kap. 92, S. 155 der Grágás I erwähnte Bestimmung: „*It is prescribed that there shall be no such things as accidents*" scheint das unglückliche Versehen als Tatbestand nicht zu akzeptieren: Für die lädierte Partei gab es demnach keine Möglichkeit, im Falle eines Versehens den Schaden ersetzt zu bekommen.

793 Þórdr beleidigte Þórsteinn auf seine Frage aufs Neue: „Wenn du zwei Backen hast, dann lege die Zunge abwechselnd in jede Backe und nenne es auf der einen Seite ein Versehen, wenn du willst, auf der anderen Seite Absicht. Und das sind die Bußzahlungen, die du von mir erhalten wirst." Huth, Dirk (Hrsg.), Sagas aus Ostisland: Die

Auf Island fehlte eine zentrale Exekutivgewalt und es gab auch keine öffentlichen Institutionen, die zur Aufnahme und Verfolgung einer Klagesache verpflichtet gewesen wären. Eine Partei, die der Meinung war, unrechtmäßig geschädigt worden zu sein, war selber verantwortlich für die Einforderung von Bußen und die Umsetzung von Achtstrafen wie *skóggangr* oder *fjörbausgardr*[794] und musste eigenhändig die Rachehandlungen durchführen. Aus diesem Grund waren die meisten Isländer darauf angewiesen, sich einem *goði* unterzuordnen, der neben der erforderlichen Bereitschaft auch genügend politischen Einfluss und kämpferische Stärke besaß, ihre Ansprüche und Interessen öffentlich zu vertreten und durchzusetzen. Bjarni musste demzufolge seiner Pflicht als Häuptling nachkommen und „Þorstein wegen des Totschlags in die Acht bringen" (*gerir Þorstein sekan um vígit).*[795] Die erwähnte Abwesenheit einer zentralen Exekutive hatte zur Folge, dass die Verfolgung von Klagesachen in der alleinigen Verantwortung der streitenden Parteien lag. Bjarni jedoch unternahm nichts; im Gegenteil, er verhielt sich sehr ruhig. Er zeigte sich also genauso passiv wie Þorstein, nachdem dieser von

---

Hrafnkels Saga und andere Geschichten von Macht und Fehde, aus dem Altisländischen übersetzt von Dirk Huth, Kreuzlingen, München 1999, S. 63.

794 *Skóggangr* („Waldgang") bedeutet die Entziehung allen Rechtsschutzes, die Konfiskation des gesamten Vermögens und die Ausstoßung aus dem Gemeinwesen. Jeder durfte den *skógamaðr* straflos erschlagen, niemand durfte Umgang irgendwelcher Art mit ihm haben. *Fjörbausgardr* heißt „Lebensringzaun", die dreijährige Landesverweisung. Der *Fjörbaugs* war ein Geldbetrag, mit dem sich der Verurteilte aus der strengen Acht loslösen konnte (vgl. *Grágas I*, Kap. 51, S. 92, Kap. 52, S. 93). Falls er die Summe nicht bezahlte, wurde er zum *Skóggangr* („Waldmann") und durfte weiterhin nicht unterstützt werden. Dem Verurteilten wurden drei Wohnstätten genannt, zwischen denen der Hin- und Rückweg nicht mehr als einen Tag beanspruchen durfte. Auf diese Weise war sein Aktionsradius eingeschränkt („Lebensring"). Er musste das Land für drei Jahre verlassen, dafür erhielt er eine Maximalfrist von drei Sommern; während dieser Zeit musste er jeden Sommer versuchen, ins Ausland zu gehen. Wenn der *Fjörbausmaðr* diesen gesetzlichen Bestimmungen nicht nachkam, wurde er zum *skógamaðr*. Jonsson, Waldgang und Lebensringzaun, S. 133 f. Zur Relativierung der langjährigen Landesverweisung vgl. Willoweit: „Regelungen über die ‚ewige' Ausstoßung eines Mitbürgers – etwa eines Totschlägers – und Fälle solcher Art hat es gegeben, aber sie sind für die große Mehrzahl der Stadt- und Landesverweisungen nicht unbedingt typisch." Willoweit, Entdogmatisierung der mittelalterlichen Strafrechtsgeschichte, S. 22. Diese temporäre Landesverweisung diente einerseits dazu, künftige Rachehandlungen zu verhindern; andererseits wurde dem Verurteilten die Möglichkeit geboten, durch die Bezahlung eines Friedensgeldes in die Stadt zurückzukehren. Ibidem, S. 22.

795 Hiltmann, Vom isländischen Mann zum norwegischen Gefolgsmann, S. 316.

þord den demütigenden Schlag erhalten hatte. Er wollte sich friedlich verhalten, statt aktiv Rache zu üben.

Aus der Erzählung folgt, dass einige Leute aus Bjarnis näherem Umfeld dieses Verhalten unpassend für einen Häuptling fanden.[796] Die soziale Konsequenz wäre, dass Bjarni von seiner Umgebung nicht länger als ehrbarer Häuptling angesehen worden wäre, wenn er nicht willens war, den Totschlag zu rächen. Er wäre dann auf gleicher sozialer Höhe mit einem freien Bauern wie Þorstein. Bjarni fühlt sich nach diesen Vorhaltungen gezwungen, ebenso wie Þorstein nach den Vorwürfen seines Vaters, die Initiative zu ergreifen. Er bat zwei Gehilfen, þorvaldr und þórhallr, ihm Þorsteins Kopf vom Rumpf getrennt zu bringen. Bjarni wusste, dass er Ehre und Status nur dadurch retten könnte, wenn er auf Þorsteins *sekr*[797] auch dessen Tötung folgen ließe. Dennoch fehlte ihm die Bereitschaft, die Tat eigenhändig durchzuführen. Da er aber auch nicht bereit war, den Statusverlust einfach hinzunehmen, sah er sich gezwungen, entsprechend dem sozialen Druck den Mörder seines Knechts mittels physischer Gewalt zu vergelten. þorvaldr und þórhallr wurden jedoch von Þorstein getötet; er band die beiden Knechte auf die Rücken ihrer Pferde, warf ihnen die Zügel über den Hals und so kehrten die Pferde nun heim. Auch jetzt verhielt sich Bjarni ruhig, und diesmal war es seine Frau Rannveig, die ihm vorhielt, er würde seine Pflicht zur Ehrenrettung verletzen[798], er (Þorstein) habe bereits „drei Knechte" (*húskarla þrjá*) erschlagen[799] und es wäre jetzt höchste Zeit zum Handeln.

---

796 „Am meisten wird darüber geredet, daß die Leute nicht verstehen können, was Þorsteinn Stangenhieb anstellen muß, bis du es für notwendig hältst, dich zu rächen." Dirk Huth, Die Hrafnkels Saga und andere Geschichten von Macht und Fehde, S. 133 f.

797 „Der Begriff *sekr* diente als Ausdruck zur Bezeichnung der Friedlosigkeit. Er konnte sowohl den *fjörbaugsgarðr*, die dreijährige Landesverweisung, als auch den *skógangr*, die strenge Acht, bezeichnen." Hiltmann, Vom isländischen Mann zum norwegischen Gefolgsmann, Fn. 793, S. 318. Þorstein war, nachdem Bjarni Klage erhoben hatte, wegen Totschlags geächtet. Þorstein hatte die Tötung nicht ordnungsgemäß öffentlich gemacht, sodass das Adjektiv *sekr* hier vermutlich als vollständige Friedlosigkeit zu verstehen ist. Die Erschlagung wurde somit als Mord eingestuft. Ibidem, S. 318. Vgl. Grágás I, Kap. 88, S. 146: *„It is prescribed, that if a man murders a man, the penalty is outlawry."* Eine auf diese Art geächtete *skógamaðr* galt als friedlos und durfte daher im In- und Ausland von Isländern ohne Zahlung einer Buße getötet werden.

798 Vgl. Miller: *„He must move against Thorsteinn in some way or risk substantial erosion of his position in te district"*, Bloodtaking and Peacemaking, S. 71.

799 Hiltmann, Vom isländischen Mann zum norwegischen Gefolgsmann, S. 320.

3.1 Die Konfrontation zwischen Bjarni und Þorstein

Bjarni suchte nun Þorstein auf und forderte ihn zu einem (außergerichtlichen) Zweikampf (*einvígi*) heraus. Þorstein zog es jedoch vor, lieber das Land zu verlassen, statt sich mit Bjarni zu schlagen. Doch dieser bestand auf seinem Wunsch und Þorstein gab schließlich nach. Als Þórarinn von dem nahenden Zweikampf hörte, weigerte er sich, seinen Sohn zu unterstützen in seinem Wunsch, das Land zu verlassen, sondern er forderte nachdrücklich dazu auf, die Herausforderung anzunehmen.[800] Noch deutlicher als im ersten Gespräch, das Þórarinn während der Ereignisse bei dem Pferdekampf mit seinem Sohn geführt hatte, war ihm klar geworden, dass er kämpfen musste, wenn er seinen sozialen Status und Ansehen behalten wollte. Während des Kampfes wurde deutlich, dass niemand die Absicht hatte, den anderen wirklich zu töten oder zu verletzen, obwohl sich beide im Kampf richtig hart schlugen. Bjarni hielt diese Art und Weise der Auseinandersetzung für ein Verbrechen; darum schlug er Þorstein vor, sich auf eine andere Art der Sühne für das begangene Unrecht zu einigen:

> „Bjarni sprach da: ‚Das wird wohl ein schlechtes Geschäft sein, ein Verbrechen gegen großes Glück einzutauschen. Ich erachte mich als voll bezahlt für meine drei Knechte durch dich allein, wenn du mir treu ergeben sein willst.' "[801]

Þorstein zog mit Bjarni auf dessen Hof und „war ihm bis zu seinem Tod treu ergeben"[802].

Die Kurzgeschichte *Þorstein Þáttr stangarhöggs* zeigt in der Begegnung zwischen Bjarni und Þorstein, dass sich der Stellenwert des Zweikampfes in Island im Laufe der Zeit geändert hatte und nicht den althergebrachten Klischeebildern entsprechen musste; sogar der Zweikampf wurde als Verbrechen gesehen. Der Konfliktauslöser war zwar ein Gewaltakt, aber es fällt auf, dass der Hauptkonflikt nicht durch Gewalt, *in casu* durch einen Zweikampf, gelöst wurde und dass eine gütliche Einigung auf friedliche Weise erreicht werden konnte.[803] Die erzählten Ereignisse sind zwar fiktional, jedoch kann man davon ausgehen, dass die Form der

---

800 *„Nimm nun deine Waffen und wehr dich so tüchtig du kannst, denn ich zu meiner Zeit hätte mich vor so einem wie Bjarni nicht gebeugt. Mir scheint es aber besser, dich zu verlieren, als einen weibischen Sohn zu haben."* Huth, Sagas aus Ostisland, S. 66 f.

801 Hiltmann, Vom isländischen Mann zum norwegischen Gefolgsmann, S. 322 f.

802 Ibidem, S. 323.

803 Radford weist auf die Komplexität der Duellvorschriften auf Island hin. Ziel ist Gewaltreduktion: „It is hardly conceivable that they were intended to promote effective combat. A more plausible interpretation is that these rules were designed to reduce the costs of dispute resolution by decreasing the risk of serious injury or death." Radford, R. S., Going to the Island: A Legal and Economic Analysis of the Medieval Icelandic Duel Essay, in: Southern California Law Review Bd. 62, 2 (1988), S. 615–644, hier S. 618 f.

beschriebenen Gewaltbändigung eine historische Realität widerspiegelt.[804] Für die Kampfszenen – oder, wie hier im *Þorstein Þáttr stangarhöggs*, die Vermeidungsstrategie eines aufgezwungenen Kampfes – schöpften die Autoren möglicherweise aus Erfahrungen der alltäglichen Wirklichkeit.[805] Aus bestimmten Mustern in Bewaffnung, Kampftaktik und der Beschreibung des Kampfablaufs lassen sich Parallelen zu der bewaffneten Auseinandersetzung im mittelalterlichen Friesland ableiten. Vor allem die Übereinstimmungen in der politischen Konstellation von Island und Friesland lassen einen solchen Vergleich zu. Beide Völker waren antiherrschaftlich und antifeudalistisch gewesen, eine zentrale Herrschaftsgewalt fehlte. In diesem Zusammenhang wird für die friesischen Verhältnisse sogar der Begriff „Bauernrepublik" verwendet.[806] Sowohl in Friesland als auch auf Island kann der Zweikampf, oder dessen Vermeidung, als „a dispute solving mechanism" betrachtet werden mit dem Ziel, soziales Verhalten und Gewalt zu kontrollieren.[807]

4. Zwischenfazit

Die oben angegebenen Kapitel des Älteren Schulzenrechts befassen sich mit dem Fall, dass ein freier Friese gegen einen anderen eine Streitklage in Form eines Zweikampfes erheben will, wobei sich der Begriff *strīd* vielmehr auf den Prozessgang bezieht als auf das Duell an sich. Der Zweikampf wurde als prozessuales Beweismittel verwendet mit dem Zweck, den Täter bzw. Meineidigen zu überführen. Dabei diente der Zweikampf als *ultima ratio*, der nur unter strengen formalistischen Regeln und stark verzögerter Fristsetzung Anwendung finden sollte. Die Annahme liegt nahe, dass die Frequenz der Zweikämpfe im mittelalterlichen Friesland sehr niedrig war. Das Verfahren deutet allem Anschein nach auf Prävention

---

804 Vgl. Wetzler, Sixt, Fighting and the Combat Arts in Medieval Iceland (Dissertationsprojekt), in: Militär und Gesellschaft in der Frühen Neuzeit 14/2 (2010), S. 373–383, hier S. 379.

805 Sieg vertritt jedoch die Ansicht, dass *Þorstein Þáttr stangarhöggs* voll dichterischer Motive steckt, der betonte Edelmut der Protagonisten sei zu schön, um wahr zu sein, Sieg, Die Zweikämpfe der Isländersagas, S. 10. Überzeugende Gegendarstellung von Oren Falk mit der Schlussfolgerung: „The sagas distil an essence of (real) social life from the accidence of individual (if fictional) lives." Meyerson [u. a.], A great effusion of blood?, S. 99.

806 Vgl. Vries, Geschichte der Friesen im Mittelalter: West- und Ostfriesland, S. 539. Dazu auch Posner für die isländische politische Lage: „This strikingly decentralized system of governance survived for more than three centuries. No one knows just how much violence there was, but the society was not anarchic", Posner, Richard A., Medieval Iceland and Modern Legal Scholarship, in: Michigan Law Review Bd. 90, 6 (1997), S. 1495–1511, hier S. 1497.

807 Hansen, Issuing the Challenge, S. 5 f.

hin: Kostenfaktoren[808], die permanente Möglichkeit, sich gütlich zu einigen, die Gefahr, das eigene Leben aufs Spiel zu setzen, wenn man nicht über einen stellvertretenden Kämpfer verfügen konnte, und die Folgen einer fälschlich geleisteten Eidesleistung lassen vermuten, dass die Vorschriften zum Zweikampf als argumentative Drohung[809] dienten und nur in den wenigsten Fällen in die Praxis umgesetzt wurden.[810] Aus der Perspektive der Zweckmäßigkeit konnte es sich lohnen, bestimmte Verhaltensweisen zu vermeiden. Der Vorteil dabei lag darin, dass die von den Beteiligten erwünschte Lösung mit einem relativ geringen Aufwand

808 „Die Abhaltung eines Duells für jede strittige Schuld war für einen regen Wirtschaftsverkehr viel zu umständlich und aufwendig." Schmoeckel, Mathias, Ein sonderbares Wunderwerk Gottes, Bemerkungen zum langsamen Rückgang der Ordale nach 1215, in: Ius commune 26 (1999), S. 123–164, hier S. 140. Die Bedeutung des Zweikampfes als Beweismittel nahm auch im Sachsenspiegel ab, vgl. dazu Hüpper-Dröge: „Der Verfasser des Sachsenspiegels hat seine Rechtsniederschrift für einen bestimmten Adressatenkreis zu einem Zeitpunkt abgefaßt, an dem der Zweikampf als Beweismittel vor Gericht schon deutlichen Restriktionen unterworfen ist." Hüpper-Dröge, Der gerichtliche Zweikampf im Spiegel der Bezeichnungen für ‚Kampf', ‚Kämpfer', ‚Waffen', S. 660 f.

809 Algra geht von einer Eindämmungspolitik „van hogerhand" (von offizieller Seite) aus. Eine solche Prozessform, mit einer ständigen Bedrohung durch den Zweikampf und die Fehde im Hintergrund, machte aus seiner Sicht eine Gesellschaft nicht sehr friedlich. Aus diesem Grund wurden zahlreiche Maßnahmen ergriffen, meistens erfolgreich, um den Einsatz dieser Mittel zu reduzieren. Das einfachste Mittel dazu sei, einen gewissen Schwellenwert im Verhältnis zum Wert des Diebesgutes festzulegen. Lag der Wert des gestohlenen Gutes unter dieser Grenzmarke, durfte eine Partei nicht auf die Möglichkeit eines Zweikampfes zurückgreifen. Algra, ‚Rechtshistorische aspecten van het Landrecht der Vriesne', S. 196. Welche Instanz die zahlreichen Maßnahmen (welche?) getroffen haben soll, bleibt ebenso ungeklärt wie die Frage nach der Verfügbarkeit von Vollstreckungsorganen, die für den besagten (Rechts-)Frieden sorgen könnten.

810 Dazu Uwe Israel: „Die mitunter langwierigen Präliminarien vor dem eigentlichen Kampf boten vielfältige Gelegenheiten zum Vergleich oder zur Aussöhnung. Ein Ausfechten konnte so häufig ausbleiben, weil sich eine Partei im Angesicht der Gefahr für Leib, Leben und Seele ihrer Sache nicht mehr sicher war und nachgab oder gestand." Israel, Sehnsucht nach Eindeutigkeit? Zweikampf und Ordal im Mittelalter, S. 289. Ebenfalls Holzhauer: „Auf entsprechende Weise kann der gerichtliche Zweikampf als ‚Abrüstungsphänomen' aus der Fehde abgeleitet werden." Holzhauer, Heinz Der gerichtliche Zweikampf, in: Hauck, Karl/Kroeschell, Karl A. (Hrsg.), Festschrift für Ruth Schmidt-Wiegand zum 60. Geburtstag, Berlin 1986, S. 263–283, hier S. 275.

erzielt werden konnte.[811] Diese sozioökonomisch bedingten Strategien trugen höchstwahrscheinlich zur Mäßigung der Gewaltausübung bei.

Nirgendwo in der profanen friesischen Literatur gibt es die Erwähnung eines Zweikampfes, weder gerichtlich noch außergerichtlich, was eine geringe Popularität des Phänomens vermuten lässt. In der Form einer Abbildung in einer Kirche in der heutigen Provinz Groningen ist angeblich ein friesischer Zweikampf überliefert worden, dazu Nijdam: „Er zijn ons twee middeleeuwse afbeeldingen van *kempan* overgeleverd. Ze zijn te vinden als muurschilderingen in de kerken van Westerwijtwerd en Woldendorp. De krijgers zijn blootvoets afgebeeld."[812] Ob es sich hier um einen gerichtlichen Zweikampf handelt, muss aus meiner Sicht stark bezweifelt werden: Bei einer näheren Betrachtung der Abbildung stellt sich heraus, dass der eine Kämpfer mit einem (langen) Schwert kämpft, der andere mit einem Speer. Im Gürtel des links auf der Wandmalerei abgebildeten Kämpfers steckt außerdem noch ein Dolch. In Kap. 45 des Älteren Schulzenrechts ist ausschließlich die Rede von Schwertern, die *„lijk lang wessa scelleth"*. Somit haben wir es hier wahrscheinlich mit einer Kampfszene zu tun, die vielmehr als Teilabbildung einer kämpferischen Auseinandersetzung zwischen Personengruppen zu bewerten ist. Gesichert scheint dagegen die Schilderung eines Zweikampfes im Sachsenspiegel.[813]

811 Diese effiziente Weise, Probleme zu lösen, verringert die – aus der Wirtschaftstheorie stammenden – Transaktionskosten. Sogar durch Vergleiche konnte man an Ansehen gewinnen und man erlitt nicht einmal Einbußen am symbolischen Kapital der Ehre. Dazu Oestmann, Peter (2006), Blutrache und Fehde in isländischen Quellen, in: Dilcher, Gerhard [u. a.] (Hrsg.), Leges – Gentes – Regna. Zur Rolle von germanischen Rechtsgewohnheiten und lateinischer Schrifttradition bei der Ausbildung der frühmittelalterlichen Rechtskultur, Berlin 2006, S. 391–414, hier S. 409.

812 Nijdam, Lichaam, eer en recht in middeleeuws Friesland, S. 170.

813 Hüpper-Dröge beschreibt mit Bezug auf die Schilderung des Zweikampfes im Sachsenspiegel: „Kopf und Füße bleiben vorn unbedeckt *hovet unde vute sint ene vore blot.*"Hüpper-Dröge, Der gerichtliche Zweikampf im Spiegel der Bezeichnungen für ‚Kampf', ‚Kämpfer', ‚Waffen', S. 660. In „De kroniek van van het klooster Bloemhof te Wittewierum" tritt einen *pugil* auf in einem Brief aus dem Jahr 1228: *„arbitri in causa, qui vertebatur inter Godescalcum* [Godschalk, Anm. Verf.] *pugilem et Geiconem* (Geiko) *H. de Ripa* [Zeerijp, Ort in Groningen, Anm. Verf.] *plebani occisorum.*" Jansen und Janse, Kroniek van het klooster Bloemhof te Wittewierum, S. 222. Ein *pugil* war nicht nur ein Kämpfer im gerichtlichen Zweikampf, sondern trat auch bei der Eisenprobe bzw. der Kaltwasserprobe als Stellvertreter auf. Vgl. Nottarp, Gottesurteilstudien, S. 276. Welchen Stellenwert er hier einnahm, ist unklar, in „De kroniek van van het klooster Bloemhof" wird vorgeschlagen, dass „[het] in deze periode het een gerechtsdienaar [lijkt] te zijn geworden met een hoge status." Ibidem, S. 223, Fn. 99.

Das Vorkommen u. a. in der isländischen Literatur sagt zwar etwas über die Beliebtheit der Kämpfer als literarisches Leitbild aus, lässt aber keine Schlüsse zur realen Anwendung im alltäglichen Leben zu.[814] Wie oben in der Kurzerzählung *Þorstein Þáttr stangarhöggs* erwähnt, sind sogar bändigende Einflüsse in der Literatur sichtbar: Wer sich einen Regelverstoß gegen die gesellschaftlichen Normen zuschulden kommen ließ, musste nicht durch physische Überlegenheit im Zweikampf sein Recht holen; der Streit konnte auf friedliche Weise geschlichtet werden.[815] Die Klugheit und damit der Erfolg dieser entwickelten friedlichen Alternative lag darin, „dass in berechenbarer Weise herausgefunden werden konnte, wer von den streitenden Parteien insgesamt recht hatte".[816]

Das Verfahren zum gerichtlichen Zweikampf schien also nicht zur tatsächlichen Austragung des Streites in Form einer Kampfbegegnung gemeint zu sein. Ein zusätzliches Argument zur Vermeidung dieser Art von Konfliktlösung kann damit begründet werden, dass man sich mittels unbegründeter Aufforderung zum Duell, z. B. aus privaten Rache- oder Bereicherungsmotiven, gegen Missbrauch schützen wollte, vor allem im Falle eines Treffens auf einen versierten Berufskämpfer.[817] In Friesland zeigte die Lösung zur Bewältigung der Konflikte eine eigene Dynamik, wobei die Rolle des Gerichts einen immer höheren Stellenwert einnahm mit dem Zweck, die ursprünglich in der Selbstjustiz zu verortenden Gewaltmittel zu mäßigen.

5. Der Kesselfang

5.1 Einführung

Der Kesselfang war ein Verfahren, bei dem der Beklagte mit nacktem Arm einen Gegenstand, z. B. einen Ring, einen Stein oder Münzen, aus einem Kessel mit kochendem Wasser herausholen musste.[818] Die Hand wurde sofort nach der Probe verbunden und nach einigen Tagen auf den Verbrennungsgrad untersucht. Falls noch Verletzungen an der Hand festgestellt wurden, war damit bewiesen, dass der

814 Wahrscheinlich ist aber, dass die Erzähler in den Sagas bestimmte Grundgegebenheiten voraussetzen, die für die Hörer oder Leser unmittelbar plausibel waren. Dazu Peter Oestmann, Blutrache und Fehde in isländischen Quellen, S. 398.

815 Zwei Jahre vor der Abschaffung des Duells auf Island (1006) hatten die isländischen Gesetzgeber neue Mittel zur Konfliktlösung entwickelt: „A court of appeals had been established", Ciklamini, The Old Icelandic duel, S. 191.

816 Ignor, Indiz und Integrität, S. 91.

817 Vgl. Neumann, Der gerichtliche Zweikampf, S. 54.

818 Buma verweist auf die übereinstimmende Vorgehensweise des Kesselfangs in den an Friesland grenzenden Nachbarsländern. Buma, Het godsoordeel in de Oud-Friese literatuur, S. 11.

Beklagte schuldig war; auf diese Weise wurde letztendlich über Recht und Unrecht entschieden.[819]

Es gab, so Ignor, im Mittelalter noch recht eigentümliche Vorstellungen über die Einheit von Mensch und Natur: Ein ehrlicher Mensch stand mit der Natur im Einklang, sodass ein kausaler Zusammenhang zwischen den Proben mit Feuer und Wasser und den körperlichen Folgen angenommen wurde.[820] Stärker als beim Zweikampf bestand die Vorstellung, dass Gott eine entscheidende Rolle im Ermittlungsverfahren spielte, indem er aus einer verborgenen Welt der empirischen Welt deutliche Zeichen über Schuld und Unschuld gab.[821] Auf der anderen, mehr profanen Seite ist bei der Bewertung des Kesselfangs zu berücksichtigen, dass die priesterliche Mitwirkung an den Gottesurteilen sehr lukrativ war: Es entstanden Monopolberechtigungen einzelner Kirchen, die unter Ausschluss anderer Kirchen zur Abhaltung der Gottesurteile in ihrem Bezirk befugt wurden. Für die Durchführung des Verfahrens erhielten die Priester Gebühren, ursprünglich freiwillig als ‚Opfer', später mutierten sie zur Pflichtgebühr.[822] Möglichkeiten zum Loskauf waren gegeben, jedoch kamen sie nicht sehr häufig vor. Der Priester konnte das Verfahren manipulieren: Die rituellen Texte konnten z. B. langsamer gesprochen werden; in der Zwischenzeit kühlte das Wasser oder Eisen ab. Das wichtigste

819 Vgl. Dinzelbacher, Das fremde Mittelalter: Gottesurteil und Tierprozess, Essen 2007, S. 66. „Über das Bestehen oder Nichtbestehen des Gottesurteils und damit über Schuld oder Unschuld des Pröblings entschied der Ordalpriester", Nottarp, Gottesurteilstudien, S. 265.

820 Vgl. Ignor, Indiz und Integrität, S. 83.

821 Dazu ausführlich Oesterdiekhoff, Das archaische Prozess- und Beweisrecht, S. 179. Trotzdem wurden von den Beklagten unlautere Mittel eingesetzt, um diese Zeichen zu beeinflussen, insbesondere Zaubermittel. Vgl. u. a. Pappenheim, Max, Über die Anfänge des germanischen Gottesurteils, in: ZRG GA 48 (1928), S. 141–175, hier S. 141. Offenbar kamen Zaubermittel nicht nur in den germanischsprechenden Gebieten zur Anwendung, auch mussten in Frankreich die Kombattanten beschwören, „dass sie keine Zaubermittel [...] anwenden wollten und keine Waffen ausser den öffentlich vorgewiesenen bei sich hätten", Gebauer, Curt, Studien zur Geschichte der Urteilsschelte auf Grund der altfranzösischen Quellen, in: ZRG GA 17 (1896), S. 33–62, hier S. 54.

822 Nottarp, Gottesurteilstudien S. 239. Dazu auch Dinzelbacher, Das fremde Mittelalter, S. 65: „Wichtig, wenn nicht sogar entscheidend für diese Form ‚geistlichen Beistands' waren [...] offensichtlich die konkreten finanziellen Interessen, die alle möglichen theologischen Bedenken suspendierten". Im Skånske Lov erhielt der Priester, der als Vertreter Gottes die Prozedur überwachte, eine Geldsumme, wenn die Eisenprobe zum Erfolg führte. Vgl. Hoff, Recht und Landschaft, S. 364. Der kausale Zusammenhang zwischen Erfolg und Geldleistung war wohl nicht gerade eine Garantie für eine wertfreie Beurteilung.

Machtmittel war jedoch die Entscheidungsgewalt des Klerus, denn sie entschieden nach drei Tagen darüber, ob die Hand verbrannt war oder nicht.[823] In diesem Zusammenhang spricht Bartlett sogar von „bribing the priest".[824]

Ob das ganze Verfahren wegen seines stark religiösen Bezuges auch einen präventiven Charakter hatte, wird unterschiedlich bewertet.[825] Erkenntnisse aus der Sozialanthropologie, wobei die Ordale als zweckrationale Instrumente verstanden werden, also Kesselfang als ‚Lügendetektor', werden von Bartlett klar widerlegt.[826] Der Beklagte hatte sich nämlich nur dem Ordal unterworfen in der Überzeugung, sich ein definitives Urteil über die Gerechtigkeit verschaffen zu können.

Auch nach dem kirchlichen Verbot 1215 wurden Gottesurteile noch jahrzehntelang durchgeführt. Möglicherweise akzeptierte die (einfache) Bevölkerung dieses Rechtsmittel als Ausdruck einer Kontinuität, der sie immer noch Glauben schenkte.[827] Dieses primitiv-sinnliche, konkrete Recht erwies sich darüber hinaus als geeigneter Gegenstand für die Erinnerung in einer oralen Kultur. Menschen ohne Schriftkenntnis brauchten Bilder, Gestalten, Geschichten, die in ihrem Gedächtnis blieben; Sätze oder Sprüche bleiben nicht andauernd im Gedächtnis.[828] In Gebieten mit einer starken zentralen Gewaltherrschaft und effektiver Verwaltungsstruktur verloren die Gottesurteile sukzessiv im 13. Jahrhundert an Bedeutung, jedoch „in more decentralized regions, or places where papal power was weak, the practice survived longer"[829].

---

823 Dinzelbacher, Das fremde Mittelalter, S. 66. In Friesland spielten Laien bei der Beurteilung eine wichtige Rolle.

824 Bartlett, Trial by fire and water, S. 41.

825 Für die Diskussion und einschlägige Literatur siehe Oesterdiekhoff, Das archaische Prozess- und Beweisrecht, S. 182.

826 Bartlett, Trial by fire and water, S. 160 f.

827 „Die weiteren Verbote [...] belegen eine anhaltende Praxis, wiewohl es das Volk zu sein scheint, das zur Anwendung der Gottesurteile drängt." Schmoeckel, Ein sonderbares Wunderwerk Gottes, S. 137. Emo van Huizinge, Abt vom Kloster Bloemhof, kritisierte das Festhalten am Eisenordal: „De heetijzerproef wordt niet afgeschaft, dit in strijd met C.2, q.5, c. Abolenda." Gerbenzon, Pieter, Emo van Huizinge: een vroege decretalist, Rede uitgesproken bij de officiële aanvaardingvan het ambt van gewoon hoogleraar aan de Rijksuniversiteit van Groningen op 8 juni 1965, Groningen 1965, S. 3.

828 Schild, Wolfgang, Recht als leiblich geordnetes Handeln, Das Mittelalter 8, Nr. 1 (2003), S. 84–91, hier S. 90.

829 Bartlett, Trial by fire and water, S. 101. Hier ist noch Shoemaker anzuführen: „The fact that ordeals were primarily a device for small communities indicates there was certainly a degree of variation in the subtleties of procedure, even within the common ordeals of fire and water." Shoemaker, Karl Blaine, Criminal Procedure in Medieval Europe. A Comparison Between English and Roman-Canonical Developments after the IV Lateran Council, in: ZRG KA 85 (1999), S. 174–202, hier S. 179 f.

5.2 Der Kesselfang im Älteren Schulzenrecht

5.2.1 Fan dae ketelordele (Kap. 39)

Djt is riocht, ief ma toe stride thinghia wille, dat ma lessa bigreta ne mey toe dae ketelfange dan fyouwer enza ende fyouwertundiste thremen panning. Ief zijn kempa an da ordele bifalt, so scel hi dat tuiscette beta ende dae grewa twa pond ti des raefferda ende twa dis strydferda.

Vom Gottesurteil des Kesselfangs

Dies ist Recht, dass, wenn man zum gerichtlichen Kampf herausfordern will, man zu einem Kesselfang auf nicht weniger als vier Unzen und dreizehneindrittel Pfennige klagen darf. Wenn sein [des Klägers] Kämpfer im Gottesurteil unterliegt, so soll er das doppelt büßen und dem Grafen zwei Pfund als Friedensbuße für den Raub und zwei Pfund als Friedensbuße für den (zu Unrecht geführten) Kampf zahlen.

5.2.2 Fan dae kempa (Kap. 40)

Djt is riocht, als ma ti lessa stride thinghia wel, dat di onthinghere nen kempa winna ne thoer ende di halere scellen winna toe dae ketele ende deer schelles bede on ian.

Vom Kämpfer

Dies ist Recht, dass der Kläger, wenn man zum leichteren Kampf [= Kesselfang] herausfordern will, keinen Kämpfer zu dingen braucht, sondern der Beklagte soll ihn zu der Kesselprobe dingen und damit sollen sie sich beide einverstanden erklären.

5.2.3 Auswertung

Der Kesselfang konnte im Älteren Schulzenrecht – ebenso wie der Zweikampf – durch die Kampfklage herbeigezogen werden; das Verfahren ist im Wesentlichen der Form nach gleich. Trotzdem werden die einschlägigen Bestimmungen nicht in einem Abschnitt behandelt, sondern zweigeteilt: Die Kapitel 39–42 betreffen die Vorschriften über den Kesselfang; 43–47 beziehen sich auf den Zweikampf, wobei die Möglichkeit zur Überleitung von der Zweikampfklage zum Kesselfang in Kap. 43 ermöglicht wurde. Es handelte sich beim Kesselfang um ein Elementordal, das heißt, die vorzunehmende Handlung zur Reinigung der Vorwürfe musste strikt einseitig von dem Beklagten oder seinem Stellvertreter durchgeführt werden. Dem

---

Brundage präzisiert das graduelle Verschwinden der Ordalien: Er stellt fest, dass bis 1300 die Gottesurteile namentlich in Deutschland und Südosteuropa noch existiert haben. Brundage, James Arthur Medieval canon law, The medieval world, London, 1996, S. 142. Zur weiteren ausführlichen Bearbeitung des Themas siehe Schmoeckel, Ein sonderbares Wunderwerk Gottes, passim.

Kläger stand keine freie Wahl zu, ob er zum Zweikampf oder Kesselfang herausfordern wollte. Kap. 39 setzte die Summe fest, die der Streitwert erreichen musste, damit eine Kampfklage überhaupt zulässig war. Zur Durchführung eines Kesselfangs war die Höhe des kampfwürdigen Betrags auf maximal vier Unzen und dreizehneindrittel Pfennige festgelegt. Die Frage, ob bei Erreichung des höheren Wertes der Kesselfang *a priori* ausgeschlossen und nur der Zweikampf zulässig war, lässt sich wegen der Dürftigkeit der Quellenlage nicht beantworten.

Wenn beim Kesselfang der Kämpfer des Klägers unterlag, laut der Übersetzung Bumas im Kap. 39, so sollte er insgesamt vier Pfund Friedensbuße zahlen. Bedenkt man die Konsequenzen dieser Übersetzung, ergibt sich die Schwierigkeit, dass bei einem kampfwürdigen Betrag von vier Unzen und dreizehneindrittel Pfennigen der Unterlegene, offenbar nur der Kläger, zu einer enormen Geldstrafe von vier Pfund verurteilt wurde.[830] Im „Landrecht der Vriesne", einer mittelniederländischen Kopie aus dem 16. Jahrhundert, bleibt die Frage, wer zu zahlen hat, dagegen offen:

> *„Dit is recht, of men tot gerechtelijke kamp uitdagen wil, dat men minder niet klagen mag tot de ketelvang dan [lees i.p.v. ‚van': ‚dan'] vier onzen en veertiendederde (= dertienéénderde) penning. En of* ***zijn kemper (= kampvechter****) [Hervorhebung Verf.] in het oordeel (= de proef) feilt (= verliest), zo zal hij het dubbel boeten, en de graaf (geven) twee pond van de roofvrede en van de kampvrede."*[831]

Die Interpretation dieser Vorschrift wird noch erschwert, indem Vries die *unterlegene* Partei die Bußgelder zahlen lässt:

> *„Wanneer zijn kampvechter [de kampvechter van de aangeklaagde] in het godsoordeel faalt, dan moet* ***hij [de aangeklaagde****] [Hervorhebung Verf.] een dubbele schadevergoeding betalen en aan de graaf (zal hij) twee ponden (geven) als vredegeld voor de gewelddadige aantasting van bezit en twee (ponden) als vredegeld voor de kamp."*[832]

Dies führt nicht nur zu der Frage, *wer* zu zahlen hatte, sondern auch *was*.[833] Bezieht sich der Passus „*so scel hi dat tuiscette beta*" möglicherweise auch auf den

---

830 „The standard unit is the pound, meaning a pound-weight in silver, and this pound is divided into [...] twelve ounces of twenty pence each." Fairbanks, The old West Frisian Skeltana riucht, S. 63. Vgl. auch Henstra: 1 pound=240 d [d = penny Anm. Verf.], The Evolution of the Money Standard in Medieval Frisia, S. 103.

831 Breuker, Landrecht der Vriesne, S. 36.

832 Vries und Hempenius-van Dijk, Asega, is het dingtijd?, S. 321 f.

833 „The text says: ‚he shall pay double,' without specifying what is to be doubled or who is to be paid", Fairbanks, The old West Frisian Skeltana riucht, S. 136. Vgl. Rudolf His: „Bestimmungen der Lex Frisionum für West- und Mittelfriesland setzen auf Raub den doppelten Ersatz und auch später sind es hauptsächlich die Quellen des westerlauwerschen Gebietes des alten Mittelfrieslands." Rudolf His, Das Strafrecht der Friesen im Mittelalter, S. 335.

Zweikampf, da im ersten Satz dieser Vorschrift der Allgemeinbegriff *stride* verwendet wird? Erst danach betreffen die Vorschriften spezifisch den Kesselfang (*lessa bigreta ne mey toe dae ketelfange*), im Kapitel 40 wird dann der eindeutige Begriff *lessa stride* für „Kesselfang" verwendet. Rückschlüsse auf Bestimmungen über die zu zahlenden Bußgelder in den Vorschriften über den Zweikampf lassen sich nicht ziehen: Bestimmungen darüber, welche Bußen beim Unterliegen im Zweikampf zu entrichten sind, fehlen. Der Unterlegene büßt möglicherweise mit seinem eigenen Leben; in diesem Fall entfielen wohl von Verwandten zu bezahlende Strafgelder. Daher liegt die Annahme nahe, dass die Bestimmungen über die Bußen ausschließlich den Kesselfang betreffen. Auch *was* man beim Unterliegen im Ordal zahlen soll, ist nicht eindeutig spezifiziert. Bezieht sich *dat* ausschließlich auf den kampfwürdigen Betrag, also müsste er zweimal vier Unzen und dreizehneindrittel Pfennige bezahlen, oder nur auf die doppelt zu leistende Friedensbuße an den Grafen? Eine dritte Möglichkeit wäre sogar eine Verweisung auf den doppelten Wert des kampfwürdigen Betrags plus vier Pfund für den Grafen. Cl. von Schwerin führt aus, dass der Empfänger des doppelten Streitschatzes dabei aber nicht eindeutig bestimmt werden kann, und lässt die Frage offen: „Oder sollte der Zusatz überhaupt nicht relevant sein?"[834]

Ein letzter Punkt in diesem Abschnitt betrifft die Höhe des kampfwürdigen Betrags beim Kesselfang im Verhältnis zu der doppelten Friedensbuße von zwei Pfund für den *raefferda* (Raub/Gesetzesverletzung). Falls die oben beschriebene Berechnung Algras zutrifft,[835] also der Wert einer Kuh 30 Pfennige betrug, ergab das für den Streitwert einen Betrag von 4 Unzen (jeweils 20 Pfennige) plus 13 1/3 Pfennige sind 93 1/3 Pfennige. Das entsprach dem Wert von etwas mehr als drei Kühen. Die doppelte Friedensbuße beim Unterliegen dagegen betrug 4 Pfund, das sind 960 Pfennige, also 32 Kühe! Damit könnte das Unterliegen einer Prozesspartei im Kesselfang zu weitreichenden und folgenschweren Existenzproblemen führen. Dies führt m. E. zu der Annahme, dass – wie beim Zweikampf – die Parteien aus pragmatischen Gründen auf eine weitere Durchführung des Verfahrens verzichten sollten mit dem Ziel, eine gütliche Einigung herbeizuführen.[836] Alternativ könnte

834 v. Schwerin, Zur friesischen Kampfklage, S. 201.

835 Das Wergeld einer Kuh betrug laut Kap. 81b dreißig Pfennige. Buma, Westerlauwerssches Recht, S. 127.

836 Obwohl diese These ein wenig modern anmutet, sollte man bei der Interpretation mittelalterlicher Quellen nicht zu viel mystifizieren, „da die grundlegende Mentalität nicht wesentlich von der unsrigen abzuweichen scheint", Dinzelbacher, Das fremde Mittelalter, S. 17. Ebenfalls Mortimer: „We might eat differently, be taller, and live longer [...] but we know what grief is, and what love, fear, pain, ambition, enmity and hunger are. We should always remember that what we have in common with the past is just as important, real and as essential to our lives as those things which make us different." Mortimer, Ian, The time traveller's guide to medieval England: a handbook for visitors to the fourteenth century, London, 2008, S. 5.

man die Angst vor heftigen Schmerzen beim Kesselfang als Druckmittel für ein Geständnis annehmen. Da der Streitwert relativ gering war, ist diese Möglichkeit nicht von vornherein auszuschließen.[837]

Bleibt noch die Frage offen, *wer* letztendlich die Friedensbuße, oder den doppelten Streitwert, zu leisten hatte. Wie oben aufgezeichnet, gibt es von drei Varianten zwei klare Aussagen: Entweder der Kläger oder der Beklagte zahlt beim Unterliegen im Kesselfang. In den überlieferten Gottesurteilkonzeptionen obliegt dem Unterlegenen generell die Kostenübernahme für den Einsatz eines Lohnkämpfers.[838] Womöglich wurde der hohe Kostenaufwand als Druckmittel für die Zurückdrängung der Konflikte oder als „Mediationsvorschlag" eingesetzt. Die oben geschilderte Schieflage in diesem Nutzen-Kosten-Verhältnis kann dazu geführt haben, dass die Kontrahenten sich gezwungen sahen, von dem Kampf zurückzutreten. Außerdem musste die unterliegende Partei noch mit den erheblichen Konsequenzen eines geleisteten Meineides rechnen. Wie häufig der Kesselfang in Friesland trotz dieser Abschreckungsmomente durchgeführt wurde, lässt sich nicht feststellen. In den fränkischen Gerichtsurkunden findet man sie nur in 0,3 Prozent der Fälle, was die These einer Abschreckungsabsicht bzw. Konfliktvermeidung der einschlägigen Vorschriften im Älteren Schulzenrecht unterstützt.[839]

Im Kapitel 40 (*fan dae kempa*) wird davon ausgegangen, dass nicht der Beklagte in eigener Person die Probe bestehen musste, sondern, dass ein Stellvertreter diese Aufgabe für ihn übernimmt. Hatte das mit Angst zu tun? Die Voraussicht, sich die Hand erheblich im siedenden Wasser zu verbrühen, muss wohl zu einer regelrechten seelischen Ausnahmesituation des Probanden geführt haben mit der Folge, dass man diese Tortur[840] nur allzu gerne einem Freiwilligen bzw. Lohnkämpfer

---

837 „Denn die Zuschiebung eines solchen G.s [Gottesurteils, Anm. Verf.] übte einen Druck auf den Betroffenen aus, die Tat zu gestehen [...] und zudem ein Stellvertreter nicht immer [...] zulässig war", Schild, Wolfgang, Art. Kesselfang, in: HRG (2) (2011), Sp. 1713–1714.

838 „Die Kosten für das Dingen eines Lohnkämpfers fielen mit den übrigen Verfahrenskosten der unterliegenden Partei zu Last", Nottarp, Gottesurteilstudien, S. 303.

839 Schild, Art. Kesselfang, S. 3. Dagegen Dinzelbacher zur Häufigkeit der Gottesurteile: „Für 1166 registriert z. B. das englische ‚Pipe Roll' ca. 600 Fälle! In einer schon ins 13. Jahrhundert datierten Predigt heißt es, dass die Proben des kalten Wassers und des glühenden Eisens ‚fast täglich' zu sehen seien." Dinzelbacher, Das fremde Mittelalter, S. 68.

840 Dazu Schmoeckel, der mit Bezug auf die Legitimität des Kesselfangs von „Erpressung durch Ordalelemente" spricht. Solche Geständnisse vernichteten die Glaubwürdigkeit der Geständnisse. Diese Skepsis über die Zuverlässigkeit der Gottesurteile ließe sich schon im Frühen Mittelalter nachweisen. Schmoeckel, Ein sonderbares Wunderwerk Gottes, S. 128. Statt „Erpressung" könnte man – wegen der rechtswidrigen Konnotation dieses Begriffs – aus meiner Sicht besser von einem „einschüchternden Anreiz zwecks Streitschlichtung" sprechen.

überlassen wollte.[841] Mit Feigheit der alten Friesen kann man das wohl nicht verbinden, sondern eher mit *common sense*. Außerdem hatte das Ordal als Mittel zur Ermittlung der Schuldfrage nichts mit einer persönlichen Bestrafung zu tun, sodass die Ehre des Angeklagten nicht zur Debatte stand.

Dinzelbachers Behauptung, dass die Schmerztoleranz der mittelalterlichen Bevölkerung wesentlich höher war als zu heutiger Zeit, wird nicht durch Belege unterstützt. Seine Vergleiche mit kriegsverletzten Soldaten sind wegen der völlig unterschiedlichen physischen und psychischen Ausgangslage abzulehnen.[842] Das für das Mittelalter postulierte Männlichkeitsideal, wobei die Schmerzreaktionen vor der Umwelt nicht oder in geringem Maße signalisiert wurden, hat es in dem Sinne wohl nicht gegeben. Die nachdrücklich gebotene Möglichkeit zur Stellvertretung im Älteren Schulzenrecht würde in dem Fall implizieren, dass die freien Friesen den Idealen der Männerwelt nicht genügen könnten und damit feige waren. Vielmehr betrifft es hier offenbar romantische Vorstellungen über hartgesottene, kampferprobte Germanen aus der Vorstellungswelt des 19. Jahrhunderts, die teilweise in der heutigen Zeit noch Anklang finden.[843] Eine der gängigsten Vorstellungen, die sich gemeinhin mit dem Mittelalter verbinden, ist die einer ungebremsten Gewalttätigkeit: Unaufhörliche Fehden, blutige Pogrome und grausame Strafrituale scheinen das Bild dieser Epoche bis heute wesentlich zu prägen.[844] Für diese teilweise unreflektierten Vorstellungen eines gewalttätigen Mittelalters sind

---

841 Vgl. Nottarp: „auch sonst [muß] eine Stellvertretung ohne weiteres zulässig gewesen sein“, Nottarp, Gottesurteilstudien, S. 263.

842 Neben den Idealen der Männerwelt würde Stress die Schmerzen unterdrücken: „Die erregte Ausnahmesituation mag in einigen Fällen vielleicht wirklich dazu geführt haben, dass die mit dem heißen Eisen oder siedendem Wasser durchgeführten Proben zeitweise die Schmerzen so unterdrückten, dass sie den Probanden nicht zum Abbruch des Ordals zwangen [...]“, Dinzelbacher, Das fremde Mittelalter, S. 99. Obwohl die Registrierung sensorischer Unannehmlichkeiten nach Dinzenbacher eine untergeordnete Rolle spielte, bleibt die Frage offen, warum die Stellvertretung durch Verwandte oder Lohnkämpfer gerne von den Probanden *in spe* in Anspruch genommen wurde.

843 Eine Gegendarstellung findet sich bei Thomas Scharf: „Neuere Forschungen haben zudem immer wieder betont, dass es eine große Zahl von Strategien gegeben hat, Gewalt einzudämmen und zu vermeiden und somit die ungezügelte Gewalt zumindest in Ansätzen in ihre Schranken zu weisen.“ Scharff, Thomas, Reden über den Krieg. Darstellungsformen und Funktionen des Krieges in der Historiographie des Frühmittelalters, in: Braun, Manuel/Herberichs, Cornelia (Hrsg.) Gewalt im Mittelalter. Realitäten – Imaginationen, München 2005, S. 65–80, hier S. 65.

844 Dazu Braun, Manuel, Gewalt im Mittelalter: Überlegungen zu ihrer Erforschung, in: ders./Herberichs, Cornelia (Hrsg.), Gewalt im Mittelalter. Realitäten – Imaginationen, München 2005, S. 7–38, hier S. 8.

übrigens die mittelalterlichen Autoren – und dabei in erster Linie die Historiographen – zu einem großen Teil selbst verantwortlich.[845]

Ein heikler Punkt in diesem Abschnitt über das Dingen eines Lohnkämpfers ist die Position des Kämpfers als Stellvertreter beim Kesselfang. Einen exklusiven Gebrauch des Begriffs *kempe* für den Zweikampf kennt das Ältere Schulzenrecht nicht, der Begriff wird auch beim Kesselfang verwendet.[846] Aus der Gleichsetzung der Termini liegt die Schlussfolgerung nahe, dass das Verfahren mit Bezug auf die Stellvertretung beim Kesselfang grundsätzlich auch den Regeln des Zweikampfes folgen musste.[847] Das heißt *in concreto*, dass dem Beklagten auch beim Kesselfang eine Frist von 63 Tagen zustand, um einen geeigneten Stellvertreter zu suchen. Der Kläger brauchte keinen Kämpfer zu dingen, musste jedoch einverstanden sein mit dem Wunsch des Beklagten, sich einen Stellvertreter zu suchen.

Wenn wir uns diesbezüglich die Höhe des Streitwertes ansehen, ist fraglich, ob ein Verwandter oder Freund seine Gesundheit wegen eines relativ geringen Rechtsstreits aufs Spiel setzen würde; vielmehr musste der Beklagte sich wohl um die Stellvertretung in Form eines Berufskämpfers kümmern. Lohnkämpfer traten in vielen Fällen in der mittelalterlichen Rechtsordnung als Stellvertreter in einem gerichtlichen Schwertkampf auf. Offenbar nahmen die friesischen Vorschriften in dieser Hinsicht ein Alleinstellungsmerkmal ein, da der Begriff *kempe* auch für die Elementordalien verwendet wurde. Die Lohnkämpfer standen außerhalb der Gesellschaft; als Teil der fahrenden Leute gehörten sie nicht zur Rechtsgemeinschaft und verfügten dementsprechend nicht über eine eigene Gerichtsfähigkeit. Sie mussten schwören, keine Zauberei zu verwenden, und sollten aus eigenem Interesse von der Rechtmäßigkeit der Sache überzeugt sein. Damit legten sie auch ihre eigene Rechtsintegrität in den Eid. Verloren sie den Kampf, war das also nicht nur ein Beweis für die Schuld oder das Unrecht ihrer Partei, sondern auch dafür, dass sie selbst meineidig geworden waren. Dann konnten sie zur Handamputation verurteilt werden.[848]

---

845 Vgl. Scharff, Reden über den Krieg, S. 65. Vgl. auch Kannowski: „Ideologieaufgeladene Germanenüberfrachtung wird in der Tat heute wohl niemand mehr ernsthaft wollen“, Bernd Kannowski, Wieviel Gelehrtes Recht steckt im Sachsenspiegel und war Eike von Repgow ein Kanonist?, in: ZRG KA 130 (2013), S. 382–397, hier S. 384 f.

846 v. Schwerin, Zur friesischen Kampfklage, S. 189.

847 v. Schwerin ist anderer Auffassung, er geht davon aus, dass nach dem Streiteid die Ausführung des Ordals sofort stattfand. „Beim Zweikampf dagegen schieben sich noch Fristen dazwischen ein“, v. Schwerin, Zur friesischen Kampfklage, S. 220. Vorausgesetzt, dem Beklagten würde beim Kesselfang keine Fristen gewährt werden, hätte er keine Möglichkeit mehr, einen Stellvertreter zu suchen. Da ihm dieses Recht ausdrücklich zustand, ist die Auffassung v. Schwerins als sehr unwahrscheinlich zu bewerten.

848 Vgl. Coesfeld, Marcus, Lohnkempen im Spätmittelalter, Soziale Außenseiter als Tragsäulen der Rechtspraxis, Soziologiemagazin 6/2 (2013), S. 54–66, hier S. 62.

Nottarp relativiert dieses rücksichtslose Vorgehen mit der Behauptung, diese Sichtweise beruhe auf einem Interpretationsfehler aus einem Kapitular Ludwigs des Frommen aus dem Jahr 816: Die einschlägige Bestimmung betreffe nur den Zeugen, der im Falle von aufgetretenen Gegenzeugen als Stellvertreterkämpfer den Kampf austragen musste und dazu zuerst einen Eid zu leisten hatte; die Bestimmungen bezogen sich nicht auf jeden Lohnkämpfer schlechthin.[849] Wäre dieses Verfahren wirklich gängige Praxis gewesen, hätte kein Berufskämpfer nach seiner ersten Niederlage noch seiner Tätigkeit nachkommen können, denn ohne die rechte Hand war er arbeitsunfähig: „Es wäre damit sehr unlukrativ gewesen, in städtische bzw. gerichtliche Dienste zu treten und es kann angezweifelt werden, dass dieser Berufsstand sich so sehr verbreitet hätte".[850]

Die Kosten für die gerichtlichen Lohnkempen mussten von der unterliegenden Partei bezahlt werden.[851] Wie oben schon festgestellt, betrug der Streitwert im Falle der Kesselprobe höchstens einen Wert von etwas mehr als drei Kühen. Das Dingen eines professionellen Lohnkämpfers müsste sich dann lohnen, das heißt, sein Lohn müsste die Höhe des Streitwertes in keinem Fall übertreffen, sonst könnte der Beklagte besser ein Geständnis ablegen und den Rechtsstreit kostengünstiger beenden. Zu den Kosten des Stellvertreters kämen – im Falle einer Überführung (die Hand ist nach drei Tagen nicht geheilt) – noch zusätzlich eine Friedensbuße von vier Pfund. Auch hier lässt sich vermuten, dass man durch diese Vorschriften durchaus versuchte, Selbstjustiz und Rache Einhalt zu bieten und mittels pragmatischer Regelungen zur Streitschlichtung aufzurufen.

An dieser Stelle möchte ich kritisch anmerken, dass bei der Interpretation dieses Abschnitts durchaus die Gefahr einer zeitgenössischen Auslegung besteht: In der überlieferungsbedingten Darbietung des historischen Materials wird (unbewusst) versucht, einen Bezug zur heutigen Rechtspraxis herzustellen.[852] Trotz dieses Vorbehaltes scheint mir die These tragfähig, dass im Älteren Schulzenrecht ein Streben zur friedlichen Beilegung der Streitigkeiten im Konsens nachzuweisen ist. Die Fristsetzung als Abkühlungsperiode oder die Hervorhebung der Stellvertretungsmöglichkeiten beim Zweikampf und beim Kesselfang könnte man z. B. als eine pragmatische und zweckmäßige Methode zur Wiederherstellung des Friedens betrachten.[853]

---

849 Nottarp, Gottesurteilstudien, S. 301 f.

850 Coesfeld, Lohnkempen im Spätmittelalter, S. 62.

851 Nottarp, Gottesurteilstudien, S. 303 f.

852 Hermeneutische Anstrengungen sind namentlich erforderlich, wenn Textstellen schwer zu deuten sind. Die Gefahr eines „Bedeutungsüberschusses", d. h., der Interpret liest mehr aus dem Text, als der Verfasser ihn hat wissen lassen wollen, ist in unserer Quelle durchaus anwesend. Dazu Habermas, Auch eine Geschichte der Philosophie, Bd. 2, S. 415.

853 Zur Funktion des Bußgeldkatalogs vgl. Nijdam: „Men houdt bij wie er aan de beurt is, en men huldigt het principe van reciprociteit: geweld moet met ongeveer dezelfde

5.2.4 Fan dae ordele (Kap. 41)

Djt is riocht fan ordele, dat di aesga, deer dat stryd mey betinget is, dela schel, dattet ordil oen dae kerckwalle wessa schol toe der haedstoe, deer di deekma toe heert, hit ne se mey des haedpresters orloue et der capella, deer di scolta ban laet, deer dit stryd mey bythinghetb is.

Vom Gottesurteil

Dies ist Recht bezüglich des Gottesurteils, dass der Asega, mit dem der Kampf gerichtlich festgesetzt ist, bestimmen soll, dass das Gottesurteil an der Kirchhofsmauer bei der Hauptkirche, an die der Zehnt gezahlt wird, stattfinden soll, es sei denn mit Erlaubnis des Hauptpriesters bei der Kapelle, wo der Skelta die Banngewalt fuhrt, mit dem der Kampf gerichtlich festgesetzt ist.

5.2.5 Auswertung

In terminologischer Hinsicht ist festzustellen, dass im altfriesischen Recht an einigen Stellen der Kesselfang als *ketelfangh, wetirkomp, ketelordel* oder als *ordel*[854] schlechthin bezeichnet wird.[855] In diesem Abschnitt stellt sich die Frage nach dem Austragungsort des Ordals. Der Asega bestimmte, dass das Gottesurteil an der Kirchhofsmauer, offenbar außerhalb des Bannbereichs des Schulzen, stattfinden sollte.[856] Anscheinend befand man sich auf kirchlichem Territorium, an einer Stelle, wo die Abgaben von den Erträgen aus Grundbesitz an die Kirche – die Zehnten – abzugeben waren.[857] Durch das Urteil des Asegas – als Vertreter der weltlichen Gerichtsbarkeit – wurde bestimmt, wo das Ordal stattfindet, und der Asega urteilte

---

mate aan geweld beantwoord worden. Bovendien kennen alle vetemaatschappijen mechanismen om de vrede te herstellen. Vaak wordt dit ervaren als het herstellen van een verstoorde balans." Nijdam, Lichaam, eer en recht in middeleeuws Friesland, S. 322.

854 „ordêl, urdêl, afries. [...] nhd. Urteil, Spruch, Entscheidung, Ordal, Gottesurteil; ne. decision, sentence [...] ordeal; lat. iudicium", Köbler, Altfriesisches Wörterbuch.

855 v. Schwerin, Zur friesischen Kampfklage, S. 188 f.

856 Die mittelalterliche Gerichtsbarkeit war dadurch gekennzeichnet, dass Gerichtskreise sich überlappen konnten. Jedermann gehörte, gemessen nach seinem Lebensbereich, verschiedenen Gerichtsbarkeiten an. Vgl. Oestmann, Peter, Prozesse aus Hansestädten vor dem Königs- und Hofgericht in der Zeit vor 1400, in: ZRG GA 128 (2011), S. 114–168, hier S. 115.

857 Das Heilige war mit dem Profanen stets und überall verstrickt. Rechts- und Kirchensphäre sind, wie nicht nur das Beispiel der Gottesurteile zeigt, im Mittelalter nicht zu trennen. Dazu Kirakosian, Racha, Hoc iudicium creavit omnipotens Deus. Über die Ritualität von Gottesurteilen, in: Francia. Forschungen zur westeuropäischen Geschichte 39 (2012), S. 263–283, hier S. 265.

in der Regel, dass es bei der Hauptkirche sein sollte. An dieser Hauptkirche fungierte der *haedprester* und nur er konnte die Genehmigung erteilen, dass das Ordal bei der Kapelle stattfinden würde.

Die zusätzliche Bestimmung: *deer di scolta ban laet, deer dit stryd mey bythingheth is* deutet an, dass sich die Kapelle[858] im Bannbereich des Schulzen befand, was gleichzeitig beinhaltet, dass er diese Gewalt nicht in dem Bezirk des Asegas ausüben konnte; ansonsten wäre diese Ergänzung redundant. Die Darstellung ist einigermaßen kryptisch: Es sieht danach aus, dass der Asega für Rechtsangelegenheiten in einem bestimmten Bezirk zuständig war. Die Kapelle jedoch lag anscheinend in einem anderen Bezirk, in dem logischerweise ein anderer Asega die Befugnis zu richterlichen Entscheidungen besaß. Der erstgenannte Asega, der den Kampf gerichtlich festgesetzt hatte, konnte die Sondergenehmigung erhalten, das Gottesurteil an der Kapelle durchführen zu lassen. Die Frage nach dem Grund dieses Wunsches, einen Ortswechsel vorzunehmen, muss dabei unbeantwortet bleiben. Womöglich spielten materielle Interessen eine Rolle, denn manche Kirchen besaßen das Privileg, Ordalien exklusiv in ihrem Zuständigkeitsgebiet durchzuführen.[859] Die geistliche Mitwirkung bei der Ausführung der Gottesurteile war eine gewinnbringende Angelegenheit.

Das Problem bei den Überlegungen über den Ortswechsel des Ordals bezieht sich auf die Rolle des Schulzen, in dessen Bezirk der Kesselfang stattfinden sollte: Der Asega hatte den Kampf gerichtlich in seinem Bezirk angeordnet, der Schulze aber war zuständig in dem Bezirk, wo die Kapelle liegt: Er führte dort laut Bestimmung die Banngewalt, mit der der Kampf festgesetzt wurde. Dies impliziert, dass beide den Kampf angeordnet hatten. Ergo ordnete der Asega in seinem Bezirk I den Gerichtskampf an; der Schulze konnte aber die Festlegung nicht in dem Bezirk I des Asegas durchgeführt haben, da er offenbar nur für den Bezirk II, wo die Kapelle liegt, die Banngewalt führte und zwangsläufig nur dort zuständig war, Anordnungen zu erteilen. Wenn man zur Lösung des Problems den Zusatz „*deer di scolta ban laet, deer dit stryd mey bythingheth is*" so auffasst, dass der Schulze zwar über die Banngewalt bei der Kapelle verfügte aber selber den Kampf *nicht* festgesetzt hatte, ergibt das einen Sinn. Folgendes könnte sich zugetragen haben:

Der Asega setzte den Kampf in seinem Bezirk I gerichtlich fest, er möchte den Kampf bei der Kapelle – in einem anderen Bezirk – austragen lassen. Er brauchte dafür die Einwilligung des Hauptpriesters. Der Kampf fand statt, wobei der Schulze als gerichtlicher Beamter für den Ablauf zuständig war.[860] Die Anwesenheit des

---

858 Die Kapelle sollte hier nicht als religiöser Nebenraum verstanden werden, sie war vielmehr eine vollwertige Tochterkirche der Hauptkirche, die berechtigt war, das Tauf- und Begräbnisrecht auszuüben. Dazu Mol, „Friesische Freiheit im Kirchspiel und Kloster", S. 211.

859 Bartlett, Trial by fire and water, S. 90 ff.

860 v. Schwerin meint das Problem der Zuständigkeit lösen zu können: „Die Sache läßt sich einfacher erklären. Schulze und asega, mit denen die Sache begonnen ist, sind

Asegas war dabei zwingend erforderlich, da er – mit anderen Zeugen – den Kampf angeordnet hatte und später eine Kontrollfunktion bei der Beurteilung des Verletzungsgrades beim Probanden auszuüben hatte.

Schematisch wiedergegeben:

Option 1

- Bezirk I

zuständiger Asega 1
Ordal festgesetzt in seinem Bezirk
[Schulze 1] Nicht im Text benannt

- Bezirk II

zuständiger Schulze 2, Ordal festgesetzt laut Text, faktisch unmöglich, siehe Asega 1
[Asega 2] Nicht im Text benannt
Hauptpriester
Kirchlicher Funktionsträger
Zuständig u. a. für Anträge bezüglich des Austragungsortes des Ordals
Austragungsort Kapelle, Bezirk II, Asega 1 als Initiator zugelassen in Bezirk II

Option 2 (v. Schwerin/Fairbanks)

- Bezirk I

Zuständiger Asega setzt Ordal in seinem Bezirk fest
Zuständiger Schulze setzt ebenfalls Ordal in seinem Bezirk fest
Hauptpriester
Kirchlicher Funktionsträger
Zuständig für Anträge bezüglich Austragungsortes des Ordals
Austragungsort Kapelle, Bezirk II

- Bezirk II

Asega und Schulze beide zuständig für Austragung des Ordals
Laut Text hat Schulze (nur) Banngewalt in Bezirk II

---

im gleichen Gerichtsbezirk, die Hauptkirche kann in einem anderen Bezirk liegen, wo an sich ein anderer asega zuständig wäre“, v. Schwerin, Zur friesischen Kampfklage, S. 221. Die Erklärung der Zuständigkeit des Schulzen im Bereich „Kapelle“ steht dabei aber noch aus. Fairbanks formuliert einen anderen Lösungsvorschlag, indem er von Folgendem ausgeht: „The magistrate and the lawsayer must go outside their jurisdiction, unless the priest will consent to officiate at a chapel within it.“ Fairbanks, The old West Frisian Skeltana riucht, S. 137. Diese Interpretation scheint mir schwer vertretbar, da sich die Kapelle gerade in der Gerichtshoheit, also Bezirk II, des Schulzen befindet.

Widerspruch 1:Asega und Schulze setzen beide im Bezirk I Ordal fest, Kompetenzüberschneidung?
Widerspruch 2:Wenn Schulze nur im Bezirk II zuständig ist, kann er unmöglich im Bezirk I den Gerichtskampf festgesetzt haben.

Unbestritten ist der hohe Spekulationsgehalt dieser Ausführungen. Die Antwort nach dem Austragungsort, an dem der Kesselfang stattfand, erweist sich an dem Zusatz „*deer di scolta ban laet, deer dit stryd mey bythinghet*h" als eine ausgesprochen diffizile Angelegenheit. Gleichwohl ist wegen der geringfügig vorzunehmenden Modifizierung bei der Interpretation dieses Abschnitts Option 1 als quellennah und realistischer zu bevorzugen.

5.2.6 Fan des ketelis infanghe (Kap. 42)

Djt is riocht, dat di ketil oen dae kercwalle hangia scol binna des wedelis werpe an da walle ende di prester scol an da hoffwalle staen ende dat ordil wia with anne scilling pannynga. Soe aegh di kempa buta hofwal toe staen ende jn toe faene mit stede, soe di strydeed swerren is. Soe aegh di schelta ende di aesga ende di prester ende fiouwer des koninges orkundun 101 hiara to hodene. Soe scellet tre wessa mey dae prestere, dat hiara fiouwer se; soe schel di ena ti dae scelta ende ti dae aesga, dat hiara tre se. Soe scelleth dae sauwen, di scelta ende dy aesga, di prest er ende dis koninges fiouwer orkundun, des tredda deis dae hand scowia jn der tzercka. lef se aet saneth, so is di prester ende dae tre mey hem nyaer dae hand toe helane dan dae tre toe wrbarnane. Wert se scowath ti heelre hand, soe scol dy oera festia den meeneed ende den grewa twa pond iaen. Ende werdt hij barnd, soe schel hi iaen dae grewa twa pund des raeffarda ende twa pund dis strijdfarda ende sine dekene heed ende heer iefta mey sijn fia liesa ende den mena eed festia.

Vom Hineingreifen in den Kessel

Dies ist Recht, dass der Kessel an der Kirchhofsmauer innerhalb des geweihten Kirchplatzes an der Mauer hängen soll und der Priester soll auf der Friedhofsmauer stehen und das Gottesurteil für einen Schilling in Pfennigen weihen. Dann soll der Kämpfer außerhalb der Kirchhofsmauer stehen und sofort hineingreifen, wenn der Streiteid geschworen ist. Dann sollen der Skelta und der Asega und der Priester und vier Königszeugen sie überwachen. Dann sollen drei mit dem Priester sein, dass ihrer vier sind; dann soll der eine zum Skelta und zum Asega (gehören), dass ihrer drei sind. Darauf sollen die sieben, der Skelta und der Asega, der Priester und die vier Königszeugen, am dritten Tage die Hand in der Kirche besichtigen. Wenn sie irgendwie uneinig sind, so sind der Priester und die drei mit ihm eher berechtigt, die Hand fur heil zu erklären, als die (anderen) drei für verbrannt. Wird die Hand nach Besichtigung für heil erklärt, so soll der andere den Meineid durch Fasten abbüßen und dem Grafen zwei Pfund geben. Und hat er sich (die Hand) verbrannt, so soll er dem Grafen zwei Pfund als Friedensbuße für den (zu Unrecht geführten) Kampf geben und ist seinem Dekan zu Haut und Haar verfallen oder soll sich davon mit seinem Gelde lösen und den Meineid durch Fasten abbüßen.

5.2.7 *Auswertung*

Es folgt eine genaue Beschreibung des Vorgangs im Kapitel 42, wobei im ersten Satz eine ungenaue Übersetzung ersichtlich wird: *binna des wedelis*[861] *werpe* bedeutet wortwörtlich: „innerhalb des Wurfes des Weihwasserwedels". was eine aktive, zeitlich begrenzte Verhaltensweise von Seiten des Hauptpriesters suggeriert. Da diese Handlung aus natürlichen Gründen nur einen begrenzten Raum betreffen konnte, wird der geweihte Platz relativ klein gewesen sein. Der Priester stand auf der Trennungsmauer zwischen Friedhof und Kirchplatz, die aus verständlichen Gründen wohl sehr niedrig gewesen sein musste. Der Kämpfer stand außerhalb der Kirchhofsmauer, auf dem geweihten Kirchplatz[862] und griff, nachdem der Streiteid geschworen worden war, in den Kessel hinein. Möglicherweise symbolisierte die Mauer eine Trennung zwischen profaner und geistlicher Welt: Die weltliche Gerichtsbarkeit hatte den Kesselfang angeordnet, die Entscheidung wurde der göttlichen Macht übergeben unter der Ägide kirchlicher Würdenträger.[863] Nach dem Griff in den Kessel wurde die Hand vermutlich wie auch sonst verbunden und versiegelt[864]; der Text macht hierzu keine weiteren Angaben.

Am dritten Tag nach dem Ordal versammelten sich Priester, Schulze, Asega und vier Königszeugen, um die Hand in der Kirche zu besichtigen. Sie teilten sich in zwei Gruppen, wobei eine getrennte Besichtigung von der jeweiligen Gruppe vorgenommen wurde. Offenbar wurde getrennt die Entscheidung über den Befund gefällt, wobei die Vermutung naheliegt, dass die eine Gruppe die Besichtigung für den Kläger, die andere für den Beklagten ausführte.[865] Gesichert ist diese Einschätzung jedoch nicht. Trotzdem musste die Einteilung einen Sinn gehabt haben, denn eine reine Durchführung nach dem Majoritätsprinzip erübrigt eine Einteilung in zwei Gruppen. Die Gruppeneinteilung war so gestaltet, dass der Priester zahlenmäßig die Oberhand bekam, indem ihm drei Königszeugen zugeteilt wurden. Die zweite Gruppe bestand aus dem Asega, dem Schulzen und einem Königszeugen.

Interessant in diesem Kräfteverhältnis ist die Situation bei Uneinigkeit des Prüfungsergebnisses. Wenn die „Priestergruppe" mit den zu ihr gehörenden Königszeugen die Hand eher für heil erklären konnte, überwand sie damit das gegenteilige Urteil der „Asegagruppe". Umgekehrt wäre dies auch der Fall, sodass

---

861 „wedel, widel, afries., nhd. Wedel, Weihquast; ne. holy-water sprinkler", Köbler, Altfriesisches Wörterbuch.

862 „thus if the cauldron is on the churchwall and outside the cemetiry, it is possible to reach it from outside the enclosing wall." Fairbanks, The old West Frisian Skeltana riucht, S. 137.

863 Über geweihte Orte in Friesland und deren Funktion: Glazema, Pieter, Gewijde plaatsen in Friesland, Meppel 1948, S. 134 f.

864 Nottarp, Gottesurteilstudien, S. 249.

865 Dazu v. Schwerin, Zur friesischen Kampfklage, S. 224.

die Frage nach der Logik dieser Einteilung berechtigt ist.[866] Abweichende Meinungsoptionen innerhalb der jeweiligen Gruppen lassen sich aus dem Text nicht herleiten; dies würde auch jedem Sinn der Gruppenaufteilung entgegenstehen: In dem Fall könnte man ohnehin besser auf eine Gruppeneinteilung verzichten und man hätte einfach nach dem Mehrheitsprinzip entscheiden können.

Nach der Probe wurde das Endurteil gefällt: Entweder war die Hand intakt oder sie war noch nicht geheilt bzw. entzündet. War die Hand verbrannt, war die Kesselprobe dem Beklagten[867] nicht gelungen; daraus folgte, dass der Beklagte einen Meineid geschworen und den Prozess verloren hatte. In dem Fall sollte er dem Grafen zwei Pfund bezahlen[868] und war seinem Dekan mit Haut und Haar verfallen, das heißt, er wurde mit Geißelung und Haarabschneiden bestraft.[869] Er konnte sich aber durch Fasten oder die Entrichtung einer Geldsumme von der Strafe lösen. Unterlag der Kläger, so hatte er zwei Pfund zu bezahlen und sollte den Meineid durch Fasten abbüßen.

Zum Vergleich lohnt sich ein Blick in die Bestimmungen über das Gottesurteil der Pflugscharen im altfriesischen Sendrecht, das sich „eines ehrwürdigen Alters rühmen [kann]"[870]. Sein Geltungsbereich umfasste nicht das ganze friesische Gebiet, sondern war auf das westerlauwerssche, zur Diözese Utrecht gehörende Friesland beschränkt, was schon aus diesem Grund zu einem Vergleich mit den einschlägigen Bestimmungen im Älteren Schulzenrecht berechtigt. Das Sendrecht enthielt Vorschriften für die Organisation des geistlichen Gerichts und regelte weitere Sachen, für die dieses Gericht zuständig war, wie Feiertagsentheiligung, Schlägerei in der Kirche, Altarraub, Leichenraub, Angriffe auf Priester, Meineid, Bruch der Sühne, Ehehindernisse, Beweis der Eheschließung, Ehebruch, Vaterschaftsklage, Abtreibung und Sodomie. Auffällig ist, dass sich einige Verordnungen des Sendrechts mit dem Älteren Schulzenrecht berühren.[871] Einer dieser Berührungspunkte ist in den Vorschriften über den Ablauf des Elementordals, im Sendrecht im Kapitel 20 *Fan dera scherena ordil* (Vom Gottesurteil der Pflugscharen) beschrieben. Interessant und aufschlussreich ist die Lösung des Problems der Handbesichtigung:

---

866 Vgl. Fairbanks: „The difficulty at once suggest itself as to what happens if the disagreement runs in the other way, and it is the priest's party that thinks the hand is burned. If the priest's party win in this case too, then the other party is superfluous." Fairbanks, The old West Frisian Skeltana riucht, Anm. zu Kap. XXIX, Fn. 4, S. 138.

867 „Also der unterlegene Beklagte – nicht der Kämpe selbst", v. Schwerin, Zur friesischen Kampfklage, S. 226.

868 Dieser Betrag ist wegen eines zu Unrecht geführten Kampfes konform mit den Bestimmungen im Kapitel 39 zu zahlen.

869 Buma, Westerlauwerssches Recht, S. 95, Fn. 10.

870 Ibidem, S. 18.

871 Ibidem, S. 19.

Nv scel ma dae hand scouwia dis tredda deys, di prester ende sex maen mey him, fiouwer fan dis mannes halum, fan dis deckenes halum di prester ende tweer man mey him; ende ief hia aet kivvat, soe sint niaer dae fiouwer dae hand ti helane dan dae tre ti wrbernane, hit ne se dat dis alle dio meente hlia wille.

Da soll man die Hand am dritten Tage gerichtlich besichtigen, der Priester und sechs Männer mit ihm: von seiten des Mannes vier (und) von seiten des Dekans der Priester und zwei Männer mit ihm; und wenn sie sich irgendwie streiten, so sind vier von ihnen näher berechtigt, die Hand für unverletzt zu erklären, als die (übrigen) drei, sie für verbrannt zu erklären, es sei denn, dass die ganze Gerichtsgemeinde dies bezeugen wolle.

Auch hier ist die Rede von einer Gruppeneinteilung: Vier Männer gehören einer Gruppe an, die andere wird von dem Priester und zwei Männern gebildet. Schulze und Asega kommen als Amtsträger im Sendrecht nicht vor. Auffallend ist die Gewichtung der „Priestergruppe" im Streitfall bei der Entscheidung, ob die Hand verbrannt ist oder nicht: Sie konnte die andere Gruppe mit ihrer Stimme das gegenteilige Urteil nicht ablehnen. Somit spielt hier – im Gegensatz zum Älteren Schulzenrecht – das Majoritätsprinzip die ausschlaggebende Rolle, es sei denn, *dio meente* (die ganze Gerichtsgemeinde) bezeugte, dass die übrigen drei, also die Priestergruppe, die richtige Entscheidung getroffen hatte.

Die Frage, ob im Älteren Schulzenrecht dem *ommestand* auch ein solches Mitbestimmungsrecht zustand, kann wegen der fehlenden Angaben in den Bestimmungen über die Kesselprobe nicht beantwortet werden. Wenn man sich die oben beschriebene Problematik mit Bezug auf das Kräfteverhältnis der Gruppen und die damit verbundene unlogische Entscheidungsgewalt nochmals vor Augen führt, wäre ein solches Mitwirken des *ommestands* ein probates Mittel gewesen, bei Uneinigkeit ein gerechtes, für alle Beteiligten akzeptables Urteil zu fällen.

6. Fazit

Ordale sind weltweit in vormodernen Gesellschaften verbreitet und dienten als göttliches Beweismittel in privaten und gerichtlichen Streitangelegenheiten. Ausgangspunkt bei der Durchführung der Ordale war die Erwartung, dass Gott dem Beweispflichtigen durch sein Eingreifen über Schuld oder Unschuld ein Zeichen geben würde. Die zu vollziehende Probe – hier das Hineingreifen in den Kessel mit siedendem Wasser – galt als Manifestation göttlicher Gerechtigkeit, die mit der physischen Realität auf Erden in Verbindung stand. Diese göttliche Macht, so Nottarp, steuerte die empirische sichtbare Welt bis in die Einzelheiten.

Diesem Gedanken lag ein religiöser Gedanke zugrunde: Friede ist Beruhen in der Ordnung; wer dagegen verstieß, lehnte sich gegen die Ordnung der Gemeinschaft auf und seine Tat „ist von Gott und aller Welt verlassen".[872] Die Gottesurteile

872 Nottarp, Gottesurteilstudien, S. 17.

sind dem Eid sehr ähnlich, denn auch der Eid basierte auf der Erwartung, dass im Falle eines unrechtmäßig geleisteten Eides die Gottheit rächend eingreifen würde. Ob die Reaktion Gottes dabei unmittelbar nach dem Meineid (als Form der Selbstverfluchung[873]) oder erst später im Leben erfolgen würde, war nicht sicher; die Frage dagegen, ob die Hand nach drei Tagen entzündet war, konnte sofort beantwortet werden.[874]

Über das Bestehen oder Nichtbestehen des Gottesurteils entschied der Ordalpriester.[875] Er verfügte über den religiösen exklusiven Anspruch als Entscheider und wurde als Vermittler in den wesentlichen Beziehungen zwischen Menschen und der göttlichen Überwelt wahrgenommen. Es war undenkbar, ein Gottesurteil ohne dessen Mitwirkung durchzuführen.[876] Die Mitwirkung der Geistlichkeit an dem vom weltlichen Gericht vollzogenen Kesselfang bezeugt unsere Quelle daher eindeutig. Es wurde jedoch auf ausführliche Rituale verzichtet; der Priester weihte den Kampfplatz und erhielt dafür einen Schilling in Pfennigen.

Wegen der außerordentlichen, einzigartigen Art und Weise, wie im Älteren Schulzenrecht eine Kommission von sieben Mitgliedern über den Befund diskutieren konnte, müssen Zweifel aufkommen, ob es sich hier überhaupt noch um ein Gottesurteil im herkömmlichen Sinne handelt.[877] Von einem Alleinherrschaftsanspruch

---

873 Dinzelbacher, Das fremde Mittelalter, S. 41; Oestmann, Wege zur Rechtsgeschichte, S. 72.

874 „Ethnologische Studien haben gezeigt, dass die innere Überzeugung Einfluss auf die Verwundung haben bzw. die Heilung beschleunigen kann." Schmoeckel, Mathias, Der lotharische Ehestreit: Seine Protagonisten und ihre Perspektiven, in: Falk, Ulrich (Hrsg.), Fälle aus der Rechtsgeschichte, München 2008, S. 77–95, hier S. 78.

875 Nottarp, Gottesurteilstudien, S. 267.

876 Dinzelbacher, Das fremde Mittelalter, S. 63. Im Älteren Schulzenrecht (Kap. 42) wurde, wie schon dargelegt, die Handbesichtigung beim Kesselfang aber mit einer „Kommission" von vier Königszeugen, dem Asega und dem Schulzen vollzogen. Die Stimme des Priesters war jedoch ausschlaggebend.

877 Es gab jedoch im Mittelalter Gremien von Geistlichen und weltkundigen Sachverständigen, die für die Organisation und die Überwachung eines ordnungsgemäßen Ablaufs eines Gottesurteils verantwortlich waren. Vgl. Auer, Anika M., Konfliktlösung durch Ordalien, in: Mayenburg, David von (Hrsg.), Konfliktlösung im Mittelalter (Handbuch zur Geschichte der Konfliktlösung in Europa 2), Berlin, Heidelberg 2021, S. 161–168, hier S. 162. Ob die profanen Mitglieder dieses Komitees explizit zur Beurteilung des Probeergebnisses herangezogen wurden, wird von Auer in ihrem Artikel zwar kurz erwähnt: „War das Siegel intakt, wurden die Bandagen gelöst, die Wunden öffentlich inspiziert und von den Sachkundigen über den Ausgang befunden", ibidem, S. 164), jedoch wird die Behauptung nicht durch eine konkrete Belegstelle unterstützt. Im selben Artikel akzentuiert sie dagegen die exklusive Position der Geistlichen im Ordalverfahren: „betonte die klerikale Expertise als Streitentscheidungsinstanz – schließlich war ein iudicium Dei ein Exklusivurteil",

des Priesters als Vermittler zwischen Mensch und Gott kann in diesem Fall nicht (mehr) die Rede sein. In unserem Fall besaßen weltliche Zeugen die Fähigkeit, göttliche Zeichen zu deuten. Im Sendrecht wurde sogar, falls es den Gruppen nicht gelang, zu einem Urteil zu kommen, das gemeine Volk mit in den Entscheidungsprozess eingebunden.

Eine parallele *second opinion* findet man in der isländischen *Ljósvetninga saga*.[878] Hier handelte es sich um eine Vaterschaftsfrage zwischen Eyólfr und þorkell, die Mutter war Fridgerd. Bei der schwangeren Frau wurde die Eisenprobe vorgenommen; der Verband wurde geöffnet, um eventuelle Verletzungen festzustellen. Der Priester konnte nicht sofort den Grad der Verbrennung feststellen und wurde von þorkell, der meinte, die Hand sei verbrannt, der Bestechung beschuldigt. þorkell benannte sich selber als Zeuge. Der Priester war wütend, da þorkell sich die Entscheidungsgewalt zueignete, und forderte eine neue Probe. Das Verfahren wurde daraufhin abgebrochen unter gegenseitiger Ankündigung von Drohungen.[879]

Die Legitimation des Gottesurteils als irrationales Beweismittel schien hiermit endgültig an Kraft verloren zu haben.[880] Aus den einschlägigen Vorschriften über die Kesselprobe kann man vielmehr schließen, dass als letzte Stufe im

---

ibidem, S. 162. Die Aufgaben der Sachkundigen beschränkten sich m. E. letztendlich wohl auf den Bereich der Logistik: Das Gremium hatte nämlich „dafür Sorge zu tragen, dass die jeweiligen Riten eingehalten wurden und es hatte schließlich das Urteil öffentlich zu verkünden", ibidem, S. 162. Allerdings ist mir ein Beispiel aus der umfangreichen Literatur bekannt, wobei zwölf Ritter (in England) eine beschuldigte Frau nach der Eisenprobe verurteilten, da ihre Hand geschwollen war „about the size of half a walnut", Kerr, Margaret Helen/Forsyth, Richard D./Plyley, Michael J., „Cold water and hot iron: trial by ordeal in England", in: The Journal of Interdisciplinary History 22 (1992), S. 573–595, hier S. 589. Wie zuverlässig die Quelle ist, lässt sich schwer beurteilen, die Geschichte stammt nicht aus einer Rechtsquelle, sondern aus den Mirakelgeschichten von S. Wilhelmi.

878 Ranisch, Wilhelm/Vogt, Walther Heinrich, Fünf Geschichten aus dem östlichen Nordland. Thule; Altnordische Dichtung und Prosa, Bd. 11, Jena 1921, S. 195 f.

879 Zu den Schwierigkeiten bei der Beurteilung des Verbrennungsgrades vgl. Waelkens: „Mais comment juger en regardant des brûlures? Y avait-il une jurisprudence fixe sur les phénomènes à observer? Et pourquoi attribuer le jugement à Dieu, si l'assistance ressentait très bien que c'ètait le juge qui tranchait?" Waelkens, Laurent „Traces Romano-Canoniques Dans Les Preuves Germaniques", in: Tijdschrift Voor Rechtsgeschiedenis 75 (2007), S. 321–332, hier S. 322.

880 Berman geht davon aus, dass nach zeitgenössischen Berichten zu urteilen, die meisten Betroffenen wohl freigesprochen wurden. Berman, Recht und Revolution, S. 692. Weitere Angaben über entsprechende Belegstellen fehlen. Bermans Behauptung wäre aber noch ein starkes Argument, die Anwendung dieses Beweiserhebungsmittels als äußerst ineffizient zu beurteilen.

Beweisverfahren die Ordalien im gerichtlichen Streitfall noch Anwendung fanden. Ihre wesentliche Bedeutung lag darin, als taktisches Mittel die Widersacher zu einem Kompromiss oder zum Rücktritt zu zwingen. Eine Trennung zwischen geistlicher und weltlicher Sphäre ist dabei unverkennbar; vielleicht kann man sogar von einer grundlegenden Rechtserneuerung sprechen: Hier liegt womöglich in rudimentärer Weise der Ansatzpunkt für eine andere Auffassung von Recht und Wahrheit in Richtung Tatsachenermittlung vor.

IX. Spuren des kanonischen Rechts im Älteren Schulzenrecht

1. Einführung

Bis ins 7. Jahrhundert lassen sich die ersten Christianisierungsversuche in Friesland zurückverfolgen, als Willibrord im Jahre 690 von Pippin II. den Auftrag bekam, in *citerior Fresia* mit seiner Missionierungsarbeit anzufangen. Nach Willibrords Tod (739) wurde Utrecht Teil des Bistums Köln. Bonifatius, wie Willibrord Angelsachse, unterstützte ihn bei dieser Arbeit.[881] Im hohen Greisenalter „actively seeking martyrdom"[882] kehrte Bonifatius nach Friesland zurück, wo er 754 *in loco qui Dockinga* (Dokkum)[883] *dicitur* von den heidnischen Friesen erschlagen wurde, angeblich beim Fällen einer – für die Friesen – heiligen Eiche.

In der zweiten Hälfte des 12. Jahrhunderts, so Bremmer, entwickelte sich in Friesland ein intensiveres geistliches Leben. Dies war das Ergebnis einer religiösen und intellektuellen Wiederbelebung, die bereits im 11. Jahrhundert in Frankreich begonnen hatte. Einer der Aspekte dieser Wiederbelebung war die erneute Begeisterung für das klösterliche Leben. Es wurden neue Klosterorden gegründet, wie die der Zisterzienser und der Prämonstratenser oder Norbertiner. Allmählich fand diese Bewegung in nördlicheren Regionen Nachfolge. In Friesland führte dieses neue geistige Bestreben zunächst zur Gründung des Augustinerklosters Ludingakerke (1158) in Westergo, im Norbertinerkloster Mariengaarde bei Hallum (1103) und im Zisterzienserkloster Klaarkamp bei Rinsumageest (1105), beide in Oostergo.

---

881 Vries, Geschichte der Friesen im Mittelalter: West- und Ostfriesland, S. 540.

882 Hines, John, The Anglo-Frisian Question, in: ders./IJssennagger, Nelleke (Hrsg.), Frisians and their North Sea Neighbours: From the Fifth Century to the Viking Age, Woodbridge (Suffolk, UK) 2017, S. 25–42., hier S. 37.

883 Dokkum lag weit außerhalb der fränkisch garantierten Sicherheitsbereiche. Als Altershonorar wurde ihm die Betreuung der Friesen als Nachfolger Willibrords erlaubt. Bonifatius wurde am 5. Juni 754, angeblich zusammen mit 53 Weggefährten und Helfern, in Dokkum ermordet. Flaskamp fällt auf, dass diese 53 Männer zusammen mit Bonifatius die Zahl 54 ergeben, das Jahr seiner Ermordung: „Sollte diese Anzahl der 54 Martyrer nicht dem Todesjahr 754 zugepaßt sein?" Flaskamp, Franz, Die frühe Friesen- und Sachsen Mission aus northumbrischer Sicht. Das Zeugnis des Baeda, in: Archiv für Kulturgeschichte 51 (1969), S. 183–209, hier S. 209, Fn. 158. De Langen und Mol gehen jedoch von (nur) 50 Weggefährten aus: „On his last mission into Oostergo, Boniface was accompanied by 50 armigeri (armed men)." De Langen und Mol, Church Foundation and Parish Formation in Frisia in the Tenth and Eleventh Centuries. A Planned Development?, S. 7.

Einige Zeit später folgte das Gebiet östlich der Lauwers. Die ersten Gründungen waren das Prämonstratenserkloster Oldenklooster in der Marne bei Kloosterburen um 1175, das Benediktinerkloster Feldwerd am Dollart um 1180 und das Prämonstratenserkloster Bloemhof in Wittewierum kurz nach 1200.[884]

Der Einfluss der Kirche[885] breitete sich in Friesland während der fränkischen Zeit immer weiter aus und deswegen scheint die Frage berechtigt, inwieweit sich dieser Einfluss auf die friesische Rechtsbildung ausgewirkt hat.[886] Ab dem Ende des 12. Jahrhunderts studierten Friesen an Universitäten in Paris, Orléans und Oxford.[887] Dort kamen sie in Kontakt mit dem kanonischen Recht und damit mit dem römischen Recht: Die wechselseitige Abhängigkeit mündete in eine „symbiotic relationship between the two learned laws", die so eng wurde, dass von einer Rezeption[888] des römischen Rechts durch die Kanonisten als Ergänzung ihrer eigenen Quellen gesprochen wurde.

---

884 Bremmer, Hir es eskriven, S. 27.

885 Mit der wachsenden gesellschaftlichen Bedeutung der christlichen Kirche wuchs auch die Rechtsprechungskompetenz. Diese Kompetenz beschränkte sich nicht nur auf geistliche Angelegenheiten, sondern das ganze Personen- und Familienrecht war im Prinzip der kirchlichen Judikatur unterworfen. Vgl. Schrage, Eltjo J. H./ Dondorp, Harry, Utrumque Ius. Eine Einführung in das Studium der Quellen und des mittelalterlichen gelehrten Rechts (Schriften zur europäischen Rechts- und Verfassungsgeschichte 8), Berlin 1992, S. 84.

886 Van Apeldoorn ist der Auffassung, dass in friesischen Quellen des 13. Jahrhunderts das römische Recht schon Gesetzeskraft erlangt hatte: „De beschouwingen van het Romeinsche recht als een de Friezen bindend recht vinden wij reeds in de Friesche rechtsbronnen uit de eerste helft van de 13e eeuw." Apeldoorn, Het Romeinsche recht in Friesland, S. 13 ff.

887 Dazu Bremmer, Hir es eskriven, S. 30. Jansen und Janse, Kroniek van het klooster Bloemhof te Wittewierum, S. IX f., „Die ältesten Nachrichten über Friesen, die in Paris, Orléans und Oxford studieren, stammen aus dem späten 12. und anfangenden 13. Jahrhundert." Gerbenzon, Pieter Kanonisches Recht in den friesischen Rechtsquellen, in: Philologia Frisica, lezingen en debatten Frysk filologekongres augustus 1956, Grins-Djakarta 1957, S. 35–43, hier S. 38 f: „Auch die *friesischen* Kleriker studieren die beiden Rechte. Es ist durchaus verständlich, das (sic) sie als Kleriker, viel Interesse für das neue Kanonische Recht [...] haben." Nijdam: „Vanaf de dertiende eeuw studeeren ook Friezen aan universiteiten. Zij kwamen daar in aanraking met het Canonieke recht en zo met het Romeinse recht dat daarin terecht gekomen was (vandaar de term Romeins-Canoniek recht)." Nijdam, Lichaam, eer en recht in middeleeuws Friesland, S. 23.

888 Begriff ist streitig, vgl. Trusen, Winfried, Anfänge des gelehrten Rechts in Deutschland: Ein Beitrag zur Geschichte der Frührezeption (Recht und Geschichte 1), Wiesbaden 1962, S. 2. Es handelt sich nicht um eine Aufnahme des fremden Rechts, sondern mehr um eine Tendenz zur Verwissenschaftlichung des Rechts. In diesem

Wir wissen am Beispiel von Emo van Huizinge (circa 1170–1237), dem Gründer und späteren Abt des Klosters Bloemhof, dass er mit seinem Bruder Addo Jura in Oxford studiert hat. Er hat sein Wissen über das römisch- kanonische Recht mit nach Friesland gebracht und womöglich Einfluss auf das einheimisch-friesisches Recht ausgeübt.[889] Emo hat 1195, im Alter von zwanzig Jahren, in Oxford zunächst *litterae (artes liberalis)* studiert, wechselte danach zum Jurastudium.[890] Möglicherweise hat er von 1200 bis 1205 Theologie in Paris studiert und wurde danach Priester in Wierum.[891] Emo wurde von seinem Biographen Menko als der gelehrteste Mann von ganz Friesland gerühmt; vor allem auf dem Gebiet der *artes* und des bürgerlichen und kanonischen Rechts habe er vorzügliche Arbeit geleistet: „Et cum esset artium liberalium et maxime iuris canonici ac legalis super omnes clericos Frisie sui temporis peritus"[892]. Dass er und sein Bruder Addo mit dem *Decretum Gratiani* vertraut waren, geht aus folgendem Beispiel hervor: „Oxinie etiam

---

Sinne wurde nicht eine Wiederbelebung der antiken Texte angestrebt, sondern „sie [die mittelalterlichen Juristen, Anm. Verf.] interpretierten vielmehr die Texte auf neue und eigene Weise und argumentierten auf der Basis dieser Quelle." Oestmann, Wege zur Rechtsgeschichte, S. 117.

889 Emo steht nach Ansicht Gerbenzons am Beginn einer Entwicklung, welche als „canonisering van het Friese recht" charakterisiert werden könnte, dazu Gerbenzon, Emo van Huizinge: een vroege decretalist, S. 13. Ebenfalls Van Apeldoorn: „Wij mogen aannemen, dat hij op deze wijze ook medegewerkt heeft tot de verbreiding van de kennis van het Romeinsche en Kanonieke recht, waarin hij, volgens zijn biograaf, alle Friesche geestelijken overtrof", Van Apeldoorn, Het Romeinsche recht in Friesland, S. 28. Die Rezeption wurde nach Linda Fowler-Magerl begünstigt durch die Abwesenheit einer starken Territorialgewalt: „Roman law in general found no resonance in regions in which feudal nobility was dominant", Fowler-Magerl, Linda, „Ordines iudiciarii" and „Libelli de ordine iudiciorum „. From the Middle of the Twelfth to the End of the Fifteenth Century (Typologie des sources du Moyen Âge occidental 63), Turnhout, 1994, S. 79.

890 In England wurde schon in der zweiten Hälfte des 12. Jahrhunderts mit der Verfassung kanonischer Schriften ein Anfang gemacht: „The earliest treatise on Gratian for which an English origin can be asserted with a fair degree of certainty is the Summa De multiplici iuris diuisione; asystematic textbook written c. 1160–70, largely based on Stephen of Tournai's Summa, and extant in three manuscripts which are all of English provenance." Kuttner, Stephan/Rathbone, Eleanor, Anglo-Norman Canonists of the Twelfth Century: An Introductory Study, in: Traditio 7 (1951 1949), S. 279–358, hier S. 293.

891 Jansen und Janse, Kroniek van het klooster Bloemhof te Wittewierum, S. X f.

892 Ibidem, S. 290. Zur Beziehung des kanonischen Rechts zum römischen Recht Berman, Recht und Revolution, S. 337 ff.

Decreta, Decretalis, Librum Pauperum[893], nec non et alios libros canonici iuris et legalis, vigilias dividendo, scripserunt".[894]

Auch andere friesische Juristen werden in der Chronik erwähnt: der spätere Abt Paulus, Menko, Priester in Zeerijp, Menophus (Meinolf), Magister, Wiardus (Wiard), Rechtsgelehrter, und Ebbo, Magister.[895] Diese Rechtswissenschaftler, die aufgrund ihres Titels Magister an einer ausländischen Universität studiert hatten, werden die Notwendigkeit betont haben, das mündliche Recht schriftlich festzuschreiben. Nach der Abschrift könnte der grundlegend altertümlich geprägte Text, womöglich mit kanonischen Elementen ausgestattet, als Ausgangspunkt für Verhandlungen über die Anwendung einer bestimmten Regel oder Vereinbarung dienen.

In diesem Sinne gibt Bremmer ein Beispiel von dem Ansatz, gesetzliche Regelungen zwischen friesischen und nichtfriesischen Parteien festzulegen. Ein Vertrag aus dem Jahr 1220 zwischen den Einwohnern von Rüstringen und der Stadt Bremen beginnt mit den Worten *„Iuxta formam subscriptam"*, „Nach der untenstehenden Form". Im Einzelnen folgen alle Arten von Entschädigungen, die für Totschlag und Verletzungen stehen und wie im Falle von Handelskonflikten zu handeln ist. Wenn beispielsweise ein Einwohner Bremens gegen einen Rüstringer

---

893 Das Liber Pauperum wurde zu einem der wichtigsten römisch-rechtlichen Rechtstexte in Oxford. Auffallend ist, dass kein einziges Mal in der Chronik auf römische Rechtsbestimmungen verwiesen wird, obwohl Emo beide Rechte studiert hat. Vgl. dazu Claudio Soliva: „daß Emo von Huizinge seine nachweisbaren Kenntnisse des Corpus juris civilis in seinen Arbeiten kaum zur Anwendung gebracht habe", Soliva, Claudio, Gerbenzon, P., Emo van Huizinge, een vroege decretalist, in: ZRG KA 52, Nr. 1 (1966), S. 405–406, hier S. 406. Auch Feenstra stellt fest, dass Emo offenbar „den Eindruck macht, als ob der geistliche Verfasser unserer friesischen Quelle hier nur ein wenig seine Gelehrtheit zur Schau hat tragen wollen, ohne sich über die konkrete Anwendung solcher Sätze in Friesland Sorgen zu machen", Feenstra, Robert, Römisches Recht und Kaiserrecht in den altfriesischen Rechtsquellen, in: Philologia Frisica (1956), S. 28. Dieser Vorbehalt schließt m. E. eine Einwirkung seiner Kenntnisse auf die sich entwickelnde Rechtsüberzeugung nicht von vornherein aus.

894 Jansen und Janse, Kroniek van het klooster Bloemhof te Wittewierum, S. 290. „Onder de door Emo geciteerde juridische teksten neemt het *Decretum* van Gratianus een voorname plaats in; verder kent hij de [...] *Summa Coloniensis* [...] dat ook elders in Friesland bekend blijkt te zijn geweest", Ibidem, S. XII.

895 Ibidem, Reihenfolge Erwähnung der Namen: S. 349; 387; 457; 485; 477. Dazu auch Bremmer: „Ook van Emo's opvolger Paulus wordt gezegd dat hij zowel scientia eruditus als iuris peritus was, ‚onderlegd in de wetenschap en bedreven in het recht'. Emo en Paulus waren echter niet de enigen die dat predicaat verdienden. Er worden zoveel mannen geroemd om hun kennis van het recht dat het haast op een gemeenplaats lijkt." Bremmer, Hir is eskriven, S. 97.

klagen wollte, musste er dies fortan schriftlich tun, und die Beschwerde wurde dann in der nächsten Gerichtsverhandlung vorgetragen, *quod nos achte vocamus.* Die Beschwerde wurde dann in der mündlichen Verhandlung, *secundum formam scriptam* nach der Vereinbarung von 1220 geprüft. Diese zusätzliche Bestimmung wird die alte Verwendung ersetzt haben, die besagte, dass die Beschwerde mündlich eingereicht werden sollte.

Schriftliche Beweise waren bereits im Land Wursten erforderlich geworden. Wenn ein Bremer Schiff vor der Küste von Wursten Schiffbruch erlitt, aber die Ladung an Land gespült worden war, wurde diese Ladung sechs Monate lang in der Kirche gelagert. Der Bremer Reeder, der die Herausgabe der Ladung forderte, konnte sein Eigentum nur mit Briefen der Stadt (*litteris civitatis*) zurückgewinnen. Die Möglichkeit, einen Eid zu schwören – eine typische mündliche Handlung –, reichte nicht mehr aus.[896]

Dass es sich hier nicht um eine wirkliche und eindeutige Rezeption[897] eines fremden Rechts gehandelt hat, steht außer Frage: Erst im 16. Jahrhundert wurde – durch den Einfluss der gelehrten Richter am friesischen Gerichtshof – dem römischen Recht in Friesland die bindende Kraft zuerkannt.[898] Dass aber das kanonische Recht in Friesland schon länger bekannt war und dementsprechend Einfluss ausgeübt hat, wird nach Gerbenzon sofort deutlich, wenn man ins Auge fasst, dass es in Friesland einen geistlichen Stand mit bestimmten Rechten und Pflichten gab, wie auch Kirchen und Kirchengüter und außerdem das Testament zugunsten der Kirche bekannt war.[899] Dies impliziert, dass in diesen Bereichen die einschlägigen

---

896 Bremmer, Hir is eskriven, S. 98. Dieses Beispiel stammt aus Ostfriesland und kann nicht bedenkenlos auf die westerlauwerssche Situation übertragen werden. Tatsachenbeweise auf der Grundlage schriftlicher Dokumente fehlen im Älteren Schulzenrecht. Allerdings ist es unwahrscheinlich, dass die Professionalisierung des Rechts in Friesland sich nur auf die östlich der Lauwers gelegenen Gebiete beschränkt hat.

897 Im Sinne der herkömmlichen Interpretation des Begriffs als „Übernahme eines fremden Rechtsstoffes, also in der Ersetzung einheimischer deutscher Rechtsnormen durch solche des römischen Rechts“, Willoweit, Dietmar, Staatsbildung und Jurisprudenz: Spätmittelalter und frühe Neuzeit: gesammelte Aufsätze 2003–2016, Baden-Baden 2019, S. 142.

898 Gerbenzon, Kanonisches Recht in den friesischen Rechtsquellen, S. 36; ders.: „In the eastern and central parts of Frisia canon and Roman law slowly penetrated into Germanic Frisian law from the thirteenth century onwards.“ Gerbenzon, Pieter, Canon law in Frisia in the late middle ages, in: Kuttner, Stephan/Ryan Joseph (Hrsg.), Proceedings of the second international congress of medieval canon law at Boston College, 12–16 August 1963, S. 467–472, hier S. 467.

899 Gerbenzon, Kanonisches Recht in den friesischen Rechtsquellen, S. 36.

Bestimmungen des kanonischen Rechts wohl Anwendung gefunden hatten.[900] Außerdem umfasst das Ältere Schulzenrecht zahlreiche Regeln, die allem Anschein nach von der kanonischen Lehre geprägt worden sind: Das allgemeine Bestreben nach Frieden und Gerechtigkeit, die Tendenz nach materieller Beweisführung mit Hilfe von Wahrnehmungszeugen und ein pragmatischer Umgang mit den Ordalien weisen auf Fremdeinflüsse hin.[901]

In diesem Teil wird die Möglichkeit untersucht, ob sich diese Spuren kanonischen Rechts im Älteren Schulzenrecht tatsächlich feststellen lassen. Die entscheidenden Fragen dabei sind: Wie und wann ist das kanonische Recht in Friesland eingedrungen, inwieweit haben diese eventuellen Neuerungen im Prozessrecht das einheimische Recht geändert oder gab es ein Nebeneinander der verschiedenen Rechtsordnungen oder sind die Veränderungen, die von den herkömmlichen Rechtsgewohnheiten abweichen, vielleicht Folgen einer intrinsischen Entwicklung?

Gerbenzon, dessen Ausführungen hier gefolgt werden, unterscheidet bei der Frage nach der Rezeption des kanonischen Rechts zwei Perioden. Die erste Periode beginnt mit der Christianisierung und geht bis zum 13. Jahrhundert; die zweite Periode umfasst den Zeitraum vom 13. bis 15. Jahrhundert. In der ersten Periode während der Christianisierung wurden Kirchen und Klöster gegründet, heidnische Priester von christlichen Geistlichen abgelöst und von der Bevölkerung wahrscheinlich schon Zehnten erhoben. Das Sendrecht enthielt Vorschriften für die Organisation des geistlichen Gerichts; wir finden dort Strafklagen, die unter die Kompetenz dieses Gerichts fallen, wie z. B. Feiertagsentheiligung, Schlägerei in der Kirche, Angriffe auf Priester, Kirchenraub, Abtreibung und Sodomie.[902] Daneben

900 Die Rolle der Kanonistik kann man als strukturelle Koppelung zwischen der Theologie und dem Rechtswesen betrachten, die Wertungen der Theologie werden in den juristischen Texten sichtbar. Dazu Schmoeckel, Mathias, Die Entwicklung der confessio als Beweismittel, in: ders./Condorelli, Orazio/Roumy, Franck, Der Einfluss der Kanonistik auf die europäische Rechtskultur 3, Köln 2012, S. 427–455, hier S. 455.

901 Im Isländischen zeigt sich eine ganze Reihe von Wörtern und Wendungen in der *Grágás*, die zwar dem isländischen Wortschatz angehören, deren Verwendung im Isländischen aber auf eine so ungewöhnliche Art erfolgt, dass sie als Lehnübersetzung aus einer anderen Sprache erscheinen. „Die häufig auftretende Wendung *Þat er mælt* (‚Das ist bestimmt') bzw. *Þat er mælt í lǫgum várum* („Das ist in unseren Gesetzen bestimmt"), mit der eine Norm eingeleitet wird, kann eine Übernahme des spätantiken Kommentarstils sein." Vgl. Hoff, Hans Henning, Hafliòi Másson und die Einflüsse des römischen Rechts in der Grágás (Ergänzungsbände zum Reallexikon der germanischen Altertumskunde 78), Berlin [u. a.] 2012, S. 195. Diese Wendung ähnelt der friesischen Formulierung *Djt is riocht* sehr stark, scheint mir als Argument für Fremdeinflüsse eher ungeeignet zu sein, da diese Formel durchaus genuin germanischen Ursprungs sein kann.

902 Ibidem, S. 36; Buma, Westerlauwersches Recht, S. 19.

trifft man auch im Sendrecht noch auf das Vorkommen von Gottesurteil und Eideshelfer als Beweismittel, wobei ersichtlich wird, dass diese Rechtsvorschriften einer frühen Periode angehört haben müssen, sodass man in dieser Rechtsquelle neben den christlichen Vorschriften auch herkömmliche einheimische Vorstellungen antrifft.

> „Es stehen also christliche und heidnische Elemente im friesischen Recht dieser Zeit nebeneinander; das noch primitive kanonische Recht, das noch nicht unter dem Einfluss des römischen zu einem einheitlichen System ausgearbeitet ist, ist noch nicht imstande, diese heidnischen Elemente wirksam zu bekämpfen."[903]

Die Ansichten Gerbenzons lassen sich damit wie folgt zusammenfassen: Die friesischen Rechtsquellen um 1200 zeigen überwiegend einen deutlichen Einfluss aus heidnischer Zeit; allenfalls kann man sie durch die Aufnahme der kanonischen Vorschriften als christianisiertes germanisches Recht bezeichnen. Allerdings dringt seit dem 13. Jahrhundert in die friesischen Rechtsquellen das kanonische Recht durch, wobei sich ein Nebeneinander der beiden Rechtsformen feststellen lässt. Ob das kanonische Recht als subsidiäre Rechtsform eine Rolle gespielt hat, kann aus den Quellen nicht abgeleitet werden.

Bisher haben sich die Frisisten und Rechtshistoriker nicht näher mit dem möglichen Einfluss des kanonischen Rechts auf die Bestimmungen im Älteren Schulzenrecht auseinandergesetzt. Ursache für die Nichtbeachtung dieser Frage ist womöglich der Umstand, dass die Überlieferungsgeschichte der Quelle kompliziert ist. Es ist nicht immer leicht, den wörtlichen Inhalt der teilweise sperrigen Quelle zu ermitteln und damit verlässliche Schlüsse zu ziehen. Dazu kommt, dass die klassische germanistische Forschung im 19. Jahrhundert versucht hat, ein germanisches Recht zu konstruieren, das von den Einflüssen des fremden Rechts so weit wie möglich frei war.[904]

Eine ganz klare Position nimmt jedoch Van Apeldoorn ein, der einen frühen Einfluss des römischen Rechts in Friesland postuliert.[905] Die Betrachtung des

---

903 Gerbenzon, Kanonisches Recht in den friesischen Rechtsquellen, S. 37. Statt „heidnische Elemente" könnte man aus meiner Sicht besser von „ungelehrtem Recht" sprechen.

904 Vgl. Kannowski, Bernd, Zum Beweisrecht des Schwabenspiegels, in: Schwabenspiegel-Forschung im Donaugebiet, Konferenzbeiträge in Szeged zum mittelalterlichen Rechtstransfer deutscher Spiegel, Balogh, Elemér (Hrsg.), Berlin 2015, S. 555–568, hier S. 556.

905 Hier ist durchaus auf eine kritische Akzentsetzung Feenstras hinzuweisen, der zwar einräumt, dass es in Friesland im Mittelalter treffende Beispiele für ein frühes Eindringen des römischen Rechts gibt und van Apeldoorn mit Recht die führende Rolle der Geistlichkeit hervorgehoben hat; eine herrschende Rechtsüberzeugung hinsichtlich der Geltung dieses Rechts hat es nach Feenstra jedoch nicht gegeben. Feenstra, Robert, Römisches Recht und Kaiserrecht in den altfriesischen Rechtsquellen, S. 27.

römischen Rechts als für die Friesen bindendes Gesetz findet sich seiner Ansicht nach bereits in friesischen Rechtsquellen aus der ersten Hälfte des 13. Jahrhunderts.[906] Eine der ältesten friesischen Rechtsquellen ist das Rudolfsbuch, entstanden um 1220.[907] Der unbekannte Kleriker, der diese Rechtsaufzeichnungen zusammengestellt hat, geht davon aus, dass das römische Recht Gesetzeskraft bei den Friesen hatte.[908] Die Grundlage des von den römischen Kaisern aufgestellten Gesetzes ist das Recht, das Gott auf dem Berg Sinai Mose gegeben hatte. Dieses Recht wurde von Karl dem Großen übernommen und seitdem auch als ein Recht der Friesen angesehen. So gewährt der Kompilator den Friesen nicht nur aus dem römischen Recht hergeleitete verbindliche Macht, sondern gibt dem Recht auch eine göttliche Grundlage: Das römische Recht basiert seiner Meinung nach auf der mosaischen Gesetzgebung.[909] In den friesischen Ländern waren es vor allem die Geistlichen, die Träger und Überträger dieses Wissens waren. Die ältesten Rechtsquellen, in denen wir die Überzeugung des römischen Rechts als verbindliches Recht betrachten, wurden vom Klerus erarbeitet. Es ist nicht verwunderlich, so Van Apeldoorn, dass der friesische Klerus von der Verbindlichkeit des römischen Rechts überzeugt war und dieses Recht anwendete. Schon im fränkischen Reich galt das Prinzip, dass Kirche und Klerus nach römischem Recht lebten. Und schon im 9. Jahrhundert wurde in kirchlichen Kreisen, insbesondere bei Erzbischof Hinkmar von Reims, angenommen, dass Karl der Große der Nachfolger der römischen Kaiser war und dass das Recht der Kaiser weiterhin galt, sowohl für das Volk als auch für die Kirche. Gratianus führte in seinem *Decretum* (c. 7, 9, II–13 Dist. X.) Aussagen von Kirchenvätern und Päpsten auf, um zu beweisen, dass das römische Recht immer noch die Macht des Gesetzes hat; und die Dekretisten lernen, dass dieses Recht auch in kirchlichen Angelegenheiten zusätzlich angewendet werden sollte. Daraus folgt, dass die Kenntnis des römischen Rechts für den Klerus ebenso unentbehrlich war wie die Kenntnis des kanonischen Rechts.[910]

Van Apeldoorn kommt zu dem Schluss, dass in Friesland der Anteil des Klerus an Gesetzgebung, Regierungsführung und Gerechtigkeit extrem groß war. Als Herzog Albrecht von Sachsen 1499 bei der Einsetzung eines Rates, der auch der Gerichtshof sein sollte, nicht weniger als fünf Geistliche (zwei Äbte und drei Pastoren) ernannte, kann man dies als eine Fortsetzung des Einflusses des Klerus im

906 Van Apeldoorn, Het Romeinsche recht in Friesland, S. 13 ff.

907 „We komen hier dus tot de conclusie dat het Rb. een werk is van omstreeks 1220, van een onbekend schrijver", Bos-van der Heide, Het Rudolfsboek, S. 20.

908 „Al deze aan oorkonden ontleende gegevens bevestigen, wat de oude rechtsbronnen ons al leerden, dat in ieder geval reeds sinds het begin van de 13e eeuw in de Friesche landen de rechtsovertuiging leefde, dat het Romeinsche recht voor de Friezen kracht van wet had." Van Apeldoorn, Het Romeinsche recht in Friesland, S. 26.

909 Ibidem, S. 14.

910 Ibidem, S. 29.

Zusammenhang mit einer jahrhundertealten Tradition betrachten. Die anderen sechs Mitglieder waren Adlige und, soweit sich erkennen lässt, keine Anwälte. Die Vorherrschaft in der Rechtsprechung des Gerichts muss daher beim Klerus gewesen sein.[911]

Ich gehe jetzt von der Arbeitshypothese aus, dass das Recht in unserer Quelle ein mündlich überliefertes Gewohnheitsrecht war, das in der ersten Hälfte des 13. Jahrhunderts schriftlich fixiert wurde. Eine parallele Entwicklung lässt sich ebenfalls in anderen Teilen Europas feststellen: Der Inhalt des Sachsenspiegels (1220–1235) z. B. basiert auf mündlich übermittelter Rechtspraxis.[912] Inwieweit

---

911 Ibidem, S. 49.

912 Diese These ist nicht unumstritten: „Und genau das – nämlich, dass der Sachsenspiegel den größten Teil seines Materials aus der mündlichen Praxis bezogen hat – wird heute bestritten." Kannowski, Bernd, Wieviel Gelehrtes Recht steckt im Sachsenspiegel und war Eike von Repgow ein Kanonist? in: ZRG KA 130 (2013), S. 382–397, hier S. 382. Kannowski vertritt die Meinung, dass Eike von Repgows Vorstellung über das Recht von herkömmlichen schriftlichen (gelehrten) Einflüssen weitgehend unberührt ist. Ibidem, S. 383. Ders.: „Was wir hier vorfinden, ist nicht Ausdruck der von universitär ausgebildeten Juristen getragenen römisch-kanonische Rechtskultur", Kannowski, Bernd, Der Sachsenspiegel und die Buch'sche Glosse – Begegnung deutschrechtlichen und romanistischen Denkens?, in: Dilcher, Gerhard [u. a.] (Hrsg.), Leges – Gentes – Regna. Zur Rolle von germanischen Rechtsgewohnheiten und lateinischer Schrifttradition bei der Ausbildung der frühmittelalterlichen Rechtskultur, Berlin 2006, S. 503–524, hier S. 504. Diese Rechtskultur beruhte seiner Ansicht nach auf der Grundlage des geschriebenen gelehrten Rechts, was für die Rechtsauffassungen von Eike von Repgow wahrscheinlich zu der Zeit nicht gelten könne. Landau dagegen teilt diese Auffassung nicht: „Künftige Forschung zum Sachsenspiegel ist ohne die Berücksichtigung des Gelehrten Rechts nicht möglich, und zwar nicht nur für die Glosse des 14. Jahrhunderts, sondern für den Sachsenspiegel von Anfang an, unter Berücksichtigung des Bildungshintergrunds Eikes von Repgow", Landau, Peter, Der Entstehungsort des Sachsenspiegels: Eike von Repgow, Altzelle und die anglo-normannische Kanonistik, in: Deutsches Archiv für Erforschung des Mittelalters 61 (2005), S. 73–101, hier S. 97 f. Eine konzise Literaturdarstellung über Eike von Repgows kanonisches Wissen und die möglichen Einflüsse auf das Rechtsdenken im Sachsenspiegel bietet Bernd Kannowski in: Der Sachsenspiegel und die Buch'sche Glosse, S. 505, Fn. 5. Die genannten Ergebnisse zeigen Parallelen zu der Auffassung von Karin Nehlsen-von Stryk, die zwar von gelehrten Einflüssen im Sachsenspiegel ausgeht; allerdings ist die „Masse des Rechtsstoffs [...] hingegen mündlich tradiertes, gerichtlich praktiziertes Recht", Nehlsen-von Stryk, Karin, Prozessuales und materielles Rechtsdenken im Sachsenspiegel, in: Kriechbaum, Maximiliane (Hrsg.), Festschrift Sten Gagnér zum 3. März 1996, Ebelsbach 1996, S. 33–71, hier S. 38.

die Rechtsvorstellungen ein getreues Spiegelbild der realen Rechtspraxis abbilden oder nach Eike von Repgows Vorstellungen angepasst wurden, lässt sich nicht ermitteln.

Wenig später und etwas weiter nördlich, in Dänemark, wurde 1241 das Gesetz Jütlands, der *Jyske Lov*, in den Händen von Bischof Gunnar von Viborg und von König Valdemar II. in der Volkssprache verfasst. Die *Jyske Lov* besteht hauptsächlich aus Rechtsgewohnheiten, wie sie seit Generationen mündlich überliefert wurden, obwohl man hier und da schon den Einfluss des kanonischen Rechts erkennen kann.[913] Die Verfasser in Friesland waren Geistliche, die mit dem kanonischen Recht vertraut waren und ihr einschlägiges Wissen mit in den Text einbrachten. Das heißt, dass die lange mündliche Tradition mit neuen Erkenntnissen verknüpft wurde; dies erklärt das Nebeneinander von archaischem Recht mit einer jüngeren, vom gelehrten Recht beeinflussten Rechtsform.[914]

Diese Annahmen für das friesische Recht sollen im nächsten Kapitel unter Heranziehung von konkreten Beispielen aus dem Älteren Schulzenrecht überprüft werden. Als Indikator für die Rezeption des gelehrten Rechts gilt u. a. eine Bedeutungsverlagerung der Beweismittel in Richtung Wahrheitsfindung. Als Alternative zum Zeugenbeweis tritt der Urkundenbeweis in Erscheinung. Kannowski misst dem Urkundenbeweis zur Zeit des Schwabenspiegels eine wachsende Bedeutung zu; eine dominierende Stellung nimmt diese Beweisform jedoch nicht ein.[915] Im

---

913 Annette Hoff unterstreicht die lange mündliche Rechtstradition in den Handschriften, betont aber auch die wichtige Rolle der Geistlichkeit bei der Verfassung der Texte, „sodass in vielerlei Hinsicht das kanonische Recht natürlich mit einfloss", Hoff, Recht und Landschaft, S. 352.

914 Ulrike Seif geht davon aus, dass die Zeitgenossen das Eindringen des gelehrten Erbrechts in die einheimischen Rechte nicht als Gegensatz zwischen gelehrtem und einheimischem Recht auffassten, in dem das stärkere und bessere Recht siegt, sondern als eine Synthese; Seif, Ulrike, Römisch-kanonisches Erbrecht in mittelalterlichen deutschen Rechtsaufzeichnungen, in: ZRG GA 122 (2005), S. 87–112, hier S. 111. Magin und Eisermann kritisieren die Annahme, Rechtsbücher aus dem Zeitraum 1200–1500 seien weitgehend vom gelehrten Recht unbeeinflusst gewesen. Dies trifft ihrer Meinung nach nicht zu, da für die Mehrzahl der Sammlungen „in zunehmendem Maße römisch-kanonistische Einflüsse und Rechtstraditionen wirksam werden", Magin, C./Eisermann, F. Rechtsgeschichte und Überlieferungsgeschichte am Beispiel deutscher Rechtstexte des Spätmittelalters (1994), Bd. 123, Zeitschrift für deutsches Altertum und deutsche Literatur 274–300, hier S. 277 f.

915 Kannowski, Zum Beweisrecht des Schwabenspiegels, S. 560. Dazu auch Nehlsen-von Stryk: „Erwähnung verdienen auch Neuerungen im Verfahrensrecht, wie etwa die stärkere Berücksichtigung des Zeugen- und Urkk.beweises und die Verdrängung des Zweikampfes," Nehlsen-von Stryk, Karin, Art. Schwabenspiegel, in: Lexikon des Mittelalters, 7: Sp. 1603–1605, 1995; Weitzel, Dinggenossenschaft und Recht, Bd. I, S. 625.

Älteren Schulzenrecht finden wir keine direkten Hinweise auf den Urkundenbeweis als kumulative Ergänzung oder als Alternative zum Zeugenbeweis. Schriftliche Erklärungen, die bestimmt sind, als Zeuge in Sachen Eigentumsübergabe von verkauften, getauschten oder verschenkten Immobilien zu dienen, sind nicht vor 1387 belegt.[916]

2. Kurzer Grundriss des romanisch-kanonischen Prozessrechts

In der katholischen Kirche hat es schon früh eine Rechtsordnung gegeben, ohne dass man von einem System sprechen kann. Aus dem Neuen Testament lässt sich erkennen, dass es – namentlich in den Paulusbriefen und der Apostelgeschichte – Autoritäten gab, die in Sachen Moral, Disziplin und Lehre Vorschriften verkündeten.[917] Im Laufe der Zeit gab es immer mehr dieser Vorschriften und informellen Sammlungen, Entscheidungen von Papst und Bischöfen, Erlasse und Gesetze, die die Kirche betrafen; ein System lässt sich darin jedoch nicht erkennen. Unter diesen Vorschriften waren viele mit juristischem Inhalt, etwa über die finanzielle Struktur der Kirche, die kirchliche Autorität (z. B. Streitschlichtungsverfahren, Disziplinarmaßnahmen, Befreiung der Geistlichen von der weltlichen Rechtsprechung) und Ehe- und Familienrecht.[918] Dabei gab es einen engen Zusammenhang zwischen diesem juristischen Element des Kirchenrechts und der sakralen Komponente:

> „*Sakramentalität* umschreibt die Anknüpfung von Rechtsfolgen an den einer liturgischen Ordnung folgenden Vollzug von Sakramenten; der Begriff *Jurisdiktion* bringt zum Ausdruck, daß die Kirche eine Verfassungsordnung besitzt [...] bezieht sich also auf die gesamte Verfassungsordnung der Kirche."[919]

Die rechtliche Komponente war also ein untrennbarer Bestandteil des Sakralen. Genau diese enge Beziehung war der Grund dafür, dass die juristischen Texte in den Kirchenrechtssammlungen durchmischt waren mit Vorschriften über Liturgie, religiöse Handlungen und Riten:

> „Es gab kirchliche *Gesetze*, es gab eine *Rechtsordnung* innerhalb der Kirche, aber kein *System* des kirchlichen *Rechts*, das heißt, keinen selbständigen, einheitlichen, sich

916 Vries, Oebele, Also dat ujy habbetferdban kloppet. Die Terminologie des Friedebannes bei der Eigentumsübergabe von Immobilien in der altfriesischen Urkundensprache. in: Vries, De taal van recht en vrijheid, S. 243–261, hier S. 244.

917 Berman, Recht und Revolution, siehe z. B. Matth. 18, 15–17; Kor. 5, 1–5, S. 327, Fn. 1.

918 Ibidem, S. 328 ff.

919 Landau, Peter, Sakramentalität und Jurisdiktion, in: Landau, Europäische Rechtsgeschichte und kanonisches Recht, Badenweiler 2013, S. 17–50, hier S. 17.

entwickelnden Korpus kirchlicher Rechtsgrundsätze und -Verfahren, der sich deutlich von Liturgie und Theologie abgehoben hätte."[920]

Diese Vielfalt der bis dahin geltenden Rechts- und theologischen Vorschriften wurde im Laufe des 12. Jahrhunderts durch eine neue Sammlung verdrängt. Um 1140 publizierte der Kamaldulenser Mönch Gratian[921] eine umfangreiche, thematisch geordnete Privatsammlung kirchlicher Rechtstexte, das sogenannte *Decretum Gratiani.* Dabei sind die Texte mit kurzen Zwischentexten *(dicta)* miteinander verbunden. Widersprüche der alten Überlieferungen wurden mit anderen Rechtsquellen und *dicta* harmonisiert, wobei das Werk nie als Kodifikation betrachtet werden sollte, sondern als Lehrbuch.[922] Die Aussagen in den sich widersprechenden Quellen wurden in Fragen und Unterfragen gegliedert; die Antworten zu den Fragen kombiniert mit den *dicta* führten dann zu der richtigen Meinung.[923] In Bologna gab es Unterricht im kirchlichen Recht, der unter dem Einfluss des römischen Rechts Gestalt annahm und Autorität erlangte. „Auf der Grundlage des *Decretum* entwickelte sich eine eigene Kirchenrechtswissenschaft (Kanonistik), deren Leistungen auch die weltliche Rechtswissenschaft maßgeblich beeinflussten".[924] Unterrichtet

---

920 Berman, Recht und Revolution, S. 332.

921 Über sein Leben ist sehr wenig bekannt, jüngst wurde sogar nach Schmoeckel seine Existenz bezweifelt. Vgl. Schmoeckel, Mathias, Kanonisches Recht, München 2020, S. 153. Vermutet wurde, dass Gratian bei St. Felix in Bologna Kirchenrecht gelehrt hat. Nach Haering ist Gratian anscheinend doch Mönch gewesen, wenn auch nicht ein Kamaldulenser. Dazu Haering, Stephan Gratian und das Kirchenrecht in der mittelalterlichen Theologie, in: Münchener Theologische Zeitschrift, Bd. 57 (2006), S. 21–34, hier S. 23. Aus der Sicht von Anders Winroth ist es gesichert, dass Gratian 1143 als Rechtsberater is Venedig gearbeitet hat und dass er „zumindest eine Rezension des Decretum erstellte". Man könne trotz der dürftigen Quellenlage davon ausgehen, dass Gratian nach seiner Tätigkeit als Lehrer in Bologna Bischof in Chiusi wurde. Winroth, Anders, Where Gratian slept: the life and death of the father of canon law, in: ZRG KA 130 (2013), S. 105–128, hier S. 105.

922 Vgl. Lokin. Johannes Henricus Antonius, u. a., Hoofdstukken uit de Europese codificatiegeschiedenis, Tweede druk, Groningen 1992, S. 104. Bis zu dieser Zeit gab es kein universitäres Studium im Kirchenrecht, das kanonische Recht wurde in Bologna an der Theologiefakultät unterrichtet. Ibidem, S. 105. „Es blieb und bleibt damit der einzige Fall eines Lehrbuchs von höchster gesetzlicher Autorität nur aufgrund der inneren Überzeugungskraft." Schmoeckel, Kanonisches Recht, S. 158. In diesem Lehrbuch gab es keinen Unterschied zwischen Strafprozess und Zivilprozess. Alle Angelegenheiten, die vor Gericht gebracht wurden, trugen ein Element von Sünde in sich. Vgl. Linda Fowler-Magerl, „Ordines iudiciarii", S. 51.

923 Vgl. Schmoeckel, Kanonisches Recht, S. 152.

924 Krüper, Grundlagen des Rechts, S. 138. Oestmann betont den universalen Charakter des Corpus Iuris Canonici. Gelehrte Juristen, aber auch Studenten konnten in ihren

wurde anhand von Gratians *Decretum*, das von den Lehrern mit Kommentaren (Glossen) versehen wurde. Auf diese Weise entstand zum Beispiel die *glossa ordinaria*, im Jahre 1220 von Johannes Teutonicus angefertigt.[925] Innovativ war das *Decretum* allemal, ohne jedoch extreme Positionen einzunehmen. Durch eine Mischung in seiner Gestaltung als Lehrbuch und wichtige Rechtsquelle erhielt es seine besondere Popularität und Wirkung.[926] Später folgten noch Ergänzungen zu dem Dekretum Gratians, wie z. B. der von Raymundus de Penyafort verfasste *Liber Extra* von 1234, im Jahre 1298 ergänzt vom Papst Bonifaz VIII. durch den Liber sextus. Ergänzungen in Form von Privatarbeiten (*extravagantes*) führten zu seiner definitiven Gestalt durch die offizielle Ausgabe Gregor XIII., die *Editio Romana* von 1582. Die *extravagantes* enthielten hauptsächlich päpstliche Aussagen über bestimmte juristische Fragen, die von Einzelpersonen an den Papst herangetragen wurden, meistens in Form einer Bittschrift.[927] Die *Editio Romana* heißt seitdem *Corpus Iuris Canonici* und enthält die gesamte Fülle der Rechtsregeln, die die Rechtsentwicklung in Europa weitgehend bestimmen würden.[928] Das Werk hat fast alle Rechtsgebiete beeinflusst und wurde zur Basis der kirchlich-rechtlichen Ausbildung.[929] Dabei erhielt das Werk seine Autorität bis 1917.[930]

---

rechtspraktischen Tätigkeiten bzw. ihrer universitären Ausbildung auf diese Quelle zurückgreifen. Dazu Oestmann, „Gemeines Recht und Rechtseinheit", S. 11.

925 Lokin u. a., Hoofdstukken uit de Europese codificatiegeschiedenis, S. 105. Johannes Teutonicus, eigentlich Johannes Zemecke aus Halberstadt, wirkte um 1215 in Bologna und hatte als Professor für kanonisches Recht fast dieselbe Bedeutung wie Accursius für das römische Recht. Dazu Peter Landau, „Die Bedeutung des kanonischen Rechts für die Entwicklung einheitlicher Rechtsprinzipien", in: Landau, Europäische Rechtsgeschichte und kanonisches Recht (Badenweiler, 2013), S. 255.

926 Im 12. Jahrhundert war dieses Interesse jedoch relativ gering, noch nicht mal zehn Studenten gab es aus den deutschen Gebieten in Bologna. Im 13. Jahrhundert nahm die Anzahl der Studenten jedoch rapide zu. Ihr Interesse galt hauptsächlich dem kanonischen Recht. Vgl. Sellert, Wolfgang, Zur Rezeption des römischen und kanonischen Rechts in Deutschland von den Anfängen bis zum Beginn der frühen Neuzeit. Überblick, Diskussionsstand und Ergebnisse, in: Recht und Verfassung im Übergang vom Mittelalter zur Neuzeit 1 (1998), S. 115–166, hier S. 132 f.

927 Schrage und Dondorp, Utrumque Ius, S. 98.

928 Dieter Strauch, Mittelalterliches Recht: Herkunft – Kennzeichen – Fortwirken, S. 161–196, hier S. 8 f.

929 Es gibt nur eine moderne Edition, die sogenannte Friedberg-Edition. Siehe Schrage und Dondorp, Utrumque Ius, S. 90.

930 Vgl. Schmoeckel, Kanonisches Recht, S. 164.

3. Das Verfahrensrecht

Für das Prozessrecht gab es auch eine Entwicklung auf dem Gebiet des kanonischen Rechts. Der italienische Professor an der Universität von Bologna, Johannes Bassianus, verfasste zwischen 1167 und 1181 den *Libellus de ordine iudiciorum*. Viele Werke wurden danach in Form von Zusammenfassungen publiziert. Im Laufe der Zeit entwickelte sich das Prozessrecht zu einem überwiegend einheitlichen romanisch-kanonisches Verfahren.[931] Der Verfahrensablauf wurde allmählich zu einem festen Muster, wobei durch die Anwendung von Duplik- und Replik-Optionen eine zunehmende Prozessverlängerung stattfand. Durch verfahrenstechnische Erneuerungen, z. B. die Einschränkung der Möglichkeit, Einwände vorzubringen, konnte die Prozessdauer beschränkt werden.[932] Um 1300 war das kanonische Rechtsverfahren schon recht komplex und wurde im Laufe des Jahrhunderts immer mehr verfeinert.

Im Unterschied zum altfriesischen Recht fing das kanonische Verfahren mit einer förmlichen Klage in *Schriftform* durch den Kläger an.[933] Die Klageschrift enthielt eine kurze Darstellung der Tatsachen; im Folgenden hatte er die Vorwürfe zu beweisen (*libellus*).[934] Der Beklagte hatte eine Frist von zwanzig Tagen, um sich zu den Vorwürfen des Klägers zu äußern. Der Richter konnte zwischen Kläger und Beklagtem als unparteiischer Vermittler auftreten, wartete auf die

931 Oestmann, Wege zur Rechtsgeschichte, S. 117 f.

932 Da viele Prozesse mit Absicht verzögert wurden, wodurch der Prozessbetrieb nicht fristgerecht beendet werden konnte, wurde die Verfahrensdauer auf drei Jahre beschränkt. Vgl. Fowler-Magerl, „Ordines iudiciarii“, S. 41. Für einen schnelleren Ablauf wirkte das Konzentrieren von verschiedenen Prozesshandlungen auf einen einzigen Termin. Beim Zeugenbeweis z. B. konnte der Richter einen einheitlichen Termin für die Ladung von Zeugen zur Hauptsache und von Zeugen zur Nichtakzeptanz dieser Zeugen festgelegen. Vgl. Nörr, Knut Wolfgang, Romanisch-kanonisches Prozessrecht. Erkenntnisverfahren erster Instanz in civilibus, Berlin, Heidelberg 2012, S. 41.

933 Ibidem, S. 23: „An einem Rechtsstreit können mehrere Personen als Kläger oder als Beklagte beteiligt sein.“

934 „Seit dem frühen 13. Jahrhundert war ein schriftliches Verhandlungsprotokoll erforderlich“, Berman, Recht und Revolution, S. 406. Die Protokolle wurden nach Streitgegenstand aufbewahrt, auf diese Weise entstanden die Prozessakten, die als Basis für die Gerichtsverhandlungen dienten. Vgl. Oestmann, Wege zur Rechtsgeschichte, S. 118. Brundage meint, dass die Klage im Anfangsstadium jedoch mündlich vorgetragen werden könne. Dazu James Arthur Brundage, Medieval canon law, S. 129. Nörr geht von einem gemischt mündlich-schriftlichen Verfahren aus, „wobei allerdings eine zunehmende Verschriftlichung im Sinne des Einreichens bei Gericht von Schriftsätzen, von schriftlich formulierten Prozesshandlungen zu beobachten ist“, Knut Wolfgang Nörr, Romanisch-kanonisches Prozessrecht, S. 46.

Beweiserbringung der Parteien und konnte danach ein Urteil fällen. Auch das Urteil musste schriftlich ausgefertigt werden; dies galt nicht für die Urteilsbegründung.[935] Der Richter nahm zusätzlich zu den richterlichen Aufgaben häufig auch administrative Aufgaben wahr. An vielen Orten in Europa wurde für das Richteramt eine Ausbildung an den Universitäten vorausgesetzt, wodurch es zu einer Professionalisierung des Richteramtes kam.[936] Wenn der Kläger nicht imstande war, ausreichendes Beweismaterial vorzulegen,[937] wurde der Beklagte freigesprochen; der Kläger musste aber in dem Fall „mit einer Talionstrafe, einer spiegelnden Strafe für die, die er dem Beklagten vorgesehen hatte, rechnen".[938]

Auffallend ist, dass der Eid als germanische Institution von den Kanonisten systematisch als Beweismittel im heutigen Sinne eingesetzt wurde. Statt einen Reinigungseid als Leumundsbekräftigung zu leisten, sollten die Prozessteilnehmer und eventuelle Zeugen die Fragen wahrheitsgemäß beantworten.[939] Dabei war eine Eidesleistung erforderlich. Man brauchte mindestens zwei zuverlässige Zeugen, die den Tathergang mittels eigener Sinneswahrnehmung bezeugen konnten.[940] Neben diesen Wahrnehmungszeugen spielten auch Schriftstücke immer eine wichtigere Rolle.

Die Verfahrensregeln wurden in einem Ausnahmefall gelockert: Wenn ein Geschehen allgemein bekannt und die Rechtsverletzung dadurch offenkundig war, wurde ein Verfahren als überflüssig angesehen (Notorietät).[941] Legitimiert wurde dieses Verfahren mit der Behauptung, dass im Interesse der Öffentlichkeit Rechtsverletzungen nicht ungestraft bleiben sollten.[942] Die Beklagten durften ihre eventuelle Unschuld nicht leugnen oder rechtfertigen. Der Begriff „allgemein bekannt"

---

935 Berman, Recht und Revolution, S. 406.

936 Knut Wolfgang Nörr, Romanisch-kanonisches Prozessrecht, S. 10. Dass die Anforderungen zur Bestellung zum Richteramt womöglich dadurch exzeptionell hoch waren, relativiert Nörr: „Die Voraussetzungen, ein Richteramt zu bekleiden, waren negativ formuliert, das heißt die Stellung konnte jeder erwerben, der nicht als hierzu unfähig (incapax, inhabilis, impotens) eingestuft wurde." Ibidem, S. 14.

937 „The burden of prove lay upon the plaintiff, that is he (or his proctor) must produce thrustworthy and credible evidence that would support the assertions he had made." Brundage, Medieval canon law, S. 131.

938 Schmoeckel, Kanonisches Recht, S. 219.

939 Der Zeugenbeweis war im 12. Jahrhundert immer noch wichtiger als der schriftliche Beweis. Dazu Fowler-Magerl, „Ordines iudiciarii", S. 45. Der spätere höhere Stellenwert der schriftlichen Beweiswürdigung hängt womöglich mit einer geringeren Wertschätzung vor dem Eid zusammen. Vgl. Berman, Recht und Revolution, S. 409 f.

940 Brundage, Medieval canon law, S. 132.

941 Begriff von Gratian erfunden. Vgl. Mathias Schmoeckel, Der lotharische Ehestreit: Seine Protagonisten und ihre Perspektiven, S. 87.

942 Brundage, Medieval canon law, S. 146.

wurde noch aufgeweicht und auf „widely believed“[943] hochgestuft, sodass die Notorietät als Element im Verfahrensrecht ein gewisses Gefahrenpotential in sich trug.

Als zweite Prozessform neben dem Akkusationsverfahren entstand die Möglichkeit, von Amts wegen (*ex officio*) ein Verfahren zu eröffnen. Die Initiative ging in diesem Fall vom Gericht aus; die wesentlichen Prozesshandlungen waren nicht mehr von den Entscheidungen der Parteien abhängig. Die Rolle des Richters änderte sich dadurch, da es in seinem Ermessen lag, ein Inquisitionsverfahren einzuleiten.[944] Dadurch hatte er mehr Spielraum und erhielt demnach eine aktivere Rolle. Dieses – auf das Strafrecht beschränkte – Inquisitionsverfahren[945] war Auftakt zu einer weitgehenden Modernisierung des Prozessrechts: Tatsachenaufklärung *versus* Leumundseide, die Durchbrechung der Parteiherrschaft zugunsten einer offiziellen Tatsachenermittlung und die Möglichkeit, gegen richterliche Entscheidungen vorzugehen, sind Beispiele für Erneuerungsmomente in der Geschichte des Verfahrensrechts.[946]

Dieser kurz umrissene Überblick über die Rechtserneuerungen im 12. und 13. Jahrhundert dient in den nachfolgenden Ausführungen als Grundlage für die Frage, ob das Ältere Schulzenrecht ansatzweise vom gelehrten Recht geprägt wurde. Die Analyse beschränkt sich dabei auf die Textstellen, die eine mögliche Umwandlung von alten, „germanischen“ Rechtsüberzeugungen zu einer im modernen Sinne rationaleren Darstellung der Rechtswirklichkeit bezeugen könnten.

4. Der Urkundenbeweis

Die Einführung des Urkundenbeweises geht auf die Einflüsse des römischen Rechts zurück, die durch die Kirche besonders gefördert wurden.[947] Den Königsurkunden (*diplomata*) gegenüber war die Behauptung, dass sie Unwahres enthielten, verboten. Der Besitzer einer Königsurkunde hatte daher einen Widerspruch des Gegners nicht zu erwarten; die mit besonderer Autorität ausgestatteten Dokumente hatten volle Beweiskraft. Private Urkunden (*cartae*) oder Beweisurkunden

---

943 Ibidem, 146.

944 Schmoeckel, Kanonisches Recht, S. 221.

945 Der Inquisitionsprozess entstand durch die Veränderung des schon in der Kirche bekannten Infamationsprozesses. Sie ist „nur die Konsequenz der Verwissenschaftlichung des Rechts, die zur Ablehnung irrationaler Beweismittel wie der Ordale und des Zweikampfs sowie zu einer Zurückdrängung des Reinigungseides führte“, Trusen, Der Inquisitionsprozeß. Seine historischen Grundlagen und frühen Formen, S. 229.

946 Oestmann, Wege zur Rechtsgeschichte, S. 122.

947 Musielak, Die Grundlagen der Beweislast im Zivilprozess, S. 223.

(*notitiae*) dagegen konnten vor Gericht angefochten werden; Folge der Anfechtung war der Zweikampf.[948]

Im Sachsenspiegel finden wir den gerichtlichen Beweis an zwei Stellen. Im ersten Fall handelt es sich um die Klage um ein Gut, von dem beide Seiten behaupten, dass sie damit belehnt worden seien: „Fürsten können die Gewährschaft für einen Mann mit einer offenen, besiegelten Urkunde übernehmen".[949] Das zweite Beispiel betrifft die Befreiung aus der Rechtsacht: „soll dann auch die Urkunde des Königs mit seinem Siegel mitbringen, die den Richter davon in Kenntnis setzt, dass er von der Reichsacht frei ist".[950] In diesen Konstellationen dient der Urkundenbeweis nicht als privater Beweis vor Gericht. Als irgendwelcher Beweis zwischen zwei Privatpersonen zur Klärung einfacher Sachverhalte tritt der Urkundenbeweis weiterhin nicht in Erscheinung.

Im Älteren Schulzenrecht finden wir einen Tatbeweis auf der Grundlage schriftlicher Dokumente in unmissverständlicher Ausprägung nicht vor. Jeder musste, dem etwas zur Last gelegt wurde, Reinigungseide leisten, Zeugen heranziehen oder mittels Ordalien sein Recht beweisen, um auf diese Weise die Rechtslage zu klären. In den Kapiteln 22–25 dagegen musste er den Wert seines Besitzes angeben, ohne dass irgendwelche sachdienlichen Zeugenaussagen erforderlich waren. Wie sollte der freie Friese beweisen, dass er Land im Wert von dreißig Pfund besaß? Konnte er einen schriftlichen Kaufvertrag vorzeigen, wobei der Wert des Eigentums eindeutig festgelegt wurde? Dasselbe Problem taucht auch im Kapitel 70 auf, in dem es um die Einweisung in das Eigentum des Gutes mit der dazugehörigen Friedebannverleihung geht:

> **Kap 70** Fan bodildele. Hweer soe en bodel[951] lauwegath wirt ende di sibsta mey thinghe ti dae huse compt, soe aegh di aesga den allersibsta jn ti delane etta forme thinghe. Als hi inkommen is, soe aegh hi enen **ferde** [Hervorhebung Verf.] an dae goede, alont dattet bitinghet is, hoekra hiara aftera eerua is. Hoekra hiara soe dat biradath, di aegh enen ferde anda goede ende di oera dat gued to remane. *Vom Erbteil. Wenn eine Erbschaft hinterlassen wird und die nächste Verwandtschaft auf gerichtlichem Wege zu dem Hause kommt, so soll der Asega den allernächsten Verwandten beim ersten Verfahren in den Besitz einweisen. Wenn dieser eingezogen ist, so soll er im Besitz des Gutes befriedet werden, bis es gerichtlich entschieden ist, wer von ihnen der*

948 Deppenkemper, Beweiswürdigung als Mittel prozessualer Wahrheitserkenntnis, S. 121.

949 Eike ‹von Repgow› u. a., Der Sachsenspiegel, II, Art. 42, § 3, S. 134.

950 Ibidem, Der Sachsenspiegel (Zürich, 1999), III, Art. 34, §1, S. 183.

951 „Goederen die door een of ander rechtsfeit (huwelijk, overlijden) bijeen horen, werden destijds (evenals thans) de boedel (Ofr: it bodel) genoemd. Een boedel vormt rechtens een geheel. Zij wordt juridisch pas interessant, als zij voor scheiding en deling vatbaar is geworden." Algra, Oudfries recht, S. 331.

rechtmäßigere Erbe ist. Wer von ihnen das beweist, soll im Besitz des Gutes befriedet werden und der andere hat das Gut zu räumen.

Die Eigentumsübergabe ist, wie oben erwähnt, erst seit 1387 urkundlich belegt. Da aber der *ferdban* (Friedebann) in unserer Quelle bereits erwähnt wird und Van Apeldoorn diesen Begriff mit dem Beweismittel „Urkunde" verbunden hat[952], ist eine kurze Darstellung dieser Form der Eigentumsübertragung mit anschließender Bewertung an dieser Stelle passend. Nach Oebele Vries[953] verlief der Vorgang wie folgt: Der Käufer erscheint im für den Kauf der Immobilie zuständigen Gericht. Er bittet dort um die Einweisung in das Eigentum sowie die dazugehörige Friedebannverleihung.[954] Der Richter lädt die potentiellen Kläger, von denen zu erwarten ist, dass sie Anspruch auf die Immobilie erheben werden, vor Gericht. Der Käufer gibt in drei oder vier aufeinanderfolgenden Gerichtssitzungen den Kauf des Gutes öffentlich bekannt; der Richter fragt die Betroffenen, ob es dazu Einreden gibt. Die Veräußerung der Immobilie wird in der Kirche an drei aufeinanderfolgenden Sonntagen des Kirchspiels, in dem das Gut liegt, bekanntgemacht. Falls kein Widerspruch erhoben wird, weist der Richter den Käufer in das Eigentum ein und ihm wird der Friedebann auf das erworbene Gut verliehen.

---

952 „Waarin bestond dan nog de medewerking van het gerecht? Het antwoord op deze vraag moeten wij putten uit de oorkonden, welke door den rechter omtrent de gerechtelijke handelingen werden opgemaakt. Deze oorkonden werden (evenals de slothandeling zelve van den rechter, welke zij o.m. constateerden) ferdban genoemd. Niet al de ferdbannen, welke bewaard zijn gebleven, zijn even uitvoerig. Ik wil er een mededelen, die vrij duidelijk ons voor ogen voert wat er in het gerecht geschiedde!" Apeldoorn, Lambertus Johannes van, Vredeban en rechte weer, in: Rechtsgeleerd Magazijn. Tijdschrift voor binnen- en buitenlandse rechtsstudie 42 (1923), S. 349–380, hier, S. 359.

953 Oebele Vries, Also dat ujy habbetferdban kloppet. Die Terminologie des Friedebannes bei der Eigentumsübergabe von Immobilien in der altfriesischen Urkundensprache, S. 244 ff.

954 Nach Van Apeldoorn bezieht sich der Begriff auf Gewaltverzicht bzw. Selbstjustiz: „Het vredebannen van den rechter betekent dus eenvoudig: geweld of eigenrichting verbieden." L. J. van Apeldoorn, „ ‚Vredeban en rechte weer' ", S. 368. Nach Algra war der *ferdban* „het sluitstuk van een procedure", niemand konnte der Berechtigte danach mit Gewalt vertreiben. Algra, Ein: enkele rechtshistorische aspecten van de grondeigendom in Westerlauwers Friesland, S. 40. Vries merkt auf, dass das Wort ferdban „auch metonymisch verwendet wird, und zwar zur Bezeichnung der vom Gericht ausgefertigten Urkunde, in der die Friedebannverleihung schriftlich festgelegt ist." Oebele Vries, Also dat ujy habbetferdban kloppet. Die Terminologie des Friedebannes bei der Eigentumsübergabe von Immobilien in der altfriesischen Urkundensprache, S. 248.

Die Frage, ob in Friesland im 13. Jahrhundert bereits eine Urkunde mit Bezug auf diese Friedebannverleihung ausgefertigt wurde, kann wegen der dürftigen Überlieferungsdichte der Quellen nicht beantwortet werden. Zwei Argumente sprechen dagegen. Erstens hat das ganze Verfahren einen mündlichen Verlauf, wobei es viele Gelegenheiten zum Widerspruch gab; die Eigentumsübergabe hat noch einen sehr archaischen, indigenen Charakter. Zweitens gibt es im Jüngeren Schulzenrecht eine ähnliche Fallbeschreibung. Zwei Männer sind sich über ein Grundstück uneinig; der Asega soll ein gesetzliches Urteil fällen.[955] Hier spielen Eideshelfer (12) und Königszeugen noch eine prominente Rolle, was kanonischrechtliche Einflüsse eher nicht vermuten lässt. Auf der anderen Seite ist es schwer vorstellbar, dass nach einem solch aufwendigen Verfahren die Ergebnisse vom Gericht nicht schriftlich festgelegt wurden. Sollte nach einiger Zeit ein neuer Anspruch entstehen, müsste das ganze Verfahren wiedereröffnet werden. Eine schriftliche Entscheidung über die Friedebannverleihung und Eigentumsübergabe würde in dem Falle eine neue Gerichtsverhandlung erübrigen.

In Kap. 74 muss bei der Teilung eines gemeinsamen Nachlasses bewiesen werden, welche Güter in die Ehe eingebracht wurden. Anzunehmen ist, dass eine Art von Urkunde/Güterliste vorgelegen haben muss, denn Königszeugen mussten über die Anzahl der Güter Zeugnis ablegen. Sie werden sich dabei vermutlich die einzelnen Gegenstände nicht gemerkt haben, sodass von einer lückenlosen mündlichen Reproduktion der einzelnen Güter nicht ausgegangen werden kann. Streitigkeiten zwischen den Beteiligten und den Königszeugen über den Umfang der eingebrachten Güter wären damit vorprogrammiert. Insgesamt zeigt sich aber, dass der Urkundenbeweis als Indiz für eine neue Form der Beweiskraft im Älteren Schulzenrecht nicht eindeutig nachgewiesen werden kann.

5. Zeugenbeweis

Im Teil VII, Kapitel 2 haben wir gesehen, dass der Eidesleistende im Rechtsstreit nicht die Wahrheit einer Tatsache, sondern mehr die eigene Bestätigung erhärtet und dabei sein eigenes Seelenheil einsetzt. Der Schwörende verlangt, dass man das von ihm Behauptete als richtig gelten lässt; er ist bereit, seine Aussage vor Gott und den Menschen zu vertreten. In vielen Fällen wurde aber verlangt, dass andere Personen den Eid der Partei verstärkten; das Gewicht des Eidesleistenden

955 Buma, Westerlauwerssches Recht, Jüngeres Schulzenrecht, Kap. 29, S. 227. Algra betont, dass der *ferdban* von großer Bedeutung für die Rechtssicherheit war: „Hij [*der ferdban*, Anm. Verf.] heeft tengevolge gehad dat er veel meer zekerheid kwam over de rechtstoestand van onroerende goederen." Algra, Ein: enkele rechtshistorische aspecten van de grondeigendom in Westerlauwers Friesland, S. 81. Ob diese Sicherheit durch die Ausfertigung einer Urkunde garantiert werden konnte, bleibt weiterhin unklar.

wurde womöglich als zu leicht befunden, um das in seiner Behauptung aufgestellte Urteil als richtig einzustufen. Es wurde verlangt, dass Verwandte oder Bekannte als Eideshelfer – nicht als Tatsachenzeugen – mit ihrem Eid versicherten, die Redlichkeit und den guten Ruf des Beklagten zu beschwören. Im Älteren Schulzenrecht wurden daneben für die Erhärtung gewisser Behauptungen Königszeugen, Dorfgenossen und Nachbarn zugelassen, die den Tathergang aus eigener Wahrnehmung beschreiben bzw. bestätigen konnten. Indem der Zeuge die Wahrheit der rechtlich formulierten Beschreibung des Vorgangs bestätigte, urteilte er über den streitigen Tatbestand. Planck betrachtet diese Form von Zeugenaussagen nicht als materielle Wahrheitssuche:

> „Denn nicht ihre Aussage, die Mittheilung ihres Wissens über die etwa streitige Thatsache, und deren Einfluss auf die Bildung einer Ueberzeugung des Gerichts, ist das Entscheidende, sondern ihr Eid, durch welchen sie die aufgestellte Behauptung der Partei auch ihrerseits bestätigen und erhärten."[956]

Es entstehen also keine neuen – von der übrigen Eidesform abweichenden – Beweisformen, sondern dadurch wird nur eine weitere erschwerende Eigenschaft des Schwörenden verlangt, um den guten Leumund des Beklagten zu verstärken. Meines Erachtens kann das Auftreten der Königszeugen im Älteren Schulzenrecht in einigen Fallbeschreibungen durchaus als Versuch zur Rekonstruktion des wahren Tathergangs bzw. Sachverhalts aufgefasst werden. Dieses Beweismittel hat z. B. im Falle der Überprüfung des Verletzungsgrades im Kesselfangverfahren – neben der sinnlichen Wahrnehmung – noch einen sakralen[957] Stellenwert. Bei der Kontrolle der Funktionsfähigkeit einer Schleuse spielt dieses Element in keinerlei Weise eine ausschlaggebende Rolle für das Endurteil der beauftragten Amtsträger. Dieses Beweismittel ist rational[958], also ohne Berührungspunkte mit einem der Gottheit verbundenen Eid.

---

956 Planck, Das Deutsche Gerichtsverfahren im Mittelalter, Bd. 2, S. 7. Linda Fowler-Magerl weist dagegen auf einen zunehmenden Einfluss der Zeugen in den deutschen Landen ein: „As a consequence, long before the Romano-canonical procedure as a whole was received in secular courts, proof by ordeal had declined and been replaced by proof by witnesses and documents." Fowler-Magerl, „Ordines iudiciarii", S. 96.

957 Offenbar war das Ordal jedoch kein Sakrament, wobei das religiöse Ritual eine notwendige Bedingung des Sakramentalen war; ohne die Sanktion der geistlichen Autorität waren die priesterlichen Beschwörungen des Ordals vielmehr Ausdrücke einfachen Aberglaubens. Dazu McAuley, F., Canon Law and the End of the Ordeal, Oxford Journal of Legal Studies 26, Nr. 3 (2006), S. 473–513, hier S. 483.

958 Im Sinne der Definition Kannowskis, der das Abzielen der Beweismittel „auf die Rekonstruktion des sinnlich Wahrnehmbaren" als rational bezeichnet. Bernd Kannowski, Zum Beweisrecht des Schwabenspiegels, S. 559.

Im Falle der Schleusenkontrolle handelt es sich um die Aufklärung eines Sachverhalts, wobei es zu einem Wechsel des Unschuldsbeweises zur Wahrheitsfeststellung durch Augenschein kommt. Dieses Verfahren von Amts wegen bezog sich also nicht auf die Privatklage des Einzelnen, wobei es um Streitigkeiten über Leben, Körperintegrität, Vermögen oder Grundstücke ging, sondern betraf gemeinschaftliche, öffentliche Interessen, *in casu* das regionale „Wassermanagement". Dieses System von Deichenbau und Entwässerungsschleusen wurde von den Bewohnern gemeinschaftlich organisiert[959] und man war verpflichtet, zur Instandhaltung der Sielanlagen seinen Beitrag zu leisten. „Zu fast jeder Parzelle gehörte ein Deichabschnitt, der instand gehalten werden mußte".[960] Vertreter der friesischen Elite führten dabei die – wahrscheinlich im Namen des Grafen – befohlene Kontrolle durch.[961]

959 Auch Klostervorsteher, die wegen ihrer umfangreichen Besitztümer ebenfalls an der Instandhaltung der Siel- und Deichanlagen interessiert waren, spielten bei der Kontrolle der Wasserwerke eine wichtige Rolle: Am Ende des 13. Jahrhunderts gab es in den Ommelanden sogar einen Abt als obersten Sielrichter. Vgl. Mol, „Friesische Freiheit im Kirchspiel und Kloster", S. 234.

960 Knol, Egge, Die friesischen Seelande. Fruchtbares Land an der Meeresküste, in: Die Friesische Freiheit des Mittelalters. Leben und Legende, Aurich 2003, S. 14–33, hier S. 25. Es handelt sich bei der Kontrolle der Schleusen eindeutig um eine Initiative von offizieller Seite, denn der Graf ist befugt, die freien Friesen zu Instandsetzungsarbeiten zu verpflichten. Buma, Westerlauwerssches Recht, Kap. 4 „Fan da dijcke ti haldane." *„Von der Deichpflicht"*, S. 77.

961 Henstra führt aus, dass die Organisation des Deich- und Schleusenbaus im 11. und 12. Jahrhundert in den Händen der Bauern selbst lag. Es sei offensichtlich, dass Formen der Zusammenarbeit wie die der Bauern im Kampf gegen das Wasser (Vorläufer der Wasserverbände) letztendlich durch die Initiative und Autorität der lokalen Elite unterstützt wurden, während die Arbeit von der lokalen Bevölkerung geleistet wurde; die Grafen hätten mit der Finanzierung bzw. Organisation nichts zu tun. Vgl. Henstra/Popkema, Friese graafschappen tussen Zwin en Wezer, S. 108. Die jährlich zurückkehrende Kontrolle setzt aber eine von oben organisierte „Aufsichtsbehörde" voraus, die selbstverständlich auch aus der Struktur der Wasserverbände (Sielachten) hervorgegangen sein könnte. Das Recht, eine Privatklage wegen Vernachlässigung des Sieles zu erheben, ist damit nicht ausgeschlossen. Vgl. Kap. 13a „Vom Siele" im Jüngeren Schulzenrecht. Beim Deichbau kann sich auch Henstra eine übergeordnete Instanz vorstellen: „Maar een project als de ringdijk rondom een Friese terra vergde een overlegorgaan op hoger niveau", ibidem, S. 137. Vgl. auch Bremmer, der betont, dass diese neue Wassertechniktechnik ein hohes Maß an sozialer und politischer Organisation erforderte, Bremmer, An introduction to Old Frisian, S. 3. Die Fragen, welche mit dem Kampf gegen das Wasser zusammenhängen, spielen in der Geschichte Frieslands und demnach auch in seiner Rechtsentwicklung eine bedeutende, nicht selten sogar eine beherrschende Rolle: „Bekämpfung

Dass wir es in dieser Fallkonstellation mit einer stark abweichenden Rolle der Zeugen im Vergleich zu den anderen Fällen zu tun haben, steht außer Zweifel. Das Kräfteverhältnis hat sich damit geändert, da die Beklagten keine Möglichkeiten hatten, sich gegen dieses behördliche Zeugnis zu wehren. Es zeigen sich hier klare Ansätze, dass schon im Älteren Schulzenrecht in gewissen Fällen ein Verfahren von Amts wegen ohne vorgängige Anklage der verletzten Privatperson stattgefunden hat, wobei nicht auszuschließen ist, dass dieses Zeugenformat kanonischrechtlich beeinflusst wurde. Denn über die Bewertung der Zeugenaussagen findet man im kanonischen Recht die Regel, dass eine Zeugenaussage keinen Beweis erbringt, sondern dass zumindest zwei oder drei Zeugen die zu Beweis stehende Tatsache bestätigen müssen. Die beiden zum Beweis erforderlichen Zeugen müssen dabei zu gleicher Zeit den von ihnen bekundeten Vorgang wahrgenommen haben.[962] Die einschlägige Bestimmung Gratians bedeutet, dass die beiden Zeugen den von ihnen bezeugten Vorgang nicht nur gleichzeitig, sondern auch am selben Ort wahrgenommen haben müssen: Für den Inhalt der Zeugenaussagen sei eine „*identitas temporis* und *identitas loci*“ zu verlangen“.[963]

Auch in anderen Ländern lässt sich eine Tendenz zur materiellen Beweisführung feststellen. In England zur Zeit Heinrichs II. (ab 1154 König von England und Herzog der Normandie) wurden im Verfahren zur Bestimmung von Eigentumsrechten von Grundstücken ortskundige Geschworene befragt. Sie beantworteten Tatsachenfragen aufgrund von vor der Verhandlung gesammelten Kenntnissen. Da Grundstücksstreitigkeiten oft zwischen Feudalherren stattfanden und das örtliche Gericht für solche Fälle zu wenig Autorität besaß, war die Entscheidung durch diese Zeugen aus der örtlichen Bevölkerung unter Leitung der königlichen Richter eine gute Alternative, um den Streitfall zu lösen.[964] Im dänischen *Jyske Lov* gibt es ein Beispiel bei der Vermessung von Dorfland, wobei verlässliche Dorfbewohner den gerechten Ablauf überwachten, die Vermessungsdaten festlegten und anschließend den Vorgang am Gerichtstag bezeugen sollten. Außerdem hatten sie

---

des Wassers, die Wasserbeherrschung, in Westerlauwers Friesland könnte man, weil jeder Einwohner damit zu tun hatte, eine Gemeinschaftsarbeit nennen, und so kann es nicht wundern, daß diese Wasserbeherrschung [...] eine der wichtigsten Aufgaben der sich im Spätmittelalter bildenden Landgemeinde wurde.“ Alberts, Beitrag zur Entwicklung der Landgemeinde in Westerlauwers Friesland, S. 425. Ich bin der Ansicht, dass die geographische Beschaffenheit des Landes und deren Folgen für die Rechtsentwicklung in der Forschungsliteratur unterbewertet bzw. unterbeleuchtet wird.

962 Jacobi, Erwin, Der Prozeß im Decretum Gratiani und bei den ältesten Dekretisten, in: ZRG KA 3 (1913), S. 223–343, hier S. 307, Fn. 8 (dict. Gr. p. c 15 C III q 9 § 2).

963 Ibidem, S. 309.

964 Vgl. Berman, Recht und Revolution, S. 690 f.

neben der Abgabe der Zeugnisse auch noch eine Art Befugnis, eventuell aufkommende Streitigkeiten zu entscheiden.[965]

Daneben traten im *Jyske Lov* die mit den Königszeugen vergleichbaren Wahrmänner auf. Sie waren fest angestellt, mussten über Landbesitz verfügen, wurden vom Amtmann des Königs vereidigt und konnten nicht abgesetzt werden. Vergleichbar mit den Königszeugen in Friesland legten sie Zeugnis ab in u. a. folgenden Angelegenheiten: Totschlag, Verstümmelung, Vergewaltigung, Verletzungen, Kirchengut und Freiheitsberaubung. Auch hier wurden sie zu Vermessungsaufgaben eingesetzt: Bei der Markierung von Feldgrenzen steckten sie das Gebiet mit Stöcken oder Steinen ab und schworen darauf, dass die Sache damit nun entschieden sei.[966] Nach Annette Hoff waren die Wahrmänner eine feste Institution, die in einigen wichtigen Punkten vom kanonischen Recht geprägt war. Es handelte sich um eine feste, vom König bestellte Gruppe von Männern, wobei durch einen permanenten Wechsel der Eideshelfer eine objektive Beurteilung des Sachverhalts gewährleistet war. Sie waren verpflichtet, auf die Sachlage zu schwören ungeachtet der Frage, ob sie die Betroffenen persönlich kannten. Im Sinne der Bestimmungen des kanonischen Rechts war das „ein Schritt in die richtige Richtung, weg von der formellen Beweisführung hin zu einer gerechten, materiellen Beweisführung".[967]

Ein entscheidender Unterschied zwischen den friesischen Königszeugen und den Wahrmännern liegt darin, dass gegen das Urteil der Wahrmänner Berufung eingelegt werden konnte, wenn ein Betroffener der Meinung war, das Zeugnis sei ungerecht zustande gekommen. „Diese Möglichkeit zur Berufung zeigt besonders deutlich, wie die Wahrheitsmännerinstanz vom kanonischen Recht beeinflusst war".[968] Allerdings wird nur in einem Satz (*Jyske Lov*, Buch II, Kap. 6) diese Berufungsmöglichkeit erwähnt. Wie die Berufungsprozedur ablief, wird weiterhin nicht beschrieben. Im Älteren Schulzenrecht gibt es für das Vorkommen einer Berufungsinstanz keine Belegstellen, es sei denn, man bewertet das Verb *opclaghet* in *„Jef ma en huusman etta houe opclageth"* (Wenn man einen Hausmann beim Grafengericht verklagt) als „vor einem höheren Gericht anklagen".[969]

Die Reinigung durch Eidesleistung war durch das Auftreten der Königszeugen nicht unwichtiger geworden und man sollte sie sich nicht als einfache Praxis vorstellen. Es war nicht so, dass man lediglich ein paar Worte zu sagen hatte, um dann von einer schweren Anklage freigesprochen zu werden. Vielmehr wurde die Eideshilfe als Rechtsinstitution entwickelt, um mit sozialen Netzwerken, sozialem Status, Verwandtschaftsgruppen und religiösem Glauben und Institutionen zu interagieren.[970] Ein Hinweis darauf ist, dass ein Prozessbeteiligter in schweren

965 Fallbeispiel bei Hoff, Recht und Landschaft, S. 370 f.
966 Ibidem, S. 373
967 Ibidem, S. 374.
968 Ibidem, S. 374.
969 Was aber unwahrscheinlich ist. Dazu Teil V, Kap. 3.5 dieser Arbeit.
970 Ole-Albert Rønning Nordby, The Judicial Oath in Medieval Norway, S. 8.

Fällen selten einen Reinigungseid allein geschworen hat. Um einen gültigen Eid zu leisten, musste er die Unterstützung von Eideshelfern aus der lokalen Gemeinschaft haben, wobei auf diese Weise ein reziprokes soziales Verhältnis von Individuum und Gruppe zum Ausdruck gebracht wurde. Wer würde als Eideshelfer am Eid teilnehmen? Was war ihr sozialer und rechtlicher Status? Mit wem waren sie verwandt? Was wussten sie über den Fall? All dies sind Fragen, die zeigen, dass die Eidesleistung nicht in einem Rechtsvakuum stattfand, sondern tief in der sozialen Interaktion verankert war.[971]

Wenn wir uns die Fallbeschreibungen (Teil VII, Kap. 2.1) noch einmal näher ansehen, lässt sich feststellen, dass soziale Beziehungen und der Status von Individuen innerhalb dieser Gemeinschaft entscheidend dafür waren, wie das Wissen der Beteiligten auf legitime Weise konstruiert werden konnte. Ein anschauliches Beispiel bietet Kapitel 62 im Älteren Schulzenrecht. Der Gerichtsbote, wahrscheinlich ein Amtsträger von außerhalb des Dorfes, bekommt bei der Ansage zur Vorladung einen *dustsleeck*, das ist ein harter Schlag, der zu einer Prellung führte, aber keinen Blutfluss zur Folge hatte. Die zur Freischwörung benötigten Eideshelfer brauchten ihre Aussage in diesem Fall offenbar nicht in ihrer Qualität als *Augenzeugen* zu machen, da sie sonst als Wahrnehmungszeugen bzw. Dorfgenossen im Text aufgeführt worden wären. In diesem Fall musste sich aber das Rechtssystem auf das kollektive Wissen der Gemeinschaft stützen. Wäre die Verletzung, die dem Banner zugefügt wurde, leicht und ohne weitere Konsequenzen und außerdem nur dem Opfer und/oder einem sehr begrenzten Kreis bekannt geworden, so hätte wahrscheinlich der Eineid gereicht. Wurden jedoch die Folgen der Tat in einem größeren Kreis bekannt, so führte dieses allgemeine Wissen vor Ort zu einer Verteilung der Beweise zum Nachteil des Täters.[972] Die zentrale Funktion der Eideshilfe bestand darin, eine öffentliche und legitime Darstellung des Wissens einer Gemeinschaft über den Beklagten aus dem Dorf zu erstellen; der Reinigungseid war daher eine Antwort auf öffentliches Wissen. Ein solcher Eid musste die Interessen der Gemeinschaft gegen die Interessen des Gegners, in unserem Beispiel des ortsfremden Banners, abwägen, um den sozialen Frieden innerhalb der Gemeinschaft aufrechtzuerhalten.[973] Daraus lässt sich schließen, dass eine kleine Gemeinschaft in den meisten Fällen solidarisch mit dem eigenen Dorfbewohner war, es

971 Ibidem, S. 8.

972 Vgl. Van Oosten, Inleidende beschouwingen over het oudere Friese bewijsrecht, S. 452.

973 Aus rechtssoziologischer Sicht könnte man dieses Bestreben als zweckrational bewerten. Habermas spricht in einem breiteren Kontext über „kalkuliertes Selbstinteresse" und „strategische Kooperation im gegenseitigen Interesse", was für die Beteiligten zum Erhalt des sozialen Friedens durchaus ein Argument gewesen sein könnte. Jürgen Habermas, Auch eine Geschichte der Philosophie, Bd. 2, S. 147.

sei denn, es handelte sich um eine ausgestoßene, unliebsame und damit isolierte Person, die man gerne „loswerden“ möchte.[974]

Während sich durch den Einsatz von Wahrnehmungszeugen das Beweiserhebungsverfahren wesentlich veränderte, geschahen diese Veränderungen innerhalb der Grenzen einer recht stabilen Struktur. Die Reinigungseide, die auf mehr oder weniger die gleichen Fälle angewendet wurden, verschwanden nämlich nicht sofort aus den späteren friesischen Rechtsquellen.[975] Möglicherweise verbanden die freien Friesen das gegebene Wort (Eid) mit ihrem Ehrgefühl, sodass Aussagen von Zeugen als Diffamierung ihres Standes empfunden wurden. Dies erklärt vielleicht die lange Koexistenz der beiden Beweisformen. So kann es sein, dass die mit der Rechtsanwendung beauftragten Amtsträger die neu gewonnenen Erkenntnisse einfach angewendet hatten, ohne dass sie ein fremdes Recht in die traditionellen Rechtstexte bewusst aufnehmen wollten. Vielmehr sind die Veränderungen als ein Entwicklungsprozess zu verstehen, ein Prozess, der zu einer Verwissenschaftlichung des friesischen Rechtswesens und seiner immer mehr fachkundigen Träger führen konnte.

In der isländischen *Grágás* schließlich spielten Sachkundige eine Rolle als eine Art von Schiedsgutachter bei der außergerichtlichen Bewertung und Beurteilung von Sachverhalten. „Die Funktion dieser gesetzlichen Beurteiler und Bewerter ist damit dieselbe wie diejenige der Arbiter, welche in verschiedenen Verfahren im römischen Zivilprozess in Anspruch genommen wurden. Diese nahmen ebenfalls eine tatsächliche Bewertung vor.[976] Als Zeuge im oben definierten Sinne traten sie jedoch nicht auf. Diese Tätigkeit als gesetzlicher Beurteiler bzw. Bewerter war dem isländischen Recht ursprünglich fremd, sodass die Funktion als Beurteiler/Bewerter wahrscheinlich durch Fremdeinflüsse in Island geschaffen wurde.[977]

Ein weiterer Unterschied zu den Königszeugen und Nachbarn im friesischen Recht besteht darin, dass die Tätigkeiten vor allem außerhalb des Gerichtsverfahrens stattfanden, sodass ihr Vorkommen als parallele Entwicklung für mögliche römisch-kanonische Einflüsse für die friesischen Gebiete eher ungeeignet ist.

---

974 So auch im mittelalterlichen englischen Recht: „Those who did not live in such a community are vagabonds, vagrants and strangers: on the very edge of the law, and normally presumed to be outside it.“ Mortimer, The time traveller's guide to medieval England: a handbook for visitors to the fourteenth century, S. 216. Dreißig Prozent der vermutlichen Kriminellen wurden als „Landstreicher“ beschrieben. Ibidem, S. 223.

975 Vgl. dazu die Lemmata „Eid“ und „Eideshelfer“ in den friesischen Rechtsquellen, Buma, Westerlauwerssches Recht, S. 268 f.

976 Vgl. Hoff, Haflìòi Másson und die Einflüsse des römischen Rechts in der Grágás, S. 274.

977 Ibidem, S. 274.

6. Erweiterung des Notorietätsbegriffs

Die Regel, dass ein Beklagter grundsätzlich ausschließlich für die Beurteilung seiner eigenen Handlungen, Rechte und Pflichten zuständig war, wurde in zunehmendem Maße durch Ausnahmebestimmungen gelockert. Die Grundlage dieser Ausnahmen bildete die Notorietät. Ein Vorgehen oder eine Situation, die öffentlich war (*iechta*), konnte, wie wir sahen, traditionell nicht unter Eid verweigert werden. Wenn es solche offenkundigen Handlungen gegeben hatte, entfiel der Beweis: Das Opfer sei dem Antrag „näher" als der Angeklagte an seinem Recht, auf nicht schuldig zu plädieren. Diese Möglichkeit, gerichtskundiges Wissen anzuwenden, wurde – wie im Beispiel der Aufweichung des Begriffs „Notorietät" bereits erwähnt wurde – im Mittelalter erweitert. Wenn ein Opfer noch die sichtbaren Folgen eines Kampfes zeigen konnte, wurde das dem Notorietätsbegriff zugerechnet. Bedingung war, dass die Verletzungen von offizieller Seite bestätigt werden konnten. Dies galt auch für den Fall, wenn bei einer Durchsuchung das gestohlene Gut in der Wohnung des mutmaßlichen Diebes angetroffen wurde. In solchen Fällen wurde dem Angeklagten das Recht auf einen Eid der Unschuld oder die Rechtfertigung seines Handelns entzogen.

In den Vierundzwanzig Landrechten, den gemeinfriesischen Siebzehn Küren und in den beiden westerlauwersschen Schulzenrechten erkennt man einige Merkmale, die auf eine Veränderung der traditionell üblichen und erforderlichen Beweiserbringung hindeuten. Diese Änderung manifestiert sich in den drei unterschiedlichen Tendenzen zur Begrenzung der Beweismöglichkeiten, indem (1) die Notorietät einer Tatsache auf Straftaten ausgeweitet wurde, die von anderen als manifest betrachtet wurden, weil entweder die Vorbereitung oder die Folgen davon öffentlich waren; (2) die Wahrscheinlichkeit der Beweisaufnahme berücksichtigt wurde, die sich aus Indizien zugunsten des Klägers ergab, sodass er aufgrund einer mehr oder weniger hohen Wahrscheinlichkeit zu den Beweisen für die behaupteten Tatsachen zugelassen wurde; (3) der Nachweis der Unschuld erschwert wurde, wodurch die Einführung eines amtlichen Zeugen erforderlich war.[978]

Aus dem Jüngeren Schulzenrecht kann als Beispiel für (2) Kap. 34 dienen. In diesem Kapitel über die Totschlagsklage beeinflusst der Urteiler (Asega) die Aufteilung der Beweisrollen und benutzt dabei die Hinweise, die ihm der Tatgegenstand, das heißt in diesem Fall das Erscheinungsbild der Tatumstände, liefert:

> Kap. **34a** (Ausschnitt) Fan gretene dis dada. lef ma enen daedne man greta scel, soe sprect ma aldus: „Joe sprect di eerfnama toe ende ick an sine worde ende hi oen mijn gretwerd iecht, dat j enen goeden man slain habbet binna dae allerhaeghista ferda, dat dulgh oen him deden, deer hi lyflas fan ward, ende ban wrwrochten alsoe onriochte wr riocht, soe j nv mit riochte aeghen dae ban ti betane ende den frede ti ieldane,

978 Aufzählung nach Van Oosten, Inleidende beschouwingen over het oudere Friese bewijsrecht, S. 445.

brand ende breke ti tieldane, eerua ende inlende ti remane den frede ti ieldane mit twia achtigha pundem, achtich he rum ende achtich lioedem." *Von der Totschlagsklage. Wenn man wegen eines Toten Klage erheben will, so spricht man wie folgt: „Der Erbe klagt Euch an, und ich bekenne mich zu seinem Worte, und er bekennt sich zu meiner Klage, dass Ihr einen guten Mann während des allerhöchsten Friedens erschlagen (und) ihm die Wunde beigebracht habt, an der er gestorben ist, und die Bannbrüche verwirkt habt, so unrechtmäßig und widerrechtlich, dass Ihr nun Rechtens die Bannbrüche büßen, das Friedensgeld zahlen, Brand und Bruch erleiden, Erbe und Land räumen (und) das Friedensgeld mit zweimal achtzig Pfund, achtzig an die Herren und achtzig an das Volk, zahlen sollt."*

Auf die Lösung dieses Streitpunktes wird in der Quelle Punkt für Punkt hingearbeitet: Der Graf – der das Verfahren leitet, der Asega tritt als Urteiler auf – befiehlt dem Mann kraft des Königbannes, dass er gestehen oder dementieren soll. Nun behauptet der Mann, dass er, auf diese Weise angeklagt, nicht gestehen oder leugnen muss. Nun soll der Asega auf Befehl des Grafen ein rechtmäßiges Urteil fällen. Dann erkennt aber der Asega, dass er wegen dieser Totschlagsklage entweder gestehen oder leugnen soll. Trotzdem leugnet er und bietet an, einen Reinigungseid zu schwören. Daraufhin bietet der Erbe die Beschwörung der Anklage an, worauf der Beklagte erwidert, er sei näher berechtigt, mit seinen Reinigungseiden unschuldig zu werden, als dass er die Klagebeschwörung anzunehmen brauche. Nun befiehlt der Graf dem Asega, ein gesetzliches Urteil zu fällen. Der Asega erkennt daraufhin, dass der Kläger näher berechtigt ist, den Beklagten durch die Klagebeschwörung für schuldig zu erklären, als dieser sich mit seinen Reinigungseiden von der Tat freischwören kann. Der Asega spricht dem Erben das Recht auf die Klagebeschwörung zu; er soll auf die Reliquien schwören und den Namen des Erschlagenen nennen. Der Asega kommt zu seinem Urteil: Der Verurteilte muss achtzig Pfund an die Herren und achtzig Pfund an das Volk zahlen. Nach seinem Versprechen, diese Summe zu zahlen, soll er sich einen Bürgen suchen, der so reich ist, dass er dieses Bußgeld aufbringen kann. Dem Verurteilten wird eine Frist von einem Tag und einer Nacht gewährt, damit er sein Land und Leute verlassen kann. Nur auf diese Weise kann er sein Leben retten.

Aus obigem Prozessvorgang lässt sich ein Wandel in der Funktion des Urteilers im Jüngeren Schulzenrecht feststellen. Von einer zurückhaltenden, passiven Haltung kann nicht mehr die Rede sein. Er geht auf die Einwände des Erben ein; mit dem Grafen als Leiter und Lenker des Verfahrens sind sie für die Entscheidung, die in diesem Fall implizit auf der Würdigung des vorgetragenen Beweismaterials beruht, allein zuständig. Das Stadium einer ungelehrten Rechtsordnung scheint mit dieser neuen Rolle des Urteilers überwunden zu sein.[979]

---

979 Vgl. Levy-Bruhl, Henri Les Temoins de La Loi Salique, in: Tijdschrift Voor Rechtsgeschiedenis/Revue d'histoire du droit/ Legal History Review 3, Nr. 2 (1922), S. 387–407, hier S. 407.

Im Älteren Schulzenrecht kann, obwohl es sich hier nicht direkt um eine Prozesssituation handelt, ein Beispiel für (3) anführen:

> Kap. **79a** Fan den sondiga riuchter. Hweer soe en aesga mei epenbera sonden, deer sint haedsonda, bigripen is, soe ne moet hi nenna dommen dela, eer him zijn priester sikrie, deer foer him scel Gode anderda, dat hi nabbe hoer ner wrhoer ner oer sonda deen; sonder sickrengum is hi doemlas. *Von dem sündhaften Richter. Wenn ein Asega auf offenbaren Sünden, die Hauptsünden sind, ertappt ist, so darf er keine Urteile fallen, bevor sein Priester, der sich seinetwegen vor Gott verantworten soll, ihn rechtfertigt, dass er weder Hurerei noch Ehebruch noch andere Sünden begangen habe; ohne Rechtfertigung ist er urteilsunfähig.*

Der Asega ist bei offenbaren Sünden, die sogar Hauptsünden sind, ertappt worden. Im kanonischen Recht galten diese Sünden als Todsünden, „die den – geistlichen – Tod nach sich ziehen“[980]. Diese Sünden waren so schwer, dass sie nicht vor einem einfachen Gericht abgeurteilt werden konnten, sondern erforderten die juristische Bewertung durch ein Kirchengericht. Eine weitere Bedingung für eine eventuelle Bestrafung war, dass die Handlung eine äußere Form angenommen haben sollte: Sündige Gedanken und Absichten konnten nur von Gott beurteilt werden, da Gott direkt in die Seele der Menschen schauen konnte; menschliche Richter konnten dagegen nur das tatsächliche Geschehen wahrnehmen und beurteilen.[981]

Ob es eine Möglichkeit gab, die Sünden vor der Gemeinde öffentlich zu bekennen, gibt die Quelle nicht her. Der Asega hatte offenbar nicht die Möglichkeit, sich von den notorisch bekannten Vorwürfen freizuschwören; er konnte sich offenbar nicht mal vor einem (weltlichen) Gericht verantworten. Derjenige, der ihn von den schweren Vorwürfen befreien konnte, war ein Priester, der eine Sachverhaltserklärung abgeben konnte. Es ist denkbar, dass in so einem ernsten Fall der Nachweis der Unschuld durch einen besonderen Zeugen geleistet werden musste, der als Amtszeuge die angebliche Notorietät der Tat neutralisieren konnte. Oder gibt es hier vielleicht ein Beispiel für die Billigkeit (*aequitas*), die im kanonischen Recht einen mildernden Einfluss ausüben konnte? Der Priester könnte kraft der höheren Rechtsvernunft agiert haben, denn ihrem Wesen nach wirkte die *aequitas* „ausgleichend, ergänzend und korrigierend“.[982]

---

980 Berman, Recht und Revolution, S. 310.

981 Ibidem, S. 301. f.

982 Vgl. Hering, Joseph, Die Billigkeit im Kanonischen Recht, in: Wolff, Ernst (Hrsg.) (Internationaler Kongreß für Rechtsvergleichung 3), London 1950, Sonderveröff. aus Zeitschrift für ausländisches und internationales Privatrecht 1950. Reprint 2018, Berlin, Boston 2018, S. 99–113, hier S. 113. Bei der Eisenprobe in den älteren dänischen Rechtsbüchern reichte eine saubere, nicht entzündete Brandwunde vermutlich schon als Unschuldsbeweis aus. Hoff, Recht und Landschaft, S. 364. Der Interpretationsspielraum für den Priester wurde dadurch erheblich erweitert, was

Auffallend ist, dass in diesem Fall der Priester in seiner Funktion als Geistlicher offenbar über einen großen Ermessensspielraum verfügte. Der Schulze, der normalerweise für die Organisation des Rechtsverfahrens zuständig war, spielt in diesem Fall überhaupt keine Rolle. Mit dieser Vormachtstellung mutierte der Priester *de facto* zum Richter, was die Sonderstellung der Geistlichkeit im mittelalterlichen Friesland nochmals unterstreicht. Auch diese Fallbeschreibung ist ein Beispiel für die komplexe juristische Vielfalt, die sich aus den Rechtsbestimmungen des Älteren Schulzenrechts herleiten lässt.

7. Fazit

In dieser Arbeit verwende ich den Begriff „Rezeption" im Sinne einer Wandlung im Rechtsempfinden und des Rechtsdenkens durch den – schubweisen – Wandel der einheimischen Rechtsauffassungen in Richtung Verwissenschaftlichung des Rechtslebens. Ob diese eventuellen Erneuerungen in der friesischen Rechtspraxis unmittelbar dem fremden Einfluss zuzuschreiben waren oder durch eigenständige Entwicklungen hervorgerufen wurden, lässt sich dabei nicht eindeutig klären. Von einer eindeutigen Ursache-Folge-Relation kann nicht die Rede sein.[983] Es wurde bereits dargestellt, dass friesische Gelehrte durch ihre Studien in Paris, Bologna und Oxford die neuen Rechtsauffassungen in Friesland verbreitet haben konnten. Anzunehmen ist, dass diese Vertreter der geistlichen Elite durch eine partielle Umsetzung ihrer neu erworbenen juristischen Kenntnisse das Rechtsdenken zumindest in einigen Teilbereichen der archaischen friesischen Gerichtsbarkeit geprägt hatten.[984] Da die geistliche und die profane Welt nicht streng voneinander getrennt waren, konnte das gelehrte Recht ohne großen Widerstand auf das einheimische Recht Einfluss nehmen.[985]

Die oben in der Einführung aufgeworfene Frage nach einer Beeinflussung des kanonischen Rechts im Älteren Schulzenrecht lässt sich wie folgt beantworten: Insgesamt zeigt sich das Ältere Schulzenrecht als Beispiel einer Rechtstradition, die noch zu einem großen Teil vom ungelehrten Recht geprägt war.[986] Eidesleistungen,

aber gleichzeitig die Frage aufwirft, ob Gott bei dieser Entscheidung noch eine große Rolle spielte.

983 Dazu Sellert, Zur Rezeption des römischen und kanonischen Rechts in Deutschland von den Anfängen bis zum Beginn der frühen Neuzeit, S. 147 f.

984 Watson auf die Möglichkeit hin, dass sich die Rezeption auf die kleinsten Teileinheiten beschränken könnte: „Receptions come in all shapes and sizes: from taking over single rules to (theoretically) almost a whole system." Watson, Alan, Aspects of Reception of Law, in: The American Journal of Comparative Law 44, Nr. 2 (1996), S. 335–351, hier S. 335.

985 Ibidem, S. 154 f.

986 Sellert unterstreicht den Erhalt der alten (germanischen) Rechtstradition in den friesischen Rechtsquellen, wobei er namentlich das Westerlauwerssche Schulzenrecht

das mündliche Verfahren und Gottesurteile nahmen immer noch eine dominante Stellung ein. Appellationsmöglichkeiten werden in der Quelle nicht erwähnt. Die vermutlich von Emo von Huizinge *cum suis* importierten Kenntnisse über das kanonische Recht hatten das Rechtsdenken insgesamt nicht maßgeblich bestimmt. Trotzdem haben sich vom herkömmlichen Recht abweichende Erkennungsmerkmale gezeigt, die auf fremdrechtliche Einflüsse hindeuten. Vielleicht trafen diese Erneuerungen schon auf Strukturen, die im eigenen Recht latent anwesend waren.[987] Offenbar wurden die Zeugen sukzessiv im Verfahren als eine zusätzliche Beweisvariante herangezogen; beide Formen von Zeugenaussagen, also die Leumundsbekräftigung und realitätsbezogene Aussagen, konnten auf diese Weise nebeneinander existieren.

Auf dem Gebiet der Beweiserbringung jedoch erforderte das kanonische Recht die Aussagen von Zeugen zur Feststellung eines rekonstruierten Tathergangs bzw. Feststellung der Tatsachen. Im Älteren Schulzenrecht gibt es hierfür beeindruckende Beispiele in Form einer Prüfungskommission (Kesselfang und technische Überprüfung der Wartungsarbeiten einer Schleuse) und den Einsatz von Wahrnehmungszeugen, die die magisch behafteten Beweismittel zurückdrängten und durch ihre realitätsnahen Aussagen zur Erforschung der materiellen Wahrheit dienten. In diesem Zusammenhang kann von einer neuen Realitätstendenz gesprochen werden, die im kanonischen Recht ihre Wurzeln fand.

---

erwähnt. Trotzdem geht er auch von Einflüssen durch eine nicht näher definierte Rezeption aus. Vgl. Sellert/Rüping, Studien- und Quellenbuch zur Geschichte der deutschen Strafrechtspflege, S. 94.

987 Vgl. dazu als allgemeine, nicht spezifisch für die friesische Situation vorgesehene Aussage Willoweits: „Es wurden vorzugsweise solche Rechtsbegriffe, Rechtsvorstellungen und institutionellen Formen in das weltliche Herrschaftswesen des Mittelalters integriert, denen in den schonbestehenden Herrschaftsstrukturen verwandte Rechtsgedanken entsprachen." Willoweit, Staatsbildung und Jurisprudenz, S. 146.

X. Zusammenfassung der Ergebnisse

Das Ältere Schulzenrecht ist eine mittelalterliche Rechtsaufzeichnung, die das gerichtliche Verfahren im westerlauwersschen Friesland beschreibt. Dieser altertümliche Text umfasst 81 Artikel und ist uns in vier Fassungen überliefert.[988] Die vorliegende Arbeit verwendet als Hauptquelle die Fassung aus dem *Jus municipale Frisonum*. Hinweise auf die Namen des Kompilators oder auf die Provenienz der Quellen fehlen. Obwohl sich die Aufzeichnung von bestehenden Rechtsregeln als individuelles Auswahlverfahren einzelner Autoren qualifizieren lässt, erkennt man in der Zusammenstellung der Texte eine Art Richtschnur, die trotz der Abwesenheit eines effektiven Gewaltmonopols und einer zentralen Verwaltungsstruktur von den Rechtsgenossen allgemein akzeptiert worden sein muss. Es gibt Unterschiede in der Reihenfolge der Rechtsbestimmungen und einige Fassungen sind umfangreicher als andere. In allen Versionen fällt auf, dass die Struktur des Textes durch den unzulänglichen Informationsgehalt der Vorschriften und einen nicht immer konsistenten Gebrauch von Begrifflichkeiten gekennzeichnet ist. Die Bestimmungen scheinen manchmal in willkürlicher Reihenfolge miteinander verbunden zu sein. Diese Arbeit verwendet die Fassung **J** als Basis für die Untersuchung. Diese Variante umfasst inhaltlich den größeren Teil und lässt sich in einer zuverlässigen, kritischen Ausgabe als Basis für eine Forschungsarbeit benutzen.[989]

Zur Ausgangslage dieser Arbeit bleibt festzustellen, dass grundlegende Studien über das friesische Prozessrecht nicht vorhanden sind. Die bisherigen Untersuchungen, die Teile des Prozessrechts als Gegenstand haben, beschränken sich auf Einzeluntersuchungen über z. B. das Funktionieren des Franas oder die Aufgabenverteilung bzw. Zuständigkeiten der Gerichte und sind meistens älteren Datums. Eine umfassende rechtshistorische Auseinandersetzung mit einer Fassung des Älteren Schulzenrechts ist, bis auf den Beitrag von Fairbanks,[990] bis dato ausgeblieben. Durch eine systematische Aufarbeitung der vorhandenen Rechtsbestimmungen verschafft die Arbeit einen Überblick über die Organisation der Gerichte und deren Handlungsträger sowie die Prozessrechtsentwicklung im friesischen Kerngebiet.

---

988 Jus Municipale Frisonum (J), Incunabulum [(‚Oude‘) Druk] (D), Codex Unia (U), Codex Roorda (R).

989 Buma, Wybren Jan, Westerlauwersches Recht (Altfriesische Rechtsquellen 6), Göttingen 1977.

990 Fairbanks, Sydney, C, Cambridge/MA 1939. In gewisser Hinsicht kann man die vorliegende Arbeit denn auch als *The old West Frisian Skeltana riucht revisited* betrachten.

Zunächst wird die Diskussion über die Datierung der Quelle nachgezeichnet. In der Forschungsliteratur finden wir eine beachtliche Bandbreite an Vorschlägen zu einer Altersbestimmung; sie reichen vom 10. Jahrhundert bis zur ersten Hälfte des 14. Jahrhunderts. Die angeführten Argumente beziehen sich dabei hauptsächlich auf die Identifikation des im Text erwähnten Grafen und auf den Zeitraum der Wikingereinfälle. Das Auftreten des Grafen und die Erwähnung der Wikinger bilden dabei die wichtigsten Anhaltspunkte zu einer zeitlichen Festlegung der Quelle. Problematisch dabei ist, dass der Graf nicht namentlich erwähnt wird. Klar definierte politische Zuständigkeiten lassen sich aus der Quelle nicht rekonstruieren. Der Graf wurde von einem ausländischen Fürsten in der friesischen Region des Reiches als gesetzlicher Vertreter eingesetzt und zusätzlich mit dem Gerichtsvorsitz betraut. In dieser Funktion handhabte er den Gerichtsbann und konnte jeweils im vierten Jahr, nach eigenem Ermessen, das gebotene Gericht halten.

Eine genauere historische Zuordnung wird dadurch erschwert, dass im mittelalterlichen Friesland die Feudalisierung gescheitert war. Durch die bereits früh einsetzende Schwächung und anschließende Aufhebung der Grafengewalt konnte die Einrichtung eines zentralen Verwaltungszentrums nicht durchgeführt werden. Außerdem konnte von einer Urbanisierung wie in anderen Teilen Europas noch nicht die Rede sein. Das erklärt das Fehlen einer übergeordneten amtlichen Behörde als Form des öffentlichen Dienstes, die Verwaltungsaufgaben zu erledigen hatte, wie das Registrieren und Archivieren aller Arten von Vorschriften, Verträgen und gesetzlichen Bestimmungen. In Friesland müssen solche praktischen offiziellen Aufgaben hauptsächlich von Dorfpfarrern und Mönchen ausgeführt worden sein.

Wenn man die in der Volkssprache verfassten Rechtstexte aus den umliegenden Gebieten in Betracht zieht, kann Friesisch als Schreibsprache für juristische Dokumente kaum früher als in der Zeit kurz nach dem 13. Jahrhundert angewandt worden sein. Die periphere Lage am Rande des fränkischen Reiches, in unwirtlicher Umgebung, könnte ein Hindernis für ausländische Machthaber gewesen sein, dieses ständig von Sturmfluten bedrohte Gebiet in ihr Territorium einzugliedern. Möglicherweise war das ökonomische und politische Interesse der potentiellen Usurpatoren nicht sehr ausgeprägt, da der Aufbau einer zentralen Verwaltung einen enormen logistischen Aufwand bedeutet hätte. Durch eine Rentabilitätsrechnung konnten die Vor- und Nachteile im Vorfeld abgewogen werden und das Ergebnis der Prüfung führte offenbar zu der Entscheidung, Friesland nicht dauerhaft besetzen zu wollen.[991]

991 Kurioserweise fand ich zur Unterstützung meiner Annahme einen Passus in einem (nicht wissenschaftlich fundierten) Reisebericht über Ostfriesland in der FAZ: „Die ostfriesische Geschichte zwischen Mittelalter und Gegenwart war nicht nur sumpfig und schwierig [...]. Das Land erschien so unbrauchbar, dass sich seit langer Zeit keine edlen Herrschaften dafür interessierten. Sie überließen es den Bauern, sich ganz selbständig abzuquälen und auszubeuten“, Mehnert, Volkert, Das

Im Laufe der Zeit begann sich eine sinnstiftende Erzählung zu entwickeln, die darauf abzielte, die ungewöhnliche Position der Friesen innerhalb der europäischen gesellschaftspolitischen Konstellation zu erklären. Dieses Selbstverständnis führte zum friesischen Freiheitsnarrativ. Anstelle des Grafen oder seines Vertreters konnten die lokalen Grundbesitzer nun eine unabhängige Position einnehmen: Sie übernahmen Verwaltungsaufgaben und waren für die gerichtlichen Strukturen verantwortlich.

Auch das in der Forschungsliteratur häufig auftauchende Wikingerargument als Beweis für eine frühe Datierung ist nicht eindeutig spezifiziert. Das Argument für eine Datierung im 11. Jahrhundert stützt sich auf die Annahme, die letzten aufgezeichneten Wikingerüberfälle auf Friesland hätten im Jahr 1042 stattgefunden, sodass unsere Quelle zwangsläufig vor 1100 entworfen worden wäre. Dabei hat die etymologisch-historische Untersuchung des Begriffs gezeigt, dass die Wikinger nicht einer klar abgegrenzten Ethnie zugeordnet werden konnten. Es ist vielmehr von einem multiethnischen, temporär begrenzten Zusammenschluss einzelner, im maritimen Bereich operierender „Gewaltakteure" auszugehen.[992] Anstatt die Überfälle als Beleg für eine frühe Niederschrift der Quelle zu interpretieren, gibt es triftige Argumente für die Annahme, dass die Erwähnung der Bedrohung durch die Wikinger im Schulzenrecht ein sozialpolitisch motiviertes, literarisches Konstrukt ist.[993]

Im nächsten Schritt untersucht die Arbeit die am Verfahren beteiligten Amtsträger. Zur Präzisierung und Differenzierung ihrer Aufgaben ist eine Beurteilung aus sprachhistorischer Perspektive erforderlich. Viele Fehlinterpretationen, vor allem wenn es um rechtshistorische Begriffe geht, sind darauf zurückzuführen, dass man die Bedeutung der Worte nicht eindeutig definiert hat. Um diese Gefahr von Fehldeutungen zu minimieren, ist ein gewisses Maß an Übereinstimmung im Diskurs erstrebenswert. Grundlage für die sprachliche Analyse ist eine Auflistung der einzelnen Amtsträger mit dem Ziel, ihre Tätigkeiten zu rekonstruieren, in Kurzformel:

Amtsträger + verbundenes Verb [im Kontext] = vermutlicher Aufgabenbereich

Die juristische Qualifikation der Tätigkeiten bzw. die Identität der Personen kann durch diesen sprachhistorischen Deutungsvorgang zu vertretbaren Annahmen führen. Nennenswert ist die Entwicklung im Tätigkeitsfeld des Asegas. Die ursprüngliche gerichtliche Hauptfunktion des Asegas lag wahrscheinlich im

---

Geheimnis der Sahnewolke, in: Reiseblatt der Frankfurter Allgemeinen Zeitung vom 25.11.2021, S. R3.

992 Zur Definition dieser Umschreibung siehe Fn. 168.

993 Zum Beispiel muten die Paarformeln *salta se* und *wilda witzingas* eher literarisch an. Die ältere Forschung betrachtet diese Alliterationsformen als Zeugnis einer alten, ehrwürdigen Tradition. Heute bewertet man die Anwendung solcher Stilfiguren eher als eine junge Mode, die traditionelle, volkssprachliche Ausdrücke mit klassisch-rhetorischen Mitteln kombinierte, die in der Schule gelehrt wurden.

Vortragen zur Erläuterung (mündlich oder schriftlich) der Gesetze oder Gesetzesänderungen.[994] In unserer Quelle scheint er sich aber allmählich zum unabhängigen Urteilsfinder entwickelt zu haben. So gibt er konkrete Rechtsanweisungen, die zunächst vermutliche Zustimmung der Gerichtsgenossen (*ommestand*) verlangten; später mutiert er zum Einzelurteiler.

Anschließend beschäftigt sich die Arbeit mit der in der Forschungsliteratur umstrittenen Identifikations- bzw. Konkurrenztheorie. So gingen frühere Forscher davon aus, dass es sich bei dem Schulzen und dem Frana um ein und denselben Beamten handelte. Die Betrachtungen in der Forschungsliteratur über die Identifikation der beiden Amtsträger zu den jeweiligen Hypothesen sind jedoch weitgehend spekulativ, da in dieser Literatur auf eine gründliche quellennahe Analyse ihrer Tätigkeitsfelder im Kontext verzichtet wurde.

Ein wichtiges Argument gegen die Identifikationstheorie liegt in der Feststellung, dass der Verfasser/Kompilator des Älteren Schulzenrechts die beiden Amtsträger gesondert gekennzeichnet hat. Falls die Aufgaben deckungsgleich gewesen sind, wäre die Erwähnung eines einzigen Beamten für den Leser der Bestimmungen sinnvoll und schlüssig gewesen, eine Doppelbenennung dagegen redundant. Die in dieser Arbeit durchgeführte sprachhistorische, kontextgebundene Analyse hat gezeigt, dass es sich bei dem Frana und dem Schulzen vermutlich um zwei verschiedene Amtsträger handelte, die auf verschiedenen Stufen der Gerichtsverfassung tätig waren. Allerdings gibt es noch offene Fragen über die Kompetenzen des Franas, die nach dem heutigen Wissensstand noch nicht beantwortet werden können. Für die Absicherung der Identifikationshypothese wäre eine akribische Durchsicht der Rechtsregeln der einschlägigen friesischen Rechtstexte notwendig.

Die Gerichtsstruktur als Ganzes lässt sich wegen der geringen Aussagekraft des Materials bislang nicht rekonstruieren. Ein einheitlicher, klar strukturierter Gerichtsaufbau ist aufgrund der zeitlich ungeordneten Zusammenstellung nicht leicht erkennbar, sodass von einer räumlichen und personellen Segmentierung der Gerichtsbarkeit ausgegangen werden muss. Das Vorkommen eines Dorfgerichtes ist hier nicht nachweisbar.

Die diachron-semantische Bewertung des Thingbegriffs bildet zunächst die Basis der Analyse. Es folgt eine Auflistung aller Rechtsbestimmungen, in denen der Begriff vorkommt. Im Fokus der Überlegungen stand daraufhin die Interpretation der jeweiligen Gerichte: *efte thing, bodthing, fimelthing und hof.* Stark abweichend von anderen europäischen Gerichtsverfassungen ist dabei das *bodthing*, das gebotene Ding. In Friesland stellte das *bodthing* eine im Turnus von vier Jahren abgehaltene wichtige Versammlung dar; in den anderen Gebieten war eher von Schöffenversammlungen mit vermutlich kleineren Streitsachen als

994 Eine Vermutung, die sich aber nicht aus den Bestimmungen des Älteren Schulzenrechts ableiten lässt; sie stützt sich auf die Tätigkeiten des *lǫgsǫgumaðr* (Gesetzessprecher) im altisländischen Recht.

Gegenstand die Rede. Sachen, die hier nicht verhandelt wurden, wurden nachträglich im sogenannten *fimelthing* abgehandelt. Es gibt in der Forschungsliteratur unterschiedliche Etymologievorschläge, die teilweise seltsam anmuten. Trotz der Schwierigkeiten, die einzelnen Gerichte in einem hierarchischen System unterzubringen, kann man davon ausgehen, dass der *hof* (Grafengericht) die höchste Gerichtsversammlung im westerlauwersschen Friesland war. Vermutungen, das Grafengericht könnte als eine Art Berufungsinstanz oder Belehrungs- oder Beratungsstelle funktioniert haben, müssen abgelehnt werden. Es würde die Existenz eines juristisch geschulten Beratungskollegiums voraussetzen, die es in der friesischen, ruralen und relativ einfach strukturierten Gesellschaft der damaligen Zeit sehr wahrscheinlich nicht gegeben hat. Im Vorfeld wurde schon nachgewiesen, dass sich ein derartiges mehrstufiges Verfahren aus der Interpretation des Wortes *upklagia* (vor einem höheren Gericht anklagen) nicht herleiten lässt. An dieser Stelle zeigt die Arbeit die linguistisch-rechtshistorischen Forschungslücken auf. Um diese Lücken schließen zu können, bedarf es weiterer Untersuchungen.

Sodann untersucht die Arbeit das Gerichtsverfahren. Nach einer Einführung über die Fehde als Racheinstrument zum Unrechtsausgleich wird die Privatanklage als Grundlage für den Prozessvorgang beschrieben. Dazu werden alle Verben, die im Text mit dem Begriff „klagen" im Zusammenhang stehen, rubriziert und sprachhistorisch ausgewertet, wobei die Vielfalt der untersuchten Rechtstermini ins Auge fällt. Eine mögliche Erklärung dieser Vielschichtigkeit ist, dass eine beträchtliche Zahl der Rechtsbegriffe aus unterschiedlichen Zeitabschnitten stammen könnte. Der Kompilator stieß bei seiner Zusammenstellung der Texte möglicherweise auf mehrere Fassungen, wobei er sich offenbar nicht um eine präzise Differenzierung der Termini bemüht hatte. Dabei stellt sich allerdings die Frage, warum er die Verben nicht aktualisiert hat, um so Interpretationsschwierigkeiten zu vermeiden. Aus rein linguistischer Sicht bedeutet diese Vielfalt, dass die einzelnen Verben spezifische semantische Marker besitzen; aus dem gesichteten Material lassen sich aber keine kontextgebundenen Bedeutungsunterschiede ableiten. Für das Verb *oenthinghere* ist jedoch ein beschränkter Anwendungsbereich (Kampfklage) zu erkennen. Die Varianten *claghet, onsprecka* und *greta* scheinen wohl synonym verwendet geworden zu sein. Im anschließenden Teilkapitel wurden die Einzelheiten mit Bezug auf die Vorladung untersucht. Es gibt im semantischen Bereich wenig Deutungsschwierigkeiten. Für das Begriffsfeld „vorladen und Vorladung" werden im Älteren Schulzenrecht nur die Verben *lathia* und *bodia* sinngleich verwendet.

Anschließend untersucht die Arbeit das Beweisverfahren. Es handelte sich bei diesem Verfahren nicht um eine Aufklärung des wahren Sachverhalts, sondern es kam darauf an, durch eine rein formale, einseitige Beweisführung die Frage nach Recht oder Unrecht zu beantworten. Die soziale Integrität und Anerkennung des Beklagten standen dabei auf dem Spiel. Der Beklagte war verpflichtet, vor Gericht auf die vom privaten Kläger vorgebrachte Klage zu antworten. Im Älteren Schulzenrecht wurde explizit festgelegt, dass der freie Friese grundsätzlich das Recht hatte, sich von allen Straftaten mit Reliquieneiden freizuschwören. Der Beklagte konnte mit einem Eineid oder mit Eideshelfern den Klagevorwurf entkräften. Die

Eideshelfer gaben eine Leumundserklärung ab, wobei das Wissen um den Sachverhalt dabei keine Rolle spielte.

Als Ausgangspunkt zur Differenzierung und Bewertung der verschiedenen Eidesvorlagen in der Quelle wird eine Übersicht der Beweisthematik aufgeführt mit einer anschließenden Auswertung der Daten. Der Eid als Beweismittel bietet dabei einen interessanten Einblick in das soziale Umfeld der freien Friesen. Ein Zusammenhang zwischen den zu erbringenden Eidesleistungen und der Schwere der Tat lässt sich aus den untersuchten Fallkonstellationen dabei nicht feststellen. Es wird jedoch ein Einblick in die unterliegenden Sozialstrukturen des am Verfahren beteiligten Personenkreises gewährt. Offenbar fand eine Abwägung zwischen den Interessen der Gemeinschaft und den Interessen des Beklagten bzw. des Klägers statt. Damit kann die Funktion der Reinigungseide vorläufig eher als sozial-kulturell geprägtes Phänomen denn als ein rein juristisches Beweismittel eingestuft werden. Eine weitere, thematische Auseinandersetzung zur Präzisierung des Stellenwerts dieses Beweismittels im altfriesischen Recht wäre demnach angebracht.

Die Leumundserklärung wurde vermutlich auf Dauer nicht mehr ausschließlich als ausschlaggebender und ausreichender Beweis betrachtet. Die Gefahr, das Verfahren durch einen Meineid zu beeinflussen, wurde von den Betroffenen sicherlich erkannt. Der Wunsch, den reellen Sachverhalt in einem Verfahren darzustellen, führte dazu, dass statt Eideshelfern Zeugen aufgeboten wurden. Anstatt lediglich den guten Leumund des Beklagten durch Eideshelfer zu bestätigen, wurden diese Zeugen als Wissenszeugen vorgeladen; somit konnten sie verlässliche Auskünfte über den Tathergang erteilen. Da die Eideshelfer und Zeugen in der Quelle nebeneinander erwähnt werden, gab es folglich ein Abgrenzungsproblem. Die Zeugen und Eideshelfer waren beide in demselben sozialen Kontext verortet; eine klare Unterscheidung zwischen ihnen zu treffen, stellt für die Arbeit eine Herausforderung dar.

Zur Klärung der Frage werden zunächst die funktionalen Zusammenhänge zwischen Beweisthema und Anzahl der Zeugen untersucht. Aus den Fallbeschreibungen wird ersichtlich, dass eine mehr rationale Beweislastpflicht zur Erforschung des tatsächlichen Geschehens angestrebt wurde. Zur Feststellung der behaupteten Aussagen wurden Zeugen, Königszeugen bzw. Nachbarn aufgerufen, die unter Umständen bezeugten, den Geschehensablauf mit eigenen Augen gesehen zu haben. Die Frage nach der Reputation des Beklagten war dabei nicht mehr zentral. Vielmehr versuchte man die Faktenlage nachträglich zu eruieren. Bei der Schleusenkontrolle wurden die Zeugen als Sachverständige herangezogen, um den technischen Zustand der Vorrichtung zu beurteilen. Diesen eher rationalen Vorgang zur Erforschung des tatsächlichen Geschehens bewertet die Arbeit als Modernisierungsschub in einer ansonsten archaisch anmutenden Rechtsaufzeichnung.

Die Abgrenzungsfrage (Eideshelfer kontra Zeuge) kann wie folgt beantwortet werden: Die Idee einer rein formalen Eidesleistung ohne Realitätsbezug muss als unwahrscheinlich bewertet werden. Das Wissen um den reellen Sachverhalt muss bei den Eideshelfern vermutlich eine Rolle gespielt haben; sie befanden sich nicht in einem sozialen Vakuum, sondern waren Teil einer (kleinen) Gemeinschaft. Sie trugen aber nicht zur Sachverhaltsaufklärung bei und berichteten nicht über den faktischen Tathergang. Ihre Rolle im Verfahren war noch stark von einem herkömmlichen Formalismus geprägt, ihr Verhalten aber mit einem pragmatischen, interessengeleiteten Kalkül behaftet. Dieses System konnte gut funktionieren in einer Gesellschaft von Kleingruppen, in der sich die Beteiligten kannten. Sobald aber örtliches Fachwissen erforderlich war, wurden Zeugen herangezogen. Möglicherweise ist dies ein Beweis dafür, dass die sozialwirtschaftlichen Strukturen komplexer wurden und das Bedürfnis nach entsprechenden zuverlässigen Beurteilungen der Sachlage wuchs. Auffallend ist auch, dass im Falle der Schleusenkontrolle keine private Klage erfolgt war. Die Kontrolle war ein behördlicher Vorgang, eine Sachverhaltserklärung von Amts wegen. Die Schleuse sollte sich an einem festgesetzten Datum in einem technisch einwandfreien Zustand befinden, da die Kontrollaufsicht wahrscheinlich jedes Jahr stattfand. Die Arbeit kommt dann auch zu dem vorsichtigen Schluss, dass im Älteren Schulzenrecht die Grundelemente des späteren Inquisitionsprozesses ansatzweise nachweisbar sind.

Darauf behandelt die Arbeit die Ordalien im Rahmen des Beweisverfahrens. Wenn es dem Beklagten nicht mehr möglich war, sich durch Reinigungseide von den Vorwürfen freizuschwören, bildeten allein Gottesurteile die rechtliche Grundlage für das sich anschließende Endurteil im Verfahren. Das friesische Prozessrecht verwendete demnach das Gottesurteil stets nur als subsidiäres Beweismittel. Das Ordalverfahren galt als Manifestation eines göttlichen Einschreitens, das in Form eines Urteils die Vorgänge entscheidend beeinflusste. Die Arbeit untersucht die betreffenden prozessrechtlichen Regelungen, durch welche die Ordalien zur Anwendung kommen konnten. Dabei wurde der Ablauf der beiden Verfahren (Zweikampf und Kesselfang) beschrieben und anschließend zu deuten versucht. Berührungspunkte zur Realität wurden dabei vorausgesetzt; die Bestimmungen weisen keine literarischen Stilelemente auf (Verzicht auf Alliteration und dergleichen). Auch hier wurde methodisch wiederum induktiv vorgegangen. Eine systematische Bestandsaufnahme und Auswertung der betreffenden Bestimmungen im Älteren Schulzenrecht wurde durchgeführt, damit die typischen Konfliktstrukturen hergeleitet werden können, die zum Zweikampf oder zu dessen Verzicht motivierten.

Zusammenfassend lässt sich sagen, dass die Frequenz der ausgetragenen Zweikämpfe im mittelalterlichen Friesland wahrscheinlich sehr niedrig war. Das Verfahren zeigte vielmehr eine Tendenz zur Prävention: Kostenfaktoren, die permanenten Möglichkeiten zu Fristverlängerungen und zur Stellvertretung lassen vermuten, dass die Vorschriften zum Zweikampf vielmehr als Drohkulisse dienten und nur in den wenigsten Fällen in die Praxis umgesetzt wurden.

Ausgangspunkt bei der Durchführung des Kesselfangs war die Erwartung, dass Gott dem Probanden durch sein Eingreifen ein Zeichen geben würde. Aus einem Kessel mit kochendem Wasser musste der Beklagte mit nacktem Arm einen Gegenstand herausholen; die Hand wurde sofort nach der Probe verbunden und nach drei Tagen auf den Verbrennungsgrad untersucht. Wenn noch Verletzungen an der Hand festgestellt wurden, war damit bewiesen, dass der Beklagte schuldig war. Bemerkenswert ist die Position des Priesters in dem Verfahren: Er besitzt hier, wie üblich, kein religiöses Alleinstellungsmerkmal als Entscheider, sondern diskutierte mit Sachverständigen, die als Teil einer Prüfungskommission auftraten, über den Befund. Die Exegese dieser Prozessregelungen führte zu der Annahme, dass es sich hier nicht mehr um ein Gottesurteil im herkömmlichen Sinne handeln kann: Vielleicht könnte man sogar von einer grundlegenden Rechtserneuerung sprechen, wobei das Gottesurteil als Berechtigungsnachweis zwar noch eine Rolle spielte, dabei seinen sakralen Charakter aber weitgehend verloren hatte. Womöglich lag die wesentliche Bedeutung darin, als taktisches Mittel zu dienen mit der Absicht, die streitenden Parteien zu einem friedlichen Kompromiss zu zwingen.

Die Vermutung, dass die Rechtsbestimmungen im Älteren Schulzenrecht generell als Form von Konfliktlösungsstrategien zur Vermeidung von Gewaltanwendung betrachtet werden können, wird durch folgende Ausführung unterstützt: Die Menschen lebten in Friesland in kleineren territorialen Einheiten, in denen man – auch durch mögliche enge Verwandtschaftsbeziehungen – auf eine soziale und wirtschaftliche Zusammenarbeit angewiesen war. Ein Leben unter einer ständigen physischen Bedrohung war dabei die denkbar schlechteste Voraussetzung für die Kontinuität der Dorfgemeinschaften in sozialer und ökonomischer Hinsicht. Von den Möglichkeiten zur Streitschlichtung, die ein Teil der Rechtsbestimmungen in unserer Quelle als Anregung zur Konfliktlösung aufzeigt, ist in einer relativ egalitären Gesellschaft eher auszugehen als von der Alternative, Ansprüche auf gewalttätige Weise durchzuführen. Langzeitfehden konnten sich die auf kleinen Territorien ansässigen Friesen nicht leisten. Die oft in der Forschungsliteratur vertretene Hypothese, die Verteidigung der „germanischen Ehre" könne der Auslöser einer Fehde oder permanenter Feindschaft gewesen sein, kann weder abgelehnt noch unterstützt werden; es fehlen die entsprechenden Belegstellen. Womöglich wurden der Prestigezuwachs und die Autorität der (kleinen) Oberschicht gerade durch die im Text gebotenen Streitschlichtungsoptionen vermehrt, sodass die alte Definition der Ehre eine neue Dimension erhalten konnte. Gesichert sind diese Aussagen nicht. Um Lücken in diesem Themenkomplex zu schließen, wären weitere Untersuchungen der altfriesischen Rechtsaufzeichnungen notwendig.

Zum Schluss befasst sich die Arbeit mit der Frage, ob die vorhin vermuteten Erneuerungen in der friesischen Rechtspraxis womöglich Einflüssen des kanonischen Rechts zuzuschreiben sind. Anlass zu dieser Vermutung ist die Tatsache, dass friesische Gelehrte durch ihre Studien in Paris, Bologna und Oxford neue Rechtsauffassungen in Friesland verbreitet haben. Auf dem Gebiet der Beweiserbringung gibt es im Älteren Schulzenrecht eindrucksvolle Beispiele, die einen möglichen Wandel im Rechtsdenken zeigen.

Die Frage nach einer konkreten Beeinflussung des kanonischen Rechts im Älteren Schulzenrecht lässt sich wie folgt beantworten: Das Ältere Schulzenrecht steht in einer Rechtstradition, die noch zu einem großen Teil vom ungelehrten Recht geprägt war. Die vermutlich von Emo von Huizinge aus Oxford importierten Kenntnisse über das kanonische Recht hatten das Rechtsdenken insgesamt nicht maßgeblich bestimmt. Trotzdem könnten die von anderen Rechtsaufzeichnungen abweichenden Erneuerungen auf gelehrte Einflüsse hindeuten. Allerdings lässt sich eine eigenständige, unabhängige Entwicklung in den Rechtsvorstellungen der Friesen nicht ausschließen: Die angeblich neuen, von außen rezipierten Rechtsvorstellungen könnten durchaus bereits in den indigenen Rechtsstrukturen in eigener Form existiert haben. Auch hier könnten zukünftige Untersuchungen einen Beitrag zur Klärung liefern.

Quellen- und Literaturverzeichnis

I. Quellen

Anonym, The Saga of Cormac the Skald, W.G. Collingwood/Stefansson, J. (Übers.), Icelandic Saga Database, Sveinbjorn Thordarson, URL = http://www.sagadb.org/kormaks_saga.en, zugegriffen am 02.10.2020

Anonym, Wörterbuch (verbessert) Fryske Akademy, Leeuwarden o. J., im Erscheinen

Ari fróði Þorgilsson: Íslendingabók. Hrsg. von Jakob Benediktsson. In: Landamabók. Íslendingabók, S. 1–28 (Íslenzk fornrit/1), Reykjavík 1968

Braune, Wilhelm/Ebbinghaus, Ernst A., Gotische Grammatik mit Lesestücken und Wörterverzeichnis, 17. Aufl., Tübingen 1966

Breuker, Philippus H., Landrecht der Vriesne: tekstuitgave en commentaar, Fryske Akademy, Leeuwarden 1996

Bremen, Adam von, Hamburgische Kirchengeschichte (Magistri Adam Bremensis Gesta Hammaburgensis ecclesiae pontificum), hrsg. v. Bernard Schmeidler (Monumenta Germaniae Historica. Scriptores Rerum Germanicum inusum scholarum / [1]), Hannover 1917

Bremen, Adam von, Hamburgische Kirchengeschichte (Magistri Adam Bremensis Gesta Hammaburgensis ecclesiae pontificum), hrsg. v. Bernard Schmeidler (Monumenta Germaniae Historica. Scriptores Rerum Germanicum inusum scholarum / [2]), Hannover 1917

Buma, Wybren Jan/Ebel, Wilhelm, Das Rüstringer Recht (Altfriesische Rechtsquellen 1), Göttingen 1963

Buma, Wybren Jan, Westerlauwerssches Recht (Altfriesische Rechtsquellen 6), Göttingen 1977

Caesar, Gaius Iulius, De bello Gallico / Der gallische Krieg, übersetzt von Marieluise Deißmann, Stuttgart 2004

Dennis, Andrew/Foote, Peter/Perkins, Richard, Laws of Early Iceland: Grágás, the Codex Regius of Grágás, with Material from Other Manuscripts, Winnipeg 1980

Deutsches Rechtswörterbuch: Wörterbuch der älteren deutschen Rechtssprache, Band XIV/Heft 1/2 – Stegreif – Stocherwort, Stuttgart 2019

Duden Etymologie: Herkunftswörterbuch der deutschen Sprache / bearb. von Günther Drosdowski, Dudenredaktion, o.J.

Durand, Frédéric, La saga de Kormak; introduction, traduction, notes, lexique, cartes et index, Coll. Viking; 1, Caen 1975

Eggers, Hans/Braune, Wilhelm, Althochdeutsche Grammatik, Tübingen 1987

Fairbanks, Sydney, The old West Frisian Skeltana riucht, Cambridge/MA 1939

Gerbenzon, Pieter, Apparaat voor de studie van Oudfries recht II. Bronnen, Syllabus Universität Groningen, bewerkt door B.S. Hempenius-Van Dijk, Groningen, o.J.

Jansen, Hubertus Petrus Hendericus/Janse, Antheun, Kroniek van het klooster Bloemhof te Wittewierum (Middeleeuwse studies en bronnen 20), Hilversum 1991

Jóhannesson, Jón (Hrsg.), Þorsteins þáttr stangarhoggs, in: Austfirðinga sogur (Hið Íslenzka fornritafélag 11), Reykjavík 1950, S. 69–79

Karlsson, Gunnar/Sveinsson, Kristján/Árnason, Mörður, Grágás: lagasafn íslenska þjóðveldisins, in: Mál og menning, Reykjavík 1992

Klaarbergen, Berend Wijbe van, Das altwestfriesische Jüngere Schulzenrecht, Groningen 1947

Köbler, Altfriesisches Wörterbuch, https://www.koeblergerhard.de/afrieswbhinw.html, zugegriffen am 11.11.2020

Kurze, Friedrich (Hrsg.), Annales regni Francorum inde ab a. 741 usque ad a. 829, qui dicuntur Annales Laurissenses maiores et Einhardi (Monumenta Germaniae Historica, Scriptores Rerum Germanicarum in usum scholarum 6), Hannover 1895

Mommsen, Theodor, Iordanis Romani et Getica, in: MGH Auct. Ant. 5/1, Berlin 1882, S. 60

Philippa, Marlies/Debrabandere, Frans, Etymologisch Woordenboek van het Nederlands, Vol 2 F-Ka, Amsterdam 2005

Rau, Reinhold (Hrsg.), Quellen zur karolingischen Reichsgeschichte 1. (Ausgewählte Quellen zur deutschen Geschichte des Mittelalters, Freiherr vom Stein-Gedächtnisausgabe 5), Darmstadt 1955

Richthofen, Karl Frhr. von, Altfriesisches Wörterbuch, Göttingen 1840

Saxo Grammaticus, Gesta Danorum, http://www2.kb.dk/elib/lit/dan/saxo/lat/or.dsr/index.htm, Zeile 248,26, zugegriffen am 15.08.2020

Schmidt-Wiegand Ruth/Schott, Clausdieter (Hrsg.), Eike von Repkow, Der Sachsenspiegel, Zürich 1999

Simek, Rudolf/Hennig, Reinhard (Hrsg.), Sagas aus Island: Von Wikingern, Berserkern und Trollen, Stuttgart 2011

Steller Walther, Das altwestfriesische Schulzenrecht (Germanistische Abhandlungen 57), Breslau 1926

Thoe Schwartzenberg en Hohenlansberg, Georg Friedrich, Groot placaat en charter-boek van Vriesland I, Leeuwarden 1768, S. 149 f.

Weinhold, Karl, Kleine mittelhochdeutsche Grammatik, Wien 1881

Zeumer, Karl, MGH Formulae Merowingici et Karolini aevi, Hannover 1882

II. Literatur

Ahouli, Akila, Stilisierung und Funktionalisierung einer oralen Kultur und eines mündlichen Erzählens in afrikanischen und deutschsprachigen Erzähltexten, Diss. Hannover 2006

Alberts, Wybe Jappe, Beitrag zur Entwicklung der Landgemeinde in Westerlauwers Friesland, in: Die Anfänge der Landgemeinde und ihr Wesen, Bd. 1 (1964), S. 423–438

Algra, Nikolaas Egbert, De datearring fan it Skeltarjocht, in: It Beaken 53 (1991), S. 1–33

Algra, Nikolaas Egbert, De zeilroute der officials door Friesland, in: Breuker, Philippus H., Landrecht der Vriesne: tekstuitgave en commentaar, Fryske Akademy, Leeuwarden 1996, S. 254–269

Algra, Nikolaas Egbert, Een datering van het 'jong' Schoutenrecht, in: It Beaken 59 (1997), S. 57–91

Algra, Nikolaas, Egbert, Ein: enkele rechtshistorische aspecten van de grondeigendom in Westerlauwers Friesland, Diss. Groningen 1966

Algra, Nikolaas Egbert, Grundzüge des friesischen Rechts im Mittelalter, in: Munske, Horst Haider (Hrsg.), Handbuch des Friesischen. Handbook of Frisian Studies, Tübingen 2001, S. 555–570

Algra, Nikolaas Egbert, Oudfries recht 800–1256, Leeuwarden 2000

Algra, Nikolaas Egbert, ‚Rechtshistorische aspecten van het Landrecht der Vriesne', in: Breuker, Philippus H. (Hrsg.), Landrecht der Vriesne: tekstuitgave en commentaar, Leeuwarden 1996, S. 91–223

Algra, Nikolaas Egbert, Zeventien keuren en vierentwintig landrechten, 2. Aufl., Doorn 1992

Amira, Karl von, Grundriß des germanischen Rechts (Grundriß der germanischen Philologie III/5), Straßburg 1913

Amira, Karl von, IX. Abschnitt, Recht in: Wirtschaft. Recht. Kriegswesen. Mythologe. Sitte. Kunst. Heldensage. Ethnographie. Sachregister, Wirtschaft. Recht. Kriegswesen. Mythologe. Sitte. Kunst. Heldensage. Ethnographie. Sachregister (2019), https://www.degruyter.com/document/doi/10.1515/9783111595054/html, zugegriffen am 07.11.2020

Andreae, Fockema, Über den Ursprung der niederländischen Rechte mit Rücksicht auf ihre Stammeszugehörigkeit, in: Zeitschrift der Savigny-Stiftung für Rechtsgeschichte. Germanistische Abteilung 30 (1909), S. 1–17

Apeldoorn, Lambertus Johannes van, De historische ontwikkeling van het grondbezit in Friesland, in: De Vrije Fries 27 (1924), S. 185–228

Apeldoorn, Lambertus Johannes van, Het Romeinsche recht in Friesland. Mededeelingen der Nederlandsche Akademie van Wetenschappen, Afdeeling Letterkunde III/10), Amsterdam 1940

Apeldoorn, Lambertus Johannes van, Vredeban en rechte weer, in: Rechtsgeleerd Magazijn. Tijdschrift voor binnen- en buitenlandse rechtsstudie 42 (1923), S. 349–380

Auer, Anika M., Konfliktlösung durch Ordalien, in: David von Mayenburg (Hrsg.), Konfliktlösung im Mittelalter (Handbuch zur Geschichte der Konfliktlösung in Europa 2), Berlin, Heidelberg 2021, S. 161–168

Bachrach, David Steward, Immunities as tools of royal military policy under the Carolingian and Ottonian kings, in: Zeitschrift der Savigny-Stiftung für Rechtsgeschichte. Germanistische Abteilung 130 (2013), S. 1–36

Bader, Karl Siegfried, Zum Unrechtsausgleich und zur Strafe im Frühmittelalter, in: Zeitschrift der Savigny-Stiftung für Rechtsgeschichte. Germanistische Abteilung 112 (1995), S. 1–63

Barrett, James Harold, What caused the Viking Age?, in: Antiquity. A quarterly review of archaeology 82 (2008), S. 671–685

Bartlett, Robert J., Trial by fire and water: The medieval judicial ordeal, Oxford 1986

Bauer, Katja, Buße und Strafe im Frühmittelalter. Das Verhältnis von Bußenstrafrecht und peinlichem Strafrecht in den fränkischen Gesetzen für die Friesen, Sachsen und Thüringer (802/803), Halle 2017

Bazelmans, Jos, The early-medieval use of ethnic names from classical antiquity. The case of the Frisians, in: Derks, Ton/Roymans, Nico (Hrsg.), Ethnic Constructs in Antiquity. The role of power and tradition, Amsterdam 2009, S. 321–337

Bechert, Rudolf, Recht oder Pflicht zur Beweisführung? Unter Berücksichtigung der nordischen Rechte vornehmlich nach fränkischem und angelsächsischem Rechte untersucht, in: Zeitschrift der Savigny-Stiftung für Rechtsgeschichte. Germanistische Abteilung 49 (1929), S. 26–56

Bergmann, Rolf/Bergmann, Sigurd/Pauly, Peter/Stricker, Stefanie, Einführung in die deutsche Sprachwissenschaft, Heidelberg 2005

Berman, Harold J., Recht und Revolution: Die Bildung der westlichen Rechtstradition, Frankfurt a. M. 1995

Blok, Dirk Peter, De vroege Middeleeuwen tot ca. 1150, in: Heringa, Jan [u. a.] (Hrsg.), Geschiedenis van Drenthe, Meppel 1985, S. 141–170

Blok, Dirk Peter, De Wikingen in Friesland In: Naamkunde 10 (1978), S. 25–47

Blok, Dirk Peter, Opmerkingen over het aasdom, in: Tijdschrift voor Rechtsgeschiedenis 31 (1963), S. 243–274

Bø, Olav, Hólmganga and einvígi (Scandinavian forms of the duel), in: Mediaeval Scandinavia 2 (1969), S. 132–148

Bos-van der Heide, Henny Sabella Elijzabeth, Het Rudolfsboek. (Friesch-saksische Bibliotheek 3), Assen 1937

Braun, Manuel, Gewalt im Mittelalter: Überlegungen zu ihrer Erforschung, in: ders./ Herberichs, Cornelia (Hrsg.), Gewalt im Mittelalter. Realitäten – Imaginationen, München 2005, S. 7–38

Bremmer, Rolf Hendrik, An introduction to Old Frisian: history, grammar, reader, glossary, Amsterdam 2009

Bremmer, Rolf Hendrik, Codifying the Law: Frisian Legal Manuscripts around 1300, in: Kwakkel, Erik (Hrsg.), Vernacular manuscript culture 1000–1500, Leiden 2018, S. 143–186

Bremmer, Rolf Hendrik, Hir is eskriven. Lezen en schrijven in de Friese landen rond 1300 (Middeleeuwse studies en bronnen 82), Hilversum 2004

Bremmer Rolf Hendrik, Taking Stock of Old Frisian Studies: 1992–2021, in: Us Wurk 70, Nr. 1–2 (2021), S. 1–28

Bremmer, Rolf Hendrik, The Geographical Division and Periodization of Old Frisian, in: Munske, Horst Haider (Hrsg.), Handbuch des Friesischen. Handbook of Frisian Studies, Tübingen 2001, S. 602–605

Bremmer, Rolf Hendrik, The Orality of Old Frisian Law Texts, in: ders./Laker, S./ Vries, O., Directions for old Frisian philology in: Amsterdamer Beiträge zur älteren Germanistik Bd. 73; Estrikken 96, Amsterdam – New York 2014, S. 1–48

Bremmer, Rolf Hendrik, „Thi Wilde Witsing“: Vikings and Otherness in the Old Frisian Laws, Journal of English and Germanic Philology 119, Nr. 1 (2020), S. 1–26

Brink, Stefan, Verba Volant, Scripta Manent? Aspects of Early Scandinavian Oral Society, in: P. Hermann (Hrsg.), Literacy in medieval and Early Modern Scandinavian culture, Viking Collection 16, Odense 2005, S. 77–135

Brode, Reinhold, Freigrafschaft und Vehme, in: Gedenkschrift Georg Waitz, Hannover 1886, S. 377–388

Brundage, James Arthur Medieval canon law, The medieval world, London 1996

Brunner, Heinrich, Menno Oldenhuis Gratama: Het onuitgegeven Landrecht van Drenthe van 1608 vergeleken met dat van 1614 en met vroegere rechtsbronnen, in: Zeitschrift der Savigny-Stiftung für Rechtsgeschichte. Germanistische Abteilung 8 (1887), S. 189.

Brunner, Heinrich, Deutsche Rechtsgeschichte, Bd. 2, Leipzig 1892

Brunner, Heinrich/Schwerin, Claudius Frhr. von, Deutsche Rechtsgeschichte, Bd. 2, Systematisches Handbuch der deutschen Rechtswissenschaft, Berlin [u. a.] 1928

Buma, Wybren Jan, Het godsoordeel in de Oud-Friese literatuur, Groningen [u. a.] 1949

Burgers, Jan W. J./ Dijkhof Everardus/Kruisheer, Jaap Gerardus, De doordringing van het schrift in de samenleving in Holland en Zeeland tijdens graaf Floris V, in: „Wi Florens..." De Hollandse graaf Floris V in de samenleving van de dertiende eeuw, 1996, S. 191–211

Burrows, Hannah, Rhyme and Reason: Lawspeaker-Poets in Medieval Iceland, in: Scandinavian Studies 81, Nr. 2 (2009), S. 215–238

Burrows, Hannah, Some Þing To Talk About: Assemblies in the Íslendingasögur, in: Northern Studies 47 (2016), S. 47–75

Byock, Jesse L., Feud in the Icelandic saga, Berkeley/Calif. 1982

Christiansen, Eric, The Norsemen in the Viking Age, Oxford [u. a.] 2002

Ciklamini, Marlene, The Old Icelandic duel, Scandinavian studies 35 (1963), S. 175–194

Clay, Cheryl Louise, Developing the 'Germani' in Roman Studies, Theoretical Roman Archaeology Journal 0, Nr. 2007 (2008), https://doi.org/10.16995/TRAC2007_131_150, zugegriffen am 24.11.2020

Cleveringa, Rudolph Pabus., Het Oud-Friese „Kestigia" (Verhandelingen der Koninklijke Nederlandse Akademie van Wetenschappen. Afd. Letterkunde. Nieuwe reeks, Heft 66/4), Amsterdam 1959

Coesfeld, Marcus, Lohnkempen im Spätmittelalter, Soziale Außenseiter als Tragsäulen der Rechtspraxis, in: Soziologiemagazin 6/2, 2013, S. 54–66

Conrad, Hermann, Deutsche Rechtsgeschichte, Karlsruhe 1962

Darovec, Darko/Povolo, Claudio, Feud and Vendetta: Customs and trial rites in Medieval and Modern Europe. A legal-anthropological approach, in: Acta Histriae 23 (2015), S. 195–244

Deppenkemper, Gunter, Beweiswürdigung als Mittel prozessualer Wahrheitserkenntnis: eine dogmengeschichtliche Studie zu Freiheit, Grenzen und revisionsgerichtlicher Kontrolle tatrichterlicher Überzeugungsbildung (§ 261 StPO, § 286 ZPO), (Osnabrücker Schriften zur Rechtsgeschichte), Göttingen 2004

Diestelkamp, Bernhard, Die Durchsetzung des Rechtsmittels der Appellation im weltlichen Prozeßrecht Deutschlands (Akademie der Wissenschaften und der Literatur Mainz. Abhandlungen der Geistes- und Sozialwissenschaftlichen Klasse 1998/2), Stuttgart 1998

Dilcher, Gerhard, Leges – Gentes – Regna. Zur Rolle normativer Traditionen germanischer Völkerschaften bei der Ausbildung der mittelalterlichen Rechtskultur: Fragen und Probleme, in: ders./Distler, Eva-Marie (Hrsg.), Leges – Gentes – Regna. Zur Rolle von germanischen Rechtsgewohnheiten und lateinischer Schrifttradition bei der Ausbildung der frühmittelalterlichen Rechtskultur, Berlin 2006, S. 15–42

Dinzelbacher, Peter, Das fremde Mittelalter: Gottesurteil und Tierprozess, Essen 2007

Duve, Thomas/Oestmann, Peter, Normengeschichte, Wissenschaftsgeschichte und Praxisgeschichte. Drei Blickwinkel auf das Recht der Vergangenheit, in: Rechtsgeschichte – Legal History Rg 23 (2015) 255–255, online (Max-Planck-Institute for European Legal History, 2015), http://archive.org/details/rg23_duve_oestmann, S. 3, zugegriffen am 07.07.2020

Eckert, Christian, Der Fronbote im Mittelalter nach dem Sachsenspiegel und den verwandten Rechtsquellen, Leipzig 1897

Eckhardt, Karl August/Albrecht, Eckhardt (Hrsg.), Lex Frisionum (Monumenta Germaniae Historica, Fontes iuris XII), Hannover 1982

Ehlers, Caspar, Recht und Raum: das Beispiel Sachsens im früheren Mittelalter, in: Rechtsgeschichte, Zeitschrift des Max-Planck-Instituts für europäische Rechtsgeschichte 13 (2008), S. 12–24

Ernst, Wolfgang, Knut Wolfgang Nörr in der Historiographie des Prozessrechts. Rechtsgeschichte – Legal History 2020, Nr. 28 (2020), https://doi.org/10.12946/rg28/249–256, S. 49–56, zugegriffen am 17.10.2020

Euler, Wolfram/Badenheuer, Konrad, Sprache und Herkunft der Germanen: Abriss des Protogermanischen vor der ersten Lautverschiebung, Hamburg [u. a.] 2009

Feenstra, Robert, Römisches Recht und Kaiserrecht in den altfriesischen Rechtsquellen, in: Philologia Frisica (1956), S. 26–34

Fischer, Ernst, Die Hauszerstörung als strafrechtliche Maßnahme im deutschen Mittelalter, Stuttgart 1957

Flaskamp, Franz, Die frühe Friesen- und Sachsen Mission aus northumbrischer Sicht. Das Zeugnis des Baeda, in: Archiv für Kulturgeschichte 51 (1969), S. 183–209

Forgeng, Jeffrey L. (Hrsg.), Das Tower Fechtbuch: ein Meisterwerk der mittelalterlichen Kampfkunst, Darmstadt 2021

Fockema Andreae, Sybrandus Johannes, Über den Ursprung der niederländischen Rechte mit Rücksicht auf ihre Stammeszugehörigkeit, in: Zeitschrift der Savigny-Stiftung für Rechtsgeschichte. Germanistische Abteilung 30 (1909), S. 1–17

Fowler-Magerl, Linda, „Ordines iudiciarii“ and „Libelli de ordine iudiciorum“. From the Middle of the Twelfth to the End of the Fifteenth Century (Typologie des sources du Moyen Âge occidental 63), Turnhout, 1994

Frauenstädt, Paul, Blutrache und Totschlagsühne im Deutschen Mittelalter. Studien zur Deutschen Kultur- und Rechtsgeschichte, Leipzig 1881

Frensdorff, Ferdinand (1886), Recht und Rede, in: Gedenkschrift Georg Waitz, Hannover 1886, S. 433–490

Freudenthal, Karl Fredrik, Arnulfingisch-karolingische Rechtswörter: Eine Studie in der juristischen Terminologie der ältesten germanischen Dialekte, Göteborg 1949

Frieswijk, Johan, Die Vorstellung von der Friesischen Freiheit in der niederländischen Provinz Friesland 1918–1950, in: Die Friesische Freiheit des Mittelalters. Leben und Legende, Aurich 2003, S. 494–511

Fruscione, Daniela, Zur Frage eines germanischen Rechtswortschatzes, in: Zeitschrift der Savigny-Stiftung für Rechtsgeschichte. Germanistische Abteilung 122 (2005), S. 1–41

Gebauer, Curt, Studien zur Geschichte der Urteilsschelte auf Grund der altfranzösischen Quellen, in: ZRG GA 17 (1896), S. 33–62

Gerbenzon, Pieter, Aantekeningen over de Jurisprudentia Frisica, in: Tijdschrift voor Rechtsgeschiedenis 57 (1989), S. 21–67

Gerbenzon, Pieter, Canon law in Frisia in the late middle ages, in: Kuttner, Stephan/Ryan Joseph (Hrsg.), Proceedings of the second international congress of medieval canon law at Boston College, 12–16 August 1963, S. 467–472

Gerbenzon, Pieter, Emo van Huizinge: een vroege decretalist, Rede uitgesproken bij de officiële aanvaardingvan het ambt van gewoon hoogleraar aan de Rijksuniversiteit van Groningen op 8 juni 1965, Groningen 1965

Gerbenzon, Pieter Kanonisches Recht in den friesischen Rechtsquellen, in: Philologia Frisica, lezingen en debatten Frysk filologekongres augustus 1956, Grins-Djakarta 1957, S. 35–43

Gerbenzon, Pieter, Rezension zu: S. Lebecq, Marchands et navigateurs frisons du haut moyen âge, 1: Essai, [2:] Corpus des sources écrites. In: Tijdschrift voor Rechtsgeschiedenis 4 (1984), S. 418–419

Gerbenzon, Pieter, Der altfriesische asega, der altsächsische eosago und der althochdeutsche esago, in: Tijdschrift voor Rechtsgeschiedenis 41 (1973), S. 75–91

Glazema, Pieter, Gewijde plaatsen in Friesland, Meppel 1948

Goffart, Walter, Jordanes's "Getica" and the Disputed Authenticity of Gothic Origins from Scandinavia Author(s): In: Speculum Vol. 80, No. 2 (2005), S. 379-398

Gordon Eric V./Taylor, Arnold T., An introduction to Old Norse, Oxford, 1986

Gosses, Izaak Hendrik, Deensche heerschappijen in Friesland gedurende den Noormannentijd, in: Mededeelingen der Koninklijke Akademie van Wetenschappen, Afdeeling Letterkunde, Serie B; Heft 56/4 (1923), Koninklijke Akademie van Wetenschappen, Amsterdam 1923

Grimm, Jacob/Heusler, Andreas/Hübner, Rudolf, Deutsche Rechtsaltertümer, Leipzig 1899

Gruber, Jens Tobias, Die rechtliche Beurteilung von Lügen im deutschen Rechtsraum bis zur Zeit des Inquisitionsprozesses, in: Die Lüge des Beschuldigten im Strafverfahren: Eine Untersuchung des deutschen Rechts unter Berücksichtigung des US-amerikanischen Rechts des Bundes (Gießener Schriften zum Strafrecht und zur Kriminologie 22), Baden-Baden 2008

Gudian, Gunter, Gemeindeutsches Recht im Mittelalter, Ius commune 2 (1969), S. 33–42

Günter Jerouschek, Die Herausbildung des peinlichen Inquisitionsprozesses im Spätmittelalter und in der frühen Neuzeit 104, Nr. 2 (1992), https://doi.org/doi:10.1515/zstw.1992.104.2.328, S. 328–360, zugegriffen am 23.10.2020

Habermas, Jürgen, Auch eine Geschichte der Philosophie: Die okzidentale Konstellation von Glauben und Wissen, Bd. 1, Berlin 2019

Habermas, Jürgen, Auch eine Geschichte der Philosophie, Vernünftige Freiheit: Spuren des Diskurses über Glauben und Wissen, Bd. 2, Berlin 2019

Haering, Stephan Gratian und das Kirchenrecht in der mittelalterlichen Theologie, in: Münchener Theologische Zeitschrift, Bd. 57 (2006), S. 21–34

Haff, Karl, Der germanische Rechtssprecher als Träger der Kontinuität, in: Zeitschrift der Savigny-Stiftung für Rechtsgeschichte. Germanistische Abteilung 66 (1948), S. 364–367

Hallebeek, Jan, Layci erant coiudices: Over de rol van leken in de Westerlauwerse seendprocedure, Vrije Universiteit Amsterdam, Amsterdam 2019

Hanisch, Wilhelm, Friesische Freiheit, Sater Freiheit, Chodenfreiheit und Künische Freiheit, Ein Beitrag zum Problem der Freiheit in der deutschen und schweizerischen Geschichte, in: Tijdschrift voor Rechtsgeschiedenis 33 (1965), S. 1–37

Hansen, Michael Anthony, Issuing the Challenge: Form, Function and End of Medieval Icelandic Dueling, 2016, https://skemman.is/handle/1946/24160, zugegriffen am 25.10.2020

Haskins, George L., Review of The Old West Frisian „Skeltana Riucht", von Sydney Fairbanks, Harvard Law Review 53, Nr. 4 (1940), https://doi.org/10.2307/1334022, S. 700–702, zugegriffen am 05.12.2020

Haubrichs, Wolfgang, Wergeld: The Germanic Terminology of Compositio and Its Implementation in the Early Middle Ages, in: Bothe [u.a], Wergild, Compensation and Penance. The Monetary Logic of Early Medieval Conflict Resolution, Bd. 31 (2021), S. 92–113

Heck, Philipp, Die altfriesische Gerichtsverfassung, Weimar 1894

Helten, Willem L. van, Zur Lexicologie und Grammatik des Altwestfriesischen, in: Beiträge zur Geschichte der deutschen Sprache und Literatur 19 (1894), S. 345–440

Henstra, Dirk Jan, The evolution of the money standard in medieval Frisia: a treatise on the history of the systems of money of account in the former Frisia (c.600–c.1500), Groningen 2000

Henstra, Dirk Jan/ Popkema, Anne Tjerk (Hrsg.), Friese graafschappen tussen Zwin en Wezer: een overzicht van de grafelijkheid in middeleeuws Frisia (ca. 700–1200) (Estrikken 92), Assen 2012

Hering, Joseph, Die Billigkeit im Kanonischen Recht, in: Wolff, Ernst (Hrsg.) (Internationaler Kongreß für Rechtsvergleichung 3), London 1950, Sonderveröff. aus Zeitschrift für ausländisches und internationales Privatrecht 1950. Reprint 2018, Berlin, Boston 2018, S. 99–113

Hermann, Pernille (Hrsg.), Literacy in medieval and Early Modern Scandinavian culture, Viking Collection 16, Odense 2005, S. 77–135

Heusler, Andreas, Das Strafrecht der Isländersagas, Leipzig 1911

Hiltmann, Heiko, Vom isländischen Mann zum norwegischen Gefolgsmann: Männlichkeitsbilder, Vergangenheitskonstruktionen und politische Ordnungskonzepte im Island des 13. und 14. Jahrhunderts (Bamberger interdisziplinäre Mittelalterstudien 4), Bamberg 2011

Hines, John/IJssennagger, Nelleke, Introduction: Frisians – Who, When, Where, Why?, in: Frisians and their North Sea neighbours, 2017, S. 1–4

Hines, John, The Anglo-Frisian Question, in: ders./IJssennagger, Nelleke (Hrsg.), Frisians and their North Sea Neighbours: From the Fifth Century to the Viking Age, Woodbridge (Suffolk, UK) 2017, S. 25–42

His, Rudolf, Das Strafrecht der Friesen im Mittelalter, Leipzig 1901

Hoff, Annette, Recht und Landschaft: der Beitrag der Landschaftsrechte zum Verständnis der Landwirtschafts- und Landschaftsentwicklung in Dänemark; ca. 900 – 1250 (Ergänzungsbände zum Reallexikon der germanischen Altertumskunde 54), Berlin 2006

Hoff, Hans Henning, Hafliòi Másson und die Einflüsse des römischen Rechts in der Grágás (Ergänzungsbände zum Reallexikon der germanischen Altertumskunde 78), Berlin [u. a.] 2012

Hofstra, Tette Changing views on Vikings, in: Tijdschrift voor Skandinavistiek 24/2 (2003), S. 147–160

Holzhauer, Heinz Der gerichtliche Zweikampf, in: Hauck, Karl/Kroeschell Karl A. (Hrsg.), Festschrift für Ruth Schmidt-Wiegand zum 60. Geburtstag, Berlin 1986, S. 263–283

Hüpper-Dröge, Dagmar Der gerichtliche Zweikampf im Spiegel der Bezeichnungen für ‚Kampf', ‚Kämpfer', ‚Waffen, in: Frühmittelalterliche Studien 18 (1984), S. 607–661

Huth, Dirk (Hrsg.), Sagas aus Ostisland: Die Hrafnkels Saga und andere Geschichten von Macht und Fehde, aus dem Altisländischen übersetzt von Dirk Huth, Kreuzlingen, München 1999

Ignor, Alexander, Indiz und Integrität. Anmerkungen zum Gerichtsverfahren des Sachsenspiegels, in: Ruth Schmidt-Wiegand (Hrsg.), Text-Bild-Interpretation. Untersuchungen zu den Bilderhandschriften des Sachsenspiegels (Münstersche Mittelalter-Schriften 55/I), München 1986, S. 77–91

IJssennagger, Nelleke, Between Frankish and Viking: Frisia and Frisians in the Viking Age, in: Viking and medieval Scandinavia 9 (2013), S. 69–98

IJssennagger, Nelleke, Een bijzondere Vikingvondst van Texel, in: Paleo-aktueel 26 (2015), S. 81–87

IJssennagger-Van der Pluijm, Nelleke, Vriend, Vazal En Vijand? Contacten tussen Friezen en Scandinaviërs in de Vikingtijd: teksten en objecten, in: De Vrije Fries 92 (2012), S. 37–59

Immink, Petrus Wernerus Adam, ‚Getuigen' in het Oude Friese Recht, in: Tijdschrift voor Rechtsgeschiedenis 31 (1963), S. 427–462

Israel, Uwe, Sehnsucht nach Eindeutigkeit? Zweikampf und Ordal im Mittelalter, in: Witthöft, Christiane/Auge, Oliver (Hrsg.), Ambiguität im Mittelalter. Formen zeitgenössischer Reflexion und interdisziplinärer Rezeption, Berlin 2016, S. 287–304

Iterson, Willem van, Feudalisierungsversuche im westerlauwerschen Friesland, in: Zeitschrift der Savigny-Stiftung für Rechtsgeschichte. Germanistische Abteilung 79 (1962), S. 81–105

Iversen, Frode, Concilium and Pagus: Revisiting the Early Germanic Thing System of Northern Europe, in: Sanmark, Alexandra/Semple, Sarah/Mehler, Natascha/Iversen, Frode (Hrsg.), Debating the „Thing" in the North I, Washington/DC 2013, S. 5–17

Jacobi, Erwin, Der Prozeß im Decretum Gratiani und bei den ältesten Dekretisten, in: Zeitschrift der Savigny-Stiftung für Rechtsgeschichte. Kanonistische Abteilung 3 (1913), S. 223–343

Jäkel, Hugo, Abba, Asega und Redjewa, in: Zeitschrift der Savigny-Stiftung für Rechtsgeschichte. Germanistische Abteilung 27 (1906), S. 114–151

Jaekel, Hugo, Die Grafen von Mittelfriesland aus dem Geschlechte König Ratbods, Gotha 1895

Jäkel, Hugo, Foged, Skelta, Frâna und Bon, in: Zeitschrift der Savigny-Stiftung für Rechtsgeschichte. Germanistische Abteilung 28 (1907), S. 205–235

Jäkel, Hugo, Forschungen zur altfriesischen Gerichts- und Ständeverfassung, Weimar 1907

Jäkel, Hugo, Hêmêthoga, Liudamon, Ked, Koninges-orkene und Tolevabôth, in: Zeitschrift der Savigny-Stiftung für Rechtsgeschichte. Germanistische Abteilung 28 (1907), S. 164–204

Jansen, Hubertus Petrus Henricus, Emo, tussen angst en ambitie: een Groninger abt in de dertiende eeuw (Stad en lande historische reeks/3), Utrecht 1984

Jarnut, Jörg, Germanisch. Plädoyer für die Abschaffung eines obsoleten Zentralbegriffes der Frühmittelalterforschung, in: Dilcher, Gerhard [u. a.] (Hrsg.), Leges – Gentes – Regna. Zur Rolle von germanischen Rechtsgewohnheiten und lateinischer Schrifttradition bei der Ausbildung der frühmittelalterlichen Rechtskultur, Berlin 2006, S. 69–78

Jeep, John M., Art. Paarformeln, in: HRG (2) (2017), Sp: 289–294

Jellema, Dirk William, Frisian Trade in the Dark Ages, Speculum 30 (1955), S. 15–36

Jensma, Goffert, Remystifying Frisia The 'experience economy' along the Wadden Sea coast, in: Linde Egberts und Meindert Schroor (Hrsg.), Waddenland Outstanding: History, Landscape and Cultural Heritage of the Wadden Sea Region, Landscape and Heritage Studies (Amsterdam University Press), Amsterdam 2018

Jerouschek, Günter, Die Herausbildung des peinlichen Inquisitionsprozesses im Spätmittelalter und in der frühen Neuzeit, in: Zeitschrift für die gesamte Strafwissenschaft (ZStW) 104 (1992), S. 328–360

Johnston, Thomas Stanley Baker, The Old Frisian Law Manuscripts and Law Texts, in: Munske, Horst Haider (Hrsg.), Handbuch des Friesischen. Handbook of Frisian Studies, Tübingen 2001, S. 571–586

Jones, Gwyn, A history of the Vikings, London 1969

Jones, Gwyn, Some characteristics of the Icelandic "Hólmganga", Journal of English and Germanic Philology 32 (1933), S. 203–224

Jonsson, Gunnar, Waldgang und Lebensringzaun (Landesverweisung) im älteren isländischen Recht - Verfahren, Erscheinungsformen und Strafgründe der Friedloslegung nach der Graugans und in den Sagas, Diss. Hamburg 1987

Kalifa, Simon, Influence de l' Église et du Droit Synodal sur le Droit coutumier dit des Magistrats dans la Frise du moyen âge, in: Us Wurk 4, Nr. 1–4 (1955), S. 56–61

Kalifa, Simon, Note sur la nature de la conjuration dans la Frise du Moyen Âge, in: L'Année sociologique, 3rd series (1959), S. 416–426

Kalveen, Cornelis A. van, De late middeleeuwen, in: Heringa, Jan [u. a.] (Hrsg.), Geschiedenis van Drenthe, Meppel 1985, S. 197–240

Kamali, Elizabeth Papp, Trial by Ordeal by Jury in Medieval England, or Saints and Sinners in Literature and Law, in: Essays William Ian Miller (2018), S. 49–79

Kannowski, Bernd, Der Sachsenspiegel und die Buch'sche Glosse – Begegnung deutschrechtlichen und romanistischen Denkens? in: Dilcher, Gerhard [u. a.] (Hrsg.), Leges – Gentes – Regna. Zur Rolle von germanischen Rechtsgewohnheiten und lateinischer Schrifttradition bei der Ausbildung der frühmittelalterlichen Rechtskultur, Berlin 2006, S. 503–524

Kannowski, Bernd, Wieviel Gelehrtes Recht steckt im Sachsenspiegel und war Eike von Repgow ein Kanonist? in: Zeitschrift der Savigny-Stiftung für Rechtsgeschichte. Kanonistische Abteilung 130 (2013), S. 382–397

Kannowski, Bernd, Zum Beweisrecht des Schwabenspiegels, in: Schwabenspiegel-Forschung im Donaugebiet, Konferenzbeiträge in Szeged zum mittelalterlichen Rechtstransfer deutscher Spiegel, Balogh, Elemér (Hrsg.), Berlin 2015, S. 555–568

Kern, Eduard, Geschichte des Gerichtsverfassungsrechts. München 1954

Kerr, Margaret Helen/Forsyth, Richard D./Plyley, Michael J., „Cold water and hot iron: trial by ordeal in England ", in: The Journal of Interdisciplinary History 22 (1992), S. 573–595

Keverling Buisman, Frank, Ordelen van de Etstoel van Drenthe 1450–1504 (1518) (Werken der Stichting tot Uitgaaf der Bronnen van het Oud-Vaderlandse Recht 23), Zutphen 1993

Kirakosian, Racha, Hoc iudicium creavit omnipotens Deus. Über die Ritualität von Gottesurteilen, in: Francia. Forschungen zur westeuropäischen Geschichte 39 (2012), S. 263–283

Klemens, Gustav, Rechtsfindung im Mittelalter? In: Zeitschrift der Savigny-Stiftung für Rechtsgeschichte. Germanistische Abteilung 91 (1974), S. 73–89

Knol, Egge, Die friesischen Seelande. Fruchtbares Land an der Meeresküste, in: Die Friesische Freiheit des Mittelalters. Leben und Legende, Aurich 2003, S. 14–33

Knol, Egge, und Nelleke L. IJssennagger. Palaeogeography and People: Historical Frisians in an archaeological light, in: Hines, John/IJssennagger, Nelleke L. (Hrsg.), Frisians and their North Sea neighbours: From the Fifth Century to the Viking Age, Woodbridge (Suffolk, UK) 2017, S. 5–24

Knottnerus, Otto, Bauernfreiheit, in: Die Friesische Freiheit des Mittelalters. Leben und Legende, Aurich 2003, S. 378–403

Köbler, Gerhard, Klage, klagen, Kläger, in: Zeitschrift der Savigny-Stiftung für Rechtsgeschichte. Germanistische Abteilung 92 (1975), S. 1–20

Köbler, Gerhard, Zu Alter und Herkunft des friesischen asega, in: Tijdschrift voor Rechtsgeschiedenis 41 (1973), S. 93–99

Kossmann-Putto, Johanna A., Het heimelijk gerecht: Het Westfaalse veemgerecht en de Noordelijke Nederlanden in de late middeleeuwen (Middeleeuwse studies en bronnen 31), Hilversum 1993

Kreutz, Peter, Recht im Mittelalter: Grundzüge der Älteren europäischen Privatrechtsgeschichte – Ein Studienbuch (Einführungen, Rechtswissenschaft 10), Münster 2010

12. Kroeschell, Karl, Recht und Rechtsbegriff im Jahrhundert, Vorträge und Forschungen 12 (1968), https://doi.org/10.11588/vuf.1968.0.16396, S. 309–335, zugegriffen am 30.07.2020

Kroeschell, Karl, recht unde unrecht der sassen. Rechtsgeschichte Niedersachsens, Göttingen 2005

Kroeschell, Karl, Deutsche Rechtsgeschichte, Köln 2005

Kroeschell, Karl, Die Sippe im germanischen Recht, in: Zeitschrift der Savigny-Stiftung für Rechtsgeschichte. Germanistische Abteilung 77 (1960), S. 1–25

Kroeschell, Karl, Wahrheit und Recht im frühen Mittelalter. Sprache und Recht, In: Hauck, K. u. a. (Hrsg.), Sprache und Recht I. Beiträge zur Kulturgeschichte des Mittelalters. Berlin, New York 1986, S. 455–473

Krogmann, Willy, Altfriesisch, in: Schmitt, Ludwig Erich (Hrsg.), Kurzer Grundriß der germanischen Philologie bis 1500. Bd. 1, Berlin 1970, S. 190–210

Krüger, Jana, „Wikinger“ im Mittelalter: die Rezeption von víkingr m. und víking f. in der altnordischen Literatur (Ergänzungsbände zum Reallexikon der germanischen Altertumskunde 56), Berlin [u. a.] 2008

Krüper, Julian (Hrsg.), Grundlagen des Rechts, Baden-Baden 2013

Kuttner, Stephan/Rathbone, Eleanor, Anglo-Norman Canonists of the Twelfth Century: An Introductory Study, in: Traditio 7 (1951), S. 279–358

Landau, Peter, Der Entstehungsort des Sachsenspiegels: Eike von Repgow, Altzelle und die anglo-normannische Kanonistik, in: Deutsches Archiv für Erforschung des Mittelalters 61 (2005), S. 73–101

Landau, Peter, Die Bedeutung des kanonischen Rechts für die Entwicklung einheitlicher Rechtsprinzipien, in: Landau, Europäische Rechtsgeschichte und kanonisches Recht, S. 255–284

Landau, Peter (2014), Die Anfänge der Appellation in Mitteleuropa im hohen Mittelalter, in: Der Einfluss der Kanonistik auf die europäische Rechtskultur 4, S. 307–324

Landau, Peter, Sakramentalität und Jurisdiktion, in: Landau, Europäische Rechtsgeschichte und kanonisches Recht, Badenweiler 2013, S. 17–50

Langen, Gilles J. de/Mol, Johannes Adriaan, Church Foundation and Parish Formation in Frisia in the Tenth and Eleventh Centuries. A Planned Development? in: The Medieval Low Countries. An Annual Review 4 (2017), S. 1–56

Lehmann, Karl, Zur Frage nach dem Ursprunge des Gesetzsprecheramtes, in: Zeitschrift der Savigny-Stiftung für Rechtsgeschichte. Germanistische Abteilung 6 (1885), S. 193–199

Lengen, Hajo van, Art. Friesische Freiheit, in: Lexikon des Mittelalters, Bd. 4, 1989, Sp. 977

Lengen, Hajo van, Siedlungsgebiet der Friesen im nordwestlichen Niedersachsen mit den heutigen Verwaltungsgrenzen, https://dokumen.tips/documents/siedlungsgebiet-der-friesen-im-nordwestlichen-niedersachsen-mit-.html, zugegriffen am 15.07.2021

Lind, John, 'Vikings' and the Viking Age, https://www.academia.edu/8906219/Vikings and the Viking Age, S. 382, zugegriffen am 29.05.2021

Levy-Bruhl, Henri Les Temoins de La Loi Salique, in: Tijdschrift Voor Rechtsgeschiedenis/Revue d'histoire du droit/ Legal History Review 3, Nr. 2 (1922), S. 387–407

Loetz, Francisca, Sprache in der Geschichte. Linguistic Turn vs. Pragmatische Wende, Rechtsgeschichte, in: Zeitschrift des Max-Planck-Instituts für europäische Rechtsgeschichte 2 (2003), S. 87–103

Lohstöter, Von den Ordalien der Friesen, Jahrbuch der Gesellschaft für bildende Kunst und vaterländische Altertümer zu Emden 2,1 (1875), bearb. v. Schöningh, W./Stracke, J, Emden 1965, S. 49–62

Lokin, Johannes Henricus Antonius/Zwalve, Willem Jans, Hoofdstukken uit de Europese codificatiegeschiedenis, Tweede druk, Groningen 1992

Lück, Heiner, Rechtsbücher als ‚private' Rechtsaufzeichnungen? in: Zeitschrift der Savigny-Stiftung für Rechtsgeschichte. Germanistische Abteilung 131 (2014), S. 418–433

Luminati, Michele, Lemma „Eid", Enzyklopädie Der Neuzeit Online, https://referenceworks.brillonline.com/entries/enzyklopaedie-der-neuzeit/eid-COM_256271#, zugegriffen am 9.10.2019

Magin, C./Eisermann, F. Rechtsgeschichte und Überlieferungsgeschichte am Beispiel deutscher Rechtstexte des Spätmittelalters (1994), Bd. 123, Zeitschrift für deutsches Altertum und deutsche Literatur, S. 274–300

Maihold, Harald, Konfliktlösung und die Ausdifferenzierung des Strafrechts, in: von Mayenburg, D. (Hrsg.), Konfliktlösung im Mittelalter, Bd. 2, Handbuch zur Geschichte der Konfliktlösung in Europa, Berlin, Heidelberg 2020, S. 201–211

Maurer, Konrad, Vorlesungen über altnordische Rechtsgeschichte, Bd. 1: Altnorwegisches Staatsrecht und Gerichtswesen, Leipzig 1907

Mayer, Ernst, Deutsche und französische Verfassungsgeschichte vom 9. bis zum 14. Jahrhundert, Leipzig 1899

Mayer-Homberg, Edwin, Beweis und Wahrscheinlichkeit nach älterem deutschen Recht, Marburg a. d. Lahn 1921

McAuley, F., Canon Law and the End of the Ordeal, Oxford Journal of Legal Studies 26, Nr. 3 (2006), S. 473–513

McGlynn, Michael, Orality in the Old Icelandic Grágás: Legal Formulae in the Assembly Procedures Section. Neophilologus, 93 (2009), DOI 10.1007/s11061-009-9147-y, S. 521–536, zugegriffen am 24.10.2021

Mehnert, Volkert, Das Geheimnis der Sahnewolke, in: Reiseblatt der Frankfurter Allgemeinen Zeitung vom 25.11.2021, S. R3

Mees, Bernard, Taking Turns: Linguistic economy and the name of the Vikings, in: Arkiv för nordisk filologi 127 (2012), S. 5–12

Meijering, Hendrik, Derk/Nijdam, Han (Hrsg.), Wat is recht? De receptie van Oudfries recht in de Groninger Ommelanden in de 15e en 16e eeuw, Gorredijk 2018

Meyer, Petra Claudia, Historische Entwicklung, in: Der Sachverständigenbeweis zwischen Partei und Richter: Rechtsvergleich zum US-amerikanischen

Zivilprozess und Reformansätze im deutschen Recht, 1. Aufl., Baden-Baden 2013, S. 23–28

Meyer, Tim, Gefahr vor Gericht: die Formstrenge im sächsisch-magdeburgischen Recht (Forschungen zur deutschen Rechtsgeschichte 26), Köln [u. a.] 2009

Meyerson, Mark D./Thiery, Daniel E./Falk, Oren, A great effusion of blood? Interpreting medieval violence, Toronto [u. a.] 2004

Miller, William Ian, Bloodtaking and Peacemaking: Feud, Law, and Society in Saga Iceland, Chicago/Ill. 1990

Modzelewski, Karol (2006), Thing und Acht. Zu vergleichenden Studien der germanischen und slawischen Stammesverfassung, in: Dilcher, Gerhard [u. a.] (Hrsg.), Leges – Gentes – Regna. Zur Rolle von germanischen Rechtsgewohnheiten und lateinischer Schrifttradition bei der Ausbildung der frühmittelalterlichen Rechtskultur, Berlin 2006, S. 79–90

Mol, Johannes A., De Friese huizen van de Duitse orde: Nes, Steenkerk en Schoten en hun plaats in het middeleeuwse Friese kloosterlandschap, Fryske Akademy, Leeuwarden 1991

Mol, Johannes Adriaan, „Friesische Freiheit im Kirchspiel und Kloster", in: Die Friesische Freiheit des Mittelalters. Leben und Legende, Aurich 2003, S. 194–245

Molitor, Erich, Zur Entwicklung der Munt. Eine ständegeschichtliche Untersuchung, in: Zeitschrift der Savigny-Stiftung für Rechtsgeschichte. Germanistische Abteilung 64 (1944), S. 112–171

Mortimer, Ian, The time traveller's guide to medieval England: a handbook for visitors to the fourteenth century, London, 2008

Moser, Hugo, Deutsche Sprachgeschichte: mit einer Einführung in die Fragen der Sprachbetrachtung, Stuttgart 1950

Much, Rudolf/Richard Kienast, Die Germania des Tacitus, Heidelberg 1959

Munske, Horst Haider, Der germanische Rechtswortschatz im Bereich der Missetaten: Philologische und sprachgeographische Untersuchungen. 1. Die Terminologie der älteren westgermanischen Rechtsquellen (Studia linguistica Germanica 8,1), Berlin [u. a.] 1973

Munzel-Everling, Dietlinde, Art. Eid, in: HRG (2) (2008), Sp. 1249–1261

Musielak, Hans-Joachim, Die Grundlagen der Beweislast im Zivilprozess, Berlin 1975

Nehlsen-von Stryk, Karin, Die Krise des „irrationalen" Beweises im Hoch- und Spätmittelalter und ihre gesellschaftlichen Implikationen, in: Zeitschrift der Savigny-Stiftung für Rechtsgeschichte. Germanistische Abteilung 117 (2000), S. 1–38

Nehlsen-von Stryk, Karin, Art. Schwabenspiegel, in: Lexikon des Mittelalters, Teil 7 S. (1995), Sp. 1603–1605

Nehlsen-von Stryk, Karin, Prozessuales und materielles Rechtsdenken im Sachsenspiegel, in: Kriechbaum, Maximiliane (Hrsg.), Festschrift Sten Gagnér zum 3. März 1996, Ebelsbach 1996, S. 33–71

Nehlsen-von Stryk, Karin, Zum „Justizbegriff" der rechtshistorischen Germanistik, Ius commune 17 (1990), S. 189–222

Neumann, Sarah, Der gerichtliche Zweikampf: Gottesurteil, Wettstreit, Ehrensache (Mittelalter-Forschungen 31), Ostfildern 2010

Nijdam, Han, Lichaam, eer en recht in middeleeuws Friesland: een studie naar de Oudfriese boeteregisters (Middeleeuwse Studies en Bronnen 114), Hilversum 2008

Nijdam, Han, Klinkende munten en botsplinters in de Oudfriese rechtsteksten, Continuïteit, discontinuïteit, intertekstualiteit, in: De Vrije Fries 89 (2009), S. 45–67

Nijdam, Han, Wergild and Honour: Using the Case of Frisia to Build a Model, in: Bothe [u.a], Wergild, Compensation and Penance. The Monetary Logic of Early Medieval Conflict Resolution, Bd. 31 (2021), S. 161–183

Nordby, Ole-Albert Rønning, The Judicial Oath in Medieval Norway Compurgation, community and knowledge in the thirteenth century, Diss. Oslo 2018

Nörr, Knut Wolfgang, Romanisch-kanonisches Prozessrecht. Erkenntnisverfahren erster Instanz in civilibus, Berlin, Heidelberg 2012

Nottarp, Hermann, Gottesurteilstudien (Bamberger Abhandlungen und Forschungen 2), München 1956

Oesterdiekhoff, Georg W., Das archaische Prozess- und Beweisrecht und die ‚immanente Gerechtigkeit': Erklärung von Struktur, Entwicklung und Untergang ordalförmiger Konfliktregelungen, in: Zeitschrift der Savigny-Stiftung für Rechtsgeschichte. Germanistische Abteilung 119 (2002), S. 177–192

Oestmann, Peter, Art. Formstrenge, in HRG (2) (2008), Sp. 1626–1630

Oestmann, Peter, 'Beweis', in: Enzyklopädie Der Neuzeit Online http://dx.doi.org/10.1163/2352-0248_edn_COM_246482, zugegriffen am 05.08.2021

Oestmann, Peter (2006), Blutrache und Fehde in isländischen Quellen, in: Dilcher, Gerhard [u. a.] (Hrsg.), Leges – Gentes – Regna. Zur Rolle von germanischen Rechtsgewohnheiten und lateinischer Schrifttradition bei der Ausbildung der frühmittelalterlichen Rechtskultur, Berlin 2006, S. 391–414

Oestmann, Peter, Der vergessliche Fürsprecher: Fallstudie zur spätmittelalterlichen Gerichtsbarkeit, in: Falk, Ulrich [u. a.] (Hrsg.), Fälle aus der Rechtsgeschichte, München 2008, S. 147–163

Oestmann, Peter, Die Zwillingsschwester der Freiheit. Die Form im Recht als Problem der Rechtsgeschichte, in: ders. (Hrsg.), Zwischen Formstrenge und Billigkeit, Forschungen zum vormodernen Zivilprozess, Köln 2009, S. 1–54

Oestmann, Peter (2015), Gemeines Recht und Rechtseinheit: zum Umgang mit Rechtszersplitterung und Rechtsvielfalt in Mittelalter und Neuzeit, in: Hierarchie, Kooperation und Integration im Europäischen Rechtsraum (2015), S. 1–50

Oestmann, Peter, Prozesse aus Hansestädten vor dem Königs- und Hofgericht in der Zeit vor 1400, in: Zeitschrift der Savigny-Stiftung für Rechtsgeschichte. Germanistische Abteilung 128 (2011), S. 114–168

Oestmann, Peter, Wege zur Rechtsgeschichte: Gerichtsbarkeit und Verfahren, Köln [u. a.] 2015

Olsen, Björn M., Um hina fornu íslensku alin. in: Arbók Hins íslenska fornleifélags (1910), https://timarit.is/page/2047796, S. 1–27, zugegriffen am 20.12.2020

Oosten, Meelf Sybens van, De ambtshalve vervolging naar Oud-Friesch recht, Diss. Leiden 1938

Oosten, Meelf Sybens van, De verhouding tusschen Kerk- en Dijksgezworenen in Friesland bewesten de Lauwers, in: Rechtshistorische Opstellen aangeboden aan A. S. de Blécourt oud-hoogleeraar in het oud-vaderlandsche recht te Leiden, Groningen 1939

Oosten, Meelf, Sybens van, Inleidende beschouwingen over het oudere Friese bewijsrecht, Groningen 1950

Pappenheim, Max, Über die Anfänge des germanischen Gottesurteils, in: Zeitschrift der Savigny-Stiftung für Rechtsgeschichte. Germanistische Abteilung 48 (1928), S. 141–175

Pilch, Martin, Der Rahmen der Rechtsgewohnheiten: Kritik des Normensystemdenkens entwickelt am Rechtsbegriff der mittelalterlichen Rechtsgeschichte, Wien [u. a.] 2009

Pfeffer, Michael, Die Formalitäten des gottesgerichtlichen Zweikampfs in der altfranzösischen Epik, in: Zeitschrift für romanische Philologie 9 (1885), S. 1–74

Planck, Julius Wilhelm Das Deutsche Gerichtsverfahren im Mittelalter, Nach dem Sachsenspiegel und den verwandten Rechtsquellen, Braunschweig 1878

Popkema, Anne Tjerk, Die altfriesischen Eidesbezeichnungen, in: Advances in Old Frisian philology (2007), S. 325–356

Popkema, Anne Tjerk, Die Bedeutung des Altfriesischen für die Erforschung des germanischen Rechtswortschatzes und vice versa, in: Das Deutsche Rechtswörterbuch. Perspektiven (2010), S. 73–90

Posner, Richard A., Medieval Iceland and Modern Legal Scholarship, in: Michigan Law Review Bd. 90, 6 (1997), S. 1495–1511

Postma, O., De zoogenaamde vier-jaarlijksche verdeeling van de hemrik, in: De Vrije Fries 28 (1928), S. 34–52

Prodi, Paolo, Der Eid in der europäischen Verfassungsgeschichte, zur Einführung, in: ders. (hrsg.), unter Mitarbeit von Elisabeth Müller-Luckner, Glaube und Eid

Treueformeln, Glaubensbekenntnisse und Sozialdisziplinierung zwischen Mittelalter und Neuzeit, München 1993, S. VII-XXIX

Radford, R. S., Going to the Island: A Legal and Economic Analysis of the Medieval Icelandic Duel Essay, in: Southern California Law Review Bd. 62, 2 (1988), S. 615–644

Ranisch, Wilhelm/Vogt, Walther Heinrich, Fünf Geschichten aus dem östlichen Nordland. Thule; Altnordische Dichtung und Prosa, Bd. 11, Jena 1921

Reinhard, Claudia, Mit Odin möchte man nicht feiern, Interview mit Rudolf Simek, Professor für ältere Germanistik, Universität Bonn, am 19. Dezember 2020, Abschnitt Feuilleton FAZ

Richthofen, Karl Frhr. von, Untersuchungen über Friesische Rechtsgeschichte, Berlin 1880

Rieken, Bernd, Nordsee ist Mordsee: Sturmfluten und ihre Bedeutung für die Mentalitätsgeschichte der Friesen (Abhandlungen und Vorträge zur Geschichte Ostfrieslands 83), Münster i. W. [u. a.] 2005

Rietschel, Siegfried, Zur friesischen Gerichtsverfassung, in: Mitteilungen des Instituts für Österreichische Geschichtsforschung 30 (1909), S. 136–141

Rij, Hans van, Een verhaal over Groningen, Drente, Coevorden en allerlei andere zaken onder verschillende Utrechtse bisschoppen = Quaedam narratio de Groninghe, de Thrente, de Covordia et de diversis aliis sub diversis episcopis Traiectensibus (Middeleeuwse studies en bronnen 1), Hilversum 1989

Rohmann, Gregor, Jenseits von Piraterie und Kaperfahrt. Für einen Paradigmenwechsel in der Geschichte der Gewalt im maritimen Spätmittelalter, in: Historische Zeitschrift, Bd. 304, (2017), S. 1–49

Roll, Carsten, Vom ‚asega' zum ‚redjeven'. Zur Verfassungsgeschichte Frieslands im Mittelalter, in: Concilium medii aevi 13 (2010), S. 187–201

Roth, Andreas Art. Notzucht, in: HRG (2) (2016), Sp. 2010–2012

Sanmark, Alexandra u. a., Debating the „Thing" in the North I: Introduction, in: ders./Semple, Sarah/Mehler, Natascha/Iversen, Frode (Hrsg.), Debating the „Thing" in the North I, Washington/DC 2013, S. 1–4

Scharff, Thomas, Reden über den Krieg. Darstellungsformen und Funktionen des Krieges in der Historiographie des Frühmittelalters, in: Braun, Manuel/Herberichs, Cornelia (Hrsg.) Gewalt im Mittelalter. Realitäten – Imaginationen, München 2005, S. 65–80

Schild, Wolfgang, Art. Kesselfang, in: HRG (2) (2011), Sp. 1713–1714

Schild, Wolfgang Recht als leiblich geordnetes Handeln, Das Mittelalter 8, Nr. 1 (2003), S. 84–91

Schlesinger, Walter, Herrschaft und Gefolgschaft in der germanisch-deutschen Verfassungsgeschichte. In: Historische Zeitschrift Bd. 176 (1953), S. 225–275

Schlinker, Steffen, Access to justice, in: David von Mayenburg (Hrsg.), Konfliktlösung im Mittelalter, Bd. 2, Handbuch zur Geschichte der Konfliktlösung in Europa, Berlin, Heidelberg (2021), S. 15–24

Schmelzeisen, Gustav Klemens, Rechtsfindung im Mittelalter? In: Zeitschrift der Savigny-Stiftung für Rechtsgeschichte. Germanistische Abteilung 91 (1974), S. 73–89

Schmidt, Heinrich, Häuptlingsmacht, Freiheitsideologie und bäuerliche Sozialstruktur im spätmittelalterlichen Friesland, in: Zwischen Nicht-Adel und Adel (2001), S. 285–309

Schmidt, Heinrich, Zur ‚Ideologie' der Friesischen Freiheit im Mittelalter, in: Die Friesische Freiheit des Mittelalters. Leben und Legende, 2003, S. 318–345

Schmidt-Wiegand, Ruth, Die volkssprachigen Wörter der leges barbarorum als Ausdruck sprachlicher Interferenz, in: Frühmittelalterliche Studien 13 (1979), S. 56–87

Schmidt-Wiegand, Ruth, Rechtsbücher als Ausdruck pragmatischer Schriftlichkeit. Eine Bilanz, in: Frühmittelalterliche Studien 37 (2003), S. 435–475

Schmoeckel, Mathias, Der lotharische Ehestreit: Seine Protagonisten und ihre Perspektiven, In: Falk, Ulrich (Hrsg.), Fälle aus der Rechtsgeschichte, München 2008, S. 77–95

Schmoeckel, Mathias, Die Entwicklung der confessio als Beweismittel, in: ders./Condorelli, Orazio/Roumy, Franck, Der Einfluss der Kanonistik auf die europäische Rechtskultur 3, Köln 2012, S. 427–455

Schmoeckel, Mathias, Ein sonderbares Wunderwerk Gottes, Bemerkungen zum langsamen Rückgang der Ordale nach 1215, in: Ius commune 26 (1999), S. 123–164

Schmoeckel, Mathias, Kanonisches Recht, München 2020

Schneidmüller, Bernd, Friesen – Welfen – Braunschweiger. Träger regionaler Identität im 13. Jahrhundert, in: Moeglin, Jean-Marie/Babel, Rainer (Hrsg.), Identité régionale et conscience nationale, Sigmaringen 1997, S. 305–324

Schrage, Eltjo J. H./Dondorp, Harry, Utrumque Ius. Eine Einführung in das Studium der Quellen und des mittelalterlichen gelehrten Rechts (Schriften zur europäischen Rechts- und Verfassungsgeschichte 8), Berlin 1992

Schrijver, Peter C. H, Frisian between the Roman and the Early Medieval Periods: Language contact, Celts and Romans, in: Hines, John/IJssennagger, Nelleke L. (Hrsg.), Frisians and their North Sea neighbours: From the Fifth Century to the Viking Age, Woodbridge (Suffolk, UK) 2017, S. 43–52

Schröder, Richard, Die Gerichtsverfassung des Sachsenspiegels, in: Zeitschrift der Savigny-Stiftung für Rechtsgeschichte: Germanistische Abteilung 5 (1884), S. 1–68

Schröder, Richard, Gesetzsprecheramt und Priestertum bei den Germanen, in: Zeitschrift der Savigny-Stiftung für Rechtsgeschichte. Germanistische Abteilung 4 (1883), S. 215–231

Schröder, Richard, Lehrbuch der deutschen Rechtsgeschichte, Leipzig 1907

Schröder, Richard/Künßberg, Eberhard Frhr. von, Lehrbuch der deutschen Rechtsgeschichte, Berlin [u. a.] 1932

Schubert, Ernst, Die Friesische Freiheit im europäischen Vergleich: Island, Schweiz, Siebenbürgen und Schottland, in: Die Friesische Freiheit des Mittelalters. Leben und Legende, Aurich 2003, S. 294–317

Schulte, Johann Friedrich von, Lehrbuch der deutschen Reichs- und Rechtsgeschichte. 2. umgearb. Aufl. Stuttgart 1870, zugegriffen am 23.07.2020, https://opacplus.bsb-muenchen.de/search?id.

Schulze, Fritz W., Stabungen und verwandte Bindungen in den Lateinversionen der altfriesischen Gesetze, in: Zeitschrift für deutsches Altertum und deutsche Literatur 91/2 (1961), S. 85–107

Schuur, Jurrien Rinse Gerrit, De plaatsing van de Schoutenrechten in hun historische context, in: It Beaken (2014), S. 1–33

Schuur, Jurrien Rinse Gerrit, De positie van de frana in het Friese middeleeuwse rechtsbestel, in: Schuur History Website, o.S. (2017)

Schuur, Jurrien Rinse Gerrit, De ‚Vrije Fries', in: The Legal History Review 69, Nr. 1/2 (2001), S. 139–144

Schwerin, Claudius Frhr. von, Zur friesischen Gerichtsverfassung, in: Mitteilungen des Instituts für Österreichische Geschichtsforschung 29 (1908), S. 467–480

Schwerin, Claudius Frhr. von, Zur friesischen Kampfklage, in: Festschrift für Karl Amira zu seinem 60. Geburtstag, Berlin 1908, S. 177–233

See, Klaus von, Selbsthilfe und öffentlicher Strafanspruch im mittelalterlichen Norden, in: Dilcher, Gerhard [u. a.] (Hrsg.), Leges – Gentes – Regna. Zur Rolle von germanischen Rechtsgewohnheiten und lateinischer Schrifttradition bei der Ausbildung der frühmittelalterlichen Rechtskultur, Berlin 2006, S. 377–390

Seebold, Elmar, Die Friesen im Zeugnis antiker und spätantiker Autoren in: Munske, Horst Haider (Hrsg.), Handbuch des Friesischen. Handbook of Frisian Studies, Tübingen 2001, S. 479–486

Seif, Ulrike, Römisch-kanonisches Erbrecht in mittelalterlichen deutschen Rechtsaufzeichnungen, in: Zeitschrift der Savigny-Stiftung für Rechtsgeschichte. Germanistische Abteilung 122 (2005), S. 87–112

Seinecke, Ralf, Rechtspluralismus in der Rechtsgeschichte, in: Rechtsgeschichte – Legal History 2017, Nr. 25 (2017), https://doi.org/10.12946/rg25/, S. 215–228, zugegriffen am 15.11.2020

Sellert, Wolfgang, Die Ladung des Beklagten vor das Reichskammergericht. Eine Auswertung von Kammerbotenberichten, in: Zeitschrift der Savigny-Stiftung für Rechtsgeschichte. Germanistische Abteilung 84 (1967), S. 202–235

Sellert, Wolfgang/Rüping, Hinrich, Studien- und Quellenbuch zur Geschichte der deutschen Strafrechtspflege, Aalen 1989

Sellert, Wolfgang, Zur Rezeption des römischen und kanonischen Rechts in Deutschland von den Anfängen bis zum Beginn der frühen Neuzeit. Überblick, Diskussionsstand und Ergebnisse, in: Recht und Verfassung im Übergang vom Mittelalter zur Neuzeit 1 (1998), S. 115–166

Shoemaker, Karl Blaine, Criminal Procedure in Medieval Europe. A Comparison Between English and Roman-Canonical Developments after the IV Lateran Council, in: Zeitschrift der Savigny-Stiftung für Rechtsgeschichte. Kanonistische Abteilung 85 (1999), S. 174–202

Siebs, Benno Eide, Grundlagen und Aufbau der altfriesischen Verfassung, Bd. 144, Untersuchungen zur deutschen Staats- und Rechtsgeschichte, Breslau 1933

Siebs, Theodor, Beiträge zur deutschen Mythologie. II. Things und die Alaisiagen, Bd 24, in: Zeitschrift für deutsche Philologie (1892), S. 433–456

Sieg, Gerd, Die Zweikämpfe der Isländersagas, in: Zeitschrift für deutsches Altertum und deutsche Literatur 95 (1966), S. 1–27

Simek, Rudolf, Die Wikinger, 7., durchgesehene und aktualisierte Auflage, München 2021

Sjölin, Bo: Lemma „Rechtstexte" in: „Friesen", De Gruyter, §8, Column 24, S. 12, zugegriffen 28.06.2021, https://www.degruyter.com/document/database/GAO/entry/RGA_1704/htm

Soliva, Claudio, Gerbenzon, P., Emo van Huizinge, een vroege decretalist, in: Zeitschrift der Savigny-Stiftung für Rechtsgeschichte. Kanonistische Abteilung 52, Nr. 1 (1966), S. 405–406

Sperber, Hans/Polenz Peter von, Geschichte der deutschen Sprache, fünfte, neubearbeitete Auflage, Bd. 915, Berlin 1966

Sprenger, Ulrike, Die altnordische Heroische Elegie, Bd. 6 (Ergänzungsbände zum Reallexikon der germanischen Altertumskunde), Berlin [u. a.] 1992

Stein-Wilkeshuis, Martina, Frisian law and the forbidding northern countries overseas, in: The Journal of Legal History 18, Nr. 3 (1997), https://doi.org/10.1080/01440369708531184S, S. 17–29, zugegriffen am 09.07.2020

Stolleis, Michael, Nationalität und Internationalität. Rechtsvergleichung im öffentlichen Recht des 19. Jahrhunderts (Abhandlung der Geistes- und Sozialwissenschaftlichen Klasse Jahrg. 1998, Nr. 4), Stuttgart 1998

Strauch, Dieter, Mittelalterliches Recht: Herkunft – Kennzeichen – Fortwirken, in: Orbis Iuris Romani 9 (2004), S. 161–196

Strauch, Dieter, Mittelalterliches nordisches Recht: Eine Quellenkunde (Ergänzungsbände zum Reallexikon der germanischen Altertumskunde 97), Berlin [u. a.] 2016

Strauch, Dieter, Rechtsbücher und Gesetzbücher im Norden (Lagham-Laghsaga-Lagh-Siðvæniæ), in: Zeitschrift der Savigny-Stiftung für Rechtsgeschichte. Germanistische Abteilung 130 (2013), S. 37–77

Stutz, Ulrich Die Beweisrolle im altdeutschen Rechtsgang in: Zeitschrift der Savigny-Stiftung für Rechtsgeschichte. Germanistische Abteilung 49 (1929), S. 1–25

Szadrowsky, Manfred, Stil und Syntax der altfriesischen Rechtssprache, in: Beiträge zur Geschichte der deutschen Sprache und Literatur (PBB), 1959 (81), S. 131–160

Timmer, Rijk, Restanten van Oud-Germaans recht in de Lex Frisionum, in: Pro memorie 2 (2000), S. 17–45

Tragter-Schubert, Martina, Zur Totschlagsklage im altwestfriesischen ‚Jüngeren Skeltarecht', in: Tijdschrift voor Rechtsgeschiedenis 46 (1978), S. 251–256

Trusen, Winfried, Anfänge des gelehrten Rechts in Deutschland: Ein Beitrag zur Geschichte der Frührezeption (Recht und Geschichte 1), Wiesbaden 1962

Trusen, Winfried, Der Inquisitionsprozeß. Seine historischen Grundlagen und frühen Formen, in: Zeitschrift der Savigny-Stiftung für Rechtsgeschichte. Kanonistische Abteilung 74 (1988), S. 168–230

Udolph, Jürgen, Namenkundliche Studien zum Germanenproblem (Ergänzungsbände zum Reallexikon der germanischen Altertumskunde 9), Berlin [u. a.] 1994

Versloot, Arjen, Zur Interpretation der neuentdeckten altfriesischen Psalmglossen, in: Amsterdamer Beiträge zur älteren Germanistik 76, Nr. 3 (2016), S. 371–378

Versloot, Arjen, Why Old Frisian is still quite old, in: Folia linguistica historica 25 (2004), S. 253–298

Vries, Oebele, Also dat ujy habbetferdban kloppet. Die Terminologie des Friedebannes bei der Eigentumsübergabe von Immobilien in der altfriesischen Urkundensprache. in: Vries, De taal van recht en vrijheid, S. 243–261

Vries, Oebele/Hempenius-van Dijk, Barendina Sijtje, Asega, is het dingtijd? De hoogtepunten van de Oudfriese tekstoverlevering, Leeuwarden [u. a.] 2007

Vries, Oebele, Das Friesische im Mittelalter (Altfriesisch), Frisian in the Middle Ages (Old Frisian), in: Munske, Horst Haider (Hrsg.), Handbuch des Friesischen. Handbook of Frisian Studies, Tübingen 2001, S. 538–550

Vries, Oebele [u. a.], De taal van recht en vrijheid: studies over Middeleeuws Friesland, Gorredijk: Bornmeer 2012

Vries, Oebele, Die Friesische Freiheit: ein Randproblem des Reiches, in: Vries, De taal van recht en vrijheid, S. 43–66

Vries, Oebele, Frisonica libertas: Frisian freedom as an instance of medieval liberty, in: Journal of Medieval History 41 (2015), S. 229–248

Vries, Oebele, Geschichte der Friesen im Mittelalter: West- und Ostfriesland, in: Munske, Horst Haider (Hrsg.), Handbuch des Friesischen. Handbook of Frisian Studies, Tübingen 2001, S. 538–549

Vries, Oebele, Her Bendix is urbeck fonden. Die altfriesische Terminologie im Bereich des Zivilsrechtes, in: Vries, De taal van recht en vrijheid, S. 307–345

Vries, Oebele, Het Heilige Roomse Rijk en de Friese vrijheid, Diss. Rijksuniversiteit Groningen, Leeuwarden 1986

Vries, Oebele, „Ic ontsidse jemme ende jemme onderseten". Bemerkungen zum friesischen Fehdewesen sowie zur Fehdeterminologie, in: Vries, De taal van recht en vrijheid, S. 153–179

Vries, Oebele, Seka mit brande ende mit breke. Oudfriese terminologie met betrekking tot het rechtsinstituut ‚woesting', in: Vries, De taal van recht en vrijheid, S. 284–307

Vries, Oebele, Staatsvorming in Zwitserland en Friesland in de late middeleeuwen. Een vergelijking, in: Vries, De taal van recht en vrijheid, S. 78–98

Vries, Oebele „Thet is ac londriucht. Landrechte und Landrecht im mittelalterlichen Friesland", in: Directions for old Frisian philology (2014), S. 571–588

Vries, Oebele, Toe aer heer ende aegh syoen ('Zu Ohrenhör und Augensicht'). Eine altfriesische alliterierende Paarformel im Sinnbereich des Zeugenbeweises, in: Vries, De taal van recht en vrijheid, S. 371–382

Waelkens, Laurent „Traces Romano-Canoniques Dans Les Preuves Germaniques", in: Tijdschrift Voor Rechtsgeschiedenis 75 (2007), S. 321–332

Watson, Alan, Aspects of Reception of Law, in: The American Journal of Comparative Law 44, Nr. 2 (1996), S. 335–351

Weitzel, Jürgen, Dinggenossenschaft und Recht: Untersuchungen zum Rechtsverständnis im fränkisch-deutschen Mittelalter (Quellen und Forschungen zur höchsten Gerichtsbarkeit im Alten Reich 15), Köln [u. a.] 1985

Weitzel, Jürgen, Gewohnheitsrecht und fränkisch-deutsches Gerichtsverfahren, in: Dilcher, Gerhard/Lück, Heiner [u. a.], Geschichte des Rechts: Von den Frühformen bis zur Gegenwart, Berlin 1992, S. 67–86

Wesel, Uwe, Geschichte des Rechts: Von den Frühformen bis zur Gegenwart, 4., neu bearb. Aufl., München 2014

Wetzler, Sixt, Fighting and the Combat Arts in Medieval Iceland (Dissertationsprojekt), in: Militär und Gesellschaft in der Frühen Neuzeit 14/2 (2010), S. 373–383

Willoweit, Dietmar, Entdogmatisierung der mittelalterlichen Strafrechtsgeschichte, Rechtsgeschichte, in: Zeitschrift des Max-Planck-Instituts für europäische Rechtsgeschichte 14 (2009), S. 14–39

Willoweit, Dietmar, Staatsbildung und Jurisprudenz: Spätmittelalter und frühe Neuzeit: gesammelte Aufsätze 2003–2016, Baden-Baden 2019

Winroth, Anders, Where Gratian slept: the life and death of the father of canon law, in: Zeitschrift der Savigny-Stiftung für Rechtsgeschichte. Kanonistische Abteilung 130 (2013), S. 105–128

Zacharias, Rainer, Die Blutrache im deutschen Mittelalter, in: Zeitschrift für deutsches Altertum und deutsche Literatur 91 (1962), S. 167–201

Zoepfl, Heinrich 1807–1877. Deutsche Rechtsgeschichte. 4. verm. und verb. Aufl. 1 online resource (3 volumes) Bde. Braunschweig: Friedrich Wreden, 1871, http://books.google.com/books?id=-jcOAQAAIAAJ, zugegriffen am 08.02.2021

RECHTSHISTORISCHE REIHE

Die nachfolgende Liste führt die Titel der "Rechtshistorischen Reihe" ab Band 400 auf.
Eine vollständige Übersicht aller bisher in der Reihe erschienenen Bücher finden Sie auf www.peterlang.com

Band 400 Thomas Simon (Hrsg.): Hundert Jahre allgemeines und gleiches Wahlrecht in Österreich. Modernes Wahlrecht unter den Bedingungen eines Vielvölkerstaates. 2010.

Band 401 Dörte Mentz: Die Beweislastumkehr in der Rechtsprechung des Reichsgerichts. 2010.

Band 402 Werner Schubert (Hrsg.): Oberster Gerichtshof für die Britische Zone (1948-1950). Nachschlagewerk Strafsachen – Nachschlagewerk Zivilsachen. Präjudizienbuch der Zivilsenate. Eingeleitet und herausgegeben von Werner Schubert. 2010.

Band 403 Yong Lei: Auf der Suche nach dem modernen Staat. Die Einflüsse der allgemeinen Staatslehre Johann Caspar Bluntschlis auf das Staatsdenken Liang Qichaos. 2010.

Band 404 Andreas Schwenk: Die Formbestimmung des § 313 BGB a. F. (§ 311 b Abs. 1 BGB n. F.) bei Verträgen über Grundstücke in der Rechtsprechung des Reichsgerichts. 2010

Band 405 René Schorsch: Eberhard Georg Otto Freiherr von Künßberg (1881-1941). Vom Wirken eines Rechtshistorikers. 2010.

Band 406 Ulrike Köbler: Werden, Wandel und Wesen des deutschen Privatrechtswortschatzes. 2010.

Band 407 Björn Florian Faulenbach: Rolle und Bedeutung der Lehre in der Rechtsprechung der Internationalen Gerichtshöfe im zwanzigsten Jahrhundert. 2010.

Band 408 Guangyu Fu: Das Causaproblem im deutschen Bereicherungsrecht. Eine rechtshistorische Untersuchung. 2010.

Band 409 Andreas Kimmelmann: Die Folter im Beweisverfahren der Leges Visigothorum. Chindasvinths Gesetzgebung im Spiegel der westgotischen Rechtsentwicklung. 2010.

Band 410 Jacqueline Schmaltz: Die Entwicklung der Industrie- und Handelskammern. Zwischen Pflicht und Kür. 2010.

Band 411 Hermann Nehlsen: Bayerische Rechtsgeschichte vom frühen Mittelalter bis zum 20. Jahrhundert. 2011.

Band 412 Kathrin Spoerr: Recht und Revolution. Deutsche Ökonomen und ihr Einfluss auf das Recht der Weimarer Republik – eine Zeitschriftenschau 1917-1920. 2011.

Band 413 Moritz von Köckritz: Die deutschen Oberlandesgerichtspräsidenten im Nationalsozialismus (1933-1945). 2011.

Band 414 Annika Lillemor Lara Rabaa: Die Ehe als Rechtsinstitut im Badischen Landrecht von 1810. Unter besonderer Berücksichtigung der gesellschaftlichen Entwicklungen im 19. Jahrhundert. 2011.

Band 415 Christian Hattenhauer / Klaus-Peter Schroeder (Hrsg.): 200 Jahre Badisches Landrecht von 1809/1810. Jubiläumssymposium des Instituts für geschichtliche Rechtswissenschaft der Ruprechts-Karls-Universität Heidelberg und der Heidelberger Rechtshistorischen Gesellschaft vom 23. bis 26. September 2009. 2011.

Band 416 Tobias Alexander Krammerbauer: Die Ministerverantwortlichkeit und die Vorformen sonstiger Verfassungsgerichtsbarkeit in Württemberg zwischen 1815 und 1918. 2011.

Band 417 Werner Schubert (Hrsg.): Quellen zur GmbH-Reform von 1958 bis zum GmbH-Änderungsgesetz von 1980. Eingeleitet und herausgegeben von Werner Schubert. 2011.

Band 418 Gisela Emling: Johannes Heckel. Leben und Wirken (1889-1963). 2011.

Band 419 Jochen Kirschbaum: Die Etablierung der Historischen Rechtsschule an der Ludoviciana (1814-1824). 2011.

Band 420 Sören Koch: Unaufgeforderte Hilfeleistung in Notsituationen. Eine rechtshistorische und rechtsvergleichende Studie zu den zivilrechtlichen Aspekten der Nothilfe mit besonderer Berücksichtigung des Rechts der Geschäftsführung ohne Auftrag. 2011.

Band 421 Friedrich Carl von Savigny: Die Prinzipienfragen in Beziehung auf eine neue Strafprozeß-Ordnung. Ausgearbeitet im Justizministerium für die Gesetzrevision. Eingeleitet und herausgeben von Werner Schubert. 2011.

Band 422 Stephan Faulwetter: Von der Zunft zur Handelskammer. Zur Entwicklung des Gewerberechts in thüringischen Staaten. 2011.

Band 423 Moritz Eisenhardt: Sanierung statt Liquidation. Die Geschichte des Vergleichs zur Abwendung des Konkurses unter besonderer Berücksichtigung der Vergleichsordnung von 1927 und 1935. 2011.

Band 424 Gerd Kleinheyer: Beiträge zur Strafrechtsgeschichte. Herausgeben von Franz Dorn, Mathias Schmoeckel und Jan Schröder. 2011.

Band 425 Ralf Maertens: Das Landgericht Altona (1879-1937) und die Anfänge des Landgerichts Itzehoe (1937-1945). Unter besonderer Berücksichtigung ihrer Tätigkeitsberichte und rechtspolitischen Stellungnahmen. 2011.

Band 426 Mark Friedrich: Ferdinand von Martitz (1839-1921). Rechtshistoriker, Staatsrechtler und Völkerrechtler zwischen dem Ende des Deutschen Bundes und dem Beginn der Weimarer Republik. 2012.

Band 427 Sebastian Krusche: Die Bundesrechtsanwaltsordnung vom 1. August 1959. Vorgeschichte und Entstehung. 2012.

Band 428 Marju Luts-Sootak / Sanita Osipova / Frank L. Schäfer (Hrsg./eds.): Einheit und Vielfalt in der Rechtsgeschichte im Ostseeraum. Unity and Plurality in the Legal History of the Baltic Sea Area. Sechster Rechtshistorikertag im Ostseeraum, 3.-5. Juni 2010 in Tartu (Estland) / Riga (Lettland). 6th Conference in Legal History in the Baltic Sea Area, 3rd-5rd June 2010 Tartu (Estonia) / Riga (Latvia). 2012.

Band 429 Margret R. I. Bootz: Die Hamburger Rechtsprechung zum Arbeitsrecht im Nationalsozialismus bis zum Beginn des 2. Weltkriegs. 2012.

Band 430 Heiko Zech: Die soziale Frage im Konkursrecht 1879-1900. 2012.

Band 431 Jan C. Lorenzen: Das Bundesnaturschutzgesetz vom 20. Dezember 1976. Die Entwicklung des Naturschutzrechtes in Deutschland von den Anfängen bis zur Neukodifikation des Bundesnaturschutzgesetzes von 1976. 2012.

Band 432 Ulrike Ingrid Bernhardt: Geschichte des Weinrechts im Deutschen Kaiserreich (1871-1918). Mit einem Überblick zur Vorgeschichte und Weiterentwicklung bis zur Gegenwart. 2012.

Band 433 Elisabeth Otto: Das Verwaltungsrecht in der SBZ / DDR bis zur Verwaltungsneugliederung im Jahr 1952. 2012.

Band 434 Werner Schubert: Zur Geschichte der Justizverfassung in Schleswig-Holstein im 19. und 20. Jahrhundert. Quellen und Studien. 2012.

Band 435 Stefan Ellenberg: Herrschaft und Reform. Zur Diskussion um die Aktienrechtsreform und den Konzern in der Weimarer Zeit. 2012.

Band 436 Jasmin Sonntag: Gesetzgebung und Verwaltung im Dalbergstaat 1802-1810. 2012.

Band 437 Martin Komusiewicz: Die Diskussion um das Verhältnis von Rechtsanwaltschaft und Notariat seit dem Ende des 18. Jahrhunderts bis zum Erlass der Bundesnotarordnung. 2012.

Band 438 Henriette von Breitenbuch: Karl Neumeyer – Leben und Werk (1869-1941). 2013.

Band 439 Günter Baranowski: Russische Rechtsgeschichte: Texte und Erläuterungen. Teil 1: Von den Anfängen bis 1612/13. 2013.

Band 440 Werner Schubert (Hrsg.): Staatsanwaltschaftsrecht (1934-1982). Quellen zu den Reformprojekten (Organisation – Innerer Dienstbetrieb – Ermittlungsverfahren – Verhältnis der Staatsanwaltschaft zur Polizei) und zur Anordnung über Organisation und Dienstbetrieb der Staatsanwaltschaft (OrgStA). Eingeleitet und herausgegeben von Werner Schubert. 2013.

Band 441 York Zieren: Das Schiedsverfahrensrecht der ZPO (1877-1933) unter Berücksichtigung der Genfer Übereinkommen von 1923 und 1927 sowie der Rechtsprechung des Reichsgerichts. 2013.

Band 442 Stefan Wolf: Das Jenaer Studium der Rechte im Dritten Reich. Zwischen Tradition und nationalsozialistischer Ideologie. 2013.

Band 443 Bernhard Klose: Das Verblassen eines Makels. Das Nichtehelichenrecht der DDR als Teil der gesamtdeutschen Entwicklung. 2013.

Band 444 Peter Opitz-von Bardeleben: Das Generalgouvernement Niederrhein. 2013.

Band 445 Nadine Göppner: Vorgeschichte und Entstehung des Atomgesetzes vom 23.12.1959. 2013.

Band 446 Frank L. Schäfer / Werner Schubert (Hrsg./eds.): Justiz und Justizverfassung / Judiciary and Judical System. Siebter Rechtshistorikertag im Ostseeraum, 3.-5. Mai 2012 Schleswig-Holstein / 7th Conference in Legal History in the Baltic Sea Area, 3rd-5th May 2012 Schleswig-Holstein. 2013.

Band 447 Sandy Schenker: Gegen Täuschungen und Gesundheitsgefährdungen durch schlechte Nahrung. Zur Entwicklung des Nahrungsmittelrechts durch Rechtsprechung und Gesetzgebung zwischen 1871 und 1927. 2013.

Band 448 Youn Seok Choi: Der Besitzerwerb des Erben. Historische Entwicklungen, die Lösung des § 857 BGB und ihre Anwendungsprobleme. 2013.

Band 449 Johannes Kalb: Die innerstädtische Auseinandersetzung in Regensburg am Ende der Reichsunmittelbarkeit. Eine historische und rechtliche Untersuchung. 2014.

Band 450 Thomas Habbe: Lastenausgleich. Die rechtliche Behandlung von Kriegsschäden in Deutschland seit dem 30jährigen Krieg. 2014.

Band 451 Günter Baranowski: Russische Rechtsgeschichte: Texte und Erläuterungen. Teil 2: Von 1613 bis 1682. 2015.

Band 452 Wilhelm Brauneder (Hrsg): Landrechtsentwurf für Österreich unter der Enns 1526. 2015.

Band 453 Maximilian Elsner von der Malsburg: „Arisierung“ von Privatbanken am Beispiel des Bankhauses E. J. Meyer in Berlin. 2015.

Band 454 Tanja Claussen: Johann Julius Wilhelm Planck (1817-1900). Leben und Werk. 2015.

Band 455 Werner Schubert (Hrsg.): Das Reichsjustizministerium und die höheren Justizbehörden in der NS-Zeit (1935-1944). Protokolle und Mitschriften der Arbeitstagungen der Reichs-justizminister mit den Präsidenten der Oberlandesgerichte, des Volksgerichtshofs, des Reichsgerichts sowie mit den Generalstaatsanwälten. Eingeleitet und herausgeben von Werner Schubert. 2015.

Band 456 Christian Vahl: Die gesetzliche Regelung des Seefrachtvertrags im deutschen Recht. Eine rechtshistorische Betrachtung unter besonderer Berücksichtigung der Beratungen des Seerechtsausschusses der Akademie für Deutsches Recht (1934-1942). 2015.

Band 457 Ruomeng Yang: Die Rezeption der europäischen Privatrechte in China und die konfuzianische Tradition. Das Beispiel des Deliktsrechts im frühen 20. Jahrhundert. 2015.

Band 458 Piotr Wittmann: „Der da sein Practic auß Teutschen Tractaten will lernen“. Rechtspraktiker in deutschsprachiger Praktikerliteratur des 16. Jahrhunderts. 2015.

Band 459 Georg Rasche: Richter, Sachverständige, Handelskammern. Preußische Justizverwaltung und kaufmännische Interessen zwischen 1879 und 1907. 2015.

Band 460 Daniel Hupe: Von der Hierarchie zur Egalität in den Zivilrechtskodifikationen des 19. Jahrhunderts vor dem BGB. 2015.

Band 461 Wilhelm Brauneder (Hrsg.): Landrechtsentwurf für Österreich unter der Enns 1573. 2015.

Band 462 Tunay Sürek: Die Verfassungsbestrebungen der Tanzimât-Periode. Das *Kanun-i Esasî* – Die osmanische Verfassung von 1876. 2016.

Band 463 Takashi Izumo: Die Gesetzgebungslehre im Bereich des Privatrechts bei Christian Thomasius. 2016.

Band 464 Werner Schubert (Hrsg.): Quellen zum Bau- und Enteignungsrecht (1940-1958). Entwürfe zu einem Reichsbaugesetz (1940/41) – Vorentwurf zu einem Deutschen Baugesetzbuch von 1942 – Entwürfe zu einem Baugesetzbuch (1949/50) – Baulandbeschaffungsgesetz vom 3.8.1953 – Entwurf zu einem Bundesenteignungsgesetz von 1958. Eingeleitet und herausgegeben von Werner Schubert. 2016.

Band 465 Daniel Bischof: Geschichte der Wald- und Forstgesetzgebung im Bundesland Schleswig-Holstein. Unter Einbeziehung der Entwürfe zu einem Reichsforstgesetz von 1940/42 und der Entstehung des Bundeswaldgesetzes von 1975. 2016.

Band 466 Lena Darabeygi: Die Causa „Blinkfüer“ und die Grundrechtsdogmatik zur Pressefreiheit in Weimar und Bonn. 2017.

Band 467 Werner Schubert (Hrsg.): Quellen zum Aktiengesetz vom 18. Juli 1884. 2017.

Band 468 Manfred Josef Thaler: Die Domkapitel der Reichskirche vom Wiener Konkordat bis zur Säkularisation (1448-1803). Grundzüge ihrer Verfassung im Vergleich. 2017.

Band 469 Philipp Eckert: Entstehung und Bedeutung des Landesverwaltungsgesetzes Schleswig-Holstein. 2017.

Band 470 Julia Christine Klix: Privatrechtstheorie und Wirtschaft von 1967 bis 1982. Unter besonderer Berücksichtigung der Kartellrechtsgeschichte. 2017.

Band 471 Thorsten Thielen: Friede und Recht. Studien zur Genese des frühmittelalterlichen Herrscher- und Tugendideals in der lateinischen Literatur der römischen Antike und des frühen Mittelalters. 2017.

Band 472 Werner Schubert: Das Reichsjustizministerium unter Otto Thierack (1942–1945). Teil 1: Amt für Neuordnung der deutschen Gerichtsverfassung (Berichte von 1943/44 über den Besuch von 13 Oberlandesgerichten). Amt für Nachwuchsfragen (Juni/Juli 1944). 2017.

Bannd 473 Werner Schubert: Das Reichsjustizministerium unter Otto Thierack (1943–1945). Teil 2: Die Arbeitstagungen auf der „Reichsburg Kochem" von April bis August 1944 (Protokolle und Berichte). 2018.

Band 474 Ruprecht Maltzahn: Das Versammlungsgesetz vom 24. Juli 1953. Vorgeschichte, Gesetzgebungsverfahren sowie spätere Änderungen. 2018.

Band 475 Johannes Jenß: Die «Volksgemeinschaft» als Rechtsbegriff. Die Staatsrechtslehre Reinhard Höhns (1904-2000) im Nationalsozialismus. 2018.

Band 476 Stefan Xenakis: Untertanenprozesse an Reichsgerichten. Ein systematisch-bibliographischer Überblick. 2018.

Band 477 Gero Alvensleben: Die «res extra commercium» im römischen Recht. 2019.

Band 478 Christoph Sperling: Joachim Haupt (1900-1989) Vom Aufstieg eines NS-Studentenfunktionärs und Sturz des Inspekteurs der Nationalpolitischen Erziehungsanstalten. Eine biographische Studie. 2018.

Band 479 Marija-Jennifer Milinovic: Der ehrbare Kaufmann im deutschen Recht. Untersuchungen zu Herkunft und Bedeutung des Begriffs „ehrbarer Kaufmann" sowie zum Einfluss der Ehre auf das Wirken des Kaufmanns bei besonderer Betrachtung der Entwicklung der Ehrenstrafe. 2019.

Band 480 Tillmann M. Gimm: Die Entwicklung der zivilrechtlichen Unterbringung volljähriger psychisch Kranker. Vom Allgemeinen Landrecht (1794) bis zum Betreuungsgesetz (1992). 2019.

Band 481 Johannes Volker Späth: Aspekte des Lauterkeitsrechts zur Zeit des Nationalsozialismus. 2019.

Band 482 Antje Franz: Das Leistungsstörungsrecht des polnischen Obligationsgesetzbuchs von 1933 und das deutsche Recht. 2019.

Band 483 Nadja Straub: Die Entwicklung des Wasserrechts in Preußen im 19. Jahrhundert – Zugleich ein Beitrag zur Frage der Fortgeltung alter Rechte nach § 20 WHG. 2019.

Band 484 Sarah Maria Pintaric: Vereinbarungen contra bonos mores in der Kanonistik. 2019.

Band 485 Felix Rasch: Das musikalische Aufführungsrecht in Deutschland im 19. Jahrhundert. 2019.

Band 486 Werner Schubert: Quellen zum Deutschen Richtergesetz vom 8.9.1961. 2020.

Band 488 Marju Luts-Sootak/ Frank L. Schäfer: Recht und Wirtschaft in Stadt und Land Law and Economics in Urban and Rural Environment. Neunter Rechtshistorikertag im Ostseeraum 9th Conference in Legal History in the Baltic Sea Area 16.-20. Mai 2018 in Tallinn, Sagadi und Tartu, Estland 16-20 May 2018 in Tallinn, Sagadi and Tartu, Estonia. 2020.

Band 489 Sonja Daniela Kellermann: Carl Wilhelm Pauli (1792–1879). Ein bemerkenswerter Lübecker Jurist im 19. Jahrhundert. 2020.

Band 490 Johanna Röper: Das uneheliche Kind (uægte barn) und seine Mutter in der norwegischen Gesetzgebung zwischen 1892 und 1917 unter besonderer Berücksichtigung der Castberg´schen Kindergesetze. 2021.

Band 491 Werner Schubert: Quellen zum Deutschen Richtergesetz vom 8.9.1961. Teil II: Materialien zu § 116 DRiG (Pensionierung von Richtern und Staatsanwälten aus der Zeit von 1939-1945). 2020.

Band 492 Die gesamtschuldnerische Haftung der Ehegatten. Eine Untersuchung des Normzwecks des § 1357 BGB aus rechtshistorischer Perspektive. 2021.

Band 493 Daniel Jordanov: Arrêts de règlement. Gerichtliche Gesetzgebung im frühneuzeitlichen Frankreich am Beispiel des Parlements de Provence. 2021.

Band 494 Werner Schubert: Strafverfolgung in der Bundesrepublik Deutschland und in Berlin (West). Teil 1: Die Niederschriften der Tagungen der Generalstaatsanwälte von 1948-1963. 2021.

Band 495 Werner Schubert: Strafverfolgung in der Bundesrepublik Deutschland und in Berlin (West). Teil 2: Die Niederschriften der Tagungen der Generalstaatsanwälte von 1964-1973. 2021.

Band 496 Hannah Andres: Karl Peters (1904 – 1998). Verantwortung und Anspruch eines Juristen. 2021.

Band 498 Johan Tjerk Hofman: Das Ältere Schulzenrecht in neuem Licht. Prozessrechtliche Entwicklungen in einer mittelalterlichen friesischen Rechtsaufzeichnung. 2022.

www.peterlang.com

www.ingramcontent.com/pod-product-compliance
Ingram Content Group UK Ltd.
Pitfield, Milton Keynes, MK11 3LW, UK
UKHW021831290926
8980IPUK00004B/392

9 783631 882931